개정판

사회학 입문

Introduction to sociology

장상수 지음

도서출판 그린

개정판 머리말

이 책의 초판본을 받아들자마자 고치거나 새로 채워야 할 문제를 여기저기서 발견하였다. 그러니 그때부터 개정판을 준비하지 않을 수 없었다. 당초에는 잘못된 부분을 고치거나 부족한 내용을 채우는 작업이 그렇게 복잡하지 않을 것으로 생각하였다. 그러나 그 작업은 결코 단순하지 않았다. 그리하여 개정판을 준비하는 기간도 결코 짧지 않았다.

개정판은 초판과 몇 가지가 다르다. 첫째, 초판이 사회학의 시각을 명백하게 밝히는 데에 초점을 맞추었다면, 개정판은 사회학의 시각을 반대하거나 거부하는 시각을 소개하였다. 초판에서 사회학은 특정 시각으로 인간과 사회를 분석하는 학문이라고 정의하였다. 사회학은 사회구조가 인간의 생각과 행동을 결정한다고 판단하는 학문이고, 사회현상은 다른 사회현상으로 설명하는 학문이라고 소개하였다. 사회학의 이런 시각은 사회학뿐만 아니라 상당수 사회과학의 전제였다. 사회과학자들은 오랜 동안 이런 시각을 당연시하였다. 일부 진화심리학자는 이렇게 널리 퍼진 사회과학의 시각과 가성을 표준사회과학모형(SSSM)이라고 불렀다. 그런데 표준사회과학모형은 얼마나 타당한 것인가? 사회과학의 이런 시각은 얼마나 유용하며 얼마나 과학적인가? 진화심리학자들은 표준적 사회과학을 신랄하게 비판하였다. 그들은 사회과학이 부적절한 시각과 가정으로 현실과 동떨어진 이론을 만들었다고 판단하였다. 말하자면 사회학을 비롯한 주류 사회과학의 현실적합성은 그다지 높지 않다고 주장하였다. 사회과학자들은 진화심리학과 사회생물학의 이런 비판을 아직 심각하게 생각하고 있진 않지만, 그렇다고 이런 주장을 아예 무시할 수는 없는 노릇이다. 아니 심각하게 따져 보아야 할 일이다. 아무튼 이 책은 이곳저곳에서 표준사회과학모형에 대한 진화심리학의 비판을 소개하였다. 이에 덧붙여 이 책은 여기저기서 진화심리학과 사회생물학의 시선을 더하였다. 1장에서는 이기적 개체가 사회를 만들게 된 이유를 개진하는 진화심리학 이론을 보였고, 2장에서는 진화심리학이 인간과 사회를 설명하는 방식을 보였다. 3장에서는 사랑이나 근친상간 금기를 다루는 진화심리학적 설명을 내보였고, 4장에서는 일탈이나 범죄에 대한 사회생물학적 설명을 제시하였다. 요컨대 이 책은 진화심리학과 사회생물학에 대한 많은 관심을 촉구하였다. 그래야 서술의 균형이 맞을 것 같았기 때문이다.

둘째, 초판의 3장에서는 남녀의 낭만적 사랑을 길게 다루었고 사랑을 다면적으로 살피는 데에 힘을 썼으나, 사랑을 정의하는 데에 소홀하였다. 사랑이란 무엇인가? 초판과 달리 개정판에서는 이 질문에 대답하였다. 사랑을 몇 가지 요소로 분해하였는데, 이 요소를 서로 달리 결합하면 사랑을 몇 가지 유형으로 나눌 수 있다는 사실을 보였다.

셋째, 사회 불평등을 다룰 때에 세대간 소득이동을 추가하였다. 사회학과 경제학은 불평등을 제각기 다른 방식으로 파악하였다. 사회학은 주로 사회경제적 지위를 중심으로 불평등을 분석하였다면, 경제학은 소득으로 불평등을 분석하였다. 이 두 학문은 불평등의 재생산도 다른 각도에서 바라보았다. 사회학은 부모의 사회적 지위와 자녀의 지위의 연관성을 살폈다면, 경제학은 부모의 소득과 자녀 소득의 연관성을 살폈다. 아무튼 이 책에서는 경제학의 이런 관심, 즉 세대간 소득이동도 소개하였다.

넷째, 7장에서는 종교를 새롭게 정의하였고, 세속화 개념을 추가 도입하였다. 다만 종교에 대한 사회생물학적 견해는 아직 소개하지 않았다. 아쉬운 일이다. 추후에 이를 정리해 볼 생각이다.

다섯째, 새로 쓴 9장에서는 교육을 논의하였다. 교육의 목적과 결과, 교육 불평등과 교육체계 등에 대해 서술하였다.

이런저런 논의를 보완하여 개정판은 초판보다 더 좋아진 것 같다. 그러나 이곳저곳을 고쳐도 여전히 만족스럽지 않다. 어딘가 부족해 보이거나 어딘가 잘못된 것처럼 보인다. 이런 결함은 처음부터 예정된 것이었다. 혼자서 다양한 주제를 다룬다는 것은 바람직하지 않았다. 여러 분야의 전공자가 개별 분야를 충분히 서술하는 것이 입문서를 쓰는 가장 좋은 방안일 것이다. 그래서 하는 말이다. 혹시라도 이 책의 일부를 고쳐 쓰고픈 사람을 공저자로 초대한다. 그리고 사회학이 다루어야 하거나 다룰 수 있는 주제를 추가로 저술할 연구자도 초대한다. 다양한 분야의 연구자들이 힘을 모아야 누구나 인정하는, 좋은 책을 만들 수 있을 것 같다.

2023년 초가을에
장 상 수

머리말

돌이켜보니 대학에서 강의를 시작한 이래 지금까지 줄곧 사회학 입문을 강의했던 것 같다. 이름이야 '사회학 개론'이나 '사회학의 이해'일 때도 있었고, 그냥 '사회학'인 적도 있었으나 내용이 같은 교과목을 거의 매 학기 줄기차게 가르쳤다. 이렇게 사회학 입문을 계속 맡았던 이유는 그렇게 특별하거나 거창하지 않다. 다른 교과목을 강의하지 않아도 되는 편리함 때문이었다. 요컨대 다른 강의를 준비하는 데에 새 품을 들이지 않으려는 게으른 성품 탓이었다. 아마도 이런 게으름 때문에 여기저기서 적지 않은 대가를 치렀을 것이다. 그러나 바로 그 게으름 덕분에 이 책을 얻기도 하였다. 예로부터 많은 사람이 게으름을 무척이나 경계하였지만, 게으름이 언제나 나쁜 결과만 낳는 것은 아닌 모양이다.

누구나 입문서를 읽으면서 연구 경력을 시작하지만, 그 경력의 중간이나 끝에서 입문서 쓰는 일로 되돌아오기는 그다지 쉽지 않다. 연구 경력의 초입에는 그런 책을 쓸 엄두가 나지 않거니와, 제법 경력이 쌓인 뒤에도 그런 일을 해볼 용기를 좀처럼 내지 못한다. 수많은 갈래로 나뉜 학문 세계에서 좁디좁은 한 길로 접어들면 여간해서는 다시 제자리로 돌아오지 못하기 때문이다. 어린 시절에 떠난 고향에 쉽사리 돌아가지 못하는 것과 같은 이치다. 그런데도 내가 입문서를 쓰기로 마음먹었던 것은 적절한 강의 교재가 꼭 필요하였기 때문이다. 그동안 사회학 입문을 가르치면서 여러 종류의 교재를 사용하였다. 기든스(A. Giddens), 콜린스(R. Collins), 플러머(K. Plummer) 등과 같은 외국 학자가 쓴 책을 교재로 삼기도 했고 권태환, 석현호 등의 국내 학자가 저술한 책을 교재로 쓰기도 하였다. 그러나 이런저런 교재는 내 강의와 겉돌았다. 이들 교재는 내가 가르치는 주제를 언급하지 않기도 하였고, 설령 그 주제를 다루었다고 해도 관심의 방향과 크기가 내 강의와 조금 달랐다. 사정이 이렇다 보니 학생들이 강의 노트를 요청하는 일이 잦았다. 그러나 강의 노트를 학생들에게 나눠주는 일은 선뜻 내키지 않았다. 경험으로 미루어볼 때, 강의 노트를 배포하는 수업방식은 학생의 주의력을 흐트러뜨리는 최악의 방법이었기 때문이다. 그렇다면 학생들이 수업에 집중하고 내가 다루는 주제에도 호기심을 잃지 않게 하는 방법은 무엇일까? 이 책을 쓰는 것이었다. 강의 노트보다 책을 읽게 하는 것이 더 나은 방법이라 생각하였다. 어쨌든 이 책은 이런 필요 때문에 만들었다. 우리가 이 세상에서 하는 일에 무슨 의미를 덧붙이겠는가마는, 그래도 학생들이 이 책 때문에 세상을 더 다양하게 바라볼 수 있으면 좋겠다.

이 책은 다른 입문서와 여러 모로 비슷하지만, 몇 가지가 조금 다르다. 첫째, 이 책은 사회학을 명백하고 단순하게 정의하였다. 본문에서도 말하였지만, 나는 사회학이라는 학문의 성격이나 본질을 명쾌하게 밝힌 사람이나 책을 지금껏 만나지 못했다. 좀 더 정확하게 말하면, 사회학에 대한 이런저런 정의는 여러 군데에서 보았지만, 추상적이지 않고 직관적으로 쉽게 이해할 수 있는 정의는 어디에서도 본 적이 없다. 최근 들어서야 비로소 사회학을 '분명하고 완전하게' 정의한 책을 한두 권 보았을 뿐이다. 이런 조건과 상황에서 이 책은 두 가지 작업을 하였다. 한 가지 작업은 사회학의 독특한 특성을 밝혀 사회학을 다른 학문과 구별하는 것이었다. 사회학은 생겨날 때부터 인간과 사회를 바라보는 특정 시각을 유지하였는데, 이 책의 1장에서는 그 시각을 확연하게 드러냈다. 그리고 이 책은 바로 이 시각이야말로 사회학을 다른 학문과 구별하는 독특한 특징이라고 판단하였다. 이 책이 시도한 또 하나의 작업은 인간과 사회를 이런 시각으로 탐구하는 실례를 보이는 것이었다. 이 책의 2~8장에서는 사회학의 시각으로 인간과 사회를 분석하는 방식을 구체적으로 내보였다.

둘째, 이 책은 다른 입문서와 달리, 사회학이 다루는 주제를 망라하지 않았다. 그 대신 내가 관심을 둔 몇 가지 주제를 선택하여, 이 주제를 다각적으로 서술하였다. 왜 이런 방식으로 접근하였는가? 그 이유도 사실 그렇게 별스럽지 않다. 내 취향 때문이었다. 사회학이 다루는 연구 주제는 거의 무한에 가깝다. 사회학은 크게 문화나 가족을 다루기도 하고 환경이나 과학에 관심을 두기도 한다. 작게는 커피나 축구를 말하기도 하고, 토마토나 화장실을 살필 수도 있다. 그러나 이 많은 주제를 한 학기 강의에서 모두 다룰 수는 없다. 그러므로 우리는 몇 개의 연구 주제를 골라서 그것만 따로 살펴볼 수밖에 없다. 기억하기로 사회학 입문을 강의할 때마다 내가 다룬 주제는 조금씩 바뀌었던 것 같다. 처음에는 도시나 사회조직을 다루기도 하였다. 그 때에는 그런 주제에 끌렸던 모양이다. 그러나 차츰 그런 주제를 버리고 종교나 가족, 일상생활 등을 끌어들였다. 이렇게 고른 주제를 가르칠 때에도 변덕을 부렸다. 한참 강의하다 재미없는 부분이나 내용은 슬그머니 빼냈고, 다른 책을 읽다가 흥미로운 내용을 만나면 이를 강의 노트에 슬쩍 끼워 넣었다. 이렇게 해서 한 학기 강의를 꾸렸고, 이 강의 내용을 토대로 이 책을 만들었다. 이렇게 만들고 보니, 이 책이 다룬 주제는 문화와 사회화, 성과 사랑, 일탈, 사회 불평등, 일상생활의 상호작용, 종교, 일과 경제 등이었다. 이 책은 주제 선정에서도 이렇게 편파적이지만, 주제를 서술하는 방식도 매우 일방적이다. 이 책은 앞의 여러 주제 중에서도 문화와 사회화, 성과 사랑, 사회 불평등을 더 길게 다루었다. 이들 주제는 입문서의 범위를 벗어난다고 보일 만큼 다양하고 깊게 논의하였다. 어쨌든 지금 이 책에 실린 내용은 내가 지난 수 십 년 동안 흥미를 놓지 않은 주제였고, 그 세월 동안 꾸준히 다듬은 소재였다. 그러므로 이 책이 소개하는 사회학은 객관적 시선으로 바라본 사회학이 아니라 내 취향으로 채색한 사회학이다. 나는 사회학을 이런 방식으로 소개하는 것도 나쁘지 않다고 생각한다. 주관적 편향은 한쪽으로 기울어지기 쉽지만, 객관적 서술보다 독자의 흥미를 끌 가능성이 높기 때문이다. 기회가 닿는다면 앞으로도 내 관심의 방향을 조금씩 더 넓혀 볼 생각이다. 교육이나 인구 등 새 주제를 다루어 보고 싶기도 하고, 종교나 일상생활의 상호작용을 더 풍부하게 알리고 싶기도 하다. 사회생물학의 관점을 좀더 적극적으로 끌어들이고 싶기도 하다.

셋째, 이 책은 다른 무엇보다 한국의 현실을 다루려고 노력하였다. 영국의 사회학자 플러머는 2010년에 사회학 입문서를 출간했는데, 강원대학교의 이기홍 교수가 2017년에 이를 한국어로 번역하였다. 플러머는 누군가 자신의 책을 한국어로 번역한다는 사실을 알고 조금 당황했던 것 같다. 자신은 영국 사회를 염두에 두고 책을 썼는데, 이를 한국어로 번역한다니 무슨 일인가 싶었던 모양이다. 한국어판 서문에서 그는 한국 학자들이 ('영국의 사회학'이 아니라) '한국의 사회학'을 가르칠 것을 권유하였다. 이런 권유를 마주하는 생각과 감정은 어수선하다. 미묘한 감정이야 그렇다 치고, 도대체 무엇이 '한국의 사회학'일까? 복잡하게 생각하면 제법 복잡한 일이다. 그러나 간단하게 접근해 보자. 과학은 현상을 설명하는 활동이다. '한국의 사회학'은 한국의 현상을 설명해야 한다. 그러므로 '한국의 사회학'은 당연히 한국의 경험적 사실에 초점을 맞추어야 한다. 그런 의미에서 나는 이 책에서 주로 한국의 경험적 사실을 논의의 중심에 놓았다. 예컨대 한국의 이혼율이나 출산율 등을 다른 나라와 비교하였고, 한국의 문화나 불평등의 구체적 내용을 살폈다. 그리하여 한국의 현실을 분석하고 설명하는 데로 더 가까이 가려고 노력하였다.

책을 쓰는 일은 강의하는 것과 또 달랐다. 책을 쓰려니, 예전에 읽은 이 책 저 책을 다시 뒤적여야 했고 지금까지 읽기를 미루어 둔 책을 새로 펼쳐야 했다. 교학상장(敎學相長)이라더니, 학생을 가르치다 외려 내가 배운 셈이었다. 옛 것을 되돌아보고 새 것을 찾는 내내 무척이나 즐거웠다. 사회학 입문을 배웠던 청년 시절에는 미처 느끼지 못한 기쁨을 듬뿍 맛보았다. 고마운 일이다. 언제 다시 이런 즐거움을 또 누리겠는가? 지금 어디선가 나와 함께 늙어가고 있을 그 옛날 그 시절의 학생들과 지금도 앞자리에서 눈을 반짝이며 내 말에 귀를 기울이는 학생들에게 이 고마움을 건네고 싶다.

2020년 여름

장 상 수

차 례

1. 사회학의 시각과 방법 / 15

2. 문화와 사회화 / 55

4. 일탈과 범죄 / 175

5. 사회 불평등 / 207

8. 일과 경제생활 / 363

9. 교육 / 395

1

사회학의 시각과 방법

Sociology

(1) 사회학이란 어떤 학문인가?

(2) 과학(사회학)의 특징, 목적, 방법

1. 사회학의 시각과 방법

(1) 사회학이란 어떤 학문인가?

사회학이란 이름은 우리 둘레에서 흔히 만날 수 있다. 우리는 문학사회학, 영화사회학, 환경사회학, 범죄사회학, 과학사회학 등의 말에서 사회학이라는 이름을 듣는다. 심지어 이방인의 사회학(김광기, 2014), 세상물정의 사회학(노명우, 2013), 편의점의 사회학(전상인, 2014) 등과 같이 귀가 솔깃한 말을 듣기도 한다. 이렇게 우리 주변에서 보는 대상이나 현상에 사회학이라는 이름을 갖다 붙이면 대부분 그럴듯한 분위기를 풍기는데, 오래 전에 필자의 마음을 끌었던 용어는 예술사회학이었다. 어쩐지 소리 흐름이 좋았다(필자는 지금도 예술사회학이 무엇인지 잘 모른다). 그러나 이런저런 용어는 알 듯 하면서도 알기 힘들다. 알쏭달쏭하다는 말이다. 문학, 영화, 환경, 범죄, 과학, 이방인, 세상물정, 편의점, 예술 등은 무엇인지 알겠는데 사회학이 무엇인지가 명쾌하지 않기 때문이다. 사회학은 어떤 학문인가?

이렇게 사회학을 따로 떼어 이 학문이 무엇이냐고 물어보면 대답하기 곤란하다. 사회학의 정체를 밝혀 놓은 사람이나 책이 별로 없기 때문이다. 나는 이 질문에 간결한 대답을 내놓은 책이나 사람을 지금까지 만나지 못했다. 좀 더 정확하게 말하면, 사회학에 대한 이런저런 정의는 여러 군데에서 보았지만, 추상적이지 않고 직관적으로 쉽게 이해할 수 있는 정의는 어디에서도 본 적이 없다(조금 뒤에 보겠지만, 최근에야 비로소 사회학을 '완전하고 분명하게' 정의한 한두 권의 책을 만날 수 있었다). 사회학이 어떤 학문이냐고 물어보면, 사회학을 수십 년씩이나 공부했다는 사람들도 우물쭈물하였다. 우리 주변에서 많이 보는 사회학 입문 책도 머뭇거리기는 마찬가지였다. 이들 책은 거의 예외 없이 '사회학이란 어떤 학문인가?'라는 질문으로 논의를 시작하였지만(권태환·홍두승·설동훈, 2009; 김윤태, 2012; 비판사회학회, 2012; 석현호·이정환·김상욱, 2004; Giddens and Sutton, 2017; Plummer, 2010), 이들은 간결하고 명쾌한 대답을 내놓지 않았다. 이들 교재는 흔히 커피나 축구, 토마토 등과 같은 대상을 예로 삼아 이들과 관련한 여러 가지 이야기를 꺼냄으로써 사회학의 정체를 내보이려 하였다. 요컨대 사회학이 대상을 어떻게 다루는지, 그 실례를 보임으로써 사회학이 어떤 학문인가를 알리려 하였다(비판사회학회, 2012; Giddens and Sutton, 2017; Plummer, 2010). 그러면서도 이들 교재는 끝내 사회학을 명쾌하게 정의하지 않았다. 이들은 한결같이 두루뭉술하게 얼버무렸다. 우리는 이 책에서 사회학을 단순하고 분명하게 '정의'할 것이다. 그런데 여기서 말하는 정의란 무엇인가?

논리학에서 정의(定義, definition)란 종차(種差)와 최근류(最近類)를 밝히는 것이다. 다시 말해, 특정 사물이나 현상을 정의한다는 것은 다음과 같이 종차와 최근류를 결합하는 일이다.

사물 = 종차 + 최근류

여기서 최근류(*genus proximum*)란 해당 사물이 속한 가장 가까운 상위 부류(部類)를 말한다. 종차(*differentia specifica*)는 이 부류에 소속하는 모든 사물 가운데에서 다른 사물과 달리 해당 사물이 보유한 독특한 특성을 말한다. 예를 들어, 사람을 정의해보자. 사람이란 무엇인가? 이 질문에 답하려면, 먼저 사람이 소속하는 가장 가까운 상위 부류를 찾아야 한다. 분류 기준마다 다르겠지만, 사람의 최근류는 아마도 영장류나 포유류일 것이다. 그러나 분류를 둘러싼 이런저런 논란이 번잡하니 그저 동물이라고 말해 보자. 사람은 동물에 속하는데, 다른 동물과 달리 사람만 보유하는 독특한 특징은 무엇인가? 다시 말해, 종차는 무엇인가? 직립보행? 도구 사용? 언어 구사? 놀이 능력? 공감 능력? 이런 질문에 프랑스의 수학자이자 철학자인 파스칼(B. Pascal)은 이성(理性)이라고 대답하였다. 사람만이 이성을 갖고 있다는 말이겠다. 어쩐지 오만하게 들리지만 사람만큼 뛰어난 사유 능력을 갖춘 동물을 발견하기 어려우니 그냥 그렇다고 하자. 미국의 소설가 트웨인(M. Twain)은 재미있게도 동물 가운데에서 유독 사람만이 얼굴을 붉힐 줄 안다고 말하였다. 사람은 부끄럽거나 흥분했을 때, 그리고 당황했을 때 얼굴을 붉히는데, 과학적으로 검증된 이야기인 줄 모르겠지만 이런 모습을 보이는 동물은 아니나 다를까 사람뿐인 것 같다. 장대익(2017)은 인간의 눈 모습은 다른 동물과 다르다고 말하였다. 다른 동물과 달리, 오직 인간만 공막(鞏膜, 눈동자의 배경인 눈알의 바닥 벽)이 희다고 주장하였다. 그런 방향으로 진화한 이유는 알려져 있지 않지만, 어쨌든 공막이 흰 동물은 인간뿐이라니 신기한 일이다. 다른 한편, 생물학자 최재천은 한 대중 강연에서 오직 인간만이 이야기를 지어낸다고 말하였다. 신화나 민담, 시나 소설 등 스토리를 지어내는 동물은 인간뿐이라는 것이다(*cf.* Gottschall, 2012). 흥미로운 주장이다. 여하튼 이 종차와 최근류를 합하면 사람은 다음과 같이 정의할 수 있다.

사람은 이성적 동물이다. (1)
사람은 얼굴을 붉히는 동물이다. (2)
사람은 공막이 흰 동물이다. (3)
사람은 이야기를 지어내는 동물이다. (4)

이런 절차를 지켜 우리는 사회학을 어떻게 정의할 수 있는가? 사회학의 최근류는 사회과학일 수도 있고 과학일 수도 있겠지만, 가장 넓게는 학문일 것이다. 최근류를 어떻게 설정하든 그야 별문제가 되지 않는다. 문제는 종차다. 사회학은 다른 학문과 비교하여 어떤 고유한 특징을 내보이는가? 사회학 입문서는 대부분 종차를 명백하게 밝히지 않았다. 이것이 명쾌하지 않으니 정의가 쉽지 않고, 애써 정의해 놓았다 하더라도 이해하기 힘들었다. 예를 들어 보자. 한국인 저자가 쓴 한 책은 사회학을 '사회를 연구 대상으로 삼고 사회현상들을 과학적으로 이해하고 설명하려는 학문'이라고 정의하였다(비판사회학회, 2012). 다른 책은 사회학을 '사회적 행위와 사회구조, 그리고 사회변동을 연구하는 학문'이라고 규정하였거니와(석현호·이정환·김상욱, 2004), 어떤 책은 그저 '사회를 연구하는 학문'이라고 정의하였다(김윤태, 2012). 사회학의 종차를 가장 체계적이고 종합적으로 다루었던 한 책은 잉클스(Inkeles, 1964)를 인용하여 사회학을 다음과 같이 정의하였다(권태환·홍두승·설동훈, 2009: 17).

> 사회학은 인간의 사회적 행위의 기본적 규칙성, 즉 사회질서에 관한 연구다. (…) 사회학은 사회적 행위의 (…)관계 유형을 찾으려 노력한다. 즉 단위 행위가 행위체계로 조직되는 과정을 알고자 한다. (…)가장 보편적 행위체계로는 (…)사회적 행동, 사회관계, 조직체와 제도, 그리고 커뮤니티와 사회를 들 수 있다.

이외에도 많은 책이 다양한 정의를 시도하였다. 1948년부터 2014년까지 한국어로 출간된 60여권의 입문서는 사회학을 조금씩 다르게 정의하였다(최정배, 2018: 204-210). 그러나 이런저런 정의는 한결같이 불분명하였다. 국내 저자들만 불분명했던 것은 아니다. 외국의 학자들도 별달리 설득력 있는 정의를 내놓지 못하였다. 한국어로 번역된 한 책은 사회학을 '인간의 삶과 사회 집단, 전체 사회와 인류 세계에 대한 과학적 탐구'라고 정의하였고(Giddens and Sutton, 2017), 다른 책은 '인간의 삶에서 사회적인 모든 것을 연구하는 학문'이라고 정의하였다(Plummer, 2010).

그러나 이런저런 정의는 너무 자명하거나 너무 모호하였다. 너무 자명한 정의는 새 정보를 제공하지 못하였고, 너무 모호한 정의는 정보의 혼선을 초래하였다. 사회학의 정의에서 보는 이런 모호함은 사회과학의 다른 분과학문의 정의와 비교하면 더욱 분명해진다. 경제학은 '재화와 용역의 생산, 교환, 분배, 소비를 다루는' 학문이고, 정치학은 '국가나 정부의 구성과 정치적 절차에 대한 체계적 연구'다.[1] 이런 정의는 별다른 설명을 들을 필요도 없이 명쾌하다. 다른 분과 학문은 자신을 이렇게 명료하게 밝히는데, 사회학은 왜 이렇게 자신을 간단하고 명료하게 말하지 못할까? 사회학자들은 왜 사회학이란 이런 것을 공부하는 학문이라고 한마디로 규정하지 않을까?

1) 사회학의 탐구 대상

나는 그 이유를 사회학이 다루는 대상이 분명하지 않다는 사실에서 찾는다. 정치학이나 경제학, 심리학은 그 학문을 애써 정의하지 않아도 그것이 어떤 학문인지를 직관적으로 알 수 있다. 그 학문은 정치, 경제, 심리 등을 다루는데, 이것들이 무엇이라

1) 정치학이나 경제학을 다른 방식으로 정의하는 학자도 결코 적지 않다. 일부 학자는 정치학을 '가치의 권위적 배분을 다루는 학문'이라고 정의하였고(cf. 김재영 외, 2010), 경제학을 '의사결정과정을 연구하는 학문'이라고 정의하였다(Mankiw, 2017). 이런 정의의 공통점은 종차의 추상 수준을 높였다는 것이다. 종차(개념)의 추상 수준을 높이면 그것이 나타내는 대상의 범위는 넓어진다. 그러므로 종차의 추상 수준을 높였다는 것은 곧 연구 영역을 확대하였다는 것을 의미한다. 연구 대상이 넓어지면, 개별 학문의 탐구 대상은 서로 겹치기 쉽다. 예를 들어보자. 가족은 오래 전부터 사회학의 관심 대상이었다. 그러나 최근에는 경제학의 주요 관심 영역으로 등장하였다. 경제학이 가족을 합리적 선택의 결과물이자 합리적 선택의 주체라고 간주하였기 때문이다. 아니나 다를까 결혼, 출산, 자녀 교육, 이혼 등이 개인이나 가족의 합리적 선택의 결과인 것은 부인할 수 없다. 그렇다면 가족은 경제학의 탐구 대상이라고 말할 수 있다. 다른 한편, 가족의 안과 밖에서 가치(자원)의 배분을 둘러싸고 다툼이 벌어지기도 한다. 그러므로 가족은 정치학의 대상이 될 수도 있다.
이렇게 개별 학문의 연구 영역을 확대하는 방식의 정의를 탐탁지 않게 여기는 사람도 없지 않다(Jang, 2014). 그러나 나는 이런 정의를 그렇게 싫어하지 않는 편이다. 동일 대상을 여러 학문이 다양한 시각으로 다룬다는 것은 좋은 일이 아닐까?

고 따로 말하지 않아도 우리 모두 그것을 대략 짐작한다. 정치나 경제, 심리가 무엇인지 누가 모를 것인가? 이렇게 대상이 분명하므로 그 학문의 정체를 대강 짐작할 수 있다. 그러나 이런 학문과 달리 사회학의 탐구 대상은 분명하지 않다(Manza et al, 2015). 사회학은 무엇을 연구 대상으로 삼는가? '사회'학이란 이름으로 알 수 있듯, 그 대상은 사회인가? 그렇다고 대답하면, 당연히 따라붙는 질문이 있다. 사회의 무엇을? 사회의 어떤 측면을 탐구하는가? 설마 사회의 모든 것을 탐구한다는 말인가? 모든 것을 탐구한다고 말하는 것은 아무 것도 탐구하지 않는다고 말하는 것과 같다.

〈삽화 1-1〉 사회란 무엇인가?

영어로 사회(society)는 라틴어 socius에서 유래하였는데 이 말은 친구, 동료를 뜻한다. 독일어로 사회(Gesellschaft)란 어울림, 교제, 동료, 동반자 등의 의미를 띤다. 이런 어원으로 짐작하면, 사회란 '가까운 사람들과 어울림'을 의미하거나 '어울리는 가까운 사람들'이라고 할 수 있겠다. 그러나 오늘날 사회란 일반적으로 사회관계(social relationships)를 줄인 말로 사용된다. '사람들이 서로 맺는 관계'를 사회관계라고 하고, 이를 줄여 사회라고 한다는 말이다. 어떤 관계? 무슨 관계여도 좋다. 눈길이나 관심, 돈이나 물건, 사랑이나 증오 어떤 것이 되었든 사람들이 서로 주고받는다면 우리는 그것을 사회관계라고 한다. 사람들이 서로 주고받는 것의 내용을 두고 우리는 이 관계를 달리 부를 뿐이다. 두 남녀가 따뜻한 눈길을 서로 주고받으면 연인이라 하고, 두 여자가 서로 친밀함을 주고받으면 친구라고 한다. 성적 접촉과 정서적 교감을 함께 하는 사람들을 부부라고 하며, 부부를 연장하여 자녀나 부모를 포함한 집단을 보통 가족이라 한다. 일정 공간 안에서 같은 언어를 쓰고 경제적 교류를 함께 하는 사람들을 민족이라 한다. 연인, 친구, 부부, 가족, 민족은 모두 사회관계이다. 그러므로 이런 용어는 원래 연인관계, 친구관계, 부부관계, 가족관계, 민족관계라고 불러야 할 것들이다. 길게 말하는 것이 번잡하니 '관계'라는 말을 떼고 부르는 것일 뿐이다.

이외에도 우리가 일상생활에서 쓰는 말이나 학술 용어에서 이렇게 '관계'를 떼고 쓰는 말은 많다. 예컨대 자본이나 소유라는 말 등이 그러하다. 자본은 자본관계를 줄인 말이고, 자본관계란 '자본가-임노동자 관계'를 줄인 말이다. 우리는 매일 일정한 양의 화폐를 지니고 다니는데, 이런 돈은 자본이 아니다. 우리는 그런 돈을 흔히 용돈이라고 말한다. 그러나 그 돈으로 임노동자를 고용해서 재화나 서비스를 생산하면 사정이 달라진다. 이 돈은 자본가-임노동자 관계를 만든다. 이처럼 자본관계를 만드는 돈이나 재화를 자본이라 한다. 소유도 소유관계를 줄인 말이다. 소유는 사람과 사물 사이의 관계를 말하는 것이 아니라 사물을 둘러싸고 사람들이 맺는 관계를 말한다. 이 물건이 내 것이라는 말은 나와 그 물건 사이의 관계를 말하는 것이 아니다. 그 물건을 둘러싸고 나와 다른 사람이 맺는 관계를 말한다. 이 물건은 나만 사용하거나 처분할 수 있고, 다른 사람은 사용할 수 없다는 뜻을 내포한다. 결국 소유는 소유관계, 즉 사람과 사람의 관계를 지칭한다. 이런 의미의 소유는 이 책의 3장(성, 가족, 사랑)과 5장(사회 불평등)을 보라.

사회학의 관심 대상이 분명하지 않았던 것은 사회학이라는 학문이 태어날 때부터 그러하였다. 19세기에 사회학(sociology)이라는 신조어(新造語)를 만들었던 콩트(A. Comte)는 프랑스 혁명이 초래한 사회 혼란을 극복하는 방안을 마련하려고 시도하였다. 옛 사회질서가 붕괴하였으니 새 사회질서를 건설할 필요가 있었다. 콩트는 사회질서의 유지 조건을 찾는 데에 관심을 두었다. 일찍이 홉스(T. Hobbes)는 사회질서(social order)가 가능한 이유를 질문하였는데, 콩트도 홉스의 이런 질문을 자신의 것으로 삼았다. 이로써 알 수 있듯 사회학은 출발할 때부터 그 탐구 대상이 구체적이지 않았다. 초기의 사회학은 '홉스의 질서 문제(Hobbes' problem of social order)'라는 다분히 추상적 주제를 탐구 대상으로 삼았다.

홉스는 인간이 부패하고 탐욕스럽고 시기심이 많은 동물이라고 가정하였다. 그러므로 이들이 함께 모여 살면 '만인에 대한 만인의 투쟁(a war of all against all)'을 피할 수 없다고 그는 보았다. 이런 상태에서 어떻게 사회질서라는 것이 가능한가? 홉스는 사회계약으로 권력을 위임 받은 국가가 권위와 통제, 제재 등을 사용하여 질서를 유지할 수 있다고 보았다. 다시 말해, 국가가 폭력을 동원하여 질서를 유지할 수 있다고 보았다. 현실에서 국가와 정치가 필요한 이유를 말했던 거라 짐작한다. 그럴싸한 대답이다. 그렇다면 콩트의 대답은 어떠했는가? 종교와 철학의 권위가 떨어지고 자연과학이 믿을만한 지식으로 등장하였던 19세기에 사회질서 문제를 다시 꺼내들었던 콩트는 실증적 지식(과학적 지식)으로 사회질서를 건설할 수 있다고 답하였다. 과거의 지식, 즉 종교에서 빌려 온 지식이나 형이상학(철학)으로 도출한 지식을 버리고 경험으로 쌓은 지식, 즉 누구도 의심할 수 없이 확실한 지식(과학)을 활용한다면 사회질서를 유지하는 조건을 찾을 수 있을 것이라고 말하였다. 그리하여 그는 처음에 자신의 사회이론을 '확실한 철학(positive philosophy)'이라 불렀다(나중에 이를 사회학이라고 개명하였다).[2] 어쨌든 콩트에게 사회학은 사회질서의 조건을 찾는 학문이었다.

1950~70년대에 이른바 구조기능주의 이론으로 현대 사회학의 연구 흐름을 주도했던 파슨즈(T. Parsons)는 다시 "사회질서는 어떻게 가능한가?"라는 질문이 사회학의 중심 문제라고 선언하였다. 파슨즈는 사회적 행위의 관계 유형에 관심을 두었는데, 그는 이 관계 유형을 행위체계라고 불렀다. 그는 이 행위체계를 세 차원으로 구별하였다. 퍼스낼러티 체계와 사회체계, 문화체계가 바로 그것들이었다(Alexander, 1987; Turner, 2012). 복잡한 논의를 거쳐, 파슨즈의 이론은 결국 다음과 같은 결론으로 이어졌다. 첫째, 문화체계는 사회체계의 통합에 기여한다. 둘째, 퍼스낼러티 체계는 문화를 내면화하여 사회통합에 기여한다. 요컨대, 사회체계의 통합을 이루고 사회질서를 유지하는 것은 문화라고 그는 주장하였다(Ritzer, 2006).

이처럼 사회학의 관심이 사회질서를 만들고 유지하는 것이었다면, 사회학은 구체적으로 어떤 대상을 공부하였을까? 콩트를 비롯한 많은 사람은 사회를 실증적으로 탐구하는 방법을 논의하였다(Turner, 2012). 그 방법을 알아야 사회를 실증적으로 연구하고, 사회질서를 유지하는 길을 찾아낼 것이 아닌가? 사회학에 사회과학방법론이 주요 탐구 영역으로 남은 이유다. 파슨즈 이래 많은 사회학자는 문화를 중심적 탐구 대상으로 삼았다. 당연한 일이다. 사회학의 주류 이론이 사회질서를 사회학의 기본 관심이라고 천명하였고, 문화가 이 질서를 만들어낸다고 보았는데 문화가 아니고 무엇을 관심 대상으로 삼았겠는가?[3]

물론 사회학이 문화만 다루었던 것은 아니다. 파슨즈 이전에도 그러했지만 이후에도 많은 학자는 자신의 고유한 관심사를 천착하였다. 예컨대 종교, 권력, 계층, 조직, 교육, 가족, 아동, 일탈 등을 고유의 연구영역으로 삼았다. 오늘날 사회학의 관심 영역은 더욱 더 넓어져서 이보다 훨씬 더 많은 대상을 살핀다. 사회학 입문 교과서가

2) 여기서 positive란 말은 '(의심할 바 없이) 확실한'이라는 의미를 띤다. 후에 일본 학자들은 '확실한' 철학을 실증철학이라는 말로 번역하였다. 확실한 지식은 경험적 근거가 있는 지식, 즉 실증적 지식이라고 믿었던 것이다. 참고로, 유쾌한 일은 아니지만, 일본어는 동아시아의 모어(母語)다(고종석, 1999). 동아시아의 근대가 우연히 일본에서 먼저 시작하였고, 학술 용어도 대부분 일본 학자가 처음 만들었다. 그리하여 우리 학술용어나 전문용어에서 일본어가 차지하는 비중은 높다.

3) 이제야 우리는 고등학교 사회문화 교과서와 대학의 사회학 입문 교과서가 왜 맨 첫 머리에 문화를 언급하는지, 그 이유를 짐작할 수 있다.

그렇게 두툼한 이유다. 그러나 그 반대의 경향도 나타났다. 학문 체계가 빠른 속도로 분화하면서 사회학은 자신의 연구 영역을 타 분과 학문에 넘기기도 하였다. 예컨대 교육은 교육학이 가져갔고, 가족은 가정학과 소비자학이 빼앗아갔으며, 일탈은 심리학이나 범죄학이 관할권을 주장하였고, 불평등은 경제학이 다루기 시작하였다. 그리하여 마침내 사회학이 무엇을 다루는 학문이라고 자신 있게 말할 수 없는 처지에 놓이게 되었다. 다루는 대상이 모호한 만큼 사회학은 좀처럼 알기 힘든 학문이 되었다.

상황이 이렇다면 사회학을 어떻게 정의할 것인가? 방법은 두 가지다. 하나는 사회학이 다루는 고유한 대상을 어떻게든 찾아내는 것이다. 곧 사회학이 다루는 '사회'의 범위나 내용을 확정하는 것이다. 예를 들자면, '사회'란 정치나 경제가 아니라 문화나 명예라고 한정하는 방식이다. 그러나 이런 방식으로 사회학의 탐구 대상을 한정하는 일은 매우 억지스럽다. 현실과 부합할 가능성도 낮다. '사회'의 범위를 이렇게 한정하는 것보다 더 합리적인 방식은 탐구 대상을 추상화하는 것이다. 앞에서 잉클스(1964)가 사회학에 대해 내린 정의를 보았거니와, 이 정의처럼 사회학은 '사회적 행위'를 탐구하는 학문이라고 주장할 수 있다. 베버나 파슨즈의 향기가 짙게 배어나지만, 어쩐지 그럴싸하게 들린다. 사회학은 공리적 행동과 같은 특정 행동이 아닌 사회적 행동을 탐구 대상으로 삼는다는 것이니 이 대상을 강조하여 사회학의 종차로 삼을 수도 있겠다. 그러나 이런 정의는 자아도취적이면서 무모하기까지 하다. 사회적 행위는 정치적 행위, 경제적 행위 등을 모두 포괄한다. 그러므로 이런 정의를 받아들이면 우리는 두 가지 문제와 맞닥뜨린다. 첫째, 우리는 사회학을 사회과학의 다른 분과학문과 구별하게 되는 것이 아니라 사회학을 사회과학의 대표 학문으로 높이게 된다. 가능하지도 않지만 바람직하지도 않은 일이다. 둘째, 사회적 행위의 의미가 분명하지 않다. 그리하여 사회학을 정의하려면 사회적 행위가 무엇인지를 매번 설명해야 한다. 이는 사회학이 어떤 학문인지를 매번 설명해야 하는 원래의 상태와 같다. 그러므로 탐구 대상을 추상화하는 방안은 아무래도 마땅치 않다.

사회학을 사회과학의 다른 분과 학문과 구별하는 둘째 방안은 인간과 사회를 바라보는 '시각(視角, perspective)'이나 '관점(觀點, viewpoint)'을 이용하는 것이다. 말하자면 인간과 사회를 바라보는 사회학적 시각은 사회과학의 다른 분과 학문과 다르다는 사실을 내보임으로써 사회학의 정체성을 확보하는 방식이다. 장하준(Jang, 2014)은 개별 학문을 정의하거나 그 학문의 정체성을 확인할 때 첫째 방법(학문의 대상을 확정하는 방법)이 더 나은 해법이라고 주장하였지만, 그것은 어디까지나 경제학의 탐구대상을 줄여야 한다는 그의 판단에서 비롯하였다. 사회학을 정의할 때에는 나는 뒤의 방식(대상을 바라보는 시각으로 판별하는 방법)이 더 낫다고 생각한다. 이 방식이 더 직관적이고 더 현실적합적으로 보이기 때문이다.

2) 사회학의 시각

자연을 바라보는 시각은 하나가 아니고 여럿이다. 자연과학이 여러 분과 학문으로 나뉜 이유다. 자연은 물질의 운동일 수 있고, 물질의 결합이나 분리일 수도 있다. 자연은 생명 현상일 수도 있다. 자연을 어떻게 바라보는가에 따라 물리학이나 화학이 되기도 하고, 생물학이 되기도 한다. 어찌 이 뿐이랴. 같은 생명 현상이라도 이를 바라보는 시각은 끝없이 다양하다. 생명 현상을 생명체의 물리적 구조나 화학적 과정으로 살필 수도 있고, 분자적 상호작용으로 바라볼 수도 있다. 생리적 메커니즘으로 접근할 수도 있고, 발생과 진화의 관점으로 쳐다볼 수도 있다. 이처럼 생물학은 물리생물학, 화학생물학, 분자생물학, 생리학, 진화생물학 등으로 분화한다.

마찬가지로 사회를 바라보는 시각도 하나만 있는 것이 아니다. 사회를 정치라는 틀로 들여다볼 수도 있고, 경제라는 관점에서 바라볼 수도 있다. 사회를 개개인의 심리나 행동의 집합으로 생각할 수도 있다. 사회는 정치, 경제, 심리의 관점에서 파악할 수 있다. 그렇다면 사회학은 세상을 어떻게 바라보는가? 사회학이 인간과 사회를 바라보는 시각이나 관점은 무엇인가? 그러나 이런 질문에도 즉각적으로 대답할 수 없다. 왜냐하면 사회학도 단일 시각의 지식 체계가 아니기 때문이다. 생물학의 여러 하위 영역이 생명현상을 제각기 다른 관점으로 바라보듯, 사회학 내부의 여러 조류도 인간과 사회를 서로 다른 시각으로 바라본다. 이 세상에는 단 하나의 사회학(the sociology)이 있는 것이 아니라 다양한 사회학(sociologies)이 존재한다. 이렇게 다양한 사회학은 크게 네 가지로 나눌 수 있다(Collins, 1994). 1) 갈등론 전통, 2) 합리주의/공리주의 전통, 3) 뒤르케임의 전통, 4) 미시적 상호작용론 전통 등이 바로 그것들이다. 이른바 갈등론 전통(시각)은 자본주의, 사회계층, 정치적 갈등 등과 같은 거시적·역사적 주제를 다루었고, 합리주의/공리주의적 시각은 교육이나 노동시장, 결혼시장 등에서 개개인이 학력, 직업, 배우자 등을 합리적으로 선택하는 과정을 살폈다. 뒤르케임이나 그의 추종자는 의례와 사회적 유대를 강조하였고, 개인의 심성과 미시적 사회관계를 탐구했던 미드와 블루머, 가핀클 등은 일상생활에서 이루어지는 상호작용을 분석하였다. 이 네 전통이 인간과 사회를 바라보는 시각은 확연히 다르다.

이렇게 서로 다른 네 전통 가운데에서 오늘날 사회학의 주류를 이루는 전통은 뒤르케임 전통이다(Collins, 1994). 이 전통의 창시자인 뒤르케임(E. Durkheim)은 사회학을 어떤 학문이라고 생각하였는가? 이런 질문에 대답하기 전에 그의 주요 관심사는 무엇이었는지를 알아보자. 뒤르케임은 사회가 어떻게 가능한지를 규명하려 하였다. 사람들은 왜 뿔뿔이 흩어지지 않고 집단을 이루는가? 어떻게 사회를 이루는가? 뒤르케임도 홉스나 콩트의 문제, 사회질서의 문제에 집착하였다. 그가 내놓은 해답은 사회적 유대(social solidarity)였다. 그는 사람들을 끈끈하게 묶는 유대가 사회를 가능하게 한다고 보았다(〈삽화 1-2〉 참조).

〈삽화 1-2〉 분업과 사회적 유대

뒤르케임의 사상은 주로 사회 통합과 사회 연대(유대)의 토대를 밝히는 것을 중심으로 한다. 그는 단순하고 분화하지 않은 형태의 사회가 복잡하게 분화한 형태의 사회로 바뀌는 모습에 관심을 기울였다.

사회 연대에 대한 관심은 세 가지 질문으로 이루어져 있다. 첫째, 개인은 어떻게 사회의 성원이라고 느끼는가? 둘째, 사회는 어떤 방법으로 개인의 욕구와 원망을 제약하는가? 셋째, 개인의 활동과 사회의 활동을 서로 조정하는 방법은 무엇인가? 이런 질문에 대답하려고 뒤르케임은 (사회적) 분업을 살펴보았다.

그의 분업 이론의 두드러진 특징은 생태학적 접근이다. 그의 논리는 다윈의 진화론을 연상하게 한다. 사람과 사람 사이에 물리적 밀도가 높으면 도덕적 밀도(접촉과 상호작용의 빈도)도 높다. 도덕적 밀도가 증가하면 개체 사이의 경쟁과 투쟁이 증대한다. 이렇게 경쟁이 격화하면 적격자와 적응자는 맡아 하던 일에서 경쟁을 지속하겠지만, 부적격자나 부적응자는 경쟁에서 밀려나 하던 일을 버리고 다른 일을 하게 된다. 분업이 발생한다. 분업이 진행하면 개체 사이에 상호의존성이 생겨난다. 이렇게 사람들이 서로 의존하면 그들 사이에 연대가 발달한다. 결국 사회 유대는 분업에서 비롯한다.

그러나 아직 충분히 분화하지 않은 사회에서 성원의 사회적 유대는 어떻게 발생하는가? 그는 이 문제에 답하려고 집단의식(collective consciousness)이라는 개념을 제시하였다 (이는 때때로 집합의식, 집합표상, 공통의식 등으로 번역된다). 집단의식은 '사회 성원이 공유하는 신념과 감정의 총체'다. 집단의식은 개개인에게 외재하여 그들의 사고와 행동을 제약한다. 집단의식은 폭, 강도, 명확성, 내용 등으로 구분할 수 있다.

폭 : 가치와 신념을 공유하는 정도
강도 : 개인의 사고와 행동을 규제하는 능력의 정도
명확성 : 집단의식을 구성하는 부분들의 일관성 정도
내용 : 종교적 상징과 세속적 상징이 집단의식 안에서 차지하는 비율과 관계

이런 집단의식으로 개인은 자신이 사회의 한 성원이라는 사실을 느끼게 되고, 개인의 욕구와 원망을 조절하여 자신의 행동을 사회에 조정한다. 한국인이 공통으로 갖는 의식을 바탕으로 한국 사람이라는 정체성을 느끼고, 이 생각을 공유하는 사람들 사이에 끈끈한 정서가 흐르게 된다는 논리다.

이처럼 사회 통합과 사회 유대의 기초는 사회의 분화 정도에 맞추어 달라진다. 뒤르케임은 집단의식으로 사회적 유대를 유지하는 사회를 기계적 유대(mechanical solidarity)의 사회라고 하였고, 분업의 상호의존성으로 사회적 유대를 유지하는 사회를 유기적 유대(organic solidarity)의 사회라고 하였다. 기계적 유대의 사회가 유기적 유대의 사회와 다른 점은 〈표 1-1〉과 같다.

〈표 1-1〉 사회 유대의 유형

	기계적 유대의 사회	유기적 유대의 사회
유대의 기초	집단의식	상호의존성
문화 체계	집단의식의 폭과 강도, 명확성, 종교성 정도가 높다	낮다
법률	억압적	배상적
제재	강압적, 폭력적, 잔인함	덜 강압적, 덜 폭력적, 덜 잔인함
개인	자유, 선택, 독립성의 정도가 낮다	개인성, 사적 존엄성 강조
범위	전근대 사회, 일차 집단(가족, 친구)	근대사회, 이차 집단

유기적 유대의 사회에서는 집단의식이 줄어들면서 아노미 상태가 초래된다. 다시 말해서 개인은 집단에 소속감을 느끼지 못하게 되면서 무력감을 느끼게 된다. 이 무력감을 어떻게 해결할 것인가? 뒤르케임은 개인이 직업(직장)에 소속감을 둠으로써 무력감을 극복할 수 있다고 보았다(Durkheim, 1893/1984).

자연상태에서 사람들은 합리적이었을 것이라고 가정하는 홉스나 루소의 사회계약설은 지나치게 순진하게 보인다. 그래서 받아들이기 쉽지 않다. 그러나 별다른 대안이 없으니, 아주 오랜 옛날부터 사회는 개인과 개인의 계약으로 이루어졌을 것이라고 우리는 짐작한다. 이런 짐작은 오늘날의 경험에서 생기기도 한다. 오늘날 개인주의적 삶을 이어가는 우리는 흔히 합리적 개인이 이기적 목적으로 다른 사람과 계약을 맺음으로써 사회를 만들었을 것이라고 생각한다. 현대 사회에서 여러 결사체, 예컨대 동호회나 시민단체, 정당 등이 만들어지는 과정을 지켜보면, 사람들이 합리적 계약을 맺어 사회를 만들었다는 가설은 제법 그럴싸하게 들리기도 한다. 그렇다면 사회는 처음부터 지금까지 합리적 계약으로 만들어진 것일까? 뒤르케임은 이런 질문에 동의하지 않았다. 뒤르케임이 보기에, 모든 개인이 충분히 합리적이면 사회는 성립하지 않는다. 그 이유를 알아보자. 무릇, 계약은 두 차원을 포함한다. 표면 계약이 그 하나고, 계약 당사자가 그 계약을 지킬 것이라는 암묵 계약이 다른 하나다. 당신이 어떤 사람에게 물건을 사기로 표면 계약을 맺었고 계약대로 돈을 지불하였다고 가정해 보자. 그런데 상대방이 그 계약을 지켜 물건을 내줄 것이라고 당신은 어떻게 믿을 수 있는가? 혹시라도 그가 속임수를 써서 계약을 지키지 않는다면 당신은 크고 작은 손해를 볼 것인데, 그가 계약을 지킬 것이라고 어떻게 믿을 수 있는가? 우리가 충분히 합리적이면 상대방을 믿을 수 없다. 죄수의 딜렘마(prisoner's dilemma)의 예로 알 수 있듯, 계약 당사자 둘 다 충분히 합리적이라면 서로 계약을 지키지 않는 것이 더 낫기 때문이다(〈삽화 1-3〉 참조). 계약을 지키지 않아야 더 큰 손해를 피할 수 있다. 그러므로 이 세상에 합리적 개인만 존재하면 사회는 성립할 수 없다(그러나 과연 그럴까? 합리적 개인이 사회를 만들 수 있는 가능성에 대해서는 〈삽화 1-4〉를 보라).

〈삽화 1-3〉 죄수의 딜렘마

죄수의 딜렘마는 두 명이 참가하는 비영합(非零合, non-zero sum) 게임에서 비롯한다. 이 게임에서는 두 사람이 서로 협력할 때 가장 많은 이익을 얻을 수 있지만, 개개인은 이기적 욕심 때문에 두 사람에게 모두 불리한 결과를 선택하게 된다.

다음 상황을 생각해 보자. 두 명의 용의자(A, B)가 체포되어 각자 다른 방에서 심문을 받는다. 이들에게는 죄의 자백과 관련하여 다음과 같은 조건이 주어져 있다.

- 둘 중 하나가 자백하면, 자백한 사람은 풀려나고 자백하지 않은 사람은 10년을 복역한다.
- 둘 모두 자백하면 각자 5년씩 복역한다.
- 둘 모두 자백하지 않으면 6개월씩 복역한다.

이런 조건에서 죄수 A는 자백을 선택한다. 왜냐하면 B가 침묵할 때에는 자백하는 것이 더 유리하고, B가 자백할 때에도 자백을 선택하는 것이 더 낫기 때문이다. 죄수 B도 마찬가지다. A가 어떤 행동을 선택해도 B는 자백을 선택하는 것이 합리적이다.

		B	
		침묵	자백
A	침묵	A, B 모두 6개월	A 10년, B 석방
	자백	A 석방, B 10년	A, B 모두 5년

결국 A, B는 모두 자백을 선택하고 각각 5년씩 복역한다. 이와 같은 합리적 결정은 A, B가 서로 협력하여 자백하지 않은 것보다 나쁜 결과를 낳는다.

스미스(A. Smith)는 개별 행위자가 자신의 이익을 극대화하는 방향을 행동하면 보이지 않는 손(시장)이 사회적으로 가장 바람직한 결과를 낳는다고 주장하였다. 그러나 죄수의 딜레마 게임을 보면, 각 행위자가 가장 이기적으로 행동하면 모든 사람에게 나쁜 결과를 초래한다. 이런 결과는 어느 누구도 원하지 않는 것이다. 이런 결과를 회피하려면, 홉스처럼 정부나 국가를 도입해야 한다. 외부의 행위자가 법률, 제도, 세금 등의 방법으로 협동을 강제해야 비로소 사회적으로 바람직한 결과를 도출할 수 있다. 뒤르케임은 강제가 아니라 비합리적이고 무의식적인 집단유대감이 협동을 낳는다고 주장하였다(본문에 서술한 뒤르케임의 논의를 보라). 아무튼 죄수의 딜렘마 게임으로 추론하면 개인이 합리적으로 행동하면 여러 사람이 협동하고 공존하는 사회는 이루어지지 않는다(그러나 이런 결론은 지나치게 단순하다. 죄수의 딜렘마 게임을 한번 하는 게 아니라 지속적으로 '반복'한다고 가정하면 협동하는 게 낫다. 합리적 개인도 협동하면 더 나은 결과를 얻는다. 이는 〈삽화 1-4〉를 보라).

뒤르케임은 이런 논의로 사회를 만들거나 유지하는 것이 불가능함을 말하려 했던 것은 아니다. 사람들이 계약을 했든 계약을 하지 않았든, 논란의 여지없이 사회는 이미 존재한다. 그가 합리적 개인만으로 사회의 성립이 불가능하다는 것을 논증하였던 것은 사회가 합리적 계약으로 만들어지지 않았다는 사실을 보이려 함이었다. 사람들은 계약 관계로 들어가기 전에 상대방이 계약을 지킬 것이라는 믿음을 가지고 있어야 한다. 뒤르케임은 이 믿음 때문에 계약이 가능하고, 그리고 사회가 가능하다고 말하였다. 계약을 맺으려면 사람들 사이에 비합리적인 유대가 존재해야 한다는 것인데, 그는 이 비합리적 유대를 '전계약적 유대(pre-contractual solidarity)'라고 불렀다. 논리의 순서를 뒤바꾸어 다시 서술해 보자. 사람들은 전계약적 유대에 근거하여 계약을 맺는다. 전계약적 유대는 상대방에 대한 비합리적 믿음인데, 결국 합리적 계약은 비합리적 토대 위에서만 가능하다(Durkheim, 1893; Collins, 1982).[4)]

그러면 사회 성원을 묶는 전계약적 유대는 어디에서 생기는가? 사람들을 한 집단으로 묶는 도덕적 감정(morality)이나 심성(mentality)은 어디에서 생기는가? 이 질문에 대한 답을 얻으려고 뒤르케임은 사회적 밀도, 즉 도덕적 밀도에서 논의를 시작하였다. 물리적 밀도가 사물과 사물 사이의 간격이라면 도덕적 밀도는 사람과 사람 사이의 간격이다(사회적 밀도라고 표현할 수도 있겠다). 도덕적 밀도란 누가 누구와 얼마나 가까이, 얼마나 오래 마주하는지를 보여주는 정도다. 사람들이 실제적으로 접촉하고 상호작용하는 정도를 말한다. 〈삽화 1-1〉에서 보았듯, 도덕적 밀도가 높아지면, 즉 사람들 사이의 상호작용 정도가 높아지면 개인 사이의 상호의존성은 더 커진다. 다른 한편, 도덕적 밀도는 사람들의 정신과 감정에도 영향을 미친다. 사람들은 높은 도덕적 밀도 때문에 점차 개인을 벗어나 집단화한다. 사람들은 다른 사람과 함께 접촉하면서, 삶의 의미를 집단 참여에서 찾는다. 이렇게 사람과 사람을 함께 묶는

4) 김종영(2018)은 이 비합리적 감정을 사랑이라고 불렀다. 그는 사랑이 사회를 이루는 깊은 연대(deep solidarity)의 뿌리라고 하였다. 이때의 사랑은 낭만적 사랑(romantic love)이나 성적 사랑(erotic love)이 아닐 것이다. 아마도 우정(friendship)이나 애착(affection)과 같은 의미의 사랑일 것이다.

보호막, 즉 도덕적 피막(皮膜, moral cocoon)은 어떤 과정을 거쳐 만들어지는가?

뒤르케임은 여러 사람들이 함께 수행하는 사회적 의례(ritual *or* ceremony)에 주목하였다. 특히 종교 의례에 주목하였다. 의례는 많은 사람이 함께 하는 비교적 고정된 방식의 행동이다.[5] 사회적 밀도가 높아지면 자연스럽게 의례가 발생한다. 많은 사람이 한 자리에 모이면 공동의 행동은 더 강렬해진다. 의례는 사람들 사이의 접촉을 고조한다. 공통의 소리와 몸짓 등을 통해 사람들은 동일 대상, 예컨대 성스러운 대상에 관심을 집중한다. 사람들은 모여 있는 것에 멈추지 않고 자신을 둘러싼 집단을 강렬하게 의식한다. 그 결과 집단을 특정 관념으로 나타낸다. 예컨대 곰이나 호랑이, 흰독수리와 같은 동물로 집단을 나타낸다. 집단을 표상하는 이 상징은 통속을 초월하고 존경을 강요한다. 이 상징은 성스러운 것으로 바뀐다. 성스러운 것은 도덕적 힘을 갖는다. 옳고 그른 것을 가른다. 이런 도덕성은 개인을 넘어서는 힘이다. 도덕적 힘은 의무 조항을 만들어내는 힘이고, 이 조항을 위반하는 개인을 처벌하는 힘이다. 이렇게 공통의 감정, 공통의 도덕성을 만들어내는 의례는 참여자의 일체감을 창출한다. 의례는 사회통합의 경험을 실어 나르고, 사회적 유대를 만들어낸다. 이 유대는 옳고 그름을 판별하는 무의식적 감정을 낳는다. 성스러운 것을 성스럽게 대하는 것이 옳은 것이고 성스러운 것을 성스럽게 대하지 않는 일은 그른 일이다. 이 유대는 개인에게 영향을 미친다. 첫째, 집단 유대감은 개인을 편안하게 한다. 개인은 혼자 있을 때 두려움을 느끼며, 다른 사람과 함께 있을 때 편안한 느낌을 얻는다. 혼자 있을 때 외로움을 느끼며, 다른 사람과 함께 있을 때 안정감을 느낀다. 둘째, 집단 유대감은 개개

---

5) 종교는 믿음과 의례로 이루어진다. 여기에서 의례는 사람들이 성스럽다고 믿는 존재 앞에서 행하는 몸짓(gesture)이다(이 책의 7장을 참조). 이런 몸짓은 일정한 방식으로 틀이 짜여 있다. 기도문 낭송이나 성가 찬송, 춤과 행진, 무릎을 꿇거나 성호를 긋는 행동은 모두 특정 방식으로 이루어져 있다. 의례는 궁극적 목적을 실현하기 위한 수단이 아니다. 목표를 달성하면 그 방법은 어찌 되어도 상관없는 그런 행동이 아니다. 의례는 형식 그 자체가 목적이다. 올바른 형식을 지키면 의미를 띠지만, 이 형식을 따르지 않으면 비웃음을 사거나 도덕적 분노를 자아낸다. 예컨대 어떤 사람이 성호(聖號)를 거꾸로 그으면 카톨릭 신자는 경멸이나 분노를 표현한다.
이처럼 의례(ritual)라는 말은 애초에 종교 의식(儀式, ceremony)을 의미하였다(Durkheim, 1912). 그러나 후대의 반 헤네프(A. van Gennep)나 고프먼(E. Goffman) 같은 연구자는 의사소통을 목적으로 하는 일상생활의 행위 그 자체를 의례라고 이해하였다. 그런 행위도 종교 의례처럼 일정한 형식을 유지하기 때문이었다. 오늘날 사람들은 이런 전통을 이어 의례를 다음과 같이 정의하였다. "의례는 상호작용을 시작하거나 유지하려고 (사람들이) 고정적으로 사용하는, 또 상호작용을 끝내려고 사용하는 일련의 동작"이다. 이와 거의 같은 말이지만, "의례는 의사소통을 위해 사용하는 비교적 고정된 방식의 행동"이다(Turner, 1988; Wuthnow, 1987). 예를 들어 (친근감을 표시하려고) 악수를 한다든지, (상대방의 말을 듣고 있다는 것을 알리려고) 고개를 끄덕인다든가, (헤어질 때에) 손을 흔든다든지 하는 등의 동작이 모두 의례다.

인의 정서적 에너지를 고양한다. 일상생활에서 개인의 감정은 지루하거나 산만한 것이지만, 여러 사람이 함께 하는 자리에서 그 감정은 극적으로 높아진다. 일상생활에서는 경험할 수 없는 에너지와 자기 확신을 얻는다. 종교 의례는 이런 방식으로 집단유대감을 낳는다. 이 유대감은 도덕성을 낳고, 한 발 더 나아가 이 도덕성에 정의라는 상징적 광채를 보탠다(Collins, 1994).

뒤르케임의 이런 논의는 다음과 같은 의미를 함축한다. 첫째, 사회는 집단유대감이라는 비합리적 감정, 무의식적 감정으로 만들어졌다. 둘째, 이 비합리적 감정이 개인의 신념과 태도를 결정한다. 사회생활이 만들어낸 집단유대감이 우리의 생각과 태도를 결정한다. 뒤르케임의 이런 논리는 상식과 배치한다. 우리는 흔히 자신을 어떻게 이해하는가? 우리의 관심과 선호는 보통 어디에서 나온다고 생각하는가? 우리는 무엇을 근거로 행동한다고 생각하는가? 개인의 합리적 선택을 강조하는 오늘날의 철학은 사람들이 자신의 경험으로 자신의 생각과 태도를 이룬다고 대답한다. 그러나 뒤르케임은 이런 대답에 반대하였다. 우리는 세상을 개인의 감각으로 경험하는 것이 아니라 사회적으로 경험한다. 우리는 이미 존재하는 의미와 의례 세계를 사회화한다. 사람은 비이성적 기초에 근거하여 생각하고 행동한다.

〈삽화 1-4〉 사회는 어떻게 가능한가?

정치학이나 사회학은 사회의 성립 가능성을 개인의 이기적 욕망에서 찾지 않았다. 이기적 욕망은 사회의 성립 가능성을 저해한다고 생각하였기 때문이다. 그러므로 이들은 사회를 만든 동력을 이기적 욕망 밖에서 찾았다. 본문에서 이미 보았지만, 홉스는 정부나 국가가 개인을 강제하여 사회를 만든다고 보았고, 파슨즈는 문화가 사회체계를 결합한다고 생각하였다. 뒤르케임은 의례가 빚는 공통의 감정이 사회를 유지한다고 주장하였다.

그러나 사회의 형성에 대한 가장 강력하고 가장 설득력 있는 이론은 뜻밖에도 사회생물학(sociobiology)에서 출현하였다. 사회생물학은 이기적이고 합리적인 개인이 자신의 이익을 추구하는 과정에서 더 많은 이익을 얻으려고 서로 협동하게 되었다고 말하였다. 일찍이 다윈(Darwin, 1871)은 친구의 중요성을 갈파하였다. 인간은 어느 순간 친구를 도우면 자신도 친구에게서 도움을 받을 수 있다는 사실을 알게 되었을 것이고, 그리하여 인간은 친구를 돕는 '습관'을 기르게 되었을 것이라고 추론하였다.

그리고 이 습관은 여러 세대를 거치면서 유전되었을 것으로 짐작하였다. 윌리암스(Williams, 1966)는 '습관'을 말하지 않고(습관은 유전되지 않는다), 우정의 진화 가능성을 언급하였다. 사람들과의 우정을 극대화하고 적대 관계를 극소화한 개인은 진화적 이점을 얻었을 것이고, 자연 선택은 인간관계를 최적화한 개체(유전자)에게 우호적이었을 것이라고 그는 말하였다.

트리버스(Trivers, 1971; 1985)는 윌리암스의 논의를 확장하여 '호혜적 이타성(reciprocal altruism)'이나 조건부 호혜(contingent reciprocity)라는 개념을 제시하였다. 조건부 호혜는 한 개체(A)가 그의 잉여 자원이나 정보를 타 개체(B)에게 공여했을 때, B가 이를 기억하였다가 그 '은혜'를 되갚는다면 A는 다음에도 B에게 호의를 베풀 것이지만, B가 되갚지 않는다면 더 이상의 호의를 베풀지 않은 태도나 전략을 말한다. 과연 이런 태도가 행위자에게 가장 유리한 전략일까? 이런 전략을 사용하는 유전자가 진화에 가장 유리할까? 가장 많은 생존자를 남기는 전략일까? 트리버스는 '반복하는 죄수의 딜렘마 게임'과 같은 비영합 게임으로 조건부 호혜가 진화적으로 안정된 전략(evolutionarily stable strategy; ESS)임을 증명하였다.

앞의 죄수의 딜렘마 게임(〈삽화 1-3〉)에서 합리적 개인은 타자를 배신하였다. 그러나 이 게임을 반복하는 조건에서는 상황이 완전히 달라진다. 게임을 되풀이하는 컴퓨터 시뮬레이션에서 배신 전략은 행위자에게 유리하지 않았다. 요컨대 다른 전략을 채택한 행위자를 이길 수 없었다. 그런 조건에서는 다른 어떤 전략보다 '받은 만큼 되돌려주기(tit-for-tat)'라는 전략이 행위자에게 가장 큰 이익을 낳았다(Axelrod, 1984; Dawkins, 2016). 이 전략을 사용한 개체(유전자)가 살아남을 가능성이 가장 크다는 의미다. 이 전략은 앞에서 말한 호혜적 이타성이나 '조건부 호혜(conditional reciprocity)'와 완전히 같다. 호혜적 이타성이나 조건부 호혜는 처음에는 협동하지만, 이후에는 상대방의 방식으로 대응하는 전략이다. 상대방이 계속 협력하면 나도 협력하고, 상대방이 배신하면 나도 배신한다는 전략이다. 조건부 호혜 전략은 타자를 배신하지 않고 타자와 협동하는 전략이다. 이 협동은 사회를 유지한다.[6]

사회생물학자들은 인간뿐만 아니라 붉은털원숭이나 돌고래, 침팬지나 흡혈박쥐 등과 같은 동물이 사회를 유지하는 이유를 베푼 만큼 되돌려 받기 전략에서 찾았다. 개체는 다른 개체의 존재와 협동함으로써 더 큰 이익을 얻을 수 있으므로 함께 모여

6) 이 협동은 사회를 유지할 뿐 아니라 도덕 감정을 낳기도 한다. 고마움은 도와준 사람에게 느끼는 감정이고, 분노는 도움을 받기만 하고 되돌려 주지 않는 이에게 느끼는 감정이다. 죄책감은 부도덕한 행위가 탄로 나거나 탄로 날 위험에 처했을 때 그 행위를 뉘우치고 빚을 갚거나 관계를 회복하려는 감정이다. 그 외에도 우정, 혐오, 공격성, 동정, 신뢰, 의심, 신용, 부정직, 위선 등과 같은 인간적 감정은 조건부 호혜가 낳은 협동에서 비롯한 것들이다. 예컨대, 우정과 신뢰는 도움을 주고받는 사람들에게서 싹트는 감정이다(Wright, 1995).

산다는 것이다(Wright, 1995).

> 사람들에게 널리 퍼져 있는 친절하지만 엄격한 전략, 즉 '받은 만큼 되돌려 주기' 전략을 지켜보면, 우연하게 생긴 유전적 돌연변이가 인류의 독특하고 미묘한 사회적 응집(social cement)을 낳은 과정을 알 수 있다(Wright, 1995: 299).

이처럼 조건부 호혜 전략이 장기적으로 협동을 낳는다면, 사회를 이루는 데에 다른 조건을 전제할 필요가 없다. 이기적 목적을 추구하는 합리적 개인만 존재해도 사회는 성립할 수 있다.[7] 사회생물학의 이런 논리는 사회가 성립하려면 국가의 강제가 필요하다는 홉스의 논리나 무의식적 집단유대감이 사회를 유지한다는 뒤르케임의 논리와 완연히 다르다. 여러분은 어떤 견해가 객관적 사실에 더 근접한다고 생각하는가? 어떤 견해에 마음이 더 끌리는가?

뒤르케임의 이런 논의는 맑스와 흡사하다. 이 책의 5장(사회적 불평등)과 8장(일과 경제생활)에서 보겠지만, 맑스는 '의식이 존재를 결정하는 것이 아니라 존재가 의식을 결정한다'고 말하였다. 이때 맑스가 생각했던 '존재'는 사람들이 물질을 생산할 때 차지하는 특정 위치였다. 예를 들어, 자본가는 상품을 생산할 때 노동자를 고용하고 관리하는 위치에 놓인 사람인데, 이 위치가 의식을 결정한다. 자본가는 최저임금제노가 부당한 제도라고 생각하고, 이 세상에 존재하는 어떤 노동조합에도 적대감을 표출한다. 자기 회사의 노동조합도 싫어하지만 전국민주노동조합총연맹(민주노총)이나 전국교직원노동조합(전교조) 같은 조직도 좋아하지 않는다. 자본가는 기본소득 보장 정책보다 법인세 감세 정책이 더 효과적인 경기회복 정책이라고 주장한다. 사람들에게 기본소득을 보장하는 정책은 별다른 효과가 없기도 하려니와 나라 경제에 해를 끼치는 정책이라고 생각한다. 법인세 감세는 기업 활동을 부추기는 정책으로 경제성장을 이루는 좋은 방법이라고 생각한다. 자본가는 또 분수효과 이론보다 낙수효과 이론이 더 현실적이고 더 올바른 이론이라고 판단한다. 그런데 이들은 왜 이렇게 생각하고 판단하며 주장할까? 법인세 감세 정책과 낙수효과 이론이 그들에게 더 유리하기 때

7) 규모가 작은 채집 무리의 협력은 호혜적 상호주의로 설명할 수 있다. 그러나 낯선 사람이 다수인 대규모 집단의 협력은 이런 이타주의로 설명하기 힘들다. 무임승차자를 처벌하는 제도나 타인과 협력하는 것을 장려하는 문화적 규범 등이 없다면 상호 이타주의는 가능하지 않기 때문이다(Norenzayan, 2013).

문이다. 물질적 이익이 의식을 결정한다. 존재가 의식을 결정한다. 뒤르케임은 맑스의 이런 생각을 더 일반화하였다. 그는 사회가 개개인의 의식을 결정한다고 말하였다. 물질적 생산관계가 아닌 다른 영역의 사회관계도 개개인의 의식을 결정한다는 의미다. 예컨대 친족관계나 지역, 민족도 개개인의 의식을 결정한다. 형제자매의 수나 출생 순서도 개인의 생각과 행동에 영향을 미친다. 지역주의나 민족주의도 개인의 생각과 행동에 영향을 미친다. 개인은 사회에 앞서 있지 않다. 오히려 사회가 개인에 앞서 있고, 사회가 개인을 결정한다. 사회적 존재가 의식을 결정한다(Collins, 1982; 1994).

우리가 두 개의 사실이나 현상, 즉 X와 Y의 인과관계를 다음과 같이 화살표로 표기할 수 있다면(여기서 X는 원인이고, Y는 결과다),

X ⟶ Y

위에서 언급한 뒤르케임의 생각은 〈그림 1-1〉과 같이 표현할 수 있다. 이 그림을 보면, 사회(관계)는 개인의 생각과 감정, 태도와 행동에 영향을 미친다.

〈그림 1-1〉 사회학의 시각 (1)

사회(관계) ⟶ 개인의 생각과 행동

지금까지 뒤르케임의 유대(연대) 이론에서 사회학의 시각을 도출하였다. 그러나 사회학의 시각을 여기에서만 구할 수 있는 것은 아니다 그의 사회학 방법론에서도 이 시각을 추론할 수 있다. 뒤르케임은 사회를 연구할 때 사회학주의(sociologism)에 입각해야 한다고 주장하였다(Durkheim, 1895). 사회학주의란 사회적 사실(social fact)은 다른 사회적 사실로 설명해야 한다는 방법론이다. 지금부터 이 말이 의미하는 바를 살펴보자. 먼저 사회적 사실이란 무엇인가?

사회적 사실이란 '개인의 밖에 존재하는 것으로, 개인을 강제하는 행위 방식이나 사고, 감정'을 말한다. 조금 다르게 표현하면, 사회적 사실은 외재성과 강제성을 띠는 가치와 규범이고 사회관계다. 여기에서 외재성(externality)이 의미하는 바는 다음과 같다. 첫째, 이미 만들어진 가치와 규범, 사회관계는 원래부터 개인의 밖에 있는 것이다. 사람들은 이것이 자신의 외부에 있다고 느낀다. 둘째, 가치와 규범, 사회관계는 두 사람 이상이 만든 것이다. 그러므로 그 가치와 규범, 관계는 개인에게 되돌릴 수 있는 것이 아니라 개인의 밖에서 독자적 실재(a reality *sui generis*)를 이룬다. 말하자면 떠오름 속성(emergent property)을 지닌다.[8] 다른 한편, 사회적 사실은 강제성(constraint)을 띠는데, 이것이 의미하는 바는 다음과 같다. 사람들이 만든 가치와 규범은 특정한 사고나 성향, 행동을 강요하며, 이를 따르지 않으면 사회는 개인에게 제재를 부과한다. 이러한 제재는 외적 강제에 그치지 않는다. 내면화 과정을 거쳐 개인 내부에서 특정 사고나 성향, 행동을 강제하기도 한다. 이처럼 사회적 사실은 내적 강제와 외적 강제로 개인을 압박한다.

사회적 사실의 한 예를 들어보자. 〈삽화 1-1〉에서 우리는 집단의식을 언급하였다. 집단 성원이 공통으로 갖는 감정이나 생각이 집단의식인데, 이 집단의식은 사회적 사실이다. 집단의식은 개인 밖에 존재하고 개인에게 강압적 힘을 발휘하기 때문이다. 집단의식의 예로는 민족주의를 떠올릴 수 있겠는데, 이 의식의 외재성과 강제성을 생각해 보자. 먼저 외재성이다. 개개인이 죽어서 사라져도 이 의식은 다른 사람의 관념 안에 존재한다. 그렇지 않은가? 그 동안 많은 사람이 죽었지만 한국인이라는 관념은 100년 전에도 있었고 지금도 있다(근대 이전에는 한국인이라는 정체성은 존재하지 않았을 가능성이 높다. 민족 정체성은 근대 이후에야 비로소 생겨났다). 개인의 밖에 존재하였다. 이 민족주의는 개인을 강제한다. 개인을 압박하는 힘을 느낄 수 없다고? 그럼 민족주의를 거스르는 말과 행동을 해 보자. 한국에서 한국인을 비난하고, 일본에서 일본인을 비난해 보자. 주변에서 감당하기 힘든 눈길과 압력이 되돌아오는 것을 느낄 수 있을 것이다. 이른바 외적 강제다. 그러나 그런 행동, 즉 민족주의에 반하는 행동은 애초에 시도조차 하지 않는다. 민족주의를 정상적인 것으로, 반민족주의를 이상한 것으로 생각하는 내적 강제가 작동하기 때문이다.

---

8) 떠오름 성질이나 떠오름 속성이란 사물이나 현상의 여러 성질 가운데에서 구성 요소의 속성과 구별되는 별도의 속성을 말한다. 다시 말해, 구성요소의 성질로 환원할 수 없는 별개의 속성을 지칭한다. 수소와 산소가 결합하여 물이 되지만, 물은 수소나 산소의 성질과 무관하다. 물은 별개의 성질을 띤다. 사람들은 이런 성질, 즉 구성요소의 성질과 구별되는 성질을 출현적 속성(出現的 屬性)이나 발현적 속성(發現的 屬性), 창발성(創發性) 등으로 번역하였다. 그러나 이 책에서는 최무영(2019)의 용어를 빌려 '떠오름 성질'이라 번역하였다. 최무영(2019)은 물리학 책이지만, 드물게도 조잡한 번역투 문장이 아니라 우리 말투를 유려하게 구사하였다. 더 반갑게는 외국어 용어를 한문이 아니라 우리말로 바꾸려고 노력하였다.

사회적 사실에 대한 이런 논의는 두 가지 함의를 띤다. 첫째, 사회적인 것이 개개인의 생각과 행동을 제약하고 규정한다. 이런 의미를 다음 글에서 음미해 보자.

> 우리 한 사람 한 사람은 태어나면서 결코 우리가 만들지 않은 사회세계 속으로 던져진다. 우리는 우리가 어떤 시대에 태어날 것인가, 누가 우리의 부모이고 형제일 것인가, 기본적으로 어떤 언어를 사용할 것인가, 어떤 종교나 교육을 제공받을 것인가에 관해 우리는 알지 못한다. (…)여기서 중요한 점은 우리가 우리보다 앞서 존재했으며 우리 뒤에도 계속 존재할 세계 속에서 태어난다는 것이다. (…) 우리는 하루하루 '우리 한 사람 한 사람에게 외부에서 오는, 그리고 우리 자신의 뜻과 관계없이 우리를 휩쓸어버리는' 사회적 사실과 사회적 흐름에 직면한다. (…)그 세계는 우리를 기다리고 있고 우리를 만든다. 그 세계는 우리 위에 있는 '사회적 사실'이다(Plummer, 2010: 19-20).

그렇다, 이렇게 독자적으로 존재하는 사회는 개개인의 외부에서 그 사람을 제약하고 강제한다. 개개인은 어쩔 수 없는 환경에서 살아야 하고, 어쩔 수 없는 조건을 받아들여야 한다. 이런저런 부모 밑에서 이렇게 저렇게 행동하고, 이런저런 나라에서 이렇게 저렇게 살아야 한다. 제 스스로 만들지 않은 사회만 개인을 강제하는 것은 아니다. 제 뜻대로 만든 사회도 개인을 옥죄기는 마찬가지다. 예컨대 부부관계는 개인의 생각과 행동을 강제한다. 남편은 아내의 생일을 기억했다 적절한 선물을 해야 하고, 너무 늦게 귀가해서는 안 된다. 다른 여성을 쳐다보거나 만나지 말아야 한다.

사회적 사실이 품는 둘째 함의는 한 사회적 사실은 다른 사회적 사실과 연결해야 한다는 것이다. 앞에서 보았듯, 사회적 사실은 독자적 실재다. 이 세상에 개인만 존재하는 것이 아니고, 사회도 별개의 실재로서 존재한다. 이 실재는 결코 개인의 생물학적 속성이나 심리적 특성으로 환원해서 설명할 수 없다. 그러므로 사회적 사실은 사물처럼 다루어야 한다. 사회적 사실을 설명하려 할 때에는 다른 사실을 원인으로 삼아야지 생물학적 속성이나 심리학적 원인을 원인으로 내세워서는 안 된다. 예를 들어보자. 한 개인의 자살이 발생하면 해당 개인의 심리상태나 동기로 그 원인을 짐작할 수 있다. 그러나 자살을 사회적 사실로 판단하면 개인의 심리를 원인으로 들어서는 안 된다. 사회적 사실은 사물로 다루어야 하기 때문이다. 4장(일탈과 범죄)에서 보겠지만, 자살은 사회성원이 서로 믿고 의지하며 교류하는 정도, 즉 사회통합의 함수다. 주변 사람과 맺는 관계가 너무 강해도 자살이 발생하지만 너무 약해도 자살이 일어난다(〈삽화 4-3〉 참조). 이렇게 자살이라는 사회적 사실은 사회통합이라는 사회적 사실에서 그 원인을 찾을 수 있다.

지금까지 뒤르케임의 사회학 방법론을 살펴보았다. 이 논의에서 다음과 같은 두 가지 함의를 추출할 수 있다.

사회적 요인은 개개인의 생각과 행동, 태도를 결정한다. (1)

사회현상의 원인은 다른 사회현상에서 찾을 수 있다. (2)

이 두 명제는 〈그림 1-2〉와 같이 표기할 수 있다.

〈그림 1-2〉 사회학의 시각 (2)

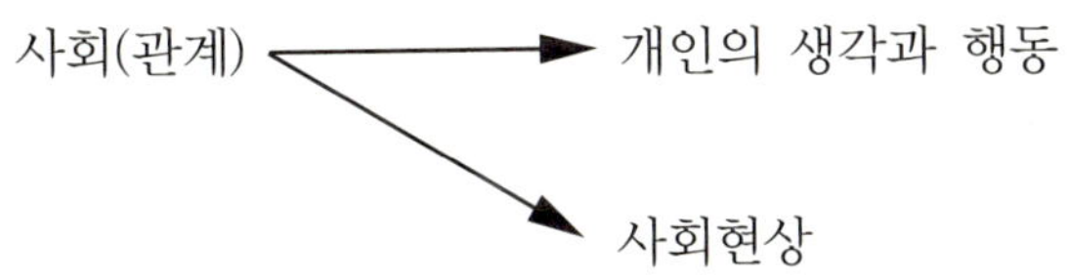

여기서 숨 한번 들이쉬고 우리의 일상생활을 잠깐 들여다 보자. 우리가 맺는 사회관계는 수없이 많다. 당신이 아침에 일어나서 저녁에 잠들 때까지 다른 사람과 맺는 관계를 생각해 보라. 아침에 일어나서 어머니가 차려준 밥을 먹고 일찌감치 대문을 나선다. 거리에 지나가는 사람을 건성으로 바라보면서 가게에 들러 오늘 낮에 쓸 필기구를 사고 가게 주인에게 돈을 건네준다. 버스에 올라서면서 운전 기사에게 눈인사를 주고받고, 학교 앞에서 내려 학교에 들어선다. 어디선가 많이 본 듯한 학생들과 함께 강의실로 향한다. 강의실에서 조금은 낯선 학생과 함께 이번 학기에 새로 만난 교수의 수업을 듣는다. 점심시간에 식당 직원에게서 음식을 받는다. 평소 만나는 친구들과 모여 앉아 밥을 먹으며 잡담을 나눈다. 오후에는 다른 강의 시간에 다른 교수와 다른 학생을 만난다. 오후 늦게 축구 동아리에 들러 시합을 하고, 저녁에는 동아리 멤버와 함께 시내 식당에서 맥주를 즐긴다. 밤늦게 집에 들어와 부모님과 이야기를 나누다 잠자리에 든다.

하루에도 꽤 많은 사회관계가 존재한다는 사실을 알 수 있다. 이 관계에는 가족, 친구, 동료 등과 같이 중요한 사회관계가 있고 교수, 이웃 등과 같이 비교적 소원한 관계도 있다. 사회관계는 대체로 틀이 짜여 있지만 중요한 관계는 더욱더 분명하게 틀이 짜여 있다. 정형화되어 있다. 예를 들어 보자. 가족관계 안에는 아침에 일어나서 누가 밥을 하고, 누가 직장에 가며, 누가 학교를 가는지, 그리고 각자 언제 집에 들어오는지 모두 정해져 있다. 가족 구성원은 모두 그 규칙에 맞추어 움직인다. 친구와 맺는 관계도 틀이 짜여 있다. 내일은 어디에서 만날지 오늘 미리 정한다. 주말에 영화를 볼 것인지 산에 갈 것인지도 정한다. 교수나 이웃과 맺는 소원한 관계도 틀이 짜여 있다. 그러나 이 관계는 가족관계나 친구관계보다 틀이 성글다. 강요하는 힘이 약하다. 학교에 가면 특정 교수와 특정 방식으로 수업을 하지만, 수업에 들어가지 않아도 큰 문제는 없다. 수업 시간에 엎드려 잠을 자도 무방하다. 가게에서 물건을 카드로 살 것인지 현금으로 살 것인지는 우리 자유다. 버스 기사에게 인사를 건넬 것인지 무뚝뚝하게 대할 것인지도 우리 마음이다.

사회관계의 틀이 짜여 있지 않으면 아마도 우리는 크게 당황할 것이다. 아침에 일어났는데, 어머니가 밥을 차려 주지 않으면 우리는 얼마나 놀라겠는가? 친구와 약속했건만, 그가 영화관에 나타나지 않는다면 우리는 얼마나 당황하겠는가? 학교 교실에 갔는데, 다른 교수가 들어오면 우리는 얼마나 어리둥절하겠는가? 어쨌든 사회관계는 이렇게 틀이 짜여 있는데, 이렇게 틀이 짜인 중요한 사회관계를 우리는 사회구조(social structure)라고 한다. 이런 종류의 특별한 사회관계는 다른 어떤 사회관계보다 우리에게 압도적 영향을 미친다.[9] 부모나 친구와 맺는 사회관계는 기차에서 우연히 만난 사람이나 길거리에 지나가는 사람과 맺는 관계보다 우리에게 큰 영향을 미친다. 그러므로 우리는 〈그림 1-2〉와 같은 인과관계를 〈그림 1-3〉처럼 바꾸어 쓸 수 있다.

〈그림 1-3〉 사회학의 시각 (3)

9) 사회학 용어의 상당수는 자연과학에서 빌려 온 것이다. 앞으로 보겠지만, 상호작용, 계급, 이동 등의 용어는 자연과학에서 빌려 왔다. 지금 여기서 말하는 구조(structure)도 그러하다. 자연과학이나 공학에서 구조란 보통 여러 요소의 배열이나 조직을 말하거나 그런 배열이나 조직의 큰 틀, 얼개, 뼈대를 말한다. 이로부터 유추하여 사회구조는 사회관계의 얼개, 뼈대라고 말할 수 있다.

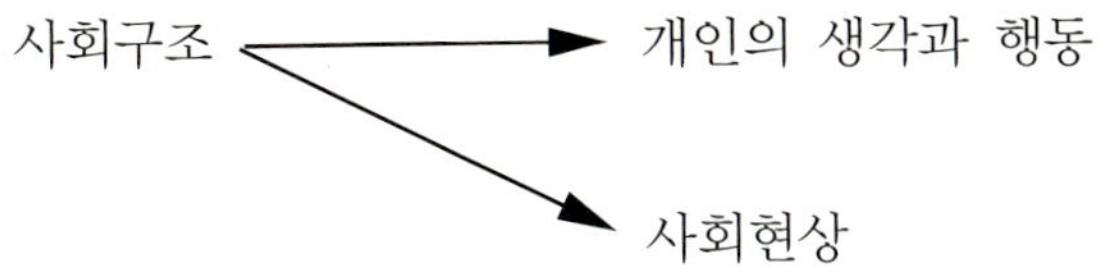

지금까지 뒤르케임의 이론에서 두 개의 인과관계를 추론하였다. 사회구조가 개인의 생각과 행동에 영향을 미치고, 사회구조가 다른 사회현상을 규정한다는 명제가 바로 그것이다. 인간과 사회를 이런 인과관계로 살피는 시각은 주류 사회학이 인간과 세상을 바라보는 시선이다. 뒤르케임의 시각이 그렇고, 앞에서 보았던 파슨즈의 시각도 그렇다(구조기능주의에서는 문화가 퍼스낼러티를 규정한다). 이런 시각은 다른 분과 학문에서 찾기 힘든 매우 독특한 시각이다. 그러므로 사회학의 정체성은 바로 이 시각에서 찾을 수 있다. 그리고 우리는 이렇게 독특한 시각을 앞세워, 사회학을 다음과 같이 정의할 수 있다.

사회학은 사회의 선행성(先行性)과 우선성(優先性)을 내세우는 학문이다. (1)
사회학은 우리가 알고 싶은 대상/현상을 사회구조와 관련짓는 학문이다. (2)
사회학은 사회구조가 특정 대상/현상에 미치는 영향을 규명하는 학문이다. (3)

얼핏 보기에 이런 정의는 생소한 것 같지만, 오래 전부터 널리 퍼져 있던 생각이다. 일찍이 밀즈(Mills, 1959)는 우리가 일상생활에서 겪는 경험을 파악하거나 이해하려 할 때 사회학적 상상력(sociological imagination)을 동원해야 한다고 말하였다. 그는 이 상상력을 '개개인의 경험과 사회적 맥락의 관계를 아는 것'이라고 정의하였다. 좀 더 구체적으로, 사회학적 상상력이란 개개인의 삶이 역사적 과정과 사회적 맥락의 결과임을 깊이 이해하는 것이라고 말하였다. 무슨 뜻인가? 예를 들어서 이 말의 의미를 알아보자. 지금 이 시대를 사는 우리의 삶은 다른 시대의 삶과 구별된다. 우리는 파시즘에 젖어있기도 하고 민주주의를 갈망하기도 한다. 혹시라도 우리 안에 아직 파시즘이 남아 있다면 그것은 식민지시대의 파시즘과 그를 이었던 군사 파시즘의 결과일 것이고(임지현 외, 2016), 혹시라도 우리 안에 주권재민의 확신이 있다면 그것은 험난했던 민주화 과정의 산물일 것이다. 우리 삶은 이와 같은 역사적 과정의 결과지만, 또한 지금 우리가 마주하는 사회적 맥락의 결과이기도 하다. 신자유주의 경쟁체제에 찌든 우리나라의 스무살 젊은이들은 수학능력시험 점수를 기준으로 서열을 만들고 서열에 근거한 차별을 정당한 것으로 여긴다. 고등학교 때 공부 잘 해서 좋은 대학에 진학한 학생은 더 좋은 직장에 취업하여 더 많은 돈을 받아야 하고, 고등학교 때 성적이 좋지 않아 평판이 낮은 대학에 다닌 학생은 덜 좋은 직장에서 더 적은 돈을 받아야 한다고 믿는다. 이런 믿음은 정당성은 말할 것도 없고 현실성마저 없는 망상이다(이 책의 5장 3절 2항과 〈삽화 5-3〉을 참조). 어쨌든 이처럼 절차적 공정이라는 이름으로 서열을 당연시하고 차별을 정당화하는 이런 사유방식은 우리 사회가 만들어낸 좋지 않은 결과일 것이다(오찬호, 2013). 어쨌든 우리 삶을 이런 방식으로 이해하는 것, 즉 우리 삶은 역사적 과정과 사회적 맥락의 결과라고 이해하는 사고방식을 밀즈는 사회학적 상상력이라고 말하였다. 그런데 이런 발언은 어디서 많이 들어보던 이야기 아닌가? 이런 통찰력은 기실 사회구조가 개인의 생각과 행동에 영향을 미친다거나 이를 규정한다고 보는 우리의 시각, 다시 말해 우리가 앞에서 길게 서술한 사회학적 시각과 별로 다르지 않다. 결국, 밀즈는 사회학적 상상력이라는 말로 사회학이 세상을 바라보는 시각을 드러냈고, 사회학의 정체성을 밝혔던 셈이다. 최근에 등장한 미국의 몇몇 교과서는 밀즈의 이런 생각을 좇아 사회학을 다음과 같이 명쾌하게 정의하였다.

> 우리는 이제 사회학을 더 완전하고 분명하게 정의할 수 있다. 개개인은 다양한 맥락 안에서 삶을 펼치고 사람들은 그 맥락 안에서 사회세계를 창조하는데, 사회학은 이 다양한 맥락을 탐구하는 학문이다(Manza et al., 2015: 12. 강조는 인용자).[10]

> 사회학은 인간의 사회 행동을 연구하는 학문이다. (…)인간의 행동은 모두 사회적 맥락 안에서 일어난다. (우리를 둘러싼 제도와 문화 등과 같은) 사회적 맥락은 개인의 생각과 행동을 빚는다(Andersen and Taylor, 2019: 2. 강조는 원저자).[11]

10) We can now define more fully and clearly what we mean by *sociology*. Sociology is the study of the diverse contexts within which individuals' lives unfold and the social world is created.

11) Sociology is the study of human behavior in society. (…)*All human behavior occurs in a social context*. That context–the institutions and cultures that surround us–shapes what people do and

이런 정의는 이 책에서 조금 전에 필자가 내린 정의보다 부드러운 뉘앙스를 띠고 있지만 그 뜻은 기본적으로 같다. 사회적 맥락이 개인의 생각과 행위에 영향을 미친다는 것이고, 구조가 생각과 행위를 결정한다는 것이다. 아무튼 사회학의 이런 시각은 다른 분과 학문의 시각과 상당히 다르다. 사회학의 이런 시각은 사회생물학과 가장 뚜렷이 대비되지만(〈삽화 2-5〉 참조), 여기서는 우선 사회학과 경제학의 시각을 비교하여 사회학적 시각의 독특성을 이해해 보자. 경제학의 시각도 사회학과 선명하게 다르다(〈표 1-2〉 참조).

우리가 주변에서 흔히 보는 신고전파 경제학은 인간을 이기적 존재로 본다. 인간은 이기적 욕망을 달성하려고 애를 쓰는 존재이고, 재화와 서비스를 소비함으로써 주관적 효용(utility)을 극대화하려는 존재라고 파악한다. 이는 사회학적 인간관과 확연히 다르다. 사회학은 인간을 감정적이고 이타적인 존재라고 본다. 인간은 타인의 감정에 공감하려는 존재이고, 타인에게 호의를 베푸는 존재이다. 이런 인간은 타자와 맺는 관계에서 만족(satisfaction)을 극대화하려고 노력한다. 이처럼 경제학이 지극히 이기적인 경제학적 인간(*homo economicus*)을 상정한다면, 사회학은 극도로 사교적인 사회학적 인간(*homo sociologicus*)을 상정한다. 경제학적 인간이나 사회학적 인간은 모두 비현실적이다. 이런 부류의 인간은 이 세상을 원만하게 살아갈 수 없다. 현실의 인간은 이 두 양극단의 중간 어디쯤에 속할 것이다. 그런데도 이런 인간을 상정하는 것은 현실 분석 도구(이론)를 만드는 데에 유리하기 때문이다.

〈표 1-2〉 사회학과 경제학의 시각 비교

	경제학	사회학
인간 본성	합리적(rational), 이기적	감정적(expressive), 이타적
인간 행위의 목적	효용 극대화	만족 극대화
사회관	개인의 총합; (사회)명목론	독자적 실재; (사회)실재론
주요 분석 단위	개인	사회

think.

경제학은 사회를 개인의 총합으로 본다. 실재하는 것은 개인이고, 사회는 이름만 존재한다고 말한다. 사회는 실제로 존재하지 않고 이름만 있다는 입장이다. 사회명목론(nominalism)이다. 그와 달리 사회학은 사회는 개인과 구분되는 독자적 실재라고 생각한다. 사회학은 개인도 존재하지만 그들이 맺는 사회관계도 실제로 존재한다고 생각한다. 사회실재론(realism)이다. 경제학은 사회현상을 분석할 때 개인을 분석 단위로 사용한다. 왜냐하면 실제로 존재하는 것은 개인이기 때문이다. 예를 들어보자. 최근 들어 우리 사회에서 청소년의 마약 흡입률이 높아졌다고 가정해 보자. 경제학은 이 현상의 원인을 어디에서 찾는가? 개인의 심리에서 찾는다. 예를 들자면, 학업 경쟁에서 스트레스를 받은 청소년이 마약을 많이 흡입하게 되었다는 방식으로 설명한다. 이런 방식의 설명은 개인의 스트레스 증가가 범죄율 증가의 원인이라고 치부한다. 사회학의 설명 방식은 이와 다르다. 사회학의 분석 단위는 사회다. 그러므로 사회현상의 원인은 다른 사회현상에서 찾는다. 사회학은 청소년 마약 흡입률 증가 원인을 우리 사회의 이혼률 상승이나 교실 붕괴 등과 같은 사회현상에서 찾는다.

이렇게 사회학의 시각은 독특하다. 그리고 이 독특한 시각이야말로 사회학의 본질 같은 것이다. 사회학은 사회의 모든 것, 즉 모든 사회현상을 다룬다. 정치 현상도 다루고(정치사회학), 경제적 사실도 다룬다(경제사회학). 그러므로 사회학은 그것이 다루는 대상으로 정의할 수 없다. 사회학은 대상을 다루는 시각으로 정의할 수밖에 없다. 이제야 우리는 앞에서 말했던 용어, 즉 커피의 사회학, 축구의 사회학, 토마토의 사회학 등과 같은 용어의 의미를 분명하게 이해할 수 있다. 사회학이란 특정 대상을 둘러싼 사회관계를 밝히고 이 사회관계가 이 대상에 미친 영향을 다루는 학문이다. 그러므로 커피의 사회학이란 커피를 생산하고 교환하고 소비하는 사람들이 맺는 사회관계를 살피고 이 관계가 커피의 생산과 소비 등에 미치는 영향을 규명하는 학문이라고 말할 수 있다. 축구나 토마토의 사회학도 그렇고 문학사회학이나 과학사회학도 마찬가지다. 문학사회학이란 문학적 사고를 규정하는 사회환경을 살피고, 문학 활동을 둘러싸고 사람들이 벌이는 협력과 갈등을 따지는 학문이다. 과학사회학은 지식의 생산과 소비를 담당하는 주체의 관계를 살펴보고, 이 관계가 과학적 사고와 과학 활동에 미치는 영향을 다룬다.

앞에서 우리는 경제학과 사회학이 세상을 바라보는 시각을 비교하였다. 어떤 시각이 더 옳은가? 어떤 시각이 더 유용한가? 이런 질문은 별다른 의미가 없다. 모든 시각은 현실을 완전하게 파악할 수 없고, 이 시각들은 현실의 특정 측면만 부각하기 때문이다. 모든 시각은 부득이하게 일면적이다. 그러면서도 나름대로 유용하다. 예컨대 〈그림 1-4〉에서 허공에 떠 있는 사물이 어떤 존재인지 우리는 모른다. 괴델과 에셔, 바흐의 공통점을 추려 놓은 존재일까? 알 수 없다. 우리가 아는 것은 단편적이고 일면적 지식이다. 우리는 이 물체를 위에서 보면 B로 보이고, 왼쪽에서 보면 G, 오른쪽에서 보면 E로 보인다는 사실만 안다. 이 단편적 사실로 우리는 물체의 정체를 추정한다. G, E, B의 혼합물이나 화합물이라고 추정한다. 개별 학문도 이처럼 세상을 한 쪽 측면으로만 바라본다.

〈그림 1-4〉 괴델, 에셔, 바흐: 영원한 황금 노끈

구체적 예를 들어 세상을 바라보는 여러 시각의 일면성을 보자. 남녀의 낭만적 사랑(romantic love)를 생각해 보자. 이 책의 3장(성, 가족, 사랑)에서 자세히 살펴보겠지만, 이 사랑을 바라보는 시각은 다양하다. 먼저, 생물학은 낭만적 사랑을 성적 욕망의 한 표현으로 본다. 좀 더 구체적으로 말하면 사랑이란 성행위에 돌입하기 전에 시도하는 시시덕거림(flirting)이다. 성행위라는 큰 고비를 넘으려는 준비 운동 같은 것이라 말할 수 있다. 생물학적 시각은 사랑이라는 고귀한 정신적 열정을 천박한 욕

망으로 비하하는 것 같아 때때로 기분 나쁘게 들리지만, 가만 들여다보면 대상의 핵심을 꿰뚫는 시각이다. 사랑을 이보다 더 정확하게 묘사한 시각은 없다. 사랑이 성적 욕망이 아니면 도대체 무엇이란 말인가? 그것이 없다면 우리는 왜 사랑을 할 것인가?

둘째, 정신분석학은 사랑을 여러 가지 방식으로 생각한다. 1) 유아는 자신을 돌보는 사람에게 감정적 애착을 느낀다. 성인 남녀도 자신을 돌보아주는 사람에게 애착을 느낀다. 주체가 객체에게 쏟아 붓는 감정적 애착(cathexis), 이것이 바로 사랑이다. 2) 사랑은 성적 욕망의 승화(sublimation)이다. 어떤 이유로든지 성적 욕망을 억누를 때 이 욕망은 사랑이라는 배출구(outlet)를 찾아 분출한다. 그러므로 사랑은 억눌린 성적 욕망이다. 성적 욕망이 충족되면 사랑이라는 감정은 천천히 사라진다. 부부 사이에서 서로 끌어당기는 애틋함이 천천히 사라지는 것은 성적 욕망이 충족되었기 때문이다. 3) 사랑은 망상과 환상이다. 사랑은 두 사람이 만들어내는 비현실적 세계다. 사랑은 일종의 조현병(調絃病, schizophrenia)이다. 이런 정의를 음미해 보라. 정신분석학만큼 사랑을 문학적으로 표현한 시각은 좀처럼 찾기 힘들다.

셋째, 경제학은 사랑을 교환이라는 관점에서 바라본다. 우리는 아무에게나 사랑을 느끼지 않는다. 사랑은 마른하늘에서 날벼락이 내려치듯 갑자기 찾아오는 것이 아니다. 사람들은 자신과 비슷한 사람과 사랑에 빠진다. 사람들은 교육수준이나 직업이 비슷한 사람과 사랑한다. 키나 성격이 비슷한 사람과 사랑하고, 심지어는 성적 매력이 비슷한 사람과 사랑한다. 자원이 비슷한 사람과 사랑한다는 것은 서로 상대방의 자원을 계산했다는 것을 의미한다. 사랑이 고귀한 것처럼 보여도 상대방의 자원을 미리 셈할 만큼 충분히 세속적이다.

넷째, 사회학은 사랑이라는 강렬한 감정이 생기는 원인을 찾는다. 로미오는 잠든 줄리엣이 죽은 줄 알고 스스로 목숨을 끊었고, 잠에서 깨어난 줄리엣은 죽은 로미오를 보고 자결하였다. 이처럼 사랑은 죽음도 마다하지 않을 만큼 강렬한 애착을 포함한다. 이렇게 불가사의한 애착과 유대는 도대체 어떻게 생기는 것일까? 왜 그 유대는 영원하지 않은 걸까? 사회학은 이런 것을 설명하려고 시도한다.

이러저러한 시각은 사랑을 완전한 형태로 이해하지 않는다는 측면에서 일면적이다. 그러면서도 사랑을 이해하는 데에 모두 유용하다.

지금까지 우리는 사회학의 주류 이론이 인간과 사회를 바라보는 시선을 정리하였다. 이 시각을 따르면, 사회는 개인의 생각과 감정에 영향을 미치고, 하나의 사회현상은 다른 현상의 원인이 된다. 앞에서 우리는 모든 시각은 상대적 유용성을 띤다고 말하면서, 사회학적 시각의 부분적 유용성을 두둔하였다. 아마도 그럴 것이다. 어떤 시각이든지 나름대로 세상을 밝히는 데에 도움이 될 것이다. 그러나 아무리 그렇다고 해도 개별 시각의 상대적 타당성 문제는 비켜갈 수 없다. 어떤 시각으로 만들어낸 이론이나 지식이 경험적 현실과 더 많이 부합할까? 다시 말해 어떤 시각이 더 타당한 것일까? 사회학자들은 사회학적 시각이 합리적이고 타당하다고 생각하였지만, 사회학적 시각은 착시이자 오류라는 견해도 오래 전에 등장하였다. 19세기 중후반에 이미 다윈은 사회학의 시각을 의심하였고, 그다지 오래지 않은 시기에 나타난 사회생물학(이나 그로부터 시작한 진화심리학)도 사회학의 합리성과 타당성에 회의적이었다. 이 책의 2장(문화와 사회화) 끝에 붙인 〈삽화 2-5〉에서는 사회학의 시각을 의심하는 진화심리학의 주장이나 시각을 선보일 것이다.

(2) 과학(사회학)의 특징, 목적, 방법

과학은 특별한 종류의 지식체계나 신념체계다. 과학은 상식과 다르고, 종교와 다르며, 인문학(철학, 문학, 역사학)과도 다르다. 과학은 이들과 어떻게 구분되는가? 첫째, 과학은 경험 세계를 다룬다. 경험 세계를 다루지 않은 지식은 과학이 아니다. 신을 논의하는 종교적 믿음이나 신학적 지식은 과학이 아니다. 둘째, 과학은 반증가능한 지식이다. 말하자면 틀렸다고 증명할 수 있는 지식이다.[12] '신은 전지전능하다'는

12) 과학은 '검증가능한(verifiable)' 지식이라고 할 법도 한데 왜 그렇게 말하지 않고 반증가능한(falsifiable) 지식이라고 하는가? 경험적 세상에서 옳다고 증명할 수 있는 지식, 즉 검증가능한 지식은 없다. 한 명제의 진실은 아무리 많은 사례로도 밝힐 수 없다. 예컨대, '모든 고니(백조)는 희다'는 명제는 얼마나 많은 사례로 검증가능한가? 만 마리? 백만 마리? 백만 마리를 관찰한 끝에 이 명제가 참임을 막 인정하려는데, 검은 고니(black swan) 한 마리가 나타났다고 하자(실제로 1697년 한 탐험가는 오스트레일리아에서 검은 고니를 처음으로 관찰하였다). '모든 고니는 희다'는 명제는 한 순간에 거짓이 된다. 이렇게 아무리 많은 사례로도 한 명제의 진위 여부를 판단할 수 없는 사정을 귀납의 문제(problem of induction)라고 한다. 이 귀납의 문제 때문에 과학을 검증가능한 지식이라고 말하지 않는다(이기홍, 2014).

종교적 명제는 과학이 아니다. "오래된 연못, 개구리 뛰어드는, 물 가름 소리"와 같은 문학적 묘사도 과학이 아니고,[13] "존재하는 모든 것은 꿈과 같고 허깨비와 같으며 거품과 같고 그림자와 같다. 이슬과 같고 번개와 같다"는 철학적 명제도 과학이 아니다.[14] 이들은 경험 세계의 현상을 다루지만 모두 반증가능하지 않기 때문이다. 틀렸다고 주장할 수 없는 명제이기 때문이다.[15]

과학의 목적은 무엇인가? 과학의 궁극적 목적은 이미 발생한 현상의 원인을 찾는 것이다. Y라는 현상이 이미 발생했다고 가정하자. 예컨대 흑두루미가 더 이상 한국에 찾아오지 않는 현상이 발생했다고 가정하자. 과학은 그 현상의 원인을 찾는 것을 목적으로 한다. 현상을 야기한 원인은 아마도 무척 많을 것이다. 〈그림 1-5〉에서 보는 것처럼, 원인은 n 개(X_1, X_2, ..., X_n)일 것이다. 그러나 과학은 그 원인을 모두 찾으려고 시도하는 것이 아니라 가장 유력한 원인 몇 가지를 밝히려고 노력한다. 기실 현상

〈그림 1-5〉 과학의 목적

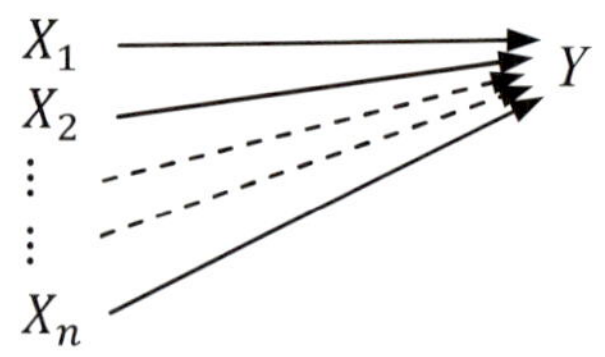

을 가장 적은 수의 원인으로 밝히는 이론이 가장 바람직하다. 가장 효율적이기 때문이다. 이처럼 가장 중요한 원인 몇 가지만 밝혀야 한다는 규범을 간결성의 원칙

13) 16세기 일본의 시인 마츠오 바쇼(松尾芭蕉)의 하이쿠(俳句). "古池や 蛙飛び込む 水の音"

14) "一切有爲法 如夢泡幻影 如露亦如電." 금강경(金剛經)의 한 구절이다. 현상계의 모든 것은 고정불변의 실체로 존재하지 않고 인연(因緣)(직접적 원인과 간접적 조건)에 맞추어 끝없이 바뀐다. 그러므로 지금 보는 사물의 모습은 꿈, 거품, 허깨비, 그림자, 이슬, 번개 등처럼 일시적이라는 말이다.

15) 본문에서 이야기한 과학의 정의는 실증주의(實證主義, positivism)에 근거한 것이다. 실증주의를 따르면, 과학은 경험 세계를 다루는 반증가능한 지식이다. 오늘날 이런 과학관에 대한 비판은 거세다. 협약주의(協約主義, conventionalism)는 경험의 이론의존성을 내세우면서 과학을 (실재에 대한 객관적 서술로 보지 않고) 과학자 공동체의 창조물이자 주관적 구성물로 바라보았다. 실재론(實在論, realism)은 과학을 달리 바라보았다. 과학은 세계에 존재하는 객체를 재구성하려는 시도이고, 이 재구성의 타당성을 경험으로 판단하는 지식이라고 판단하였다. 사람마다 철학마다 과학을 달리 정의하겠지만, 이기홍(2014)은 과학의 실제 활동과 가장 근접한 정의는 실재론이라고 보았다. 그러나 많은 사람들은 지금도 실증주의 과학관을 표준 견해(standard view)라고 받아들인다.

(principle of parsimony)이라 한다. 과학은 간결성의 원칙을 지켜 현상을 야기한 몇 가지 중요한 원인을 찾으려 한다.

이제 과학의 방법을 알아보자. 과학의 목적은 이미 발생한 현상의 원인을 찾는 것이라 하였는데, 과학은 어떤 방법으로 현상의 원인을 찾는가? 현상의 원인을 찾는데 쓰는 방법은 기술, 비교, 역사, 설명이다. 하나씩 살펴보자. 첫째, 기술(description)은 대상에 관한 정보를 그대로 서술하는 방법이다. 과학의 가장 기초적 방법이다. “지난 8월의 평균 기온은 섭씨 25°였다”는 진술, 그리고 “2018년 한국 여성의 합계 출산율은 0.98명이었다”는 진술은 간단하지만 유용한 정보를 제공한다(합계 출산율이란 가임 여성 한 명이 평생 동안 낳을 것으로 예측되는 출생아 수다).

둘째, 비교(comparison)다. 하나의 조건(상태나 사회)를 다른 조건(상태나 사회)과 서로 견주는 방법이다. 세계의 주요 도시마다 2018년 8월 평균 기온을 견주거나, 2018년의 지진 발생 횟수를 나라마다 대어 보는 방법이다. 사회현상으로 관심을 옮기면, 개별 국가의 합계 출산율이나 이혼율을 서로 견줄 수 있다(〈그림 1-6〉, 〈그림 1-7〉 참조). 이런 비교를 통해서 우리는 기술보다 더 풍부한 정보를 얻을 수 있다. 한국의 기온이나 지진 발생 빈도가 다른 나라와 어떻게 다른지, 한국의 출산율과 이혼율이 다른 나라에 비하여 얼마나 높고 낮은지를 알 수 있다.

〈그림 1-6〉 OECD 국가의 여성 일인당 합계 출산율(2014년)

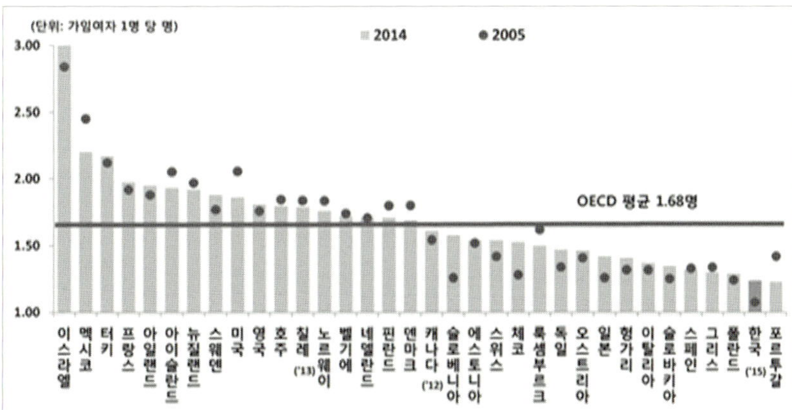

출처: www.kostat.go.kr

〈그림 1-7〉 2008년 OECD 국가의 조이혼율

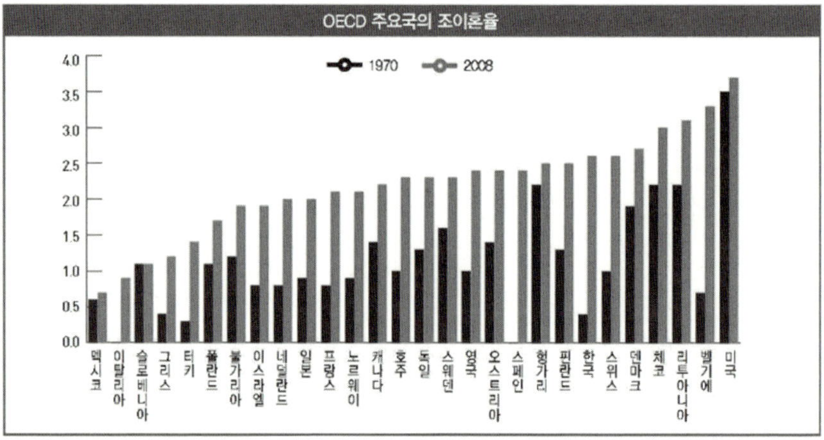

주: 1) 조이혼율은 인구 1,000명 당 이혼 건수임.
2) 2008년 수치 중 영국, 호주, 캐나다, 일본, 그리스, 멕시코 등은 2007년 자료이고 미국, 프랑스, 이스라엘 등은 2006년 자료임.
3) 국제기구에서 작성한 나라별 지표는 국제비교를 위해 특정 가정에 따라 조정된 자료다. 그러므로 주요·보조지표의 수치, 수록기간 단위 등이 다를 수 있음.

출처: OECD 「http://www.oecd.org/」 2004.06; 「OECD Family Database 2014」.

셋째, 역사(history)다. 역사란 한 시점의 조건(상태나 사회)를 다른 시점의 조건(상태나 사회)과 견주는 방법이다. 역사도 비교다. 다만 조건이나 상태의 비교가 아니라 시점과 시점의 비교일 뿐이다. 예를 들어, 앞에서는 한국의 평균 기온을 다른 나라와 비교하였지만, 한반도의 연평균 기온이 매년 어떻게 바뀌었는지를 비교해 볼 수 있다. 〈그림 1-8〉을 보면, 지난 백여 년 동안 서울의 연평균 기온은 꾸준히 높아졌음을 알 수 있다. 2015년의 기온은 1912년의 기온보다 무려 3.5°C나 높다. 사회현상도 역사적으로 접근할 수 있다. 한국의 이혼율과 출산율이 지난 수십 년 동안 바뀐 모습을 보자. 〈그림 1-9〉를 보면, 한국의 이혼율은 1990년대까지 완만하게 상승하였다. 한국의 이혼율은 1990년대부터 가파르게 상승하다가 2000년대 초반에 정점을 찍고 그 이후에 천천히 하강하였다. 〈그림 1-10〉을 보면, 한국의 출산율은 1970~80년대에 큰 폭으로 내려갔다가 90년대 이후 느리게, 그러나 꾸준하게 낮아졌다는 사실을 알 수 있다. 그 결과는 무엇인가? 인구의 자연 감소다. 〈그림 1-11〉을 보면, 한국의 사망자 수는 매년 비슷하지만, 출산아 수는 해마다 급격하게 줄어들었다. 2020년에 이르러서는 마침내 출생아 수는 사망자 수보다 적어, 인구의 자연감소가 시작하였다. 이렇게 시점과 시점을 비교하면 기술보다 훨씬 더 풍부한 정보를 얻을 수 있다.

〈그림 1-8〉 서울 연평균 기온 변화

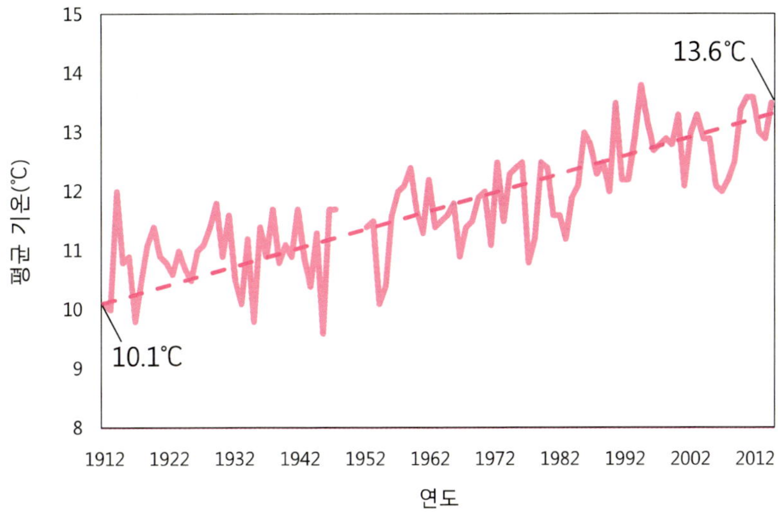

출처: 기상청 기상자료개방포털(https://data.kma.go.kr)

〈그림 1-9〉 한국의 이혼율 추세(1970–2014)

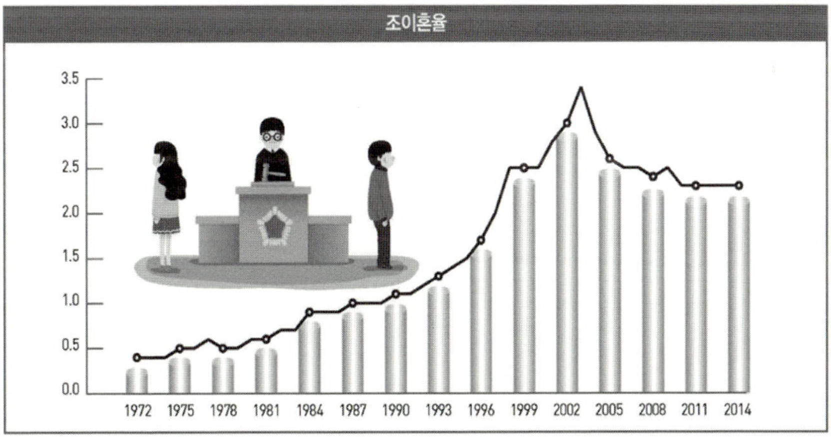

주: 조이혼율은 인구 1,000명 당 이혼건수임.
출처: 통계청, 「인구동향조사」.

〈그림 1-10〉 한국의 출산율 추세

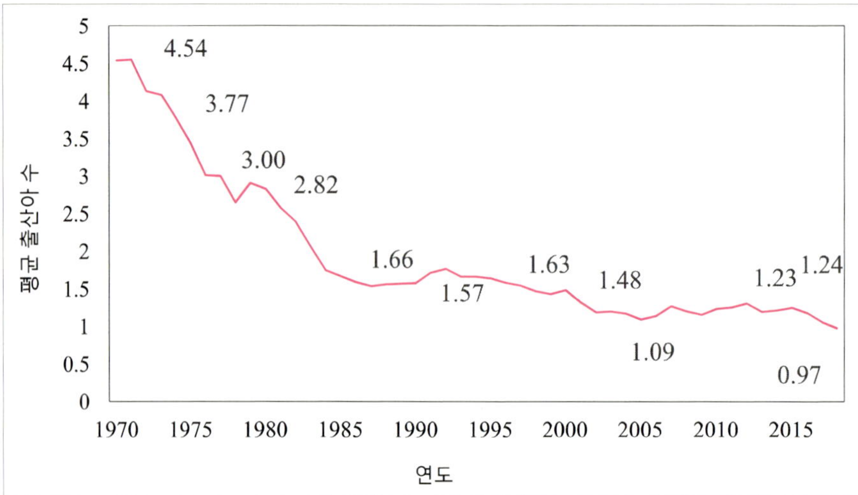

출처: index.go.kr

〈그림 1-11〉 한국의 출생아 수와 사망자 수

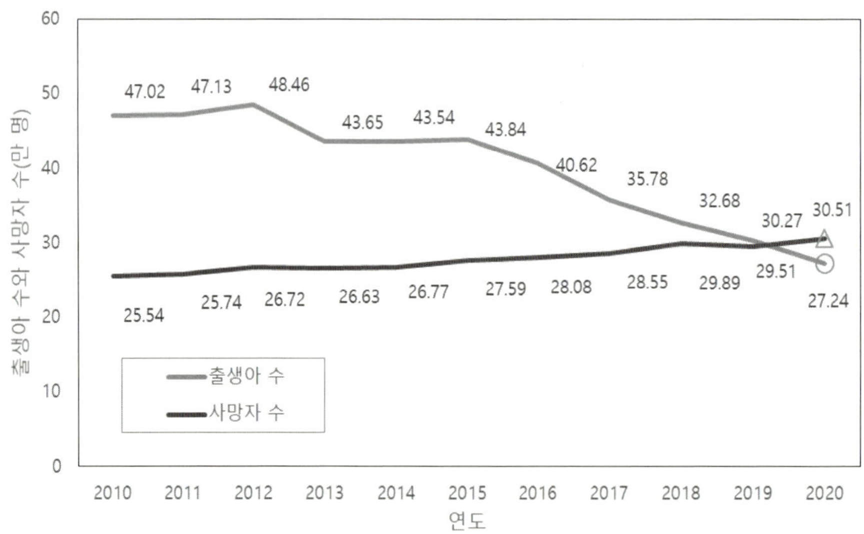

출처: index.go.kr

넷째, 설명(explanation)이다. 비교나 역사의 방법을 써서 대상을 파악하면, 몇 가지 당연한 의문이 떠오른다. 왜 한반도의 평균 기온은 꾸준히 높아졌는가? 왜 한국의 이혼율은 다른 나라보다 높은가? 왜 한국의 이혼율은 하필이면 1990년대에 가파르게 높아졌는가? 왜 한국의 출산율은 다른 나라보다 낮은가? 왜 한국의 출산율은 1970~80년대에 빠르게 낮아졌는가? 이런 질문에 대답한다는 것은 현상의 원인을 찾는다는 것과 같다. 원인은 어떻게 찾아내는가? 포퍼(K. Popper)는 과학자의 창의적 짐작이나 추측으로 찾아낸다고 하였다.[16] 다만 그런 추측을 뒷받침하는 증거가 있어야 할 것이다. 어쨌든 가장 그럴싸한 원인, 다른 사람도 고개를 끄덕일 만한 원인을 추측하면 된다. 이렇게 원인을 짐작하는 일을 설명이라 한다. 원인을 찾아내면 우리는 특정 현상을 설명했다고 말한다. 예를 들어, 한국의 이혼율 상승은 여성의 취업률 상승에서 비롯하였다고 가정해 보자(어떤 연구자가 그렇게 짐작했다고 가정해 보자). 그리고 한국의 현재의 저출산율은 서울과 수도권 인구 집중으로 말미암은 경쟁의 격화에서 시작하였다고 가정해 보자(조영태, 2019). 그러면 우리는 이혼율 상승과 출산율 감소를 '설명'했다고 말한다. 그리고 이렇게 짐작한 원인과 결과를 함께 묶어 놓은 명제를 가설(hypothesis)이라 한다. 예컨대 '1990년대에 한국 여성의 취업률이 상승하여 이혼율이 높아졌다'는 명제나 '수도권 인구집중이 심화하고 그로 말미암아 사람들의 경쟁이 격화함으로써 한국 여성의 출산율이 감소하였다'는 명제를 가설이라 한다. 그리고 몇 개의 가설이나 여러 가설을 논리적으로 연결해 놓은 것을 이론(theory)라고 부른다.

지금까지 기술, 비교, 역사, 설명을 과학의 방법으로 들었다. 그런데 조금 이상하지 않은가? 오늘날 자연과학의 대표적 탐구 방법은 실험(experiment)으로 알려져 있다. 그런데 지금까지 설명한 과학의 방법에는 실험이 없지 않은가? 그러므로 지금까지의 논의에 큰 문제가 있는 것으로 보인다. 그러나 그렇지 않다. 실험은 비교와 역사의 종합이다. 〈그림 1-12〉는 실험의 구조를 보인다. 실험은 먼저 대상을 두 집단으로 나눈다. 적극적 조치를 시행하는 집단은 실험집단(experimental group; E)이라 부르고, 별다른 조치를 가하지 않은 집단은 통제집단(control group; C)이라 부른다.

[16] 포퍼는 과학이 추측(conjecture)과 기각(棄却, rejection)을 반복한다고 말하였다. 과학은 추측으로 가설을 만들고 경험적 사실을 관찰하여 이 가설을 수용하거나 기각하고, 기각이 불가피하다면 새 가설을 추측하는 과정을 밟는다고 주장하였다(이기홍, 2014: 70).

〈그림 1-12〉 실험의 구조

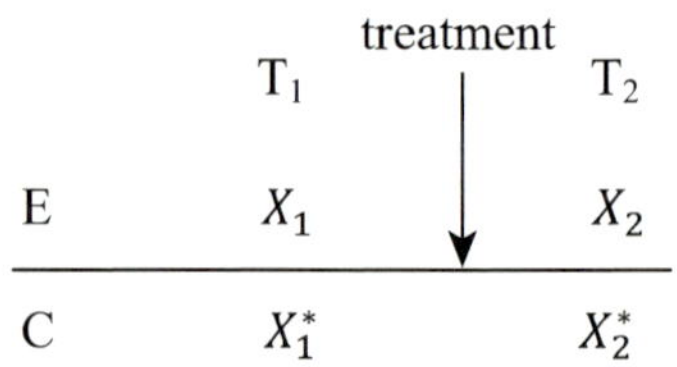

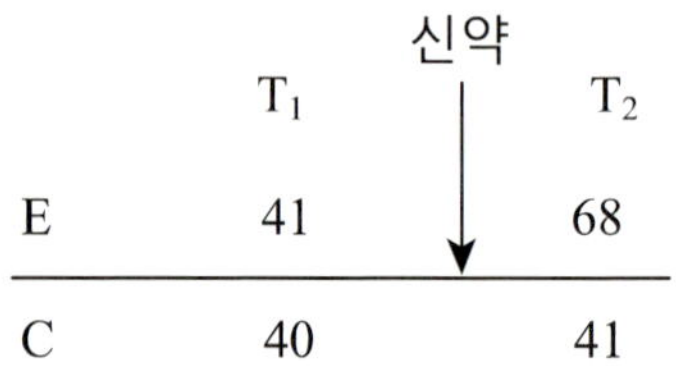

특정 시점(T_1)에 두 집단의 속성 값(X_1, X_1^*)을 측정한다(사전조사). 일정한 시간이 지난 다음, 실험집단에는 특별한 조치, 즉 처치(treatment)를 하고 통제집단은 예전과 같은 상태로 그대로 둔다. 일정 시간 이후의 특정 시점(T_2)에 두 집단의 속성 값(X_2, X_2^*)을 잰다(사후조사). 그리하여 실험집단에서 속성 값의 차이를 발견하면 우리는 그 차이를 처치의 효과라고 판단한다. 개념을 풀어 쓰느라 이해가 더디다. 예를 들어 보면 실험을 쉽게 이해할 수 있다.

한 제약회사가 특정 질병을 치료하는 신약을 개발했다고 하자. 그리고 이 회사가 옛 약의 치료율이나 증상완화율은 40%인데 신약의 치료율은 70%라고 주장한다고 가정해 보자. 새 약의 치료율이 뛰어나니 비싸도 새 약을 쓰라는 이야기다. 이런 주장의 신빙성을 증명하려면 실험을 해야 한다. 먼저, 질병을 앓던, 그리하여 옛 약을 먹고 있던 환자를 무작위로 두 집단으로 나눈다. 한 집단을 실험집단으로 삼고 다른 집단을 통제집단으로 삼는다. 그 다음에는 특정 시기 T_1에 두 집단에게 옛 약을 투약해서 치료율을 잰다(사전조사). 무작위로 나누었으니, 두 집단의 치료율은 서로 비슷하지 않을까? 실험집단은 41%, 통제집단은 40%였다고 가정해 보자. 일정한 시간이 지난 다음에 실험집단에게는 신약을 처치하고, 통제집단에는 옛 약을 그대로 투약한다. 약의 효과가 충분히 나타났을 어떤 시기(T_2)에 치료율을 잰다(사후조사). 그랬더니 실험집단의 치료율은 68%, 통제집단은 41%로 나타났다고 가정해 보자. 그리고 이 치료율 차이(27%)가 통계적으로 유의미하였다고 가정해 보자. 그렇다면 실험집단의 치료율이 통제집단보다 더 높다고 주장할 수 있다. 그런데 실험집단의 치료율이 더 높은 이유는 무엇인가? 다른 조건이 모두 같기 때문에(실험자가 이미 다른 조건은 모두 같게 처리하였다), 치료율 차이는 처치 때문에 비롯하였다고 결론지을 수 있다. 즉 신약 투약이 치료율을 높였다고 말할 수 있다. 어쨌든 이 실험에는 집단(통제집단과 실험집단)의 비교가 있고, 시점(사전조사와 사후조사)의 비교가 있다. 그러므로 실험은 비교와 역사의 종합이라고 말할 수 있다.

지금까지 과학의 목표와 방법을 논의하였다. 이때의 과학은 당연히 자연과학이다. 그런데 사회학의 목표는 무엇이고 사회학의 방법은 어떤 것인가? 사회학은 사회과학의 한 분야이고, 사회과학은 과학의 한 분야다. 그러므로 사회학의 방법은 자연과학의 방법과 같다. 사회학도 자연과학의 방법을 그대로 쓴다는 말이다. 다만 윤리적 문제나 기술적 문제 때문에 실험을 잘 사용하지 않을 뿐이다(그래서 지식이 불완전하거나 표피적인 것인지도 모르겠다). 우리는 주변에서 때때로 이와 다른 주장을 접하기도 한다. 인문학이나 사회과학은 인간 행동의 주관적 의미를 파악해야 하므로 자연과학과 달리 '이해', '해석', '공감' 등의 방법을 써야 한다는 주장이 바로 그것이다. 이와 같은 해석학 이론이나 현상학 이론도 놓치지 않아야 하지만(이 책의 6장에서 우리는 현상학 이론을 살펴본다), 과학철학의 표준 견해(실증주의)는 어디까지나 자연과학적 사회과학을 옹호한다는 사실을 기억해야 한다.

이처럼 사회학은 자연과학이 쓰는 방법과 동일한 방법을 사용한다. 일찍이 한 사회학자는 사회학의 이러한 연구 방법을 문학적으로 표현하였다. 기든스(Giddens, 1980)는 밀즈의 사회학적 상상력을 재해석하였다. 기든스에게 사회학적 상상력이란 역사적 감수성과 인류학적 감수성, 그리고 비판적 감수성의 종합이었다. 우리가 특정 경험이나 현실을 제대로 이해하려면 이 경험이나 현실의 과거 형태를 알고, 과거와 현재의 차이를 알아야 한다. 예컨대, 한국 자본주의의 특징을 이해하려면 한국 자본주의가 밟아온 경로를 이해해야 한다. 이와 같이 역사적 과정을 밝히는 사유 방식이나 노력을 그는 역사적 상상력(historical imagination)이라 불렀다. 다른 한편 개인의 경험이나 사회현상의 특징을 알려면 다른 사회와 대비해야 한다. 예컨대 한국 자본주의의 특징은 타국의 자본주의와 비교할 때 선명하게 드러난다. 사회와 사회, 문화와 문화를 대비하는 학문이 문화인류학이다. 그러므로 사회와 사회, 집단과 집단을 비교하는 사유 방식을 인류학적 상상력(anthropological imagination)이라고 말할 수 있다. 그런데 이런 상상력, 즉 역사적 상상력과 인류학적 상상력은 어디선가 들어본 이야기가 아닌가? 그렇다. 역사와 비교라는 과학의 방법을 연상할 수 있다. 기든스는 사회학적 상상력이란 말로 한편으로는 밀즈의 생각, 즉 현상의 역사적이고 사회적인 맥락을 살펴야 한다는 생각을 명료하게 표현하기도 했지만, 다른 한편으로는 사회현상을 과학적으로 연구하는 방법을 이야기하기도 했던 것이다. 물론 기든스가 이 용어로 과학의 방법을 논의했던 데에만 머물렀던 것은 아니다. 그는 우리에게 열려있는 대안적 미래의 가능성을 언급하기도 하였다. 역사적 감수성이나 인류학적 감수성을 동원하면 우리가 마주한 현실이 고정불변하거나 보편적이지 않다는 사실을 알 수 있다. 그렇다면 이 현실을 그대로 둘 것인가 바꿀 것인가? 바꾼다면 어떤 방향으로 바꿀 것인가? 이와 같이 현실을 대체하는 방안을 상상해 보는 것이 비판적 상상력(critical imagination)이다. 인간의 능동적 활동을 촉구하는 용어다.

2

문화와 사회화

Sociology

(1) 문화

(2) 사회화

(3) 재사회화

2. 문화와 사회화

(1) 문화

1) 문화란 무엇인가?

문화(culture)란 무엇인가? 일상생활에서 사람들은 문화라는 말을 다양한 의미로 사용한다. 사람들은 문화라는 말로 학술이나 예술을 지칭하기도 하고(문화생활, 문화회관, 문화산업), 교양을 뜻하기도 한다(문화인, 문화수준).[17] 다른 한편 문화라는 말로 생활방식이나 삶의 방식(life style)을 의미하기도 한다(동양문화, 육아문화, 음식문화). 이처럼 문화라는 말은 여러 가지 의미로 사용한다. 그런데 이런저런 의미를 관통하는 공통점은 무엇인가? 다시 묻거니와, 문화란 무엇인가? 영국의 인류학자 타일러(E. B. Tylor)는 처음으로 문화를 학술적으로 정의하였다. "문화는 인간이 사회생활을 하면서 얻은 지식, 신앙, 예술, 도덕, 법, 관습, 그리고 다른 여러 능력과 습관을 포괄하는 복합체다." 이런 정의가 유명하긴 해도 너무 길고 복잡하여 읽어도 무슨 뜻인지 얼른 알기 어렵다. 이처럼 문화라는 말이 다의적이고 복합적이므로, 그리하여 한 문장으로 정의해도 알아듣기 어려우므로, 여기서는 문화를 간단하게 정의하는 작업을 포기하기로 한다. 그 대신 문화를 구성하는 요소를 살펴봄으로써 문화라는 것을 우회적으로 이해하기로 한다. 우리가 문화라고 말할 때, 그 문화가 포함하는 요소는 무엇인가? 미리 말하자면 문화는 상징과 가치, 규범으로 이루어진다. 이들을 하나하나씩 살펴보기로 하자.

---

17) 문화산업(culture industry)이란 일찍이 독일의 사회학자가 만들었던 용어다(Adorno and Horkheimer, 1944). 표준화된 문화 상품(TV, 라디오, 영화 등)은 대중을 계몽하는 구실도 하지만, 수동성을 주입하여 대중을 조작하고 아울러 소비를 조장함으로써 대중을 자본주의 사회에 포섭하기도 한다. 독일의 사회학자는 후자의 의미로 사용하였다. 그러나 요즘에는 단순히 돈을 버는 문화(학술, 예술)라는 의미로 이 말을 많이 사용한다. 예컨대 주라기 공원(Jurassic Park, 1993), 타이타닉(Titanic, 1998)과 같은 영화는 수천만 달러를 벌어들였고, 마이클 잭슨의 앨범, 〈스릴러(Thriller, 1982)〉도 막대한 돈을 거두었다. 최근에는 한류가 확산하면서 방탄소년단(BTS)도 음반이나 음원 판매로 큰돈을 번다고 한다.

첫째, 상징(symbol)이다. 상징이 문화를 구성한다. 상징이란 '의미를 띠는 부호'다. 의미를 띠는 부호는 말과 글, 그리고 기호와 몸짓 등이다. 말이나 글(해, 朝, moon)도 의미를 갖지만 기호($, ♀, ♡, ♨, +, ♪, 卍)도 의미를 띤다. 'moon'은 달을 뜻하고, ♨라는 기호는 온천을 뜻한다. 틀이 짜인 몸짓, 즉 정형화한 몸짓(gesture)도 의미를 띤다. 손가락으로 하트 모양을 만들면 사랑한다는 뜻이다. 손바닥을 펴서 좌우로 흔들면 잘 가라는 뜻이다. 사회학에서는 이와 같이 틀이 짜인 몸짓을 흔히 의식(儀式, ceremony)이나 의례(儀禮, ritual)라고 부른다. 의례는 원래 종교 생활에서 사용하는 틀이 짜인 몸짓을 지칭하였다. 예컨대 성호(聖號)를 긋거나 절을 하는 행동이 의례다. 카톨릭 미사는 "형제 여러분, 구원의 신비를 합당하게 거행하기 위하여 우리 죄를 반성합시다"라는 말로 시작하는데, 이렇게 미리 정해진 말도 의례다. 하지만 일상생활의 행동도 종교 의식과 마찬가지로 틀이 짜여 있는 경우가 많다. 우리가 다른 사람과 만났을 때 어떤 손짓을 하는가 떠올려 보라. 택시를 잡을 때에는 어떤 손짓을 하는가 생각해 보라. 처음 만났을 때 어떤 말로 대화를 시작하는가도 생각해 보라. 이처럼 일상생활의 행동도 틀이 짜여 있는데, 그런 의미에서 일상생활의 말과 행동도 의례라고 할 수 있다.[18] 아무튼 상징은 언어나 기호, 의례로 이루어져 있는데, 학술과 예술은 이런 상징을 활용한 결과다. 시나 소설은 문자로 만든 의미고, 미술과 음악은 기호와 소리로, 무용 등은 몸짓으로 만든 의미다. 그러므로 학술과 예술을 문화라고 볼 수 있다. 둘째, 가치(value)다. 가치는 선악미추(善惡美醜)의 판단이다. 행동의 옳고 그름에 대한 판단이고, 대상의 아름답고 추함에 대한 판단이다. 도둑질은 나쁜 행동이고 기부(donation)는 옳은 행동이다. 저녁놀은 아름답지만 호수에 찌든 기름띠가 내비치는 무지갯빛은 추하다. 선악미추의 판단은 우리 머릿속 영역에 속하는 것이지만 그 판단은 다수가 공유하는 것이다. 관념적인 것이면서 객관적인 것이라는 말이다. 이와 같은 선악미추의 판단은 사회마다 시대마다 다르다(〈가치의 변화는 삽화 2-1〉을 참조). 셋째, 규범(norm)이다. 규범은 가치를 구체화한 행동 지침이다. 도둑질은 하지 말아야 하고, 기부는 장려해야 한다. 거짓말을 해서는 안 되고, 교통 신호는 준수해야 한다. 살인을 해서는 안 되지만, 적군은 죽여야 애국이다. 이렇게 해야 할 일과 하지 말아야 할 행동을 안내하는 지침이 곧 규범이다.

18) 의례의 정의는 각주 5와 이 책의 7장(종교)를 참고하라.

〈삽화 2-1〉 아름다움을 판단하는 기준의 변화

〈그림 2-2〉는 주로 정조 시대에 활약했던 신윤복(1758~?)이 그린 미인도(美人圖)다. 이 화가는 그 시대 사람들이 아름답다고 생각한 여인을 그려 놓았을 것이다. 그런데 당신 눈에는 이 여인이 아름답다고 보이는가? 나는 당신이 그렇게 판단하지 않을 것이라고 짐작한다. 〈그림 2-3〉은 미국의 영화배우 엘리자베스 테일러(Elizabeth Taylor, 1932~2011)가 1951년 스티븐스(G. Stevens) 감독의 〈젊은이의 양지(A Place in the Sun)〉에 출연했을 때의 모습이다. 당신은 이 여인을 아름답다고 생각하는가? 나는 당신이 그렇게 생각할 것이라고 판단한다. 그런데 조금 이상하지 않은가? 오늘날 우리 시대를 살아가는 한국인은 왜 조선 시대의 미인보다 서양의 미인을 더 아름답다고 생각하는가?

〈그림 2-1〉 적석목관분의 구조

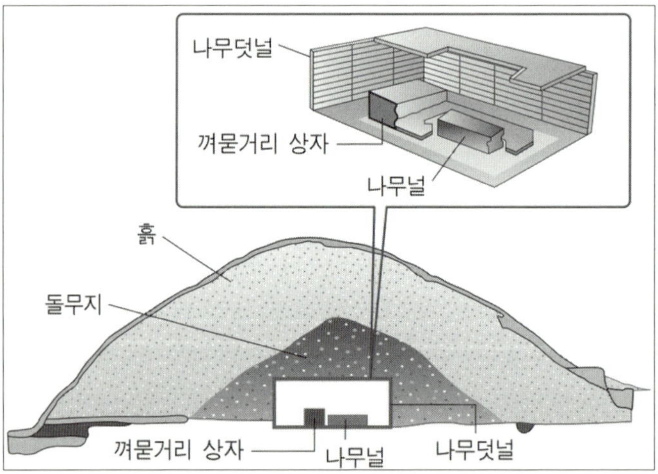

아래의 이야기 중 일부는 실증적 근거가 없는 다소 허황한 것인지도 모르겠다. 그러나 내 이야기의 핵심은 사실을 밝히는 데에 있지 않고 사람들의 미학(美學)을 예측하는 데에 있으므로 사실에 오류가 있더라도 이해해 주기 바란다. 경주의 신라시대 고분은 독특한 특징을 보인다. 천마총(天馬塚)을 비롯한 고분은 모두 적석목곽분(積石木槨墳)이다. 시신은 목관(木棺)으로 감싸고 이 목관의 둘레는 돌무지로 채운 다음, 맨 바깥에는 흙을 덮은 형태의 무덤이다(〈그림 2-1〉 참조). 이런 분묘 형태는 세계적으로 매우 드물어서 중앙아시아 지역(지금의 몽골과 러시아, 카자흐스탄)과 중국의 요동반도, 그리고 한반도의 경주 지역 이외에는 발견할 수 없다고 한다. 그렇다면 중앙아시아에 거주했던 종족과 경주 지역 신라의 지배층은 같은 종족이 아닐까? 신라의 지배층은 북방의 유목민(기마민족)이 아닐까? 북방에서 남하하여 남쪽 원주민을 제압하지 않았을까? 이런 추론이 옳다고 가정해 보자.

북방 민족은 어떤 여인을 아름답다고 생각했을까? 추운 곳에서 사는 사람들은 체온을 유지하려면 눈이 가늘어야 하고, 콧날이 오뚝하고 콧방울이 좁아야 한다. 입술은 작고 가늘어야 유리하고, 귓불은 없거나 좁아야 유리하다. 그러므로 이런 특징을 가진 여인을 아름답다고 생각했을 것이다. 자기집단의 여인을 아름답다고 생각하지 않았겠는가? 그런데 지배계급의 사상은 그 사회의 지배 사상이듯, 지배계급의 미학은 그 사회의 지배적 미학이다. 북방 민족이 위와 같은 특징을 가진 사람을 아름답다고 판단했다면, 신라의 피지배층도 모두 그렇게 판단했을 가능성이 높다. 이런 미학은 신라에 그치는 것이 아니었을 것이다. 잘 알려져 있다시피, 신라를 무너뜨리고 고려를 세웠던 왕건은 신라의 하층계급이 아니었다. 신라의 호족이었다. 고려를 멸하고 조선을 창건했던 이성계도 고려의 하층계급 출신이 아니었다. 그러므로 고려와 조선의 지배계급은 모두 신라시대 지배계급의 미학을 그대로 유지하였을 가능성이 높다. 그리고 조선 왕조를 끝내고 시민 종주국 노릇을 했던 일본의 지배층도 조선과 크게 다르지 않았다. 천황가를 비롯한 지배계층은 북방계 민족이었다. 그러므로 식민지 시절까지 사람들은 〈그림 2-2〉와 같은 여인을 아름답다고 생각했을 가능성이 높다(조용진, 2003).

〈그림 2-2〉 조선시대의 미인, 신윤복의 미인도

1945년 우여곡절을 거쳐, 한반도의 남쪽에 미군이 진주하였다. 하루아침에 북방의 대륙세력이 물러나고 서양의 해양세력이 지배계급으로 들어섰다. 이들의 얼굴 모습은 북방 민족과 판이하였다. 눈이 컸고, 콧날이 높았다. 입술도 크고 두툼하였다. 귓불도 부처님 귀처럼 넉넉하였다. 이런 특징은 〈그림 2-3〉의 인물에게서 볼 수 있다. 거듭 말하지만, 지배계급의 미학이 모든 이의 미학이다. 지배계급이 아름답다고 판단하면 모든 사람이 그렇게 생각한다. 그리하여 해방 이후에 한국인은 서양 여인과 닮은 여인을 아름답다고 판단하게 되었다. 오늘날 미인이라고 불리는 한국 여인의 모습을 떠올려 보라. 신윤복의 미인을 닮았다기보다 엘리자베스 테일러와 비슷해 보이지 않은가?

〈그림 2-3〉 엘리자베스 테일러, (G. Stevens, 〈A Place in the Sun〉)

문화는 이렇게 상징과 가치, 규범으로 구성된다. 사회생활에서 상징도 매우 중요한 구실을 수행하지만 가치와 규범은 우리 행동에 훨씬 더 직접적 영향을 끼친다. 현실생활을 더 직접적으로 규율한다. 예컨대 알타미라(Altamira)의 동굴 벽화처럼 특정 가치를 그림(상징)으로 남기는 것도 중요하지만, 올바른 행동을 장려하고 그른 행동을 금지하거나 처벌하는 일은 훨씬 더 직접적이다. 기부 행동을 묘사하는 것도 중요하지만 기부를 장려하고 기부 행동을 실행하는 것은 훨씬 더 중요하다. 그러므로 (상징을 제외한) 가치와 규범을 문화라고 지칭할 때도 많다.

지금까지 문화의 내용이나 구성 요소를 살핌으로써 문화의 정체를 이해하였다. 지금부터는 문화와 관련한 여러 이야기를 논의하기로 한다.

2) 문화의 특징

문화는 몇 가지 특징을 갖는다. 첫째, 보편성이다. 사회가 존재하면, 즉 두 사람 이상이 관계를 맺는 곳이 있다면 문화는 언제든 존재한다. 비록 형태는 다를지라도 상징도 존재하고 가치와 규범도 존재한다. 예컨대 디포(D. Defoe)의 소설 로빈슨 크루소(Robinson Crusoe)에서 그랬던 것처럼, 무인도에 사람이 둘만 남아도 둘이 추구하는 공통 목표(가치)가 있고 각자가 수행해야 하는 행동 지침(규범)도 있다. 둘이서 의사소통하는 말이나 행동(상징)도 있을 것이다. 그러므로 두 사람이 모여 있는 곳이라면 문화는 언제 어디서나 존재한다. 이런 의미에서 문화는 보편적이다. 둘째, 학습성이다. 문화는 선천적이거나 본능적으로 타고나는 것이 아니다. 다른 사람에게서 배우는 것이다. 2016년 현재, 한국은 중국과 러시아에 이어 '고아' 수출국 세계 3위다. 지난 1952년부터 계속된 해외입양아를 합산하면, 한국은 전 세계 해외입양아동의 40퍼센트를 송출하여 단연 1위를 차지한다(김성수, 2017). 이렇게 해외입양한 아이들은 어린 시절 서양에서 자라면 한국인의 아이라도 한국어를 구사하지 못한다. 이들이 성인이 되어 한국어를 능숙하게 말하는 것은 거의 불가능에 가깝다. 한국인으로 한국어를 쓰면서 살았던 우리가 영어를 유창하게 쓰지 못하는 것과 같은 이치다. 어쨌든 한국어 구사 능력, 한국식 행동, 한국식 가치관 등과 같은 한국 문화는 타고나는 것이 아니라 성장하면서 천천히 배우는 것이다. 셋째, 공유성이다. 문화는 타자와 함께 공유하는 것이다. 공유하지 않는 것은 문화가 아니다. 예컨대 천재적 뮤지션이 제 아무리 훌륭한 노래를 만들었다고 해도 타인이 공유하지 않으면 그것은 문화가 아니다. 다큐멘터리 영화 〈슈가맨을 찾아서〉(〈그림 2-4〉)에서 로드리게즈의 음반은 모국(미국)에서 달랑 6장 팔렸다고 한다. 남아프리카공화국의 열광적 팬이 없었다면 그의 노래는 묻혔을 것이다. 문화가 되지 못했을 것이다. 반대로 아무리 볼품없는 음악이라 할지라도 만인이 공유하면 그것은 문화라고 지칭할 수 있다. 넷째, 변동성이다. 문화는 축적되기도 하지만 바뀌기도 한다. 지난 수십 년 동안 장례 문화와 제사 문화가 바뀐 것을 보라. 그토록 집요했던 매장 문화는 맥없이 화장 문화에 자리를 내주었고,

영원히 지속할 것 같던 유교식 제사 방식도 여지없이 흔들렸다. 이런 변화는 아마 사회의 다른 부분의 변화와 맞물렸을 것이다. 다섯째, 체계성이나 총체성이다. 문화의 한 부분은 다른 부분과 상호 유기적 관련을 맺고 통합성을 유지한다. 충효를 강조하는 유교적 가치체계와 제사 문화는 농촌공동체의 생활양식과 유기적으로 통합되어 있었다. 그러나 농촌공동체가 빠른 속도로 해체하면서 유교적 가치체계도 급속히 사라졌다. 도시화가 진행하면서 기독교가 매력적인 종교로 떠올랐고, 개인주의적 가치체계, 예컨대 프라이버시를 강조하는 가치 등이 지켜야 할 가치로 등장하였다. 문화는 이런 방식으로 통합되어 있다.

〈그림 2-4〉 〈슈가맨을 찾아서〉(Malik Bendjelloul, 2012)

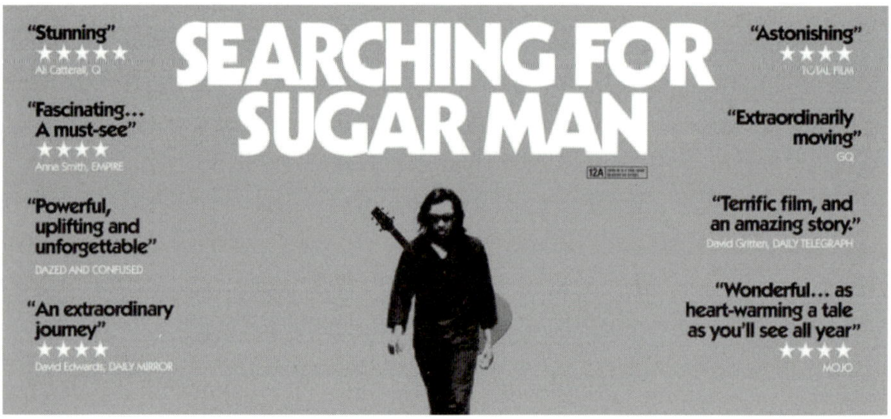

문화의 여러 특성에서 가장 주목할 만한 것은 역시 학습성이다. 사회마다 사람들의 생각과 행동이 서로 다른 까닭은 바로 이 학습성 때문이다. 만일 사람들이 본능을 따라 생각하고 행동한다면 사람들의 생각과 행동은 같을 수밖에 없다. 그러나 사회마다 다른 문화의 영향 탓으로 사회마다 사람들이 다른 행동을 표출한다. 예컨대 남녀가 사랑에 빠지는 것은 본능을 따르는 것이지만, 그러므로 근대의 거의 모든 사회에서 사랑이라는 것이 존재하지만, 그들이 서로 사랑하는 방식은 사회마다 다르다. 어떤 사회에서는 사람들이 남들이 보는 앞에서도 거리낌 없이 입을 맞추지만, 어떤 사회의 사람들은 남들이 보는 앞에서는 좀처럼 그렇게 하지 않는다. 어떤 사회에서는 남편과 아내가 함께 다니지만, 다른 사회에서는 남편은 아내와 함께 움직이지 않는다. 어쨌든 사람들이 사회마다 서로 다르게 생각하고 행동하는 것은 본능이 달라서 그런 것이 아니라 문화가 다르고 사람들이 그것을 따로 배워서 그런 것이라 볼 수 있다.

3) 자기집단 중심주의와 문화적 상대주의

문화와 관련된 몇 가지 주제를 살펴보자. 사람들은 보통 자기가 속한 집단의 문화가 인식론적으로 합리적이고, 도덕적으로도 옳다고 믿는다. 자기가 속한 집단에 동질감과 일체감을 느끼기 때문에 불가피하게 발생하는 현상이다.

자기가 속한 집단은 여러 층위다. 가족일 수도 있고, 학교나 지역, 민족일 수도 있다. 그러므로 자기집단을 중심으로 생각하는 방식도 중층적이다. 사람들은 누구나 자기 가족을 기준으로 한다. 자기 가족의 관습을 자연적인 것이라고 간주하고 다른 가족의 관습을 비정상이라고 간주한다. 아무리 사소한 것일지라도 그러하다. 예컨대 사람들은 자기 집안의 제사 방식이 가장 옳다고 믿는다. 지역 단위에서도 사람들은 자기 지역의 관습을 정상으로 간주한다. 지금은 그렇지 않지만 농사가 한국의 주요 산업일 때, 농경 지역(전남, 경남)에서는 일손이 부족하니 여자도 논에서 보내기를 하였다. 그러나 농사가 많지 않은 지역(경북, 강원)에서는 남자만 논에서 일하였다. 남쪽 사람에게는 북쪽 사람이 이상하게 보였을 것이고, 북쪽 사람의 눈에는 남쪽 사람이 기괴하게 보였을 것이다. 민족 차원으로 관심을 옮겨도 사정은 마찬가지다. 한국인과 중국인은 음력 설을 중시하지만 일본인은 음력 신년을 명절로 치지 않은지 오래다. 그러므로 한국인과 일본인은 각자 자신을 정상으로 보고 상대방을 이상하게 바라본다. 이처럼 자기집단의 문화를 중심으로 판단하는 태도나 자세를 자기집단 중심주의(ethnocentrism)라고 한다.[19] 자기가 속한 집단은 앞에서 본 것처럼 여러 가지이지만, 근대 사회에서는 민족에 관심이 집중하는 경향이 많으므로 자기집단 중심주의를 때때로 자민족 중심주의라고 번역하기도 한다.

자기집단 중심주의는 자연스러운 과정이다. 우리는 자기집단을 어린 시절부터 접촉하므로 이 집단에 끈끈한 애착을 느낄 수밖에 없다. 자기집단에 애착을 느끼는 것은 심지어는 본능적으로 보이기도 한다. 오랜 진화 과정 끝에 생겨난 감정이다(장대익, 2017). 그러나 자기집단 문화의 역사적 변화 과정을 조명하고, 이를 다른 집단의

19) 여기서 ethnos는 인종 집단(ethnic group)이고, center는 중심이며, -ism은 사람의 성향이다. 그러므로 ethnocentrism을 문자 그대로 번역하면, 자기집단을 (사유의) 중심으로 삼는 성향이다.

문화와 비교하면, 자기집단의 문화가 언제나 합리적이지는 않고, 다른 집단의 문화보다 더 도덕적이지 않다는 사실도 알게 된다. 이처럼 모든 집단의 문화는 나름대로 합리적이고 믿는 신념이나 태도를 문화적 상대주의(cultural relativism)라고 부른다. 오늘날 여러 집단(민족)이 공존하는 사회에서는 문화적 상대주의를 견지하는 것이 바람직한 태도라고 말할 수 있다. 그러나 문화적 상대주의에도 문제가 없는 것은 아니다. 무릇 모든 상대주의의 극단에는 항상 회의주의가 존재한다. 회의주의의 한쪽 끝에는 어떤 것도 옳지 않고 어떤 것도 합리적이지 않다는 생각이 존재한다. 다른 한쪽 끝에는 모든 것이 옳고 모든 것이 합리적이라고 생각하는 태도도 존재한다. 그러나 인류의 보편적 도덕 기준으로 용인할 수 없는 문화도 적지 않다. 예컨대 영아 살해(infanticide)가 제 아무리 합리적 근거에서 비롯한 문화라 해도 우리는 그 문화를 도덕적으로 올바른 것이라고 인정할 수 없다. 결국 우리는 문화적 상대주의를 지향하되 모든 문화에 비판적 태도를 유지해야 할 것이다.

4) 하위문화와 반문화

한 사회를 지배하는 계급의 사상은 그 사회의 지배적 사상이고, 지배계급의 문화는 그 사회의 지배 문화다. 예를 들면, 봉건시대의 지배 계급은 왕과 영주였던 바, 이들의 문화가 이 시대의 지배문화였다. 봉건시대의 사람들은 지배계급이든 피지배계급이든 신분질서를 정상으로 인지하고 충효를 아름다운 가치로 평가하였다. 자본주의 시대의 지배 계급은 자본가계급인 바, 이들의 문화가 지배문화다. 자본가계급은 신분질서를 부정하고, 인간이 갖추어야 할 덕성으로 충효 대신 자유를 내세웠다. 성실과 근면을 강조하였다. 그들은 사적 소유를 신성시하고 자유로운 기업활동을 미화하였다. 이윤을 더 많이 낼 수 있다면, 혁신과 변화를 찬양하였다. 노동자계급도 자본가계급의 문화를 자연스럽게 받아들였다.

이러한 지배문화와 구별되는 문화를 하위문화(subculture)라고 일컫는다. 이 문화는 특정한 세대나 집단이 공유하는 것으로써 지배문화와 구분되는 문화를 말한다. 예를 들면 청소년 집단이 즐기는 노래나 춤, 커뮤니케이션 문화나 특정 직업집단만 공유하는 언어 등을 하위문화라고 간주할 수 있다. 청소년 집단이 즐기는 줄임말(케바케, 별다줄 등)이나 초성 줄임말(ㅇㄱㄹㅇ ㅂㅂㅂㄱ), 기자 집단이 주로 쓰는 일본말

(마와리, 야마, 도쿠다니 등)이 바로 그것들이다.[20] 이 하위문화는 지배문화의 일부로써 지배문화와 대립하지 않거니와 큰 마찰을 빚지도 않는다.

그러나 반문화나 대항문화(counter-culture)는 하위문화와 달리, 지배문화를 거부하거나 그 문화와 대립하는 문화다. 1960년대 미국과 영국에서 시작된 인권운동, 여성운동, 반전운동 등이 낳은 문화나 프랑스와 유럽을 휩쓸었던 68혁명 문화가 반문화의 대표격이다. 〈그림 2-5〉는 흑인인권운동의 상징인 마틴 루터 킹(M. L. King) 목사의 워싱턴 행진(1963) 장면이다. 이외에도 밥 딜런(Bob Dylan)과 존 바에즈(Joan Baez), 비틀즈(Beatles)의 음악, 켄 키지(K. E. Kesey)의 소설(〈뻐꾸기 둥지 위로 날아간 새〉) 등을 반문화의 예로 들 수 있다.

한국의 반문화는 1970~80년대의 반독재 반파시즘운동 과정에서 생겨났다. 노래는 〈아침이슬〉(김민기, 1971), 〈상록수〉 (김민기, 1979), 〈임을 위한 행진곡〉 (김종률, 1984), 〈그날이 오면〉 (문승현, 1989) 등을 말할 수 있고 시는 〈겨울공화국〉 (양성우, 1975), 〈노동의 새벽〉 (박노해, 1984), 〈나의 칼 나의 피〉 (김남주, 1988) 등을 들 수 있다. 소설은 〈객지〉 (황석영, 1971), 〈순이 삼촌〉 (현기영, 1979), 〈깃발〉 (홍희담, 1988) 등이 있었고 미술은 〈횃불행진〉 (홍성담, 1983) 등을 들 수 있다(〈그림 2-6〉 참조).

〈그림 2-5〉 1963년 8월 워싱턴 행진과 마틴 루터 킹

[20] 마와리는 사쓰마와리(察回り)를 줄인 말로 기자가 사건 취재를 위해 여러 경찰서를 돌아다니는 일을 말하고, 야마(山)는 기사나 칼럼, 연재물의 정수, 핵심, 클라이맥스 등을 비유적으로 표현한 말이다. 도쿠다니는 특종(特種)의 일본어 발음 도쿠다네를 잘못 말한 것이다. 이외에도 기자 집단이 자랑스럽게 쓰는 일본어는 제법 많다.

〈그림 2-6〉 〈횃불행진〉(홍성담, 1983)

5) 문화적 보편자

주류 사회학이 사회현상을 이해하는 주요 방법의 하나는 그 현상의 다양한 변이에 공통적으로 존재하는 요소를 파악하는 것이다. 예를 들면 인간이 만든 모든 문화에 공통적으로 존재하는 요소는 무엇인가? 만일 이 요소를 찾아낼 수 있다면 우리는 이 요소를 문화적 보편자(cultural universals)라고 부를 수 있다. 어디에나 보편적으로 존재하는 요소라는 뜻이겠다. 브라운(Brown, 1991)은 약 200여 개에 달하는 문화적 보편자를 찾아냈다.[21] 아래의 〈표 2-1〉은 문화적 보편자의 부분적 예시다.

〈표 2-1〉 문화적 보편자

여성의 육아	장례	근친상간 금기	도구
뱀 공포	성 구실 분화	강간	사랑
단 음식 선호	남성의 공격성	유아의 낯가림	불평등
음악	질투	문법	식물 분류
요리	대명사	자민족 중심주의	종교
가족	친족 분류	속담	상징

21) Pinker(2002)의 부록을 참고하라. 문화적 보편자는 때때로 인류학적 보편자(anthropological universals)나 인간적 보편성(human universals)이라고 부르기도 한다.

소수의 예외적 사례를 제외한다면, 거의 모든 사회에서 여성이 육아를 담당했으며, 거의 모든 사회에서 근친상간 금기가 존재했다. 거의 모든 사회의 사람들은 뱀을 무서워했으며, 단 음식을 선호하였다. 남성은 여성보다 공격적이었으며 유아는 일반적으로 낯가림을 하였다. 음악과 문법이 존재했고, 사랑과 질투가 존재했다. 자민족 중심주의가 일반적이었으며, 종교와 가족이 보편적으로 존재하였다. 문화적 보편자의 이런 목록을 보고 있노라면 인간은 어떤 종류의 동물인지 짐작할 수 있다. 인간의 전형이나 본성 같은 것을 짐작할 수 있다. 사회생물학자나 진화심리학자는 이런 문화적 보편자가 어떻게 만들어졌는지를 설명한다(전중환, 2016a; 박한선, 2018).

같은 방법을 다른 대상에도 적용할 수 있다. 조금 전에 거의 모든 사회에서 종교와 가족이 존재한다고 말하였다. 그러므로 가족과 종교는 인간과 사회의 문화적 보편자라고 말할 수 있다. 그런데 가족과 종교에 대해서도 같은 질문을 던질 수 있다. 어떤 요소가 모든 가족에 보편적으로 존재할까? 모든 종교에 공통적으로 존재하는 요소는 무엇일까? 이런 질문에 대답할 수 있다면, 우리는 그 답을 가족의 문화적 보편자, 종교의 문화적 보편자라고 말할 수 있다. 이 보편자는 가족의 본질이나 종교의 본질 같은 것이라고 말할 수 있지 않을까? 이 책의 3장(성, 가족, 사랑)에서는 가족의 문화적 보편자를 살펴볼 것이고, 7장(종교)에서는 종교의 문화적 보편자를 알아볼 것이다.

6) 문화의 활용

문화는 개개인에게 학습의 대상이다. 그런데 문화를 학습하는 이유는 무엇인가? 유능한 개체로서 삶을 유지하려고 문화를 학습한다. 개개인은 문화를 학습해서 사회와 자연에 적응하면서 삶을 유지한다. 다시 말해 문화는 학습대상이기도 하지만 우리가 능동적으로 활용하는 것이기도 하다. 어디에 활용하는가? 삶의 과정마다 이 문화를 여러 가지 방식으로 활용하지만 가장 기본적으로는 세상을 분류하는 데에 활용한다. 우리는 문화라는 분류도식(classification scheme)을 활용하여 세상을 이리저리 나눈다.

문화는 세상을 성(聖)과 속(俗), 우리와 그들, 더러움과 깨끗함 등으로 나눈다(Douglas, 1966) 성스러운 것과 속된 것은 사물의 속성이 아니다. 사람들이 나눈 것이다. 종교적 상징물(십자가, 제단, 불상)이나 집단을 상징하는 사물(국기, 휘장, 반지 등)은 신성하고, 나머지 물건은 속된 것이라고 사람들이 미리 정한다. 같은 문화를 공유하는 사람들은 서로 '우리(we)'라고 말하고, 문화가 다른 사람들을 '그들(they)'이라 부른다. 더럽거나 깨끗한 것도 사물의 속성으로 정해지지 않는다. 더러운 것이 따로 있고 깨끗한 것이 따로 있는 것이 아니라는 말이다. 일반적으로 제 자리에 놓여 있는 사물은 깨끗하고, 제 자리를 벗어난 사물은 더럽다. 밥 그릇에 놓여 있는 밥은 깨끗하지만 식탁 위에 떨어진 밥은 더럽다. 재떨이에 있는 담배꽁초는 더럽지 않지만, 길거리에 버려진 꽁초는 더럽다. 그런데 제 자리와 제 자리가 아닌 것을 구분하는 것은 사람들이 만든 문화다. 문화가 깨끗함과 더러움을 구분한다. 어쨌든 우리는 이런 분류 체계로 세계를 인식하고 이 인식을 바탕으로 행동을 조절한다.

(2) 사회화

1) 사회화와 퍼스낼러티

문화와 사회화는 짝을 이루는 낱말이고 켤레를 이루는 주제다. 지금까지 문화를 이야기했다. 이제 사회화를 말할 차례다. 인간의 유아 기간은 다른 동물보다 길다. 유아 기간은 두뇌의 크기와 관련이 있는데, 인간은 두뇌의 용량을 높이기 위해 유아 기간을 늘리는 방향으로 진화하였다. 어쨌든 이 긴 기간 동안에 유아는 자신이 속한 집단(사회)의 문화를 배운다. 이를 사회화라고 한다. 그러나 유아만 문화를 배우는 것은 아니다. 성인도 삶의 단계단계마다 조금씩 새 문화(사고방식이나 생활양식)을 배운다. 간헐적이고 부분적인 학습이긴 하지만 이 역시 사회화라고 할 수 있다. 결국 사회화(socialization)란 유아든 성인이든 '문화를 학습하는 과정'이라고 정리할 수 있다.

그런데 사회화의 결과는 무엇인가? 앞에서 본 것처럼 사람들은 문화를 학습함으로써 세상을 분류하고 세상에 적응한다. 그리하여 우리는 점차 유능한 개체로 성장한다. 다른 한편, 사회화 과정을 거쳐 개체는 다른 사람과 구별되는 독특한 퍼스낼러티

(인성, 인격, 품성)을 형성한다. 결국 사회화는 문화를 학습하는 과정이자, 개개인의 퍼스낼리티(personality)를 만드는 과정이라고 할 수 있다. 이런 논의는 〈그림 2-7〉처럼 요약할 수 있다.

〈그림 2-7〉 문화와 사회화, 퍼스낼리티

사회화

문화 ⟶ 퍼스낼리티

앞의 〈그림 1-3〉에서 보았듯 사회학의 시각은 사회구조가 인간의 생각과 행동에 영향을 미친다는 것이었다. 〈그림 2-7〉의 인과관계를 어떻게 이 시각과 연결할 수 있을까? 〈그림 2-8〉에서 보듯, 사회구조는 문화를 생성하고 이 문화가 퍼스낼리티를 규정한다. 그리고 이 퍼스낼리티가 생각과 행동을 초래한다고 생각할 수 있다. 이렇게 사회화라는 개념은 사회학적 시각의 한 부분이라고 말할 수 있다.

〈그림 2-8〉 사회학의 시각과 사회화

사회화

사회구조 ⟶ 문화 ⟶ 퍼스낼리티 ⟶ 사고와 행동

인간을 사회화하지 않으면 어떻게 될까? 1800년경 프랑스의 남부, 아베롱(Aveyron) 지역에서 몇 사람의 사냥꾼이 한 야생 소년을 발견하였다. 사람들은 이 소년의 나이를 12살쯤으로 추정하였고 사춘기를 막 거치는 것으로 판단하였다. 이후 줄곧 이 소년과 같이 생활했던 이타르(J. G. Itard)는 이 소년이 출생할 때에는 정상이었으나 알코올 중독이었던 부모의 태만으로 방치되다가 야생에서 독립생활을 하게 되었다고 주장하였다. 발견 당시 이 소년의 눈은 안정되어 있지 않았고, 얼굴은 무표정하였다. 귀는 각종 음향에 무감각하였고, 입으로는 짐승 소리를 내었다. 후각도 원시적이어서 오물이나 향수에 둔감하였다. 지능도 매우 낮고 기억력이나 판단력, 사고력도 없었다. 소년은 사람을 두려워하였고 사람들 속에서 발작이나 경련을 일으켰다. 소년은 옷을 입으려 하지 않았고 네 발로 기었다. 성적 행동을 공개적으로 하였고, 괴성을 지를 뿐 말을 하지 못하였다. 나중에 사람들과 같이 살면서 이런 행동은 일부 치유되었다. 이 소년과 함께 생활했던 이타르는 인간의 특징을 공감 능력과 언어라고 보고 그에게 말을 가르쳤다. 이 소년은 간단한 단어나 몸짓으로 의사소통하였으나 죽을 때까지 끝내 유창하게 말하지 못하였다. 그러나 슬퍼하는 사람을 위로하는 등의 행동을 보였다. 이 소년을 발견했던 당시는 계몽주의 철학이 융성하던 때라 인간의 본성에 대한 질문이 많았는데, 그런 만큼 이 소년에 대한 관심이 많았다. 일부 논자는 자연상태의 인간을 "점잖고 순수하며 혼자 있는 것을 즐기고 악을 모르며 남에게 의도적으로 해를 끼치지 못하는" 존재라고 보았는데, 이 소년은 그와 같지 않았다.

아베롱에서 발견된 야생아(野生兒, feral child)의 사례에서 두 가지 사실을 알 수 있다. 첫째, 인간을 사회화하지 않으면 인간은 인간다운 품성(퍼스낼러티)을 갖추지 못한다. 이때에 인간은 동물과 다름 없다. 둘째, 인간을 어린 시기에 사회화하지 않으면 인간적 품성의 발달은 더디거나 불가능하다. 어린 시기에 사회화를 거치지 않은 야생아는 끝내 유창하게 말하지 못하였다.

매우 희귀한 사례 하나를 들어 너무 거창한 결론을 끄집어 낸다고 지적할 수도 있겠다. 그러나 야생아는 드물지만 혼자 고립된 아이는 그렇게 드물지 않다. 부모나 자녀가 정신질환을 앓거나 다른 특별한 사정 때문에 적지 않은 부모가 자녀를 다락방이나 창고, 벽장 등에 방치한다. 이 아이들은 다른 사람과 접촉하지 않고 고립된 상태에서 동물처럼 생활하다가 부모가 사망하거나 이웃이 신고해서 구출된다. 이렇게 구출된 아이들은 아베롱의 아이와 다를 게 없었다. 고립아(孤立兒)는 감정이 없었고 말을 하지 못하였다. 나중에 이들을 사회화해서 일부 행동은 교정하였지만 아베롱의 아이처럼 끝내 말을 하지 못하였다.

2) 사회화 이론

지금까지 야생아와 고립아의 예를 들어, 유아기에 이루어지는 초기 사회화가 중요하다는 사실을 말하였다. 이렇게 초기 사회화가 중요한 만큼 사회화 이론은 대부분 유아 시기의 사회화를 다루었다. 대표적인 이론가로 프로이트와 쿨리, 미드를 들 수 있다. 이들의 이론을 차례로 살펴보자.

프로이트

사회화 이론에서 가장 먼저 거론해야 할 인물은 역시 프로이트(S. Freud)다. 프로이트는 인간의 심리를 좌우하는 동인(動因, agent)을 세 개로 구별하였다. 이드, 자아, 초자아가 바로 그것들이다. 이드(id)는 출생할 때부터 존재하는 본능적이고 원시적 충동으로써 의식되지 않는 퍼스낼러티 요소다. 이드는 퍼스낼러티의 기본 요소로 식욕, 배설욕, 성욕, 공격성, 의존성 등과 같은 생물학적 충동을 모두 포함한다. 이드는 욕망과 욕구를 즉각적으로 충족하려는 쾌락 원칙(pleasure principle)을 따른다. 다른 한편 자아는 현실을 다루는 퍼스낼러티 요소다. 자아(ego)는 이드에서 발전하는데, 현실 원칙(reality principle)을 따라 이드의 충동이 현실 세계에서 수용할만한 모습으로 나타나도록 보장한다. 현실 원칙은 충동의 실행 여부를 결정하기 전에 행동의 비용과 수익을 계산한다. "자아와 이드의 관계는 말과 기수(騎手)의 관계다. 말은 에너지를 공급하지만, 기수는 목표를 설정하고 말을 이끈다." 초자아(superego)는 우리에게 내재화된 도덕적 표준이나 이상을 말한다. 옳고 그름을 가르는 이런 표준이나 이상은 부모와 사회로부터 얻는다. 초자아는 판단을 내리는 데 필요한 지침을 제공하는데, 초자아는 자아를 평가하고 비판한다.

〈삽화 2-2〉 코페르니쿠스, 다윈, 프로이트

프로이트에 대한 평가는 극단적이다. 한쪽에서는 사이비 과학자라고 평가절하하는가 하면 다른 한쪽에서는 위대한 사상가로 평가한다. 전자의 입장에서 볼 때 프로이트가 창시한 정신분석학은 사이비 과학이다. 왜냐하면 지식이 누적되지 않기 때문이다. 프로이트가 죽은 지 백여 년이 다 되어 가지만 정신분석학이 만들어낸 지식의 양은 그렇게 많지 않다. 이런 사실은 정신분석학이 과학이 아니라는 것을 입증한다(Trivers, 2011). 그건 그렇다 치고, 후자의 입장에서 볼 때 프로이트는 얼마나 위대한 사상가인가? 지금까지 인류의 지성사에서 인간의 오만, 인간의 허약함을 일깨운 사상가는 대략 셋 정도로 압축할 수 있다(Weinert, 2009; Werber, 2011). 첫 번째 사상가는 코페르니쿠스(N. Copernicus)다. 그는 태양중심설(heliocentrism), 즉 지동설(地動說)을 주장하여 지구가 우주의 중심이 아니라는 사실을 밝혔다. '코페르니쿠스적 전환(Copernican turn)'라는 말(인식이나 발상의 큰 전환을 의미한다)에 등장하는 주인공이다. 두 번째 사상가는 다윈(C. Darwin)이다. 인간은 신이 창조한 피조물이 아니라 다른 생물처럼 긴 진화과정의 결과로 나타났다는 사실을 그는 보였다. 세 번째 사상사는 프로이트다. 그는 무의식(Unbewußtheit, unconsciousness)을 발견하고 주체의 비합리성을 발견하였다. 인간의 사고과 행위가 무의식과 충동의 영향을 받는다면 우리의 사고와 행동은 그렇게 합리적이지 않을 것이다. 이 세 사상가의 발견이나 주장을 종합하면 다음과 같다. 인간은 우주의 중심에 있지 않으며, 신의 선택을 받은 존재도 아니다. 그리고 인간은 그렇게 합리적인 존재도 아니다.

〈그림 2-9〉 코페르니쿠스, 다윈, 프로이트

이 세 동인은 서로 상호작용하면서 퍼스낼러티를 구성하고 행동을 낳는다. 이 동인에서 장 흥미로운 것은 역시 이드다. 이드에서 생기는 성적 욕망과 충동을 리비도(libido)라고 하는데 이 충동은 우리의 몸에서 여기저기 떠돌아다닌다. 입과 항문, 성기 등으로 떠다닌다. 유아기에 성적 충동은 맨 처음 입(입술)에 머문다. 유아는 입으로 성적 충동을 느끼기 때문에 손에 닿는 모든 사물을 입에 가져가려 한다. 이 구순기(oral stage) 시절에 성적 충동을 적절하게 충족하지 못하거나 거꾸로 너무 많이 충족하는 경우에는 비정상적 퍼스낼러티, 즉 정신질환으로 귀결된다. 한 살 반쯤 되면, 성적 충동은 유아의 항문으로 전위(轉位, displacement)한다.[22] 이 시기, 즉 항문

22) 영어의 displacement는 독일어 Verschiebung을 옮긴 말이다. 이 말은 move, shift(움직임, 이동, 이전)이라는 의미를 띤다. 프로이트는 이 말을 다양한 맥락에서 다양한 의미로 사용하였다. 그리하여 한국의 학자들은 맥락에 따라 이 말을 변위, 전치, 이전, 대체, 치환, 이전 등으로 옮겼다. 주의 깊은 풀이가 필요하다. 이 글에서는 이동이라는 의미를 띠지만, 프로이트가 많이 사용했던 의미는 다음과 같다.

대상의 이전: 특정인에 대한 감정을 다른 사람에게 이동하는 것을 말한다. 직장에서 좋지 않은 일을 겪고 집에 돌아와 아내와 아이들에게 화를 내는 남자는 자신의 분노를 직장에서 가족으로 옮긴 것이라 볼 수 있다. 동물 공포증을 보이는 아이는 부모에 대한 공포를 동물에게 옮긴 것일 수도 있다.

기(anal stage)에 아이는 배설로 쾌락을 추구한다. 그러나 양육자는 입을 통한 만족은 쉽게 허용해도 배변은 쉽게 허용하지 않는다. 부모는 자녀에게 배변 훈련(화장실 훈련, toilet training)을 시행함으로써 쾌락의 만족을 통제하려 한다. 이 훈련은 어린 아이에게 매우 중요한데, 그 까닭은 이것이 유아가 외부 권위와 다투는 최초의 투쟁이기 때문이다. 이 시기에도 성적 충동을 너무 적게 충족하거나 너무 많이 충족하면 비정상적 퍼스낼러티로 귀결한다.

세 살 즈음에 아이는 새 단계에 진입한다. 아이는 성적 충동을 외부의 대상에 투사(投射, projection)한다. 외부 대상에게 성적 욕망을 느낀다는 말이다. 사내아이에게 외부 대상이란 어머니다. 사내아이는 어머니에게 성적 욕망을 품는다. 그러나 어머니는 아버지의 여자다. 사내아이는 어머니를 두고 아버지와 경쟁하면서 아버지에게 적개심을 느낀다. 동시에 어머니를 차지한 아버지에게 선망의 감정을 느끼면서 아버지와 자신을 동일시한다.[23] 그리하여 아버지가 내보이는 여러 속성을 자신의 속성으로 내면화한다. 이때 사내아이가 아버지에게 느끼는 적개심과 선망의 복합체를 프로이트는 오이디푸스 콤플렉스(Oedipus Complex)라고 이름 붙였다(콤플렉스는 서로 충돌하는 감정의 복합체를 말한다). 그리고 이 콤플렉스를 느끼는 시기를 오이디푸스 단계(Oedipus stage)라고 명명하였다. 이런 이름은 그리스의 연극 오이디푸스 왕에서 빌려 온 것이다(〈삽화 2-3〉 참조). 다른 한편, 여자아이는 아버지에게 성적 욕망을 느낀 나머지, 어머니에게 적개심을 느끼고 동시에 어머니를 선망한다. 여자아이의 이러한 애증복합감정을 프로이트 이후 정신분석학자들은 엘렉트라 콤플렉스(Electra Complex)라고 이름 붙였다. 어쨌든 프로이트는 어린 아이가 이성 부모를 향한 성적 욕망과 동성 부모에게 느끼는 선망과 적개심을 적절하게 다루지 못하면 성인이 되어 비정상적 퍼스낼러티로 귀결할 수 있다고 보았다(그런데 오이디푸스 콤플렉스는 사

속성의 대체: 스스로 받아들일 수 없는 속성을 다른 사람에게 대체하는 것을 말한다. 이것은 본질적으로 심리적 투사 메커니즘이다. 자아를 다른 대상으로 투사(대체)한다. 예컨대, 사람들은 흔히 자신의 욕망을 신의 뜻으로 대체한다.

몸의 치환: 성기는 입으로 느낄 수 있을지도 모른다(상향 전위). 입은 생식기로 느낄 수 있을지도 모른다(하향 전위). 몸을 대한 성적 끌림은 성적 페티시즘으로 나타날 수 있다. 이 페티시즘은 때로는 다리와 같은 특정 신체 부분에 대한 끌림으로 나타날 수도 있고, 때로는 구두나 속옷 등과 같은 무생물에 대한 끌림으로 나타날 수 있다.

23) 동일시(同一視, identification)는 자기가 좋아하거나 존경하는 사람의 태도나 가치관, 행동 등을 자기 것으로 받아들이는 과정을 말한다. 그래서 자기도 모르는 사이에 그 사람의 행동과 말투, 사고방식과 닮게 된다.

실일까? 그렇지 않다는 주장도 적지 않다. 〈삽화 3-1〉을 참고하라).

〈표 2-2〉 성기 이전 단계

단계	연령	특징
구순기	~ 1.5	입과 입술을 통한 성적 만족 추구
항문기	1.5 ~ 3	배설로 성적 만족 추구 배변훈련; 권위와 투쟁
오이디푸스 단계	3 ~ 6	사내아이는 어머니에게 성적 충동을 투사 아버지와 경쟁-적개심; 아버지를 선망-동일시와 내면화
잠재기	6 ~ 11	잠재

여섯 살쯤 되면, 성적 충동은 잠시 사라진다. 프로이트는 이 시기를 잠재기(latent stage)라 하였다. 아이가 더 커서 나중에 사춘기가 시작되면 성적 충동은 성기로 집중된다. 성적 충동이 성기에 나타나는 시기는 성기 단계(genital stage)다.

프로이트는 무의식을 중시하였던 만큼 성기 단계보다 전성기 단계(pre-genital stage)를 더 중요하게 바라보았고, 전성기 단계에서도 특히 오이디푸스 단계에 초점

〈삽화 2-3〉 오이디푸스 왕

오이디푸스 왕(*Oedipus Rex*)는 그리스 극작가 소포클레스(Sophocles)가 신화를 소재로 삼아 썼던 희곡이다. 이 희곡의 줄거리는 다음과 같다.

오이디푸스가 태어나기 전에 그가 나중에 아버지를 죽이고 어머니와 결혼할 것이라는 신탁(神託, 신이 사제를 통해 내리는 말씀)이 내려졌다. 테베(Thebes)의 왕과 왕비인 라이우스(Laius)와 이오카스테(Jocaste)는 오이디푸스가 태어나자 신탁이 현실이 될 것을 두려워하여 그를 죽이기로 결심하였다. 그들은 시종에게 어린 오이디푸스를 인적 없는 산에 버리게 하였다. 그러나 그 시종은 어린 오이디푸스가 불쌍하여 차마 버리고 못하고, 이웃 나라 목동에게 넘겨주었다. 목동은 그 아이를 코린토스(Corinthos)의 왕과 왕비인 폴리부스(Polybus)와 메로페(Merope)에게 바쳤다. 오이디푸스는 이들을 친부모로 여기고 살면서 현명하고 용기 있는 청년으로 성장하였다. 청년 시절에 장차 자신이 아버지를 죽이고 어머니와 결혼할 것이라는 신탁을 들은

오이디푸스는 그 무서운 운명을 피하려고 코린토스를 떠났다. 길 떠난 오이디푸스는 세 갈래 길에서 테베 방향으로 접어들었고 그곳에서 길을 비키지 않는 라이우스와 싸움이 붙어 그를 죽이고 말았다. 자신이 아버지를 죽인 사실을 까맣게 모르는 오이디푸스는 테베의 오랜 골칫거리였던 괴물 스핑크스(Sphinx)를 물리치고 그 공으로 테베의 왕이 되었다. 오이디푸스는 이오카스테와 결혼하여 두 아들과 두 딸을 얻었다. 오이디푸스는 선정을 베풀어 도시를 잘 통치하였으나, 갑자기 테베에 역병(疫病)이 돌았다. 오이디푸스는 역병이 도는 이유를 알려고 다시 신탁을 듣게 하였다. 신의 말씀은 다음과 같았다. "선왕인 라이우스를 죽인 자를 찾아서 복수하면 역병이 물러간다." 오이디푸스는 라이우스의 살해범을 찾는데 모든 힘을 다할 것을 맹세하였다. 그러나 최고의 예언가 테이레시아스는 라이우스를 죽인 사람은 오이디푸스라고 말하였다. 오이디푸스는 이를 믿지 않았으나 많은 사람이 이를 방증하였다. 왕비 이오카스테는 라이우스가 아들의 손에 죽을 것이라는 신탁이 있었음을 증언하였고, 때마침 코린토스 왕 폴리부스의 부음(訃音)을 들고 온 사자(使者)는 자신이 어린 오이디푸스를 폴리부스 왕에게 바친 당사자임을 증언하였다. 절망에 빠진 오이디푸스는 마지막으로 어린 오이디푸스를 산에 버렸던 시종을 불러 그 아이를 이미 죽이지 않았냐고 다그쳤지만, 그는 죽이지 않았다고 대답하였다. 이로써 자신이 아버지를 살해했다는 사실이 분명해졌다. 절망한 오이디푸스는 시종에게 힘겹게 물었다. "그때 왜 그 아이를 죽이지 않았는가?" 시종이 대답하였다. "가여워서 죽일 수가 없었습니다." 이오카스테는 무서운 진실을 더 이상 견디지 못하여 스스로 목숨을 끊었고 오이디푸스는 이오카스테의 브로치를 빼어 자신의 눈을 찔렀다. 앞을 보지 못하는 오이디푸스는 딸 안티고네에 의지하여 테베를 떠났다(〈그림 2-10〉 참조).

소포클레스가 이 희곡으로 말하고자 했던 것, 경계하고자 했던 것은 인간의 오만(hubris)이었다. 당시 그리스에서는 사람들이 휴머니즘(인본주의/인간주의)이라는 사조를 널리 받아들였다. 사람들은 인간은 만물의 영장이고 만물의 척도라고 선언하였다. 사람들은 인간이 자신의 합리적 이성으로 신이 약속한 세계를 이 땅에 이룩할 수 있다고 믿었다. 소포클레스는 이 희곡과 연극으로 인간의 이런 오만을 경계하려고 했다. 그는 인간이 제 아무리 현명해도 운명을 벗어날 수 없다고 믿었다. 오이디푸스의 부모는 아이를 죽이려고 했고, 오이디푸스는 코린토스를 떠났다. 그들은 예정된 운명은 피할 수 있다고 믿었다. 그러나 그들은 신이 정한 운명을 결코 바꾸지 못하였다. 인간이 보이는 또 하나의 오만은 앞날을 알지 못하면서도 자신만만하다는 것이다. 오이디푸스는 선왕을 죽인 자를 끝까지 좇아 그 원한을 풀 것이라고 공언하였다. 그는 자신이 하는 일이 어떤 결과로 이어질지 알지 못하면서도 자신만만하였다. 우리도 지금 하는 일이 어떤 결과를 낳을지 미리 알지 못한다. 남들은 알아도 자기는 모른다. 그런데도 우리는 자신만만하다(이명원, 2013).

〈그림 2-10〉 오이디푸스와 안티고네, 테베의 역병(C. Jalabert, 1843)

을 맞추었다(〈표 2-2〉 참조). 오이디푸스 단계에서 어린 아이의 퍼스낼러티를 규정하는 요인은 역시 어린 아이가 부모와 맺는 관계다.

쿨리

쿨리(C. H. Cooley)는 미국의 사회학자다. 쿨리는 데카르트(R. Descartes)의 이분법적 인식론에 반대하였다. 데카르트는 인식 주체와 인식 대상을 엄격하게 분리하여 양자는 서로 영향을 미치지 않는 것으로 생각하였다. 예를 들어, 내(주체)가 나무(대상)를 보고 있다고 하자. 나는 나무를 모사하여 인식하였을 뿐 내가 나무에게 작용을 가하는 것도 없고 나무가 내게 영향을 미친 것도 없다. 이렇게 데카르트는 인식 주체와 인식 대상이 서로 영향을 주지 않는다고 생각하였다. 그러나 쿨리는 이와 같은 이분법을 거부하면서 인식 주체와 객체는 서로 영향을 끼친다고 주장하였다. "고립된

〈그림 2-11〉 거울 자아

개인이란 경험 세계에 존재하지 않는 추상적 존재다." 개개인은 결코 그를 둘러싼 자연 세계나 사회 세계와 무관하지 않다.[24] "개인은 세계를 반영하는 실체다." 개인은 자신을 둘러싼 사회세계를 반영할 것이라고 쿨리는 생각하였다. 좀 더 구체적으로 말하면, 개개인의 퍼스낼리티는 타자와 교제하는 과정에서 생기고, 개인이 평가하는 자신의 퍼스낼러티, 즉 자아(self)도 타자와 맺는 관계에서 생긴다고 그는 주장하였다. 이 자아의 생성은 마치 거울을 보는 것과 같은 과정을 거친다고 하여(〈그림 2-11〉 참조), 쿨리는 자신의 이론을 거울 자아 이론(the looking-glass-self theory)이라고 명명하였다.

24) 개개인의 인식은 그를 둘러싼 주변 사람들, 즉 사회세계의 영향을 받는다. 매우 당연한 일이다. 예를 들어 보자. 동양 사람은 상대방을 바라볼 때 눈을 보고, 서양 사람은 상대방의 입을 본다고 한다. 눈과 입으로 상대방의 감정을 판단한다는 말이다. 그래서 동양 사람은 상대방의 선글라스를 불편하게 생각하고, 서양 사람은 상대방의 마스크를 불편하게 생각한다. 선글라스와 마스크가 감정을 읽는 데에 방해가 되기 때문이다. 어떤 사람이 선글라스를 끼고 있다고 가정해 하자. 동양 사람은 선글라스를 좋지 않게 생각하고, 서양 사람은 그것에 별다른 감정을 가지지 않을 것이다. 이처럼 사람들은 자신이 속해 있는 사회세계의 영향을 받는다. 자연 세계는 사람들의 인식에 별다른 영향을 줄 것 같지 않지만, 그렇지 않다. 자연세계의 영향은 사회세계의 영향보다 더 근원적이다. 다음 글을 읽어 보자.

> 영어는 물(water)이라는 관념을 매우 다양한 형태로 표현한다. 한 종류의 단어는 물이 액체 상태인지 아닌지를 표현한다(liquid). 다른 부류의 단어는 물을 넓이의 관점에서 표현하고(lake), 다른 단어는 수량이라는 관점으로 물을 표현한다(river, brook). 또 다른 단어는 물을 형태 차이로 표현한다(rain, dew, wave, foam). 영어에서는 이를 각각 개별 단어로 표현한다. 마찬가지로 에스키모(이누이트) 사람들은 눈을 다양하게 표현한다. 땅 위에 쌓인 눈(aput)이 있는가 하면, 지금 내리고 있는 눈(qana)도 있다. 이리저리 바람에 휩쓸리고 있는 눈(piqsirpoq)이 있으며, 이리저리 휩쓸리다 한쪽에 쌓인 눈(qimuqsuq)도 있다(Boas, 1911: 25-26).

거울을 볼 때 우리는 거울 속의 영상을 보면서 그 영상을 타자의 시선으로 평가한다. 거울을 보는 과정처럼 우리는 1) 타인에게 비친 자기 모습을 상상한다. 2) 타인의 평가를 상상한다. 3) 타인의 평가에 비추어 자부심(pride)이나 수치심(shame) 같은 감정을 느낀다. "우리는 땅 위를 걷고 있지만 타자의 마음 속을 거닐기도 한다." 이와 같은 과정을 수없이 반복하면서 우리는 퍼스낼러티에 대한 제 자신의 생각, 즉 자아를 만들어낸다.

쿨리는 친소관계를 기준으로 타인을 두 집단으로 나누었다. 하나는 일차 집단(primary group)이다. 이 집단은 일상적으로 얼굴을 맞대고 사는 사람들로 이루어져 있고, 감정적 만족을 추구하거나 유대를 목적으로 만나는 집단이다. 가족이나 친구 등이 바로 일차 집단이다. 다른 하나는 이차 집단(secondary group)이다. 이 집단은 사적 이익을 추구하려고 일시적이거나 한시적으로 만나는 사람들이다. 직장 동료이거나 동호회 멤버 등이 이차 집단이다. 어떤 집단이 자아 형성에 더 강한 영향을 미칠 것인가? 당연히 일차 집단의 영향력이 더 강력하다. 우리는 가끔 만나는 사람보다 항상 만나는 사람의 영향을 더 많이 받는다.

미드

미드(G. H. Mead)도 미국의 사회학자다. 미드는 유아가 사회적 존재로 성장하는 과정을 구실 시연(試演, role taking)이라는 개념으로 설명하였다.[25] 구실 시연이란 타인의 구실을 상상으로 실행해 보는 과정을 말한다. 유아는 타자의 구실을 머리속에서 수행하면서 그 구실의 의미를 이해하는데, 구실의 의미를 이해한다는 것은 자신이 그 구실에 대응하여 적절하게 행동할 수 있다는 것을 의미한다. 예컨대 어머니의 구실을 이해한다는 것은 어머니의 요구에 맞추어 자신의 행동을 조절할 수 있다는 것을 의미한다. 유아는 성장하면서 구실 시연의 범위를 점점 확대한다. 미드는 구실 시연의 세 단계를 말하였다. 첫 번째 단계는 예비 단계다. 이 단계는 자극-반응(stimulus-response) 단계와 모방(imitation) 단계다. 이 단계에서 유아는 주어진 자극에 반응

[25] 많은 교과서는 role taking을 역할 취득(役割取得)이라고 번역한다. 이 번역어는 일본식 용어다. 역할도 일본식 용어이고, 취득도 일본식 용어다. 일본식 용어라서 거부감을 갖는 것은 아니다. 이 번역어가 마뜩치 않은 까닭은 이해가 쉽지 않기 때문이다. 취득이란 말은 얻는다는 뜻이니, 역할 취득은 '역할 얻기'라는 말인가? 아마도 그런 뜻일 것이다. 그러나 역할 얻기란 말이 무슨 뜻인가? 쉽게 이해할 수 없다. 그래서 하는 말인데, role taking을 역할 수행이나 역할 이해, 역할 시연이라고 번역하면 어떨까 싶다. 더 쉽게는 구실 수행, 구실 이해, 구실 시연 등이라고 말하면 좋겠다. 여기서는 구실 시연이라고 번역하였다.

하거나 타자의 행동을 모방한다. 예컨대 배가 고프거나 기저귀가 젖으면 유아는 운다. 몸이 아플 때도 운다. 유아는 외적 자극에 반응하는 것이다. 이렇게 단순한 행동을 할 때가 자극-반응 단계다. 유아가 조금 더 크면, 양육자의 행동을 따라 한다. 양육자가 웃으면 따라 웃고 고개를 흔들면 따라서 흔든다. 이것이 모방 단계다. 이 단계에서는 유아가 타자의 구실을 이해하지 못한다. 둘째 단계는 놀이 단계다. 놀이(play)는 소수의 사람이 별다른 규칙 없이 노는 행위를 말한다. 유아기를 벗어난 아이, 즉 조금 성장한 아이의 대표 놀이는 아무래도 소꿉장난이다. 소꿉장난에서 아이는 자신에게 중요한 타자(significant others)의 구실을 시연한다.[26] 중요한 타자는 아무래도 부모나 양육자일 것이다. 소꿉장난에서 엄마 구실을 맡은 아이는 엄마가 자신에게 무엇을 요구하고 자신이 어떻게 행동해야 하는지를 잘 안다. 어쨌든 이 단계에서 어린이는 부모를 비롯한 몇 사람의 구실을 시연하고 이해함으로써 자신의 행동을 조절한다. 예컨대 부모가 요구하면, 밥 먹기 전에 손을 먼저 씻고 잠자리에 들기 전에 양치질을 한다. 셋째 단계는 경기 단계다. 경기(game)는 다수의 사람이 규칙을 정하여 노는 행위다. 미드는 경기의 대표적 예로 야구를 들었다. 야구는 최소 18명의 사람들이 특정 규칙을 따라 각각 제 구실에 맞추어 행동한다. 야구를 하려면 이 규칙과 구실을 잘 알아야 한다. 자신의 구실뿐 아니라 타자의 구실도 알아야 한다. 미드는 이 규칙과 구실을 다른 말로 일반적 타자(generalized others)라고 표현하였다. 어린이가 놀이 단계를 벗어나 더 성장하면 타자 일반의 구실을 시연하고 이해한다. 일반적 타자의 구실은 부모나 학교가 체계적으로 가르친다. 부모나 학교는 간호사의 구실은 무엇이고 경찰과 소방관의 구실이 무엇인지, 하나하나 가르친다. 어린이는 이 구실을 이해함으로써 자신의 행동을 조정하고 타자와 교류하는 유능한 개체로 성장한다. 예컨대 몸이 아프면 의사와 간호사를 찾고, 길을 잃으면 경찰을 부른다.

지금까지 우리는 프로이트, 쿨리, 미드의 사회화 이론을 차례로 보았다. 이들의 공통점은 무엇인가? 한 마디로 정리하면, 자아는 사회적 자아(social self)라는 것이다. 즉, 퍼스낼러티나 자아는 타자와 맺는 사회관계에서 형성된다는 것이다. 프로이트는 어린 아이가 부모와 맺는 관계에서 퍼스낼러티가 결정된다고 주장하였다. 쿨리는 자아가 타자와 교류하면서 형성된다고 주장하였고, 미드는 타자의 구실을 시연함으로

26) significant others를 '의미있는 타자'로 번역한 책도 있다. 그러나 '중요한 타자'로 번역하는 것이 더 나아 보인다.

써 자아가 만들어진다고 말하였다. 이들의 주장을 사실일까? 로젠버그(Rosenberg, 1979)는 자아가 사회적 자아라는 사실을 다음과 같이 증명하였다(〈그림 2-12〉 참고)

〈그림 2-12〉 사회적 자아

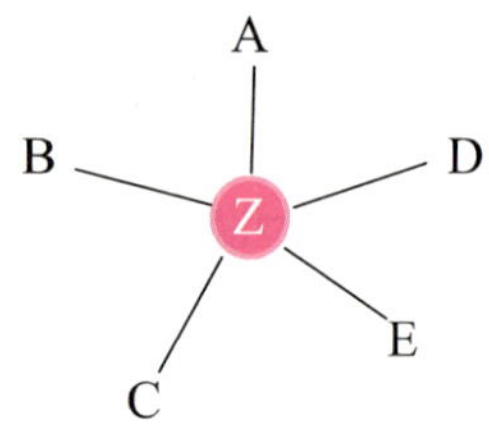

설문지를 만들어 먼저 Z라는 사람에게 자신이 어떤 사람인지 응답하게 한다. 똑똑한 사람인지, 잘 생긴 사람인지, 용감한 사람인지, 의리가 있는 사람인지 등등. 그런 다음 Z를 알거나 그와 관계를 맺고 있는 다른 사람에게 Z가 어떤 사람인지를 똑 같은 방식으로 묻는다. 똑똑한 사람인지, 잘 생긴 사람인지, 용감한 사람인지, 의리가 있는 사람인지 등등. 로젠버그는 이 두 응답, 즉 본인(Z)의 응답과 타자(A~E)의 응답이 거의 일치한다는 사실을 발견하였다. 왜 일치할까? 가능성은 두 가지다. 첫째, 본인(Z)이 타인(A~E)에게 자신이 그런 사람이라고 설득하였기 때문에 일치하게 되었을 가능성이다. 둘째, 타인(A~E)이 그를 그런 사람이라고 생각하기 때문에 본인(Z)도 자신을 그렇다고 생각하게 되었을 가능성이다. 모든 사람이 충분히 이기적이고 충분히 합리적이라는 점을 감안하면, 그리하여 타인의 말을 액면 그대로 믿지 않는다는 사실을 감안하면, 첫째 가능성보다 둘째 가능성이 더 그럴싸해 보인다. 결국 사람들은 다른 사람과 교제하거나 교류하면서 타자의 생각이나 판단을 근거로 자기자신에 대한 판단을 형성한다. 자아를 형성한다.

그러나 퍼스낼러티나 자아가 사회적으로 형성된다는 견해는 어디까지나 사회학의 시각에서 볼 때에만 그러하다. 생물학의 관점에서 보면, 퍼스낼러티나 자아는 유전자가 결정한다. 공평하게 말하면, 퍼스낼러티나 자아가 유전자에서 비롯한다는 것은 분명한 사실이고 다른 사람과 맺는 관계에서 비롯한다는 것도 어느 정도 사실일 것이다.

3) 사회화의 담당자

사회화의 주요 대상은 유아나 어린 아이이다. 그렇다면 사회화를 주도하는 담당자는 누구인가? 유아나 어린 아이에게 무엇인가를 주입(indoctrination)하는 주체는 누구인가? 가족, 또래집단, 학교, 대중매체, 직장, 이웃 등이다. 이중에서 가장 중요한 담당자는 말할 것도 없이 가족이다. 왜냐하면 초기 사회화가 중요하기 때문이다.

가족

가족은 형태나 사회경제적 위치의 차이 때문에 상이한 사회화를 수행한다. 즉 차별 사회화가 이루어진다. 먼저 가족 형태별 차별사회화를 보자. 가족의 대표적 형태는 핵가족, 편부모가족, 직계가족, 대가족 등이다. 가족 형태별로 자녀 사회화의 내용이 다를 것이라는 사실은 쉽게 짐작할 수 있다. 예컨대 핵가족 체제에서 자란 아이는 부모가 조부모를 봉양하는 모습을 본 적이 없다. 그러므로 자신이 미래에 부모를 봉양하겠다는 생각을 하지 않거나 못한다. 또한 자신의 부모가 조부모를 간병하는 모습도 본 적이 없으므로 미래에 자신이 부모를 간병하겠다는 생각도 하지 않는다.

가족 형태별 차별사회화에 대한 잘못된 견해의 하나는 아마도 결손가정(편부모가족)의 자녀에 대한 편견일 것이다. 항간에 떠도는 이야기를 들으면, 편부모가정의 자녀는 양친부모의 자녀보다 더 많은 정신적 문제, 학업성적 문제, 청소년 비행과 범죄 문제에 연루된다고 한다. 그러나 여러 가지 증거로 미루어볼 때 사실은 그렇지 않다. 이혼 가정의 자녀를 표준적 가족의 자녀와 비교해 보면 여러 차원에서 별다른 차이를 보이지 않는다. 성격, 성적, 친구, 스포츠 활동, 학교에 대한 태도 등에서 별다른 차이가 없다. 왜 그럴까? 온전한 가족(intact family)도 이면으로는 많은 긴장을 내포하기 때문이다(Raschke and Raschke, 1979). 양친부모가 있어도 부부 사이가 원만하지 않으면 자녀의 심리상태는 악화한다. 이런 경우보다는 오히려 부모가 이혼하면 자녀의 감정 환경이 나아진다. 자녀의 자아개념이나 감정 상태는 자녀가 가정에서 겪은 갈등에 달려 있지, 이혼이나 사별 경험과는 별다른 관련이 없다(Coltrane and Collins, 2000). 그러므로 편부모가족이나 결손가정에 대한 논의는 과장된 편견이다.

가족 형태별 차별 사회화도 볼만 하지만 그것보다 더 관심을 기울일 만한 주제는 역시 계급별 차별 사회화다. 사회적 불평등(계급)은 5장에서 자세히 다룬다. 여기서는 계급을 그저 사회적 불평등 체계에서 서로 다른 위치를 차지하는 집단이라고 정의

하자. 〈그림 2-13〉에서 보는 것처럼 자원의 배분은 대체로 피라미드 형태를 띤다. 예컨대 돈이 많은 사람은 적고, 돈이 적은 사람은 많다. 이런 배분 구조에서 비슷한 위치를 차지하는 집단을 계급이라고 하는데, 여기에서는 논의의 편의를 위해 이 세상에는 단지 두 계급만 존재한다고 가정해 보자. 한 계급을 중상층계급(upper middle class)이라고 이름 붙이고, 다른 계급을 노동자계급(working class)이라고 이름 붙여 보자.

〈그림 2-13〉 중상층 계급과 노동자계급

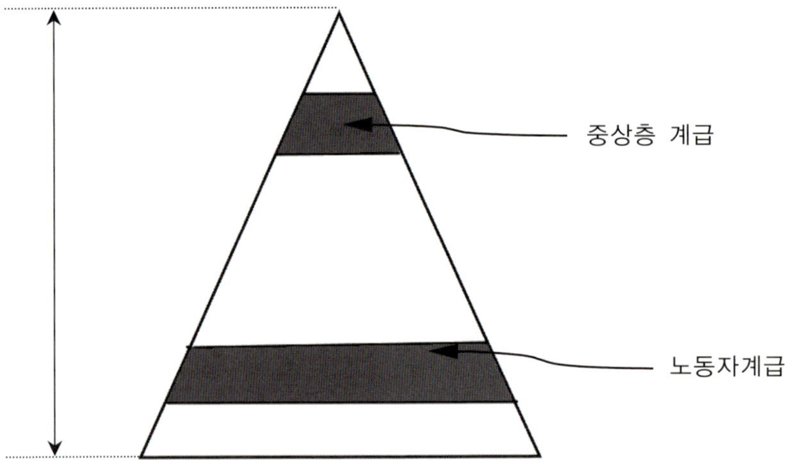

번스틴(B. Bernstein)은 계급마다 말하는 방식이 다르다고 주장하였다. 어법(語法, speech code)이 다르다는 것이다. 번스틴은 4-5세의 어린이에게 〈그림 2-14〉의 장면을 하나씩 순서대로 보여주고 그 그림이 뜻하는 내용을 말로 설명할 것을 요청하였다. 노동자계급의 아이들은 대체로 다음과 같이 말하였다.

> 그들은 그곳에서 축구를 하였다. 그가 그것을 찼고, 그것은 그곳으로 날아가 유리창을 깼다. 그는 밖을 내다보며 그들에게 소리쳤고, 그들은 모두 도망갔다.

〈그림 2-14〉 그림

다른 한편, 중상층계급의 아이들은 다음과 같이 말하는 경향을 보였다.

> 마을 아이들이 마을 공터에서 축구를 하였는데, 한 아이가 찬 공이 앞 집 유리창을 깼다. 주인 아저씨가 나와서 소리쳤고, 아이들은 모두 도망갔다.

번스틴은 노동자계급 아이가 말하는 방식을 제한된 어법(restricted code)이라고 이름 붙였고, 중상층계급 자녀가 말하는 방식을 정교한 어법(elaborate code)이라고 명명하였다. 두 어법의 차이는 다음과 같다.

〈표 2-3〉 제한된 어법과 정교한 어법

제한된 어법	정교한 어법
맥락 의존 어법 사회 의존 어법 대명사 선호 구체적 단어 선호	맥락 독립 어법 개체 의존 어법 명사 선호 추상적 단어 선호

제한된 어법은 듣는 사람이 말의 맥락(context)을 안다고 가정하는 어법이고 정교한 어법은 듣는 사람이 말의 맥락을 알지 못한다고 가정한 어법이다. 다시 말해 제한된 어법은 말을 듣는 사람이 〈그림 2-14〉를 보고 있다고 가정하는 어법이고, 정교한 어법은 듣는 사람이 그림을 보고 있지 않다고 가정하는 어법이다. 그러므로 제한된 어법을 사용하는 아이들은 말의 맥락을 따로 말할 필요가 없고(우리가 그림을 보고 있다고 가정하면, 노동자계급 아이의 말이 전혀 이상하지 않다.), 정교한 어법을 사용하는 아이들은 말의 맥락, 즉 그림의 내용을 같이 전달해야 하는 부담을 느낀다.

이와 비슷하게 제한된 어법은 듣는 사람의 기억이나 지식에 의존하는 어법(사회 의존 어법)이고, 정교한 어법은 오직 자신에게 의존하는 어법(개체 의존 어법)이다. 사회 의존 어법은 듣는 사람이 내 말의 맥락을 기억하거나 알고 있을 것이라고 가정하는 어법, 즉 듣는 사람에게 의존하는 어법이고, 개체 의존 어법은 타자의 기억이나 지식에 의존하지 않는 어법이다. 제한된 어법은 듣는 사람이 말의 맥락을 이해하고 있을 것이라고 가정하므로 대명사를 즐겨 사용하고, 정교한 어법은 주로 명사를 사용한다. 제한된 어법은 구체적 사물(예컨대 공, 창문 등)을 지칭하는 단어를 선호하고, 정교한 어법은 추상적 단어(예컨대 놀이, 구실 등)를 즐겨 사용하는 경향을 보인다.

왜 이와 같은 편차를 보일까? 계급 상황 탓이다. 중상층 계급은 경제적으로 풍요롭기 때문에 사회적 교제 범위도 넓다. 시기마다 상황마다 만나는 사람이 다르다. 이렇게 자주 만나지 않은 사람과 이야기할 때에는 맥락을 같이 언급해야 한다. 예컨대 "지난번 ○○골프장에서 만났을 때 빨간 상의를 입었던 사람 이름은 무엇입니까?"라고 말해야 한다. 사람은 사람이지만, "○○골프장에서 만났을 때 빨간 상의를 입었던"이라는 맥락을 같이 이야기해야 한다. 그렇게 말하지 않으면 상대방이 이해하지 못하기 때문이다. 이렇게 중상층 계급은 정교한 어법을 즐겨 사용하고, 자녀들도 이에 맞추어 사회화된다.

노동자계급은 경제적으로 그다지 여유가 없다. 그래서 다양한 사람을 만날 형편이 되지 않는다. 이들은 오래 전부터 알고 지내던 사람들과 깊이 교제하는 경우가 많다. 이렇게 자주 만나는 사람과 이야기할 때에는 맥락을 언급할 필요가 없다. 맥락은 이미 공유하기 때문이다. 맥락을 공유한 사람과 대화할 때에는 말이 매우 짧고 간결하다. 부부간의 대화를 들어보라. 그들은 짧게 말한다. 맥락을 많이 알고 있기 때문이다. 예컨대 밑도 끝도 없이 "그 사람 이름이 뭐지?"라고 말한다. 그래도 듣는 사람이 알아 듣고 그 사람 이름을 말한다. 이렇게 노동자계급은 주로 제한된 어법을 사용하고, 자녀도 이런 어법을 즐겨 사용한다(Bernstein, 1971).

어법만 다르지 않고 자녀 양육의 목표도 계급별로 다르다. 노동자계급의 부모는 자녀가 단정하고 순종적이기를 바라고, 중간계급의 부모는 자녀가 행복하고 호기심 많게 살기를 바란다(Kohn, 1977; Kohn and Schooler, 1978). 자녀 양육의 목표만 다른 것이 아니다. 자녀 통제 방법도 다르다. 경제적 여유가 없는 노동자계급 부모는 자녀를 통제할 때 강제, 즉 처벌(punishment)을 즐겨 사용하고, 물질적으로나 시간적으로 여유로운 중상층 계급은 보상(rewards)을 사용하는 경향을 보인다. 보상은 물질적 보상과 사회적 보상으로 나눌 수 있다. 물질적 보상은 자녀에게 물질을 제공하는 것이고, 사회적 보상은 부모가 자녀에게 관심과 시간을 나누어주는 것이다.

자녀를 설득하는 방법도 계급별로 다르다. 노동자계급은 자녀를 설득할 때, 위치에 호소(positional appeals)하는 방법을 즐겨 사용하고, 중상층 계급은 인격적 호소(personal appeals)를 즐겨 사용한다. 위치에 호소하는 방법이란 자녀에게 자신이 명령을 내리는 위치에 있고 자녀는 명령을 들어야 하는 위치에 있다는 사실을 확인하는 방법이고, 인격적 호소란 자녀를 동등한 인격으로 간주하는 방식의 호소다. 예컨대 "이제 그만해. 엄마가 말했잖아"라고 설득하는 것이 위치에 호소하는 방법이고, "저번에 엄마가 너에게 그렇게 해 주었지? 이제 너도 엄마에게 이렇게 해 줘."라고 설득하는 방식이 인격적 호소다. 양자의 효과는 약간 다르다. 위치에 호소하는 방법은 사회구조의 강압성을 느끼게 하여 자녀에게 수치심을 느끼게 하고, 인격적 호소는 감정을 내면화하여 죄의식을 느끼게 한다(Bernstein, 1971). 수치심은 타인의 시선 때문에 갖는 느낌이고, 죄의식은 자신의 양심 때문에 갖는 느낌이다. 수치심은 타인의 기대에 미치지 못했다는 것 때문에 느끼는 감정이고, 죄의식은 자신이 정한 도덕적 기준에 미치지 못했다는 것 때문에 느끼는 감정이다.

가족의 계급별 차별 사회화가 어법이나 자녀 양육 방식, 자녀 통제 방식 등에 한정하는 것은 아니다. 계급의 생활방식이 모두 차별 사회화의 원천이다. 프랑스의 사회학자 피에르 부르디외(Pierre Bourdieu)는 사회적 위계질서가 세대를 넘어 재생산되는 방식, 즉 계급의 재생산 방법에 관심을 기울였다. 부모 세대의 계급은 자녀 세대의 계급으로 어떻게 재생산하는가? 자본주의 사회의 계급재생산을 낳는 요인으로 가장 먼저 생각할 수 있는 것은 아무래도 경제적 자산의 상속이다. 부모는 자녀에게 재산을 물려준다. 국가는 세금을 부과하는 방법 등으로 이를 막거나 줄이려 하지만 부모는 어떤 편법을 써서라도 자녀에게 재산을 물려준다. 부자 부모를 둔 자녀는 부자로 산다. 이 뿐인가? 그렇지 않다. 좀 더 교묘한 방법이 있다. 부르디외는 문화가 불평등을 재생산하는 과정을 그리는데, 그의 이론을 문화적 재생산론(the theory of cultural reproduction)이라고 부르는 이유다.

사회에는 여러 종류의 문화가 있으며, 이들은 제각각 사회집단과 연결된다. 예컨대 상층계급과 중간계급은 고급예술을 선호하고, 하층계급은 대중예술을 좋아한다. 이와 같은 취향은 실제의 행동을 유발한다. 이와 같이 특정한 생각과 행동을 낳는 무의식적 성향(disposition)이나 취향(taste)의 체계를 부르디외는 아비튀스(habitus)라고 불렀다. 아비튀스는 미술, 음식, 음악, 의복 등의 생활양식을 결정한다. 상층계급은 교향곡이나 오페라를 관람하고, 랍스터(바닷가재)나 캐비어(철갑상어 알), 트러플(송로버섯) 등을 좋아한다. 상층계급은 단순한 디자인의 밝은 옷을 좋아하고, 고가의 미술작품을 소비한다. 이와 달리, 하층계급은 대중가요를 좋아하고, 김치찌개나 짜장면 등의 음식을 먹는다. 하층계급은 복잡한 디자인과 어두운 빛깔의 옷을 즐겨 입는다. 본디 이와 같은 문화에는 위계가 있을 수 없다. 오페라 아리아는 그 내용이 대중가요와 크게 다르지 않다. 그러나 지배계급(상층계급)은 학교 등을 비롯한 교육기관을 이용하여 문화의 등급을 지정하고 다른 집단에게 이런 평가를 강제한다. 학교는 여러 종류의 문화 중에서 지배계급의 문화를 정상 문화이거나 고급 문화로 규정하고 하층계급의 문화를 열등한 것으로 간주한다. 그리하여 상층계급은 부자로 살만하고 하층계급은 저급하고 가난하게 살 수밖에 없다는 생각을 널리 퍼트린다. 이처럼 자기집단과 다른 집단을 구별하고 차등 지우는 전략을 구별짓기(distinction)라고 한다. 구별짓기는 상층계급의 지배를 정당화하는 전략이다.

이처럼 아비튀스가 타자를 압도하고 지배하는 도구로 활용될 때, 우리는 그것을 문화자본(cultural capital)이나 상징자본(symbolic capital)이라고 부른다.[27] 문화자본은 다양한 형태로 존재한다. 체화한(embodied) 문화자본이 있고, 객체화한(objectified) 문화자본이 있으며, 제도적(institutionalized) 문화자본도 있다. 체화한 문화자본이란 사회화 과정을 거쳐 몸으로 체득한 특성과 습관을 말한다. 고전음악

27) 자본이란 사회적 경쟁에서 타자를 지배하거나 착취함으로써 이익을 남기는 에너지라고 할 수 있는 바, 문화를 이용하여 물질적 부를 늘리거나 이미 쌓은 물질적 부를 정당화할 수 있다면, 우리는 그 문화를 자본이라고 불러도 무방할 것이다.

이나 회화를 좋아하는 취향 등이 바로 이것이다. 객체화한 문화자본이란 개개인이 소장하는 문화적 대상 즉, 책이나 음반, 미술품 등을 지칭한다. 시집이나 음반을 많이 보유한 사람들은 문화자본이 많다고 판단할 수 있다. 제도적 문화자본은 우리 사회제도가 높거나 좋은 것이라고 인정해 주는 문화적 대상, 즉 학위나 자격증 등을 말한다(Bourdieu and Passeron, 1990; 이건만, 2006).

오늘날 경제적 자본을 장악하여 물질적 부를 차지한 사람들은 자신의 부와 권력을 정당화하려고 문화자본을 쌓고 이 문화자본을 내세우는 전략을 사용한다. 예컨대 오늘날 한국의 부자는 자녀를 외국 학교에 보내 외국 학위를 따게 한다. 그리고 이 학위를 이용하여 자신이 경영하는 회사나 관련 회사의 높은 위치에 채용한다. 이들 자녀는 평사원이 10년, 20년 걸려 올라갈 자리에 단번에 취업한다. 이것이 왜 가능한가? 뛰어난 능력을 갖추고 있기 때문이라는 구실을 쓸 수 있기 때문이다. 다시 말해, 제도적 문화자본으로 능력을 포장하고 이 능력을 구실로 좋은 자리를 차지한다. 그리하여 경제적 자본을 쉽게 상속할 수 있는 여건을 조성한다. 이런 방법을 쓰면, 경제적 자본을 직접 상속하는 것보다 부의 이전이 훨씬 더 부드럽다. 저항도 적다.

이처럼 아비튀스는 지배를 정당화하고 부와 권력을 재생산한다. 그렇다면 아비튀스는 어떤 과정을 거쳐 만들어지는가? 사회화 과정을 거쳐 만들어진다. 가족은 자신의 계급에 맞추어 자녀를 차별적으로 사회화함으로써 서로 다른 아비튀스를 형성한다. 이 아비튀스는 개개인의 생각과 행동을 결정할 뿐 아니라 자신을 타자와 구별하는 결과를 만들어낸다. 요약하면 〈그림 2-15〉와 같다.

〈그림 2-15〉 아비튀스와 구별짓기

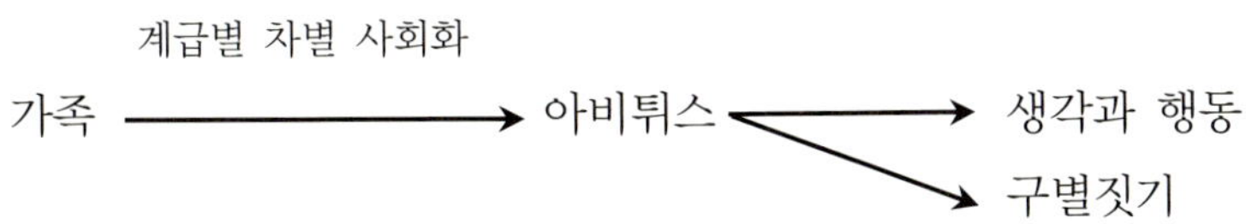

또래집단

유아 시절의 사회화 즉 초기 사회화는 다른 어떤 사회화보다 중요하다. 그러므로 가족의 사회화가 가장 중요하다. 그러나 또래집단, 즉 동년배 집단(peer group)의 중요성도 결코 적지 않다.

모든 사회관계는 권력을 포함한다. 즉 사람들 사이의 관계는 모두 힘의 강약을 포함한다. 대통령과 장관 사이의 관계, 직장 상사와 부하의 관계에만 권력이 존재하는 것은 아니다. 친밀한 사회관계, 즉 부부관계, 부모와 자녀 관계, 연인관계에도 권력이 존재한다. 예컨대 부부관계에서도 더 많은 부나 소득을 만드는 쪽이 더 큰 권력을 부리듯, 연인 사이에도 성적 매력이 더 큰 쪽이 매력이 덜한 쪽보다 더 많은 권력을 누린다.

부모와 자녀 사이에도 권력이 작동한다. 자녀가 어릴 때에는 부모의 권력이 훨씬 더 크다. 물리적 힘 때문이든 경제적 자원 때문이든 부모가 자녀에게 압도적 권력을 행사한다. 이런 수직적 권력관계 안에서 사회화는 일방적으로 진행한다. 자녀는 부모의 권력에 순종하든지 반항해야 한다. 그러나 또래집단의 권력관계는 이와 같지 않다. 또래의 권력관계는 수평적이다. 그러므로 아이들은 부모-자녀 관계에서는 볼 수 없는 행위 규칙, 예컨대 협상이나 거래 등과 같은 행위 규칙을 이 관계에서 발견한다. 아이들이 무엇인가를 욕망할 때 부모에게 응석을 부리거나 떼를 쓴다. 그러나 또래에게는 그럴 수 없다. 또래에게는 협상을 제안한다. 상대방이 가진 자원과 자신이 가진 자원을 교환하는 협상을 시도한다. 예컨대 상대방이 가진 아이스크림을 먹고 싶을 때에는 내가 가진 빵과 교환하려 한다.

학교

가족이 유아의 사회화에 기여한다면, 학교는 국가의 공식적 교육기관으로 어린이의 사회화에 큰 영향을 미친다. 학교가 어린이에게 전달하는 것은 사회의 일반적 가치와 규범, 이데올로기, 숨은 교육과정 등이다.

학교는 해당 사회의 일반적이고 보편적인 가치와 규범을 학생에게 전달한다. 이런 가치와 규범을 앞에서 보았던 다른 용어로 표현하면 문화라고 말할 수도 있고 일반적 타자라고 표현할 수도 있다. 학교는 인사하는 방법이나 횡단보도 사용법, 경찰과 소방관의 구실 등을 체계적으로 가르친다.

다른 한편, 학교는 지배집단의 이익을 두둔하거나 숨기는 사상, 즉 이데올로기를 주입한다.[28] 예컨대, 사유재산은 신성하다는 생각을 주입하는가 하면 사회주의 사상

28) 이데올로기(Ideologie)라는 말은 학술용어나 우리말에서 얼마 남지 않은 독일어다. 영어권에서는 아이디오로지(ideology)라고 표기하고 발음한다.

의 위험성을 누차 강조한다. 자본주의 사회의 지배계급인 자본가 계급의 이익을 지키려는 이데올로기다. 또한 학교는 세금 인하 정책이 모든 국민에게 혜택을 주며 경제성장에도 도움이 된다고 반복해서 가르친다. 그러나 세금 인하 정책으로 이익을 보는 집단은 주로 상층계급이다. 그런데도 세금 인하는 전 국민의 이익이라고 말함으로써 지배계급의 이익을 슬그머니 숨긴다. 이처럼 지배계급의 이익을 두둔하거나 숨기는 사상을 이데올로기(Ideologie)라고 부르는데, 학교는 이 이데올로기를 체계적으로 전파한다.

이에 더하여, 학교는 암묵적으로 특정 가치관을 주입한다. 글로 명시적으로 나타내지 않고, 공식적으로 가르치지 않으며, 때때로 의도하지도 않은 내용을 가르침으로써 특정 가치관을 지지할 수도 있다. 학교가 명시적으로 가르치는 것은 이상적 가치다. 예컨대 학교는 양성 평등 교육을 지향한다. 양성 평등이 우리가 추구해야 할 이상적 가치라고 판단한다. 학교는 그 가치에 맞추어 체계적이고 치밀하게 교육과정을 준비한다. 남자도 간호사 직업을 선택할 수 있고, 여자도 경찰관 직업을 가질 수 있음을 강조한다. 그러나 학교가 이런 교육에 항상 성공하는 것은 아니다. 예컨대 초등학교 교과서에 한 사내아이의 하루를 기록한 일기가 수록되어 있고, 이 일기에 다음과 같은 일화(에피소드)가 있다고 가정해 보자. "나는 영희와 노는 것이 좋다. 오늘도 영희 집에 놀러 갔다. 영희 어머니가 반갑게 맞아 주며 맛있는 과자를 구워 주셨다. 한참 놀다가 집에 돌아왔다."

이 서술에 문제가 있는가? 이 서술을 학생에게 가르치는 데에 교육적 문제가 있는가? 겉으로 보아서는 별다른 문제가 없는 것 같다. 남학생과 여학생이 어울려 노는 일은 양성평등의 좋은 사례 같다. 그러나 위 서술은 약간의 문제를 포함한다. 여성의 성 구실을 남성과 다르게 집안 일로 고정하는 가치를 내포한다. 평일 낮에 왜 영희 아버지가 아니고 영희 어머니가 집에 있었는지, 그리고 왜 영희 아버지가 아니고 어머니가 과자를 구웠는지, 그것이 문제다. 학교는 이렇게 기존의 가치 질서를 암묵적으로 전달한다. 앞에서 본 아비튀스도 학교가 전달한 암묵적 가치 질서의 영향을 받는다. 학교는 클래식 음악이 대중음악보다 더 고급의 취향이고, 중간계급 아이의 어법이나 태도가 노동자계급 아이들의 어법이나 태도보다 더 세련된 것이라고 암묵적으로 평가함으로써 지배질서를 유지한다. 이와 같이 학교가 암묵적으로 가르치는 내용을 숨은 교육과정(hidden curriculum)이라고 한다(Illich, 1971).

대중매체

신문, TV, 라디오 등과 같은 대중매체도 사회화에 기여한다. 신문, TV등은 특정 사회문제나 현상, 사회정책에 관한 자신의 견해를 적극적으로 확산하는 데에 주력한다. 예컨대 한국의 극우 성향 대중매체는 한미동맹이 매우 중요한 가치이고, 미군의 한국 주둔은 절대로 훼손할 수 없다는 생각을 널리 퍼트린다. 북미 대화와 남북 대화로 이룩한 한반도 평화는 가능하지도 않고 필요하지 않다는 견해를 반복해서 전파한다. 종북좌파라는 용어를 사용하거나 전파함으로써 정치적 경쟁자를 억압하거나 제압하려 한다.

대중매체는 이처럼 적극적 가치를 전파하기도 하지만 특정 가치를 소극적으로 전달할 수도 있다. 드라마나 기타 다른 프로그램을 통해 여성의 화장법이라든지 남성의 패션을 지속적으로 내보임으로써, 또 음식 관련 프로그램이나 해외여행 관련 프로그램을 지속적으로 방송함으로써 이른바 유행을 이끌어가기도 한다.

직장, 이웃 등

기타 직장이나 이웃 등도 사회화를 담당하는 또 하나의 주체다. 예를 들어 보자. 대기업은 대기업과 중소기업의 임금 격차를 정당화하는 논리를 개발하고, 이런 논리를 대기업 종사자에게 확산한다. 같은 지역에 거주하는 이웃은 지역주의를 옹호하는 논리를 확산한다.

〈삽화 2-4〉 나는 무엇인가?

지금까지 사회화 이론과 사회화 주체를 다루면서 퍼스낼러티(인성, 성격)는 선천적으로 타고나는 것이 아니라 타자와의 관계에서 만들어진다는 점을 강조하였다. 다시 말해, 자아는 어디까지나 사회적 자아임을 주장하였다. 그러나 그것을 알았다고 해서 사람들은 별다른 감흥을 느끼지 못한다. 왜? 우리가 간절하게 알고 싶은 것은 나라는 사람의 정체이지, 내 퍼스낼러티를 결정하는 요인이 무엇인지가 아니기 때문이다. 나는 어떤 사람인가? 도대체 나는 무엇인가?

이런 질문으로 자신이 어떤 성격의 사람인지를 알고 싶을 수도 있다. 자신의 성격 유형을 알고 싶은 사람은 사회학이 아니라 심리학을 공부해야 한다. 학자마다 퍼스낼러티나 성격을 구분하는 기준을 다르게 제시하였지만, 많은 학자들은 성격 유형을 다섯 가지 기준(Big Five)으로 나누었다. 외향성(내향성-외향성), 신경성(울증-조증), 성실성(절제력-충동성), 친화성(공감성-비공감), 개방성(평범성-예술성)이라는 기준이 바로 그것들이다(Nettle, 2007). 이 기준으로 사람들은 특정인의 성격을 구분한다. 그 사람이 외향적인가 내향적인가, 우울한 편인가 흥분을 잘하는 편인가, 충동적인가 절제력을 보이는가, 타자의 감정이나 생각에 쉽게 공감하는 편인가, 평범한 사람인가 아니면 예술가적(정신병적) 기질을 보유하는가를 알아본다. 그러나 우리는 '나는 무엇인가'하는 질문으로 이 성격을 알려는 것도 아니다. 사람들은 대체로 자신의 성격을 잘 알고 있기 때문이다. 사람들은 이 질문으로 좀 더 근원적인 것을 알고 싶어 한다. 나라는 존재의 특성 같은 것을 알고 싶어 한다. 나는 왜 이렇게 생각하고, 저렇게 느낄까? 나는 왜 이런 것을 좋아하고, 저런 것을 싫어할까? 그러나 사실 이런 궁금증도 부차적이다. 우리가 가장 알고 싶은 것은 다음과 같은 문제다. 이 세상을 사는 게 왜 이렇게 힘든 것일까? 나는 왜 이렇게 고통스러운가? 이 고통을 치유하는 방법은 있기나 하는 걸까?

존재의 본질이나 고통의 근원을 알아보는 방식은 여러 가지가 있을 수 있겠다. 그러나 여기서는 두 가지 접근만 제시하기로 하자. 하나는 정신분석학적 접근이고 다른 하나는 불교적 접근이다. 이 책의 2장(문화와 사회화)에서 보았고, 3장(성, 가족, 사랑)에서도 볼 것이지만, 정신분석학은 무의식을 우리 존재의 본질 같은 것으로 판단한다. 무의식은 우리의 생각과 감정, 행동을 결정한다. 그러므로 무의식을 알아내는 일이 자신을 이해하는 길이다. 그렇다면 무의식은 어떻게 알 수 있는가? 꿈이든 실수든, 말이든 행동이든 이러저러한 단서를 분석하여 무의식을 이해할 수 있다고 정신분석학은 주장한다. 오늘날 일부 자연과학자는 이런 주장을 과학이라고 인정하지 않지만(Trivers, 2011), 상당수의 학자들은 아직도 이를 유효한 이론으로 인정한다. 그들은 성적 욕망과 트라우마(외상(外傷)과 그로 말미암은 정신적 충격)가 만들었을 무의식을 이해하면, 존재의 본질 같은 것을 알 수 있다고 믿는다. 이렇게 존재의 본질을 알면, 그것을 바꿀 수는 없다 하더라도 얼마큼의 위안을 얻을 수 있다고 믿는다. 미리 말하지만, 이런 주장은 사실일 수도 있지만, 사실이 아닐 수도 있다.

'나'와 내가 겪는 고통을 이해하는 두 번째 방법은 불교적 접근이다. 석가모니는 부다가야의 보리수 아래에서 득도하였다. 깨달음을 얻었다. 도대체 그는 무엇을 깨달았는가? 연기(緣起)가 이 세상의 이치임을 깨달았다. 세상에 아무 이유 없이 일어나는 일이란 없다. 이것이 있으면 저것이 있고 이것이 일어나면 저것이 일어난다. 석가모니 부처는 이 인연(因緣, 원인과 조건)이 결과를 낳는다는 사실을 깨달았다. 한 걸음 더 나아가, 석가모니 부처는 이 세상을 산다는 것은 괴로운 것(一切皆苦)이라는 사실도 간파하였다. 세상을 사는 것이 왜 고통스러운가? 무명(無明) 때문이다. 다시 말해서, 무지 때문이다. 우리의 괴로움은 세상의 이치를 이해하지 못하는 어리석음에서 비롯한다. 사람들은 세상 만물이 끝없이 변한다는 사실(諸行無常)을 알지 못하고, 이 세상에 존재하는 모든 것에는 그 실체라고 부를 만한 것이 없다는 사실(諸法無我)을 알지 못한다. 그리하여 얻을 수 없거나 채워지지 않는 것을 갈애(渴愛)하고 사라지는 것에 집착(執着)한다. 이 갈애와 집착이 고통을 낳는다. 사정이 이렇다면 고통을 없애는 방법은 간단하다. 무명을 떨치는 것이다. 만물은 무상하여 끝없이 바뀌므로 그 어떤 존재도 실체라거나 본질이라고 여길 만한 것을 포함하지 않는다는 사실을 알면, 그리하여 무명을 벗어나면, 우리는 갈애와 집착을 내려놓을 수 있고, 그로 말미암은 온갖 고통에서 벗어날 수 있다(이진경, 2016). 모든 생명체는 이르든 늦든 모두 죽는다는 사실을 알면, 헛된 갈애와 집착을 내려놓을 수 있고 죽음이 낳는 비통함과 상실감에서 벗어날 수 있다. 우리의 생각과 감정(사랑과 우정 등)이 영원하지 않다는 것을 이해하면, 지나가는 것에 대한 갈애와 집착을 내려놓을 수 있고 헤어짐의 고통에서 벗어날 수 있다. 반야심경(般若心經)은 이런 논리를 다음과 같이 압축하였다.

> 관자재보살이 깊은 반야바라밀다를 행할 때,[29] 우리의 몸과 마음이 고정불변의 실체가 아님을 비추어보고 온갖 괴로움과 시름을 건너느니라(觀自在菩薩 行深般若波羅蜜多時 照見五蘊皆空 度一切苦厄).

이제 다시 묻자. '나'는 무엇인가? 붓다의 가르침을 비추어보면, '나'는 없다. 고정불변하는 '나'는 없다. 시간이 흐르면 몸이 바뀌고, 상황이 바뀌면 우리 마음도 바뀐다. 변치 않는 실체는 그 어디에도 존재하지 않는다. 그런데도 우리는 변치 않는 '나'에 집착한다. 젊음이 지속하는 것으로 생각하고, 내 마음도 바뀌지 않을 것으로 판단한다. 이런 생각은 무명이고, 무명은 고통의 원인이다. '나'는 원인과 조건에 맞추어 지속적으로 바뀌는 존재다. 원인과 조건이 계속 바뀌고, 나도 계속 바뀌는 환경에서 우리가 할 일은 '나'를 낳는 원인과 조건을 스스로 가꾸고 다듬어 나가는 것이

29) 반야바라밀다(般若婆羅蜜多)는 산스크리트어 프라즈냐 파라미타(praj ā pāramitā)의 음역이다. 반야(프라즈냐)는 '지혜'를 뜻하고, 파라미타(바라밀다)는 '완성'을 뜻하거나 '피안으로 건너감'을 의미한다. 그러므로 반야바라밀다는 '지혜의 완성'이라고 번역하거나 '지혜로 피안으로 건너감'이라고 옮긴다. '깊은 반야바라밀다를 행할 때'는 '깊은 지혜의 완성을 이룰 때'라고 옮기거나 '깊은 지혜로 저 언덕으로 건너갈 때'라고 번역할 수 있겠다. 또 반야가 '지혜'라면 반야심경(般若心經)은 '지혜를 담은 (불교의) 핵심 경전'이라고 이해할 수 있겠다.

다. 바르게 보기(正見), 바른 생각(正思惟), 바른 말(正言), 바른 행동(正業), 바른 생활(正命), 바른 정진(正精進), 바르게 알아차리기(正念), 바른 명상(正定) 등으로 자신을 가꾸는 것이다.

(3) 재사회화

1) 극단적 형태의 재사회화

사람들은 사회화 과정에서 꾸준히 문화를 학습한다. 성인이 되어서도 사회화는 지속한다. 그러나 특별한 형태의 사회화가 일어날 수도 있다. 사람들은 옛 문화를 버리고 새 문화를 학습할 수도 있는데, 이를 재사회화(resocialization)라고 한다.

재사회화는 두 가지 형태로 구분할 수 있다. 급격한 재사회화와 순탄한 재사회화가 바로 그것들이다. 극단적 재사회화는 뜻하지 않은 계기로 특별한 경험을 했을 때 발생하는 재사회화이고, 순탄한 재사회화는 일상적 삶을 살아가다가 맞이하는 재사회화다. 극단적 재사회화의 대표적 사례는 위기상황(임계상황)에 진입할 때 발생하는 재사회화이거나 폐쇄조직이나 격리조직에 수감될 때 발생하는 재사회화 등이다. 전투와 같은 극한상황에 진입할 때에도 빠른 시간 안에 새 가치와 규범을 학습해야 한다. 그러나 이보다 더 흔한 상황은 아무래도 폐쇄조직에 수감되었을 때 발생하는 재사회화다. 고프먼은 격리조직이나 폐쇄조직을 총체적 기관(total institution)이라 불렀다(Goffman, 1961). 그는 이 기관이나 시설을 "비슷한 상황에 놓인 사람들이 상당한 기간 동안 사회에서 격리되어 생활하는 주거 장소나 작업 장소"라고 규정하였다. 이런 장소의 대표적 사례는 정신병원, 나병원, 고아원, 양노원, 감화원, 감옥, 포로수용소, 강제수용소, 군대, 수녀원, 기숙사, 선박 등을 들 수 있다.

총체적 기관의 특징은 다음과 같다. 첫째, 사람들은 같은 장소와 같은 권위체제에서 생활한다. 다른 장소로 이탈하는 것은 금지된다. 둘째, 사람들은 항상 타인과 함께 일상활동을 이어간다. 혼자 있는 공간도 혼자 있는 시간도 허용되지 않는다. 사람들은 항상 타인이 지켜보는 가운데에서 일상활동을 꾸려나가야 한다. 셋째, 일상행동은 미리 짠 계획에 맞추어 이루어진다.

이런 기관에 투입되면 수용자(inmate)의 퍼스낼러티가 급격하게 바뀌는 것을 목격할 수 있다. 특히 총체적 기관의 강압과 폭력이 셀수록 빨리 바뀐다. 수용자는 시설(institution) 바깥에서 어떤 지위를 가졌고 어떤 활동을 하였으며 어떤 퍼스낼러티를 갖추었든 시설 안에서는 급격하게 능동적 자아 감각을 상실한다. 수용자는 자기가 행동을 자유롭게 결정한다는 느낌을 갖지 못하고, 걸어 다니는 시체(walking corpse)라고 불릴 만큼 수동적이고 소극적으로 행동한다. 영화 〈쉰들러 리스트〉(S. Spielberg, 1993)에서 보는 유태인처럼 무표정하고 무신경하며 느릿느릿하다. 강제수용소의 수용자만 그런 것은 아니다. 영화 〈뻐꾸기 둥지 위로 날아간 새〉(M. Forman, 1975)에서 보듯 정신병원에 수감된 수용자도 똑 같은 모습을 보인다. 군인은 어떤가? 군인이 전투하고 있지 않다면, 즉 예비군 같은 상태에 있다면 그들의 모습도 앞의 수용자와 별반 다르지 않다.

총체적 기관에서 퍼스낼러티나 자아는 왜 이렇게 빠르게 바뀔까? 고프먼은 직접과정과 간접과정을 구분하였다. 직접과정은 입회절차 때문에 발생한다. 입회절차는 보통 제거, 오염 노출, 부착 등의 과정을 거친다. 총체적 기관에 수용되면 먼저 제거(leaving off)가 진행된다. 수용 이전에 사회의 지위에 부착된 갖은 휘장, 즉 의복이나 장식물 등을 제거한다. 휘장을 제거하면 수용자는 사회적 지위와 무관한 존재로 탈바꿈한다. 제거 이후에 수용자를 오염 노출(contaminative exposure)한다. 수용자를 신체적으로 학대하거나 배변과 같은 은밀한 활동을 공개함으로써 수용자를 모욕한다. 이로써 수용자의 옛 퍼스낼러티를 세탁한다. 오염에 노출한 후에는 새로운 휘장, 즉 유니폼이나 번호표 등을 부착(taking on)한다. 이제 수용자는 오직 번호로 구분되는 개체로 인정될 뿐이다.

간접과정으로는 되돌이와 조직화를 들 수 있다. 되돌이(looping)는 정보의 순환을 말한다. 수용자가 보호자나 다른 수용자에게 불만을 토로하면 직원(staff)의 귀에 들어간다. 예컨대 수용자가 보호자에게 직원의 가혹행위를 폭로하면, 보호자는 직원에게 그 사실을 확인한다. 그러면 직원은 환자에게 보복한다. 다른 수용자에게 불만을 말해도 과정은 같다. 그 수용자가 직원에게 일러바치면 직원은 불만을 말한 수용자에게 가혹하게 보복한다. 이런 되돌이는 환자를 무기력하게 만든다. 조직화(regimentation)

는 수용자를 집단화한다. 개별 행동을 허용하지 않는다. 개인적 불만도 허용하지 않는다. 어쨌든 이와 같은 직접과정과 간접과정을 거쳐 수용자의 퍼스낼러티는 빠른 속도로 바뀐다. 재사회화가 극적으로 일어난다고 말할 수 있다.

2) 순탄한 형태의 재사회화

순탄한 재사회화는 삶의 주기(life cycle)에 맞추어서 천천히 일어난다. 천천히 일어나므로 타인이 눈치채지 못하게, 때때로 자신도 모르게 일어난다. 다만 총체적 기관에 진입할 때 느끼는 변화만큼은 아니어도 삶의 주기에는 제법 크고 빠른 변화가 일어나는 시기가 내재한다. 이런 시기에는 퍼스낼러티에도 큰 변화도 일어날 수 있다. 이 장의 남은 부분에서는 삶의 주기와 퍼스낼러티에서 일어나는 이 변화에 초점을 맞추어 보자.

근대의 삶은 일정한 주기(cycle)를 띤다. 〈그림 2-16〉에서 보는 것처럼, 한 개체는 출생하여 아동기를 거쳐 성인기와 노년기를 지나 사망한다. 이 개체가 삶의 주기를 통과할 때 다른 개체도 유사한 단계를 거쳐 삶의 주기를 반복한다.

〈그림 2-16〉 근대의 생애 주기

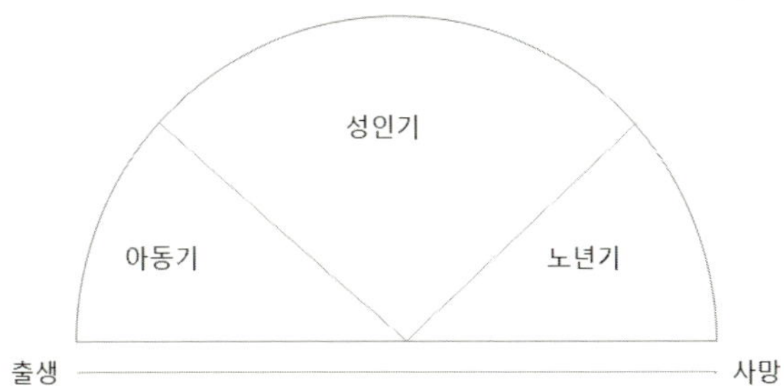

오늘날 이런 주기가 당연한 것처럼 보이지만 근대 이전의 생애는 이렇지 않았다. 근대 이전에는 아동기가 뚜렷하지 않았다. 오늘날 아동은 각별한 처우를 받는 특별한 존재다. 노동을 하지 않는 존재이고 갖가지 보호를 받아야 하는 존재다. 범죄를 저질러도 형사책임을 지지 않는 존재이기도 하다. 그러나 근대 이전에는 아동은 이런 대접을 받지 못하였다. 성인을 보조하여 노동을 해야 했다. 아동은 작은 성인이었다.

성숙하지 못한 존재로 인지되었지만 특별한 존재로 대접받지는 못하였다. 그러므로 〈그림 2-17〉에서 보듯, 아동기와 성인기의 구별은 뚜렷하지 않았다. 근대 이전에는 노년기도 없었다. 노년기란 자본주의 시대에 생겨난 단계다. 가정과 직장이 분리되고, 직장 생활을 하지 못하는 시기가 존재하면서 생긴 삶의 단계다. 근대 이전에는 노동을 하지 못하는 시기가 없었다. 그러므로 노년기란 따로 존재하지 않았다.

〈그림 2-17〉 근대 이전의 생애주기

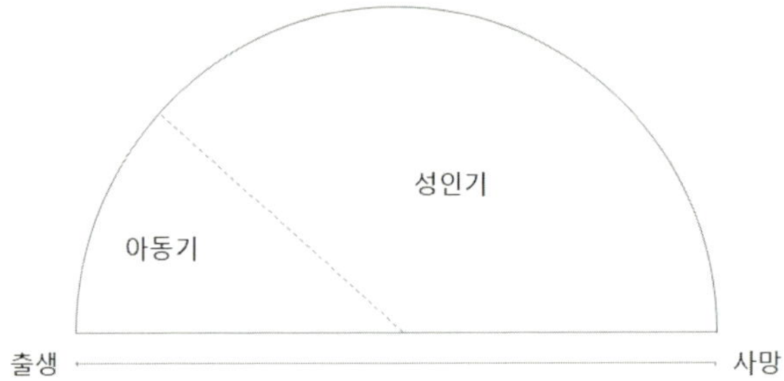

생애주기의 각 단계가 어떤 것으로 채워져 있는지를 아는 일은 나름대로 흥미롭다. 그러나 이보다 더 큰 관심을 기울일 만한 것은 근대의 생애주기에서 삶의 각 단계를 건너는 과정이다. 이 과정은 이행(transition)이라고 말할 수 있고, 이 이행이 이루어지는 시기를 이행기라고 할 수 있다. 그런데 이행과 이행기는 왜 중요한가? 왜 우리의 흥미를 끄는가? 이행기는 모두 과도기고, 과도기는 모두 위기(crisis)이기 때문이다.

근대의 생애주기에서 삶의 단계는 아동기, 성인기, 노년기로 모두 셋이다. 그러므로 이 각 단계를 건너는 이행은 둘이다. 아동기에서 성인기로 넘어가는 이행과 성인기에서 노년기로 넘어가는 이행이 바로 그것들이다. 그러나 심리학자 스토드(J. Staude)는 근대의 생애주기에서 이행은 모두 다섯이라고 주장하였다(Coltrane and Collins, 2000). 〈그림 2-18〉에서 보듯, 스토드는 출생과 사망도 이행이라고 간주하였고 성인기의 한 가운데를 가로지르는 이행(중년의 위기)를 새로 설정하였다. 그리하여 모두 다섯 개의 이행을 상정하였다. 이 다섯 개의 이행을 차례로 살펴보자.

출생과 사망은 가장 중요하고 가장 결정적인 이행이다. 그러므로 나머지 이행은 모두 이 두 계기(契機, moment)를 포함한다. 즉 나머지 이행에서도 무엇인가 새로 나타나는 것이 있는가 하면, 뭔가 사라지는 것도 존재한다.

〈그림 2-18〉 이행기

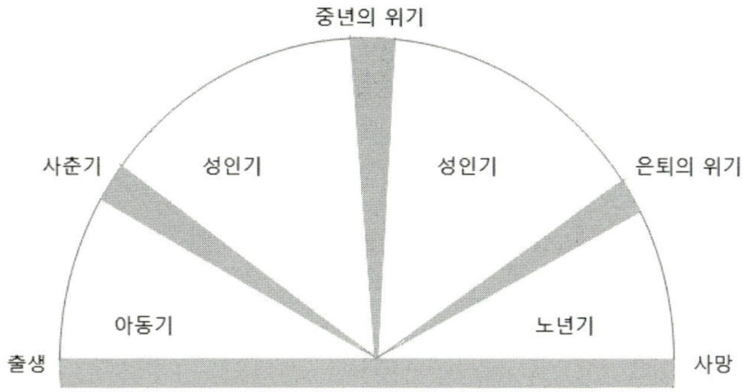

출생(birth)은 존재하지 않은 것에서 존재하는 것으로 바뀌는 이행이다. 출생 이전에 우리는 우리가 어떤 모습으로 존재하는지 모른다. 출생을 거쳐 우리는 특정한 모습을 갖춘 존재로 바뀐다. 태중에서 태아는 편안함과 불편함이라는 서로 충돌하는 복합감정을 느낀다. 태아는 안정된 환경에서 편안함을 느끼지만 좁은 공간 때문에 불편함을 느낀다. 태어나면서 태아는 거친 세상에 던져진다. 춥고 고달프다. 태아는 편안함을 잃는다. 그러나 동시에 태아는 해방감을 얻기도 한다. 이제 마음껏 움직일 수 있다. 이처럼 태아는 출생에서 무엇을 잃는가 하면, 무엇을 얻기도 한다. 이런 복합 과정은 무의식에서 심리적 위기를 낳는다.

출생 후에는 개체는 비교적 평온한 아동기를 거친다. 운이 나쁜 아이는 거칠고 혹독한 아동기를 맞이하겠지만, 아이들은 대부분 노동을 하지 않고 특별한 대접을 받으며 평온하고 따뜻한 아동기를 보낸다. 이 아동기는 언제 끝나는가? 생물학적으로 말하면 이차 성징이 나타나면서 끝난다. 성인의 징후가 나타나면서 아동기는 끝난다. 그러나 아동기를 구분할 때 우리는 보통 생물학적 기준보다 사회적 기준을 더 선호한다. 아동기는 초등학교를 졸업하면 끝난다. 초등학교 졸업 연령은 평균 13세다. 그러므로 아동기는 13세까지라고 판단해도 무방하다.

전근대 사회에서는 아동기가 끝나면 곧바로 성인기가 시작되었다. 그러나 근대 사회에서는 사정이 다르다. 아동기가 끝났다고 해서 곧바로 성인기가 시작하는 것은 아니다. 그렇다면 사람들은 한 개체를 언제부터 성인이라고 간주하는가? 법적으로는 다양하다. 18세 이상이면 운전면허를 딸 수 있고 투표를 할 수 있다. 그러나 술과 담배가 허용되는 나이는 19세이고, 부모 동의 없이 결혼할 수 있는 나이도 19세다. 그러나 이런 법적 기준은 사회적 기준보다 널리 쓰이지 않는다. 사회적으로는 고등학교를 졸업하면 성인 대접을 한다. 달리 말하면, 사람들은 고등학교를 졸업한 이를 성인으로 간주한다. 고등학교를 졸업하면 몇 살이든 술을 마시고 담배를 필 수 있다. 그래도 사람들은 용인한다. 고등학교 졸업 연령은 평균 18세다. 그렇다면 아동도 아니고 성인도 아닌 이 시기, 즉 13세에서 18세에 이르는 이 시기는 무엇인가? 청소년기나 사춘기라고 부른다. 사춘기(adolescence)는 아동기에서 성인기로 이행하는 과도기다. 모든 과도기가 그러하듯 사춘기도 위기다. 왜 위기인가?

일찍이 에릭슨(E. Erickson)이 말하였듯, 사춘기에 이르러 개체는 정체성(identity)을 형성한다. 이 시기에 청소년은 제 자신에 대한 생각과 타자가 자신을 보는 생각을 통합한다. 청소년은 자아 이미지를 형성하고, 자신이 속한 집단을 확인하며, 그들이 하고 싶은 것을 욕망한다. 그러나 그들은 자신이 하고 싶은 것을 할 수 없다. 경제적으로 사회적으로 독립한 존재가 아니기 때문이다. 불만이 쌓일 수밖에 없다. 뿐만 아니라 청소년은 성적 성숙을 경험한다. 성적 욕망을 느낀다. 그러나 성행위를 둘러싼 금기(禁忌)에 맞닥뜨린다. 갈등이 생길 수밖에 없다. 그러나 이것보다 더 큰 문제는 청소년이 이성을 앞에 두고 성적 매력 경쟁을 펼치고, 자신의 성적 매력을 처음으로 상대화한다는 것이다. 청소년은 이 과정에서 자신의 성적 매력의 위치를 확인한다. 이보다 더 고통스러운 일이 있을까? 내가 남보다 얼마나 더 멋지고 얼마나 더 예쁜지를 확인하는 것보다 더 견디기 힘든 일이 또 있을까? 이에 더하여, 사춘기는 사회적 경쟁이 심한 시기이기도 하다. 학업성적 경쟁이 일어나고 그 경쟁에서 자신이 차지하는 위치를 확인한다. 이런 경쟁으로 미래에 얻을 사회적 지위를 가늠한 청소년의 마음은 거칠고 스산하다. 이런 과정은 많은 고통, 깊고 긴 좌절을 초래한다. 일생일대의 위기라고 표현해도 무방하다. 청소년은 '나는 어떤 사람인가?'라는 생각을 둘러싸고 방황을 거듭한다. 나는 얼마나 매력적이고, 나는 무엇을 할 수 있는지 묻고 묻는다. 에릭슨은 이런 방황을 정체성 위기(identity crisis)라고 불렀고, 심리학자 홀(G. Stanley Hall)은 이 격동과 고난의 시기를 질풍노도(Strum und Drang, storm and stress)의 시기라고 불렀다.[30] 홀은 이 시기의 특징으로 부모와의 갈등, 심리적 혼란, 위험 행동 등을 들었다. 이런 대혼란의 시기에는 다른 어떤 시기보다 정신병 이환율이 높고, 자살률이 높으며, 사고 위험도 높다.

30) 원래 이 용어는 18세기 중후반에 일었던 독일 낭만주의 문학 운동을 지칭하는 것이었다.

최근 들어 사춘기는 더욱 가혹해졌다. 아이들이 예전보다 빨리 성숙하여 사춘기가 길어졌기 때문이다. 〈그림 2-19〉는 2010-2012년 기간 동안 한국 여성 초경 연령의 코호트별 추세를 보인 것이다.[31)] 60-64세 코호트 여성의 평균 초경 연령은 16.3세였다. (학교를 다녔다면) 고등학생 때 비로소 어른이 되었다. 이와 달리, 15-19세 코호트 여성의 초경 연령은 평균 12.7세에 불과하였다. 초등학교 5-6학년 때 어른이 되었다. 약 40년만에 3.5년이나 빨리 성숙하게 되었다. 이렇게 보면 요즘 여성은 예전의 여성보다 더 거칠고 긴 사춘기를 보낼 것이라고 짐작할 수 있다. 여성이 그렇다면, 유추하건대 남성도 그러할 것이다.

〈그림 2-19〉 연령 코호트별 초경 연령 변화, 15-64 (2010-2012)

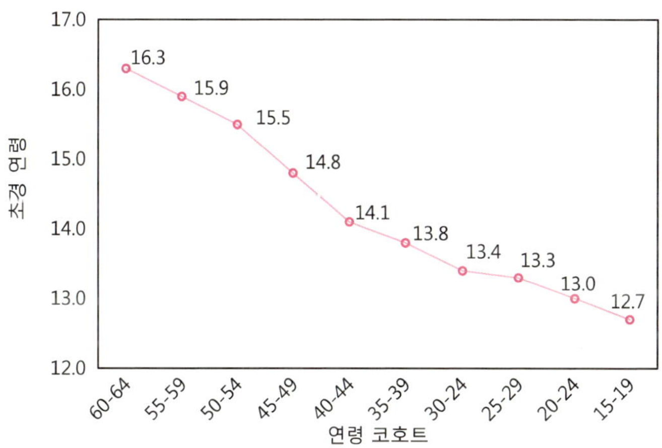

출처: 천희란(2016)

사춘기가 아무리 힘들어도 사고로 죽거나 스스로 목숨을 끊지 않는다면 삶을 이어나가야 한다. 사춘기를 벗어나면 성인기에 접어든다. 포기할 것은 포기하고 인정할 것은 인정하면서 성인기의 삶을 시작한다. 성인기 초반의 삶은 우리 삶에 가장 빛나는 시기이고 가장 황홀한 시기다. 이 시기가 빛나는 이유는 취업해서 독립한 개체로

31) 코호트(cohort)는 인구학 용어로 특정 경험을 공유한 사람들(집단)을 지칭한다. 연령 코호트, 결혼 코호트 등과 같은 말로 사용한다. 같은 연령대의 사람은 동일한 역사적 경험을 할 가능성이 크다. 예컨대 전쟁을 경험한 세대는 다른 세대와 달리 전쟁, 민주주의, 이데올로기 등에 대해 특정한 감정이나 견해를 보인다. 같은 시기에 결혼한 사람들은 출산이나 육아에서 비슷한 경험을 한다. 최근 들어 코로나 바이러스가 퍼지면서 코호트 격리라는 표현도 등장하였다. 사람들은 이를 우리말로 동일집단 격리라고 옮겼는데, 더 정확하게는 동일사건 경험집단 격리가 아닐까?

살 수 있기 때문이고, 이 시기가 행복한 이유는 사랑과 결혼이 기다리기 때문이다.

일반적으로 결혼은 취업 이후에 한다. 2018년 현재, 한국 여성의 초혼 연령은 30.4다(통계청, 2019a). 왜 그런지는 확실하지 않지만, 일반적으로 남편의 연령은 아내보다 세 살쯤 더 많다(실제로 2018년 남성의 평균 초혼 연령은 33.2세였다). 그러므로 남성은 보통 33세쯤에 취업을 하거나 그 이전에 취업을 할 것이라고 짐작할 수 있다. 30대 초반에 취업한 남성은 열심히 노력하며 경력을 쌓아간다. 경력이 쌓이면서 사회적 지위도 높아진다. 팀장, 과장, 부장 등을 거치며 지위가 높아진다. 지위가 높아지면서 소득도 올라간다. 그러나 지위나 소득이 한없이 올라갈 수는 없다. 그의 능력이 부족해서 그런 것이 아니다. 직장의 구조가 그렇게 되어 있기 때문이다. 보통 직장은 피라미드 형태의 지위 구조를 보이는데, 하급 직원의 수는 많고 상급자의 숫자는 적다. 그러므로 모든 하급자가 상급자로 승진할 수는 없다. 사람들은 부득이 탈락의 고배를 맛보아야 한다(가장 극단적으로 생각해 보자. 한 해에 1,000명이 입사했다고 하자. 2-30년 뒤에 사장이 될 사람은 기껏해야 채 열 명이 되지 않는다. 나머지

〈그림 2-20〉 2000년대 후반(2006∽2010) 동아시아의 연령-임금 프로파일

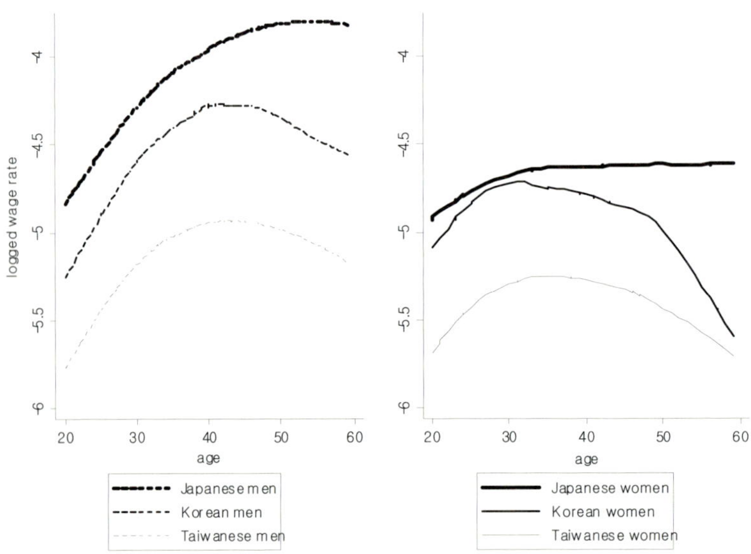

출처: 장상수(2020)

〈그림 2-21〉 1인당 생애주기 적자(2016년)

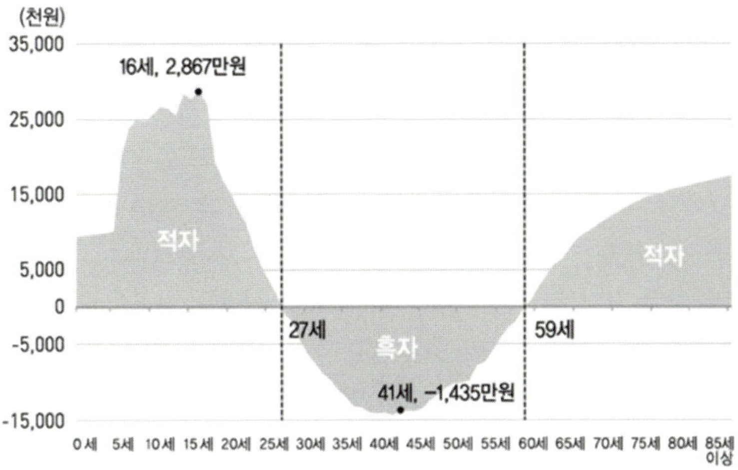

출처: 통계청(2019)

990명은 중도에 탈락해야 한다). 그래서 남성은 대부분 어느 지점에서 더 이상 승진하지 못한다. 평범한 사람의 사회적 지위는 어느 연령까지 상승하다가, 특정 지점부터 더 이상 상승하지 못하고 그 자리에 멈추거나 도리어 하강하기 시작한다. 이 지점이 직업 정점(職業 頂點, occupational maturity)이다. 그렇다면 사람들은 보통 몇 살 때 직업 정점에 도달하는가? 영국 남성의 직업 정점은 약 35세였다(Goldthorpe, 1987). 한국 남성은? 이를 보여주는 구체적이고 직접적 자료는 없다. 몇 가지 단서로 그 정점을 짐작할 수 있을 뿐이다. 2000년대 첫 십년의 후반(2006~2010)에 남성의 연령-임금 프로파일(age-wage profile)을 보면, 즉 연령별 평균 임금 분포로 보면, 한국 남성의 임금은 40세 전후하여 가장 높았다(〈그림 2-20〉 참조).[32] 다른 한편, 〈그림 2-21〉을 보면, 2016년 한국인의 생애주기에서 노동소득이 가장 높고 소득과 소비의 격차가 가장 커서 적자폭이 가장 작은 시기는 41세였다(통계청, 2019c).[33] 소득이 직업 지위의 함수라면, 그러므로, 이 시대 한국 남성의 직업 정점은 대략 40대 초반이라고 말할 수 있다.

32) 대만 남성의 임금 정점은 한국 남성처럼 40대 초반이었지만, 일본 남성의 정점은 50대 초반이었다. 일본 남성의 직업 안정성을 엿볼 수 있다. 다른 한편, 한국 여성의 임금 정점은 30대 초반, 대만 여성은 30대 중반이었다.

33) 여기서 노동소득이란 임금노동자의 소득과 자영업자의 소득을 모두 지칭한다.

40세 이후에는 더 이상 사회적 지위가 높아지지 않는다. 처음에는 운이 나쁘거나 노력이 부족해서 올라가지 못한다고 생각한다. 그러나 4-5년이 지나면서 점차 현실을 깨닫는다. 사람들은 아무리 노력해도 더 이상 올라갈 수 없다는 데에 절망한다. 아무리 애를 써도 더 이상 더 나아질 수 없다는 데에 좌절한다. 앞으로 무엇을 해야 할지 막막하다. 무엇을 추구하면서 살아야 할지 알지 못한다. 사람들은 꿈을 잃고 삶의 의미를 잃는다. 그리하여 40대 중반과 50대 초반에 또 하나의 위기를 맞는다. 스토드는 이 위기를 중년의 위기(midlife crisis)라고 이름 붙였다.

지금까지 남성이 직업 경력을 거쳐 가면서 얻는 절망과 좌절을 말하였다. 이 남성의 가정은 어떠한가? 〈그림 2-22〉에서 보듯 결혼만족도나 행복도는 결혼 전후에 가장 높다. 그러나 첫 아이의 출산을 앞뒤로 행복도는 지속적으로 하강한다. 계속 낮아지다 자녀들이 다 커서 분가하면 그때 조금 높아질 뿐이다. 40대 중후반과 50대 초반에는 행복도가 가장 낮다(cf. Blanchflower and Oswald, 2017). 그러므로 이 시기에 위기를 겪는 남성은 아내에게서 위로를 받을 수 없다. 그러면 이 남자는 어디에서 위안을 찾을까? 자녀에게서 찾는다. 자신이 못다 이룬 목표를 자녀가 달성해 주었으면 하는 희망을 품는다. 그래서 자녀와 접촉을 늘리려고 시도한다. 그러나 이 남자의 자녀는 지금 사춘기를 통과하고 있는 중이다. 아버지에게 위안을 주기는커녕 자신을 추스리기도 힘들다. 그러므로 자녀와의 만족스런 만남은 불가능하다.

〈그림 2-22〉 나이와 사회적 지위, 결혼 만족도

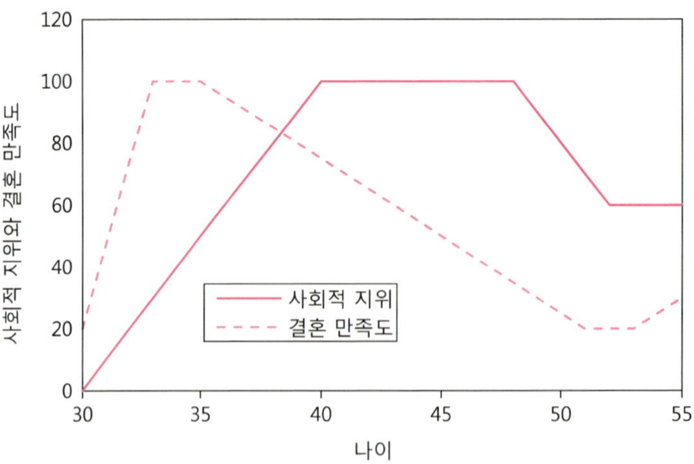

그러면 이 남자의 부모는 어떤가? 이 남자의 나이가 50세이면 부모는 75세나 80세 쯤 될 것이다. 곧 사망할 나이이다. 지금까지 이 남자는 머릿속으로 죽음을 이해하고 있었지만 한 번도 눈앞에서 죽음을 본 적이 없다. 이런 이 남자는 이제 부모의 죽음을 현실에서 본다. 자신도 곧 죽을 것이라는 사실을 실감한다. 부모가 아직 죽지 않았다면 이 남자는 부모를 봉양해야 한다. 사회적 지위가 높아지지 않아 소득도 늘어나지 않는 현실에서 부모까지 봉양해야 한다.

40대 중반과 50대 초반에 도달한 남성은 이렇게 직장에서 꿈과 희망을 잃고, 배우자와 자녀, 부모와의 관계에서 어려움을 겪는다. 문자 그대로 중년 무렵에 큰 위기를 맞이하는 것이다. 그래서 사춘기를 제외한다면, 다른 연령대보다 이 연령대의 자살률이 높고, 사고율과 가출률도 높다. 정신병 이환율도 높다.

중년의 위기를 맞아 방황하던 사람도 버릴 것을 버리고 포기할 것은 포기하면서 새로운 상황에 적응하게 된다. 그래서 다시 비교적 평온한 성인기의 후반을 보낸다. 그러다 실제로 직장을 그만 두는 시기가 된다. 정년퇴임이든 강제퇴직이든 직장을 그만두면 큰 변화가 발생한다. 먼저 일자리를 잃는다. 일자리를 잃으면 할 일이 없다. 무엇을 하면서 시간을 보내야 한단 말인가? 둘째, 경제력을 잃는다. 일자리가 없으면 돈도 없다. 모아놓은 돈이 있지만 충분하지 않다. 경제력을 잃으면 자녀에게 의존해야 한다. 셋째, 그리하여 가족 내의 권력관계가 바뀐다. 지금까지 자신이 자녀를 통제하였지만, 이제 경제력을 장악한 자녀가 부모를 통제한다. 권력관계를 유지하려고 애써 보지만 부질없는 짓이다. 이런 과정을 거쳐 사람들은 은퇴의 위기(retirement crisis)를 경험한다. 이 시기에도 심리적, 정신적 방황이 이어진다. 은퇴의 위기 때 많은 사람이 죽는다.

이때에 죽지 않는다면 또 다시 적응의 시기가 다가온다. 버릴 것은 버리고 인정할 것은 인정하면서 비교적 평온한 노년기를 맞이한다. 그러다 마지막에 사망(death)이라는 이행기가 시작된다. 존재하는 것에서 존재하지 않은 것으로 이행한다. 죽으면 어떤 세계에 도달하는지는 사람마다 다르게 생각할 것이다.

지금까지 중산층 남자의 생애주기와 이행기를 말하였다. 중산층 여자는 어떠한가? 이 여성이 직업을 가졌다면 남자와 비슷한 경로와 위기를 겪을 것이다. 그러나 이 여성이 가정주부라면 어떤가? 사춘기는 남자와 같을 것이고, 은퇴의 위기는 남편과 함께 겪을 것이다. 그렇다면 중년의 위기는? 가정주부는 보통 삶의 의미를 자녀 양육에서 찾는다. 그러므로 자녀가 자신의 품 안에 있을 때는 삶의 의미가 충만하다. 그러다 이들이 성인이 되거나 결혼하여 분가하면, 삶의 의미를 놓친다. 아직 살아갈 날이 많이 남았는데, 무엇을 하면서 살아야 한단 말인가? 이 나이의 여성은 폐경을 앞뒤로 심리적 좌절을 경험하기도 하지만 자녀를 떠나보내면서 절망한다. 이 시기의 여성도 남성처럼 방황한다. 심리적으로, 정신적으로 방황한다. 〈그림 2-23〉에서 확인하듯, 여성의 우울 증상은 50대부터 가파르게 늘어난다. 이 시기의 여성에게 나타나는 여러 부정적 증상을 빈집 증후군(empty nest syndrome)이라고 말한다.

〈그림 2-23〉 성별, 연령별 우울증상 경험률(2017년)

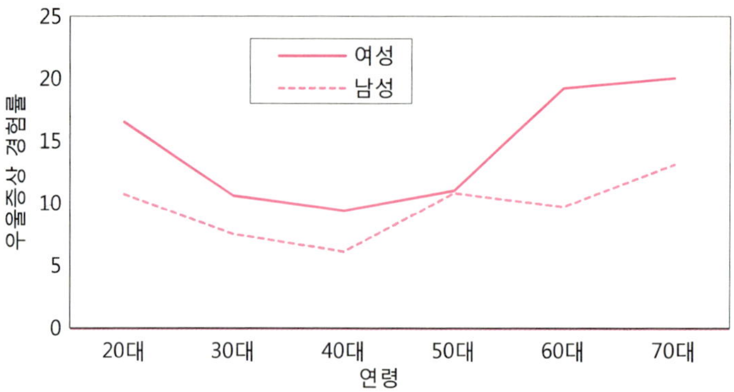

출처: 한국여성정책연구원 통계DB(https://gsis.kwdi.re.kr)

중산층이 아닌 노동자계급 남성과 여성은 어떠한가? 사춘기는 중산층과 다를 바 없다. 다만 이들은 고등학교를 졸업하자마자, 즉 사춘기가 끝나자마자 직업을 얻는다. 그러나 이 직업은 처음부터 가망성이 없는 육체노동자 직업이다. 그리하여 이들은 직업을 얻자마자 꿈을 잃는다. 목표를 잃고, 의미를 잃는다. 말하자면 중년의 위기를 일찍 경험한다. 〈그림 2-24〉에서 보듯, 그들은 사춘기를 벗어나자마자 중년의 위기를 겪고, 그리하여 길고 긴 방황의 시기를 맞는다. 이 혼돈의 시기를 거치면서 이들은 연애와 결혼을 할 가능성이 높고, 아이를 출산할 가능성이 높다. 노동자계급의 출산율이 중간계급보다 더 높은 이유 중의 하나는 이와 같은 길고 긴 방황 때문이다.

〈그림 2-24〉 노동자계급의 이행기

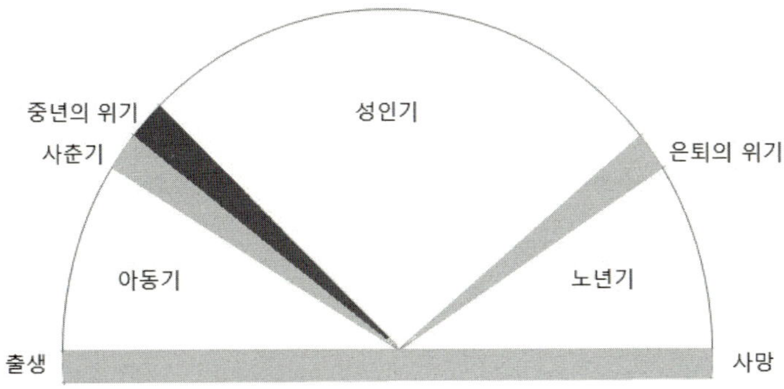

지금까지 이행과 이행기를 논의하였다. 앞에서 말하였듯, 모든 이행은 위기다. 이 시기에 사람들은 큰 위기를 맞는다. 그리하여 자아나 퍼스낼러티가 크게 바뀔 수 있다. 예컨대 온순했던 아이가 사춘기를 겪으면서 거칠게 바뀐다거나 다정하고 친절했던 남자가 중년의 위기를 겪으면서 거칠고 우울한 성격의 사람으로 바뀔 수 있다.

정리해 보자. 재사회화는 극단적 형태의 재사회화가 있고 순탄한 형태의 재사회화가 있다. 총체적 기관에 들어가면서 겪는 재사회화는 예외적이고, 생애주기를 거치면서 겪는 재사회화가 더 일반적이다. 총체적 기관에 입소하면서 일어나는 재사회화는 매우 급격하지만, 생애주기를 거치면서 일어나는 재사회화는 매우 완만하다. 그러나 중요한 이행기에는 재사회화가 매우 빠르게, 매우 급격하게 진행할 수도 있다.

지금까지 우리는 사회학의 주류 이론을 좇아, 문화가 사람들의 생각과 감정, 행동을 결정한다고 주장하였다. 다시 말해, 사람들은 문화를 학습함으로써 자신의 생각과 감정, 행동을 만들어낸다고 주장하였다. 사람들은 이런 주장을 때때로 문화결정론이라고 말한다. 문화결정론은 본성-양육 논쟁(nature vs. nurture controversy), 유전-환경 논쟁(genes vs. environment)에서 후자, 즉 양육과 환경의 중요성을 일방적으로 강조한다. 그러나 과연 그럴까? 사회와 문화가 우리의 생각과 감정을 결정하는 것일까? 환경이 우리의 생각과 감정을 만드는 것일까? 사회생물학과 진화심리학은 그런 질문에 부정적 답변을 내놓는다. 진화심리학은 우리의 마음(생각과 감정)은 본성과 유전자에서 비롯한다고 주장하였다(〈삽화 2-5〉 참조).

〈삽화 2-5〉 표준사회과학모형과 진화심리학

이 책의 1장(사회학의 시각과 방법)에서 우리는 사회학이라는 학문의 정체성을 인간과 사회를 바라보는 시각에서 찾았다. 그 시각이란 다름 아닌 사회결정론이었다. 이 시각은 사회적 요인이 우리의 생각과 행동에 영향을 미치는 가장 중요한 요인이고, 바로 그 사회적 요인이 다른 사회현상을 낳거나 유발하는 가장 결정적인 요인이라는 것이었다. 이 책의 2장(문화와 사회화)에서는 이와 같은 시각으로 사회현상을 분석하는 실례를 보였다. 다시 말해, 사회관계와 문화가 개인의 생각과 행동에 미치는 영향을 실증하였다. 그런데 지금까지 꼭 물어야 할 한 가지 질문을 하지 않았다. 사회적 요인을 그렇게까지 중시해도 좋은 것일까? 사회학적 시각은 우리가 모두 수긍할 만큼 타당한 것인가? 모든 시각은 상대적으로 유용하니 사회학적 시각도 나름대로 쓸모 있다고 주장할 것인가? 사회학은 당연히 그렇다고 대답할 것이다. 그러나 최근 들어 사회학의 논리와 주장을 비판하고 거부하는 사람들이 늘어났다. 자연과학 영역에서 출발한 이런 비판과 거부는 이제 제법 큰 물길을 이루었다. 진화심리학(evolutionary psychology)이라는 조류가 바로 그것이다. 이 진화심리학은 사회학을 어떻게 비판하는가? 이를 진지하게 살펴 볼 필요가 있다.

진화심리학의 연원은 그렇게 멀지 않다. 일찍이 다윈(Darwin, 1859)이 진화론이라는 학문 분야를 열었지만, 이 학문은 생물 개체가 아니라 유전자의 관점으로 선택(selection)을 생각하기 시작한 1960년대 이후에야 비로소 정교화하였다. 인간의 심리나 행동을 생물학적 원리로 이해하려는 사회생물학이나 진화심리학은 이보다 더 늦어 1970~80년대 이후에 비로소 발전하였다(Buss, 2012). 진화심리학이 설정한 장기적 목표나 과제는 두 가지였다(Tooby and Cosmides, 2016). 첫째, 진화심리학은 다른 무엇보다 인간의 보편적 본성을 그려내고자 하였다. 진화 과정에서 형성된 본성을 알아냄으로써 인간의 생각과 행동을 이해하려고 하였다. 인간에 대한 자연과학적 탐구라고 말할 수 있다. 둘째, 진화심리학은 자연과학에 기초한 인간 본성 모형에 근거하여 사회과학(그리고 인문학)을 포괄적으로 재구축하고자 하였다. 진화심리학은 오늘날 우리 주변에 널리 퍼진 사회과학을 표준사회과학모형(the standard social science model; SSSM)이라고 불렀다(Tooby and Cosmides, 1992; Pinker, 1997). 이 모형은 사회과학과 자연과학을 통합하려 하지 않았다. 사회과학자는 자연과학의 외양(양적 측정, 통제된 관찰, 수학적 모형, 실험 등)을 흉내 냈지만, 자연과학과 일정한 거리를 유지하였다. 이런 고립(isolation)은 우연이 아니었다. 사회과학의 출범 초기부터 학자들이 의식적으로 추진한 고립이었다. 이런 탓에 사회과학은 자연과학의 연구 성과를 제대로 수용하지 못하였다. 진화심리학은 표준사회과학모형의 이런 결함을 극복하여 자연과학과 사회과학을 유기적으로 결합한 통합인과모형(integrated causal model; ICM)을 제시하고자 노력하였다.

진화심리학자들은 표준사회과학모형이 애초에 잘못된 가정 위에 논리를 구축하였으므로 그 가정 위에 세운 상부구조는 마땅히 해체해야 한다고 주장하였다. 그런데 표준사회과학모형의 가정은 어디가 잘못된 것일까? 그것을 보이려고 진화심리학자들은 표준사회과학모형의 중심 가정을 다음과 같은 10개의 명제로 정리하였다(Tooby and Cosmides, 1992: 4-9).

1. 인류는 단일한 심리(unity of psychology)를 가진다. 인간의 생각과 행동이 다양한 변이를 보이는 것은 유전적 요인 때문이 아니다.
2. 유아는 어디서나 비슷하지만, 성인의 생각과 행동은 어디서나 서로 다르다. 그러므로 고정된 인간 본성은 이런 차이의 원인일 수 없다.
3. 유아는 성인의 정신조직(유형화된 행동, 지식, 사회적으로 구성한 실재 등)을 갖추고 있지 않다. 그러므로 유아는 발달 과정에서 그것을 외부에서 '획득'해야 한다.
4. 외부의 기원은 다른 사람의 행동이나 공개적 표현의 형태로 사회세계에 존재한다. 사회세계는 성인의 정신조직을 만드는 원인이다.
5. 이 과정의 인과 방향성은 분명하다. 사회적·문화적 요소는 개인에 앞서고, 개인의 외부에 있다. 사회세계는 개인을 창조한다. 사회는 개인을 강제한다.
6. 인간 생활의 실질적 내용을 꾸리고 빚어내는 것은 문화다. 문화는 우리 몸 밖에 존재하는 것으로 비유전적인 것이다.
7. 그러면 문화의 창조자는 무엇인가? 개인이 아니다. 인간 본성이나 진화심리가 아니다. 사회다. "개인을 제거하면 사회가 남는다(Durkheim, 1895)."
8. 인간 생활을 복잡하게 만드는 것은 집단 수준에서 나타나는 떠오름 과정이다. 문화는 개인과 구별되는 독자적 실재다. 모든 문화는 문화에서 나온다(Omnis cultura ex cultura). 사회문화적 수준의 현상은 다른 현상에서 비롯한다.
9. 그러므로 인간 본성은 사회생활을 조직하는 창조자라고 볼 수 없다.
10. 심리학은 결국 학습(사회화 과정)을 연구하는 학문이고, 개개인이 심리적 특성을 획득하는 과정을 연구하는 학문이다.

표준사회과학모형의 첫 여섯 개(1~6) 명제는 미숙한 유아가 완전한 성인으로 바뀌는 인과과정을 기술한다. 표준모형을 따르면, 유아는 문화를 학습함으로써 성인으로 성장한다. 문화가 개인을 결정한다. 이른바 문화결정론이다. 나머지 명제(7~10)는 문화와 관련한 것이다. 만일 문화가 개인을 창조한다면, 무엇이 문화를 만드는가? 사회이거나 다른 문화다. 사회가 문화를 만들거나 다른 수준의 문화가 문화를 결정한다. 사회결정론이다.

진화심리학은 표준사회과학모형의 여러 가정 중에서 오직 1번 명제만 타당하다고 인정하였다. 인간의 심리는 모두 같고 유전적 차이는 피상적이다. 인간 본성은 모든 인간에게 공통적으로 존재하고 이 본성은 사람마다 큰 차이를 보이지 않는다는 말이다. 진화심리학은 이 명제를 제외한 나머지 명제, 즉 2~10번 가정이나 명제는 잘못된 것이라고 판단하였다. 무엇이 잘못되었는가? 첫째, 표준모형의 중심 논리는 낡은 발달이론에서 추출한 잘못된 개념에 근거한다. 예컨대 태어날 때 성인의 정신조직이 없다는 사실은 진화설계나 진화체계(evolutionary architecture)의 존재를 부인하는 증거가 되지 않는다. 유아의 이빨이나 여성의 가슴이 처음에는 없다가 발달과정의 특정 시점에서 나타나듯, 성인의 심리(예컨대 이성에게 끌리는 감정)도 처음에는 없다가 특정 발달단계에서 나타날 수 있다. 다시 말해, 진화심리기제나 모듈은 생애주기의 특정 시점에서 발달할 수 있다. 그러므로 오로지 문화만이 성인의 정신조직을 만들어낸다는 표준모형의 주장은 수용하기 힘들다. 둘째, 표준모형은 자연-양육 문제를 제대로 분석하지 못한다. 이런 잘못은 진화과정의 구실을 이해하지 못함으로써 비롯한다. 표준모형의 잘못은 생물학적 요인의 중요성을 과소평가하는 데에 있지 않다. 그 잘못은 오히려 유전 요인과 환경 요인의 상호작용을 보지 못하고 이들을 상호배타적인 것으로 간주하는 데에 있다. 셋째, 이런저런 비판보다 더 근원적이고 더 핵심적인 비판은 아무래도 표준모형이 옳지 않거나 가능하지 않은 심리학을 전제한다는 점이다. 다음 인용문을 보자.

> 현재의 사회과학은 서로 맞지 않은 주장을 뒤섞어놓은 섞어찌개와 같아서 이론적 통일성이 없고 분명한 방향성도 없다. 사회과학의 주요 구성요소는 너무나 일관성이 없어서, 디랙(Paul Dirac)의 말로 표현하면, 틀렸다고 말할 수도 없을 지경이다.[34](…)우리가 표준사회과학모형이라고 부르는 사회과학과 행동과학의 전통적 개념 틀은 인간의 심리와 발달 체계를 잘못된 가정으로

34) 영국의 물리학자(1902~1984). 양자역학을 내세운 사람의 하나다.

파악한다. 이 모형의 가장 중요한 가정은 인간의 심리 체계가 주로 범용의 내용독립적이고 동일능력의 학습과 추론 메커니즘으로 이루어져 있다는 것이다(강조-인용자).[35] 이 모형의 가정을 따르면, 마음이란 빈 서판(blank slate)같은 것이다. 우리 마음에는 자연선택이 설계한 특별 회로(specialized circuits)같은 것이란 없다. 그리하여 우리 마음은 개별 외부입력에 다르게 반응하지 않는다. 이런 가정에 근거한 심리학은 다음 주장을 정당화한다. 마치 빈 종이가 그 위에 새겨질 내용을 결정하는 데 아무런 구실을 하지 않듯,(…)진화한 마음 조직은 인간의 사회적이고 정신적 생활의 내용을 만들어내는데 별다른 영향을 미치지 않는다. (…)마음은 거의 전적으로 외부의 원천에서 그 내용을 흡수한다. 이 과정은 비디오카메라의 작동과 유사하다. 녹화의 내용은 바깥 세계의 사물이 결정할 뿐, 녹화 메커니즘이 녹화물의 내용을 덧붙이지 않는다. 토마스 아퀴나스는 외관상 자명한 이 관점을 다음과 같이 말하였다. "애초에 감각에 존재하지 않았던 것은 마음에도 존재하지 않는다." 표준모형을 따르면, 그러므로, 사회과학이 탐구하는 사회현상과 문화현상은 자율적인 것이다. 사회현상과 문화현상은 진화한 심리 메커니즘이 만들어내는 중요한 인과적 유형화(causal patterning)와는 확연히 분리된 것이다(사회나 문화는 개인의 심리가 만들어내는 것과는 다르다는 말이다-인용자). 인과는 사회세계의 과정에서 마음 안으로 흐른다(우리는 이것을 뒤르케임의 인과 화살(causal arrow)이라고 부른다-원저자). 더 중요한 것은 다음과 같은 믿음이다. 사회과학자들은 개인의 진화한 마음 조직이 특정 내용을 밖으로 흘려 문화나 사회세계를 만들어내지 않는다고 믿는다. 그러나 (사람들은) 지금 (사회과학자들의) 이런 믿음이 잘못된 것이라고 경험적으로 증명하였다(Tooby and Cosmides, 2016: 4-5)(강조는 인용자).

한번 읽어서는 위 인용문을 제대로 이해하기 힘들다. 그러므로 표준사회과학모형의 가정을 약간 다른 방식으로 정리한 다음에(Barnett, 2019), 이를 다시 읽어보자.

1) 사회적 구성주의(social constructivism): 인간행위는 (계급이나 성과 같은) 외적 사회구조나 외부 문화에 의해 영향을 받는다.
2) 개인적 동질성(individual homogeneity): 모든 인간은 동일한 방식으로 행동한다. 인간은 행동을 결정할 때 동일한 방식으로 계산한다. 예컨대 인간은 소비재를 선택

35) "The most consequential assumption is that the human psychological architecture consists predominantly of learning and reasoning mechanisms that are general purpose, content independent, and equipotential."

할 때에도 그러하지만 짝을 찾을 때에도 합리적 선택이라는 방식을 사용한다.

3) 인지적 공동(認知的 空洞, cognitive void): 인간은 모두 소수의 일반 처리장치만 내장한 채, 빈 서판으로 태어난다. 사람들은 이 빈 서판으로 사회화와 학습을 진행한다.

4) 학습의 동일능력(learning equipotential): 인간은 강력한 일반적 인지능력(지성, 합리성, 학습, 도구적 추론)을 내장한 채 태어난다. 인간은 이 능력으로 이런저런 일을 다 할 수 있다. 예컨대, 사회적 교환에 성공한 인간은 동일한 인지능력으로 다른 일(짝 찾기, 부모 투자, 사회적 협력 등)도 처리한다.

위의 말은 다음과 같이 풀어 쓸 수 있다. 인간은 타고난 일반적 능력으로 이런저런 일을 다 할 수 있다. 인간은 능력은 다목적으로 사용된다(범용). 개인의 인식이나 심리는 맞닥뜨리거나 해결해야 할 문제의 내용이나 성격에 맞추어 그때그때 바뀌지 않고(내용독립성), 모든 사람은 문화를 학습하거나 행동을 결정할 때 동일한 능력을 사용한다(동일능력).

진화심리학은 표준사회과학모형의 이런 심리학이 현실적이지 않다고 보았다. 인류가 이 심리학이 가정하는 심리체계를 갖추고 있다면 인류가 해결해야 할 여러 적응 문제를 제대로 풀 수 없었을 것이라고 판단하였다. 진화심리학은 표준사회과학모형과 완전히 다른 가정을 내놓았고, 자신의 가정이 경험적 현실과 더 가깝고 훨씬 더 과학적이라고 주장하였다.

1) 인간의 마음은 자연선택과 성 선택 과정에서 진화한 인지체계(cognitive architecture)를 내장한다. '눈먼 프로그래머'(자연선택)가 인간 본성에 기록한 프로그램은 인간의 모든 행동은 아니라 할지라도 그 행동의 상당 부분을 움직인다.

2) 이 인지체계는 진화과정에서 맞닥뜨린 진화적 장기 적응 문제를 해결하기 위해 특화한 것으로 문제 해결에 유용한 특수 표상, 절차, 단서 등을 포함한다(영역특수성). 예컨대 짝 찾기 문제를 해결하는 과정에서 진화한 인지체계는 식량 구하기나 사회적 교환 문제를 해결하면서 진화한 인지체계와 전혀 다르다. 다시 말해, 짝을 찾을 때 사람들이 사용하는 감수성은 물건이나 관심을 교환할 때의 감수성과 완전히 다르다.

3) 진화 과정에서 인간의 마음은 수많은 심리 기제로 구성되었고, 개별 심리 기제는 특정 내용을 해결하는 데에 초점을 맞추고 특정 행동을 결정하는 데에 결정적 구실을 한다(내용의존성).

4) 개별 인간은 서로 다르게 행동한다. 예컨대 짝 찾기에서 남자와 여자의 심리는 다르고, 그로 말미암아 서로 다르게 행동한다(개인적 이질성).

우리는 앞에서 뒤르케임의 인과도식을 사회학의 시각이라고 보았고, 이 시각이 사회학의 정체성이라고 판단하였다. 우리가 뒤르케임의 인과 화살(causal arrow)을 사회학의 본질이라고 판단한다면, 사회학은 표준사회과학모형과 정확하게 일치한다. 앞에서 보았듯, 진화심리학은 표준사회과학모형을 비판하고 거부하였다. 그렇다면 진화심리학은 주류 사회학을 거부하였다고 판단할 수 있다. 진화심리학의 이런 비판과 거부는 합리적인가? 사람마다 다르게 대답하겠지만, 어느 정도는 그렇다고 보인다. 표준사회과학모형에 대한 진화심리학의 비판은 나름대로 합리적으로 보인다. 표준모형의 시각이나 가정이 지나치게 단순하거나 무모하게 보이기 때문이다. 표준적 심리학의 가정은 너무 단순하다. 행동주의 심리학은 자극-반응을 매개하는 개체의 기계적 조건화를 가정한다. 개체에 특정 자극을 가하면 개체는 기계적으로 특정 반응을 보일 것이라고 이 심리학은 생각한다(Barnet, 2019). 표준적 경제학도 그러하다. 경제학은 모든 주체가 합리적(rational)일 것이라고 가정한다. 개체는 모두 효용의 수학적 극대화(mathematical maximization)를 추구할 것이라고 생각한다(Cosmides and Tooby, 1994). 심리학과 경제학은 이처럼 진화심리학이 밝혀낸 인간 심리체계(영역특수성, 내용의존성, 개인적 이질성)와 명백히 다른 체계를 전제한다. 사회학은 더 말할 것도 없다. 사회학의 가정이나 방법론은 진화심리학과 심각하게 다르다. 앞에서 보았듯이, 사회학은 사회적인 것이 개인적인 것을 압도한다고 가정하고 사회적인 것은 사회적인 것이 만든다고 가정한다. 그러나 심리학과 경제학, 사회학의 가정이나 방법론은 논리적으로 그렇게 합리적이지 않다. 사회학에서 한 예를 들어 보자. 뒤르케임은 집단유대감이 개인의 생각과 감정에 영향을 미친다고 주장하였다. 그렇다면 이 집단유대감은 어떻게 생기는가? 그는 사회적 의례가 집단유대감이라는 비합리적 감정을 낳는다고 주장하였다(이 책의 1장 1절 참조). 그러나 이런 주장이나 논리는 썩 과학적으로 보이지 않는다. 직관적으로는 그럴지 모른다는 생각이 들지만 논리적이거나 경험적인 근거가 그렇게 확실하지 않기 때문이다.

표준사회과학모형에 대한 비판이 옳다면, 즉 현재의 사회과학과 사회학이 잘못된 가정과 오해 위에 세워졌다면, 이 사회과학은 없어지거나 사라져야 할 것이다. 그런데 왜 아직 그런 기미가 보이지 않는가? 별다른 반성 없이 죽 이어 내려온 관성 때문인가, 자신을 둘러보지 못하는 무지 때문인가? 아마 그럴지도 모른다. 현재의 사회과학자들이 모두 죽어서 사라지지 않는 한 표준사회과학은 지속할지도 모른다. 그러나 표준사회과학모형이 잘못된 가정 위에 놓여 있다면, 이 학문들은 언젠가 반드시 사라질 것이다. "사회과학과 행동과학의 현존하는 상부구조는(…)결국 해체될 것이다(Tooby and Cosmides, 2016: 5)." 다만 가까운 시일 안에는 그런 일이 일어날 것 같지 않다. 다윈이 "먼 훗날, (…)심리학은 새로운 토대 위에 서게 될 것"이라고 예측하였듯(Darwin, 1859), 사회과학도 '먼 훗날'에야 비로소 낡은 논리체계를 헐어내고 새 집을 쌓을 가능성이 크다.

3

성, 가족, 사랑

Sociology

3. 성, 가족, 사랑

(1) 성

1) 사회적 성

남성과 여성의 사고방식과 행동방식은 그야말로 극적으로 다르다. 예를 들면, 여성은 어린아이나 애완동물, 인형 등을 좋아하지만 남성은 이들에 별다른 흥미를 느끼지 못한다. 남성과 여성은 웃는 모습도 다르고 걷는 모습도 다르다. 색깔을 느끼는 방식도 다르고, 대상을 바라보는 방식도 다르다. 남성은 세상을 몇 가지 색깔로 바라보지만, 여성은 남성보다 세계를 훨씬 더 다채로운 색깔로 본다. 남성은 대상의 한쪽을 집중해서 바라보지만, 여성은 대상의 여러 측면을 한꺼번에 바라본다(〈그림 3-1〉 참조). 대인관계의 형식이나 범위도 다르고, 사람을 응대하는 태도도 다르다. 여성은 다른 사람과 다정다감하게 접촉하지만 남성은 대체로 무뚝뚝하다. 이 차이는 무엇 때문에 비롯한 것인가? 이와 같은 남녀 차이는 생물학적 차이인가, 사회적 차이인가? 말하자면 타고난 차이인가, 아니면 자라면서 배운 차이인가?

오늘날 널리 퍼진 사회생물학의 견해를 따르면, 남녀의 사고나 행동, 감정이나 심리 차이는 유전적으로 이미 결정된 것이다(전중환, 2016a; Gray, 1992; Pease and Pease, 2001). 남자의 두뇌는 말을 잘 하지 못하거나 잘 듣지 못하게 구조화되어 있고, 여자의 두뇌는 말을 조리 있게 잘 하거나 말의 뉘앙스를 잘 들을 수 있도록 구조화되어 있다. 그러므로 남성은 말하는 것을 좋아하지 않고 여성은 말하는 것을 즐긴다. 남자에게는 말을 하지 않는 상태가 정상이고 여성에게는 말을 하고 있는 상태가 정상이다. 남자가 말을 많이 하면 흥분했다는 이야기고, 여성이 말을 하고 있지 않으면 화가 났다는 신호다. 남성의 말은 단순하지만 여성의 말은 교묘하다. 여성은 자신의 의사를 곧추 표현하지 않는 경우가 많다. 예컨대 '자기, 커피 먹고 싶어?"라고 말하면 상대방이 커피를 먹고 싶은지 그 의사를 묻는 것처럼 보이지만, 사실은 그렇지

〈그림 3-1〉 남녀 차이

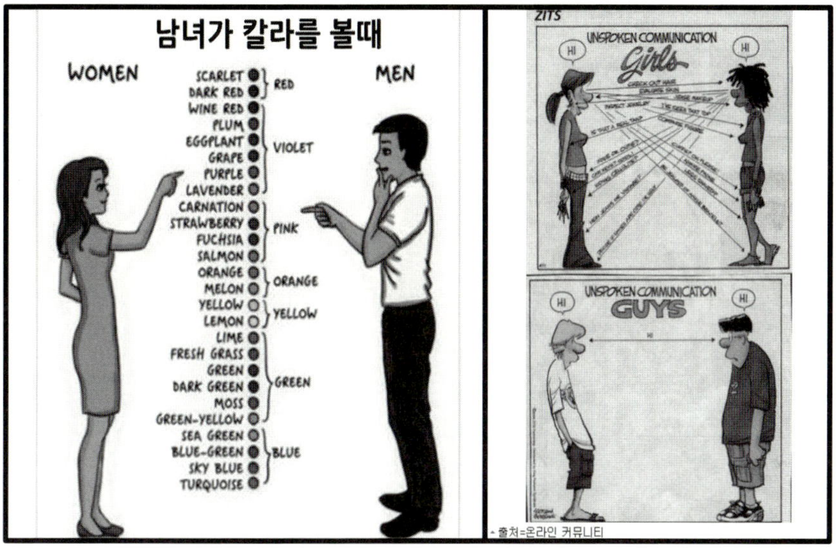

않다. 본인이 커피를 먹고 싶다는 말이다. 다른 한편, 남자는 넓은 공간에서 사물의 위치를 잘 찾도록 진화하였지만 여성은 이런 공간에서 사물을 잘 찾지 못한다. 남성은 들판이나 도시에서 특정 목표를 찾는데 능숙하지만, 여성은 그런 일을 하는 데에 익숙하지 않다. 남성은 지도를 읽는 데에 어려움을 겪지 않지만, 여성은 지도를 잘 읽지 못한다. 남성은 대부분 후진 주차하는 데에 큰 어려움을 느끼지 않지만, 여성은 애를 먹는다. 이와 달리, 여성은 좁은 공간에서 물건을 잘 찾거나 상황을 잘 파악하도록 진화하였다. 남성은 거실이나 냉장고 등에서 물건을 잘 찾지 못하지만 여성은 능숙하게 찾는다. 제한된 공간의 파티 장에 막 도달했을 때 남성은 어리둥절하지만 여성은 한 눈에 상황을 파악한다. 짧은 시간 안에 어떤 남자와 어떤 여자가 짝인지, 저 남자와 그 여자는 결혼했는지 등을 한 눈에 알아본다.

의사소통능력이나 공간지각능력의 남녀간 차이도 극적이지만, 남녀의 심리 차이도 적지 않다. 사랑을 생각하거나 이성을 만날 때, 남성은 성적 만족을 생각하지만 여성은 정서적 공감을 연상한다. 남성은 혼자 사는 독립적 생활을 선호하지만 여성은 동료와 사회적 연대를 추구한다(Buss, 2003).

남녀의 이런 차이는 생물학적 차이에서 비롯한 것 같다. 즉 유전자 차이에서 비롯하는 것 같다. 그러나 생물학적 차이로 환원할 수 없는 차이도 적지 않다. 예컨대 남녀의 말씨는 서로 다르다. 남녀는 말하는 방식도 다르지만, 쓰는 언어도 다르다. 예컨대 여성은 "안녕하세요?"라고 말하지만 남성은 "안녕하십니까?"라고 말한다. 여성만 사용하거나 남성만 사용하는 언어도 따로 있다. 여성은 '어머,' '어머나'와 같은 감탄사를 쓰지만 남성은 다른 감탄사를 쓴다(전혜영, 2004). 유전자가 말씨마저 결정한다고는 믿기 어려우므로 이는 사회적으로 결정된 것이라고 볼 수 있다.

〈그림 3-2〉 사회생물학 관련 도서

남녀의 차이가 생물학적 차이로만 갈리지 않는다는 증거로 상당히 무거운 것은 자웅동체 생식기 증후군을 보이는 일란성 쌍둥이 사례다. 이 쌍둥이는 각각 다른 부모가 키웠는데, 중성으로 태어난 아이들은 양육방식이 바뀌면 전혀 다른 성향을 보였다. 즉 남자로 키운 아이는 나중에 커서 사내다운 말이나 생각, 행동을 보였고, 여자로 키운 아이는 여성의 말, 생각, 행동을 보였다(Giddens and Sutton, 2017). 이는 성 차이가 사회적 원인에서 비롯하기도 한다는 사실을 증명한다.

논의를 더 밀고 나가기 전에 잠시 용어를 정리해 보자. 남녀의 생각과 감정, 행동은 생물학적 요인의 영향을 받기도 하고 사회적 요인의 영향을 받기도 한다. 만일 남녀 차이가 생물학적 차이에서 비롯하였다면 사람들은 성을 지칭할 때 sex라는 단어를 많이 사용한다. 그와 달리, 남녀 차이가 사회적 기원에서 비롯하였다고 판단하면 사람들은 성을 gender라는 표현으로 말한다. 예컨대 비행기 탈 때 승객의 성별을 구분하는 용어로는 sex를 쓰고 성적 욕망을 표현할 때에도 sexual desire라고 표기한다. 그러나 사회적 기원을 갖는 차이, 예컨대 임금의 성 차별은 gender differentials in wage라고 표현하고, 직업이나 사회적 처우의 성별 분리는 gender segregation이라고 말한다. 그러나 영어로는 이렇게 분리해서 표현할 수 있지만 한국어로는 구별하기 불편하다. 그러므로 굳이 gender라는 표현을 강조할 때에는 사회적 성이라고 쓸 것이지만, 보통 때에는 그저 성이라고 표현할 것이다. 생물학적 성을 지칭하는 것인지 사회적 성을 말하는 것인지는 문맥을 보면 쉽게 구분할 수 있다.[36)]

2) 성 사회화 기관

성을 사회적으로 만드는 주체나 담당자는 누구인가? 첫째, 부모와 가족, 의료진이다. 부모는 아이가 태어날 때부터 아들인지 딸인지를 구분하고 이에 상응하는 반응을 보인다. 예를 들어 아들은 푸른 색 이불로 감싸고 딸은 분홍 색 담요로 두른다. 출생 때만 그런 것이 아니다. 부모는 자녀 양육 과정 내내 아들과 딸을 구별하여 대응한다. 아들에게는 장난감으로 자동차를 주고, 딸에게는 인형을 선물한다. 머리모양도 아들딸로 구별하여 다듬는다. 아들의 머리칼은 짧게 깎고 딸은 길게 기른다. 부모는 이렇게 의식적으로 대응하기도 하지만 자녀에게 무의식적 영향을 끼치기도 한다. 아들이든 딸이든 주로 어머니가 양육하는데, 이는 자녀의 뇌리에 남녀의 성 구실(gender role)을 각인한다. 여성은 화장품을 쓰므로 자녀는 자신을 양육하는 어머니에게서 미세한 냄새를 맡는다. 그리하여 여성은 외모를 가꾸고 자녀를 양육한다는 성 구실을 무의식에 저장한다. 나중에 이런 성 구실 관념이 자녀의 생각과 행동에 영향을 미치리라는 것은 두 말할 것도 없다. 둘째, 성을 사회화하는 주체는 가족에서 끝나는 것이 아니다. 서적과 이야기, 텔레비전, 학교와 또래집단 등도 성을 사회화한

36) 오늘날 성(sex)와 사회적 성(gender)는 보통 이런 식으로 구분하지만 어원상으로는 오히려 후자, 즉 gender가 생물학적 함의를 더 강하게 띤다. 후자는 라틴어의 genus, 그리스어의 genos 등에서 비롯하였는데, 이는 종족, 혈통, 친족 등을 의미한다. 이와 어원을 같이 하는 단어로는 낳다(engender), 성기(genital), 자손(progeny), 계보학(genealogy) 등을 들 수 있다. 그러므로 이 단어는 생각보다 생물학적 함의를 강하게 띤다. 이와 달리 전자는 라틴어의 secus, 그리스어의 secure에서 나온 것으로 '가르다, 분리하다'를 의미한다. 그러므로 오히려 생물학적 함의를 더 적게 띤다(Collins, 1988: 163-164). 그러나 어원이야 어떻든 여기서는 관행으로 굳어진 용법을 그대로 사용하기로 한다.

다. 전래 동화나 그것을 담은 서적은 남녀의 성 구실을 분명하게 보인다. 백설공주나 신데렐라는 왕자를 기다리고, 성춘향도 이몽룡을 기다린다. 남자는 적극적이고, 여성은 수동적이다. 텔레비전의 동화나 드라마, 프로그램에서도 남녀의 구실을 바꾸지 않는다. 여성이 주인공인 경우도 없지 않지만, 이 여성을 사랑하여 능동적으로 찾아오는 사람은 언제나 남성이다. 학교나 또래집단도 남녀의 성 구실을 교육한다. 어머니가 저녁을 차리고 아버지가 집을 고친다고 가르친다. 어머니는 따뜻하고 아버지는 근엄하다고 말한다.

남성과 여성의 성 구실을 고정하지 않고 자녀를 키우고 싶은 부모도 적지 않다. 이 부모들은 남녀의 성 구실을 고정하지 않은 동화나 서적을 찾지 못하였다. 그리하여 전래동화나 책의 성 구실을 의도적으로 바꾸어서 자녀에게 읽어 주었다. 예컨대 독이 든 사과를 먹고 잠이 든 사람은 왕자이고, 백설공주가 이 왕자에게 키스하여 왕자의 잠을 깨웠다는 식으로 이야기 줄거리를 바꾸어서 읽어 주었다. 그 결과는 인상적이었다. 여자 아이들은 별다른 반응을 보이지 않는 대신, 사내 아이들은 분개하였다. 사내 아이들은 부모가 여성을 더 좋아하고 남성을 좋아하지 않는다는 식으로 반응하였다. 이런 반응은 남녀의 성 구실이 중립적인 것이 아니라 남자에게 유리하다는 사실을 보여준다. 즉, 현실에서 남성의 성 구실이 여성의 구실보다 더 우호적으로 평가받는다는 사실을 보여준다(Giddens and Sutton, 2017)

3) 성 정체성 이론

2장(문화와 사회화)에서 보았듯, 사회화 과정을 거쳐 퍼스낼러티(정체성)가 생긴다. 그렇다면 성 사회화 과정을 거쳐 만들어지는 성 정체성(gender identity)이란 어떤 것인가? 성 정체성은 어떤 과정을 거쳐 생겨나는가? 몇 가지의 성 정체성 이론을 살펴보자.

프로이트

프로이트는 남성의 성기, 즉 남근(男根)을 중시하였다. 프로이트에게 남근은 남녀를 구분하는 생물학적 신호가 아니라 사회적 중요성을 띠는 것이었다. 그는 왜 남자의 성기가 여자의 성기보다 더 중요한지는 말하지 않았다. 그저 그렇다고 가정하였을 뿐이다. 아무튼 그의 논리는 다음과 같다(2장의 프로이트 관련 서술을 참조하라). 사내아이는 오이디푸스 단계에서 어머니에게 성적 충동을 느낀다. 그러나 이런 충동은 만족될 수 없다. 경쟁자인 아버지가 존재하기 때문이다. 사내아이는 경쟁자인 아버지가 자신의 성기를 제거할 지도 모른다는 공포를 느낀다. 이런 거세 공포(castration fear) 때문에 사내아이는 어머니에 대한 성적 충동을 억압하고 아버지를 우월한 존재로 인식한다. 남아는 우월한 존재인 아버지와 자신을 동일시(identification)하면서 남성의 정체성과 남성다운 태도를 갖춘다. 다른 한편, 여자아이는 자신에게 남근이 없다는 사실을 깨닫고 남근을 선망한다.[37] 어린 소녀는 어머니를 평가절하하는데 어머니도 남근을 가지고 있지 않기 때문이다. 여자아이는 아버지에게 성적 욕망을 느낀다. 그러나 여자아이는 사내아이보다 위협과 적대감을 덜 느끼기 때문에 이 욕망을 급하게 포기해야 할 이유가 없다. 그 결과 여자아이는 오이디푸스 콤플렉스를 사내아이보다 늦게 풀며 덜 해소한다. 여자아이는 사내아이보다 강한 초자아(superego)를 형성하지 않는다. 어쨌든 여자아이는 어머니와 경쟁하면서 어머니와 자신을 동일시한다. 그리하여 어머니의 태도, 즉 수동적이고 복종적 태도를 배운다. 이처럼 프로이트는 남녀의 성 정체성이 부모에게서 비롯한다고 주장하였다. 프로이트의 이론은 남근에 사회적 중요성을 부여한다는 측면에서 다분히 남성 중심적이다.

〈삽화 3-1〉 오이디푸스 콤플렉스는 사실일까?

프로이트는 부모와 자녀의 갈등을 오이디푸스 콤플렉스라는 개념으로 나타내었다. 그는 어린 아이가 (무의식적으로) 이성 부모에게 성적 욕망을 느끼고, 욕망의 충족을 가로막는 동성 부모에게 적대감을 품는다고 주장하였다. 그런데 프로이트의 이 개념은 얼마나 현실적인가? 부모와 자녀의 갈등은 실제로 성과 관련되어 있는가? 또 프로이트가 생각했던 부모와 자녀 갈등은 진화론과 조화를 이룰 수 있는가? 다시 말해 과학적인가? 진화심리학자들은 이런 질문에 다분히 비판적인 답을 내놓았다. 그들은 프로이트의 동성 부모-자녀 갈등은 현실 세계에서 찾기 힘들며, 이 갈등은 진

37) 이것이 이른바 남근선망가설(男根羨望假說, the hypothesis of penis envy)이다. 그러나 페미니스트들은 이 가설을 그대로 받아들이지 않고 일부 수정하였다. 그들은 프로이트가 역사적 조건을 생물학적 조건으로 오해하였다고 비판하였다. 여성이 모두 남근이 없음을 슬퍼하는 것이 아니라 프로이트 당시의 여성(남성의 지배를 받던 여성)이 남성에게 이점을 안겨준 생물학적 속성을 시샘했다고 그들은 주장하였다(Mitchell, 1974/2000).

화론과 일치하지 않는다고 주장하였다. 프로이트의 이론은 비현실적이고 비과학적이라고 비판하였다(Daly and Wilson, 1990). 우리는 조금 뒤에 프로이트 이론의 비과학성을 볼 것이다. 그러나 먼저 그 이론의 비현실성을 보자.

오이디푸스 콤플렉스의 첫 번째 요소는 아이가 이성 부모에게 성적 욕망을 품는다는 것이다. 그런데 그 이유는 무엇인가? 아이들은 왜 이성 부모에게 끌리도록 진화하였는가? 이성 부모에게 끌려 아이들은 어떤 환경 적합성(fitness)을 얻을 수 있는가? 프로이트와 그의 추종자는 이 적합성을 설명하지 못하였다. 그렇기는 해도 아이들이 이성 부모에게 끌린다는 사실을 보여주는 경험적 증거는 있는가? 정신분석학은 그 사실을 증명하는 경험적 증거를 하나도 찾지 못하였다. 프로이트는 그 증거를 자신의 임상 경험에서 찾았지만, 그 증거는 어디까지나 상징적이거나 은유적인 차원의 것이었다.

오이디푸스 콤플렉스 개념의 두 번째 요소는 동성 부모를 향한 적대감이다. 그러나 동성 부모에게 적대감을 느낀다는 사실을 보여주는 증거도 그렇게 직접적이지 않다. 때때로 프로이트와 그의 추종자들은 여성을 차지하려는 남성과 남성의 경쟁을 오이디푸스 콤플렉스의 기원으로 삼지만, 이런 경쟁이 꼭 부자의 적대적 관계를 낳는 것은 아니다. 오히려 포유류에서 아버지와 아들의 성적 경쟁은 매우 드물고 부차적이다. 때로 아버지와 아들이 서로 성적 경쟁을 벌일 수도 있지만, 이는 아들이 성년이 되었을 때에 일어나는 일이고, 그때에 어머니는 이미 성적 경쟁의 대상이 되지 않는다. 그러므로 남성과 남성의 성적 경쟁을 부자의 적대적 관계의 증거로 삼는 일은 지나친 것이다. 아버지와 아들 사이에는 서로 구별되는 두 갈등이 존재할 수 있다. 그 갈등의 하나는 어머니의 재생산 노력(reproductive efforts)의 분배 문제를 둘러싼 부자의 경쟁이고, 다른 하나는 성적 경쟁이기는 하지만 어머니를 대상으로 하지 않은 경쟁, 즉 다른 여자를 둘러싼 경쟁이다. 프로이트는 이 두 경쟁을 부당하게 하나로 묶어 오이디푸스 콤플렉스라는 부자 갈등을 만들어낸 것으로 보인다.

이제 프로이트 이론의 비과학성을 보자. 프로이트는 익히 다윈을 알고 있었지만, 그가 이해한 진화론은 다윈의 것과 같지 않았다. 자연선택과 성 선택, 적응과 적합성을 강조하는 다윈의 진화론적 전통에서 부모와 자녀의 갈등(parent-offspring conflict)은 유성 생식의 유전자 구성으로 쉽게 설명할 수 있다(Trivers, 1974). 자녀는 부모의 유전자를 절반씩 받는다. 그렇다면 부모와 자녀의 근연계수(近緣係數, the coefficient of relatedness)는 0.5다.[38] 부모의 시선으로 볼 때, 모든 자녀는

38) 근연도와 근연계수의 대략적 의미는 두 개체의 유전자가 서로 비슷한 정도를 의미한다. 그러나 그 정확한 의미는 결코 간단하지 않다. 계산 방법도 쉽지 않다. 근연도의 의미와 그 계산 방법은 전중환(2016b)을 보라.

같은 근연계수를 보이므로 동일한 가치를 띤다. 그러므로 부모는 자신의 자원을 자녀에게 고루 투자하려 한다. 다른 한편, 형제의 근연도(近緣度)도 부자나 모녀의 근연도처럼 0.5다. 그러나 자녀의 관점에서 볼 때, 자신의 가치는 형제의 가치보다 두 배 크다. 그러므로 자녀는 형제보다 부모의 자원을 더 많이 차지하려는 욕망을 띤다. 자녀의 이런 욕망은 부모의 희망이나 기대와 필연적으로 충돌한다. 부모-자녀 갈등은 피할 수 없다는 말이다. 이와 같은 관점에서 보면, 부모와 자녀의 갈등은 자녀의 성과 무관하다. 프로이트의 오이디푸스 콤플렉스가 의심스러운 이유다. 생물학자나 진화심리학자는 동물 세계나 인간 세상에서 자녀와 동성 부모가 서로 갈등한다는 프로이트의 주장을 입증할만한 증거를 찾지 못하였다.

초도로

초도로(N. Chodorow)도 남녀의 성 정체성은 부모와 관련한다고 주장하였다. 초도로는 사회적 성이 발달하는 과정을 다음과 같이 요약하였다. 사회적 성의 학습은 유아가 양육자와 접촉하는 경험에서 비롯하는데, 초기의 양육자는 대체로 어머니다. 유아는 어머니에게 일방적 수혜를 받기 때문에 어머니에게 강한 유대감(bond)를 느낀다(유대감은 보통 수혜에서 비롯한다. 즉 수혜를 받는 자가 수혜를 주는 자에게 애착을 느낀다). 그런데 유아는 언젠가 어머니에게서 결별해서 독립해야 한다. 어머니와 헤어지는 과정은 남녀마다 다르다. 어머니와 성이 같은 여자아이는 어머니와 헤어지지 않고 오랫동안 애착관계를 유지할 수 있지만, 어머니와 성이 다른 사내 아이는 비교적 일찍 어머니와 헤어져야 한다. 예컨대 여자 아이는 커서도 어머니와 목욕을 같이 할 수 있지만 사내아이는 일찍부터 어머니와 함께 목욕할 수 없다. 이런 결별 과정의 차이로 말미암아 남녀의 인성은 달라진다. 어머니와 관계를 지속적으로 유지하는 여성의 퍼스낼러티는 관계적이고 정감적인 반면, 어머니와 관계를 일찍 단절해야 하는 남성의 퍼스낼러티는 독립적이고 성취 지향적이다. 여성은 말을 많이 하고 말을 잘 하는 반면, 남성은 말을 적게 할 뿐 아니라 자신의 의사나 감정을 표현하는 데에 서툴다(남성 무표현성 male inexpressiveness)(앞에서 생물학 이론은 남성과 여성의 말하는 능력 차이의 원인을 유전자에서 찾았는데, 초도로는 사회관계에서 찾는다).

프로이트의 이론이 남성 중심적이라면 초도로의 이론은 여성 중심적이다. 프로이트는 무엇인가를 상실한다면 여성이 상실을 경험한다고 말했다면, 초도로는 남성이 잃어버린다고 말하였다. 남성은 여성보다 어머니를 일찍 잃음으로써 어머니의 특성을 배우지 못한다고 주장하였다. 그 논리가 남성중심적이든 여성중심적이든, 초도로의 이론은 프로이트의 이론보다 훨씬 더 현실적으로 보인다.

길리건

길리건(C. Gilligan)은 초도로의 이론을 확장하였다. 길리건은 남성과 여성의 성 정체성 차이를 도덕관의 차이로까지 넓혔다. 길리건은 여러 남녀에게 도덕적 판단에 관한 질문을 던지고 그 대답의 유형을 정리하였던 바, 그 질문은 다음과 같은 것이었다. "사랑하는 아내가 난치병에 걸렸는데, 인근에 특효약을 파는 사람이 있었다. 그러나 이 약은 남편이 구입하기에는 너무 비쌌다. 나중에 약값을 갚겠다고 애원하였지만 약을 파는 사람은 이런 제안을 단호하게 거절하였다. 마침내 남편은 이 사람을 살해하고 약을 구해 아내를 치료하였다. 이 남편을 어떻게 처벌해야 하는가?"

이런 질문에 남성과 여성의 대답은 달랐다. 남성은 남편의 처지가 딱하지만 원칙을 좇아 중형을 선고해야 한다고 대답하였다면, 여성은 남편이 지은 죄는 중형에 해당하지만 그의 딱한 처지를 감안하여 중형은 면해야 한다고 응답하였다. 이런 대답을 좀 더 추상적 용어로 정리하면, 남성과 여성은 도덕적 판단을 내릴 때 서로 다른 요인을 중시한다고 말할 수 있다. 남성은 추상적 원칙을 중시하지만 여성은 대인관계(인간관계)를 중시한다. 이런 차이를 낳는 원인은 초도로가 제시한 이유와 같다. 남성은 어머니와 일찍 결별하고, 여성은 어머니와 관계를 지속적으로 유지하기 때문이다. 길리건은 도덕관에 대한 경험적 연구로 초도로의 이론을 보강했던 셈이다.

4) 가부장제

지금까지 사회적 성의 성립을 둘러싼 논의를 살펴보았다. 이제 남성과 여성의 권력관계를 알아보자. 남성이 여성에게 권력이나 영향력을 행사하는 사회제도를 사람들은 흔히 가부장제(家父長制, patriarchy)라고 부른다. 가부장제에서 남성은 여성의 성을 통제하고 여성의 구실을 제약한다. 즉, 남성은 여성의 신체를 좌우하고, 여성의 구실을 자녀 양육과 가사 노동, 생산 활동에 한정한다.

가부장제는 자본주의의 산물이 아니다. 가부장제는 근대에 들어 새로 생겨난 제도가 아니다. 가부장제는 동서고금을 막론하고 거의 예외 없이 존재하였다. 여성이 남성을 지배하는 문화가 있다는 소문은 많았지만 문헌으로 기록된 것은 하나도 없었다(Buss, 2012). 왜 그러했을까? 왜 가부장제가 지배적이었을까? 그렇게 오랫동안, 그리고 그렇게 널리 존재한 사회제도라면 생물학적 원인을 갖고 있지 않을까? 많은 사람들은 그렇게 생각하였다. 그들은 가부장제가 생물학적 요인에서 비롯하였을 것으로 짐작하였다. 여성의 생물학적 조건(임신과 출산)은 경제활동을 제약하고, 이런 경제활동 부진이 여성의 종속적 지위를 낳았다고 그들은 말하였다. 그러나 이런 주장을 뒷받침하는 근거는 가볍고 엷다. 인류 역사에서 여성은 대부분 생산 활동을 도맡아 왔다. 남성은 사냥이나 전투에 나설 뿐 식량을 생산하지 않았다. 식량은 대부분 여성이 생산하였다. 수렵채집사회에서 여성은 전체 소비 칼로리의 60~80퍼센트를 공급하였다(Buss, 2012). 임신과 출산도 여성의 경제활동을 제약하지 않았다. 여성은 임신했을 때에도 생산 활동을 멈추지 않았고, 출산했을 때에도 생산활동을 크게 줄이지 않았다. 임신부 우대 관행이나 출산 전후 휴식은 근대에 이르러서야, 그것도 산업화가 발전한 최근에서야 일반화하였을 뿐 근대 이전이나 산업화 수준이 낮은 단계에서 여성은 임신이나 출산 때문에 생산활동을 멈추지 않았다(〈삽화 3-2〉 참조). 그러

〈삽화 3-2〉 어머니 이야기-밭가에서 (김용택, 1985)

(…)
애야, 이날 입때까지
먹고 싶은 것, 입고 싶은 옷
나도 너그덜도
제대로 못 먹고 못 입으며
젖 보채고 밥 보채는
너그덜을 업고 데리고
모내고 밭매고 삼 삼아 베 짜며
(아이고 지금도 생각이 난다. 셋째를 낳을 때 한창 모내기철이었느니라.
배가 어찌나 부르던지 다리를 쭉 뻗고 못자리판에 퍼질러 앉아 모를 찌다
배가 아파 집에 와서 셋째를 낳았느니라)
(…).

므로 생물학적 조건(임신, 출산)을 경제 활동과 연결하는 이론은 가부장제의 기원을 설명하지 못한다.

전근대사회나 근대사회 초기에 이렇게 경제활동을 도맡았는데도 여성은 왜 종속적 지위를 벗어나지 못했을까? 여성이 일을 해도 남성의 지배를 받을 수밖에 없었다는 사실은 경제적 조건이 가부장제를 낳은 원인이 아니라는 사실을 보여준다. 그러면 어떤 조건이 가부장제를 초래하였는가? 가장 먼저 고려해야 할 요인은 아무래도 정치군사적 조건이다. 부족과 부족의 정치적 대립과 군사적 갈등은 부족의 생존을 좌우하는 가장 기본적 요인이었는데, 개별 부족은 정치군사적 갈등에 상응하여 전사를 양성하고 이들을 무장할 필요가 있었다. 그런데 남성과 여성 중 누구를 전사로 양성할 것인가? 인간은 남녀 동형(同形)에 가깝지만 남성은 여성보다 조금 더 크다. 남성은 키도 10퍼센트쯤 더 크고 근육도 10퍼센트 정도 더 많다(Giddens and Sutton, 2017). 몸무게는 18% 정도 더 나간다(Buss, 2012). 그렇다면 힘도 더 셀 것이라고 가정할 수 있다. 이와 같은 생물학적 조건은 남성을 전사로 양성하는 부족에게 유리함을 안겨주었다.[39] 다시 말해 남성을 전사로 동원하는 집단이 생존할 가능성이 더 높았다.

〈그림 3-3〉 인류의 새벽(S. Kublik, 〈2001 스페이스 오디세이〉)

남성의 무장은 집단과 집단의 투쟁을 전제로 한 것이지만 집단 내부의 권력도 결정하였다. 집단 안에서 남성은 무기를 독점함으로써 여성을 지배하였다. 남성은 여성의

39) 스탠리 큐브릭(S. Kubrick)은 영화 〈2001 스페이스 오디세이〉에서 인류는 무기의 발견으로 역사의 새벽을 열었다고 설정하였다(〈그림 3-3〉 참조).

신체를 지배하였고 여성의 성 구실(가사노동과 생산활동)을 강요하였다.

그렇다고 부족과 부족의 정치군사적 조건이 가부장제를 초래한 유일한 원인이라고 보기는 어렵다. 여성은 지위가 높은 남자나 자원이 많은 남자를 배우자로 선호하였고, 이런 선택압력으로 말미암아 남성은 독특한 경쟁 전략을 채택할 수밖에 없었다. 남성은 위험을 감수하는 전략, 지위를 추구하는 전략, 그리고 남성 경쟁자를 비하하고 공격하는 전략을 선택하였다. 이러한 전략은 남성이 권력과 자원을 통제하는 결과를 낳았다. 요컨대 성 선택(sexual selection)도 가부장제를 야기한 또 하나의 원인이었다고 판단할 수 있다(Buss, 2012: 549-550).

근대 이후 이런 정치군사적 조건은 바뀌었다. 중앙집권적 관료체제와 상비군을 특징으로 하는 근대 국가는 군대가 무력을 독점하고 모든 민간인 남성의 무장을 금지하였다. 그로 말미암아 남성이 여성을 지배하는 물리적 조건이 바뀌었다. 이제 남성은 더 이상 무력으로 여성을 지배하기 어려웠다. 일상생활에서 경찰력이 차츰 모든 폭력을 배제하기 시작하면서, 남성은 물리적 폭력으로 여성을 지배하기 더욱 힘들게 되었다. 이런 환경에서, 즉 정치군사적 조건이 바뀐 환경에서, 이제 경제활동이 남녀의 권력을 좌우하게 되었다. 경제활동을 하여 소득을 창출한 사람이 그렇지 못한 이보다 더 많은 권력을 갖게 되었고, 경제활동에서 더 많은 소득을 얻는 사람이 더 많은 권력을 누리게 되었다. 여성의 경제활동이 늘어나고, 여성이 남성보다 더 많은 소득을 얻는 경우가 늘어나면서 가부장제는 차츰 그 빛을 잃게 되었다. 이와 같이 가부장제는 생물학적 조건과 정치군사적 조건, 그리고 경제적 조건을 함께 고려해야 한다.

〈표 3-1〉에서 보듯, 근대 이전에는 여성이 가사노동뿐만 아니라 생산에도 관여하였다. 그러나 정치군사적 요인 때문에 여성의 권력은 매우 약하였다. 정치군사적 조건이 바뀐 근대 사회에서 남성과 여성의 권력은 경제활동에 달려 있었다. 여성의 경제활동이 늘어나고 여성의 소득이 늘어나면서 여성의 권력은 차츰 강화하였고, 가부장제는 퇴화하였다. 그러나 여성의 경제활동 참여가 순탄하게 증가했던 것은 아니었다. 근대국민국가의 탄생 이래 여성의 경제활동은 우여곡절을 거치면서 천천히 늘어났다. 근대 여성의 경제활동 참여 과정을 살펴보자.

산업혁명 이후 여성의 직업진출분야는 두 가지 계기를 기준으로 바뀌었다. 첫 번째 계기는 여성의 참정권 획득 운동이고, 두 번째 계기는 여성의 인권 운동이었다. 19세기 후반까지 여성이 진출한 직업 분야는 주로 하녀, 가정부, 그리고 농업노동자와 기타 산업노동자였다. 1880년대와 1890년대에 이르러 선진 각국에서 여성의 참정권 운동이 시작하였다. 여성운동가들은 여성의 참정권(투표권)을 확보하려고 분투하였는데, 이 시기의 운동을 '여성운동의 첫 번째 파도(the first wave of feminism)'라고 부른다. 이 시기를 전후해서 여성의 진출하는 직업 분야가 바뀌었다. 여성은 가사노동이나 생산직 분야 이외에도 교사, 간호사 등 사무직 분야에도 진출하였다. 그러나 이 시기에는 주로 비서, 타이피스트, 회계나 경리, 소매 점원 등 주로 하위 사무직에 집중적으로 취업하였다.[40)]

〈표 3-1〉 가부장제의 기원과 가부장제 퇴화의 조건

정치군사적 조건	잉여와 사회계층화	결혼 정치	남녀의 일	남녀의 성
평화적 군사조건, 무장조직의 부재	적은 잉여+ 낮은 계층화	연합의 중요성이 낮음	비교적 평등	적은 통제
거친 군사 조건, 잘 조직된 군대	낮은 잉여+ 높은 계층화	연합의 중요성이 높음	분명한 구별, 남성의 착취나 "양성 전쟁"	강한 통제와 금기
귀족의 무기 통제	많은 잉여+ 계급분리사회	상층계급에게만 연합이 중요	상층계급 여성은 결혼교환을 위해 보존, 하층계급 여성은 노동	상층계급 여성 통제
관료제적 국가와 군대, 경찰에 의한 내적 평화	많은 잉여+ 다계급사회	국가의 정당정치로 대체	남성의 상층과 중간층 일자리 독점, 여성은 낮은 지위에서 일함	사적 결혼시장, 남성의 경제적 우세

출처: Coltrane and Collins(2000)

1960년대를 지나면서 여성운동은 다른 형태를 띠었다. 19세기 말의 여성운동은 참정권을 얻기 위한 것이었다면 1960년대의 여성운동은 여성의 인권 일반을 개선하고 여성의 정치경제적 기회를 넓히려는 것이었다. 여성운동은 마침 같은 시기에 등장하였던 반전운동과 인권운동과 겹치면서 치열하게 전개되었다. 1960년대에 널리 퍼졌던 이 격렬한 운동을 '여성운동의 두 번째 파도(the second wave of feminism)'라고

40) 오늘날 비서직은 여성이 맡는 직업으로 생각하지만 19세기 후반에는, 아니 20세기 중반까지도 비서는 남성의 직업 영역이었다. 비서가 남성의 직업이었다는 사실의 흔적은 오늘날까지 남아 있다. 디킨스(C. Dickens)의 『크리스마스 캐롤』(1843)에서 주인공 스크루지(Scrooge)의 비서는 남자였다. 20세기의 사회주의 국가에서 각국의 집권당 우두머리 직함은 총비서나 책임비서(general secretary)였다. 북한 조선노동당의 최고지도자는 총비서나 제1 비서다. 미국의 국무장관도 '국가의 비서(secretary of state)'다.

부른다. 이런 운동의 결과, 여성의 취업은 그 폭과 깊이를 확장하였다. 1960년대의 미국에서 약 40퍼센트의 여성이 직장에서 유급노동을 하였는데, 그나마 이들은 대부분 미혼여성이었다. 이들은 결혼하면서 직장을 그만 두거나 아니면 자녀를 임신하거나 출산하면서 그만 두었다. 1970년대에 들어 취업 여성의 숫자는 크게 늘었다. 여성의 50퍼센트 이상이 취업하였고, 이런 경향은 자녀를 가진 기혼여성에서도 강력하였다. 결혼해서도 직장을 그만 두지 않았다는 말이다. 이에 덧붙여 여성이 일을 하는 이유도 바뀌었다. 예전에는 노동하는 여성은 주로 노동자계급 출신으로써 경제적 필요 때문에 취업하였다. 앞에서 말했듯 그들이 취업했던 분야는 비서, 경리, 웨이트리스, 가게 점원, 가정부, 공장의 조작공 등이었다. 그러나 70년대에는 중간계급의 기혼 여성이 경력을 쌓기 위해 일을 하였다. 이런 경향은 관리직, 전문직, 기술직에 취업하는 여성이 아직 소수였는데도 지속적으로 나타났다.

골딘(Goldin, 2006)은 1970년대 이후에 미국 여성에게서 나타났던 변화, 다시 말해 여성운동의 두 번째 파도의 결과로 나타났던 변화를 조용한 혁명(Quiet Revolution)이라고 지칭하였다. 이 혁명은 문자 그대로 눈에 띄지 않으면서 넓고 깊게 나타났던 거대한 변화였다. 골딘은 이 변화를 세 차원으로 정리하였다. 첫째, 지평(horizon)의 확장이다. 여성은 자신이 수행할 미래의 직업을 정확하게 예상하여 일시적 직장(job)보다 평생 경력(career)을 계획하였다. 이 계획을 실행에 옮기려고 여성은 교육이나 직업훈련에 투자하였다. 그리하여 이 시기부터 여성의 대학진학률은 급격하게 상승하였고, 진학하는 학과의 범위도 넓어졌다. 여성은 전통적으로 사람들이 남성 영역이라고 여겼던 학과(의학이나 공학 등의 학과)에도 진출하기 시작하였다. 둘째, 정체성(identity)의 변경이다. 여성은 1970년대 초반부터 자신의 정체성을 가족이나 다른 인간관계가 아니라 자신의 직업에서 찾기 시작하였다. 아버지나 남편의 직업이 아니라 여성 자신의 직업을 자기 자신이라고 생각하기 시작하였다. 셋째, 의사결정(decision making)의 범위 확장이다. 여성은 자신의 노동력 참여를 결혼이나 장기적 인간관계 등과 함께 결정하였다. 여성은 자신의 교육, 직업, 노동을 남편의 교육이나 직업과 어떻게 조율할 것인지를 미리 결정하였다. '조용한 혁명'의 결과는 상대 임금의 상승과 진출 직업 분야의 다변화였다. 여성의 임금은 남성의 임금과 좀 더 가까워졌고, 직업 진출 분야도 넓어졌다. 이 시기부터 여성은 비로소 정치, 경제, 사회, 문화 모든 영역에 진출하기 시작하였다. 교사, 간호사, 비서, 사서 등과 같은 직업에서 변호사,

의사, 교수, 관리자 등과 같은 직업으로 넓어졌다.

한국 여성을 비롯한 동아시아 여성의 지평이나 정체성, 의사결정의 범위 확장이 일어난 시기, 즉 동아시아에서 조용한 혁명이 일어난 시기는 아직 알 수 없다. 그 시기가 시작하였다고 직접 증거를 보인 글을 필자는 아직 발견하지 못하였다. 다만 여성의 직업 진출 분야 확장으로 보건대, 동아시아에서도 언제부턴가 조용한 혁명이 이미 일어났을 것이라고 짐작할 뿐이다. 여성의 대학진학률 경향으로 그런 변화의 조짐을 읽어 보자. 미국 여성의 대학진학률이 급격하게 상승한 것은 1970년대 초중반이었다(〈그림 3-4〉 패널 (a) 참조).[41] 이 시기부터 미국 여성은 자신의 교육수준을 미래의 직업과 연계하였다고 짐작할 수 있다. 일본과 한국, 대만 여성의 대학진학률이 급격하게 높아진 시기는 모두 1990년대였다(〈그림 3-4〉의 패널 b 참조). 그러므로 동아시아에서 조용한 혁명이 일어났다면 아마도 그 시기는 1990년대였을 가능성이 높다.

〈그림 3-4〉 미국 여성과 동아시아 여성의 대학진학률

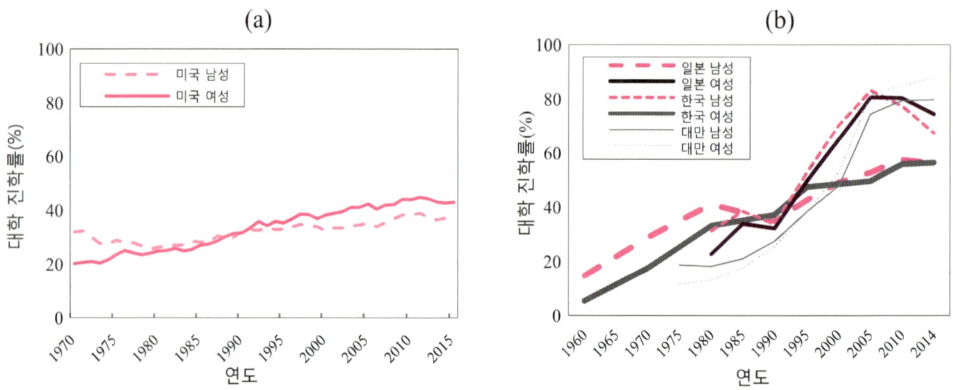

출처: National Center for Education Statistics, *Digest of Education Statistics 2016*, Table 302.60과 Chang(2019)

이런 역사적 궤적을 밟으면서 오늘날 서구와 한국에서 여성의 경제활동참가율은 크게 증가하고 취업 분야도 거의 무제한으로 넓어졌다. 그러나 오늘날에도 여러 가지 이유 때문에 여성의 직업 진출 분야는 비서나 경리, 간호사나 판매서비스직, 생산직 등 여전히 하위직에 집중되어 있다. 이런 현상을 직업분리(occupational segregation)

41) 엄밀하게 말하면, 미국의 비율은 동아시아의 진학률과 약간 다르다. 동아시아의 진학률은 고등학교 졸업자 가운데에서 대학에 진학한 사람의 비율을 나타내고, 미국의 비율은 18-24세 인구 중에서 학위를 수여하는 고등교육기관에 학적을 둔 사람의 비율을 말한다.

라고 부르거나 직종분리(job segregation)라고 한다. 한국도 예외가 아니다. 한국의 직업분리는 〈표 3-2〉에서 볼 수 있다. 여성은 2016년 현재, 주로 간호사, 유치원 교사, 가사 및 육아 도우미 등으로 취업하였고, 철도 및 전동차 기관사, 기업고위임원, 금속/재료 공학 기술자 등과 같은 직업에 종사하는 여성은 매우 드물었다. 일반적으로 노동시장 하층부에 놓인 직업에서 (성 차별과 결합한) 직업분리는 매우 높은 편이었다. 다시 말해 여성은 노동시장 하층부에 놓인 직업에 취업하였다(cf. 허 은, 2013).

〈표 3-2〉 직업 중분류별 성별 분포(2016년)

직종(한국표준직업분류 6차, 소분류)	여성 종사자 비율(%)
철도 및 전동차 기관사	0.8
기업고위임원	0.9
금속/재료 공학 기술자 및 시험원	2.5
행정 및 경영지원 관리자	6.5
보험 및 금융 관리자	8.2
컴퓨터 하드웨어 및 통신공학 전문가	9.2
청소원 및 환경 미화원	70.2
주방장 및 조리사	70.7
비서 및 사무보조원	73.1
큐레이터/사서 및 기록물 관리사	82.9
간호사	94.8
유치원 교사	98.1
가사 및 육아 도우미	99.6

출처: https://www.huffingtonpost.kr/sunham-kim/story_b_14141966.html

이처럼 직업이 성별로 분리되어 있을 뿐 아니라 임금도 성별로 구별되는 경향이 있다. 같은 직업이나 직종에서도 여성의 급여는 남성보다 더 작은 편이다. 그런 경향은 한국에서 더욱 더 뚜렷하다. 한국 남녀의 임금격차는 지난 수십 년 동안 차츰 줄어들었지만, 〈그림 3-5〉에서 보다시피, 2016년 현재 한국의 성별 임금격차는 OECD에서 가장 크다. 여성의 임금이 남성의 임금보다 상대적으로 더 낮다는 이야기다. 그러므로 여성은 남성보다 평균적으로 더 가난하다. 남성과 여성이 부부로 사는데, 여성이 남성보다 빈곤한 것이 무슨 문제냐고 반문하는 사람도 없지 않을 것이다. 그러나 이혼율이 높은 사회에서 여성은 남성보다 더 빈곤하게 되고, 여성의 빈곤은 곧 여성이 양육하는 자녀의 빈곤으로 이어진다.

〈그림 3-5〉 2016년 OCED 국가의 남녀 임금 격차(중앙값)

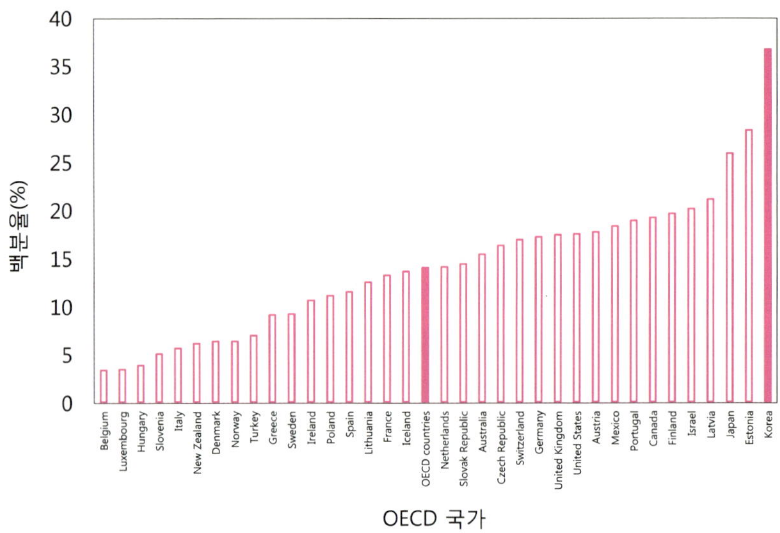

출처: OECD employment database, http://stats.oecd.org/Index.aspx?QueryId=64160#

이처럼 남녀의 경제적 격차가 여전히 남아 있지만 근대 사회에서 여성의 취업률이 높아지고 소득이 늘어나면서 가부장제는 빠르게 위력을 잃고 있다. 남성 중심의 문화는 천천히 사라지거나 빠르게 없어지고 가부장제를 대체하는 문화가 차츰 확산하고 있다. 예를 들면, 오늘날 한국 사회에서 자녀의 이름에 아버지의 성씨(姓氏)를 붙여야 하는 것이 아니라 어머니의 성씨도 붙일 수 있다. 어떤 이는 자신의 이름을 밝힐 때에 아버지와 어머니의 성씨를 함께 사용하기도 한다. 부모 재산을 상속할 때에 아들딸을 차별하는 경향도 점차 사라지고 있다. 앞으로 가부장제는 더욱 더 빠른 속도로 없어질 가능성이 높다.

(2) 가족

가족은 다면적 실재다(Coltrane and Collins, 2000). 가족은 평범한 차원과 극적 차원을 포함하는 복합적 실재다. 가족은 지극히 평범하다. 가족은 함께 모여 장을 보고, 요리한다. 함께 밥을 먹고, 설거지를 하고, 집안을 치운다. 이보다 더 평범하고 지루한 존재를 생각할 수 없다. 그러나 가족은 원래 매우 극적인 존재다. 한 쌍의 남녀가 서로 사랑하고, 결혼한다. 그 과정이 어찌 평범할 수 있겠는가? 사랑하고 결혼하는 과정은 남에게는 평범하게 보여도 당사자에게는 결코 평범하지 않다. 이 세상에 존재하는 수많은 신화나 전설, 동화나 소설, 영화에 등장하듯 남녀의 사랑과 결혼은 매우 특별한 것이다. 사랑하고 혼인하는 것만 극적인 것은 아니다. 무슨 이유 때문이든지 연인이나 부부가 헤어질 때도 있다. 연인이나 배우자와 사별해도 우리는 충격을 받지만, 살아서 헤어지면 우리는 더 큰 아픔을 느낀다. 이 세상에 이런 가족보다 더 드라마틱한 존재가 있을까?

가족이란 무엇인가? 근대 사회에서 가족을 연상하면 부부와 미혼 자녀로 구성된 실체, 즉 핵가족(nuclear family)을 떠올린다. 앞 장에서 사회화를 논의할 때에도 부부와 어린 자녀를 전제로 하였다. 그러나 가족의 형태는 다양하다. 핵가족 이외에도 대가족(extended family)이 있고, 직계가족(stem family)이 있다. 편부모가족(single parent family)도 있고, 조손(祖孫)가족도 있다. 이렇게 다양한 형태의 가족을 꿰뚫는 공통의 속성은 무엇일까? 복잡한 경우의 수를 줄이기 위해 가족을 결혼으로 치환해 보자. 뒤에서 보겠지만, 자녀가 가족의 핵심 요소는 아니라고 생각할 수 있기 때문이다. 가족의 핵심 요소는 부부다. 자녀가 없어도 남녀가 결혼하면 우리는 가족이라고 부른다. 결혼이 곧 가족이라는 말이다. 그렇다면 '가족을 꿰뚫는 공통의 속성은 무엇일까'라는 질문은 '이 세상의 모든 (형태의) 결혼을 꿰뚫는 공통의 속성은 무엇인가'라는 질문으로 바꿀 수 있다.

1) 적법성 이론

결혼은 무엇인가? 그러나 이렇게 질문을 바꾸어도 대답하기 곤란한 것은 마찬가지다. 왜냐하면 우리가 사는 이 세상에는 결혼 형태도 매우 다양하기 때문이다. 우리는 한 남자와 한 여자가 결혼하는 제도, 즉 일부일처제를 정상으로 간주하고 이런 제도가 가장 오래되고 가장 널리 퍼진 제도라고 알고 있지만, 이 세상에는 이런 제도만 있는 것은 아니다. 일부다처제가 있는가 하면, 거꾸로 일처다부제도 있다. 다수의 남성과 다수의 여성이 공동으로 혼인하는 집단혼이 있는가 하면 동성 혼인도 있다. 동성혼에도 남자와 남자가 혼인하는 경우가 있는가 하면, 여자와 여자가 같이 사는 경우도 있다. 표준적 사회학 이론은 다양한 현상에 공통적으로 존재하는 요소를 찾으려 노력하였는데, 결혼을 생각할 때에도 마찬가지였다. 이렇게 다양한 혼인 형태에 보편적으로 존재하는 공통 요소는 무엇일까? 다시 말해, 결혼의 문화적 보편자는 무엇일까? 만일 이런 보편자를 찾을 수 있다면 우리는 그 요소를 결혼의 본질 같은 것이라고 생각할 수 있다.

지금까지 사람들이 논의했던 바를 따르면, 가족의 문화적 보편자라고 부를 만한 후보자는 둘이었다. 하나는 근친상간 금기였고, 다른 하나는 적법성 원리였다. 근친상간 금기(incest taboo)란 부모자식, 남매, 친척 사이의 성행위나 결혼을 금지하는 원칙이고(〈삽화 3-3〉), 적법성 원리(the principle of legitimacy)란 모든 자녀가 사회적으로 인정된, 그리고 법적으로 인정된 아버지를 두어야 한다는 원리다. 이런 원칙과 원리는 모두 사실을 기술하는 것이 아니라 규범을 말한다. 말하자면 이 금기와 원리는 이 세상에는 근친상간이 없고 비적출자가 없다고 서술하는 것이 아니다. 현실에서 근친상간은 적지 않고 비적출자도 드물지 않다. 근친상간 금기나 적법성 원리는 그런 일이 있어서는 안 되거나 꼭 그렇게 되어야 한다는 당위나 규범을 말한다. 이 당위나 규범은 보편적이다. 그리하여 이런 금기나 원리를 위반한 사람에게는 처벌이나 치욕과 조롱을 가하는 이상도 어느 문화에서나 보편적으로 존재한다.

〈삽화 3-3〉 근친상간 금기

근친상간 금기는 가족이나 친족의 혼인이나 성행위를 비웃거나 막는 규범이다. 이른바 족외혼(族外婚, exogamy)을 장려하는 규범이다. 이때 가족이나 친족의 구체적 범위는 사회마다 다르다. 어떤 사회에서는 사촌 남매의 성행위를 용납하지만 다른 사회에서는 동성동본의 결혼도 허용하지 않는다. 근친상간 금기는 인간사회의 연구자에게 가장 오래된 문제이고 가장 복잡한 수수께끼다. 근친상간 금기는 문화적 보편자로 이해되었다(Brown, 1991; 박한선, 2018).

근친상간 금기가 생긴 이유는 무엇일까? 고대의 학자들은 두 가지 이유를 들었는데, 그 각각의 이유로 만든 이론이 동맹이론과 가족갈등이론이었다. 동맹이론(alliance theory)을 따르면, 근친상간 금기는 혼인으로 친족 범위를 넓혀 이들과 협동함으로써 자신을 보호하려는 동기에서 시작된 것이다. 근친상간 금기를 정치군사적 조건의 산물이라고 보는 것이다. 가족갈등이론(familial conflict theory)은 이 금기가 가족 성원의 갈등을 예방하려는 목적으로 생긴 것이라고 주장하였다. 가족 성원이 서로 성관계를 맺으면 구실갈등이나 시기심이 가족제도를 파괴할 것이기 때문이다. 근대에 들어서도 이 두 개의 가설은 지속하였다. 머독(Murdock, 1949)과 코헨(Cohen, 1978), 레비스토로스(Levi-Strauss, 1969)는 동맹이론을, 프로이트(Freud, 1913)와 파슨즈(Parsons, 1954)는 가족갈등이론을 수용하였다. 그러나 다윈(Darwin, 1871)을 비롯한 사회생물학자나 일부 인류학자는 가족갈등이론을 수용하면서도 이 규범이 생긴 이유를 약간 다르게 설명하였다. 그들은 근친상간을 허용하는 유전적 특성이 진화 과정에서 선택되지 않았을 것이라고 내다보았다. 웨스터마크(Westermarck, 1891)는 근친혼 회피가 동종교배(inbreeding)로 말미암은 유전적 결함을 회피하려는 본능에서 시작하였다고 주장하였다. 이런 본능은 가족처럼 가까이 접촉하는 사람들 사이에서 활성화하는 경향이 있다고 그는 말하였다. 다시 말해 같은 공간에서 살거나 자라는 형제자매나 친인척은 성행위를 회피하려는 성향을 보이고, 친인척이 아닌 아이들도 같은 공간에서 살거나 자라면 성행위를 하지 않으려는 성향을 발현한다고 그는 주장하였다. 후대의 학자들은 이 가설을 증명하는 증거로 이스라엘의 키부츠를 들었다(Shepher, 1983). 혈연의 형제가 아니더라도 같은 시간과 공간에서 자란 아이들은 서로 성행위를 하지 않으려는 성향을 보였다는 것이다. 그러나 이런 생물학적 설명에 대한 도전도 많다. 동종교배가 열등 유전자를 낳아 도태를 낳을 것이라는 예상도 지나치게 단순하거니와(Shields, 1982), 같은 공간에서 자란 아이들이 서로 성적 욕망을 느끼지 않는다는 가설을 거스르는 사례도 많았다(Smith and Spark, 1986).

인류학자 말리노프스키(B. Malinowski)는 이중에서도 후자, 즉 적법성 원리에 초점을 맞추었다. 그는 뉴기니(New Guinea) 섬 오른쪽에 위치한 트로브리앤드 제도(Trobriand Is.)의 원주민을 연구하여 『야만인의 성 생활(*The Sexual Life of Savages*)』을 저술하였다. 이 책에서 그는 원주민의 가족체계를 상세하게 서술하였는데, 트로브리앤드에서는 모계상속제도(부모의 재산을 아버지가 아닌 어머니를 거쳐 상속받는 제도)와 모거제(남녀가 결혼한 후 남편의 친척이라기보다 아내의 친척과 함께 사는 제도)가 특징적이었다. 이런 특징으로 보아 아버지의 권위를 중시하는 가부장제는 가족의 본질이 아니라고 말할 수 있다.

그렇다면 결혼의 본질은 무엇인가? 말리노우스키는 모든 가족은 두 가지 공통 요소를 갖는다고 주장하였다. 첫째, 성행위가 바로 그것이다. 모든 사회에서 남편과 아내는 성관계를 맺는다. 성행위가 결혼의 핵심 요소라는 것은 부인할 수 없다. 그러나 말리노우스키는 이 성행위를 결혼의 본질이라고 생각할 수 없다고 주장하였다. 왜냐하면 성관계는 결혼 생활 밖에서도 많이 이루어지기 때문이다. 트로브리앤드 제도의 원주민 사이에서는 남태평양의 많은 섬에서 그러한 것처럼 혼전 성행위가 널리 받아들여졌다. 멜라네시아와 폴리네시아에서 혼전 성행위는 아무런 제약 없이 일상적으로 행해졌고, 사람들은 이것을 정상이라고 수용하였다. 그러나 이렇게 개방된 사회에서도 한 가지 제약이 있었는데 그것은 사람들이 사생아 출산에는 강한 거부반응을 보였다는 사실이다. 젊은 미혼 여성은 원하는 상대와 원하는 만큼 성관계를 맺을 수 있었으나 일단 임신하면 결혼해야 했다. 비적출자를 출산한 여성은 벌을 받았다. 말리노우스키는 이런 관찰에 근거하여 다음과 같이 썼다. "자유로운 성관계는 보편적이지 않지만 인간사회에서 널리 퍼져 있다. 그러나 결혼생활 밖에서의 임신의 자유는 절대로 허용되지 않거나 극히 소수의 사회, 그리고 매우 특별한 상황에서만 최소한도로 허용된다"(Malinowski, 1929). 이런 사실로 판단하면 결혼은 성행위를 위한 제도가 아니라 자녀를 공식적으로 통제하려는 제도다. 어쨌든 말리노우스키는 '모든 자녀는 사회적으로 인정된, 그리고 법적으로 인정된 아버지를 두어야 한다'는 원리, 즉 적법성 원리야말로 모든 결혼에 공통적으로 존재하는 두 번째 요소라고 생각하였다.

적출과 비적출의 구분은 부모자식 관계가 생물학적일 뿐 아니라 사회적이기도 하다는 것을 보여준다. 자녀가 적법하려면 부모의 결혼이 사회적으로 승인되어야 한다. 사회적으로 승인되지 않은 남녀가 출산한 자녀는 비적출(illegitimacy)이다. 그런데 사람들은 남녀의 결혼을 어떻게 사회적으로 승인하는가? 결혼식(wedding ceremony)으로 승인한다. 사회마다 결혼식의 형태는 무척이나 다르다. 그러나 모든 사회에서 자녀의 적출과 비적출을 가르는 기준은 바로 이 결혼식이다. 결혼식을 치른 다음에 출산한 자녀는 적출이고, 결혼식 없이 출산한 자녀는 비적출이다. 결혼식을 치르면 자녀는 특정 남성에게 귀속한다. '어떤 아이도 사회적 아버지가 없이 세상에 나와서

는 안 된다.'

가족에 대한 이런 접근은 가족의 본질이 자녀를 낳는 데에서 멈추는 것이 아니라 그를 사회구조에 위치 짓는 데에 있다는 것을 강조한다. 적법성 이론을 따르면, 가족은 인간의 종을 생물학적으로 재생산하는 데에도 필요하지만 사회적으로 재생산하는 데에도 필요하다. 즉 자녀를 낳는 데에도 필요하지만 자녀의 사회적 위치를 확정하는 데에 필요하다. 아니 적법성 이론은 가족의 기능으로 종의 재생산보다 사회적 재생산을 훨씬 더 중요한 것으로 간주하였다. 가족은 생물학적 번식을 부모와 자녀의 연계라는 사회적 조직으로 변형한다. 이처럼 가족은 사회의 새로운 성원을 양육하여 각자에게 사회적 구실을 부여하고, 그들을 적절한 문화적 가치로 사회화한다. 가족은 생물학적 종을 지속할 뿐만 아니라 사회와 문화를 이어가는 가장 기본적 장치다.

가족(결혼)이 자녀를 사회화하는 장치라는 발상은 오늘날까지도 주류 견해를 이루고 있다. 일부 연구자는 이런 이론이 현실과 부합하지 않는다고 비판하였다. 1970년대에 카리브 해(Caribbean Sea) 연안의 사회(자메이카, 바베이도즈, 그레나다, 아이티, 도미니카 공화국 등)의 비적출률은 60~70퍼센트에 달하였고, 서구에서도 흑인의 비적출률은 50퍼센트를 상회하였다. 2014년에 이르러서는 선진국의 비적출률도 결코 낮지 않게 되었다. 유럽연합 평균은 40.5%였고 프랑스(56.7%), 노르웨이(55.2%), 덴마크(52.5%), 스웨덴(54.6%) 등은 절반을 넘겼다(아시아경제, 2017. 7. 9).[42] 그러므로 적법성 원리는 더 이상 수용할 수 없는 게 아닌가라고 의심할 수 있겠다. 그러나 그렇지 않다. 앞에서도 말했듯, 적법성 원리는 사실을 말하는 것이 아니라 규범을 말한다. 비적출자가 없어야 한다는 이상(ideal)을 말한다. 카리브 해 연안의 사회에서나 서구 사회에서 비적출자가 늘어났다고 하더라도 비적출자를 바람직하게 생각하지 않는 관행은 여전하다. 그러므로 적법성 원리가 현실 적합성을 유지하지 못한다는 주장은 설득력이 떨어진다. 적법성 원리는 아직도 현실에서 유효하게 작동한다. 다만 그 원리는 어기는 사례가 늘어 그 원리를 따르지 않는 사람에게 가해지는 조롱과 경멸이 차츰 약하게 되었을 뿐이다.

적법성 원리에 대한 비판은 현실 적합성의 영역이 아니라 다른 곳에서 찾을 수 있다. 첫째, 적법성 원리를 가족의 문화적 보편자라고 주장하는 이론은 적법성 원리가 왜 생겼는지를 말하지 못한다. 사람들은 아이를 낳기 위해 결혼하는가? 아이를 사생아

42) 같은 해 동아시아의 비적출률은 매우 낮았다. 한국의 혼외출생아 비율은 1.9%, 일본은 2.3%였다.

로 만들지 않기 위해 결혼하는가? 그렇다고 할 수도 있지만, 그렇지 않다고도 말할 수 있다. 어떤 사람은 아이를 낳기 위해 결혼하지만, 어떤 사람들은 그렇지 않다. 아이를 낳는 것이 결혼의 주요 동기가 아니라면 자녀가 적법적이어야 한다는 요구는 도대체 누구의 것인가? 말리노우스키는 사회의 요구라고 답한다. 그런데 사회는 왜 그런 요구를 할까? 자녀를 양육하는 데에 드는 비용을 부모에게 미루고 사회가 부담하고 싶지 않기 때문에 그럴까? 그렇다고 볼 수도 있지만, 적법성의 이상은 이보다 훨씬 강렬하다. 경제적 욕구를 초월하는 요구다. 우리가 알 듯, 비적출자를 낳은 여성은 특별한 비난과 오명을 뒤집어 쓴다. 그러나 이런 비난과 오명은 비록 그 정도는 조금 미약할지 모르지만 미혼의 아버지에게도 적용된다. 미혼의 아버지가 아이를 키우고 있어도 우리는 그 부양 자녀를 비적출자라고 생각한다. 공식적 결혼을 통하지 않으면 사회적 연계는 부끄럽게 된다. 사람들은 비적출자의 아버지로 알려진 사람을 부정적으로 인지한다. 그렇다면 모든 아이가 공인된 아버지와 연계되어야 한다는 원리는 경제 문제에 그치지 않는다. 다른 무엇이 있다. 그것이 무엇인가? 사회는 왜 적법성 원리를 내세우는가? 말리노우스키를 비롯한 주류 이론가는 이에 대답하지 않는다.

둘째, 적법성 원리를 앞세우는 가족 이론은 성차별적이다. 기실 모든 비적출자는 어느 정도 비난을 받지만 특정 사회적 조건에서는 비난을 덜 받는다. 남성이 권력을 독점하는 사회에서 비적출은 가장 폭력적으로 처벌받았다(비적출자가 처벌을 피할 수 있는 한 가지 예외는 아버지가 매우 강력한 힘을 갖고 있는 경우였다. 이럴 때에는 어머니는 명예로운 지위를 누릴 수 있었고 아이도 사회적 위치를 인정받으면서 자랄 수 있었다). 반면 여성의 권력이 적지 않은 곳에서 비적출은 별다른 문제가 되지 않았다. 이처럼 비적출자가 오명을 뒤집어쓰는 정도는 상대적 권력의 문제이다. 비적출의 규범은 모든 아이가 공식적 아버지를 두어야 한다는 것을 의미했다기보다 여성이 성적으로 적극적이어서는 안 된다는 것을 뜻하였다. 말하자면 적법성 원리는 남성이 여성을 지배하는 한 수단이었다. 적법성 이론은 이를 보이지 않고 적법성 원리가 마치 자연 법칙인 것처럼 서술하였다.

적법성 이론은 이처럼 성 불평등을 고려하지 않음으로써, 그리고 결혼을 자녀 출산 제도로 잘못 가정함으로써 가족을 적절하게 설명하지 못하였다. 기실 가족을 형성하는 것은 결혼식이지 자녀 출산이 아니다. 거의 모든 사회에서 결혼식은 화려한 의례로 특징지어지는 주요 공공 행사다. 자녀 출산은 결혼식과 비견할 수 없는 작은 의례로 치러진다. 그러므로 가족의 주된 요소는 자녀 출산이 아니고 남자와 여자의 결합이라는 것을 알 수 있다. 남자와 여자의 결합에서 결혼식은 매우 중요한 구실을 수행한다. 결혼식은 사회적 승인과 관련한다. 결혼식이 없으면 남녀의 성행위는 정당화되지 않는다. 상황이 이렇다면, 그리고 적법성 원리를 문화적 보편자로 보기 힘들다면, 가족, 즉 결혼의 문화적 보편자는 성행위와 결혼식이라고 말할 수 있다. 곧 이어 살필 소유 이론은 자녀가 아니라 부부에게 초점을 맞추었다.

2) 소유 이론

결혼이나 가족은 소유라는 관점에서 바라볼 수 있다. 가족과 관련한 소유는 세 가지로 나눌 수 있다. 첫 번째 소유는 성적 소유다. 이 소유는 특정인과 성행위를 할 수 있는 권리이자 그 사람이 다른 사람과 성행위를 하지 못하도록 막을 수 있는 권리다. 두 번째 소유는 경제적 소유다. 가족 생활이나 결혼 생활은 약간의 재산을 전제하고 이 재산과 관련한 경제적 권리를 반드시 포함한다. 경제적 소유는 바로 이 경제활동과 관련한 권리와 의무다. 누가 얼마만큼 사용할 수 있는가? 또한 부부 가운데에서 누군가는 밖에서 소득을 벌어야 하고 누군가는 가사노동을 해야 한다. 누가 벌고, 누가 일할 것인가? 세 번째 소유는 세대간 소유다. 이는 부모와 자녀의 권리와 의무를 말한다. 누가 자녀를 돌볼 것인가? 누가 자녀를 지배하고 통제할 것인가? 부모가 죽으면 부모 재산은 누가 차지할 것인가?

결혼이라는 특별한 사회관계는 성적 소유(sexual property)라고 생각할 수 있다. 남편은 아내와, 아내는 남편과 성행위를 할 수 있는 권리를 갖는다. 남편과 아내가 서로 신체를 성적으로 활용할 수 있는 권리를 누린다는 말이다. 이와 같은 권리를 소유라는 개념으로 파악하는 것은 바보스럽거나 야만적으로 들린다. 그러나 소유라는 개념을 잘 생각해 보면 결혼을 소유라고 파악하는 것은 제법 그럴싸하다. 소유란 무엇일까? 소유라고 하면 사람들은 흔히 사람과 사물의 관계를 떠올린다. '이 책은 내 것이다'라는 말은 '나'라는 사람과 '책'이라는 사물의 관계를 뜻하는 것 같다. 그러나 사람과 사물은 관계를 맺을 수 없다. 사람은 사람과 관계를 맺을 수 있다. 소유는 사회적 관계다(Davis, 1936; 1949). 소유는 사물을 둘러싸고 사람들이 맺는 일종의 동의이자 약속(agreement)이다. 예를 들어 내가 승용차를 소유하고 있다고 가정해 보

자. '이 차는 내 것이다'라는 말은 나와 승용차 사이에 특정한 유대감이나 특별한 동의가 존재한다는 것을 의미하지 않는다. 이 말은 승용차를 둘러싸고 나와 다른 사람이 맺는 특별한 관계를 뜻한다. '이 차는 내 차'라는 말의 의미는 다음과 같다. 첫째, 나는 이 차를 사용할 수 있는 권리가 있다(사용권). 둘째, 다른 사람은 이 차를 사용할 수 없다(금지권). 셋째, 내 허락 없이 타자가 이 차를 사용하면 나는 그를 처벌할 수 있다(처벌권). 이처럼 사용권과 금지권, 처벌권이 소유란 말의 실제 의미다.

소유의 뜻이 이와 같다면 우리는 그 말을 (사물이 아닌) 사람에게도 그대로 적용할 수 있다. 실제로 우리는 일상생활에서 이 말을 사람에게도 적용한다. '너는 내 거야,' '나는 당신 거예요'라는 말을 사용한다. 이런 말을 들으면 때때로 인신 매매를 연상하거나 노예제를 떠올릴 수도 있겠지만, 딱히 그런 뜻은 아니다. '나는 당신과 특별한 관계'라는 의미로 위와 같은 말을 사용한다. '당신은 내 남자'라는 말은 당신은 내 소유란 말이고, 이는 다음과 같은 뜻을 내포한다. 첫째, 나는 당신의 신체를 성적으로 활용할 권리를 갖는다. 둘째, 다른 사람은 당신의 신체를 성적으로 활용할 수 없다. 셋째, (내 허락 없이) 당신이 타자와 성관계를 맺으면 나는 당신을 처벌할 수 있다. 이렇게 사물이나 사람에 대해 소유라는 개념을 똑같이 적용할 수 있다.[43)]

결혼이 성적 소유라는 것을 어떻게 증명할 수 있는가? 성적 소유가 결혼의 핵심이라는 것을 어떻게 증명할 수 있는가? 실제로 우리는 결혼이 성행위로 완성된다고 생각한다. 결혼식을 거쳤다고 해서 부부가 되는 것은 아니다. 어떤 이유 때문이든지 성행위가 이루어지지 않으면 결혼은 완성되지 않은 것이다. 예컨대 성적 불능상태로 말미암아 성행위가 이루어지지 않으면 결혼은 무효가 된다. 무효(annulment)는 이혼이 아니다. 무효는 애초에 결혼이 성립하지 않았다는 선언이다. 성행위는 결혼의 핵심이다. 결혼의 핵심이 성행위라는 것은 성적 소유의 침해가 일어났을 때 사람들이 어떻게 반응하는지를 살피면 쉽게 알 수 있다. 성적 소유의 침해가 일어나면, 즉 간통이 발생하면 사람들은 좀처럼 참지 않는다. 예전에 간통, 특히 여성의 간통은 중대한 범죄였다. 사람들은 간통을 엄중하게 처벌하였다. 오늘날 상당수의 사회에서 간통은 범죄가 아니다. 그런데도 오늘날에도 사람들은 간통을 이혼 등의 수단으로 응징한다.

43) 소유란 말이 꼭 성과 관련할 필요는 없다. 사람과 사람의 특별한 관계를 나타내면 된다. 예를 들어, '이 아이는 내 딸이야'라는 말은 성적인 의미를 띠지 않는다. 이 말은 다음과 같은 의미를 띤다. 첫째, 이 아이는 내가 양육하거나 내가 돌보아야 하는 아이다. 둘째, 다른 사람이 이 아이를 키울 수는 없다. 셋째, 내 허락 없이 이 아이를 데려가면 나는 그를 처벌할 수 있다.

이러한 성적 소유는 비교문화적으로나 역사적으로 그 형태를 바꿀 수 있다. 다른 소유처럼 성적 소유도 불평등하게 분포할 수 있다. 특정 사회나 시대에서는 남편이 아내가 다른 남자와 성행위를 할 수 없도록 하는 권리를 갖지만 아내는 남편이 다른 여자와 관계를 맺지 못하도록 하는 권리를 갖지 못할 수도 있다. 예컨대 옛 왕조 시대에는 남편은 축첩을 할 수 있었지만 여성에게는 그럴 권리가 없었다. 이런 경우를 일방적 성적 소유(unilateral sexual property)라고 말할 수 있다. 한쪽의 성적 소유권만 보장된다는 이야기다. 오늘날 사회에서는 대부분 아내도 남편에게 자신의 권리를 강제할 수 있다. 오늘날에는 쌍방적 성적 소유(bilateral sexual property)가 일반적이다.

결혼을 성적 소유라고 말하면 예전에는 그럴 듯 했겠지만, 오늘날에는 약간 어색하거나 냉소적으로 들린다. 왜냐하면 오늘날 사람들은 사랑을 성행위와 분리하고, 결혼은 사랑에 근거해야 한다고 믿고 있기 때문이다. 결혼을 성적 소유라고 말하면, 결혼을 사랑과 분리하는 것처럼 들린다. 결혼이 사랑이란 유대를 포함한다는 사실을 간과하는 것처럼 들린다. 그러나 사랑은 성적 소유와 분리할 수 있는 것이 아니다. 사랑은 성행위와 분리되어 있지 않다. 남편이 아내와 성행위를 하지 않으면서 사랑한다고 말하면 얼마나 기괴할 것인가? 아내가 성행위를 거부하면서 남편을 사랑한다고 말하면, 남편은 그 말을 믿을 수 있겠는가? 사랑은 성행위와 결합되어 있다.

사랑은 성행위와 분리할 수 없는 것이기도 하지만, 다른 한편으로는 새로운 형태의 소유라고 생각할 수도 있다. 사랑은 상대방의 관심이나 애정을 둘러싼 권리다. 다시 말해 감정의 소유다. 사랑은 상대방의 감정을 배타적으로 사용할 수 있는 권리다. 현대에 퍼져 있는 결혼의 이상은 결혼하는 남녀가 사랑을 교환해야 하는 것으로 규정한다. 그리고 남녀는 이런 사랑을 일생 동안 지속하고 다른 사람이 개입할 수 없도록 해야 한다. 이런 감정을 성행위와 별개의 것이 아니지만 억지로 써서 별개라고 가정한다면, 현대의 결혼은 성적 소유와 감정 소유의 합이라고 말할 수 있다.

소유 이론은 적법성 이론과 어떻게 다른가? 말리노우스키를 따르면, 결혼은 성행위를 허용하는 제도가 아니라 자녀를 적법하게 만드는 제도다. 과연 그런 측면이 없지 않다. 오늘날 사람들은 자녀를 사생아로 만들고 싶지 않아 결혼하는 경우도 적지 않다. 그러나 소유이론은 적법성 이론보다 더 크고 넓은 이론이어서 적법성 원리까지 포괄한다. 성적 소유는 그 자체에 혼인관계에서 태어난 자녀의 적법성을 인정하는 내용을 포함한다. 남녀가 결혼식을 치러 장기적 성적 관계를 선포하면 그들 사이에서 태어난 자녀는 저절로 적법화된다. 여기에서 성적 소유는 자녀의 적법성보다 먼저 나타난다. 적법성 이론은 남녀가 자녀의 적법성을 확보하려고 결혼한다고 생각한다면, 소유 이론은 남녀가 일단 결혼하면 자녀는 저절로 적법화된다고 본다.

소유 이론을 따르면, 결혼은 다른 무엇보다 성적 소유다. 그러나 앞서 말했듯, 다른 소유도 존재한다. 경제적 소유와 세대간 소유가 바로 그것이다. 먼저 경제적 소유(economic property)를 살펴보자. 경제학에서 흔히 이야기하듯, 가족은 (가계家計를 경영하는) 일종의 기업이다. 베커(Becker, 1981)는 가족을 기업으로 가정하여 가족의 경제활동을 설명하였다. 기업-가족 가설(the family-as-a-firm hypothesis)이 바로 그것이다. 가족은 음식을 만들고, 옷을 세탁하고, 침구를 관리하고, 자녀를 돌보는 기업이다. 즉, 가족은 호텔, 레스토랑, 세탁소, 탁아소 등의 기능을 수행하는 기업인 셈이다.[44] 이런 기능을 통해 가족은 자녀를 부양하고, 가족성원의 생산능력을 유지하거나 확대한다. 그리고 이런 경제활동으로 만들어진 재산을 공유한다. 그러면 부부가 함께 일군 재산은 누구 것인가? 법적으로 사례마다 세밀하게 규정되어 있겠지만, 사회적으로는 이는 권력으로 결정될 가능성이 높다. 일반적으로 밖에서 돈을 벌어오는 사람이 더 많은 지분을 차지할 가능성이 높다. 그런데 누가 가사노동을 할 것인가? 이것도 역시 부부의 권력 문제다. 밖에서 돈을 벌지 않거나 돈을 적게 벌어 오는 쪽이 가사노동을 전담할 가능성이 높다.

세 번째 소유는 세대간 소유(intergenerational property)다. 부모는 미성년 자녀를 양육할 의무를 지지만, 자녀는 늙은 부모를 봉양할 의무를 진다. 미성년 자녀는 부모의 통제를 받아야 하지만, 부모가 죽으면 자녀는 부모 재산을 상속할 권리도 갖는다. 적법성 이론은 주로 이 세대간 소유를 지칭한다. 그러므로 적법성 이론은 소유 이론보다 논의의 범위가 좁다고 판단할 수 있다.

이 세 소유는 서로 관련한다. 성적 소유는 항상 경제적 소유와 관련한다. 일반적으로 경제적 소유권을 더 많이 확보한 사람은 성적 소유권도 더 많이 확보한다. 예컨대

44) 가족은 가계를 경영하는 기업이기도 하지만 가족 자체가 외부의 사업에 관여하기도 하였다. 고대나 중세에 가족은 항상 경제활동과 직접 관련하였다. 가족 성원 모두 농사를 짓거나, 장사를 하였다. 집과 작업장도 구분되지 않았다. 사실 가족(family)이라는 단어는 고대 로마어의 가산(household property)에서 기원하였다. 오늘날 가족 성원은 예전처럼 모두 경제활동에 직접 뛰어드는 것은 아니다. 그런 의미에서 가족은 기업이나 사업(체)이 아니다. 그러나 베커(G. Becker)의 생각처럼, 가계를 효율적으로 경영해서 가계의 생산물(남편의 생산 능력 등)을 극대화해야 한다는 측면에서 보면 가족은 여전히 기업이나 사업(체)라고 할 만 하다.

아내가 남편보다 돈을 더 많이 번다면 성적 소유권도 더 많이 확보하는 경향을 보인다. 성적 소유는 세대간 소유와도 관련한다. 성적 소유는 자녀를 적법화하고, 부모의 자녀 통제를 정당화한다. 그리고 자녀가 부모 재산을 상속하는 것도 정당화한다.

소유권은 역사적 조건마다 바뀐다. 정치군사적 조건이나 경제적 여건이 바뀌면서 성적 소유는 남성의 일방적 소유에서 쌍방적 소유로 바뀌었다. 성적 소유가 평등화하였다. 여성의 경제활동참여율이 늘어나고 성별 임금격차도 줄어들면서 경제적 소유의 양상도 바뀌었다. 여성이 일을 하고 돈을 벌어들이게 되자, 재산 분할이 평등화하였고 남성의 가사노동도 많이 늘었다. 남녀의 권력이 동등화하였다. 세대간 소유도 바뀌었다. 예전에는 부모가 아들에게 더 많은 자원을 투자하였다면 오늘날에는 부모가 아들딸 구별하지 않고 자원을 비슷하게 투자한다. 부모의 재산을 상속할 때에도 예전에는 아들이 더 많은 자원을 가져갔다면, 오늘날에는 아들딸 구별 없이 평등하게 분할한다.

(3) 사랑과 결혼시장

오늘날 사람들은 사랑과 결혼이라는 말에서 비슷한 느낌을 받는다. 결혼은 사랑에 근거해야 한다는 이상(ideal)에 익숙한 우리 시대의 사람들에게 사랑과 결혼은 거의 같은 뜻으로 읽힌다. 사랑을 해야 결혼을 할 수 있지 않겠는가? 그러므로 사랑과 결혼은 하나처럼 보인다. 그러하니 연구자가 흔히 쓰는 결혼시장이라는 말을 들으면 우리는 어쩐지 위화감을 느낀다. '시장'이라는 말과 '결혼'이라는 말이 서로 어울리지 않기 때문이다. 사랑과 결혼은 지고지순한 것이고 시장은 속된 것인데 이 두 낱말을 서로 붙여 쓰니 이질감을 느끼는 것이다. 그러나 사랑과 결혼이 아무리 지고지순한 것이라고 해도 이것이 현실의 남녀 사이에서 일어나는 것이라면 이는 사회적 여건과 관련한다. 사랑과 결혼은 시장에서 멀리 떨어져 있지 않다. 사랑과 결혼도 계산과 비교에서 벗어날 수 없다. 이 절에서 우리는 이런 사랑과 결혼을 알아보고자 한다.

1) 사랑이란 무엇인가?

우리 시대를 살고 있는 사람은 대체로 낭만적 사랑을 독특한 방식으로 생각한다. 사랑은 세속을 초월하는 궁극적 존재로 보고 싶어 한다. 사랑에 물질적 이해관계가 개재되어 있거나, 심지어 성적 욕망이 조금이라도 개입되어 있으면 사람들은 그것을 사랑이라고 생각하지 않으려고 한다. 그러나 사랑을 마주하는 우리의 감정과 생각은 사회세계와 물질세계에 굳건하게 닻을 내리고 있다. 사랑을 대하는 우리 생각은 문화적 구성물이다. 사회와 문화가 만들어낸 관념이라는 말이다. 인류 역사에서 낭만적 사랑이 드물지 않았다는 사실을 인정해도 낭만적 사랑을 이상적으로 생각하는 관행은 세계 역사에서 드물었다. 전통사회에서는 결혼이 사랑에 근거해야 한다는 생각은 생겨날 수 없었다. 그런 생각이 있었다면, 조금 뒤에 보겠지만, 사람들은 그것을 사악한 사상으로 여겼을 것이다. 인륜을 파괴하는 탈선이라고 판단하였을 것이다. 상황이 이렇다면, 우리는 지금 매우 이상한 시대를 살고 있는 셈이다. 우리는 낭만적 사랑이야말로 결혼의 적절한 근거이고 유일하게 실제적 근거라고 생각하는, 매우 독특한 시대를 살고 있다. 물론 우리 모두 이런 이상에 맞추어 살고 있는 것은 아니다. 사랑이 없어도 결혼할 수 있다고 생각하는 사람은 많다. 그러나 우리는 대부분 그런 이상을 믿고 있다.

그런데 사랑이란 무엇인가? 사람들에게 그것을 정의해 보라고 권하면 우리는 응답자의 수만큼 많은, 세상사를 바라보는 각도와 세상의 경험만큼 많은 견해와 맞부딪히게 될 것이다. 그러므로 2장(문화와 사회화)에서 문화를 정의하지 않고 문화의 구성요소를 살펴 문화가 무엇인지를 짐작하였듯, 여기서도 사랑을 정의하는 일을 그만 두고 사랑의 구성요소를 헤아려 사랑이 무엇인지를 이해해 보자. 스턴버그(Sternberg, 1986)는 여러 이론과 연구를 광범위하게 조사하고,[45] 데이트하는 남녀에게서 수집한 자료를 통계 분석하여 사랑의 구성요소를 세 가지로 추려냈다. 그는 이 세 가지 요소를 삼각형의 꼭지점으로 삼아 요소와 요소의 결합 유형을 보이기도 하였다. 그리하여 자신의 논의를 '사랑의 삼각형 이론(the triangular theory of love)'이라고 이름 붙였다. 이런 이론은 사랑이 갖는 여러 가지 사회적 의미를 다루지 않지만, 사랑의 본질이 무엇인지를 아는 데에 유용하다. 〈그림 3-6〉에서 보다시피, 사랑은 세 가지 요소로

45) 사랑을 여러 가지 유형으로 나눈 연구는 Sternberg(1986), Berscheid(2010) 등을 보라.

구성된다. 친밀감과 열정, 결심/헌신이 바로 그것들이다.[46] 친밀감(intimacy)은 감정적이고 정서적인 요소로, 따뜻하고 다정하다고 느끼는 감정이며 서로 연결되고 결합되어 있다고 느끼는 감정이다. 열정(passion)은 동기 요인으로, 낭만적이고 육체적인 매력이며 성적 결합 등과 관련한 충동이다. 결정/헌신(decision/commitment)은 인지적 요소로, 한 사람이 상대방만 사랑하고 다른 사람에게는 관심을 두지 않겠노라는 단기적 결정을 나타내고, 두 사람의 사랑관계를 길게 유지하겠다는 약속이나 헌신을 나타낸다.

〈그림 3-6〉 사랑의 삼각형 이론

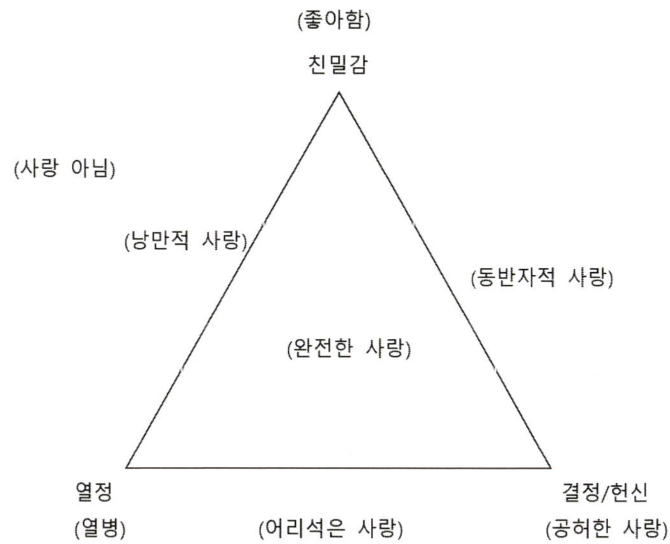

출처: Sternberg(1986), Regan(2017)

스턴버그는 이와 같은 세 기본 요소를 서로 결합하여 8개의 사랑 유형을 만들었다(〈그림 3-6〉과 〈표 3-3〉 참조).[47] 먼저 사랑 아님(non-love)이다. 이는 세 요소 어

46) 많은 사람들에게 사랑이 무엇이냐고 물어보았더니, 그들은 신뢰, 보살핌, 정직, 우정, 존경심, 파트너의 안녕에 대한 관심, 충성심, 헌신 등의 단어나 개념을 제시하였다. 연구자들은 이런 개념을 세 개의 잠재적 차원(latent dimension)으로 요약하였는데, 이 차원은 스턴버그의 세 요소와 흡사하였다(Regan, 2017).

47) 말할 것도 없지만, 사랑의 유형은 조금 다른 방식으로도 구분할 수 있다. 그중 가장 유명한 것은 이른바 사랑의 색깔(colors of love)이다(Lee, 1973)(〈삽화 3-4〉 참조).

느 것도 포함하지 않는 보통의 상호작용이다. 우리 주변의 인간관계는 대부분 이런 유형의 것이다. 두 번째 유형은 좋아함(likings)이다. 이 유형은 친밀성이 있는 인간관계이고 상호작용이다. 친구 관계가 전형적 사례다. 열병(熱病, infatuation)은 친밀감이 없고 결정이나 헌신도 존재하지 않는 상호작용인 바, 대표적 사례는 이른바 '첫눈에 반해 버린 사랑'이거나 짝사랑일 것이다. 공허한 사랑(empty love)은 남녀가 서로에게 헌신하지만 감정적 연계나 열정적 매력이 없는 관계다. 이런 사랑은 흔히 오랜 부부관계의 끝부분이나 중매결혼한지 얼마 되지 않은 시기에 나타난다. 낭만적 사랑(romantic love)은 가까운 감정이나 강한 육체적 매력이 결합한 사랑이다. 우리가 주변에서 흔히 보는 사랑이다. 친밀성과 결정/헌신을 결합한 동반자적 사랑(compassionate love)은 보통 오래되고 안정된 친구 관계나 (성적인 매력은 사라졌으나 깊은 정서적 연계와 헌신이 발달한) 오래된 부부관계에서 흔히 볼 수 있다. 어리석은 사랑(fatuous love)에 빠진 남녀는 깊은 친밀감 때문에 헌신하는 것이 아니라 열정 때문에 헌신한다. 이 '회오리바람' 같은 관계는 매우 불안정하여 곧 끝나기 십상이다. 마지막으로 완전한 사랑(consummate love)은 친밀감, 열정, 헌신의 세 요소를 모두 포함한 관계이다. 이것은 많은 사람, 특히 낭만적 사랑 관계에 놓여 있는 사람들이 도달하려고 애를 쓰는 그런 '완벽한 사랑(complete love)'이다.

〈표 3-3〉 스턴버그의 사랑 유형

사랑 관계의 종류	사랑의 구성 요소		
	친밀감	열정	결정/헌신
사랑 아님			
좋아함(우정)	○		
열병		○	
공허한 사랑			○
낭만적 사랑	○	○	
동반자적 사랑	○		○
어리석은 사랑		○	○
완전한 사랑	○	○	○

우리는 앞에서 다양한 유형의 사랑을 논의하였다. 〈삽화 3-4〉에서 보겠지만, 이와 다른 방식으로 사랑을 유형화할 수도 있다. 그러나 현실의 사랑을 이렇게 저렇게 유형화하기보다 사랑을 조금 이상적으로 바라보자. 이상적 관점으로 분류하면, 사랑은 낭만적 사랑과 완전한 사랑으로 나눌 수 있다. 어떤 사람들은 완전한(완벽한) 사랑을 성숙한 사랑(mature love)으로 바꾸어 부르기도 하는데(Peck, 1978), 어쨌든 낭만적 사랑을 추구하는 사람들은 이 완전한 사랑, 성숙한 사랑을 지향한다. 왜 그러냐고? 다음과 같은 이유 때문이다. 낭만적 사랑이란 황홀한 감정을 말한다. 외로움은 끝났고 영혼의 반려자를 찾았으며 두 사람은 하나가 되며 이런 상태는 영원히 지속할 것이라는 감정이 그런 감정이다. 이런 감정은 인생에 따뜻한 열기를 더해 준다. 그러나 이렇게 넘치는 열기는 영원히 지속하지 않는다. 얼마 지나지 않아 내가 사랑하는 그 사람은 나와는 다른 존재, 별개의 목표와 욕망, 습관을 지닌 별개의 인격체임이 분명하게 드러난다. 이는 찬미할 만한 사실이지만 내게 괴로운 것일 수 있다. 괴롭기까지는 않지만 적어도 자신의 목표와 욕망, 관습 등과 마찰을 일으키는 것일 수 있다. 어떤 사람에게는 하나 됨을 느끼는 기간이 남보다 조금 더 길지 모르지만, 두 사람은 결코 하나가 되지 않는다. 두 사람은 여전히 별개의 개체다. 절정은 가라앉는다. 두 사람의 관계를 계속 유지하려면 낭만적 사랑을 성숙한 사랑으로 대체해야 한다.

〈삽화 3-4〉 사랑의 색깔(Colors of Love)

스턴버그(Sternberg, 1986)와 함께 사람들이 널리 사용하는 사랑의 유형론은 이른바 사랑의 색깔 이론이다. 리(Lee, 1973)는 남녀의 사랑에서 추출한 경험 자료를 사용하여 세 개의 일차적 색깔과 세 개의 이차적 색깔을 구분하였다. 이 세상에는 성적 끌림, 밀고 당기기, 다정한 애착 등과 같은 일차적 색깔(primary colors)의 사랑이 있는가 하면, 이 일차적 색깔 두 개를 조합한 이차적 색깔(secondary colors)의 사랑도 있다. 실리 챙기기, 맹목적 빠지기, 무조건적 헌신 등이 바로 그것들이다(〈그림 3-7〉 참조).

'성적 끌림(eros)'은 강렬한 정서적 경험이다. 상대방에 대한 강렬하고도 즉각적인 끌림이다. '성적 끌림'은 강한 성적 요소를 포함한다. 이 사랑은 성적 접촉을 바란다. '밀고 당기기(ludus)'는 상대방에게 지나치게 몰입하는 것을 경계한다. 성적 활동을 정서적 유대의 수단이라기보다 쾌락의 기회로 본다. '다정한 애착(storge)'은 신뢰, 존경, 우정의 기초에 근거한 안정적 사랑이다. 파트너에게 다정함을 느끼는 사람들은 그 사람을 오랜 친구로 생각할 뿐이지 강한 감정이나 육체적 매력을 느끼지 않는다. 연인에게 다정함을 느끼는 사람에게 사랑은 우정의 연장이다.

〈그림 3-7〉 사랑의 색깔

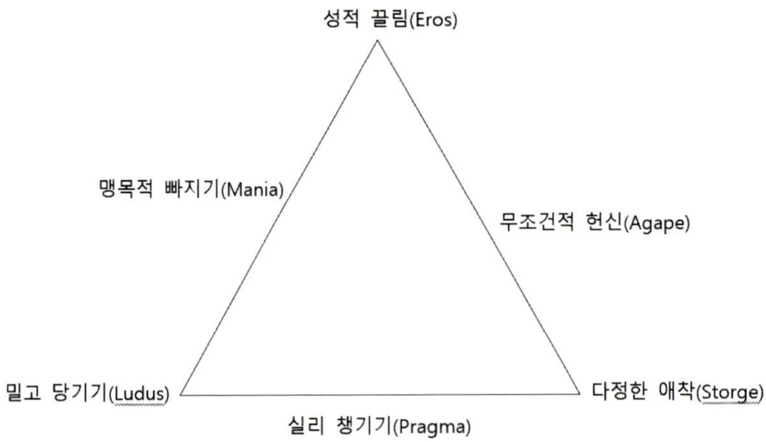

이차적 색깔은 일차적 색깔을 조합한 것이다. 그러므로 이차적 색깔은 두 개의 일차적 색깔의 특성을 보일 뿐만 아니라 자신만의 독특한 색깔도 드러낸다. 〈그림 3-7〉에서 보듯, '실리 챙기기(pragma)'는 '밀고 당기기'와 '다정한 애착'의 조합이다. '실리 챙기기'를 하는 사람들은 사랑을 실용적으로 바라볼 뿐 아니라 적절한 짝을 찾는 과정이라고 본다. '맹목적 빠지기'는 '성적 끌림'과 '밀고 당기기'의 조합이다. '맹목적 빠지기(mania)'에 놓인 사람은 자신감을 갖지 못하고 감정적 자기 통제도 하지 못한다. 이 사랑은 상대방에게서 애정을 구하는 필사적 노력이다. 비합리적이고 강박적 사랑이다. 이차적 색깔의 마지막은 '무조건적 헌신(agape)'이다. 이런 유형의 사랑은 '성적 끌림'과 '다정한 애착'의 조합이다. 이는 모든 것을 내어주는 사랑, 이른바 자애(慈愛, charity)와 같다. 이 사랑은 대가를 바라지 않고 모든 사람을 보살핀다. 그러므로 '무조건적 헌신'을 하는 사람들은 파트너를 항상 배려하고 그에게 항상 양보한다.

이 사랑의 색깔을 측정하려고 몇 연구자는 42개의 문항으로 사랑 태도 척도(Love Attitude Scale; LAS)를 만들었다. 자신과 세상 사람들의 사랑 색깔을 알고 싶은 사람은 다음 설문지에 응답해 보라. 그리고 응답척도를 따라 각 문항의 수치를 합산해 보라. 어떤 색깔의 수치가 가장 높은가? 점수가 고르게 분포하는가, 아니면 한쪽으로 쏠리는가? 가장 높은 수치를 보이는 색깔이 당신의 사랑 색깔이다. 진화심리학 이론이 옳다면, 아마도 남성의 사랑 색깔은 '성적 끌림'과 '맹목적 빠지기'에 가까울 것이고, 여성의 사랑 색깔은 '밀고 당기기'와 '실리 챙기기'에 근접할 것이다(생물학과 진화심리학의 사랑에 대해서는 곧 이어지는 여러 '사랑 이론'을 참고하라).

응답 척도

1. 전혀 동의하지 않는다.
2. 동의하지 않는 편이다.
3. 중립적이다
4. 그럭저럭 동의하는 편이다.
5. 강력하게 동의한다.

성적 끌림(Eros)

1. 나와 파트너는 처음 만났을 때부터 서로 끌렸다.
2. 우리는 신체적 '케미'가 있다고 생각한다.
3. 우리의 사랑은 매우 강렬하고 만족스럽다.
4. 우리는 상대방을 위한 존재다.
5. 우리는 매우 빨리 감정적으로 연결되었다.
6. 우리는 상대방을 서로 잘 이해한다.
7. 내 파트너는 신체적 아름다움이라는 측면에서 내 이상형에 가깝다.

밀고 당기기(Ludus)

8. 나는 파트너가 내 진심을 알지 못하도록 노력한다.
9. 나는 파트너가 나를 몰라도 그 사람이 상처받지 않는다고 생각한다.
10. 나는 가끔 파트너가 내 다른 연인을 알지 못하도록 해야 했다.
11. 나는 내 예전 파트너와 맺었던 연애 사건을 쉽고 빨리 극복할 수 있었다.
12. 파트너는 내가 다른 사람과 함께 했던 일을 알면 당황할 것이다.
13. 파트너가 내게 너무 의존할 때 나는 조금 물러나고 싶다.
14. 나는 파트너나 다른 사람들과 '사랑 게임'을 즐긴다.

다정한 애착(Storge)

15. 나는 우리 우정이 언제 사랑으로 바뀌었는지를 정확하게 알지 못한다.
16. 솔직하게 말하면, 우리 사랑은 처음에 서로 보살피는 것이었다.
17. 나는 파트너와 항상 친구가 될 것을 바란다.
18. 우리 사랑은 우정에서 비롯한 것이어서 가장 좋은 종류의 것이다.
19. 우리 우정은 시간이 지나면서 점차 사랑으로 바뀌었다.
20. 우리 사랑은 신비로운 감정이라기보다 깊은 우정이다.
21. 우리의 사랑 관계는 좋은 친구 관계에서 비롯한 것이어서 가장 만족스럽다.

실리 챙기기(Pragma)

22. 나는 파트너와 긴밀한 관계에 들기 전에 그 사람의 장래 지위를 생각하였다.
23. 나는 파트너를 고르기 전에 내 인생을 조심스럽게 계획하였다.
24. 나는 파트너와 비슷한 배경을 가진 사람을 사랑하는 것이 최선이라고 믿었다.
25. 파트너를 고를 때 그 사람이 내 가족을 생각하는 방식을 가장 많이 생각하였다.
26. 파트너를 고를 때 그 사람이 좋은 부모가 될 가능성을 중요하게 생각하였다.
27. 파트너를 고를 때 그 사람이 내 경력을 고려하는 방식을 염두에 두었다.
28. 파트너와 진지한 관계에 들어가기 전에 나는 우리가 아이를 가졌을 때 우리의 유전적 배경이 잘 맞아떨어지는지를 생각하였다.

맹목적 빠지기(Mania)

29. 나와 파트너와 관계가 좋지 않을 때, 나는 가끔 속이 뒤집힌다.
30. 나와 파트너가 헤어지게 되면, 나는 우울해져서 자살을 생각할지도 모른다.
31. 나는 파트너와 사랑한다는 사실에 너무 흥분해서 때로 잠을 이루지 못한다.
32. 파트너가 나에게 관심을 기울지 않으면 온몸이 아프다.
33. 파트너를 사랑한 후로 나는 어떤 일에도 집중하지 못하였다.
34. 나는 파트너가 다른 사람과 함께 있을지도 모른다는 의심 때문에 편치 않다.
35. 파트너가 나를 무시하면 그 사람의 관심을 돌리려고 나는 가끔 멍청한 일을 저지르기도 한다.

무조건적 헌신(Agape)

36. 나는 파트너가 어려우면 그 사람을 도우려 한다.
37. 나는 파트너가 힘든 것보다 내가 힘든 것을 선택할 것이다.

38. 나는 항상 파트너의 행복을 내 행복보다 앞에 둔다.
39. 나는 항상 내 소망보다 파트너의 소망을 이루는 편이다.
40. 내 소유물은 파트너의 것이다.
41. 내 파트너가 내게 화를 내도 나는 그 사람을 무턱대고 사랑한다.
42. 나는 파트너를 위해서라면 모든 것을 참아낼 수 있다.

성숙한 사랑은 다른 사람을 '사려 깊게 보살피는 것(informed caring)'이다. 그런 사랑을 하려면 먼저, 다른 사람이 한 인격체로써 행복과 성장을 누릴 수 있기를 바라야 한다. 이와 함께, 그의 행복과 성장을 이루기 위해 자신이 기꺼이 노력하고 희생하는 자세를 갖추어야 한다. 이런 사랑은 상대방을 보살필 뿐만 아니라 자신도 보살핀다. 이런 종류의 사랑은 타인의 성숙을 만들어내기도 하고 자신이 스스로 성숙하는 계기가 되기도 한다. 그런 사랑은 노력 없이 저절로 얻을 수 있는 그런 것이 아니다. 그런 사랑은 자기 수련과 의지적 행동을 필요로 한다. 이런 사랑의 보상은 크다. 낭만적 사랑이 일으키는 황홀감은 점차 사라지거나 희미해지지만 성숙한 사랑이 낳는 기쁨은 일생 동안 지속한다.

그러나 성숙한 사랑을 하려면 먼저 낭만적 사랑에 빠져야 한다. 낭만적 사랑은 성숙한 사랑의 도약대다. 성숙한 사랑 관계를 맺으려면 용기를 내야 한다. 낭만적 사랑의 엄청난 걱정이 없으면 성숙한 사랑 관계로 나아갈 수 없다. 그러므로 우리는 성숙한 사랑이 아니라 낭만적 사랑에 초점을 맞추어, 이를 자세히 살펴볼 필요가 있다. 지금부터는 낭만적 사랑을 다룬 여러 이론을 살펴보자. 이들 이론의 관심사는 서로 다르다. 페미니즘 이론은 사랑에 내재하는 남성과 여성의 권력관계를 다루고, 정신분석학은 성적 에너지와 사랑의 관계를 다룬다. 사회심리학 이론은 남녀의 끌림을 알아보고, 사회생물학 이론은 사랑을 짝짓기와 관련짓는다. 사회학 이론은 사랑이라는 강렬한 감정이 발생하는 조건을 살핀다.

페미니즘의 사랑 이론

페미니즘(feminism)은 다른 어떤 이론보다 사랑에 대해 비판적이다. 사랑은 여성을 전통적 성 구실에 묶어두는 힘으로 작용하고, 여성을 남성에게 종속하는 힘으로 작용한다. 남성은 사랑하면서 여성을 이상화한다. 상대방 여성을 우상화하여 세파에서 보호한다. 남성은 여성의 호감을 얻으려고 노력하지만, 일단 그녀의 호감을 얻으면 여성을 안전하게 들여놓으려 한다. 이런 태도는 여성을 찬미하는 것 같지만, 결국 여성을 집안에 가두고 만다. 여성은 아이처럼 갇히고 종속된다. 그리하여 사랑이라는 굴레에 묶여 남성에게 의존함으로써 여성은 별다른 저항 없이 쉽게 성별 분업(남성은 직장, 아내는 가정)에 적응한다(Greer, 1970; Firestone, 1970).

다른 한편 일단의 페미니스트는 사랑을 전쟁이라고 간주한다. 사랑에서는 성의 전쟁(the battle of sexes)이 일어난다(Safilios-Rothchild, 1977). 남성과 여성은 사랑에서 자신의 자원을 상대방에게 너무 많이 주지 않고 상대방에게서 더 많은 보상을 얻어 내려 한다. 성의 전쟁에 대한 전통적 견해에서 보면, 남성과 여성은 상대방에게 요구하는 것에서 차이를 보인다. 남성은 무엇보다 성행위를 염두에 두고 남녀관계에 접근하고, 여성은 성적 요소보다 정서적 애착과 정감 어린 교류를 기대하면서 관계에 다가선다. 여성은 성적 욕구를 억누르는 경향이 많고 그와 함께 독립의 요구도 억누르는 경향을 보인다.[48)]

남성은 성행위뿐만 아니라 사랑에 탐닉하기도 한다. 사랑 관계에서 남성은 여성보다 빨리 사랑에 빠질 뿐만 아니라 그 관계를 더 오래 지속하려고 노력한다. 그리고 남성은 사랑을 위해 결혼하려는 경향을 더 많이 띤다. 그 사랑이 은폐된 성욕이라고 해도 그렇다. 사랑하는 두 사람 사이에서 어느 한쪽이 다른 한쪽보다 더 많이 사랑할 것인데, 한 조사를 보면, 아내가 남편을 더 사랑하는 결혼보다 남편이 아내를 더 사랑하는 결혼이 두 배나 많았다(Safilios-Rothschild, 1977). 왜 그럴까? 먼저 남성은 배우자를 성적 매력을 기준으로 선택하는 경향이 더 많다. 그러므로 남성은 속담처럼, 거의 모두 첫눈에 사랑에 빠진다. 그러나 여성은 남성의 다른 속성에 더 많은 신경을 쓴다. 여성의 사회적 지위가 남편의 지위에 달려있는 한, 여성의 마음은 남성의 경제적, 사회적 지위로 향한다. 사랑하기 때문에 결혼한다는 것은 남성만 누리는 사치다. 여성은 남성보다 늦게 사랑에 빠질 뿐만 아니라 사랑에 빠졌다 하더라도 더 빨리 관계를 깬다.

그렇다고 여성이 사랑에 관심이 없다는 이야기가 아니다. 여성은 자신이 남성에게

48) 프로이트는 성적 욕구를 억압하면 이 욕구가 학문적이거나 예술적인 창의성으로 승화한다고 판단하였다. 그러나 일부 페미니스트는 프로이트의 승화 이론을 거부하였다. 그들은 남성이(사회가) 여성의 성적 욕구를 억압함으로써 여성의 창의성을 억눌렀다고 생각하였다(Greer, 1970).

품는 감정보다 남성이 자신에게 가지는 감정에 관심을 둔다. 이것은 이해할 만한 일이다. 만일 여성이 남편에게 전적으로 의존하게 된다면, 자신이 남성에게 느끼는 감정을 확인하는 것보다 남성의 애착을 확인하는 일이 훨씬 더 중요하게 될 것이기 때문이다. 자신이 선택한 남성에게 감정을 느끼지 않는다는 말이 아니다. 여성의 사랑 느낌은 남성보다 훨씬 더 비자발적으로 나타난다는 것을 의미할 뿐이다.

전통사회에서 사람들은 경제적 관계를 공개적으로 고려하였기 때문에 여성은 사랑이라는 문제를 고심할 필요가 없었다. 그러나 우리 사회에서는 사랑을 이상으로 간주한다. 그러므로 결혼을 생각하는 여성은 배우자가 될 사람을 이미 사랑하고 있지 않다면 그와 사랑에 빠지려고 노력한다. 호크스차일드(Hochschild, 1979, 1983)는 이를 감정작업(emotion work)라고 불렀다.[49] 여성은 남성보다 상대방에 대한 느낌과 사랑에 대한 느낌을 훨씬 더 의식적으로 분석하고 논의한다. 이런 과정을 거쳐 그들은 감정을 다듬고 관리한다. 여성은 '사랑 전문가'가 된다. 여성은 자신의 느낌을 분석하고 조작한다. 그리하여 여성은 남성에 대한 감정을 자신이 선택한 방식대로 느끼게 된다. 만일 남성이 좋은 짝이고 그를 좋아하는 감정이 저절로 생긴다면 그 감정이 자신을 지배하도록 그대로 놓아둔다. 만일 감정이 저절로 생기지 않으면 그것을 만들려고 노력한다. 반면에 강한 호감을 느낀 남성이 사회적으로 바람직한 결혼상대자가 아니라면 여성은 사랑을 벗어나려고 의도적으로 노력한다.

이런 이야기가 다소 냉소적으로 들릴지 모르지만 남성과 여성의 사랑에서 보는 이런 불균형은 우리 시대의 사회에 한정하는 것이다. 현대 여성이 사랑이라는 감정에 감정작업을 하는 까닭은 그들의 사회적 지위가 결혼으로 바뀌기 때문이다. 낭만적 사랑이 없었던 과거에는 이런 불균형이 존재하지 않았다. 앞으로 여성의 지위가 남성에게 의존하지 않게 되는 세상이 오면 사랑의 성격도 바뀔 것이고 남성과 여성의 이런 불균형도 사라질지 모른다.[50]

---

49) 호크스차일드(1979)는 고프먼(E. Goffman)의 인상관리(impression management)라는 개념을 확장하여, 감정작업(emotion work)이나 감정관리(emotion management)라는 개념을 제시하였다. 우리 감정이 주어진 상황에 잘 맞아떨어지는 까닭은 우리가 그런 상황으로부터 수동적 영향을 받았다기보다 우리가 감정을 상황에 잘 맞도록 능동적으로 관리하기 때문이다. 예컨대 사람들이 타인의 불행 앞에서 슬퍼하는 까닭은 상황이 슬프기 때문이기도 하지만, 그런 상황에서는 슬퍼해야 한다는 규범에 맞추어 슬퍼하려고 노력하기 때문이기도 하다. 인상관리는 이 책의 6장(일상생활과 상호작용)에서 자세하게 살펴볼 것이다.

50) 사회적 요인을 강조하는 사회학적 시선으로 바라보면 이렇게 예측할 수 있다는 말이다. 그러나 인류의 긴 진화과정을 고려하는 사회생물학은 그렇게 예측하지 않을지도 모르겠다. 남성과 여성이 보이는 행동 특성은 그렇게 빨리 바뀌지 않을지도 모른다. 기나긴 진화 과정에서 생성된, 일종의 본능 같은 것이기 때문이다.

프로이트의 사랑 이론

프로이트의 정신분석이론에서 사랑은 매우 중요한 위치를 차지한다. 프로이트 이론의 기본 개념은 성적 충동(sexual drive)인데, 그는 이를 리비도(libido)라고 불렀다. 이는 성적 쾌락을 추구하는 충동으로 종족의 번식을 꾀하는 생물학적 본능이다. 그러나 리비도는 번식에 관련하는 것만은 아니다. 프로이트는 리비도가 삶의 모든 측면에 활력을 불어넣는 동력이라고 생각하였다. 리비도는 현실의 압력에 양보할 수 있지만, 그 과정에서 그것은 파괴되지 않고 다른 곳으로 전위한다.[51] 프로이트는 리비도가 처음에는 입과 입술에 존재한다고 생각하였다. 이 리비도가 정상적으로 충족된다면 항문으로 전위한다. 그러나 정상적으로 충족되지 않는다면 손가락 빨기나 담배 피우기, 과식이나 다른 구강도착증(oral fetishes)으로 전위한다.

리비도는 성적 쾌락을 추구하지만 충족이 저지될 때에는 상징적 배출구를 찾는다. 그는 이런 배출을 승화(sublimation)라고 이름 붙였다. 프로이트에게 사랑이란 충족이 저지된 리비도의 승화이다. 오이디푸스 단계에서 사내아이는 어머니에게 성적 충동을 느낀다. 그러나 이는 충족될 수 없는 것이다. 그러므로 이런 충동이 공공연하게 표출되는 것을 억누르고 흉하지 않은 형태로 전위한다. 이렇게 상징적 배출구를 찾아 나온 리비도가 사랑이다.

프로이트(1914)는 성인이 사랑에 빠지면 심리적으로 어린 시절의 환상적 에로티시즘으로 퇴행한다고 말하였다. 프로이트는 환상적 대상을 기준으로 사랑을 두 종류로 구별하였다. 대상적 사랑과 자기애적 사랑이 바로 그것들이다. 대상적 사랑(anaclitic love)은 자신을 지켜주고 돌봐주며 자신에게 성적 만족을 주는 사람에 대한 사랑이다. 이런 종류의 사랑은 어린 아이가 느끼는 맨 처음 사랑의 대상, 즉 어머니와 아버지에게 되돌아가는 사랑이다. 자기애적 사랑(narcissistic love)은 자신과 닮거나 자신을 연상하게 하는 사람에 대한 사랑이다. 자기애적 사랑은 다른 이를 사랑하려고 사랑하는 것이 아니라 사랑 받으려고 사랑한다. 남녀 모두 두 가지 사랑을 하지만, 남성은 대상적 사랑에 더 많이 빠지고 여성은 자기애적 사랑에 더 기울어지는 경향을 보인다.

거듭 말하지만, 사랑은 현실에서 벗어나 유아의 성적 희열로 퇴행하는 심리상태다. 사랑은 성적 에너지의 전위에서 비롯한다. 말하자면 사랑의 감정을 느끼는 것은, 즉

51) 전위(displacement) 개념은 2장 2절(사회화 이론)의 각주를 보라.

대상에 애착을 느끼고 대상을 이상화하는 것은, 성적 목표를 억압하기 때문이다. 리비도가 성적으로 충족되면, 사랑으로 전위될 필요가 없다. 이렇게 성적 충동이 직접 만족되면 사랑의 대상은 덜 이상화된다. 그리하여 사랑은 차츰 사라진다.

이상화한 사랑이 진행하고 있다면 연인은 환상 상태에 놓여 있다. 이 상태에서 연인은 이 세상에 쏟던 심적 에너지를 거둬들여 사랑의 대상에 모은다. 프로이트는 이런 상태를 정신질환이라고 이해하였다. 정신질환이란 환자가 모든 관심을 이 세계에서 철회하여 내면으로 퇴행하는 것이기 때문이다. 사랑은 일시적 정신병이나 최면상태(hypnosis)라고 말할 수 있다.

사회심리학의 사랑 이론

남녀는 서로 끌린다. 사회심리학 이론은 남녀가 서로 끌리는 요인을 찾는다. 즉 남성은 어떤 속성을 지닌 여성을 좋아하거나 사랑하는가? 여성은 어떤 부류의 남성을 찾는가? 속설을 따르면, 대립적 속성을 갖는 남녀가 서로 매력을 느낀다고 한다. 예컨대 키 큰 남자는 키 작은 여자를, 말이 많은 여자는 말수가 적은 남자에게 매력을 느낀다고 한다. 돈이 많은 중년 남자는 가난하지만 젊고 아름다운 여성에게 마음을 뺏긴다고 한다. 이른바 '대립하는 것끼리 끌림(opposites attract)' 이론이다. 그러나 이 문제를 집중 연구했던 학자들은 이와 상반하는 현상을 발견하였다. 수많은 약혼 남녀를 수십 년 동안 추적하여 파혼, 결혼, 이혼 등의 결과를 조사하였는데, 가장 오랜 기간 동안 함께 산 남녀는 사회계급, 종교, 교육수준 등에서 가장 비슷한 사람들이라는 것을 알아냈다. 이처럼 사회문화적 특성으로 볼 때, 대립하는 것끼리 서로 끌린다는 이론보다 오히려 '비슷한 것끼리 끌림(similarities attract)' 이론이 더 타당한 것처럼 보인다.

대립하는 것끼리 서로 끌린다는 이론은 매우 좁은 범위에서 적용할 수 있다. 그 이론은 배경 특성이 아니라 퍼스낼러티의 일부 영역에서만 적용할 수 있다. 한 연구는 젊은 부부를 조사하여 퍼스낼러티의 특정 영역에서는 대립하는 것끼리 서로 끌린다고 결론지었다(Winch, 1958). 이 연구는 이런 경향을 예측하는 자신의 이론을 보완적 욕구 이론(the theory of complimentary needs)이라 이름 붙였다. 이 이론을 따르면, 타인을 지배하려는 성향을 가진 사람은 순종적이거나 자기비하적인 사람과 짝을 맺었고, 베풀기를 좋아하는 사람은 다소 이기적 성향을 보이는 배우자와 짝을 맞추었다. 그러나 퍼스낼러티의 다른 영역, 예컨대 야망(성취지향성), 독립성, 적대감 등의 영역에서는 두 사람의 특성 사이에 별다른 관계가 존재하지 않았다.

한 연구는 이 두 이론, 즉 대립하는 것끼리 끌림 이론과 보완적 욕구 이론을 투과망 이론(the filter theory)이라는 단일 모형으로 결합하였다(Kerckhoff and Davis, 1962). 이 연구는 서로 사귀는 남녀를 대상으로 조사하여 두 개의 투과망을 제시하였다. 첫 번째 투과망은 사회문화적 배경이었다. 가족의 사회적 지위나 교육수준 등과 같은 배경이 같지 않으면 연인들은 첫 번째 투과망을 통과하지 못하였다. 두 번째 투과망은 가치 합의(value consensus)였다. 가치가 비슷한 남녀는 관계를 오래 지속하였지만, 가치가 다른 남녀는 친숙한 단계로 나아가지 못하였다. 보수적 가치관을 가진 남자와 진보적 가치관을 가진 여자는 서로 사귄다 해도 관계를 더 밀고 나가지 못하였다. 두 번째 투과망을 통과한 뒤에야 욕구 보완성이 출현하였다. 처음의 두 유사성 투과망을 통과한 뒤에야 비로소 '대립하는 것끼리 끌림'이라는 현상이 나타났다. 그러므로 대립하는 것끼리 끌린다는 이론은 다분히 신화적이라고 말할 수 있다. 거짓에 가깝다는 말이다.

사회심리학은 남녀의 심리에 초점을 맞춘다. 그러나 개개인의 선호 수준 차원이 아니라 자원의 교환이라는 차원에서 사랑을 바라볼 수도 있다. 형평성 이론(the equity theory)은 사랑을 자원의 교환으로 설명한다. 상호작용하는 개인은 각자 제공하는 것이 공정하게 교환된다고 느낄 때 가장 좋은 관계를 맺는다. 마찬가지로 남성과 여성이 제공하는 것이 서로 비슷할 때 사랑이 싹틀 가능성이 높다. 남성과 여성이 제공하는 자원이 같은 것일 필요는 없다. 다만 제공하는 자원의 총가치가 비슷하면 된다. 성적 매력, 건강, 지성, 유머, 친절함, 사회적 지위, 퍼스낼러티의 특성, 주위 사람들의 평가 등의 총가치가 비슷할 때 남녀는 서로 호감을 느낀다(Walster and Walster, 1978). 예컨대 성적 매력은 없지만 사회적 지위가 높아 총가치가 높은 남성은 사회적 지위는 높지 않지만 성적 매력이 뛰어나 총가치가 높은 여성과 짝을 맺는다. 이와 같은 형평 이론은 뒤에 이야기할 시장 과정(market process) 이론과 흡사하다.

사회생물학의 사랑 이론

사회생물학은 인간의 심리나 행동을 설명할 때 항상 자연선택(natural selection)을 내세운다. 개체는 살아남으려면 환경에 적응해야 한다. 자연은 환경에 적응하는 개체를 선택한다. 그러나 개체의 목적은 살아남는 데에만 있지 않다. 자신의 유전자를 복제해야 한다. 즉 자손을 퍼트려야 한다. 자손을 낳으려면 반드시 이성을 선택해야 한다. 성 선택(sexual selection)에서 남성은 자신의 아이를 낳을 젊고 건강한 여성을 얻어야 하고, 여성은 자신이 낳는 아이를 잘 보살펴 줄 남성을 만나야 한다. 남성은 가급적 많은 여성과 만나야 자손을 많이 남길 가능성이 커지겠지만, 너무 많은 아이를 부양하는 것은 벅찬 일이다. 여성은 애초부터 너무 많은 아이는 기를 수 없다. 그러므로 남성이든 여성이든 결혼이나 성행위의 상대방을 제한해야 한다. 이 제한의 필요 때문에 다수의 이성을 심사할 필요가 있다. 남성과 여성은 상대방을 서로 심사한다. 남성과 여성은 각자의 기준으로 육체적이나 유전적으로 충분히 건강한지, 장기적 관계를 맺으면서 돈독한 유대와 따뜻한 감정을 쌓는 데에 적합한 인물인지, 사회적 지위(돈과 권력 등)가 적절한지를 평가한다(Regan, 2017). 이 평가에서 남성과 여성의 이해관계는 서로 갈린다. 남성은 주로 여성의 생식 가능성(젊음과 건강, 외모)을 높게 평가하고, 여성은 남성의 경제력이나 사회적 지위, 권력 등을 중시한다.

오늘날 남녀는 데이트라는 정교한 의례를 거쳐 서로 심사한다. 데이트를 거치면서 상대방이 자신에게 적절한 사람이라고 판단되면 사랑이라는 흥분이 찾아온다. 이 흥분은 뇌의 하부에서 분비되는 도파민의 작용으로 말미암은 것이다. 마치 성찬을 기대하거나 큰 행운을 예상할 때 이 도파민이 기쁨을 가져다주는 것처럼 사랑을 느낄 때에도 도파민이 흥분을 유발한다. 도파민은 갈망, 욕구, 목표 지향적 행동, 그리고 황홀감을 만든다. 결국 사랑이란 적절한 이성을 찾았을 때 느끼는 흥분과 갈망이다(Kluger, 2008). 이처럼 근대의 사적 연애시장에서는 데이트를 거쳐 적절한 이성을 찾았을 때 사랑이 싹트겠지만, 그렇다고 사랑이 근대에 이르러 비로소 나타났던 것은 아니다. 기실 낭만적 사랑의 기원은 이보다 훨씬 더 멀고 훨씬 더 깊다.

낭만적 사랑은 인간의 진화적 적응 환경(the environment of evolutionary adaptedness; EEA), 즉 수렵채취사회에서 생겨났을 가능성이 크다.[52] 인간은 자녀 양육에 들이는 부모 투자(parental investment)가 매우 큰 동물이다. 진화 과정에서 인간은 무력한

52) '진화적 적응 환경'이란 말은 볼비(Bowlby, 1969)가 사용한 용어다. 이 용어는 한 생물 종의 적응이 이루어졌던 환경을 의미한다. 다시 말해, 진화적 적응이 발생했던 외적 세계의 조건이나 속성을 말한다. 인간(호모 사피엔스)이 존재했던 시기의 99퍼센트는 소규모의 수렵채취사회였다. 그러므로 인간의 진화적 적응 환경은 수렵채취사회라고 말할 수 있다.

유아기가 유난히 길게 되었기 때문이다. 자녀를 양육할 때 부모 투자가 그렇게 크지 않다면, 여성은 배우자를 엄격하게 고를 필요가 없다. 다른 동물이 그러한 것처럼, 튼튼한 몸을 갖춘 남성이나 약간의 선물을 제공하는 남성을 배우자로 삼을 수 있다. 그러나 부모의 투자가 크다면 상황은 많이 달라진다. 여성은 남성의 투자를 바랄 수밖에 없다. 여성은 배우자를 고를 때에 까탈을 부리는데, 남성의 경제적 자원이 적거나 사회적 지위가 낮으면 유전자를 성공적으로 남기는 데에 실패할 수 있기 때문이다. 여성만 자녀 양육에 이해관계를 가지는 것은 아니다. 남성도 자녀 양육에 무심할 수 없다. 자녀에게 자원을 투자하지 않아 유전자를 잃으면 남성도 손해를 보기 때문이다. 자연선택은 이와 같은 손익을 감정으로 환산하여 분출한다. 남성과 여성은 자녀를 양육하는 건실한 부모가 되려고 상대방에게 강한 매력을 느낀다. 서로 사랑하게 된다. 이처럼 남녀가 사랑에 빠지는 것은 부모가 아이의 건강과 복지를 위해 정성을 다함으로써 얻을 수 있는 유전적 보상 때문이다. "(사랑을 비롯한-인용자) 우리의 마음은 자연선택이 설계한 한 묶음의 정보처리기계로서 수렵채집사회의 우리 조상이 마주한 적응 문제를 해결하는 과정에서 나타났다"(Tooby and Cosmides, 1992). 그렇다면 남녀의 사랑은 오랜 진화의 산물이고(Wright, 1995), 친밀한 개인을 결속하고 그 결속을 오래 유지하도록 돕는 헌신 장치라고 볼 수 있다(Campbell and Loving, 2016). 사회생물학의 이런 주장은 사회학이나 사회심리학의 생각과 판이하다. 사회학이나 사회심리학은 사랑이 근대에 이르러 비로소 널리 확산한 현상이라고 치부하였으나, 사회생물학은 오래 전부터 사랑이 보편적이었을 것이라고 판단하였다.

사회학의 사랑 이론

앞의 이론은 고답적이고 추상적이다. 이 이론들은 사랑을 멀리서 차갑게 바라본다. 그러나 우리가 알다시피 사랑은 아무래도 극적 감정이다. 상대방을 위해서라면 죽음도 불사하는 것이 사랑이다. 이렇게 강렬한 감정은 어떻게 생기는가? 콜린스(Collins, 1975; 2000)는 의례 이론으로 사랑이라는 감정이 생기는 과정을 보였다. 이 책의 7장(종교)에서 자세히 보겠지만, 의례는 다음과 같은 요소로 구성된다. 첫째, 의례는 사람들을 모아 얼굴을 맞대게 한다. 둘째, 의례는 대상이나 행위에 사람들의 관심을 집중한다. 셋째, 참여자 사이에 감정의 공유를 촉발하며, 의례가 진행하면서 이 감정은 더욱 더 강해진다. 넷째, 이렇게 공유된 감정은 상징을 만들어내며, 이 상징은 참여자의 집단소속감을 나타낸다.

정확하게 이런 의미에서 낭만적 사랑은 의례라고 볼 수 있다. 기실 사랑은 매우 높은 강도의 의례다. 이제 의례의 요소를 하나씩 자세하게 살펴보자.

대면적 상호작용(face-to-face interaction)

사랑은 대면적 속성을 지닌다. 연인은 서로 상대방의 시선을 원한다. 그들은 두 사람만 함께 있기를 바란다. 그들은 사회의 다른 사람과 분리되어 단 둘만 있기를 좋아한다. 사랑은 '둘만으로의 퇴각(dyadic withdrawal)'이다(〈그림 3-8〉 참조). 사랑의 과정을 관찰하였던 학자들은 연인이 서로 쳐다보는 시간이 길수록 사랑의 강도가 높아진다는 사실을 발견하였다. 거꾸로도 진실이다. 연인이 서로 쳐다보는 시간이 짧을수록 사랑의 강도는 약해진다. 연인이 어떤 이유로든 서로 못 보는 날이 길어지면 사랑이라는 감정은 천천히 사라진다. 연인이 자주 만나지 않으면 감정이 무디어지거나 사라진다. 눈에 보이지 않으면 마음도 멀어진다(out of sight, out of mind). "눈의 거리가 마음의 거리"인 셈이다.

〈그림 3-8〉 마을 위에서(Over the town, 1913), 샤갈(M. Chagall)

관심의 초점(focus of attention)

연인은 함께 있을 뿐 아니라 공통의 관심 대상을 갖는다. 그 대상이란 다른 것이 아니라 바로 그들 자신이다. 연인은 자신과 상대방에게 온 정신이 팔려 있다. 연인은 자신과 상대방에 대해 이야기하고 둘의 사랑을 말한다. 그들은 서로 이야기하는 외에도 서로 바라보고, 만지기도 하는데 이런 행위는 연인의 관심을 모두 뺏는다. 사실 사랑은 다른 어떤 상호작용보다도 더 강한 관심의 집중을 유발한다. 그런 의미에서 사랑은 가장 높은 강도의 의례다.

감정의 공유(shared emotion)

사랑은 감정이다. 어떤 종류의 감정일까? 아마도 처음에는 어느 정도의 걱정도 포함한, 욕망과 찬미일 것이다. 아니면 애매한 끌림과 관심일 것이다. 그러나 두 사람의 대면 접촉이 길어지고, 관심 대상이 되는 시간이 길어지면서 감정은 점차 강해지고 이는 정열로 바뀌게 된다. 왜냐하면 연인이 세상의 다른 사람과 자신들을 격리하고, 상대방에게 강하게 초점을 맞추면서 감정을 공유하게 되기 때문이다. 사랑과 연결된 성행위도 정확하게 이런 구조를 갖고 있다. 입맞춤, 애무 등은 관심을 두 사람에게만 집중한다. 성적 흥분은 둘 사이에서만 일어난다. 한 사람의 흥분은 다른 사람을 흥분하게 한다. 성적 흥분은 하나 됨의 느낌을 야기한다. 왜냐하면 흥분은 전염성이 강하여 두 사람이 함께 공유하는 것이기 때문이다. 사랑이라는 감정도 전염성이 강하여 두 사람을 하나로 만든다(〈삽화 3-5〉).

〈삽화 3-5〉 연시(戀詩) 1

얼굴 하나야
손바닥 둘로
가리지만

보고픈 마음
호수만 하니
눈 감을 밖에

호수-정지용

넌 가끔 가다
내 생각을 하지.
난, 가끔 가다
딴 생각을 해.

알아-원태연

자세히 보아야
예쁘다.

오래 보아야
사랑스럽다.
너도 그렇다.

풀꽃-나태주

성스러운 상징의 창출(creation of symbols and sacred objects)

사랑은 주고받는 선물로 유명하다. 사랑이 높은 밀도의 의례라면 그 의례는 두 사람이 공유한 감정을 보여주는 휘장(emblem)을 낳을 수밖에 없다. 이런 상징은 감정을 상기하는 구실을 하며 내부자와 외부자를 구별하는 표지석(標識石, beacon) 구실을 수행한다. 의례이론은 원래 십자가나 성물 등과 같은 종교적 상징이 성스러운 지위를 갖게 된 과정을 설명하는 이론이다(이 책의 7장을 보라). 그러나 이 이론은 사랑에 적용할 수도 있다. 왜냐하면 사랑도 일종의 종교이기 때문이다. 사랑은 사적 우상 숭배다. 개인에 대한 개인의 숭배다. 이때 우상은 상대방이다. 연인이 저절로 빠져 들어가는 강도 높은 의례적 몰입은 의례의 대상(즉, 연인)을 인간 이상의 그 어떤 것으로 격상한다. 연인은 연애 관계의 초기에 상대방을 매우 강렬하게 이상화한다. 그러나 시간이 지나면서 상대방을 점차 현실적으로 바라본다. 이는 아마 두 사람의 의례적 상호작용을 지속할 수 없기 때문일 것이다. 연인이 세상 사람을 무시하고 상대방만 응시한 채 항상 같이 지낼 수는 없다. 일상생활이 두 사람 사이에 끼어들면서 이상화는 감소하고 강렬한 감정도 점차 사그라진다.

그러나 의례로 충만한 상징은 의례가 끝난 뒤에도 상당기간 그 힘을 발휘한다. 그 상징은 (두 사람으로 이루어진) 집단을 향한 소속감과 유대감을 표상한다. 마치 십자가가 기독교라는 종교집단에 대한 소속감과 유대감을 나타내는 것과 같다. 기독교도가 십자가를 조심스럽게 다루듯, 연인은 자신들의 휘장에 마음을 쓴다. 연인이 둘 관계를 나타내는 휘장에 그토록 민감하게 반응하는 이유는 그것이 그들의 연인관계를 상징하기 때문이다. 여성이 선물로 준 반지를 잃어버린 남성은 관계의 위기를 초래한다. 선물을 잃어버렸다는 것은 그가 그 관계에 더 이상 몰입하고 있지 않다는 것을 뜻하고, 여성은 그런 이탈을 용인하지 않는다. 연인의 행위, 예컨대 입맞춤이나 포옹도 두 사람의 정서적 유대를 상징한다. 이런 행위의 수행을 잊어버리는 것, 또 엉뚱한 사람과 포옹하거나 다른 사람과 손을 잡는 일은 감정적 긴장과 질투를 유발한다. 연애 사건이 그토록 극적으로 보이는 이유다.

2) 결혼시장

근대 이전에 결혼은 시장에서 이루어지는 교환이었다. 결혼은 물건을 사고파는 것과 다르지 않았다. 그리고 사람들도 그 시장을 솔직하게 인정하였다. 아버지는 자신의 딸의 가치를 에두르지 않고 곧바로 이야기하였고, 남성은 자신의 딸이나 누이동생을 양이나 낙타 몇 마리와 바꿀 수 있는지를 공공연하게 말하였다. 그리고 자신의 딸이나 누이동생을 원하는 남성과 유리한 거래를 하려고 시도하였다. 그러나 사랑이 허용되고, 결혼은 사랑에 근거해야 한다는 이상이 등장한 이래 이런 형태의 결혼시장은 붕괴하고 새로운 모습의 시장이 출현하였다. 새롭게 나타난 결혼시장의 가장 큰 특징은 가족이 더 이상 자녀의 결혼시장을 통제할 수 없게 되었다는 것이다. 가부장 구실을 맡은 남성이 더 이상 여성을 교환할 수 없게 되었다. 그 대신 남성이든 여성이든 개인은 모두 그들 스스로 결혼시장에 진입해야 했고, 그들이 할 수 있는 최상의 거래를 스스로 결정해야 했다. 그리고 사랑이 결혼시장에 개입하였다. 연애와 결혼시장이 하나가 되었다고 말하기는 어렵지만 이 둘은 어느 정도 중첩하였다.

거듭 말하지만, 사랑은 눈이 멀지 않았다. 사랑은 벼락처럼 내려치는 것도 아니고 밀물처럼 밀려오는 것도 아니다. 사랑은 자신이 통제할 수 없는 영역에서 갑자기 떨어지는 것이 아니다. 우리는 누가 누구와 사랑을 할 것인지 어렵지 않게 예측할 수 있다. 사랑도 그렇지만 결혼은 더욱더 그러하다. 어떤 남자가 어떤 여자와 결혼할지를 알아내는 것은 그다지 어렵지 않다.

사람들은 모두 부모의 사회경제적 지위, 즉 계급 배경(class background)이 비슷한 사람과 결혼하는 경향을 띤다. 우리말로 바꾸면, 집안이 비슷한 사람들이 결혼한다는 말이다. 그런가 하면, 인종이나 종교, 교육, 개인적 특성(키, 몸무게, 머리카락 색깔, IQ, 성격 등), 문화자본이 같은 사람과 결혼하는 경향을 보인다(Coltrane and Collins, 2000; Kalmijn, 1998). 심지어 남녀 모두 성적 매력이 비슷한 사람과 결혼하는 경향마저 보인다. 미모가 뛰어난 여자는 잘 생긴 남자와 결혼한다는 말이다(Stevens, Owens, and Schaefer, 1990). 그런데 왜 그러할까? 어떤 과정을 거쳐서 이런 동질혼(同質婚, homogamy)이 나타난 것일까?

오늘날 사적 결혼시장에서 일어나는 동질혼을 설명하는 이론은 주로 개개인의 선호를 중심으로 한다. 다만 그 선호가 사회경제적 자원을 향한 것인지 아니면 문화적 취향에 대한 것인지를 놓고 대립하고 있을 뿐이다. 배우자 선택(mate selection)에서 사회화의 구실을 중시하는 이론들은 남녀의 성 구실에 대한 합의와 자아정체성의 유지와 확립 등을 강조한다. 이 이론들은 가치와 취향이 비슷한 남녀가 서로 끌린다는 가설, 즉 조화 가설(matching hypothesis)을 내세운다(Kerchhoff and Davis, 1962; DiMaggio and Mohr, 1985; Lamont and Lareau, 1988). 이 가설은 가치나 규범을 공유하는 사람이 서로 끌리고, 담론이 흡사하고 상호작용 영역이 비슷한 사람끼리 친밀한 관계(연인이나 부부관계)를 맺는다고 본다. 이 가설은 각 개인이 자신의 문화적 성향에 맞추어 결혼 상대방의 범위를 스스로 제한함으로써 집단(가족)을 만든다고 가정한다. 다시 말해, 자발적 위축(self-elimination)을 배우자 선택의 메커니즘으로 본다. 예컨대 이 가설은 남녀의 성 구실에 남녀가 서로 다른 생각을 하고 있거나 음식 등에 대한 취향이 서로 비슷하지 않으면, 또 정치적 견해가 서로 다르면 배우자로 선택하지 않는다고 가정한다.

반면 시장기회나 자원을 강조하고 균등 교환을 가정하는 이론은 사람들이 자신보다 더 높은 사회적 지위를 차지한 사람이나 더 많은 자원을 보유한 사람과 혼인하려 한다는 가설, 즉 경쟁 가설(competition hypothesis)이나 시장위치모형(market position model)을 제시한다(Becker, 1981; Mare, 1991, Collins and Coltrane, 2000). 이 가설은 모든 사람이 자신보다 하층에 속하는 사람을 배우자 선택의 대상에서 배제하려는 전략, 이른바 수직적 배제(vertical exclusion) 전략을 동원한다고 가정한다. 그 대신 모든 사람은 자신보다 상층에 속하는 사람을 연인이나 결혼상대자로 원한다. 이 메커니즘의 총 결과는 결국 유사한 자원을 가진 사람끼리 사랑하고 결혼하게 된다는 것이다. 이처럼 이 두 가설은 상이한 가정을 내포하지만 동일한 결과를 예측한다. 즉 표면상 나타나는 혼인유형은 동질혼임을 예측한다.

이처럼 결혼시장은 거대한 선별과정(sorting process)이다. 사람들은 여기저기서 만남을 거듭하며 타인에게 매력적으로 보이기도 하고 매력적으로 보이지 않기도 한다. 당신은 어떤 사람에게 마음이 끌리지만 그 사람은 당신에게 매력을 느끼지 않을 수도 있다. 아마도 당신의 말이나 행동이 그 사람에게 호소력을 발휘하지 못하거나, 아니면 당신의 자원이 그 사람이 알고 있는 다른 사람의 자원에 필적하지 못하기 때문일 것이다. 때때로 형세가 역전되어 당신이 그 사람에게 매력을 느낀다기 보다 그 사람이 당신에게 매력을 느낄 수도 있다. 이런 종류의 부조화는 수없이 일어난다. 그리고 이런 부조화가 발생하면 만남은 짧아지게 된다. 결국 사람들은 퇴짜를 덜 맞는 방법을 알게 되고, 가장 많은 보상을 주는 사람을 발견하게 된다. 이렇게 발견한 사람은 자신의 자원과 가장 비슷하게 맞아떨어지는 자원을 갖춘 사람일 가능성이 높다.

부부의 사회적 계급, 교육, 특성 등이 서로 비슷하게 되는 것은 바로 이런 이유 때문이다.

혼인은 과연 동질혼의 경향을 띠는가? 확인해 보자. 〈표 3-4〉는 1990년대 초반 한국 남성의 교육수준과 배우자의 교육수준을 결합한 것이다. 다시 말해, 교육수준별 혼인 양상을 보인 것이다. 이 표를 보면, 남편의 교육수준이 대학 졸업일 때 아내도 대학 졸업인 경우의 사례 수가 많고, 아내의 학력이 고졸 이하일 사례 수는 상대적으로 적다. 남편의 교육수준이 초등학교 졸업일 때 아내의 학력도 초등학교 졸업인 경우의 사례 수가 많고, 아내의 학력이 중졸 이상인 사례 수는 상대적으로 적다. 그러므로 이 그림에서 주대각선(main diagonal)의 사례 수는 다른 어떤 경우보다 많다. 이 주대각선의 사례 수가 교육수준별 동질혼을 나타낸다. 〈표 3-4〉에서 쉽게 계산할 수 있다시피, 교육수준별 동질혼의 비율은 이질혼보다 훨씬 높다. 1990년 현재, 교육수준으로 보아 한국의 모든 혼인의 57퍼센트((1,363×100)/2,392)는 동질혼이었다. 〈표 3-4〉를 그림으로 나타내면 〈그림 3-8〉과 같다. 이 그림의 가로축은 아내의 교육수준을, 세로축은 남편의 교육수준을 나타내고, 높이는 각 칸의 빈도를 나타낸다. 이 그림에서 주목할 점은 다음과 같다. 첫째, 조금 전에 말한 것처럼 주대각선(짙은 회색)의 빈도가 가장 높다. 둘째, 주대각선의 오른쪽 빈도(옅은 회색), 즉 남편의 입장에서 보면 강혼(降婚, hypogamy)(자신의 학력이 배우자보다 더 높은 결혼)의 빈도가 비교적 높다. 셋째, 주대각선의 왼쪽 빈도(아주 옅은 회색), 즉 남편의 입장에서

〈표 3-4〉 1990년대 초반 한국의 교육수준별 동질혼

	대졸 이상	전문대 졸	고졸	중졸	초졸 이하	합계
대졸 이상	167	64	164	16	4	415
전문대 졸	5	29	115	16	3	168
고졸	6	20	529	252	86	893
중졸	0	1	58	236	140	435
초졸 이하	0	1	18	60	402	481
합계	178	115	884	580	635	2,392

출처: (장상수, 2001: 184)

보면 승혼(乘婚, hypergamy)(자신의 학력이 배우자보다 더 낮은 결혼)의 빈도는 매우 낮은 편이다.

〈그림 3-9〉 1990년대 초반, 한국 남성과 배우자의 교육수준

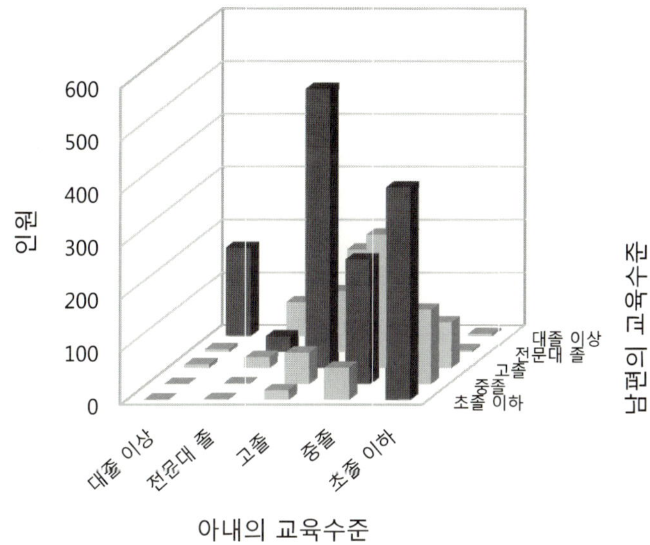

이런 혼인 유형만으로도 우리는 많은 이야기를 할 수 있다. 예컨대 남자의 교육수준이 아내보다 더 높은 결혼 건수가 전자가 후자보다 더 낮은 결혼 건수보다 더 많은 현상을 두고 여러 각도에서 검토할 수 있다. 여성이 자신보다 학력이 높은 남편을 바라는 것은 쉽게 이해할 수 있다. 누군들 그러고 싶지 않겠는가? 누군들 자신보다 더 나은 사람과 결혼하고 싶지 않겠는가? 그러나 남편은 왜 자신보다 학력이 낮은 아내를 얻는가? 쉽게 대답하기 힘든 질문이다. 그러나 여기서는 이런 질문에 답하려고 애를 쓰기보다 다른 이야기를 꺼내 보기로 한다(독자 여러분이 대답해 보라).

〈그림 3-9〉는 관찰값의 유형을 보인 것이다. 그러나 우리가 교육수준별 혼인 양상을 관찰값 대신 결혼 확률로 보면 우리는 어떤 유형을 보게 될 것인가? 남성과 여성의 교육수준이 서로 다르게 분포되어 있다는 여건, 즉 구조적 여건을 고려하면 남성 교육과 여성 교육의 결합이나 연관성(association)은 다르게 보인다. 지금은 그렇지 않지만, 1990년대 초반에는 남성이 여성보다 더 많은 교육을 받아서, 남성 고학력자가 여성 고학력자보다 훨씬 더 많았다. 〈표 3-4〉를 보면, 남성 대졸자는 415명이지

만, 여성 대졸자는 178명에 그쳤다. 이런 여건에서는 대학을 나온 남자가 모두 대학 나온 여자와 결혼할 수 없다. 동질혼이 구조적 여건의 영향을 받는 셈이다.

〈그림 3-10〉 남편과 아내의 학력 동질혼과 학력 사이의 거리

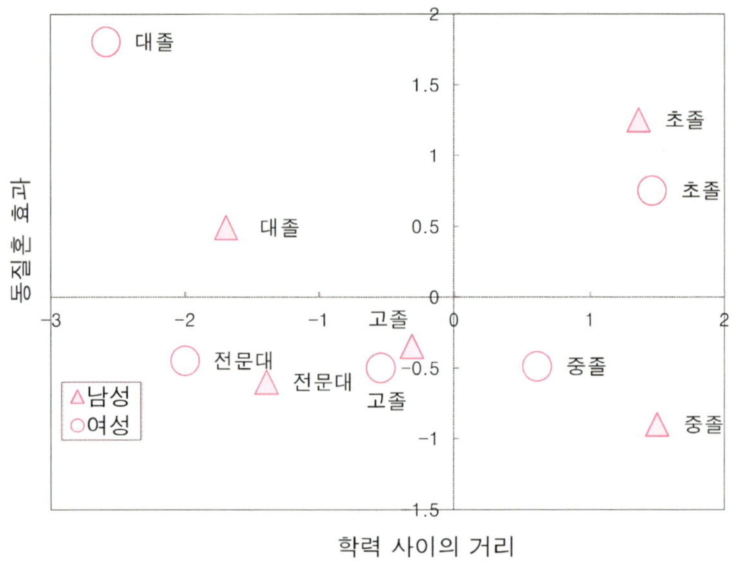

출처: 장상수(2001: 193)

어쨌든 이런 구조적 여건을 감안한 통계 모형을 보면(우리가 굳이 이런 통계 모형의 구축 방법을 알 필요는 없다), 교육수준별 혼인의 연관성은 〈그림 3-10〉과 같다. 여기서 그 이유는 말하지 않겠지만, 이 그림의 가로축은 학력 사이의 거리를 나타내고, 세로축은 각 학력의 동질혼 경향이라고 해석할 수 있다. 세로 축을 보면, 양극단의 학력 소지자(4년제 대학과 초등학교 졸업자)는 남성과 여성 가리지 않고 동질혼 비중이 높다. 그러나 이런 경향에도 남녀 차이는 있다. 남성의 동질혼은 초등학교 졸업자에게서 더 높고, 여성의 동질혼은 대학 졸업자에게서 더 높다. 그리하여 대학 졸업자의 경우 남성의 동질혼보다 여성의 동질혼 경향이 더 높다(왜 그런지 생각해 보라). 다른 한편, 중간 학력 소지자는 동질혼 보다 이질혼 비중이 더 높다. 동질혼이나 이질혼의 경향이 아니라 학력간 거리를 보자(가로축을 보자). 미세하지만, 여성의 학력간 거리는 남성보다 조금 더 크다. 즉 여성의 학력이 남성보다 더 뚜렷하게 구별된다. 고등학교 졸업과 대학 졸업의 거리가 멀다면 여성은 어떤 전략을 취해야 할 것인

가? 결혼시장에서 유리한 위치를 차지하려면 남보다 높은 학력을 얻어야 하지 않겠는가? 아마도 그러할 것이다.

3) 사랑의 역사

오늘날 남녀의 사랑을 미화하는 일은 어디에나 넘쳐난다. 영화나 드라마, 클래식 음악이나 대중가요도 한결같이 낭만적 사랑을 찬미한다. 그리하여 사람들은 낭만적 사랑이 인류 역사에 보편적이었을 것이라고 생각한다. 다시 말해, 낭만적 사랑은 옛날에도 널리 퍼져 있었을 것이라고 추정한다.[53] 그러나 낭만적 사랑은 오늘날만큼 그렇게 많지 않았다(사회과학은 보통 이렇게 생각하지만, 사회생물학이나 진화생물학은 다르게 판단한다. 이들 학문은, 남녀 관계가 자녀 출산과 관계되는 한, 낭만적 사랑은 신화의 세계뿐 아니라 실제 세계에서도 적지 않았을 것이라고 추정한다. 다만 미혼 남녀의 사랑은 많지 않았을 것이라 추정한다).

고대사회에서는 신화가 낭만적 사랑을 다루었다. 아프로디테(Aphrodite)는 사랑의 여신이었다. 사랑의 여신은 인간 사회의 사랑을 주관하였는데, 아프로디테가 주선했던 가장 떠들석한 연애 사건은 아마도 트로이의 왕자 파리스(Paris)와 그리스의 왕비 헬렌(Helen)의 사랑이었을 것이다(〈그림 3-11〉 참조).[54] 이외에도 신화 속의 사랑은 많다. 인간사는 아니지만, 올페우스(Orpheus)와 에우리디체(Euridice)의 사랑도 사

53) 낭만적 사랑의 역사는 Coltrane and Collins(2000: ch. 14), Branden(2008: ch. 1)을 참고하라.

54) 파리스와 헬렌의 사랑은 드라마틱하다. 하늘의 제왕 제우스는 펠레우스(Peleus)와 테티스(Thetis)의 결혼 축하 연회를 열고, 모든 신을 초청하였다. 그러나 불화의 여신 에리스(Eris)는 초청하지 않았다. 충분히 이해할 만한 일이다. 화가 난 에리스는 석양의 요정 헤스페리데스(Hesperides)의 정원에서 딴 황금 사과에 '가장 아름다운 여신에게 드립니다'하는 문구를 새겨 연회장에 내던졌다. 그러자 헤라와 아테나, 아프로디테가 이 사과의 주인이라고 나섰다. 자신이 가장 아름답다고 판단했기 때문이리라. 이들은 제우스에게 판단을 요구하였다. 곤란해진 제우스는 사자 허메스(Hermes, 〈그림 3-11〉의 왼쪽 남신)를 보내 트로이(Troy)의 왕자 파리스(그림의 오른쪽 남자)가 심판하도록 하였다. 이런 상황을 안 여신들은 자신이 내줄 수 있는 선물로 파리스를 매수하려 하였다. 권력의 여신 헤라(그림의 오른쪽 여신)는 자신에게 황금 사과를 주면, 그 보상으로 파리스에게 왕의 자리와 권력을 줄 것이라 말하였고, 전쟁의 여신 아테나(그림의 왼쪽 여신)는 자신이 그 사과를 받으면 전쟁에서 승리할 수 있는 지혜와 용기를 주겠노라고 제안하였다. 미(美)의 여신 아프로디테(그림의 가운데 여신)는 이 세상에서 가장 아름다운 여인과 사랑하게 해 주겠노라고 약속하였다. 〈그림 3-11〉에서 보다시피, 파리스는 아프로디테를 선택하였다(당신이 파리스라면 권력과 지혜, 사랑에서 무엇을 고르겠는가?). 아프로디테는 약속을 지켰고, 파리스는 이 세상에서 가장 아름다운 여인, 헬렌과 사랑하게 되었다. 이 사랑의 결과는 파국이었다. 왕비를 잃은 그리스 왕은 트로이에 침공하였다. 이 사랑은 결국 트로이의 멸망으로 이어졌다.

람들의 슬픔을 불러일으킬 만큼 애절하다(〈그림 3-12〉).

〈그림 3-11〉 〈파리스의 심판〉, 루벤스(P. P. Rubens, 1636)

〈그림 3-12〉 〈에우리디체의 죽음을 슬퍼하는 오르페우스〉, 세퍼(A. Scheffer, 1795-1858)

동양에서도 사랑 이야기가 없지 않다. 고조선 시대의 뱃사공 곽리자고(霍里子高)는 나루터에서 기이한 장면을 보았다. 머리를 풀어헤친 한 남자가 강물로 뛰어들어 죽자, 곧이어 한 여자가 뒤따라와서 통곡하면서 한탄을 늘어놓았다. 그 이야기를 전해 들은 뱃사공의 아내 여옥(麗玉)은 다음과 같이 노래하였다.

公無渡河　　임이여, 그 물을 건너지 마오
公竟渡河　　임은 그예 물을 건너시네
墮河而死　　물에 빠져 돌아가시니
當奈公何　　이제 그대를 어이할꼬

그러나 이런 사랑은 예외적인 것이었다. 고대에 낭만적 사랑은 그렇게 흔치 않았다. 이유는 다음과 같다. 플라톤과 같은 철학자는 사랑에 대해 많이 언급하였지만, 그 사랑은 순전히 육체적인 것이거나 아니면 극단적으로 영적인 것이었다. 사랑은 누군가에 대한 갈망이나 찬미였는데, 플라톤은 이 사랑을 아름다움을 추구하는 것이라 선언하였다. 그는 남성의 동성애를 찬미하였는데, 정신적 교감을 아름다운 것으로 여겼기 때문이다. 그런 종류의 사랑에는 연인끼리 주고받는 친밀함이나 공감과 같은 근대적 요소가 없었다. 고대에는 상호적 사랑이나 감정적으로 친숙한 사랑과 같은 이미지는 일반적이지 않았다. 사랑과 결혼이 연결되지 않았던 것은 말할 것도 없다.

중세를 지배했던 기독교도 사랑을 찬미하였다. 다음은 바울이 고린도 사람들에게 보낸 편지의 일부분이다.

> 사랑은 오래 참고, 사랑은 온유하며, 시기하지 아니하며, 자랑하지 아니하며, 교만하지 아니하며, 무례히 행하지 아니하며, 자기의 유익을 구하지 아니하며, 성내지 아니하며, 악한 것을 생각하지 아니하며, 불의를 기뻐하지 아니하며, 진리와 함께 기뻐하고, 모든 것을 참으며, 모든 것을 믿으며, 모든 것을 바라며, 모든 것을 견디느니라. (…)그런즉 믿음, 소망, 사랑, 이 세 가지는 항상 있을 것인데 그 중의 제일은 사랑이라(고린도 전서 13: 4-13).

이처럼 기독교는 사랑을 앞에 내세웠지만, 그러나, 그 사랑은 어디까지나 영적 사랑이었다. 그 사랑은 예수 그리스도가 인간에게 품는 사랑이었고, 인간이 신과 구세주에게 느끼는 사랑이었으며, 신자와 신자 사이의 사랑이었다. 기독교는 고대의 에로티시즘을 혐오했고, 그것을 억누르고자 하였다. 기독교의 동력은 금욕주의, 성에 대한 적개심, 세속적 삶에 대한 지독한 경멸이었다. 기독교는 결혼을 이상적인 것으로 간주하지 않았다. 결혼은 성스럽지 않았고, 남녀의 육체적 사랑도 바람직하지 않았다.

> 나는 모든 사람이 나(바울-인용자 주)와 같기를 원하노라. 그러나 각각 하나님께 받은 자기의 은사가 있으니 이 사람은 이러하고 저 사람은 저러하니라. 내가 결혼하지 아니한 자와 과부에게 이르노니, 나와 같이 그냥 (독신으로-인용자 주) 지내는 것이 좋으니라. 만일 절제할 수 없거든 혼인하라. 정욕이 불 같이 타는 것보다 결혼하는 것이 나으니라(고린도 전서, 7장 7-9절).

중세의 사람들은 사랑 이외의 다른 이유 때문에 결혼하였다. 귀족은 정치적 동맹을 맺거나 경제적 필요를 채우려고 결혼하였다. 예컨대 한 나라의 공주는 부왕이 구상하는 정치군사적 동맹을 위해 다른 나라의 왕자와 결혼해야 했고, 귀족의 아들딸은 재산을 확실하게 지키려는 부친의 뜻에 맞추어 결혼해야 했다. 로미오와 줄리엣의 사랑이 비극으로 끝날 수밖에 없는 이유를 알 수 있다. 중간계급이나 농민도 낭만적 사랑을 할 수 없었다. 낭만적 사랑을 심각하게 고려하기에는 결혼은 경제적으로 너무나 중요하였다. 중세의 수공업자는 가게를 운영하려고 결혼하였다. 남성은 조금이라도 재산을 가져올 수 있는 여성을 아내로 선택하였다. 가게나 재산이 없는 수공업자는 결혼 가능성이 높지 않았다. 농민의 사정도 다르지 않았다. 남성은 자신의 땅과 오두막을 마련할 때까지 결혼하지 못하였다. 가족의 압력이 매우 강했던 동아시아 사회에서는 부모가 자녀에게 땅을 물려줄 때에만 결혼할 수 있었다. 경제적 여건이 마땅하지 않으면 혼자 살아야 했다.

이처럼 과거에는 낭만적 사랑과 그에 근거한 결혼은 흔치 않았다. 그렇다면 낭만적 사랑은 언제 생겼을까? 낭만적 사랑의 기원은 중세의 절정기에서 찾을 수 있다. 12세기 무렵에 남녀관계에 대한 새로운 이상(ideal)이 등장하였는데, 그 이상은 궁정의 사랑 숭배(the cult of courtly love)였다. 사랑이라는 이상을 퍼트린 주체는 음유시인

(troubadours)이었다. 음유시인은 기사(騎士, knight)였는데 그들이 사랑하고 찬양했던 여인은 주군(영주)의 부인이었다. 애초에 이런 사랑과 찬양은 봉건제의 일부였다. 기사는 영주 부인에게 충성을 맹세하였는데, 이들은 시합에 나가거나 전투에 나설 때 여성의 신표(信標, 스카프나 손수건)를 걸치는 습관을 들이기 시작하였다. 한 여성에게 복종과 충성을 맹세할 때 중세의 기사는 이처럼 전례 없는 그 무엇을 행하였다. 정중하고 예절 바른 기사도(騎士道, chivalry)는 애초에 기사가 병사와 자신을 구분하려고 구사했던 방법이었다. 구별짓기의 한 방편이었다. 숙녀에게 고개를 숙이고, 숙녀의 손에 입맞추고, 숙녀에게 공손한 태도를 취했던 것은 그들이 새롭게 닦은 품위의 한 징표였다. 동기야 무엇이었든, 여성은 역사상 처음으로 여성이라는 바로 그 이유 때문에 존경을 받게 되었다. 그러나 궁정의 사랑 숭배는 매우 적은 귀족층, 특히 프랑스의 귀족층에 한정하였다. 대다수의 사람들은 사랑을 생각조차 할 수 없었다.

낭만적 사랑의 단초는 17세기부터 마련되었다. 1600년대와 1700년대에 이르러 중세사회의 질서는 천천히 바뀌기 시작하였다. 중세의 가옥은 주거장소일 뿐 아니라 공공장소였다. 왕이나 귀족의 가옥은 중앙이나 지방의 정부청사였다. 수백 명의 기사와 가신(家臣)은 그곳에서 법정을 열고 세금을 거두는 등의 정치를 하였다. 또한 그곳은 군사적 목적을 띤 요새이기도 하였다. 이와 같은 가부장적 세습 가정, 즉 가산 가정(家産 家政, patrimonial household)은 근대적 사적 가정(private household)에 길을 내주었는데,[55] 가산 가정이 붕괴된 이유는 관료제와 상비군의 등장 때문이었다.[56] 중세의 영주는 기껏해야 수천 명의 보병을 거느렸지만 17세기 절대왕정의 군주는 수만 명으로 구성된 군대를 보유하였다. 그리고 자신의 영토나 정부기관에 다수의 관료를 파견하였다. 국왕은 자신의 집에 이들 관료와 군대를 모두 집결할 수 없었다. 이런 상황에 이르자 국왕은 자신의 정부를 집과 분리하였다. 소기업도 정부보다는 훨씬 늦게 그러했지만 자신의 사업장을 자신의 집과 분리하여 별도의 공장이나 사무실로 이

55) 가산제(家産制, patrimonialism)는 전통적 권위(지배)의 한 형태다. 가산 군주정이나 이와 비슷한 정부 형태는 가부장제(patriarchy), 즉 아버지가 가족의 재산이나 성원을 권위적으로 지배하는 가부장제를 좀 더 넓은 사회관계로 투사한 것이다. 베버는 전통적 권위(지배)를 분석하면서 두 형태의 가산제를 구별하였다. 한 형태는 황제나 술탄, 교황 등이 자신의 정당한 권력을 환관이나 가신과 같은 전통적 관리의 조력을 받아 집행하는 가산제이고, 다른 형태는 영주가 기사단의 도움으로 가산을 유지하는 봉건적 가산제다. 이 가산제는 근대에 이르러 합리주의적 관료제로 전환하였다(Weber, 1964). 이 글에서 말하는 가부장적 세습 가정은 가산제를 운영하는 왕이나 귀족의 가정을 말한다.

56) 이 둘은 흔히 근대 국민국가의 특징으로 불린다. 그러므로 가산 가정의 붕괴와 사적 가정의 등장은 근대에 이르러 비로소 시작하였다고 말할 수 있다.

전하였다. 이로써 역사상 처음으로 가족만을 위한 사적 가정이 출현하였다.

결혼도 이와 유사한 방향으로 변화하였다. 관료제가 등장하고 왕권이 쇠락하면서 왕이나 귀족의 정략결혼은 점차 그 중요성을 잃게 되었다. 명예혁명이나 프랑스 혁명 등과 같은 시민혁명은 왕의 권력을 점차 의회 등으로 이양하였다. 이제 왕이나 귀족은 결혼을 통해 주권이나 영토를 외국에 이양할 수 없게 되었다. 하층계급의 결혼은 여전히 경제적 제약을 받았지만, (상인이나 수공업자와 같은) 중간계급에서는 결혼이 실용적 경제문제가 되는 정도는 줄어들었다. 일이 가정 밖으로 빠져나가면서 아내의 일은 경제적으로 덜 중요하게 되었다. 사적 가정 영역이 출현하면서 여성은 그 안에 갇히게 되었다. 남자의 입장에서 볼 때, 결혼은 경제적 문제라기보다 성적 상대자, 가사 담당자를 얻는 문제였다. 근대적 결혼시장이 출현하기 시작하였고, 그와 동시에 사랑의 이상도 나타났다. 이 이상은 이전 사회에서 볼 수 있었던 것과는 전혀 달랐다. 그것은 고대에서 볼 수 있었던, 가산 가정의 이중 기준을 지닌, 남성 지배의 성적 정열이 아니었다. 뿐만 아니라 간통의 분위기가 농후한 귀족의 궁정 사랑도 아니었다. 사랑은 남녀의 정서적 유대여야 하고, 이 유대는 평생 동안 지속하여야 하며, 결혼과 연결된 보살핌 관계여야 한다는 이상이 역사상 처음으로 나타났다. 사랑은 이제 더 이상 결혼생활 밖에서 찾을 수 있는 그 무엇이 아니라 결혼관계의 핵심으로 떠오르게 되었다. 이른바 '사랑 혁명(love revolution)'이 시작하였다.

〈삽화 3-6〉 연시(戀詩) 2

How I do love thee? (Sonnet 43)

Elizabeth Barret Browning, 1830 *ca.*

How do I love thee? Let me count the ways.

I love thee to the depth and breadth and height
My soul can reach, when feeling out of sight
For the ends of being and ideal grace.
I love thee to the level of every day's
Most quiet need, by sun and candle-light.
I love thee freely, as men strive for right;
I love thee purely, as they turn from praise.
I love with a passion put to use

In my old grieves, and with my childhood's faith.
I love thee with a love I seemed to lose
With my lost saints, I love thee with the breath,
Smiles, tears, of all my life; and, if God choose,
I shall but love thee better after death.

당신을 어떻게 사랑하냐고요? 말씀드릴께요.

이 존재가 끝나 영원한 영광 때문에 눈 멀게 되더라도
내 영혼이 이를 수 있는 깊이와 넓이와 높이만큼
당신을 사랑합니다.
태양과 촛불이 채워주는 하루하루의 가장 조용한 필요만큼
당신을 사랑합니다.
사내들이 정의를 위해 투쟁하듯, 그렇게 자유롭게 사랑합니다.
그들이 찬양을 외면하듯, 그렇게 순수하게 사랑합니다.
내 지난날 슬픔에 쏟았던 열정으로, 내 어릴 적 믿음으로
당신을 사랑합니다.
성자들을 잃었을 때 함께 잃은 줄 알았던 사랑으로
당신을 사랑합니다-내 일생의 숨결과 미소, 그리고 눈물로써 사랑합니다.
하느님이 부르시면
죽은 후에도 당신을 더욱 더 사랑하렵니다.

이처럼 사랑을 결혼의 전제로 보는 감성적 이상은 새롭게 등장한 결혼시장의 일부로서 나타났다. 결혼은 더 이상 정치경제적 구조에서 이루어지지 않았기 때문에 어떤 형태의 것이 되었든지 남녀를 묶는 유대가 결혼시장 내부에서 나타나야 했다. 이런 유대의 기초는 새로운 결혼시장에서 여성이 가지게 된 동기에서 기인하였다(Collins, 1971). 남성은 결혼에서 성행위와 가사노동을 필요로 하였지만, 여성은 아직도 남편에게 경제적으로 의존해야 한다는 것을 알았다. 경제적 안정을 확보하려면 남성을 자신에게 인격적으로 얽어매는 것이 필요하였다. 가능하다면 강한 유대, 그것도 일생 동안 지속하는 유대로 말이다. 이 유대가 사랑이었다. 여성은 사랑을 놀이나 심심풀이 오락의 지위에서 건져내어, 여성과 그의 충직한 일꾼을 "죽음이 우리를 갈라놓을 때까지" 함께 묶는 정서적 보험으로 만들었다.

근대가족으로의 이행은 사랑에 근거한 결혼을 새로이 강조하였을 뿐 아니라 성적 관행을 둘러싼 날카로운 갈등을 야기하였다. 고대와 중세의 가산 사회에서 지배적이었던 옛 이중 기준(double standard)은 새롭고 평등한 성적 기준의 도전을 받았다. 종래의 성적 관행을 보면, 여성은 조신해야 했으나 남성은 자유로웠다. 여성은 결혼 전에 성관계를 맺을 수 없었으나 남성은 축첩을 할 수도 있었고, 하녀 등과 성관계를 맺을 수도 있었다. 사랑 혁명이 진행하면서 남성과 여성 모두 동일한 성적 기준을 지켜야 한다는 이상이 확립하였다. 여성은 결혼의 순결이라는 자신의 이상을 성적 기준으로 관철하였다. 물론 현실에서 이런 이상이 지켜졌던 것은 아니지만, 남성을 압박하는 힘이 되었던 것은 사실이었다.

중세의 기독교는 성을 적대시하였다. 그러나 이런 태도는 너무 극단적이어서 사람들에게 큰 영향을 미칠 수 없었다. 비록 사제의 성행위는 금지하였지만, 일반인의 성적 관계는 그렇게 강하게 규제하지 않았다. 특히 귀족의 성행위는 비교적 자유롭게 허용하였다. 그러나 이런 태도는 종교개혁과 함께 바뀌었다. 루터는 사제의 결혼을 허용하되, 성행위를 결혼생활 안으로 엄격하게 제한하였다. 성행위는 아이를 낳기 위해서 이루어져야 한다는 원칙이 마련되었다. 그러나 세상에서 이런 원칙이 그대로 지켜지지는 않았다.

성적으로 점잔 빼는 태도는 사적인 가정과 낭만적 결혼시장이 등장하면서부터 두드러졌다. 남성과 여성 모두 공적인 자리에서 성과 관련한 '음란한' 이야기를 하지 않으려 들었고, 그런 이야기는 부적절한 것으로 간주하였다. 여성, 특히 중간계급의 여성은 남성이 점잖게 처신하도록 하려고 열심히 노력하였고, 그 노력의 한 방편은 성에 관한 대화를 전적으로 배제하는 것이었다. 이것은 '무열정(passionlessness)'의 전술이었다. 여성은 이런 전술을 사용하여 가능한 한 자신을 남성의 성적 욕구의 대상이 되지 않도록 노력하였다. 여성이 육체적 욕망을 갖고 있지 않다는 생각은 여성의 도덕적 우월성을 내세우는 주장의 초석이 되었고 이는 19세기에 이르러 여성의 지위를 제고하고 그들의 기회를 넓히는 데에 사용되었다(Cott, 1978). 이는 나중에 '진정한 여성다움 숭배(the cult of True Womanhood)'라고 불리었는데, 숭배 대상은 '경건함, 순수함, 순종, 가정적 태도'였다. 이 모든 것을 함께 묶어 여성은 스스로 어머니, 딸, 누이, 아내라고 불렀다. 그들이 자신을 부를 때 쓰지 않았던 것이라고는 단 하나, 성적 대상으로서의 여성이었다.

〈삽화 3-7〉 아동의 발견

근대 가족에서 부모-자식의 유대는 당연시된다. 그러나 이런 유대도 비교적 최근에 생겨난 것이다. 가산 가정에서 아동은 가정의 정치적 거래와 경제적 사업의 일부였다. 아동은 전투, 노동, 결혼동맹에서 차지하는 가치로 평가되었다. 어른과 아이의 구분은 뚜렷하지 않았고, 아이는 어른처럼 옷을 입었다. 아이는 어른과 다를 바 없었다. 가옥구조가 비좁았고 사생활이 없어서 아이는 성행위나 음담패설에 쉽게 노출되었다. 그런 일은 아이들 모르게 행해야 한다는 근대적 태도도 없었다.

사적 가정은 17, 18세기에 나타났지만 19세기에 본격적으로 확대하였다. 사적 가정이 퍼지면서 가족은 새로운 형태를 갖추었다. 이때에 이르러서야 비로소 남편과 아내, 그리고 부모와 자식의 애정 어린 관계가 시작되었다. 쇼터(Shorter, 1975)는 이를 '감성 혁명(sentimental revolution)'이라고 불렀다. 그는 이 혁명이 1780-1830년 무렵에 절정에 이르렀다고 생각하였다. 이 기간 동안에 근대 가족의 주요 이상이 형성되었다. 남편과 아내는 낭만적 사랑관계에 놓여 있어야 하고, 남편과 아내는 각자의 영역에서 자신의 일을 돌보아야 한다는 이상이 생겨났다. 남편은 밖에서 돈을 벌고, 아내는 집에서 자녀를 돌보는데 헌신해야 한다는 새로운 이상이 생겨났다. 아이들은 이제 부모의 노동을 돕는 보조적 존재로 여겨지지 않았고, 육체적으로나 정서적으로나 도덕적으로 돌보아야 하는 존재가 되었다. 모성(motherhood)은 역사상 처음으로 숭배의 대상이 되었고 도덕적 이상이 되었다. 근대의 가족은 가족 의례, 예컨대 아이들의 생일을 축하하는 의례를 만들어내기도 하였다. 가족은 경제적 활동을 조직하는 집단이 아니라 사적이고, 인격적이며 정서적 집단으로 바뀌었다.

이제 여성은 개인적 결혼시장에서 자신의 성을 매우 조심스럽게 통제해야 했다. 그들은 이제 더 이상 결혼을 부모에게 기댈 수 없었다. 일꾼의 자질을 내보일 수도 없었고, 경제적 능력을 내세울 수도 없게 되었다. 그 대신 그들은 누군가가 나타나 자신을 사랑해주기를, 그것도 순전히 인간적 매력 때문에 사랑해 주기를 기대하게 되었다. 성적으로 점잔 빼는 태도는 성행위를 결혼 유대 안으로 한정하는 결과를 낳았다. 이와 동시에 사랑은 결혼으로 이어져야 한다는 생각도 널리 퍼졌다. 성적 열정이 우아함과 이상화라는 여과장치를 통과해야 했던 시기에 많은 사람은 역사상 처음으로 사랑의 감정을 겪었다. 진정한 사랑은 영원한 것이기에 평생의 결혼 서약과 잘 맞아떨어지는 것이기도 하였다.

4

일탈과 범죄

Sociology

(1) 일탈의 정의

(2) 제재

(3) 일달 이론

(4) 범죄의 정상성

4. 일탈과 범죄

(1) 일탈의 정의

2장에서 우리는 사회화를 보았고, 3장에서는 성의 사회화를 살폈다. 사회화란 개체가 집단의 문화를 학습하는 것이다. 개개인이 집단이나 사회의 문화(가치와 규범)을 학습하여 이를 잘 지킨다면 별다른 문제가 될 것이 없다. 이와 같이 집단의 가치와 규범을 지키는 행동을 순응(順應, conformity)이나 동조(同調)라고 한다. 그러나 사람들은 알고 그러하든 모르고 그러하든, 그리고 의도하든 의도하지 않든 해당 사회의 가치와 규범에서 벗어난 행동을 한다. 이와 같은 행동, 가치와 규범을 따르지 않는 행동을 일탈(deviance)이라고 한다.

일탈(逸脫)이란 문자 그대로 '특별히 벗어나는 행동'을 말한다. 이 말을 이해하기 쉽게 이야기해 보자. 일탈의 영어 단어, deviance는 신조어(新造語)다. 최근에 새로 만든 말이다. 이 말은 통계학에서 비롯하였다. 통계학에서 특정 사물이나 현상의 분포(distribution)를 그려낸다. 이 분포는 여러 가지다. 정상분포, 이항분포, 포아송분포(…). 이중에서 우리에게 가장 익숙한 분포는 정상분포(normal distribution)다. 정상분포는 〈그림 4-1〉의 (a)와 같이 평균을 중심으로 좌우 대칭의 엎어진 종 모양을 보이는(bell-shaped) 분포다. 이런 정상분포는 하나만 있는 것이 아니다. 〈그림 4-1〉의 (b)에서 보는 것처럼, 평균이 같아도 표준편차(standard deviation)가 다르면 정상분포의 모양이 달라진다. 실선은 표준편차가 1일 때의 모양이고, 짧은 점선은 표준편차가 1/2, 긴 점선은 2일 때의 모양이다. 분포의 표준편차가 크면 평균에서 멀리 떨어진 사례가 많다는 것을 뜻하고, 표준편차가 작으면 개별 사례들이 평균 주변에 몰려 있다는 것을 의미한다. 결국 편차라는 말은 개별 사례가 평균에서 얼마나 떨어져 있는지를 가리키는 측정치다. 일탈이란 말은 이 편차(deviation)라는 단어에서 파생하였다.

〈그림 4-1〉 정상분포의 평균과 표준편차

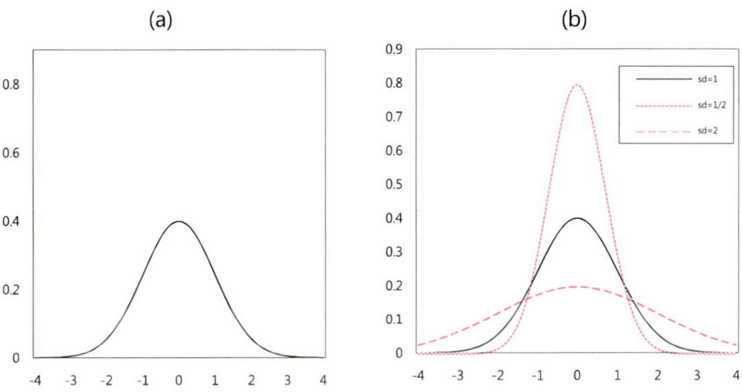

일탈이란 특정 행동이 사회적 평균에서 멀리 벗어난 행위를 지칭한다. 더 구체적으로 표현하면, 일탈이란 허용범위(tolerance limit)를 벗어나는 양극단의 행위를 말한다. 예를 들어보자. 2018년 현재 한국 여성의 초혼 연령 평균은 약 30.4세이고, 남성의 초혼 연령 평균은 33.2세였다(통계청, 2019a). 여성이 이 평균 근처에서 혼인하면 정상이나 순응이다. 그러나 사회적 평균으로부터 벗어나 허용범위를 넘으면(허용범위는 시대나 사회마다 달라지겠지만), 예컨대 너무 늦게 결혼하면 일탈로 간주된다. 40세를 넘어 혼인하면 비정상이거나 일탈이다. 늦게 결혼하는 것만 일탈인 것은 아니다. 허용범위를 넘어서서 사회적 평균보다 너무 이르게 결혼하는 것도 일탈이다. 예컨대 열아홉이나 스무 살에 결혼하는 일도 일탈이다.

〈그림 4-2〉 허용범위

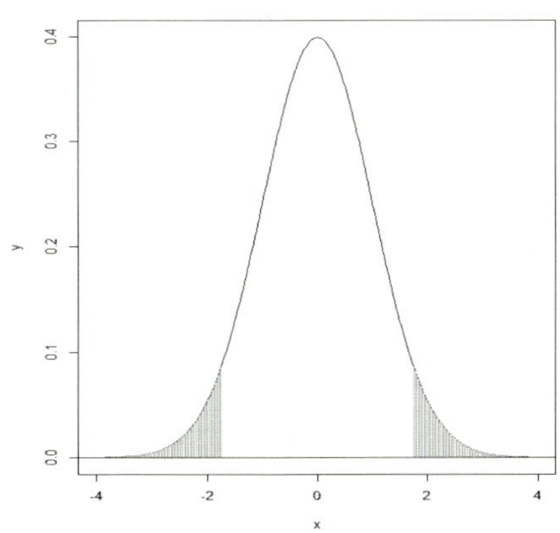

사회적 허용범위를 넘어서는 양 극단의 행위를 일탈이라고 하는데, 이런 일탈은 도덕적 판단과 무관하다. 이 말의 의미를 알기 위해 한 예를 들어보자. 우리는 거의 매일 거짓말을 하면서 산다. 타자의 체면을 살리려고 거짓말을 하기도 하지만, 자신의 이익을 챙기려는 거짓말을 더 많이 한다. 문헌마다 제각각 다르지만, 보통 사람은 평균적으로 한 달에 약 서른 번 정도의 거짓말을 한다고 한다. 그렇다면 서른 번 정도의 거짓말을 하는 것은 도덕적 판단과 무관하게 정상이라거나 순응이라고 말할 수 있다. 아마도 서른 다섯 번 정도의 거짓말을 하는 것도 정상일 것이다. 그러나 그보다 거짓말을 더 많이 하면, 즉 쉰 번이나 백 번 정도 하면 거짓말쟁이나 사기꾼으로 치부될 수 있다. 비정상이나 일탈로 간주되는 것이다. 그렇다면 거짓말을 안 하면 어떤가? 한 달에 거의 한 번도 거짓말을 안 하는 행위를 우리는 정상이나 순응으로 판단하는가? 가끔 그렇다. 거짓말을 좀처럼 하지 않는 사람을 사람들은 공식적 자리에서 '법 없이도 살 수 있는 사람,', '정직하고 착한 사람'이라고 칭송한다. 그러나 돌아서면서 비웃는다. 사람들은 좀처럼 거짓말을 안 하는 사람을 바보, 융통성 없는 사람, 고문관 등으로 부르면서 그들을 조롱한다. 일탈로 간주하는 것이다. 이처럼 일탈은 도덕과 무관하다. 옳고 그름과 무관하다. 일탈은 오직 사회적 평균과 관련할 뿐이다. 일탈은 사회적 허용범위를 넘는 좌우 양극단의 행동을 지칭한다. 그러나 사람들은 보통 사회에 부정적 영향을 미치는 행동만 일탈이라고 간주하는 경향이 있다. 거짓말을 많이 하는 것은 남에게 해를 입히기 때문에 일탈이라고 판단하지만, 거짓말을 하지 않는 행동은 타인에게 해를 끼칠 가능성이 적기 때문에 일탈이라고 간주하지 않는다. 그런 의미에서 일탈은 범죄와 비슷하다.

일탈의 정의는 이처럼 간단하지만, 구체적 행동을 일탈로 분류하거나 판별하는 것은 그렇게 쉽지 않다. 일탈과 비일탈을 구분하는 허용한계가 시대, 문화, 상황마다 달라지기 때문이다. 허용한계는 시대마다 다르다. 예컨대 근대 이전에는 종교 관련 행동이 중요하였다. 주일 예배에 참석하지 않는 것은 중요한 일탈이었던 반면, 사생활 침해는 그다지 중요한 일탈이 아니었다. 그러나 오늘날 주일 예배에 참석하지 않는 행동은 심각한 일탈이 아니다. 허용한계가 넓어진 것이다. 그러나 사생활 침해나 간섭의 허용한계는 좁아져서 사생활을 조금만 침해해도 중대한 일탈이라고 간주한다. 허용한계는 문화마다 다르기도 하다. 어떤 사회는 돼지고기를 먹지만, 어떤 나라에서는 돼지고기 먹는 것을 금지한다. 어떤 나라는 술 마시는 행위를 허용하지만, 어떤 나라는 허용하지 않는다. 허용한계는 상황마다 다르다. 예를 들어 보자. 해수욕장이나 풀장에서 수영복 차림으로 돌아다니는 것은 정상이다. 그러나 큰 길에서 이렇게 돌아다니는 것은 정상이 아니다. 똑같은 행위라도 특정 상황에서는 정상이지만, 다른 상황에서는 일탈이 된다. 이처럼 일탈과 비일탈을 구분하는 허용한계는 시대, 문화, 상황마다 다르므로 우리 주변의 행동을 일탈과 비일탈로 일목요연하게 나열하기는 쉽지 않다. 그러나 같은 시대를 살고 같은 문화를 공유하는 사람들은 특정 행동이 발생하면 큰 어려움 없이 일탈 여부를 곧바로 판단할 수 있다.

(2) 제재

일탈이 발생하면 제재(制裁, sanction)가 뒤따른다. 아니, 일탈이 발생하기 전에 제재가 예고되기도 한다. 이런저런 행동을 하면 이런저런 처벌이 뒤따를 것이라고 예고되어 있다는 말이다. 그러므로 일탈과 제재는 한 쌍으로 존재한다. 제재는 크게 두 가지로 분류할 수 있다. 공식 제재(official sanction)와 비공식 제재(non-official sanction)가 바로 그것들이다. 공식 제재란 국가의 억압적 국가 기구가 공식적으로 가하는 제약이나 처벌을 말하고(〈삽화 4-1〉 참조), 비공식 제재란 주변 사람들이 가하는 비난이나 조롱을 말한다.

〈삽화 4-1〉 국가의 공식적 통제 기구

프랑스의 철학자 알튀세(Althusser, 1971)는 지배계급이 피지배계급을 통제할 때 두 종류의 국가 기구를 사용한다고 말하였다. 억압적 국가 기구와 이데올로기적 국가 기구가 바로 그것들이다. 억압적 국가 기구(Repressive State Apparatus; RSA)는 정부, 법원, 경찰, 군대 등을 말한다. 지배계급은 이 기구를 장악하여 폭력적 수단이나 비폭력 강압 수단을 동원한다. 지배계급은 이 RSA로 질서를 유지하여 지배계급의 이익을 관철한다. 본문에서 말한 국가의 공식적 제재란 RSA를 사용한 제재다.

한편, 이데올로기적 국가 기구(Ideological State Apparatus; ISA)는 갖가지 이데

올로기(지배계급의 이익을 숨기거나 두둔하는 사상)를 전파하는 사회제도와 정치 기관이다. 종교, 교육, 가족, 법, 정치, 언론, 문화 등을 관장하는 기구가 바로 이것들이다. 이들 기구는 물리적 폭력이 아닌 다른 방법을 사용함으로써 RSA를 대신한다. 종교, 교육, 언론 등은 국가의 일부가 아니라 비정치적 시민 사회의 일부이지만 지배계급의 통제를 강화하는 이데올로기를 주입, 전파, 확산함으로써 질서를 유지한다. 알튀세의 견해를 따르면, 지배계급은 RSA만으로 국가 권력을 유지할 수 없다. ISA를 장악할 때에만 헤게모니를 유지할 수 있다. 피지배계급의 자발적 복종을 유도하는 것이 가장 효율적인 지배다.

제재 방식은 역사적으로 변화해 왔다. 근대 이전에는 공식 제재의 비중이 높았지만, 오늘날에는 공식 제재보다 비공식 제재의 비중이 더 높다. 근대 이전에는 아주 사소한 일탈에도 공식 제재가 이루어졌다. 예컨대 상민이 귀족이나 양반에게 인사를 하지 않은 행위도 정부의 사법기관이나 공동체의 준사법기관(서양의 교회, 조선의 향교 등)이 엄격하게 처벌하였다. 그러나 근대에 이르러서는 공식 제재의 비중보다 비공식 제재의 비중이 더 커졌다. 정부가 억압적 국가 기구를 동원하여 사람들을 통제하는 비중보다 주변 사람들의 눈살이나 비난 등이 사람들의 행동을 규제하는 비중이 더 커졌다. 왜 이렇게 바뀌었을까? 농촌공동체의 해체에서 답을 찾을 수 있다. 마을 사람들이 서로 잘 알고 서로 일체감을 느끼는 전근대사회에서는 개인성은 존중 받지 못하였다. 개인이 아니라 집단이 우선이었다. 그러나 근대 자본주의가 시작하고 농촌공동체가 해체되면서 집단에 대한 애착은 사라졌고 개인성이 역사의 전면에 등장하였다. 개인이 중요해지면서 타인의 평가나 비난 같은 비공식 제재가 더 효과적으로 작동하였다.

다른 한편, 농촌공동체가 해체되면서 수치심의 경계도 낮아졌다. 공동체 사람들은 서로 잘 알기 때문에 웬만한 문제에는 별로 부끄러워하지 않는다. 예컨대 신체의 일부를 노출해도 별달리 부끄러워 하지 않는다. 마치 가족 성원이 서로 부끄러워하지 않는 것과 흡사하다(가족은 현대 도시에 남아 있는 유일한 공동체다). 그러나 공동체가 해체되면서 사람들 주변에 모르는 사람이 많아졌다. 개인은 이 사람들을 잘 알지 못하므로 사소한 일에도 수치심을 느낀다. 예컨대 속옷이 조금 노출되어도 사람들은 심한 수치심을 느낀다. 이런 조건, 즉 개인성이 존중되고 수치심을 느끼는 경계선이 낮아지면서 타인의 평가에 대한 민감성이 증가하였다(Elias, 1982). 감수성이 예민해지면서 비공식 제재가 효과적으로 작동하게 되었다.

제재의 방식뿐 아니라 제재 강도(처벌 강도)도 바뀌었다. 근대 이전에는 가벼운 일탈에도 무거운 처벌이 내려졌으나 근대 이후에는 무거운 일탈에도 가벼운 형벌이 내려졌다. 제재의 형식도 바뀌었는데, 근대 이전에 형벌은 공개 장소에서 집행하였으나 근대 이후에는 밀폐된 장소에서 이루어졌다. 근대 이전에는 사형은 광장이나 언덕에서 집행하였지만 근대에는 교도소 안의 한 밀실에서 집행하였다. 왜 그러했을까? 왜 처벌의 강도가 낮아졌을까? 왜 형벌은 은폐된 장소에서 집행하였을까? 이 역시 농촌 공동체의 해체에서 답을 찾을 수 있다. 규모가 작고 서로 잘 아는, 그리하여 집단유대감이 강렬한 공동체에서는 사소한 규범 위반이 일어나도 엄격한 처벌을 내리는 경우가 많다. 가족 공동체에서 사소한 일에도 강렬한 폭력이 일어나는 것과 흡사하다. 이런 공동체가 해체되었다는 것은 집단유대감이 낮아졌다는 것을 뜻하고, 집단유대감이 낮아졌다는 이야기는 규범 위반에 대응하는 처벌의 강도가 줄어들었다는 것을 의미한다.

다른 한편, 공동체가 해체하였다는 것은 혐오감의 경계가 낮아졌다는 것도 뜻한다(Elias, 1982). 공동체 사람들은 갖가지 궂은일을 수행해야 했다. 예컨대 닭을 잡거나 돼지를 도살하는 일을 하거나 보아야 했다. 공동체 사람들은 이런 일에 더러움이나 거리낌을 느끼는 경우가 드물었다. 이와 동시에 공동체 사람들은 상대방에게 더럽다는 느낌을 받지도 않았다. 서로 익숙하였기 때문이다. 이는 마치 가족 성원이 서로에게 더럽다는 느낌을 갖지 않는 것과 흡사하다. 예컨대 가족 성원은 음식을 같은 그릇에 두고 먹어도 더러움이나 거리낌을 느끼지 않는다. 그러나 서로 모르는 사람들은 더러움이나 혐오감을 느낄 가능성이 높다. 찌개 등을 같은 그릇에 놓고 나누어 먹는 일은 어쩐지 불결하게 느껴진다. 어쨌든 농촌 공동체가 사라지면서 사람들이 느끼는 혐오감의 경계가 낮아져서 웬만한 일에도 불결하다거나 참기 힘들다는 느낌을 받게 되었다. 그리하여 형벌의 집행을 바라보기를 그만 두게 되었다.

(3) 일탈 이론

일탈을 설명하는 이론은 여러 가지다. 크게 보자면, 일탈 이론은 생물학적 이론과 심리학적 이론, 사회학 이론으로 나눌 수 있다. 여기에서는 생물학적 이론과 심리학적 이론은 간단하게 언급하고 사회학 이론은 비교적 자세하게 살펴보기로 하자.

1) 사회생물학적 이론

생물학의 관점에서 일탈을 설명하는 견해는 예전부터 널리 알려졌다. 일탈이나 범죄는 유전적 결함에서 비롯한다는 견해가 바로 그것이다. 15세기에 신대륙을 발견한 유럽인은 16세기에 아메리카 인디오가 인간인지 아닌지를 둘러싸고 논쟁을 벌였고(Carriere, 1992), 18~19세기에는 흑인이 백인보다 열등한 유전자를 타고났다는 견해가 넘쳐나기도 했다.[57] 이런 견해는 1930년대에 골상학(骨相學, phrenology)으로 체계화하였다. 골상학은 두개골의 모양, 이마와 코를 잇는 선의 각도, 눈의 깊이나 코의 높이 등으로 인종의 우수함과 열등함을 측정하였다. 예컨대 앞뒤 짱구형(dolicocephalic)의 두개골이 옆으로 퍼진 모양(brachocephalic)의 두개골보다 더 우수하고, 그러므로 앞의 두개골을 갖춘 인종이 더 우수한 인종이라고 판정하였다. 백인이 흑인이나 아시안 종족보다 우수하다는 말이겠다. 히틀러(A. Hitler)가 인종주의 정책을 정당화할 때 이런 골상학을 적극적으로 활용했다는 것은 널리 알려진 사실이다.

골상학이 아니더라도 생물학적 속성, 즉 유전적 조건이 일탈이나 범죄를 야기한다는 명제는 다양한 형태로 반복하였다. 가계(家系, family tree) 연구를 통해 범죄가 유전된다는 것을 밝히려는 연구들이 있었는가 하면 신체 유형과 일탈이 서로 관련한다는 것을 밝히려는 연구도 있었다. 그러나 오늘날 이런 종류의 조악한 생물학적 일탈 이론은 더 이상 설득력을 발휘하지 못한다. 그렇다고 생물학적 일탈 이론이 완전

---

57) 타란티노(Q. Tarantino) 감독의 〈장고(Django Unchained, 2012)〉(〈그림 4-3〉 참조)에서 남북전쟁 이전 미국 남부의 한 농장주(레오나드 디카프리오 분)는 흑인의 두개골 구조는 백인과 다르고, 그것이 흑인의 열등성을 보여주는 한 증거라고 주장하였다. 터무니없는 주장이다. 사람들은 왜 이렇게 말도 안 되는 주장을 내세우는 것일까? 이 책의 5장에서 보겠지만, 인종주의나 인종차별주의는 항상 지배인종의 경제적 이익을 보호하려는 욕망과 연결된다. 그리고 지배인종은 피지배인종의 열등성을 내세워 자신의 부나 권력을 정당화한다.

〈그림 4-3〉 〈장고〉(Q. Tarantino, 2012)

히 잘못된 것이라고 보기는 어렵다. 최근에 등장한 사회생물학은 좀 더 세련된 일탈 이론을 제공한다.

사회생물학은 인간의 심리나 행동을 다윈의 진화론으로 설명하는 학문분야다(Wilson, 1975). 사회생물학의 전제는 다음과 같다. 인간의 신체 특징이 오랜 시간의 과정에서 진화하였듯, 인간의 심리나 행동도 오랜 진화의 산물이다. 짝짓기, 영역 다툼, 집단 사냥 등을 둘러싼 심리나 행동은 자연 선택과 성 선택으로 만들어졌다. 자연 환경과 상호작용하는 방법을 터득한 종이 선택 압력(selection pressure)을 이겨냈듯, 유리한 사회 행동을 낳는 유전자가 지속적으로 생존하여 진화하였다. 그러므로 개체의 심리나 사회 행동이란 유전자를 보존하려는 노력이라고 말할 수 있고, 거꾸로 특정 유전자(조합)는 세대를 넘어 특정 행동을 낳는다고 판단할 수 있다. 환경에 적합하지 않은 특성은 지속할 수 없는데 그런 특성을 가진 유기체는 살아남을 수 없기 때문이다.[58)]

사회생물학의 일탈 이론은 사회생물학의 기본 이론과 일맥상통한다. 유전자의 자기 복제 과정을 거치면 부모의 신체적 특징은 자녀의 신체적 특징으로 귀결한다. 콩 심은 데 콩 나고 팥 심은 데 팥 난다. 엄마소가 얼룩소면 송아지도 얼룩소다. 당연한 일이다. 그러나 여기서 사회생물학은 한 걸음 더 나아간다. 생물학적 조건은 신체 특

58) 인간의 심리나 행동을 진화론으로 설명하려는 시도는 Buss(2003; 2005; 2012; 2016), 전중환(2014; 2016a), 박한선(2018), 최재천(2019), 장대익(2015, 2017) 등을 보라.

징뿐만 아니라 심리나 행동도 규정한다. 규범 위반(범죄, 일탈)도 행동의 일종이므로 생물학적 조건은 일탈도 규정한다. 예를 들면 부모가 범죄를 저지르면 자녀도 범죄에 연루될 가능성이 높고, 부모가 마약 중독이나 도박에 빠지면 자녀도 나쁜 버릇을 보일 가능성이 높다(〈삽화 4-2〉 참조). 유전적 조건은 신체적 특징을 결정하고 동시에 행동도 결정하므로 신체 특징과 행동은 서로 긴밀한 관계를 보일 가능성이 높다(〈그림 4-4〉 참조, 이 그림에서 양끝을 화살표로 나타낸 곡선은 상관관계를 뜻한다). 범죄자는 범죄형으로 생겼을 가능성이 높다.

〈그림 4-4〉 생물학적 일탈 이론

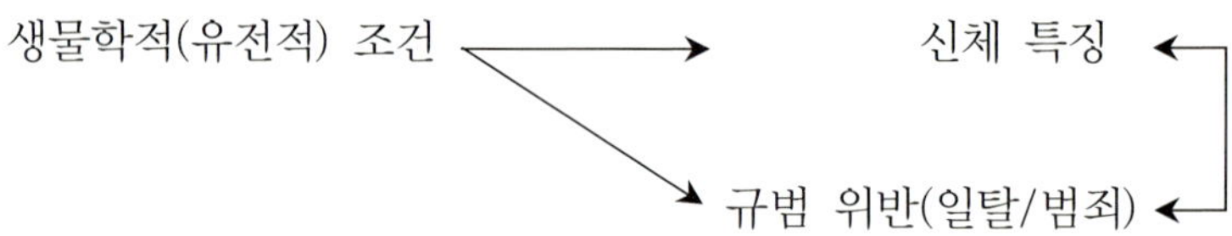

〈삽화 4-2〉 **사회생물학적 일탈 이론의 예**

일탈을 사회생물학으로 설명하려는 시도는 많다. 최재천(2007)은 다음과 같은 사례를 예로 들어 신체도 그렇지만 행동도 부모를 닮는다는 사실을 보였다.

귀뚜라미는 가을에 운다. 우리는 귀뚜라미가 운다고 표현하지만 이 소리는 입으로 내는 소리가 아니라 날개 죽지를 엉덩이에 비벼서 내는 마찰음이다(그러나 편의상 운다고 하자). 그리고 이런 마찰음은 수컷이 낸다. 수컷 귀뚜라미는 왜 그렇게 힘을 들여 소리를 만들까? 심심해서? 그럴 리가 없다. 암컷을 불러 짝짓기를 하려는 의도로 공을 들이는 것이다. 그런데 가만 살펴보면 모든 수컷이 우는 것은 아니다. 어떤 수컷은 열심히 울지 않는다. 어떤 귀뚜라미는 채 반시간도 울지 않는다고 한다. 열심히 울지 않는 이 수컷들은 짝짓기에 관심이 없는 것일까? 그렇지 않다. 이들은 열심히 우는 다른 수컷 옆에 잠복해 있다가 암컷이 다가오는 기미가 보이면 얼른 뛰어나가 잠시 울고 암컷을 가로챈다. 고된 일은 피하고 과실만 따먹는 얌체인 셈이다. 열심히 우는 수컷을 성실한 수컷이라고 부르고, 미운 짓을 하는 수컷을 얌체 수컷이라고 불러 보자.

연구자들은 성실한 수컷의 아들과 얌체 수컷의 아들을 분리하고, 이들이 성장해서 어떤 행동을 하는가 관찰하였다. 그랬더니 놀랍게도 성실한 수컷의 아들은 밤마다 성실하게 울고, 얌체 수컷의 아들은 커서 또 얌체 짓을 한다는 사실을 목격하였다. 이외에도 자녀의 행동이 부모를 닮는다는 증거는 많다. 이런 증거들은 유전적 조건이 신체 특징뿐만 아니라 버릇이나 행동도 결정한다는 것을 보여준다.

그러나 사회생물학이 위와 같은 유전자 결정론에 그치는 것은 아니다. 사회생물학은 더 정교한 이론을 제시하였다. 인간의 심리와 행동은 사람들이 생존과 번식을 놓고 서로 경쟁하는 환경에서 인간이 해결해야 했던 문제, 즉 적응 문제를 푸는 전략으로 나타난 것인데, 사회생물학은 일탈이나 범죄도 적응 문제 해결 전략의 하나였다고 주장하였다. 그중에서도 위협이나 강탈, 폭행이나 살인등과 같은 공격성은 진화적 적응 환경(수렵채취사회)에서 인간이 마주해야 했던 수많은 도전을 해결하는 유효한 수단이자 효과적 전략이었다(Buss, 2005; 2012). 인간의 남성은 특정 맥락, 예컨대 자신이나 친족을 부상이나 죽음에서 보호하고, 생존과 번식에 필요한 자원을 확보하며, 자신의 주요 경쟁자를 제거하며, 경쟁자가 배우자에게 접근하는 기회를 차단하는 등의 맥락에서 타인을 폭행하고 살해하는 행위를 일삼았다. 말하자면 그런 맥락에서 공격성을 활용하여 적응 능력을 키워왔다(원시부족의 전쟁을 생각해 보라. 원시 부족은 다른 부족의 자원이나 여성을 강탈하려고 해당 부족의 남성을 기꺼이 살해하였다. 공격을 당한 부족은 자신과 가족을 방어하려고 필사적으로 적을 살해하였다). 오랜 진화 과정 끝에, 그리하여, 살인을 상상하고 모의하며 실행하는 일은 인간 본성의 하나로 남았다. 그렇다고 모든 남성이 상황이나 맥락과 상관없이 살인 본능을 구비하였다는 말은 아니다. 그러나 앞에서 말한 몇 가지 특정 맥락에서는 문제 해결 과정에서 살인 충동을 느낀다고 말할 수 있다. 진화심리학자들의 말이 옳다면, 우리는 '특정 상황에서는' 모두 카인의 후예인 셈이다.

앞에서도 내비쳤지만, 사회생물학은 머지않은 미래에 사회학의 가장 강력한 적수로 등장할 가능성이 크다. 인간의 사고와 행동은 사회학이 가정하는 바와 같이 사회적 요소가 결정하는 것이 아니라 사회생물학이 바라보는 것처럼 오랜 시간동안 다듬어진 본능이 영향을 끼친 것일 수 있다. 그러므로 일탈과 범죄도 단순히 사회구조가 결정하는 것이 아니라 인간의 본능이 환경의 영향을 받아 발생한 것일 수 있다.

2) 심리학 이론

범죄심리학 일탈이나 범죄의 심리적 원인을 찾는다. 범죄심리학은 인간 행위를 퍼스낼리티의 결과로 바라보므로 범죄 행위도 퍼스낼리티의 결과로 파악하였다(김성진, 2001; Akers, 1994). 심리학적 일탈 이론은 비정상적 퍼스낼리티가 일탈을 낳는다고 주장한다(〈그림 4-5〉 참조).

〈그림 4-5〉 심리학적 일탈 이론

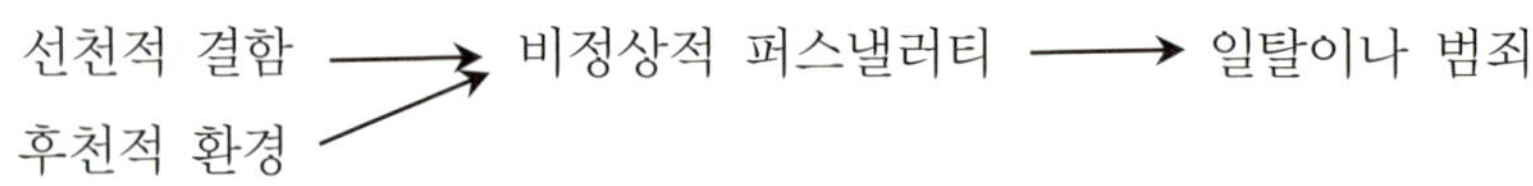

심리학적 일탈 이론은 비정상적 퍼스낼리티가 발생한 이유를 문제 삼지 않는다. 선천적인 결함 때문이든 후천적 환경 때문이든 비정상적 퍼스낼리티가 발생하면, 이 퍼스낼리티가 일탈이나 범죄를 낳는다고 주장한다. 전쟁이나 재난, 사고나 학대 등으로 말미암은 트라우마(외상이나 그로 말미암은 정신적 충격)은 트라우마후 스트레스 장애(post trauma stress disorder, PTSD)를 낳고, 이런 심리적 장애는 일탈(폭력, 가출, 자살 등)을 낳는다고 주장한다. 후천적 환경 변화만 퍼스낼리티를 규정하는 것은 아니다. 선천적 결함도 퍼스낼리티를 결정한다. 유전적 조건으로 사이코패시(psychopathy)라는 비정상적 퍼스낼리티가 생기고, 이 퍼스낼리티가 사이코패스(psychopath)라는 일탈을 낳는다(〈그림 4-6〉 참조).

심리학 이론은 일탈(범죄)의 원인을 밝히는 데에 유용하다. 일탈자나 범죄자가 일탈(범죄)를 저지르는 동기나 이유는 그의 심리에서 찾을 수밖에 없다. 돈을 뺏으려고 사람을 죽였든 충동으로 사람을 죽였든 살인의 이유를 일탈자의 동기 이외에 무엇에서 찾을 수 있단 말인가? 마약을 흡입하는 이유 역시 그의 동기 이외에 어디에서 찾을 수 있단 말인가? 이처럼 심리학 이론은 일탈의 동기나 이유를 알아내는 데에 유용하다. 그러나 심리학 이론은 나름대로 한계도 드러낸다. 특정한 시대의 사회에서 마약 흡입이나 존비속 살해가 반복적으로 발생하는 이유를 설명하지 못하고, 어떤 조건에서 범죄율이 올라가고 어떤 조건에서 내려가는지도 설명하지 못한다. 말하자면 심리학 이론은 사회현상을 설명하지 못한다.

〈그림 4-6〉 〈사이코〉(A. Hitchcock, 1960)와 〈양들의 침묵〉(J. Demme, 1991)

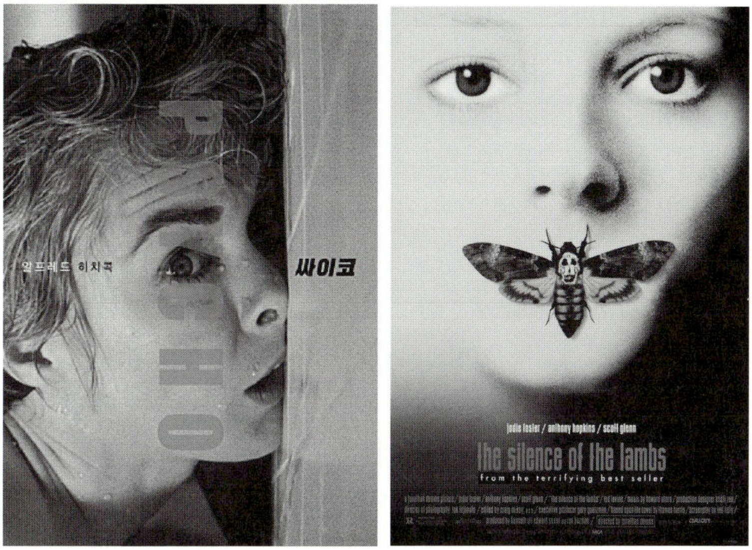

3) 사회학 이론

아노미 이론

아노미 이론은 구조기능주의에 근거한 일탈 이론이다. 구조기능주의는 사회를 이루는 구성요소는 사회의 생존과 유지를 위한 기능(function)을 수행한다고 본다. 구조기능주의를 주창한 학자들은 사회를 생물 유기체에 비유하여 이를 사회체계라고 불렀다. 유기체의 심장은 혈액을 운반하고, 폐는 산소를 공급하는 기능을 수행한다. 손과 발은 특정 기능을 수행하고, 눈과 코, 귀는 이와 다른 기능을 수행한다. 사회도 마찬가지다. 가족은 사회 성원의 재생산을 담당하고, 학교는 사회화와 교육, 기업은 재화와 서비스를 생산하는 기능을 수행한다. 이렇게 사회의 구성요소는 사회체계의 생존이나 존속, 유지에 효과적 기능을 수행한다고 보는 이론이 구조기능주의다. 그러나 이것이 구조기능주의의 모든 것은 아니다. 구조기능주의는 부분과 전체를 선후 관계나 비중 관계로 바라보기도 한다. 구조기능주의는 전체(사회)가 부분(개인)보다 먼저 존재하고, 전체가 부분보다 우월하며, 전체(사회)가 부분(개인)을 압도한다는 생각을 포함한다(Giddens, 1984).[59]

그러므로 구조기능주의 일탈 이론도 크게 두 가지다. 하나는 일탈이 사회에 끼치는 긍정적 기능을 보는 살펴보는 논의이고,[60] 다른 하나는 사회적 요인이 개개인의 일탈에 미치는 영향력을 살피는 논의다. 전자는 조금 뒤에 (4)절에서 자세히 논의하기로 하고, 여기서는 주로 후자를 살펴볼 것이다. 구조기능주의의 대표 이론은 머튼(R. Merton)의 아노미 이론이다(Liska, 1998).

머튼은 일탈이나 범죄를 사회구조적 문제가 낳은 결과라고 보았다. 일탈이나 범죄는 개개인의 의도나 선택 때문에 일어나는 것이 아니라 사회구조가 내재하는 문제 때문에 발생한다고 보았다. 그와 같은 문제는 무엇인가? 머튼을 따르면, 어떤 사회든지 사회성원이 추구할 만한 목표를 설정한다. 그리고 이 목표를 달성하는 수단을 제시한다. 예컨대 오늘날 시장경제를 기반으로 한 사회에서 사람들은 모두 경제적 성공을 꿈꾼다. 돈을 많이 버는 것을 목표로 삼는다. 이 목표는 사회가 용인하는 목표로써, 문화적 목표(cultural goal)라고 부를 만하다. 그렇다면 이 목표를 달성하는 데 동원할 수 있는 정당한 수단은 무엇인가? 사회가 용인하는 수단은 여러 가지이겠지만, 많은 사람이 사용하는 가장 고전적인 수단은 아마도 근검절약일 것이다. 이런 수단을 머튼은 제도화된 수단(institutionalized means)이라고 불렀다. 사람들은 모두 문화적 목표를 공유하지만, 이들이 모두 제도화된 수단을 받아들이지는 않는다. 어떤 사람들은 그 수단을 거부하거나 포기한다. 그런 수단을 사용해 보았자 목표를 달성할 수 없기 때문이다. 어쨌든 이렇게 문화적 목표와 제도화된 수단이 서로 괴리할 수 있는데, 이 괴리 상태를 머튼은 아노미라고 불렀다. 뒤르케임은 규범이 존재하지만 개개인이 이 규범을 지킬 수 없는 상태를 아노미라고 하였는데(〈삽화 4-3〉 참조), 머튼은 제도화된 수단을 사용해야 한다는 규범을 수용하지 않거나 못하는 상태를 아노미라고 보았다. 머튼의 견해로는 이런 아노미로 말미암아 심리적 스트레스가 발생하고, 이 스트레스가 일탈을 야기한다. 문화적 목표는 해당 사회의 성원이 모두 추구하는 가치(value)이고, 제도화된 수단은 이 가치를 실현하는 기회(opportunity)라고 말할 수 있으므로, 머튼의 아노미 이론은 가치와 기회 이론이라고 부르기도 한다.

---

59) 이와 같은 구조기능주의적 시각은 앞에서 본 사회학의 시각과 일치한다.

60) 구조기능주의적 관점에서 바라보면, 모든 사회적 사건은 사회의 존속이나 생존에 기여한다. 일탈도 사회의 존속에 기능한다. 사람들은 흔히 일탈이 사회에 부정적 영향을 끼친다고 판단하지만, 일탈이 사회에 끼치는 긍정적 영향도 없지 않다. 그 긍정적 영향, 즉 일탈이 사회의 존속에 기여하는 기능은 무엇일까? 일탈, 예컨대 살인이나 강도, 폭력이나 절도, 마약 흡입 등은 사회구성원에게 경각심을 높인다. 사람들 사이에서 다시는 그런 일이 있어서는 안 된다는 자각이 떠오르고, 일탈자를 엄하게 처벌해야 한다는 합의가 생긴다. 이런 자각과 합의는 범죄자를 제외한 사람들의 결속, 즉 사회의 결속에 기여한다.

〈삽화 4-3〉 아노미

뒤르케임은 『사회분업(*The Division of Labor in Society*, 1893)』에서 처음으로 아노미라는 용어를 사용하였다. 그러나 아노미는 『자살론(*On Suicide*, 1897)』으로 널리 알려졌다. 아노미(anomie)를 문자 그대로 해석하면 규범(nomie)이 없다(a-)는 말이다.[61] 그래서 때때로 무규범상태(normlessness)라고 번역하기도 한다. 그러나 엄밀하게 말하면 아노미는 무규범상태가 아니다. 사회에 규범은 존재하지만 이 규범이 몇 가지 이유로 개인에게 도덕적 지침을 줄 수 없는 상태, 즉 개인의 기준과 사회의 기준이 일치하지 않음으로써 발생하는 도덕적 무규제 상태를 말한다. 그러므로 아노미는 무규범 상태라기 보다 무규제 상태(deregulation)나 혼란 상태(derangement)라고 말하는 것이 원래의 뜻에 더 근접한다. 그렇다면 어떤 상태에서 규범이 개인의 행동을 규제하지 못하는가? 첫째, 사회가 빠르게 바뀌어 서로 어긋나는 규범이 혼재할 때, 개인은 어떤 규범을 따라야 하는지 알 수 없게 된다. 예컨대 구한말에 고종이 단발령이 내렸을 때, 사람들은 상투를 유지해야 하는 전통 규범을 따라야 할 것인지 상투를 틀지 않는 신식 규범을 따라야 하는지를 두고 혼란스러워 했다. 둘째, 사회가 지나치게 경직되어 개인의 재량을 제약할 때 발생한다. 특정한 두발이나 복장을 강요하면 이에 대한 반발심 때문에 사람들은 규범을 준수하지 않을 수도 있다.

아노미를 이해하기 위해 자살을 예로 들어 설명해 보자. 뒤르케임(Durkheim, 1897)은 자살이 없는 사회는 없다고 말하였다. 그는 자살에 관한 심리학적 설명을 거부하고, 자살을 사회적 제약과 연결하였다. 사람들은 심리 요인이나 유전 요인, 기후나 가난, 그리고 불행한 사랑이나 개인적 사정 때문에 자살하는 것이 아니라 개인을 초월하는 사회적 요인 때문에 자살한다. 뒤르케임은 자살은 사회통합의 결여, 즉 사회적 유대의 결여 때문에 일어난다고 보았다. 그는 사회적 유대를 두 차원으로 구별하였는데, 사회적 결속(social bond)과 사회적 규제(social regulation)가 바로 그것들이다. 사회적 결속은 개인이 집단에 연결된 정도를 말하고, 사회적 규제는 집단의식이 개인을 통제하는 정도를 말한다(집단의식은 〈삽화 1-1〉을 보라). 뒤르케임은 이 두 차원을 기준으로 네 가지 유형의 자살을 제시하였다. 이기적 자살과 이타적 자살, 아노미적 자살, 숙명론적 자살이 바로 그것들이다. 첫 두 유형의 자살은 사회적 결속과 관련하고, 나머지 두 유형의 자살은 사회적 규제와 관련한다. 이기적

61) 영어에서 a-라는 접두사는 '없다'라는 의미를 띠는 경우가 많다. atom은 '쪼갤 수(tom) 없(a)'는 입자라는 말로 '원자'로 번역한다. 이외에도 atheist, amoral, atypical, ahistorical와 같은 단어는 무신론자, 비도덕적, 비전형적, 몰역사적 등으로 번역한다.

자살(egoistic suicide)이란 사회적으로 고립된 사람들이 저지르는 자살이다. 인간의 본성은 이기적 특성을 갖는데, 다른 사람과 끈끈한 관계를 맺는 데에 실패하면 사람들은 이기적 목적 때문에 자살한다. 경제적 어려움을 겪거나 실연을 당한 사람이 모두 스스로 목숨을 끊는 것은 아니다. 자살을 막아줄 다른 사람이 있거나, 애착을 느끼는 다른 사람이 존재하면 아무리 괴로워도 자살하지 않는다. 이타적 자살(altruistic suicide)은 반대로 사회통합의 정도가 강렬해서 집단이 개인을 완전히 지배할 때에 일어나는 자살이다. 예컨대 자살특공대, 명예 자살(집단, 예컨대 가문의 명예를 지키려는 자살) 등이 바로 그것들이다. 아노미적 자살(anomic suicide)은 사회에 특정한 규범이 아직 출현하지 않았거나 복수의 규범이 존재하여 개개인이 어떤 규범에 순응해야 할지 모를 때 발생하는 자살이다. 집단의식이 부재하거나 약할 때, 그리하여 개개인의 입장에서는 어떻게 살아야 할지 모를 때 발생하는 자살이라고 볼 수 있다. 갑작스런 실직이나 급격한 인기 하락 등의 상황에서 발생하는 자살이 아노미적 자살이다. 아노미적 자살은 이기적 자살과 흡사하지만 결핍의 성질이 다르다. 이기적 자살은 사회적 결속이 결핍하였을 때 일어나는 자살이고, 아노미적 자살은 사회적 규제가 부재할 때 일어나는 자살이다. 아노미적 자살의 반대는 숙명적 자살(fatalistic suicide)이다. 이 자살은 사회의 규제가 강렬할 때 발생한다. 지나친 규제의 결과 미래가 냉혹하게 봉쇄되고 억압적 규율로 말미암아 열정이 심하게 질식된 사람들의 자살이다. 종이나 노예의 자살, (전근대사회에서 보는) 불임 여성의 자살 등이 바로 이런 자살이다.

앞의 논의를 요약해 보자. 사회통합과 자살의 관계는 곡선 형태를 보인다. 사람들은 사회통합의 정도가 낮아도 자살하지만 사회통합의 정도가 높아도 자살한다. 사회통합과 자살의 이런 연관성은 인간 본성에 대한 다음과 같은 가정을 함축한다.

1) 인간에게는 서로 결속하는 것이 필요하다.
2) 그러나 지나친 결속은 자율성을 침해하여 삶의 의미를 침해한다.
3) 인간의 이기심은 규제하고 견제해야 한다.
4) 그러나 지나친 규제는 삶의 의미를 침해한다.

이런 본성은 다소 모순적이다. 다시 말하면 인간은 사회에 소속해 있을 때에 삶의 의미를 느끼지만, 만일 그러한 소속이 지나치게 강하면 삶의 의미를 상실한다. 우리에게 삶의 의미를 부여하는 힘, 즉 사회적 결속과 집단의식은 자칫하면 삶의 의미를 박탈하는 힘이 되기도 한다.

머튼은 가치와 기회가 괴리하는 유형을 〈표 4-1〉에서 보는 것처럼 네 가지로 구분하였는데, 이 각각의 괴리 유형에 이름을 붙였다.

〈표 4-1〉 일탈 유형

일탈 유형	문화적 목표	제도화된 수단	일탈 행위 예
순응	+	+	
혁신	+	-	사기, 절도, 강도, 횡령, 배임
의례주의	-	+	수전노, 관료주의
패배주의	-	-	알코올 중독자, 수녀
반역	-(+)	-(+)	사회운동가, 수녀

문화적 목표를 수용하고, 제도화된 수단마저 승인하여 사회의 가치와 규범을 따르는 행위는 일탈이 아니다. 이는 순응이다. 일탈은 양자의 괴리에서 비롯한다. 혁신(innovation)은 문화적 목표를 수용하지만 제도화된 수단은 거부하거나 포기하고 '혁신적' 새 수단을 선택한 일탈 유형이다. 사기나 절도, 강도, 횡령 등 우리 주변에서 흔히 보는 일탈 유형이 바로 혁신이다. 오늘날 우리 주변에서 혁신적 방법으로 돈을 버는 사람들은 많다. 조희팔은 2000년대 초반 기발한 금융 사기 수법으로 7만명의 피해자에게서 무려 약 5조 원을 갈취하였다. 의례주의(ritualism)는 문화적 목표를 잊거나 무시하고 그 목표를 달성하는 수단에 집착하는 일탈 유형이다. 경제적 성공이라는 목표를 잊어버리고 근검절약에 집착하는 사람들이 있는데, 우리는 그런 사람들을 수전노, 구두쇠 등으로 부른다. 관료주의는 관료제 조직(bureaucracy)의 병폐를 지칭할 때 쓰는 용어다. 관료제 조직의 목표는 과업을 효율적으로 수행하는 것이고, 그 목표를 수행하려고 절차를 세부적으로 규정한다. 예컨대 신분을 확인하려고 특정 서류를 요구한다. 그러나 이 조직에서 생활하는 관료는 이 수단에 집착하여 신분을 다른 방식으로 확인할 수 있는데도 특정 서류를 계속 요구한다. 이렇게 수단에 집착하는 형식주의를 관료주의(bureaucratism)라고 하거니와 이 관료주의도 의례주의의 한 예이다.[62] 패배주의(retreatism)는 문화적 목표를 추구하지 않고 제도화된 수단에

62) 용어를 정리해 보자. 근대에 들어 생겨난 조직을 베버(Weber, 2015)는 관료제(bureaucracy)라고 이름 붙였다. 이 조직은 애초에 정부에서 시작하였으나 곧이어 기업, 학교, 군대, 병원 등 거의 모든 분야로 확산하였

도 관심이 없는 일탈 유형을 말한다. 알코올 중독자, 거지 등이 그러한 사람들인데 머튼은 수녀나 성직자 등도 이 유형에 해당한다고 보았다. 반역(rebellion)은 문화적 목표와 제도화된 수단을 수용하지 않는다는 점에서 패배주의와 같지만, 패배주의와 달리 새 목표와 새 수단을 제시하는 일탈 유형이다. 예를 들면, 혁명가는 개인의 경제적 성공을 문화적 목표를 설정하지 않고 '더불어 사는 세상'을 목표로 설정한다. 이 세상을 만드는 수단은 근검절약이 아니라 '함께 나누는 행동'이다.

이런저런 일탈 유형에서 가장 흥미로운 것은 아무래도 혁신이다. 우리 주변에서 가장 많이 보는 일탈 유형이기 때문이다. 혁신은 개개인의 의지나 선택의 결과가 아니라 사회적 조건, 즉 제도화된 수단을 동원하기 힘든 상황에서 발생한다. 개개인의 수준으로 내려가 보면, 제도화된 수단(창의, 도전, 근검절약 등)을 동원하기 힘든 개인이 혁신이라는 일탈을 저지르기 쉽다. 가난한 사람은 경제적 성공을 이루기 위한 수단을 찾기 힘들다. 그리하여 가난한 사람이 혁신을 꿈꾸고 혁신을 시도하기 쉽다.

갈등이론

일탈이나 범죄의 원인을 사회구조에서 찾는 이론으로는 앞에서 본 아노미 이론뿐만 아니라 갈등 이론을 들 수도 있다. 갈등 이론의 기원은 아무래도 맑스와 다렌도르프(R. Dahrendorf) 등에서 찾을 수 있다(Collins, 1975).[63] 맑스와 다렌도르프는 일탈과 범죄에 그다지 큰 관심을 보이지 않았으나 후대의 학자들은 이들의 이론을 활용하여 일탈과 범죄를 설명하였다. 대표적인 학자는 볼드(G. B. Vold), 터크(A. T. Turk), 퀴니(R. Quinney) 등이다.

볼드는 한 집단이 자신의 가치를 법으로 전환시킬 만한 권력을 가지고 있을 때, 그 집단은 상충하는 가치를 표방하거나 그 가치를 행동으로 나타내는 사람들을 범죄자로 만들 수 있다고 보았다. 예컨대 지배집단은 양심적 병역 기피자를 범죄자로 만들 수 있다. 지배집단은 국가보안법을 제정하여 정치적 반대자를 범죄자로 만든다. 이에 대한 반작용으로 피지배집단은 고의로 법을 위반하기도 한다. 예를 들어 혁명을 이루

다. 이 조직은 권위가 피라미드 형의 위계구조로 배치되어 있고, 성문화된 규칙이 있으며, 조직 내의 위치와 그 위치를 차지하는 개인(관료)은 분리되어 있고, 관료는 급여를 받는 등의 특징을 보인다. 여기서 관료(bureaucrat)는 관료제의 특정 위치를 차지하는 사람을 일컫지만, 관료주의는 관료가 보이는 병폐를 말한다. 관료는 흔히 형식적 절차를 중시하고, 규칙을 획일적으로 적용한다.

63) 맑스와 다렌도르프의 이론은 5장(사회 불평등)을 보라.

기 위해 테러 활동을 한다. 혁명이 실패하면 테러 활동을 했던 사람들은 범죄자가 될 것이지만, 성공하면 테러리스트들은 영웅이 될 것이고 그들을 억압했던 사람들은 범죄자가 될 것이다. 요컨대 볼드는 개인의 법규 위반이 집단 사이의 투쟁의 결과일 수 있다는 것을 보였다.

터크도 일탈과 범죄가 집단 갈등과 관련한다고 보았다. 그는 일탈의 원인을 따지는 작업보다 특정 행동이 일탈로 규정되는 이유를 밝히려고 노력하였다. 그는 구체적으로 집단 사이에 법적 갈등이 일어나는 조건을 논의하였다. 집단 사이에 법적 갈등이 존재하려면 첫째, 집단간 행동 차이가 문화 차이와 중첩하여야 한다. 다시 말해 행동이 중요한 가치 차이를 보이지 않는다면 사람들은 서로 다투지 않는다. 예를 들어 사람들은 가면이나 마스크를 쓴다고 서로 다투지 않는다. 그러나 가면이나 마스크를 쓴 사람이 반정부시위에 가담한다면 가면이나 마스크를 쓰는 행위를 두고 법적으로 서로 갈등할 가능성이 높다. 지배집단은 시위할 때 마스크를 쓰지 못하도록 하는 법을 만들려고 시도할 것이다. 둘째, 비합법적 속성을 띠는 집단이 조직화하면 법적 갈등이 발생할 가능성이 높다. 예컨대 예전에는 동성애자들이 조직을 만들지 않았다. 이런 조건에서 동성애를 둘러싼 법적 갈등도 없었다. 그러나 이들이 조직화하면서 법적 갈등이 나타났다. 가족으로 인정해 달라는 요구 등을 둘러싸고 집단간 갈등이 출현하였다. 셋째, 피지배집단이 공개적으로 반항할수록 갈등이 더 깊어질 가능성이 높다. 조직범죄자들은 공개적으로 반항하지 않는다. 그러므로 조직 범죄를 둘러싼 법의 제정이나 실행 등을 둘러싸고 갈등이 존재하지 않는다. 그러나 반전운동이나 인권운동은 공개적으로 저항한다. 그리하여 법적 갈등이 나타날 가능성이 높다.

터크는 법 규범이 실행하게 될 조건도 명시하였다. 첫째, 특정 법이 지배집단의 문화나 행동 규범과 일치할수록 시행될 가능성이 높다. 다시 말해, 지배집단에게 문화적으로 중요한 법은 그렇지 않은 법보다 시행될 가능성이 높다. 예를 들면 절도의 가중처벌법이나 매춘금지법은 가격담합금지법이나 소비자보호법보다 더 빨리 더 단호하게 실행될 가능성이 높다. 둘째, 저항하는 사람이나 집단의 힘이 약할수록 법 규범의 시행 확률이 높다. 예컨대 교원의 조직을 저지하는 법의 시행 가능성이 의약분업 관련법이나 변호사법의 개정 가능성보다 더 높다. 교원보다 의사나 변호사의 집단적 힘이 더 크기 때문이다. 셋째, 규범을 인정하고 몰래 행하는 위반에 대해서는 법 규범의 시행 확률이 낮고, 규범의 현실성과 정당성을 부정하는 위반에 대해서는 법 규범의 시행 확률이 높다. 예를 들면, 잘못을 뉘우치는 절도범보다 기자회견장에서 영장을 불태우는 병역기피자에게 법을 엄격하게 적용할 가능성이 더 높다.

퀴니의 이론은 맑스주의에 기반하였다(맑스주의는 이 책의 5장을 보라). 법은 생산수단의 소유자에게 유리하게 만들어져 있으며 정치, 법, 교육, 종교는 모두 이러한 법을 옹호한다고 퀴니는 주장하였다. 그의 주장을 요약하면 다음과 같다. 첫째, 형법을 비롯한 법률은 지배계급이 기존의 사회질서와 경제질서를 유지하고 영속화하려는 도구다. 법은 대부분 지배계층의 이익에 봉사한다. 피지배계급을 보호하려는 법이 없지 않으나 사실 이것도 엄밀히 따지면 지배계급의 이익을 위한 것이다. 예컨대 사회보험법은 노동자의 생계 안정을 위한 법이지만, 노동자계급을 달래서 지배체제에 흡수하려는 의도에서 만들어졌다.[64] 법의 제정뿐만 아니라 법의 시행에서도 지배계급의 이해가 관철된다. 어떤 법은 즉각적으로 강력하게 시행되지만, 어떤 법은 강력하게 시행되지 않는다. 예컨대 절도를 다루는 재산법은 강력하게 시행되지만, 같은 재산법이라도 독점금지법이나 소비자보호법, 환경보호법 등은 강력하게 시행되지 않는다. 둘째, 법뿐만 아니라 지배계급을 이익을 대변하는 제도와 기관도 피지배계급을 통제한다. 교육, 종교, 대중매체 등은 자본주의적 질서를 옹호하는 이데올로기를 전파하고, 피지배계급의 일탈을 통제한다. 이 기관들은 법의 준수를 강조하는 관념을 생산한다. 셋째, 자본주의체제는 사회통제에 많은 비용을 들인다. 사법 기관을 증강하여 강압적 통제를 강화하고, 사회복지제도, 교육, 종교, 대중매체를 동원하여 피지배계급을 이데올로기적으로 통제한다.

볼드와 터크, 퀴니의 이론의 공통점은 다음과 같이 요약할 수 있다. 법은 사회세력간의 투쟁의 결과다. 그러므로 일탈이나 범죄도 사회세력간 투쟁의 결과다.

아노미 이론(가치와 기회 이론)과 갈등 이론은 주로 사회구조가 범죄에 미치는 영향을 살폈다. 그러나 일탈을 다른 방식으로 다룰 수도 있다. 일탈이나 범죄를 다른 사회적 행위의 결과로 보는 방식이 바로 그것이다(cf. 김준호 외, 2015). 사회적 사실은 사회적 사실로 설명해야 한다는 뒤르케임의 방법론을 연상케 하는 접근 방식이다.

---

64) 19세기 말, 독일 수상 비스마르크(O. von Bismarck)는 사회주의자 탄압법을 제정하여 노동계급을 중심으로 한 사회 불만 세력을 강압적으로 억눌렀다. 그러나 다른 한편으로 노동자의 생존을 보장하는 일련의 사회입법(사회보험법)을 마련함으로써 혁명의 위험을 줄이고자 하였다. 비스마르크의 정책을 흔히 '채찍과 당근(stick and carrot)'이라고 표현하는 바, 사회주의자 탄압법은 채찍이었고, 사회입법은 당근이었던 셈이다. 이처럼 사회보험법은 노동자를 보호하려는 목적으로 만든 법이라기보다 지배계급의 이익을 위해 도입한 법이었다.

지금부터는 차별 교제라는 사회 행동이 일탈에 영향을 미친다는 차별교제이론, 타인의 반응이 일탈에 영향을 미친다는 낙인이론, 범죄를 다루는 기관(경찰, 검찰, 사법부)이 일을 처리하는 방식이 일탈에 영향을 미친다는 구성주의 이론을 차례로 살펴보기로 한다.

차별교제이론

서덜랜드(E. Sutherland)가 주창한 차별교제이론(differential association theory; DAT)은 요지는 다음과 같다.[65] 첫째, 일탈 행동은 학습의 결과로 나타난 행동이다. 일탈 행동은 타고난 특성이 낳은 것이 아니다. 둘째, 일탈 행동은 타인에게서 학습한다. 개인과 접촉하는 타인은 여러 부류다 (〈그림 4-7〉 참조). 특정 행위자, '나'는 가족의 일원이고 여러 부류의 친구 집단의 일원이다. 그리고 이웃 등을 비롯한 여러 집단의 일원이기도 하다. '나'는 이들과 접촉한다. 셋째, 일탈 행동은 주로 친밀한 집단에서 학습한다. 대중매체 등에서 학습하는 것이 아니다. 넷째, 친밀한 집단이 우연하게도 일탈적 하위문화에 젖어 있다면, 일탈 행위를 학습하고 일탈 행위를 저지르기 쉽다. 친구 집단이 절도와 관련을 맺고 있으면 '나'도 절도 행각을 벌이기 쉽다. 이때 집단에서 학습하는 것은 1) (일탈이나 범죄의) 기술, 2) (일탈을 정당화하는) 태도다.

〈그림 4-7〉 차별접촉

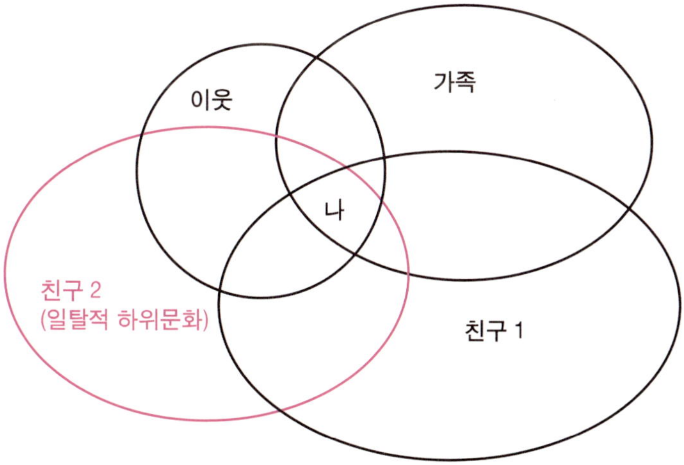

65) 차별교제이론은 때때로 차별결합이론, 차별접촉이론이라고 옮기기도 한다.

일탈의 기술, 예컨대 자물쇠를 여는 기술 등은 타인에게서 배워야 한다. 그리고 일탈을 정당화하는 태도도 배워야 한다. 자신이 왜 절도를 하지 않을 수 없는지 정당화해야 한다. 그렇지 않으면 일탈을 지속하기 힘들다. 다섯째, 일탈은 차별 접촉의 시기, 기간, 빈도, 강도에 맞추어 달라진다. 일탈 집단과 접촉하는 시기(priority)가 이를수록, 접촉 기간(period)이 길수록, 접촉 빈도(frequency)가 많을수록, 접촉 강도(strength)가 높을수록 일탈 행동의 가능성은 높아진다.

차별교제이론을 요약하면, 차별 교제가 일탈적 태도를 낳고 이 태도가 일탈 행동을 낳는다는 것이다. 이 이론은 청소년의 일탈을 설명할 때 매우 유용하다. 차별교제이론이 예측하듯 청소년은 대체로 친구 집단과 함께 일탈 행동을 한다. 그러나 이 이론은 다른 범죄, 예컨대 자살, 아동 성추행 등을 설명하지 못한다.

낙인이론

갈등 이론은 그렇지 않지만, 아노미(가치와 기회) 이론과 차별교제이론은 모두 규범의 안정(stability)과 규범에 대한 사람들의 합의(consensus)를 가정하였다. 다시 말해, 규범은 시간이 바뀌어도 좀처럼 바뀌지 않고 사람들은 이 규범의 정당성을 의심하지 않는다고 가정하였다. 1960년대에 들어 사람들은 이 안정과 합의라는 가정에 대해 의구심을 품게 되었다. 이들은 규범의 떠오름 속성(emergent property)과 변화 가능성(changeability), 규범을 둘러싸고 사람들이 벌이는 갈등(conflict)을 강조하였다. 이들은 사람들이 매번 규범을 새로 만들고(그리하여 규범은 매번 새로 등장하고), 이 규범을 항상 바꾸며, 이 규범의 정당성을 두고 항상 서로 다툰다고 가정하였다. 이들 연구자는 일탈을 사회적 정의(social definitions)로 판단하였다. 다시 말해, 규범은 이미 만들어져서 고정되어 있고 그 규범의 정당성도 이미 확보된 것이 아니라고 이들은 보았다. 이들은 다수의 사람이 함께 모여 특정 규범을 정당하다고 주장하고, 반대자의 주장을 꺾어서라도 새로운 규범을 만들어낸다고 보았다. 사람들이 함께 모여 규범을 정의한다고 주장하였다. 규범을 정의하니, 일탈도 정의한다고 보았다.

일찍이 베커(Becker, 1963) 등은 이 이론을 낙인이론(labeling theory)이라고 이름 붙였다.[66] 낙인이론은 상징적 상호작용이론에 지적 근원을 두었다. 상징적 상호작용

66) 'Labeling theory'를 그대로 번역하면, '꼬리표 붙이기 이론'이나 '딱지 붙이기 이론'이라고 번역할 수 있다. 그러나 우리나라에서는 사람들이 낙인이론으로 번역한다. 이를 그대로 사용하기로 한다. 낙인(烙印)은 가축

〈그림 4-8〉 〈주홍글씨〉(E. Berry, 2015)

이론은 사람들 사이의 의사소통에서 상징이 수행하는 구실에 주목하였고, 소통과정에서 생기는 개인의 정체성 형성에 관심을 두었다. 낙인이론은 사회구조보다는 사회과정에, 거시 차원보다는 미시 차원(사회심리학)에 관심을 두었다. 낙인이론은 일탈 행동 그 자체보다 일탈을 규정하는 사람과 일탈자라고 간주되는 사람에게 관심을 쏟았다. "일탈은 (사람이 저지른) 질 나쁜 행동이 아니다. 일탈은 사람들이 '위반자'에게 규칙이나 제재를 적용한 결과다. 일탈 행동은 사람들이 낙인찍은(꼬리표를 붙인) 행동이다."

낙인이론처럼 일탈을 사회적 정의로 파악하는 경우 세 가지의 질문이 주요하다. 첫째, 사람들은 어떤 행위를 일탈로 규정하는가(어떤 행위에 일탈이라는 꼬리표를 붙이는가? 어떤 행위에 낙인을 찍는가)? 특정 행위를 일탈로 낙인 찍으려면 일정한 규범과

의 소유권을 확인하거나 사람에게 형벌을 내릴 때 썼던 것이다. 미국의 소설가 호손(Nathaniel Hawthorne, 1804-1864)의 소설 『주홍글씨(*Scarlet Letter*)』에서 헤스터 프린(Hester Prynne)은 아버지를 확인할 수 없는 사생아를 낳은 죄를 지었다 하여 간통(adultery)을 뜻하는 글자 A를 가슴에 달고 다니는 형벌을 받았다. 이는 불에 달군 도장, 낙인이었다. 〈그림 4-8〉은 베리(E. Berry) 감독의 2015년작 영화 포스터다.

그에 상응하는 사회적 범주가 출현해야 한다. 예컨대 매춘을 일탈이라고 간주하려면 매춘을 일탈로 규정한 규범이 있어야 하고, 매춘에 종사하거나 이를 이용하는 사람이 있어야 한다. 둘째, 사람들은 어떤 사람을 일탈자로 규정하는가? 많은 사람들이 수많은 일탈 행위를 하지만 발각되는 사람들은 그 일부분이다. 예컨대 많은 사람들이 절도를 하지만 일부분만 발각된다. 사람들이 그들을 발각한다고 해서 모두 문제를 삼는 것은 아니다. 주인이든 경찰이든 일부분은 문제 삼지 않는다. 문제가 된 사람들이 모두 기소되는 것도 아니다. 일부는 여러 가지 수단을 써서 빠져나가고 일부만 기소된다. 기소된 사람이라고 해서 모두 형벌을 받는 것은 아니다. 그 중 일부만 형벌을 받는다. 그렇다면 최종적으로 형벌을 받는 사람들은 어떤 부류의 사람들인가? 셋째, 일탈자나 범죄자로 낙인찍은 결과는 무엇인가?

첫 번째 질문은 뒤에서 볼 구성주의 이론의 관심사다. 낙인이론은 주로 두 번째와 세 번째 질문에 관심을 기울인다. 누가 일탈자로 간주되는가? 그리고 낙인의 결과는 무엇인가? 레머트(E. M. Lemert)는 여러 집단이 권력과 지배를 노리고 서로 경쟁하

〈그림 4-9〉 낙인이론

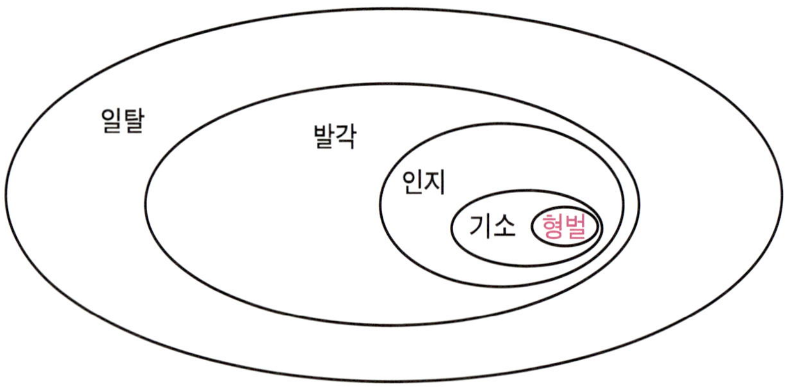

는데 이 경쟁의 산물로 법과 규범이 나타난다고 보았다. 경쟁으로 권력을 획득한 집단은 규범과 법을 자신의 뜻이나 이익에 부합하는 대로 만들고, 자신에게 유리한 방식으로 운용한다. 그러므로 일탈 행위자가 모두 일탈자로 간주되지는 않는다. 권력이 많은 사람은 법을 운용하는 사람과 가깝고 그들과 더 쉽게 접촉하며, 더 많은 협상을 할 수 있다. 그러므로 권력이 많은 사람은 일탈을 했다고 해도 관대하게 취급 받고,

권력이 적은 사람이 일탈자로 간주된다. 그 최종 결과는 이른바 유전무죄 무전유죄(有錢無罪 無錢有罪)가 된다(〈그림 4-9〉 참조).

레머트는 일탈자가 주로 어떤 부류의 사람인지에 대해서도 관심을 보였지만, 낙인 효과가 무엇인지를 논의하기도 하였다. 레머트는 일탈을 일차 일탈(상황적 일탈)과 이차 일탈로 구분하였다. 일차 일탈이나 상황적 일탈은 다양한 사회적, 문화적, 심리적 상황에서 발생하는 일시적 일탈을 말한다. 사람들은 호기심으로 흡연을 하거나 음주하거나 우연히 절도 행각을 벌이기도 한다. 이런 행위가 발각되지 않거나 경찰이나 검찰이 이를 심각한 문제로 인지하지 않으면 별다른 일이 아니다. 그러나 경찰이나 검찰이 이를 문제 삼으면 일탈자나 범죄자라는 낙인이 찍힌다. 이렇게 일탈자로 낙인

〈그림 4-10〉 낙인의 효과

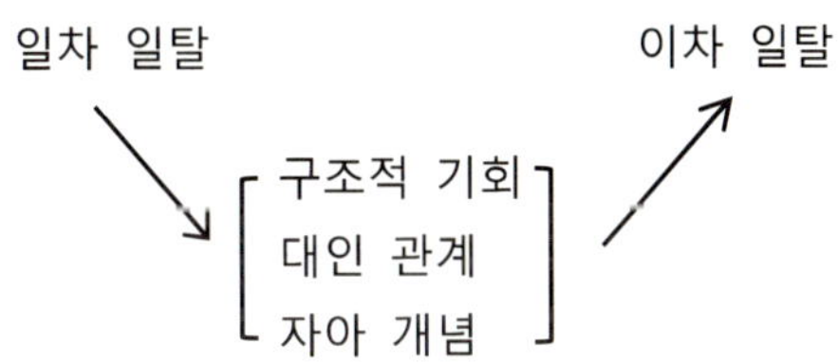

찍히면 어떤 일이 벌어지는가? 이는 경제적 기회와 사회관계, 그리고 자아 정체성에 영향을 미친다(〈그림 4-10〉 참조). 고용주는 전과자에게 취업 기회를 주지 않으려 할 것이며, 사람들을 그와 관계 맺기를 꺼려 할 것이다. 그리하여 그는 스스로 제 자신을 비하하게 된다. 이렇게 일차 일탈에 대한 사회적 반응, 즉 낙인 효과에 적응하려고 행위자는 다른 일탈을 저지른다. 먹고 살려고 새 일탈을 저지른다. 이런 일탈을 레머트는 이차 일탈이라고 이름 붙였다. 결국 이차 일탈은 낙인의 결과, 낙인의 효과라고 말할 수 있다.

구성주의 이론

일탈이나 범죄에 대한 구성주의의 시각은 교정주의 시각과 구별된다. 교정주의(correctionalism)는 일탈과 비일탈을 구별하고, 일탈을 비정상으로 바라보며, 사회에서 일탈을 제거하거나 교정하려는 시각이다. 이런 시각은 일탈자의 주관 세계에 관

심을 기울이지 않는다. 그러므로 이 시각은 일탈을 이해할 수 없다. 이 시각은 절도범이 절도 행각을 벌인 이유 등에 관심을 두지 않는다. 구성주의는 이런 교정주의와 전혀 다르다. 구성주의는 일탈을 만들어내는 일, 즉 일탈의 구성(構成, constitution)에 초점을 맞춘다.

구성주의(constitutionism)는 현상학(phenomenology)에 뿌리를 둔다(현상학은 이 책의 6장을 참고하라). 현상학은 실재(reality)란 오직 사회적 해석 과정을 거쳐야만 경험할 수 있다고 가정한다. 실재란 사람들이 지각, 인지, 의식할 때에만 존재한다고 본다. 이런 가정 때문에 현상학은 객관적 세계를 아예 무시하고 세상을 바라보는 사람들의 주관적 인식과 해석에 초점을 맞춘다. 현상(phenomenon)은 사람들의 지각, 인지, 의식이다. 이처럼 현상학은 주로 사람들의 주관적 인식과 해석을 다루지만, 이와 동시에 사람들이 제 자신의 세계를 형성하고 구성하는 과정을 설명하려 한다. 현상학은 사람들이 실재를 어떻게 만들어내는지 그 방법을 알고 싶어 한다.

구성주의는 일탈자가 일탈 행동이나 일탈 상황에 부여한 주관적 해석을 중시한다. 일탈자의 일탈 행동을 이해하려면 그들의 주관 세계를 이해해야 하기 때문이다. 그 사람이 상대방을 살해한 이유는 무엇인가? 어떤 사람은 경제적 보상이 낮고 처벌 위험이 높은데도 왜 강도나 절도 행각을 벌이는가? 이런 질문에 답변하려면 일탈자가 일탈에 부여한 주관적 의미나 해석을 이해해야 한다. 예컨대 분노 때문에 살인을 저질렀다든지, 짜릿한 쾌감을 즐기려고 절도 행각을 벌였다든지, 행위자의 주관적 의미나 동기를 이해하는 것이 필요하다. 그리하여 일탈을 경험적으로 이해하는 것이 필요하다.

다른 한편, 구성주의 관점으로 볼 때 일탈은 사람과 조직이 만들어낸 것이다. 즉 사람들이 만들어낸 사회적 구성물(social construction)이다. 민속방법론(ethnomethodology)은 이와 같은 일탈의 구성에 관심을 둔다.[67] 사람들이 일탈을 만들어내는 방법에 관심을 기울인다. 일탈을 구성하는 방법을 망라하는 포괄적 이론은 없다. 다만 사람들은 대략 다음과 같은 기본적 방법을 사용한다고 알려져 있다. 1) 일탈에 대한 전형적 이미지를 만들고, 2) 일탈 상황을 재구성하며, 3) 경찰이나 병원 등과 같은 사회통제기관은 조직의 관점에서 일탈을 구성하기도 한다. 하나씩 살펴보자.

사람들은 어떤 대상을 묘사하기 위해 사회적 범주(social category)를 사용한다.

67) 민속방법론은 이 책의 6장을 참고하라.

이 범주는 현상을 단순화하여 대상을 이해하는 데에 도움을 준다. 예컨대 민족, 인종, 성 등과 같은 범주는 사람을 이해하는 데에 도움을 준다. 어떤 사람은 고정관념 때문이든 편견 때문이든 일본 여성은 한국 여성과 다르게 행동할 것이라고 판단한다. 그런 판단은 맞을 수도 있고 틀릴 수도 있다. 그러나 여기서 중요한 것은 판단의 정확도가 아니다. 정확도와 무관하게, 그런 전형화(typification)는 대상을 빨리 이해하는 데에 기여한다. 일탈 행위도 마찬가지다. 사람들은 상식적이고 전형적인 이미지로 일탈과 일탈자를 재빨리 판단한다. 특정한 행동이 발생하면 순응과 일탈로 재빨리 구별한다. 폭력은 나쁜 행위이고, 그런 행위를 저지르는 사람은 이러저러한 사람이며, 그에 상응하는 처벌은 어떠어떠한 것이 되어야 한다고 판단한다. 거리에 침을 뱉는 일도 나쁜 일이고, 그런 행동을 하는 사람은 이러저러한 사람이며, 그에 상응하는 처벌은 어떠어떠한 것이어야 판단한다. 결국 일탈 행위는 사람들이 전형적 이미지를 사용하여 주관적으로 판단하는 것이다.

이러한 이미지는 상황마다 달리 적용되는데, 그 까닭은 사람들이 상황마다 서로 다른 인지 규칙을 쓰기 때문이다. 이 인지 규칙은 정보를 조직하는 데에 쓰인다. 대표적 인지 규칙은 일관성 규칙(the rule of consistency)과 경제성 규칙(the rule of economy)이다. 일관성 규칙은 정보의 일관성을 유지하려는 규칙이다. 사람들은 사건이나 사람을 범주화하면 그들에 대한 과거의 정보나 미래의 인식을 이들 범주와 일치하도록 조직한다. 특정인이 동성연애자라는 사실을 알게 되면, 과거에 그가 했던 모든 행위(예를 들면 동성 친구와 손 잡고 걷던 일 등)를 동성연애의 일부로 해석하는 데에 사용한다. 경제성 규칙은 하나의 범주를 지속적으로 사용하려는 경향을 의미한다. 사람들은 특정인에게 특정 범주를 한번 적용하면 그 범주만을 사용하여 해석하려는 경향을 띤다. 예를 들어, 한 사람을 절도 행위자로 인지하면, 그가 운동을 하거나 산책을 해도 절도를 예비하는 행위인 것처럼 해석한다.

사람들은 이런 방법으로 일탈과 일탈자를 구성하지만, 일탈자는 자신의 행위를 해명함으로써 일탈의 구성에 저항한다. 다시 말해 자신의 행위가 일탈이 아니라고 주장하는 것이다. 해명(accounts)에는 변명과 정당화가 있다. 변명(excuses)은 문자 그대로 행위의 책임을 완화하는 말이다. 일탈자는 자신이 절도 행위를 한 까닭이 생리적 충동 탓이라고 말하거나 자신이 살인을 저질렀던 까닭이 정신 이상 탓이라고 말함으로써 자신의 책임을 회피하는데, 이 회피에 쓰는 말이 변명이다. 정당화(justifications)는 행위의 부정적 결과는 인정하지만 행위의 긍정적 측면도 없지 않거나 행위가 일어날 수밖에 없는 상황을 강조하는 말이다. 예컨대 매춘은 나쁜 일이지만 희생자가 없다고 강변하거나 강간은 나쁜 일이지만 피해자가 가해자를 유혹하는 듯한 행동으로 범죄를 유도했다는 말 등이 정당화다. 결국 일탈이란 특정 행위를 일탈로 규정하려는 사람들과 그런 규정에 저항하는 사람들의 밀고 당김으로 결정되는 것이라고 볼 수 있다. 일탈은 사람들 사이의 협상이나 흥정의 결과라고 생각할 수 있다.

보통 사람들도 일탈을 규정하는 데에 기여하지만, 일탈을 담당하는 조직(경찰, 검찰, 법원, 병원)은 일탈과 일탈자를 규정하고 분류하는 데 더 큰 구실을 한다. 이런 조직은 판단하기 쉽지 않은 모호한 행동도 일탈과 비일탈로 판정한다. 어떻게? 이런 조직은 일 처리의 기준을 갖고 있다. 그 기준이란 효율성, 책임성 등이다. 효율성은 복잡한 세상을 가급적 빨리 묘사하고 조직하여 일 처리를 빨리 하려는 경향을 말한다. 사회통제조직은 고정화한 범주를 만듦으로써 일을 빨리 처리하려고 한다. 예컨대 가출은 가정 불화의 결과라고 판단하고, 가난하면 절도 행각을 벌이기 쉽다는 기준을 만들어 일을 빨리빨리 처리한다. 이런 일 처리는 개별 사례의 미묘한 특징을 무시한다.[68] 다른 한편, 이런 사회통제조직은 일탈을 설명하는 책임을 떠안는다. 그리하여 이 조직은 복잡한 이론 체계를 마련하여 일탈을 분류한다. 예컨대 정신 질환을 이런 저런 질병 등으로 체계적으로 분류하고, 특정 행동은 특정 질병의 결과라고 판정한다. 예를 들어, 가정 주부의 자살 사건이 일어나면 이는 우울증의 결과라고 판단한다. 이렇게 분류한 다음, 조직은 전기 구성(傳記構成, biography building)을 시도한다. 예컨대 한 여성이 자살했는데, 이는 우울증의 결과이고, 이 우울증은 과거의 이혼으로 비롯하였고, 최근의 실직으로 심화하였다는 식으로 이야기 줄거리를 재구성한다. 사회통제조직의 이와 같은 적극적 구성으로 일탈이나 범죄에 대한 공식 기록이 만들어진다. 그러므로 일탈 통계는 실제 발생률이라기보다 조직의 특성과 일상적 과정을 반영한다. 예컨대 자살률은 단순히 자살자의 누계라고 보기 어렵다. 자살률은 경찰이 죽음을 판단하고 분류하는 방식, 즉 이런저런 죽음이 자살이라고 분류하는 방식의 영향을 받는다.

68) 법원과 검찰 등의 사회통제기관, 그리고 범인과 변호사 등이 함께 범죄를 만들어내는 과정은 〈세 번째 살인(2017)〉을 보라(〈그림 4-8〉).

〈그림 4-11〉 〈세 번째 살인〉(코레에다 히로카즈(是枝裕和), 2017)

(4) 범죄의 정상성

일탈이나 범죄를 보수적으로 바라보는 사람들은 일탈이나 범죄를 강하게 처벌해야 범죄가 줄어들 것이라고 주장하는 편이다. 그러나 역사적으로 보건대 일탈이나 범죄를 저지른 사람에게 아무리 가혹한 처벌을 내려도 범죄는 줄어들지 않았다. 빵 한 조각 훔친 사람에게 사형을 선고하고 작은 잘못에도 손이나 귀를 자르는 신체 절단형을 시행해도 절도를 비롯한 범죄는 줄어들지 않았다(역사적 사실이 그렇다면, 오늘날에도 사정은 마찬가지일 것이다. 마약 흡입자에게 아무리 가혹한 형벌을 내려도 마약 흡입이라는 범죄는 그다지 많이 줄지 않을 것이다). 그렇다고 다른 방법으로 범죄를 줄일 수 있었던 것도 아니다. 일탈이나 범죄의 책임을 상당 부분 사회에 떠넘기는 진보적 관점을 좇아 여러 가지 개선 프로그램을 마련해도 범죄율을 그다지 감소하지 않았다. 범죄 가능성이 있는 빈민층 청소년에게 여러 서비스 기관을 마련해 주고, 경제적 성공 가능성을 높이는 갖가지 교육기회를 제공하며, 감옥 등과 같은 교정 기관 운영을 개선하고, 교정과 사회복귀를 위한 프로그램을 제공해도 범죄율은 크게 감소하지 않았다. 왜 그러했을까? 이를 어떻게 설명해야 할까? 이를 설명하는 한 가지 방법은 범죄란 정상적인 것이라고 인정하는 것이다. 범죄는 어찌 보면 모든 사회에 필요한 속성이라고 인정하는 것이다(Collins, 1982).

앞에서도 잠시 보았지만, 구조기능주의는 일탈이나 범죄가 사회의 생존에 기여한다고 보았다. 어떻게 기여하는가? 사회는 범죄자를 처벌함으로써 나머지 사회 성원을 결속한다. 결국 구조기능주의는 범죄가 사회의 결속에 기여한다고 보았던 셈이다. 뒤르케임은 이를 좀 더 구체적 방식으로 언급하였다. 그는 범죄자를 처벌하는 의례가 범죄자를 제외한 나머지 사람들의 유대감을 끌어 모아 사회통합을 증진한다고 주장하였다. 만일 범죄자를 처벌하는 의식이 존재하지 않으면 사회통합은 약해지게 될 것이고 사회는 붕괴할 것이라고 말하였다.

뒤르케임의 주장이 맞는다고 가정해도 의문은 남는다. 누가, 언제 처벌 의례를 수행하는가? 전체로서 사회란 하나의 관념일 뿐이다. 사회는 아무 것도 하지 않는다. 행위자는 개인이고 집단이다. 집단 내부의 유대감을 증진하여 사회통합을 강화하려는 사람들, 또 자신의 힘으로 다른 사람이나 집단을 지배하려는 이는 바로 이 개인이나 집단이다. 그렇다면 누가 처벌 의식을 원하는가? 지배집단이거나 지배 집단과 밀접하게 결합한 사람들이 바로 그들이다. 이들은 지배집단의 정서에 부합하는 처벌 의례를 실행하고 싶어 한다. 처벌 의례는 지배 구조를 유지할 뿐 아니라 사회를 하나로 뭉치게 한다. 처벌 의례는 지배집단의 지배를 강화하고 공동체의 도덕적 감정을 극화한다. 이처럼 처벌 의례가 지배구조를 공고히 하고 공동체의 사회통합을 제고한다면, 이는 어떤 유형의 사회라도 그 나름의 범죄를 만들 수밖에 없음을 의미한다. 어떤 사회든지 범죄가 발생하도록 법과 규칙을 제정해야 하고, 그리하여 처벌 의례가 항상 존재하도록 해야 한다. 그러므로 범죄가 없는 사회란 있을 수 없다. 예를 들어 보자. 수도원이나 수녀원에 모인 사람들은 평균적 사람보다 더 선량할 것이다. 수도사나 수녀가 절도나 강도 행각을 벌일 것이라고 믿을 수는 없다. 마찬가지로 홍길동이 이 세상에서 법 없이도 살 수 있는 남녀를 모아 율도국을 만들었다고 하자. 이런 사회에서도 일탈이나 범죄가 없을 것이라고 짐작할 수 있다. 그러나 이 집단, 그 사회에서도 일탈이나 범죄는 발생한다. 어떻게? 도덕 기준을 높임으로써 범죄를 만든다. 예컨대 하루에 8시간 이상 기도하는 규칙을 만들거나, 아니면 나쁜 행동은 말할 것도 없고 나쁜 마음마저 먹지 말아야 한다는 규칙을 제정함으로써 규칙 위반을 유도한다. 그 규칙 위반에 근거하여 처벌 의례를 수행하는 것은 말할 것도 없다. 사회는 능동적으로 범죄를 만들어내고야 만다.

만일 범죄가 사회통합에 기여한다고 가정하면, 범죄가 많을수록 사회는 더 잘 통합할 것이라는 논리를 제시할 수 있다. 그러나 이런 논리는 설득력이 별로 없다. 범죄가 너무 많은 상태는 잘 일어나지 않는다. 왜냐하면 범죄가 제 스스로 한계를 짓는 경향을 보이기 때문이다. 개인이 저지르는 범죄는 매우 비효율적이다. 혼자서 범행하여 얻을 수 있는 경제적 이익은 미미하다. 그러므로 범죄를 성공적으로 달성하려면 조직을 이루어야 한다. 조직화하면 절도, 강도, 횡령 등 어떤 범죄든지 훨씬 더 효율적으로 수행할 수 있다. 이렇게 범죄를 조직화하면 조직 내부에 위계나 규칙을 만들어야 한다. 내부 성원 사이에 절도나 횡령 등과 같은 배신이 빈번하면 조직이 와해하기 때문이다. 그러므로 조직은 별도의 규칙을 제정하여 이 규칙의 준수를 강제하고, 불필요한 폭력과 싸움을 회피한다. 조직이 성공하면 성공할수록 보통의 사업체와 비슷해진다. 예를 들어 보자. 길에서 약탈을 일삼던 도적 무리가 국가를 만드는 경우도 없지 않았다. 그러나 이들이 일단 국가를 세우거나 다른 나라를 장악하면 최소한의 내부 기강을 유지해야 했다. 내부 성원 사이의 약탈을 금지하였다. 만일 내부 성원이 이 규칙을 위반하면 처벌하였다. 이런 이유 때문에 이 세상에는 너무 많은 범죄가 존재하지 않게 된다. 결국 사회생활은 범죄를 만들어내지만, 이와 동시에 반범죄적 경향도 만들어낸다.

5

사회 불평등

Sociology

(1) 불평등의 형태

(2) 현대 사회의 계층 구조

(3) 불평등의 기원

(4) 불평등의 재생산

(5) 불평등의 결과

(6) 불평등과 귀속 요인

5. 사회 불평등

호모 사피엔스가 이 땅에 출현한 이래 사회적 불평등은 항상 존재하였다. 인류 역사상 나타났던 거의 모든 형태의 사회에서 일부 사람은 다른 사람보다 더 많은 부와 권력과 명예를 차지하였다. 이런 사정은 선진산업사회에서도 바뀌지 않았다. 선진산업사회에서 사람들은 사회경제적 불평등을 줄이려고 다양한 정책을 펼쳤지만 빈곤과 불평등은 결코 사라지지 않았다. 사라지거나 줄어들기는커녕 소득 불평등이나 자산 불평등과 같은 중요하고도 핵심적인 불평등은 도리어 과거보다 더 늘어났다(Piketty, 2014). 그런데도 이런 불평등 문제에 대한 관심은 항상 뒷전이었다. 사람들이 경제성장에 더 많은 관심을 두었기 때문이다. 거의 모든 나라에서 사람들은 경제 성장을 첫 번째 관심사로 꼽았고, 이 성장이 낳은 불평등은 나중에 치유해도 된다고 생각하였다. 많은 사람이 흔히 쓰는 말로 바꾸면, 사람들은 파이(pie)를 키우는 일이 파이를 나누는 일보다 더 중요하다고 생각하였다. 그러나 오늘날 빈곤과 불평등에 관심을 둔 학자나 정책 입안자, 정치가 등은 하나의 합의에 도달하였다. 합의의 내용은 빈곤과 불평등을 '다루기 쉬운(soft)' 사회문제로 취급해서는 안 된다는 것이었다. 빈곤과 불평등을 왜 무시해서는 안 되는가? 우리는 왜 빈곤과 불평등에 관심을 기울여야 하는가? 사람들은 다음과 같은 이유 때문이라고 '설명'하였다(Grusky and Szelenyi, 2014). 첫째, 다수의 후발 산업국가에서 경제적 불평등을 비롯한 여러 형태의 불리함이 급격하게 상승하였기 때문이다(이륙 설명). 둘째, 수십 년 동안 평등주의적 개혁을 적극적으로 시행했음에도 비경제적 형태의 불평등은 지속하였기 때문이다(지속성 설명). 셋째, 빈곤과 불평등은 테러리즘, 경제 성장, 인종갈등 등과 같은 거시적 현상에 부정적 영향을 미쳤기 때문이다(거시적 외부성 설명).[69] 넷째, 빈곤은 개인의 건

69) 외부효과(external effect) 또는 외부성(externality)은 시장 참여자의 경제적 행위가 아무런 대가를 주지도 받지도 않으면서 사람들에게 의도하지 않은 편익을 초래하거나 손해를 끼치는 현상을 말한다. 아무런 대가를 주지도 받지도 않는다는 것은 가격(시장)이 완벽히 작동하지 않는다는 사실을 의미한다. 이때 참여자의 경제행위가 타인에게 편익을 가져다주는 경우 긍정적 외부성(외부경제)이 발생했다고 하며, 손해를 끼치는 경우에는 부정적 외부성(외부불경제)이 일어났다고 한다. 우리 집에서 밝힌 외등이 어두운 골목길을 비추게 되면 골목길을 다니는 사람들은 비용을 지불하지 않고도 안전하게 밤길을 갈 수 있다. 소음과 악취를 뿜어

강과 정치참여, 삶의 여러 조건 등과 같은 미시적 현상에 부정적 영향을 미쳤는데, 사람들이 이를 예전보다 더 많이 인지하게 되었기 때문이다(미시적 외부성 설명). 다섯째, 지구촌의 등장으로 생활수준의 지역 격차가 더욱 더 가시화하였고, 이는 점점 더 무시하기 어렵게 되었기 때문이다(가시성 설명). 여섯째, 예전에는 당연시되어 별달리 논의되지 않았고 잘 보이지도 않았던 새로운 형태의 불평등(성적 지향, 장애인, 시민권 등에 따른 차별과 불평등)이 밖으로 드러났고, 이런 형태의 불평등은 정당하지 않다고 판단하는 경향이 지속하였기 때문이다(새로운 불평등 설명). 일곱째, 자연재해나 경기침체, 무능한 기업 임원이 높은 연봉 차지하기 등과 같은 사건·사고가 빈곤과 불평등을 특별히 두드러지게 하였기 때문이다(개별기술적 설명). 여덟째, 인간이 누려야 할 마땅한 자격이나 권리, 예컨대 튼튼한 직업을 얻어 극심한 가난을 벗어날 권리 등에 대한 믿음이 점차 증대하였기 때문이다(사회적 포용 설명).

이처럼 오늘날 학자들은 빈곤과 불평등이 경제 성장에 못지않은 중대 문제임을 인식하기 시작하였다. 이들은 환경 문제 전문가가 주로 사용하는 용어와 수사, '지속가능성(sustainability)'이라는 말까지 동원하여 빈곤과 불평등 문제를 강조하였다. 극단적 불평등은 경제 성장을 더디게 하고 경제의 지속가능성을 낮춘다. 극심한 불평등은 또 사회적 리스크를 높여 사회의 지속가능성을 위협한다. 그러므로 한 사회가 지속가능하려면 다른 무엇보다 불평등 문제를 해결해야 한다고 그들은 주장하였다. 다시 말해, 불평등이 부차적 관심사가 되어서는 안 된다고 주장하였다(Fischer et al., 1996; Grusky and Ku, 2008; Stiglitz, 2012; Grusky and Szelenyi, 2014).

오늘날 계층 연구의 핵심 연구 분야는 불평등의 기능과 역기능, 불평등의 비교, 불평등의 구조, 지배계급, 하층계급과 빈곤, 기회의 불평등, 인종과 불평등, 성과 불평등, 불평등의 결과, 불평등의 미래 등으로 요약할 수 있다(Grusky, 2001; Grusky and Ku, 2008; Grusky and Weisshaar, 2014). 그러나 여기서 이 주제를 모두 다룰 수는 없다. 그러므로 이 책에서는 불평등의 구조, 불평등의 원인(불평등의 기능과 역기능), 기회의 불평등(불평등의 생산과 재생산), 불평등과 귀속 과정, 불평등의 결과

내는 화학공장이 있다면 공장 주변에 사는 사람들은 많은 피해를 보게 된다. 전자의 경우에는 특정한 경제적 행위가 의도하지 않은 편익(외부경제)을, 후자의 경우 피해(외부불경제)를 유발한 것으로 볼 수 있다. 이 글에서는 빈곤과 불평등은 경제적 과정의 결과이지만 아무런 대가를 지불하지 않고 사회나 개인에게 좋지 않은 피해를 끼치게 되는 것을 외부성이라고 하였다. 엄밀하게 말하면, 빈곤과 불평등의 외부불경제를 말하였다.

등만을 다루기로 한다. 이 다섯 개의 분야에서 사람들이 흔히 제기하는 중심 질문은 다음과 같다.

> 불평등의 구조: 현대의 계급 구조를 규정하는 단층선(fault lines)이나 사회적 균열(social cleavages)은 무엇인가? 근대사회에서 탈근대사회로 이동하면서 이 균열은 강하게 되었는가, 약하게 되었는가?

> 불평등의 원인(불평등의 기능과 역기능): 불평등은 개인의 재능이나 능력 차이 때문에 발생한 것인가? 불평등은 인간 생활에서 불가피한 것인가?

> 불평등의 재생산(기회의 균등): 부모의 사회경제적 지위가 자녀의 사회경제적 성취(학업성적, 상급학교 진학, 직업, 소득 등)에 미치는 영향은 얼마나 되는가? 시간이 지나면서 그 영향은 점점 더 커졌는가, 작아졌는가?

> 불평등과 귀속 과정: 귀속 요인은 타고난 속성(부모의 사회경제적 지위, 성, 인종, 출신 지역, 민족, 국적 등)을 말한다. 이 귀속 요인은 노동시장에 영향을 미친다. 특정 사회에서 귀속 요인이 특정인의 사회경제적 성취에 미치는 영향은 얼마나 큰가? 어떤 정책이 노동시장에서 볼 수 있는 성 차별, 민족 차별, 인종 차별 등을 줄일 수 있는가? 산업화가 진행하면서 이런 차별은 줄었는가, 늘었는가?

> 불평등의 결과: 계급 위치는 개인의 생활양식, 태도, 행동에 어떤 영향을 미치는가?

이런 질문은 대체로 불평등 체계에 비판적 뉘앙스를 띠고 있다. 계층체계를 바람직하지 않게 보는 이런 시선은 근대 이후에 생겨난 태도다. 근대 이전에는 계층을 바라보는 태도가 오늘날과 사뭇 달랐다. 이런 주제에 대한 논의는 대부분 불평등을 옹호하거나 정당화하는 것이었다. 종교적 교의나 철학적 언설은 불평등을 자연스런 현상으로 판단하였다. 그러나 계몽주의(Enlightenment)의 출현과 함께 불평등을 비판하는 '평등의 수사(rhetoric of equality)'가 나타났다. 개인은 모두 평등하다는 논리, 그리고 이 평등한 개인을 그의 사회경제적 지위와 관계없이 똑같이 존중해야 한다는 논리는 맑스에게서 정점에 이르렀다. 오늘날 불평등을 다루는 여러 이론은 맑스의 이론에 대한 찬반으로 가득 차 있지만, 계몽주의적 태도와 평등의 수사는 맑스의 그것과 그렇게 많이 다르지 않다(Grusky and Ku, 2008; Grusky and Szelenyi, 2014).

앞에서 본 개별 분야의 주제나 질문은 지금부터 하나씩 살펴볼 것이다. 그러나 그것을 따지기 전에 다음 절에서는 먼저 무엇이 불평등한지를 알아보고, 그 불평등은 어떤 형태를 띠고 있는지를 살펴보기로 하자.

(1) 불평등의 형태

도대체 사람들은 이 세상을 살면서 무엇을 얻으려고 하고, 무엇이 불평등하다고 생각하는가? 희소가치가 있다고 보이는 자원은 무엇인가? 다시 말해 우리는 어떤 형태의 보상(rewards)을 귀중하다고 생각하는가? 아래의 〈표 5-1〉에는 우리가 귀중하다고 판단하는 자산(assets)이나 자원(resources)의 종류를 열거하였고(여기서는 자산, 자원, 보상을 모두 동일한 의미의 단어로 간주하였다), 수혜를 입은 사람과 혜택을 받지 못한 사람의 예를 제시하였다.

1) 불평등의 요소

〈표 5-1〉에 열거한 자산이나 자원은 계층체계의 원재료를 이룬다. 계층 연구는 이 원재료의 분포상태를 기술하고, 사람들이 이 원자재를 어떤 원리로 배분하는지를 규명한다. 이 자산을 간단히 기술해 보자. 먼저 경제적 자산은 부와 소득 등 경제적 차원의 소유물을 말한다. 이 자산의 소유 여부나 정도가 불평등 문제의 핵심일 것이다. 수혜자는 흔히 백만장자나 전문직 종사자, 자본가 등과 같은 부자들일 것이고, 거꾸로 수혜를 받지 못한 사람은 파산한 근로자, 노동자, 임금 근로자 등과 같이 가난한 사람들일 것이다.

다음은 권력 자산이다. 이는 때로 경제적 자산과 결합되기도 하지만 개념적으로 명백히 구분되는 자산이다. 이 자산은 공공 영역이나 작업장, 가정 등에서 타인을 지배하는 힘을 지칭한다. 이 자원을 확보하여 권력을 행사하는 사람은 공공 영역에서는

〈표 5-1〉 자산(보상)의 유형

자산이나 보상		예	
자산	유형	수혜자	비수혜자
경제	부 소득 소유	백만장자 전문직 종사자 자본가	파산한 근로자 노동자 임금 근로자
권력	정치권력 작업장에서의 권위 가정에서의 권위	대통령이나 수상 관리직 종사자 세대주	선거권 피박탈자 부하 직원 자녀
문화	지식 정보 관련 문화 "좋은 매너"	지식인 컴퓨터 관련 종사자 귀족	무학력자 컴퓨터 문맹자 평민
사회	사회적 모임 작업장 결사 비공식 연결망	골프 클럽 회원 조합원 마당발, 유력인	비회원 비조합원 무명인사
명예	직업 종교 능력	판사 성자 노벨상 수상자	환경미화원 파문당한 사람 비수상자
시민	일할 권리 정당한 법 절차 참정권	시민 시민 시민	불법 이민자 테러리스트 피의자 선거권 피박탈자
인간	직무 교육 일반 학교 교육 직업 훈련	경력 노동자 대학 졸업자 로스쿨 졸업자	신입 노동자 고등학교 중퇴자 미숙련 노동자
신체	수명 신체 질병 정신 건강	오래 사는 사람 건강한 사람 건강한 사람	일찍 죽은 사람 질병 감염자 우울증 환자

출처: Grusky(2001)

정치인이나 관료, 작업장에서는 관리직 종사자, 가정에서는 남성 세대주 등일 것이다. 이와 대비하여 권력에 복종하는 사람은 공공 영역과 작업장, 가정에서 각각 순서대로 일반 국민이나 선거권 피박탈자, 생산직 종사자나 부하 직원, 여성과 자녀 등일 것이다.

문화 자원은 사람들이 추구할 만하다고 판단하는 물질적이거나 상징적인 자산을 말한다. 더 구체적으로 말하면, 문화 자원은 교육이나 지성, 말하는 방식, 옷 입는 방식 등과 같은 개인의 사회적 자산을 말한다. 2장(문화와 사회화)에서 보았지만, 부르디외는 이 문화 자원을 경제적 자본과 대비하여 문화자본이나 상징자본이라고 불렀다(Bourdieu and Passeron, 1977/1990; Bourdieu, 1986).

사회적 자원은 그 의미가 다소 모호하지만, 대체로 특정인이 맺는 대인관계와 그가 다른 사람들과 공유하는 정체성, 그들과 공유하는 가치와 규범 등을 말한다. 풀어 말하면, 사회적 자원은 사회관계의 연결망의 크기를 뜻하기도 하고, 그 연결망을 유지하는 사람들의 신뢰와 연대를 뜻하기도 한다. 일군의 학자들은 이런 사회적 자원을 사회자본(social capital)이라고 불렀다(Bourdieu, 1986; Coleman, 1988). 자본이라는 이름으로 알 수 있듯, 사회자본은 그야말로 자원 증식에 영향을 끼친다. 예컨대 대인관계의 범위가 넓은 사람은 그 범위가 좁은 사람보다 더 쉽게 직업을 얻거나 더 좋은 직업을 얻고(Granovetter, 1974), 부모와 자녀의 유대가 강하거나 자녀에 대한 부모의 관심이 클수록 자녀의 학업성적은 더 높다(Coleman, 1988). 한 사회의 신뢰 수준이 높을수록 경제적 번영의 가능성도 높다(Fukuyama, 1996).

명예는 경제적 자산이나 권력 못지않거나 그에 버금가는 자산이다. 명예 자산은 직업이나 종교, 능력에서 비롯한다. 사람들이 선망하는 특정 직업에 도달한 사람(의사, 판사 등)이나 종교 활동에 적극적이거나 헌신적인 사람(추기경, 종정 등), 그리고 특정 분야에서 뛰어난 능력을 발휘하는 사람(노벨상 수상자, 석학, 바이올린 연주자)도 존경을 받거나 권위를 누린다.

시민 자산이란 시민이 보유하는 여러 가지 권리다. 이른바 시민권(citizenship)을 의미한다(Marshall and Bottomore, 1992). 시민권은 시민이 정치나 직업, 교육 등에서 누리는 갖가지 권리를 말한다. 예컨대 한 사회의 성원은 참정권이나 일할 권리, 교육을 받을 권리, 정당한 재판을 받을 권리 등을 향유하는데, 이 권리가 시민적 자산이다. 이런 자산은 당연한 것 같지만, 자산을 갖지 못한 상태를 생각하면 이 자산이 그렇게 당연하지 않다는 사실을 알 수 있다. 외국인이나 범죄자는 출마하거나 투표할 수 없고, 일하고 싶어도 마음대로 일할 수 없다(정부의 허가를 얻어야 한다). 가난한 사람은 좋은 교육을 받지 못하고, 법적 분쟁이 발생했을 때 변호사를 선임할 수 없어 제대로 된 재판을 받지 못한다. 시민적 자산이 없거나 부족한 것이다.

인간 자산은 개인이 자신의 몸에 구현한 지식이나 기술, 천성이나 퍼스낼러티를 말하는데, 사람들은 이 자산(능력)을 활용하여 경제적 가치를 창출한다. 천성이나 퍼스낼러티 등은 선천적으로 얻는 것이지만, 지식이나 기술은 학교 교육이나 직업 훈련으로 쌓는다. 베커(Becker, 1964)는 노동자가 몸에 지닌 이 선천적이고 후천적인 능력을 인간자본(human capital)이라고 불렀다. 경제학자들은 임금이나 소득의 불평등을 설명할 때 때때로 이 인간자본 개념을 활용한다. 인간자본이 많거나 좋을수록 임금(소득)이 높다는 식이다.

몸(신체)도 개인이 활용하는 매우 중요한 자산이다. 건강한 몸이나 정신은 여러모로 활용할 수 있는 유익한 자산이다. 몸의 건강을 잃으면 우리는 우리 삶에서 가장 중요한 자산을 잃는 것이다. 그뿐인가? 남보다 키가 큰 것도 큰 자산이고, 남보다 힘이 센 것도 중요한 자산이다. 남보다 매력적인 외모(얼굴이나 몸매)를 갖춘 것도 중요한 자산이라고 할 수 있다. 남녀를 불문하고 성적 매력이 크거나 많을수록 좋은 직업을 얻을 가능성이 더 많고, 높은 소득을 만들어낼 가능성이 더 높다. 매력도 자산을 증식하는 자본이다. 이른바 매력자본(erotic capital)이다(Hakim, 2011).

그러나 이런저런 자산을 구별하는 것도 중요하지만, 〈표 5-1〉로 알 수 있는 또 하나의 중요한 사실이 있다. 그것은 불평등이 소득이나 재산 등과 같은 경제적 불평등에 그치지 않는다는 사실이다. 때때로 사람들은 경제적 이익을 가장 중요한 것으로 생각하여 특정 자산의 취득을 모두 경제적 이익을 확보하려는 투자라고 생각한다. 예를 들어 교육은 높은 소득을 얻기 위한 투자라고 생각하고, 사회적 연결망도 좋은 직업이나 높은 소득을 위한 투자라고 생각한다. 그러나 교육이나 사회적 연결망과 같은 자원이 항상 수단적 가치를 지니는 투자에 그치는 것은 아니다. 이와 관련하여 두 가지 사실을 주목할 필요가 있다. 첫째, 사람들은 개별 자원이나 자산을 그 자체로 추구할 만한 가치를 지닌 자산이라고 생각할 수도 있다. 즉 소비재로 생각할 수도 있다. 만일 자산이 이처럼 소비재의 성격을 띠고 있다면, 불평등은 경제적인 것으로 환원되지 않고 여러 차원의 것이 얽혀 있는 다면적 실재(multi-dimensional reality)라고 말할 수 있다. 둘째, 사람들은 이 모든 자산을 개개인이 의도적으로 투자하여 힘들게 얻은 결과로 생각하지만 이런 자산이 모두 투자의 결과물인 것은 아니다. 어떤 자산은 태어날 때 거저 얻은 것일 수 있고 어떤 자산은 어린 시절 사회화로 손쉽게 얻은 것일 수도 있다. 예컨대 '좋은 매너'나 '좋은 건강'은 미래 수익과 비용을 계산하는 까다로운 절차 없이 그냥 저절로 얻은 것이다. 나중에 보겠지만 때로 인간 자원도 좋은 부모를 두었기 때문에 거저 얻은 것일 수 있다.

2) 불평등의 형태

지금까지 우리는 불평등을 구성하는 요소를 살폈다. 불평등은 그 요소 수만큼 다양한 차원으로 나눌 수 있다. 한편 이 요소는 시기별로 다르게 분포하는데, 지금부터는 그 요소의 불균등 분포 형태, 즉 불평등의 역사적 형태를 살펴보자. 불평등은 역사적 시기마다 그 모습이 달랐다. 〈표 5-2〉는 불평등 체계의 형태를 8개의 이념형(ideal type)으로 정리한 것이다(이념형에 대해서는 〈삽화 5-1〉을 보라). 이 표에서 불평등 체계의 특징을 규정하는 네 개의 기준(parameter)이 있는데, 정도와 경직성, 지위 결정성과 정당화 논리가 바로 그것들이다. 정도(程度, degree)는 불평등의 양이나 수준을 말한다. 불평등의 수준이 높으면 정도가 높고, 불평등의 수준이 낮으면 정도가 낮다. 오늘날 미국이나 영국의 소득 불평등 정도는 스웨덴이나 노르웨이보다 더 크므로(지니계수가 더 높으므로) 미국이나 영국의 불평등 정도가 더 높다고 말할 수 있다. 경직성(rigidity)은 불평등 체계에서 사회적 위치와 위치가 서로 뒤바뀌는 정도를 나타낸다. 사회성원의 위치가 자주 바뀌거나 쉽게 바뀌면 경직성이 낮고, 위치가 바뀌지 않으면 경직성이 높다고 말할 수 있다. 가난한 사람이 쉽게 부자가 될 수 있는 사회는 경직성이 낮다고 보아야 한다. 결정성(crystallization)은 지위 결정성을 뜻한다. 지위 결정성이란 여러 자산이 서로 상관관계를 맺는 정도다. 정치권력을 장악한 사람이 돈도 많고 명예마저 높은 사회가 있다면 우리는 그 사회의 지위 결정성이 높다고 말할 수 있다. 반면 부와 권력, 명예가 서로 다른 원리로 결정되고 이들이 서로 중첩하지 않는 사회가 있다면 우리는 그 사회의 지위 결정성이 낮다고 평가할 수 있다. 지위 결정성은 등급과 다른 차원의 것이지만, 지위 결정성이 높으면 아무래도 불평등의 등급이 높을 가능성이 크다. 마지막 기준은 정당화 논리(logic of legitimation)다. 이 논리는 불평등을 정당화하는 논리나 관념 체계를 일컫는다. 말할 것도 없지만 사회마다 정당화 논리는 서로 다르다. 이 정당화 논리는 사회마다 시기마다 다르지만, 오늘날 우리 사회의 가장 크고 강력한 정당화 논리는 아무래도 능력주의 논리일 것이다. 부자가 부자인 까닭은 능력(재능과 노력)이 뛰어나기 때문이라는 논리다.

〈표 5-2〉 8개의 불평등 체계

체제	주요 자산	주요 계층(계급)	정도	경직성	결정성	정당화 논리
가. 수렵채집사회						
부족사회	인간(사냥과 주술)	부족장,샤먼/부족민	L	L	L	능력주의 선발
나. 원예농업사회						
아시아적 생산양식	정치(국가장치의 점유)	정부관료/농민	H	M	H	전통, 종교 교의
봉건제	경제(토지와 노동력)	귀족, 승려/평민	H	M–H	H	전통, 종교 교의
노예제	경제(인간)	소유주/노예, 자유민	H	M–H	H	인종주의
카스트 사회	명예, 문화(종족,생활양식)	카스트	H	H	H	전통, 종교 교의
다. 산업사회						
산업사회	경제(생산수단)	자본가/노동자	M–H	M	H	고전적 자유주의
국가사회주의	정치(당, 직장에서의 권위)	관리자/피관리자	L–M	L–M	H	맑스레닌주의
선진산업사회	인간(교육과 전문지식)	숙련/비숙련 노동자	M–H	L–M	M	고전적 자유주의

출처: Grusky(2001); Grusky and Weisshaar(2014)

주: 여기서 L, M, H는 low, medium, high를 나타낸다. M–H는 처음에는 medium이었다가 나중에는 high로 옮겨갔다는 의미다.

아무튼 이런 기준으로 인류사에서 발견할 수 있는 8개의 전형적 불평등 체계를 구분하고 이를 개략적으로 살펴보기로 하자. 가장 먼저 등장했던 사회는 부족사회(tribal society)였다. 부족사회는 사람들이 때로 원시공산주의라고 부르는 사회다. 이 사회에서는 사회 성원이 생산한 생산물의 양도 많지 않고, 직접생산자가 쓰고도 남는 잉여생산물도 그렇게 많지 않아 불평등의 정도가 낮았다. 다만, 사냥 기술이 뛰어나거나 주술 능력이 월등하다고 판단된 사람은 더 많은 생산물을 차지하였다. 이들은 지위를 세습하지 않았으므로 능력주의(meritocracy) 원리로 더 많은 생산물을 차지하였다. 흔히 능력주의 원리는 자본주의 시대에 발생한 원리로 생각하지만 그 원시적 형태는 이처럼 아주 오래 전에 등장하였다.

〈삽화 5-1〉 이념형

존재를 그대로 재현하는 예술은 없다. 예를 들어 3차원 존재인 사과를 2차원 평면에 완벽한 형태로 그려낸 그림은 없다. 과학도 마찬가지다. 어떤 과학도 구체적 현실을 그대로 파악할 수 없고, 어떤 개념도 현상의 다양성을 완전히 포착할 수 없다.

그러므로 과학은 불가피하게 추상(abstraction)을 하게 된다. 특정 측면은 부각하고 특정 측면은 버린다. 그런데 추상 수준이 지나치게 높으면 현상의 특수한 부분을 파악할 수 없고, 반대로 추상 수준이 너무 낮으면 일반적 특징을 발견하기 힘들다. 예를 들어, 기독교의 한 부류로 보이는 특정 종파가 있다고 하자. 이 종파를 이해할 때 추상 수준을 높여 기독교 일반의 관점으로 파악하면 그 종파의 특수성을 알아내기 힘들다. 반대로 추상 수준을 낮추어 개별 교회라는 관점에서 파악하면 그 종파의 일반적 특징을 드러내기 어렵다. 베버(M. Weber)는 이런 곤란함을 극복하는 한 방안으로 이념형 구성을 제안하였다.

이념형은 연구자가 현상의 전형적 특징을 추출해 조합한 것이다. 다시 말해 연구자가 분석적으로 고안한 구성물이다(Shils and Finch, 1949). 그러므로 현실 속에서 이념형과 일치하는 존재는 찾기 힘들다. 예컨대 기독교의 이념형은 현실에 존재하는 기독교 여러 종파에서 기독교의 전형적 특징이라 보이는 요소를 추출하여 이를 논리적으로 꿰어 맞춘 개념이다. 그러므로 현실에서는 이념형에 정확하게 부합하는 기독교 종파는 존재하지 않는다.

이념형이라는 이름은 다소 혼란스럽다. 이 이름 때문에 사람들은 어떤 현상의 '완벽한 형태'라고 해석할 수 있다. 그러나 이념형이란 우리가 관념(ideas)의 세계에서 의도적으로 만들어낸 도구라는 의미로 만들어낸 말이지, 그 도구의 완벽성을 나타내려고 만든 말이 아니다. 이념형은 통계적 평균도 아니고 도덕적 판단과도 아무 연관이 없다. 그러므로 기독교나 자본주의의 이념형을 만들 수도 있지만, 매춘이나 마약중독의 이념형도 만들 수 있다. 우리가 현실 속에서 이런저런 이념형을 만드는 이유는 현상과 현상의 인과고리를 맺기 위한 것이다. 예컨대 10대 여성이 놓인 상황의 전형성으로 10대 여성의 이념형을 만들고 다른 한편으로 가출의 이념형을 만들면 이 둘 사이에 인과고리를 맺을 수 있다. 10대 여성이 왜 가출을 많이 하는지, 그 인과관계를 설정할 수 있다.

이념형은 여러 가지 형태로 구성할 수 있다. 근대 자본주의, 중세 도시, 봉건제 등과 같은 역사적 (존재의) 이념형을 만들 수 있는가 하면, 혼인제도나 관료제 등과 같은 인류학적 이념형을 만들 수 있다. 그리고 대상이나 현상을 여러 부류로 나누기 위한 분류 이념형을 만들 수도 있다. 예컨대, 사회적 행위는 다음과 같은 여러 유형으로 나눌 수 있다.

1) 목적 합리적(도구 합리적) 행위; 특정 목적을 달성하려 할 때 가장 효과적 수단을 사용하는 행위를 말한다. 최소의 비용으로 최대의 수익을 올리려는

행위다. 투자 행위, 자녀의 교육 행위 등을 예로 들 수 있다.
2) 가치 합리적 행위; 가치에 충실한 행위이자 행위 자체가 목적인 행위를 말한다. 기부나 봉사, 금주, 금연, 치열교정 등과 같은 행위다.
3) 전통적 행위; 관습이나 습관에 의한 행위다. 제사 등과 같은 행위다.
4) 정감적(정서적) 행위; 감정이 주도한 행위다. 사랑, 폭력 등과 같은 행위다.

베버는 사회적 행위의 의미를 분석하려고 이런 이념형을 만들었다. 현실의 행위는 이중 어느 하나에 속할 수도 있겠지만 둘 이상의 유형에 속할 수도 있다. 이런 이념형을 동원하면 행위의 의미를 쉽게 파악할 수 있다. 예컨대, 어떤 이가 자기 재산을 대학에 기부했다고 하자. 이 행위의 의미는 무엇인가? 기부 행위가 위 분류에서 어떤 유형에 해당하는지를 확인하면 행위의 의미를 짐작할 수 있다. 대학이나 사회에서 자리를 차지하려는 목적을 가지는가? 아니면 평소의 신념을 따른 것인가? 습관적 행위인가? 갑작스런 충동에 의한 것인가?

아시아적 생산양식(Asiatic mode of production)은 맑스가 구별한 사회 형태인데, 이 사회는 부족사회가 농업사회로 이행하는 단계에서 나타난 중간 형태의 사회였다. 이런 유형의 사회는 주로 동아시아에서 나타났다. 이 사회의 특징은 다음과 같다. 자급자족적 농촌에서 농민이 토지를 경작하였지만 농민은 이 토지를 소유하지 못하였다. 국가 관료는 농민에게서 지대나 조세로 잉여생산물을 빼내서 국방, 사치품 구입, 공공사업 등에 사용하였다. 이 사회의 엘리트는 왕조 교체나 전쟁으로 교체되었다. 이 생산양식의 사회는 사유재산이 존재하지 않는 곳에서도 국가의 지배가 가능하다는 사실을 보여주는 한 사례로 널리 인용된다.

봉건제(feudal society)는 사적 소유가 널리 퍼진 사회였다. 귀족은 토지나 장원(莊園, manor)을 소유했을 뿐 아니라 그곳에서 일하는 농노(農奴, serf)도 소유하였다. 농노는 노예와 다를 바 없었지만 때로 중요한 차이를 보였다. 농노는 노예와 달리, 잉여농산물을 처분할 수 있는 권리를 보유하였다. 이런 측면에서 봉건제 사회는 노예제 사회와 다르다. 그러나 봉건제 사회의 특징이 농노의 성격에 있었던 것은 아니다. 봉건제 사회의 특징은 사적 소유(私的 所有)에 있었다. 이 사회는 아시아적 생산양식의 사회와 뚜렷하게 구별되는데, 아시아에서는 국가가 잉여생산물을 수탈하였지만, 봉건제 사회에서 국가는 부차적인 것이었다. 귀족은 토지와 같은 생산수단을 소유하고, 국가와 무관하게 농노를 통제하였다.

노예제(slavery)라고 하면 귀족이 노예를 소유하고 그 노예가 대토지 농장(라티푼디움)에서 일하는 고대 사회를 연상하지만, 노예제가 고대에 한정되었던 것은 아니다. 고대의 노예제는 신분 세습이 그렇게 경직되어 있지 않았다. 노예는 어느 정도 지위를 바꿀 수 있었는데, 유능한 노예는 평민으로 상승할 수 있었다. 지위 이동의 경직성, 즉 신분 세습은 도리어 19세기 북미 대륙에서 더 전형적으로 나타났다. 신분이 인종과 결합되었던 북미 대륙에서 노예의 세습은 강력하였고 지위 이동, 즉 신분 변화는 불가능하였다.

노예제와 가장 흡사한 계층체계는 아마도 카스트 제도(caste system)일 것이다. 카스트는 노예제와 마찬가지로 세습적 폐쇄(hereditary closure)로 특징지을 수 있다. 카스트는 세습 신분으로 다른 신분의 사람들이 자원에 접근하는 경로를 차단하였다. 그러나 카스트의 가장 중요한 특징은 잘 발달된 세습적 폐쇄에 있지 않고 사회적 위계에 내재한 명예의 차이에 있었다. 인도의 상층 카스트는 하층 카스트의 특정 행동을 불명예스럽거나 더러운 것으로 간주하였다. 하층 카스트가 정치경제적으로 성공한다 하더라도 상층 카스트의 행동을 흉내내지 못하면 위계 체제의 상층부로 인정받지 못하였다.

산업사회(industrial society)에서는 평등주의 사상이 등장하였고, 그로 말미암아 사람들은 극단적 형태의 불평등을 정당하다고 여기지 않게 되었다. 18~19세기의 유럽과 아메리카의 부르주아 혁명은 계몽주의의 평등을 내세워 귀족의 특권과 싸웠다. 마침내 이 혁명은 특권을 없앴지만, 새로운 형태의 불평등을 만들어냈다. 봉건시대의 신분은 사라졌지만, 서로 다른 경제적 집단('계급')이 생겨났다. 신분을 앞세운 폐쇄는 공식적으로는 능력주의 과정(meritocratic process)에 자리를 내주었다. 지배계급은 법적 존재도 아니었고 폐쇄된 지위집단(status group)도 아니었다. 그러므로 사람들은 계급에 근거한 불평등을 '서로 다른 재능이나 욕구, 자질을 갖춘 개인이 펼친 경쟁의 자연스런 결과'라는 사상, 즉 고전적 자유주의(classical liberalism)로 정당화하였다. 이 시대에 들어 사람들은 능력주의 담론으로 불평등을 정당화하였다. 정당화를 어떻게 하였든, 초기 산업사회의 계급구조는 〈표 5-2〉에서 보는 것처럼 경제적인 것에 기초를 두었다. 나중에 보겠지만, 맑스는 생산수단의 소유 여부라는 경제적 기준을 내세워 세상 사람들을 부르주아지와 프롤레타리아라는 두 계급으로 구분하였다.

사회주의(socialism)도 계몽주의의 평등주의를 계승하였다. 사회주의의 평등 수사는 산업사회의 수사와 달리, 귀족의 신분과 특권을 겨냥한 것이 아니라 부르주아지(자본가)의 경제 권력을 겨누었다. 그러나 이런 평등주의적 이상은 부분적으로만 실현하였다. 사회주의 혁명은 기업과 농장을 국유화하여 사람들의 소득을 평준화하려고 노력하였지만 별다른 성과는 없었다. 도리어 권력과 권위의 불평등이 새로 생겼다. 생산시설의 국유화로 노동자의 권력이 커진 것이 아니라 당 관리와 공장 경영자의 권력이 커졌다. 관리나 경영자는 사회주의 사회의 '새 계급'을 이루어 생산시설을 관리하였을 뿐 아니라 더 많은 잉여를 차지하였다.

사회주의 혁명을 겪지 않은 서구에서는 계속하는 산업화 과정에서 자본가 계급이 여전히 살아남았다. 그러나 이들의 권력은 산업화와 함께 진행된 경제구조 변동 과정에서 크게 줄어들었다. 서비스 경제가 확대하였고 정보화 사회가 도래하였으며 새 형태의 자산(기술적 숙련이나 교육 정도, 훈련 자격증)이 나타났던 선진산업사회에서 경제 자본은 더 이상 경제적 불평등(계급이나 계층)을 나누는 유일한 동력이 아니게 되었다. 이 사회에서는 인간자본이나 문화자본이 불평등을 좌우하는 요인으로 새로 등장하였다.

지금까지 불평등의 형태를 8개의 이념형으로 나누어 개략적으로 살펴보았다. 우리는 이런 형태의 분류에 관심을 둘 수도 있고, 이런 형태가 발전해 온 역사적 과정을 살피는 데에 관심을 기울일 수도 있다. 그러나 이런저런 것보다 아무래도 지금 우리가 살고 있는 이 시대의 불평등 구조에 더 많은 관심이 끌린다. 다음 절에서는 현대 사회의 불평등 구조를 파악하는 이론을 개관해 보자.

(2) 현대 사회의 계층 구조

근대가 시작하기 전에는, 즉 자본주의 시대가 도래하기 전에는 불평등을 파악하는 것은 그렇게 어렵지 않았다. 사람들이 얻고 싶은 자원, 〈표 5-1〉에서 열거한 자원의 불평등은 신분과 관련하였다. 영주와 귀족은 고귀하였고, 농노와 평민은 비천하였다. 영주나 귀족은 교육을 받았고, 농노와 평민은 문맹이었다. 영주나 귀족은 부자였고, 농노와 평민은 가난하였다. 그러므로 신분 체계를 파악하면 권력과 명예의 불평등은 말할 것도 없고, 경제적 불평등 구조도 쉽게 알 수 있었다. 그러나 근대에 들어 불평등은 다소 교묘해졌다. 부르주아 혁명, 특히 프랑스 혁명은 신분제를 혁파하였다. 이렇게 신분제가 없어졌는데도 불평등은 사라지지 않았다. 자본가계급과 노동자계급 사이의 경제적 불평등은 귀족과 평민의 불평등보다 더 컸다. 신분이라는 개념이 유용하지 않은 이제, 이 불평등을 어떤 개념으로 파악할 것인가? 경제학의 한 학파(중농주의 학파)와 맑스는 당시에 융성했던 생물학의 한 분류기준, 즉 계급(階級, class) 개념을 차용하여 경제적 불평등을 파악하였다.[70)]

지금도 그러하지만 예전에는 좌우 이데올로기 대립이 더욱 심하였다. 맑스가 불평등을 계급 개념으로 파악하자 맑스와 사회주의에 반대하는 학자들은 이 개념을 사용하려 들지 않았다. 그들은 사회적 불평등을 분석하려고 당시에 발흥하였던 지리학과 지질학에서 다른 개념을 빌려 왔다. 그들은 퇴적토의 한 겹 한 겹을 가리키는 지층(地層, stratum)이라는 말을 가공하여 성층(成層, stratification)이라는 개념을 만들었다. 부나 권력이 퇴적토의 지층처럼 위에서 아래로 차곡차곡 쌓여 있다는 이미지를 차용하였던 것이다. 나중에 이 말은 계층이라는 개념으로 바뀌었다. 사회주의가 힘을 발휘하여 동서 냉전이 한창일 때에는 양 진영의 학자는 이 두 개념이 서로 다른 대상을 지칭하는 것처럼 생각하였다. 예컨대 사회주의 성향의 학자들은 계급이 계층보다

70) class라는 단어를 사전에서 찾으면 다음과 같은 몇 가지 의미를 띤다.
1) 수업, 학급, 반
2) 중세 대학의 우등 학급
3) (생물학) 강(綱)
4) (사회학) 계급
5) 고대 로마의 전투 선단

이런 의미의 공통점은 대상을 일정 기준으로 몇 개 집단으로 나눈다는 것이다. 근대 생물학은 생물을 아래의 도표와 같은 몇 가지 기준으로 분류하였다. 강(綱, class)은 그 분류 기준의 하나였다.

	사람	사과	문어
계(界) kingdom	동물	식물	동물
문(門) phylum	척추동물	(미분류)	연체동물
강(綱) class	포유	(미분류)	두족
목(目) order	영장	장미	문어
과(科) family	사람	장미	문어
속(屬) genus	사람	사과	문어
종(種) species	사람	사과	문어

더 큰 범주라고 생각하였는가 하면, 반사회주의 성향의 학자들은 거꾸로 계층이 계급보다 상위 범주라고 판단하기도 하였다. 그러나 1989년 소련과 동유럽의 사회주의가 붕괴한 뒤, 사람들은 더 이상 이 두 개념을 구분해서 사용하지 않았다. 자본주의 진영의 학자들이나 사람들은 너그러워지고 여유로워졌다. 그들은 계급이라는 개념에도 거부감을 나타내지 않았다. 그러므로 우리도 이 두 개념이 동일한 대상을 지칭하는 것으로 생각하여, 이 두 개념을 혼용하기로 한다.

1) 고전 이론

맑스의 불평등 이론

먼저 맑스의 계급 개념부터 살펴보자. 맑스의 계급 개념과 계급 모형은 역사적 유물론(historical materialism)에서 비롯하였다. 역사 유물론이란 유물론(materialism)을 인간 역사에 적용한 이론이다. 그럼 유물론은 무엇인가? 맑시스트 철학자는 흔히 관념(idea)과 물질(material)의 관계를 묻는다. 그들은 이 둘 중에서 무엇이 먼저 존재하는지를 묻고, 이 질문을 철학의 근본 문제라고 지칭하였다. 아마도 이 질문에 대한 대답이 세상을 바라보는 방식이나 관점의 시발점이라고 생각했던 것 같다. 아무튼 이들은 관념이 먼저 존재한다고 주장하는 이론이나 철학을 관념론(idealism)이라 하였고, 물질이 먼저 존재한다고 판단하는 이론이나 철학을 물질론이나 유물론이라 하였다. 관념론의 대표 주자는 종교다. "태초에 말씀이 계시니라. 이 말씀이 곧 하나님과 함께 계셨으니 이 말씀은 곧 하나님이시니라. 그가 태초에 하나님과 함께 계셨고, 만물이 그로 말미암아 지은 바 되었으니 하나도 그가 없이는 된 것이 없느니라(요한복음 1: 1-3)." 신의 말씀이 세상만물을 만들어냈다는 이야기다. 관념론이다. 종교만 관념론인 것은 아니다. 플라톤은 이데아(Idea)가, 헤겔은 절대정신(Absolute Idee)이 이 세계를 만들어낸 궁극 원인이라고 주장하였다. 그러므로 이들이 펼치고 내세운 이론도 관념론이라고 말할 수 있다. 현대 철학에도 관념론은 존재한다. 어떤 분파의 철학자는 우리의 생각이 객관적 실재를 능동적으로 구성한다고 주장하는 분파도 있다. 우리가 머릿속에서 상상하여 미리 짠 계획이 의자 등과 같은 우리 외부의 사물을 만들어낸다는 사유 방식이 존재하는데, 이런 생각이나 이론도 관념론이다. 이런 사유방식과 달리, 유물론은 물질이 관념보다 먼저 존재하고, 그리하여 물질이 관념을 만들어낸다고 주장하는 이론이다. 이 세상을 구성하는 근본 물질은 물이고 흙이라고 주장하는 철학도 유물론이고, 만물은 원자로 구성되어 있다는 생각도 유물론이다. 오늘날 자연과학은 우리 정신이나 의식은 물질(뇌세포)의 작용이라고 판단하는데, 이 역시 유물론이다.

맑스는 유물론을 인간과 사회(역사)를 해석하고 설명하는 데에 적용하여, 이를 역사 유물론이라고 명명하였다. 유물론은 물질적인 것이 관념적인 것보다 선행하고, 전자가 후자를 결정한다고 보는 이론이다. 그런데 사회에서 물질적인 것은 경제이고, 관념적인 것은 문화다. 그러므로 물질이 관념을 결정한다는 말은 경제가 문화를 결정한다는 말과 같다. 맑스는 역사 유물론을 건축의 이미지로 설명하였는데, 경제를 하부구조나 토대라 불렀고, 문화를 상부구조라고 표현하였다. 그러므로 경제가 문화를 결정한다는 말은 경제적 토대가 문화적 상부구조를 결정한다는 말로 바꿀 수 있다. 그런데 이런 명제는 구체적으로 어떤 뜻을 가지고 있을까? 먼저 경제적 토대라는 용어의 의미부터 살펴보자.

맑스의 이론에서, 경제적 토대(economic base)란 생산력과 생산관계로 이루어진다. 여기서 생산력(production force)이란 '자연을 변형하는 능력'이다. 인간은 자연의 모습을 바꾸어 삶을 유지한다. 땅을 파서 벼를 심어 생계를 꾸리고, 동물을 사냥하거나 가축을 길러 단백질을 보충한다. 이렇게 자연의 형태를 바꾸는 능력을 생산력이라 한다. 자연의 형태를 바꿀 때, 맨손보다는 아무래도 도구나 기계를 사용하면 더욱 효과적이다. 자연을 변형할 때 손보다는 도구(도끼)가 더 낫고, 간단한 도구보다는 기계(전기톱)가 더 뛰어날 것이다. 그러므로 손보다는 도구의 생산력이 더 높고, 도구보다는 기계의 생산력이 더 높다고 말할 수 있다. 생산관계(production relations)는 자연을 변형하는 활동을 하면서 사람들이 맺는 관계, 즉 경제적 사회관계를 말한다. 경제적 사회관계를 말하는데, 경제관계라고 하지 않고 왜 하필이면 생산관계라고 지칭하는가? 맑스는 생산, 교환, 분배, 소비 등과 같은 경제활동에서 생산을 가장 중요한 활동이라고 보았고, 생산을 둘러싼 사회관계가 다른 어떤 경제관계보다 더 중요한 관계라고 생각하였다. 그리하여 자연을 변형하면서 사람들이 맺는 관계를 특별히 생산관계라고 지칭하였다. 생산을 할 때, 두 사람 이상이 서로 협업하거나 분업하면 이 사람들이 맺는 관계를 생산관계라고 말할 수 있다. 그러나 맑스는 한 걸음 더 들어가, 생산활동을 하면서 사람들이 맺는 여러 사회관계에서 가장 중요한 차원의 관계는 생산수단(생산활동에 활용하는 수단; 공장, 기계, 토지, 원자재, 화폐 등)의 소유자와 비소유자가 맺는 관계라고 보았다. 맑스는 이 관계를 따로 떼내어 생산수단의 소유관계라고 하였는데, 이 관계야말로 생산관계의 핵심이라고 말하였다.

경제적 토대는 생산력과 생산관계로 이루어지는데, 생산력과 생산관계는 서로 대응(correspondence)한다. 서로 대응한다는 말은 특정한 생산력 단계에서는 특정한 생산관계가 나타난다는 뜻이다. 생산력 수준이 미약한 수렵채취사회에서는 생산수단의 공유가 일반적이다. 이 사회에서도 비록 더디지만 생산력은 지속적으로 발전하는데, 생산력이 일정 단계에 도달하면, 예전의 생산관계(생산수단의 공유)는 생산력 발전에 장애가 된다. 원시적이지만 새 농기구를 발명하고, 적지만 몇 종류의 가축을 기르게 되면서(생산력이 발전하면서) 낡고 뒤떨어진 생산관계(생산수단의 공유)로는 더 많은 생산물을 얻을 수 없게 된다. 낡은 생산관계는 생산력 발전을 저지하는 장애물로 바뀐다. 그리하여 낡은 생산관계는 사라지고 생산력 발전에 기여하는 새 생산관계(사적 소유관계)가 등장한다. 이렇게 서로 대응하는 생산력과 생산관계의 쌍을 맑스는 생산양식(mode of production)이라고 불렀다. 예컨대 낮은 생산력과 생산수단의 공유의 쌍을 원시공산제 생산양식이라 하였다. 인류 역사상 가장 두드러졌던 생산양식은 원시공산제, 노예제, 봉건제, 자본주의였다.

역사 발전은 생산력의 발전에서 시작한다. 생산력은 부단히 향상한다. 도구나 기계의 발명이나 지식의 발달로 자연을 변형하는 능력은 계속 발전할 수밖에 없기 때문이다. 생산력이 증가하면 생산관계(생산수단의 소유관계)가 바뀐다. 노예제 사회에서 생산력이 지속적으로 커지면 노예제 생산관계(귀족과 노예 관계)는 생산력 발전을 저해하는 장애물이 된다. 그런 생산관계로는 더 많은 생산물을 얻을 수 없다. 이처럼 생산관계가 생산력 발전을 막거나 저지하는 족쇄가 될 때 생산관계를 바꾸려는 힘이 생긴다. 노예를 해방하여 이들을 소농민으로 바꾸려는 힘이 생긴다. 그리하여 영주와 농노가 결합한 봉건제적 생산관계가 새로 등장한다. 봉건제 생산양식에서도 생산력은 계속 발전한다. 그리하여 마침내 봉건제적 생산관계가 생산력 발전에 장애가 되면, 봉건적 생산관계를 해체하여 자본주의적 생산관계(자본가-임노동자 관계)를 만들려는 동력이 생긴다. 생산관계의 변화는 혁명이다. 영주와 농노로 이루어진 봉건제적 생산관계가 해체된다는 말은 곧 영주의 퇴장을 의미한다. 영주가 부와 특권을 내려놓고 순조롭게 퇴장할 이유가 없다. 이들의 퇴장은 항상 강제적이다.

이들의 퇴장을 강제하는 것은 혁명일 수밖에 없다.

이런 방식으로 생산관계가 바뀌면, 그에 상응하여 문화적 상부구조도 바뀐다. 문화적 상부구조(cultural superstructure)는 정치, 법, 도덕, 학술과 예술, 이데올로기 등 비경제적인 것 일반을 말하는 바, 생산관계가 바뀌면 비경제적 문화 일반도 바뀐다. 앞에서 보았듯, 경제적인 것이 문화적인 것보다 선행하고 전자가 후자를 규정하기 때문이다. 특정 생산관계가 생산력 발전에 족쇄가 되면 새롭게 등장하는 문화는 예전의 생산관계를 비난하거나 거부하고, 새로운 생산관계를 두둔하고 지지하는 쪽으로 바뀐다. 예컨대 봉건제적 생산관계가 낡아서 생산력 발전을 저해하면, 봉건제를 옹호하는 관념이 점차 힘을 잃고 봉건제를 부정하거나 자본주의적 생산관계를 옹호하는 관념이 차츰 득세한다. 예컨대, 왕정체제를 부인하고 의회민주주의를 지지하는 방향으로 정치나 법 체제가 정비된다. 왕과 귀족의 신분을 보장하는 왕권신수설 같은 이데올로기가 사라지고, 사람과 사람의 평등한 관계를 강조하는 사회계약설이 등장한다. 신분제적 배분 방식을 비난하고, 능력주의적 배분 방식을 찬양하는 문화가 나타난다. 역사 유물론의 이런 논리를 맑스는 다음과 같이 간명하게 정리하였다.

> 인간은 생산 과정에서 꼭 필요하지만 자신의 의지와는 무관한 사회관계를 맺는다. 이 생산관계는 물질적 생산력의 발달 단계에 대응한다. 이 생산관계의 총체는 사회의 경제구조를 이루며, 이것은 법적·정치적 상부구조와 여러 사회의식의 실질적 기반을 이룬다. (생산력과 생산관계로 이루어지는-인용자) 물질적 생산양식이 사회적·정치적·정신적 생활 과정의 일반 성격을 규정한다. 인간의 의식이 존재를 규정하는 것이 아니라, 거꾸로 인간의 사회적 존재가 의식을 결정한다(Marx, 1859/1904-강조는 인용자).

이 인용문에서 마지막 문장이 유명하다. 의식이 존재를 규정할 가능성은 희박하다. 예컨대, 이른바 강남 좌파(물질적으로는 풍요롭지만 생각은 좌파에 가까운 사람들)의 의식은 진보적이지만 실제의 행동은 그렇게 진보적이지 않다. 그들은 입으로는 평등한 교육을 주장하지만 실제로는 제 자녀 교육에 남보다 많은 돈을 투자한다. 이처럼 의식은 존재를 규정하지 않는다. 거꾸로 사회적 존재의 위치와 상황이 의식을 결정한다. 강남의 건물주는 종합부동산세금(종부세) 폐지를 주장하는 정당을 좋아하지만,

노동자계급은 누진세를 추진하는 정당에 투표한다. 자본가계급은 노동조합을 불온시하지만, 노동자계급은 노동조합에 호감을 느낀다. 의사와 판검사 등의 특권계급은 기득권자의 이익을 보호하는 보수정당을 좋아하지만, 보통 사람들은 기득권자의 권한을 제한하려는 정당을 더 좋아한다. 상층과 중산층은 특수목적고등학교 운영에 찬성하지만, 보통 사람들은 특수하거나 특별한 교육기관을 좋아하지 않는다. 이렇게 사회적 존재는 의식을 결정하고, 마찬가지로 물질은 관념을 결정한다. 경제가 문화를 결정한다. 이런 역사 유물론의 논리를 도식으로 표현하면 〈그림 5-1〉과 같다. 이 그림에서 화살표는 인과관계를 나타낸다. 경제가 문화를 결정한다. 더 구체적으로 말하면, 생산관계가 정치, 법, 도덕, 학·예술, 이데올로기를 결정한다.

〈그림 5-1〉 역사 유물론

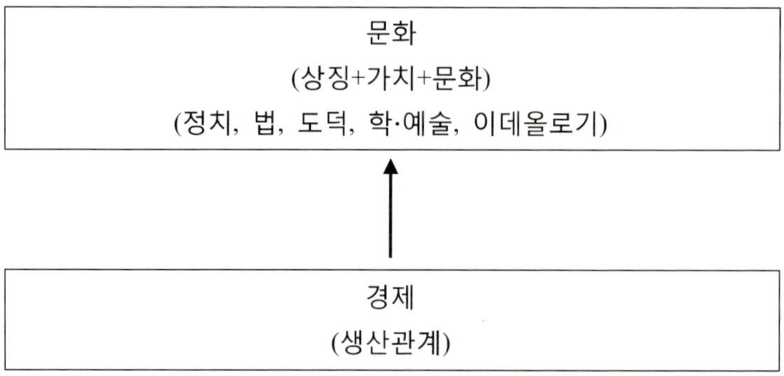

역사 유물론 이론 체계에서 핵심 개념은 생산관계(생산수단의 소유 관계)다. 이 관계가 문화적 상부구조를 결정하기 때문이다. 생산관계는 역사 발전 단계(생산력 발전 단계)마다 달랐는데, 맑스는 이 발전 단계를 넷으로 나누었다. 원시 공산제, 고대 노예제, 중세 봉건제, 근대 자본주의가 바로 그것들이었다. 생산력의 발달 수준이 낮아 아직 사적 소유가 발생하지 않았던 원시 공산제를 제외하면, 각 발전 단계에서 생산수단의 소유자는 각각 귀족, 영주, 부르주아지였고, 생산수단을 소유하지 못하여 노동을 할 수밖에 없었던 직접생산자는 각각 노예, 농노, 프롤레타리아였다(〈표 5-3〉 참조). 맑스는 이와 같은 생산관계를 근거로 삼아 사회의 기본계급을 설정하였다. 고대 노예제 사회에서는 귀족과 노예가 기본계급이었고, 중세에는 영주와 농노가 기본계급이었다. 근대 자본주의 사회에서는 부르주아지(자본가 계급)와 프롤레타리아(노동자계급)가 기본계급이었다(〈삽화 5-2〉 참조). 각 시대의 기본 계급은 서로 대립하고 갈등하였다. 그럴 수밖에 없었다. 생산수단의 소유자가 더 많은 생산물을 가져가면 직접생산자의 몫이 적어지고, 직접생산자가 생산물을 더 많이 차지하면 생산수단 소유자의 몫이 줄어들었다. 그러므로 양쪽 당사자의 이해관계는 항상 적대적일 수밖에 없었다.

〈표 5-3〉 생산관계

	원시 공산제	고대 노예제	중세 봉건제	근대 자본주의
생산수단의 소유자	부족	귀족	영주	부르주아지
비소유자(직접생산자)	부족	노예	농노	프롤레타리아

고대 노예제와 중세 봉건제에서 귀족과 영주는 경제외적 강제(폭력 등을 사용한 강제)를 동원하여 잉여생산물(직접생산자가 쓰고도 남는 생산물)을 착취(exploitation)하였다. 그러므로 계급 내립은 눈에 확연하게 띄는 것이었다. 계급 갈등도 노골적이었다. 이와 달리 자본주의 사회에서 부르주아지가 잉여생산물을 추출하거나 착취하는 방식은 눈에 띄지 않는다. 잉여생산물을 경제외적 강제가 아니라 경제적 메커니즘으로 수취(appropriate)하기 때문이다(조금 뒤에 설명할 노동가치설을 참조하라).

〈삽화 5-2〉 부르주아지와 프롤레타리아

부르주아지(bourgeoisie)는 프랑스 말이다. 앞 음절 bourg는 성(城)을 뜻한다. 오늘날 유럽에는 -burg, -bourg, -borg, -burgh, -borough 등으로 끝나는 도시 이름이 많다. Hamburg, Freiburg, Salzburg(독일, 오스트리아), Göteborg(스웨덴), Petersburg(러시아), Strasbourg, Luxemburg(프랑스), Edinburgh(영국) 등이 바로 그런 도시다. 이들 도시의 공통점은 다음과 같다. 첫째, 중세시대부터 이어온 오래된 도시다. 둘째, 모두 성곽(城郭)으로 둘러싸인 도시다. 어쨌든 부르주아지라는 말은 원래 '성(城) 안에 사는 사람들'이라는 의미를 띠었다. 그런데 중세시대에 성 안에 거주하던 사람은 누구였던가? 중세 시대에 성 안에 살던 사람은 영주와 가신을 제외하면 주로 수공업자와 상인이었다. 그러므로 부르주아지라는 말은 주로 수공업자와 상인을 지칭하였다. 이들이 나중에 자본주의 시대를 열었던 주역이었다. 그러므로 부르주아지라는 말은 결국 자본가계급을 지칭하기에 이르렀다.

근대에 들어 동아시아 학자들은 이 부르주아지가 성 안에 사는 사람이라 하여 애초에 성중인(城中人)이라고 번역하기도 하였고, 성 안의 저잣거리나 시장(市場, fair)과 관련한 사람들이라 하여 시민(市民)으로 번역하기도 하였다. 오늘날 시민이라는 말은 도시에 거주하는 사람이나 참정권을 가진 사람(citizen), 정치적 행위자 등을 지칭하지만, 원래 이 말이 생길 때에는 부르주아지를 뜻하였다. 우리는 17∼18세기의 영국의 명예혁명이나 프랑스 혁명, 아메리카 독립 혁명 등을 시민 혁명이라 부르는데 이 혁명의 본 이름은 부르주아지 혁명이다.

프롤레타리아(proletariat)라는 말도 프랑스 말에서 차용한 것이다. 원래 이 말은 두 단어(proles와 letariat)의 합성어였다. proles라는 단어는 자식이나 자손을 말하였고, letariat라는 어미는 '그것밖에 없다'는 뜻이었다. 그러므로 원래 프롤레타리아는 '자식 밖에 없는 사람'이었다. 동물적 번식 이외에는 아무 것도 할 수 없는 사람이라는 경멸적 뜻을 포함하는 단어였다. 맑스는 이 단어에 노동자계급이라는 새 의미를 주입하였다(Calvert, 1982).

맑스의 주요 관심은 고대 노예제와 중세 봉건제가 아니라 자본주의 사회였다. 앞에서 말하였듯, 자본주의 사회의 기본 계급은 부르주아지와 프롤레타리아다. 그렇다고 자본주의 사회에 이 두 계급만 존재하였던 것은 아니다. 기본 계급 이외에 '제 3의 사람들(the third persons)'이 존재하였다. 제 3의 사람들이란 프티부르주아지(소규모 수공업자와 상인), 사무직 노동자, 룸펜 프롤레타리아 등이었다.[71] 맑스는 이들을 부르주아지와 프롤레타리아의 중간에 위치한 사람들이라고 하여, 중간계급(middle class)이라고 통칭하였다(〈그림 5-2〉 참조). 중간계급의 크기가 작지 않지만, 자본주의가 발전하면서, 즉 자본의 크기가 커져 자본-임노동 관계가 점차 확대하면서, 이들은 양극화(polarization)할 것이라고 그는 예측하였다. 중간계급 가운데에서 소수

71) 작은 상점 주인이나 수공업자를 맑스는 프티부르주아지(petite bourgeoisie)라고 이름 붙였다. 이에 덧붙여 그는 자본가에 고용되어 상품과 용역의 생산과 교환, 분배를 '관리'하는 노동자 등도 프티 부르주아지라고 간주하였다. 이 프티 부르주아지는 제대로 된 부르주아지, 즉 고급 부르주아지(haute bourgeoisie)와 대비된다. '프티'는 작다는 뜻이고, 부르주아지는 시민이라고 번역했으니, 동양권에서는 애초에 이를 소시민(小市民)이라고 번역하였다. 오늘날에는 소시민이라는 말은 그저 서민, 보통 사람 등의 의미로 쓰인다. 오늘날 쓰는 일상용어는 애초의 뜻과 완전히 다르다는 점에 유의하라. 다른 한편, 룸펜 프롤레타리아에서 룸펜(Lumpen)은 독일어로 육체적 쾌락(lust)을 의미한다. 룸펜 프롤레타리아는 쾌락 산업에 종사하는 매춘부, 부랑아, 폭력배 등을 일컫는다.

는 운 좋게도 부르주아지로 상승할 것이지만, 대다수는 프롤레타리아로 몰락할 것이라고 예측하였다. 이런 예측은 정확하였는가? 그렇지 않다. 우리가 마주한 현실에서 보다시피, 이런 예측은 빗나갔다. 오늘날 자영업자는 선진국에서도 그렇게 많이 줄어들지 않았을 뿐만 아니라(한국, 일본, 이탈리아 등의 나라에서 더욱더 그러하였다), 사무직 노동자(화이트칼라)는 도리어 급격히 팽창하였다(거의 모든 나라에서 그러하였다). 이런 현상은 맑스의 이론을 수정해야 할 필요성을 드러냈는데, 이런 수정은 조금 뒤에 맑스를 추종하는 학자들의 논의에서 살펴볼 것이다.

〈그림 5-2〉 자본주의 사회의 계급

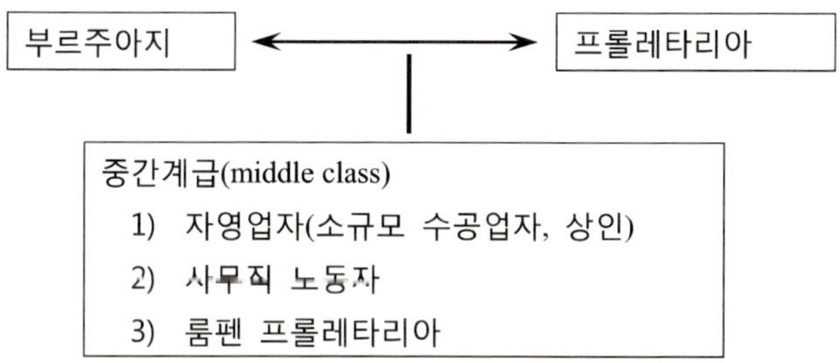

지금까지 우리는 역사유물론으로 사회의 기본계급을 설정하였다. 그런데 맑스는 이 계급이 필연적으로 서로 적대적 갈등을 빚는다고 말하였다. 그 이유는 무엇인가? 이른바 노동가치설(the labor theory of value)이 그 이유를 설명한다. 노동가치설은 생산물에 투하된 노동의 양이 생산물의 가치를 결정한다는 이론이다(Marx, 1867/1976). 생산물을 시장에 내다팔면 생산물은 상품(商品, commodity)으로 바뀌는데, 상품의 가치(가격)도 그 상품을 생산할 때 투하한 노동의 양으로 결정된다(투하노동가치설). 상품생산사회(시장경제)에서, 또 상품생산이 한층 더 발달한 자본주의 사회에서 사람들은 모든 상품을 등가교환(等價交換)한다. 쌀 한 가마를 생산하는 데에 투하한 노동의 양과 컴퓨터 한대를 만드는 데에 투하한 노동의 양이 같으면 서로 맞바꿀 수 있다. 두 상품의 가치가 같지 않으면 상품 소유자는 서로 교환하지 않는다. 어느 한쪽이 손해를 보기 때문이다.

자본주의 사회에서 노동자는 무엇인가를 팔아 생계를 유지해야 한다. 노동자가 시장에 내다팔 수 있는 상품이란 자신의 노동력(일할 수 있는 능력) 밖에 없다. 그래서 그는 이 노동력(labor power)을 팔아서 생계를 유지한다. 이 노동 능력을 팔고 대가로 받는 돈이 임금이다. 모든 상품은 등가교환되니, 노동력이라는 상품의 가치(가격)는 임금이라고 말할 수 있다. 그런데 노동력의 가치(임금)은 어떻게 결정되는가? 다른 상품의 가치가 그러한 것처럼 그 노동력을 (재)생산할 수 있는 만큼의 재화의 양으로 결정된다. 노동자가 오늘 일하면 지쳐서 일할 능력이 소진한다. 노동 능력을 회복해 내일 다시 일하려면 일정 수량의 재화가 필요하다. 어느 정도의 식량이 필요하고, 최소한의 주거 공간이 필요하다. 옷과 광열(光熱) 등과 같은 상품도 필요하다. 노동자가 생계를 꾸리는데 필요한 이런 식량, 주거 시설비, 광열비는 얼마나 되는가? 그게 얼마이든, 자본가는 임금을 지불할 때 그 가격을 지불하면 된다. 그러면 자본가와 노동자는 서로 등가교환하는 셈이다.

다른 상품과 달리, 노동력이라는 상품은 특별한 성질을 띤다. 노동력이라는 상품은 노동력의 가치(임금)보다 더 많은 가치를 생산한다. 예를 들어서 그 과정을 알아보자. 노동력 상품을 구입한 자본가가 공장에서 노동력을 배치하면 이 노동자는 자본가가 지정한 상품을 생산한다. 옷을 만드는 공장에서 노동자가 하루 10시간 일하여 10벌의 옷을 생산한다고 가정해 보자. 옷 하나당 100원이라면 노동자는 하루 천원 어치의 가치(제품)를 생산한다. 노동력의 가치(임금)는 400원이라고 가정해 보자. 자본가가 시장에 옷 네 벌을 팔면 내일 또 노동자를 고용할 수 있다. 노동자는 첫 네 시간 동안 옷 네 벌을 생산하면 자신의 임금에 해당하는 상품을 생산한 셈이다. 그런데 노동자는 나머지 여섯 시간 동안 600원 어치의 옷을 추가로 생산한다. 이 6벌의 옷을 판 돈은 누가 차지하는가? 노동력을 구매한 자본가가 가져간다. 당연한 이치다. 어떤 사람이 트럭을 구입하여 화물 운송 사업을 하여 얼마간의 돈을 벌었다고 가정해 보자. 그러면 이 돈은 누구 것인가? 자동차 것인가? 자동차 주인의 것인가? 자동차 주인이 자동차를 구입하여 돈을 벌었으니 그 자동차를 이용하여 번 돈은 주인 돈이다. 마찬가지로 자본가는 노동자를 구입하여 돈을 벌었으니 그 노동자를 사용하여 번 돈은 자본가 것이다.

이처럼 전체 노동시간 가운데 노동자가 자신의 노동력을 재생산하려고 쓰는 노동시간을 필요노동시간이라 하고, 자본가에게 이윤으로 돌아갈 상품을 생산하려고 쓰는 노동시간을 잉여노동시간이라 한다. 노동자가 각각의 노동시간에 지출하는 노동을 필요노동과 잉여노동이라 한다. 그리고 노동자가 필요노동시간에 생산한 가치를 재생산가치(reproduction value)라 하고, 잉여노동시간에 생산한 상품의 가치를 잉여가치(surplus value)라고 한다. 재생산가치와 잉여가치를 화폐로 전환한 것이 임금과 이윤이다(〈그림 5-3〉 참조). 노동자는 임금에 관심을 기울이겠지만, 자본가는 당연히 자신의 몫인 이윤에 관심을 둔다. 잉여가치를 늘려 이윤을 늘리려면 어떻게 해야 하는가? 개략적으로 보아, 해법은 두 가지다. 첫째, 전체노동시간을 늘려 잉여노동시간을 늘린다(〈그림 5-3〉의 (a)). 둘째, 기계 등을 도입하거나 새로운 기술을 적용하여 생산성을 높인다. 그리하여 필요노동시간을 줄인다. 필요노동시간이 줄면 저절로 잉여노동시간이 늘어난다(〈그림 5-3〉의 (b)). 두 가지 해법에서 어떤 것을 사용하든지 자본가와 노동자는 적대적으로 대립할 수밖에 없다. 전체노동시간을 늘리면 노동자는 늘어난 노동시간에 저항할 것이고, 필요노동시간을 줄이면 세진 노동 강도에 저항할 것이다.

〈그림 5-3〉 노동시간과 잉여가치

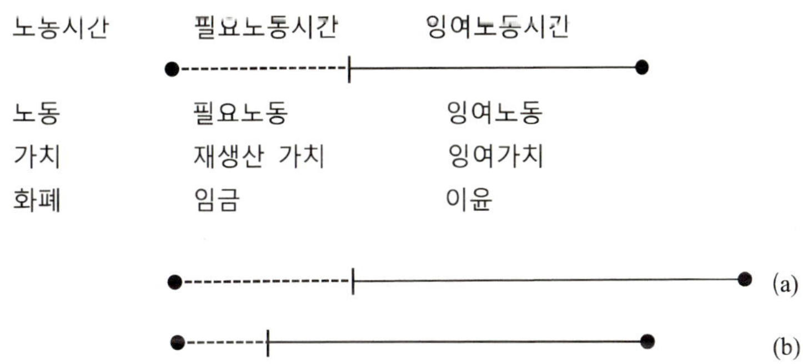

자본주의가 발전하면서(자본이 자신의 몸집을 불리면서) 자본은 점차 절대적 잉여가치보다 상대적 잉여가치를 추구하게 된다. 절대적 잉여가치를 추출하는 방법은 분명한 한계를 보이기 때문이다. 노동시간을 아무리 늘려도 하루 16시간 이상으로 늘리지는 못하지 않겠는가? 16시간보다 더 많이 일하면 수면시간이 줄어 노동자는 천천히 죽는다. 이래서야 노동자는 자신의 노동력을 재생산할 수 없다. 그리하여 자본은 결국 기계 등을 도입함으로써 상대적 잉여가치를 늘리는 방법을 사용할 수밖에 없다. 요컨대 자본이 더 많은 이윤을 거두어 제 자신의 몸집을 불리려면, 즉 자본을 축적(蓄積, accumulation)하려면 노동자 일인당 생산설비를 더 많이 사용할 수밖에 없다.

이 말은 자본가가 생산활동을 조직하면서 점차 노동자의 임금에 투자하는 돈보다 생산설비에 투자하는 돈을 더 많이 쓸 수밖에 없다는 사실을 뜻한다. 자본가가 노동자의 임금을 지불하는 데 사용한 돈을 가변자본(variable capital; v)이라 하고 자본가가 생산설비에 투자한 돈을 불변자본(constant capital; c)이라고 하면, 생산설비에 투자하는 비율을 더 높인다는 말은 불변자본의 비율을 더 높인다는 말과 같다. 가변자본(임금에 투자하는 비용)에 대비한 불변자본(생산설비에 투자하는 비용)의 비율(c/v)을 자본의 유기적 구성(the organic composition of capital)이라고 하는데, 이 구성을 높이면서 자본의 이윤율은 점차 줄어든다. 왜 그러냐고? 이를 수식으로 알아보자. 이윤율(r)은 투하한 자본 총량($c+v$)에 대한 잉여가치(s)의 비율이다.

$$r=\frac{s}{c+v}$$

여기에서 분자와 분모를 똑같이 v로 나누어서 정리하면 다음과 같다.

$$r=\frac{s/v}{c/v+1}$$

이다. 위 식에서 이윤율은 두 가지 요인의 함수다. 이윤율은 잉여가치율(s/v)의 함수이자 자본의 유기적 구성(c/v)의 함수다. 잉여가치율이 크면 클수록 이윤율은 높아지고, 자본의 유기적 구성이 높으면 높을수록 이윤율은 낮아진다(이윤율의 경향적 저하법칙).

다른 한편, 자본의 유기적 구성이 높아지면서 자본의 노동 수요는 점차 줄어든다. 그리하여 공장 바깥에 언제든 활용할 수 있는 실업자를 마련한다. 맑스는 이 실업자를 상대적 과잉인구라고 부르거나 산업예비군이라고 불렀다. 산업예비군(industrial reserve army)은 취업노동자의 임금을 낮추고 노동조건을 나쁘게 하는 압력으로 작용한다. 그리하여 (자본이 이윤을 높일수록) 노동자는 예전보다 더 빈곤해진다. 이와 같이 자본은 자신을 축적하면서 한쪽 끝에는 부를 쌓고, 다른 한쪽 끝에는 궁핍과 고통, 예속, 무지, 야만성, 도덕적 타락을 쌓는다. 자본축적의 이런 결과를 맑스는 자본축적의 일반법칙(the general law of capitalist accumulation)이라고 이름 붙였다.

> 자본주의 체제에서 사회적 노동생산성을 높이는 방법은 모두 개별 노동자를 희생하는 수단이 된다. 생산을 늘리는 모든 방법은 생산자를 억누르고 짜내는 수단으로 바뀐다. 이 수단은 노동자를 부분 인간으로 만들고 기계의 부속물로 떨어뜨린다. 노동을 고통스럽게 하여 노동의 내용을 무너뜨린다. (…)노동생산성을 높이는 방법 때문에 노동자의 노동조건은 점점 나빠지고, 노동자는 노동과정에서 독재-그 비열함 때문에 더욱 혐오스러운 독재-에 굴복한다. 노동자의 전체 생활시간은 노동시간으로 바뀌며, 그의 처자는 자본이라는 거대 수레바퀴(juggernaut) 밑에 깔린다. (…)끝으로 (자본은) 상대적 과잉인구나 산업예비군을 언제나 축적의 규모와 활력에 알맞도록 유지하는데, 이 법칙은 헤파이스토스가 프로메테우스를 바위에 결박했던 쐐기보다 더 단단하게 노동자를 자본에 동여 묶는다. 이 법칙은 자본의 축적에 상응하여 필연적으로 빈곤의 축적을 낳는다. 한쪽 끝에서 부가 축적되면 다른 쪽 끝(…)에서 궁핍, 고통, 예속, 무지, 야만성, 도덕적 타락이 축적된다(Marx, 1867: 729~730-강조는 인용자, 쪽수는 한국어 번역본의 것이다).

역사 유물론에 근거한 맑스의 계급 모형은 단순명쾌하다. 계급 갈등의 필연성을 설명하는 노동가치설도 치밀하고 논리적이다. 그러나 사회주의를 반대하는 사람들은 사회 불평등을 이런 모형으로 파악하는 데에 동의하지 않았다. 맑스의 계급 개념과 계급 모형을 거부했던 대표적 학자는 베버(M. Weber)였다. 베버는 맑스와 달리 불평등을 여러 차원에서 바라보았다.

베버의 불평등 이론

베버(Weber, 1946)는 사회에 다양한 질서(order)가 존재한다고 보았다. 경제적 질서가 있는가 하면, 사회 질서(명예의 질서)도 있고, 법적 질서도 있다고 보았다. 베버는 이 질서가 서로 관련하지만, 완전하게 중복하는 것은 아니라고 판단하였다. 이 질서는 어느 정도 서로 다른 것이라고 주장하였다. 어떻게 다른가? 먼저 경제 질서를 보자. 경제 질서는 계급상황(class situation)이 결정한다. 계급상황이란 다음과 같은 상황이다. 첫째, 다수의 사람이 삶의 기회(life chances)를 만들어내는 특정 원인 요소를 공유하는 상황이다. 둘째, 이 요소가 재화나 소득과 같은 경제적 이해관계를 규정하는 상황이다. 셋째, 이 요소가 상품시장이나 노동시장의 조건을 이루는 상황이다. 말이 생소하고 추상적이어서 이해하기 쉽지 않다. 익숙한 용어로 구체적으로 말해 보자. 계급상황이란 서로 관련한 다음 세 상황을 말한다. 첫째, 몇 가지 원인 요소(재산이나 숙련 등)를 공유하는 사람들이 여럿 존재하는 상황을 말한다(예컨대, 건물주 집단이 존재하고 임차인 집단이 따로 존재한다). 둘째, 이 요소의 소유 여부나 정도 때문에 경제적 이해관계가 서로 달라지는 상황을 말한다(예컨대, 건물을 소유한 사람과 소유하지 못한 사람은 종합부동산세에 다르게 반응한다). 셋째, 이 요소를 활용하여 시장에서 비슷한 삶의 기회를 맞는 상황, 즉 비슷한 정도의 재화를 소비하고 비슷한 생활조건이나 생활경험을 누리거나 겪는 상황을 말한다(예컨대, 시장경제에서 건물주처럼 큰 재산(property)을 소유한 사람들은 노동시장에서 일하지 않아도 될 것이고 상품시장에서 풍요로운 생활을 누리게 될 가능성이 높다). 이렇게 원인 요소를 공유하는 사람들은 비슷한 삶의 기회를 누릴 것이므로 동일한 계급상황에 놓여 있다고 말할 수 있다. 그런데 계급상황을 규정하는 원인 요소는 무엇인가? 앞의 예에서 보인 것처럼, 다른 무엇보다 재산이 가장 중요한 요소다. 재산은 계급상황을 결정하는 기본 범주이다. 그러나 계급상황을 결정하는 원인 요소가 재산뿐인 것은 아니다. 시장에 제공할 수 있는 서비스(service)나 숙련(skill)의 종류나 정도도 계급상황을 결정한다. 모든 사람이 바라는 서비스, 즉 시장이 인정하는 서비스를 제공한 사람은 재산 소유자 못지않게 풍요로운 삶의 기회를 누린다. 예컨대 윈도우를 개발한 빌 게이츠나 구글을 창업한 래리 페이지 등은 세상 사람들이 원하는 서비스를 제공하여 많은 돈을 벌었고 자신의 삶의 기회를 윤택하게 하였다. 남다른 숙련을 갖춘 사람도 삶의 기회를 좋게 만들 수 있다. 예컨대 남들이 손대지 못하는 수술을 성공적으로 마무리하는 의사는 다른 의사보다 더 윤택하게 살 수 있고, 용접 기술이 뛰어난 기능공도 남보다 더 많은 보상을 받을 수 있다. 이처럼 계급상황은 시장에서 누리는 삶의 기회를 결정하므로 이를 시장상황(market situation)이라고 명명하기도 하였다. 베버는 이 계급상황(시장 상황)이 비슷한 사람들을 계급(class)이라고 하였다.

두 번째 질서는 사회 질서(명예의 질서)다. 명예는 지위상황(status situation)이 결정한다. 지위상황은 인간 생활의 전형적 구성요소인데, 이는 인종이나 출신 성분, 종교적 지위일 수도 있고, 지식이나 고매한 인격일 수도 있다. 백인이면서 영국 출신이고 개신교도인 사람들(White Anglo-Saxon Protestant; WASP)은 높은 명예를 누리고, 유색인종이면서 카톨릭 교도인 사람들은 낮은 명예의 굴레를 쓴다. 때로는 재산이 지위상황을 이룰 수도 있다. 많은 경우에 재산이 많은 사람은 높은 명예를 누린다. 이처럼 지위 상황은 계급상황과 일치할 수도 있고, 일치하지 않을 수도 있다. 지위상황을 공유하는 사람들을 지위집단(status group)이라고 하는데, 이 집단은 계급과 겹치지만 계급과 일치하지는 않는다. 지위상황을 공유하여 명예가 비슷한 사람들, 즉 지위집단은 계급과 무엇이 다른가? 지위집단은 공동체(community)라는 성격을 띠는데, 계급은 그렇지 않다. 계급 성원은 위치나 속성을 공유하지만 동일 장소나 공간에서 함께 생활하지 않는다. 그러나 지위 집단은 특수한 생활양식을 공유하는 공동체다. 이 공동체에서 교제와 결혼 등의 사회적 교류가 일어난다. 지위 집단이 다르면 교제와 결혼 등이 제약을 받을 수밖에 없다.

그런데 사람들은 왜 지위집단을 만드는가? 배타적 지위집단을 만들려는 가장 큰 동기는 아무래도 물질의 독점에 있다. 끼리끼리 혼인하여 통혼을 제약하는 것은 재산을 분할하지 않기 위함이고, 특정 지위상황, 예컨대 출신지역을 중심으로 끼리끼리 모여 관직이나 기타 중요한 자리를 독점하는 것은 물질적 수혜를 얻거나 유지하기 위함이다. 이렇게 명예는 물질과 연결된다. 그러나 앞에서도 말했듯, 지위 집단은 계급과 다르다. 계급은 재화의 자유로운 교환 속에서 발생하지만 지위 집단은 독점을 이용하여 재화의 자유로운 교환을 막는 가운데에서 생긴다. 계급은 재화의 생산이나 취득을 근거로 계층화하지만, 지위 집단은 재화의 소비와 관련하여 성층화한다. 계급은 재산의 소유 정도로 구별되지만, 지위집단은 생활양식(소비유형)으로 구별된다. 계급은 돈을 버는 정도로 구별되지만, 지위집단은 돈을 쓰는 형식으로 구별된다. 예컨대 명예가 같은 지위집단은 강남의 비싼 집이나 비싼 차를 소유하거나 소비한다. 그런 소비로, 같은 부류나 같은 집단의 사람이라는 것을 확인한다.

계급이 경제와 관련하고 지위 집단이 명예와 관련한다면, 정당은 권력과 관련한다. 권력(power)은 '타인이 저항하는데도 자신의 의사를 관철할 수 있는 기회나 힘'이다. 정당은 이 권력을 추구한다. 정당은 권력으로 공동체의 행동에 영향을 미치려고 노력한다. 권력의 원천은 무엇인가? 권력은 경제나 명예에서 비롯할 수 있다. 예컨대 재산이 많은 사람은 돈을 써서 가난한 사람을 자신의 뜻대로 움직일 수 있고, 명예가 높은 사람은 명예가 낮은 사람을 은연중에 강제할 수 있다. 그러나 권력은 별개의 원천에서 비롯할 수도 있다. 예컨대 총칼과 같은 적나라한 폭력으로 권력을 얻을 수도 있고, 사회적 영향력, 연설, 제안, 속임수 등으로 권력을 얻을 수도 있다. 그러므로 권력의 불평등은 경제나 명예의 불평등과 구별된다.

이처럼 베버의 불평등 이론은 다차원적(multi-dimensional)인 것이다. 맑스가 경제적 불평등이라는 단일 차원의 불평등을 논의하였다면, 베버는 계급, 명예, 권력이라는 세 차원의 불평등을 논의하였다. 단일 차원의 불평등을 다루는 논의의 장점은 논리가 명쾌하는 것이다. 여러 가지 불평등을 동시에 생각할 필요가 없기 때문이다. 그러나 이런 논의는 아무래도 환원주의(reductionism)에 빠지기 쉽다. 아니나 다를까, 맑스는 이 세상의 불평등을 모두 경제적 불평등으로 환원하였다. 명예도 경제적 힘에서 나오고, 권력도 경제적 힘에서 나온다고 보았다. 이와 달리, 여러 차원의 불평등을 다루면 논의는 한결 더 정교해진다. 세상의 불평등을 여러 차원으로 세분해서 보면 불평등을 훨씬 더 정확하게 묘사할 수 있지 않겠는가? 그러나 다차원적 관점은 논리의 명쾌함이 덜하다. 서로 엉킨 여러 차원의 불평등을 동시에 바라보아야 하기 때문이다. 그리하여 다차원적 불평등을 말하는 논의는 이런 단점을 극복하려고 대체로 종합화 접근(synthesizing approach)을 선호한다. 즉, 여러 차원의 불평등을 종합하여 단일 차원의 잣대나 기준을 만들어내는 접근을 선호한다. 예를 들어 보자. 베버의 기준으로 보면 세상의 불평등은 재산과 명예, 권력이라는 세 차원으로 분리할 수 있다. 이 세 가지 불평등을 순서대로 각각 소득과 직업, 조직 안에서 차지하는 사회적 위치로 측정할 수 있다고 가정해 보자. 다시 말해, 개인의 재산은 소득으로 재고, 명예는 직업으로 측정하며, 권력은 개인이 조직 안에서 부리는 부하 직원의 수로 측정한다고 가정해 보자. 그리고 소득이나 직업 지위, 사회적 위치의 가장 높은 수준을 100으로 하고, 가장 낮은 수준을 0으로 환산할 수 있다고 가정해 보자(〈그림 5-4〉 참조). 소득이나 직업 지위, 사회적 위치가 모두 높은 사람(세모 표시)은 말할 것도 없이 상층계급에 속할 것이다. 예컨대 대법원 판사나 대기업 임원 등은 상층계급이라고 말할 수 있다. 거꾸로 소득이나 직업 지위, 사회적 위치가 모두 낮은 사람(오각형 표시)은 하층계급에 속할 것이다. 예컨대 단순 노동자나 실업자 등은 하층계급이라고 구분해도 무방할 것이다. 이처럼 세 가지 기준을 '종합'하여 계급이나 계층을 판별하는 전략을 종합화 접근이라고 부를 수 있겠는데, 이 접근으로 다차원적 불평등을 논의할 수 있다.

〈그림 5-4〉 다차원적 불평등

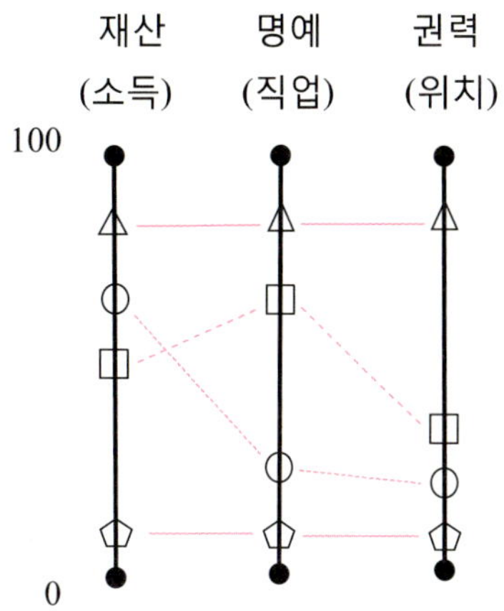

그러나 이러한 종합화 접근을 사용하기 쉽지 않은 경우도 적지 않다. 예를 들면 교사(네모 표시)는 소득은 낮지만 직업 지위는 높다. 그리고 직업 지위에 비하여 권력(지신이 부리는 사람)은 적다. 자영업자(동그라미 표시)는 소득은 높을 수 있지만, 직업 지위와 사회적 위치가 낮다. 권력도 적다. 이와 같이 세 차원의 불평등 수준이 서로 일치하지 않으면 이들이 종합적으로 어떤 계급이나 계층에 속하는지 판단하기 쉽지 않다. 이들의 계급이나 계층을 객관적으로 파악하는 것도 어렵지만, 이런 위치에 놓인 당사자도 주관적 혼란을 느낀다. '나는 중간층인가 노동자계급인가?' 이른바 정체성 혼란을 겪는 셈이다. 이런 혼란을 렌스키는 지위불일치(status inconsistency)라고 불렀다(Lenski, 1954). 어쨌든 다차원적 접근도 이처럼 나름대로 문제를 지니고 있다.

지금까지 베버의 다차원적 불평등 이론을 살펴보았다. 그러나 베버의 이론에는 이와 구분할 수 있는, 따로 주목해야 할 논의가 있다. 사회관계의 폐쇄(閉鎖, closedness)라는 개념을 둘러싼 논의가 바로 그것이다(Weber, 1968). 폐쇄란 무엇인가? 만일 일단의 사람들이 특정한 주관적 의미나 결속 규칙(binding rules)을 만들어, 다른 사람이 사회관계에 참여하는 것을 배제하거나 제한하면 그 관계는 폐쇄되어 있다고 말할 수 있다. 예컨대 어떤 이가 몇 사람에게 '친구'라는 주관적 의미를 부여하고 그들만 파티에 초청하고 다른 사람은 초청하지 않으면 그 친구관계는 폐쇄되어 있다고 말할 수 있다. 흔한 일이다. 이와 달리, 일부 사람이 학교 동창이라는 잘 알려진 결속 규칙으로 모임을 만들고 다른 사람이 그 모임에 참석하는 것을 막으면 그 사회관계는 폐쇄되어 있다고 말할 수 있다. 이런 일도 흔하다.

그런데 사람들은 왜 사회관계를 폐쇄할까? 사회관계를 폐쇄하는 동기는 무엇일까? 여러 가지다. 첫째, 위신이나 명예, 이윤의 향유 등과 관련하여 성원의 질적 수준을 유지하려고 폐쇄한다. 예컨대 수도사나 수녀를 받아들이는 기준을 느슨하게 풀면 수도사나 수녀의 자질이 낮아져서 집단 전체가 명예를 잃을 수도 있다. 그러므로 엄격한 심사로 수도사나 수녀의 수를 늘리지 않는다. 둘째, 수혜를 제한하려고 폐쇄한다. 자급자족 공동체가 만들어내는 적은 생산물을 많은 사람에게 나눠줄 수는 없다. 그러므로 수혜를 받을 사람이나 가구를 제한한다. 셋째, 기회의 희소성을 유지하려고 폐쇄한다. 의사가 너무 많아지면 의사의 수익이 전반적으로 떨어진다. 그러므로 의사들은 의과대학 정원을 늘리는 데에 강력하게 반대한다. 자격증의 희소성을 유지하려고 노력한다. 마찬가지로 어촌계 회원의 숫자가 많아지면 회원(어민)의 수익이 낮아진다. 그러므로 어촌계는 회원 숫자를 늘리지 않으려 노력한다.

사회관계의 폐쇄는 관계를 폐쇄하는 당사자에게 독점적 이익을 보장한다. 이 독점적 이익은 폐쇄 당사자에게 다양한 방식으로 배분된다. 사람들은 사회관계를 폐쇄하여 타인의 접근을 막은 다음, 집단 내부에서 자유경쟁상태로 이익을 추구할 수도 있고(의사, 약사), 집단이 이익의 양과 종류를 일정 방식으로 개인에게 배분할 수도 있다(어촌계). 이런 이익은 개인이나 집단이 전유하여 재산권이나 소유권을 형성할 수도 있다. 어쨌든 이런 폐쇄는, 그리고 이로 말미암은 소유는 다음과 같이 구별할 수 있다. 이 유형은 〈삽화 5-1〉에서 보였던 행위의 유형과 흡사하다.

전통적 폐쇄: 가족, 공동체
감정적 폐쇄: 남녀의 성적 관계, 충성 관계
가치합리적 폐쇄: 종교 집단
(도구) 합리적 폐쇄: 경제적 결사체

지금까지 불평등에 대한 고전 이론을 살펴보았다. 이제 불평등구조를 파악하는 현대 이론이나 현대의 논의를 알아보자. 현대 이론은 대부분 맑스와 베버의 이론을 고치거나 메꾼 것들이다.

2) 현대 이론

현대 사회의 불평등이 복잡하다는 것을 감안하면, 계층체계를 파악할 때 베버처럼 다차원적 접근을 채택하는 것이 유리할 것으로 보인다. 다시 말해, 〈표 5-1〉에 제시한 여러 가지 재화(자원, 자산)을 모두 고려하는 다차원적 불평등 공간(inequality space)을 상정하는 것이 유리할 것이다. 아마도 그럴 것이다. 그러나 다차원적 접근이 항상 좋은 결과를 낳는 것은 아니다. 다차원적 접근을 시도하면 여러 불평등을 종합하려는 전략이 불가피하고, 종합화 전략이 필요하면 불평등을 연속적인 것으로 파악하려고 시도하기 쉽다. 예컨대 소득, 명예, 교육 등을 종합적으로 감안하여 사회경제적 지위(socioeconomic status; SES) 지수 등을 만드는 방식으로 불평등을 파악하려 들기 쉽다. 실제로 많은 연구자가 이런 접근을 시도하였다. 이들은 대체로 직업(occupation)을 대상으로 불평등을 파악하였는데, 가장 쉬운 방법은 직업의 위세(prestige)를 평가하는 것이었다(Treiman, 1977). 좀 더 정교한 방법은 개별 직업의 평균 소득이나 명예, 평균 교육연수 등을 계산하고 가중치를 부여하여 그 직업의 사회경제적 지위 지수를 만드는 것이었다(Duncan, 1961; Ganzeboom, De Graaf, and Treiman, 1992; Hauser and Warren, 1997; OECD, 2000). 위세를 기준으로 하였든 사회경제적 지위를 기준으로 하였던 이렇게 만든 지수는 대체로 0과 100사이의 정수 값으로 조정하였다. 예컨대 트레이먼(Treiman, 1977)은 의사라는 직업에 92, 교사는 64, 건설일용노동자라는 직업에는 16이라는 점수를 부여하였다. 이 지수로 판단하건대, 교사는 의사보다 사회경제적 지위가 낮지만 일용노동자보다는 높다는 사실을 알 수 있다. 다른 한편, 국제학생평가(PISA)는 응답자 부모의 사회경제적 지위를 -4와 4 사이의 한 값으로 파악하였다. 금방 알 수 있듯, 이런 방식은 불평등을 연속적인 것으로 파악한다. 이런 접근 방식은 불평등을 사회적 분업과 무관하게, 불평등을 오직 소득으로 파악하는 경제학적 방식과 많이 다르지 않다. 그러나 이들과 생각이 다른 사회학자들은 계층체계를 몇 개의 집단, 즉 계급으로 구분하였다. 그리고 개별 집단(계급) 안의 구성원은 비교적 비슷한 유형이나 수준의 속성(자산이나 명예, 권력)을 갖고 있을 것이라고 가정하였다.

불평등을 계급 형태로 파악하는 사회학적 방법은 매우 독특하다. 이 방법은 불평등의 여러 차원을 하나하나 따로 살펴보는 방법과 구별될 뿐만 아니라 불평등을 연속적인 것으로 파악하는 앞의 방법과도 구별된다. 계급 형태로 불평등을 파악하는 방법은 계급 범주(예컨대, 자본가계급이나 노동자계급, 농민 등의 범주)가 노동시장에서 제도화되어 있다는 사실에 착안한다. 계급 범주를 설정한다는 사실은 계급이 유명무실한(이름만 있고 실제로는 없는) 존재나 통계적 가공물에 그치는 것이 아니라는 의미를 띤다. 노동시장에서는 소득이 매끄러운 연속선처럼 분포하지 않고 덩어리로 분포한다. 〈표 5-1〉의 여러 자산도 연속선처럼 분포하지 않고 덩어리로 분포한다. 더 나아가서 소득이나 여러 자산은 서로 관련한다. 소득과 여러 자산을 한 묶음으로 조합해 놓은 이 덩어리들을 우리는 계급이라고 부를 수 있다.

이런 접근은 암묵적으로 소득을 기반으로 불평등에 접근하는 방법(경제학의 방법)을 비판한다. 첫째, 사회적 불평등을 소득으로 파악하는 접근은 다차원적 불평등을 다루지 못한다. 둘째, 제도화된 구조를 갖춘 사회를 과도하게 추상적이고 분석적이며 통계적인 렌즈로 바라본다. 계급적 접근은 이런 단점을 극복하여 제도화된 불평등 구조를 바라본다. 이런 접근은 자본주의 사회의 계급을 몇 개로 나눈다. 예컨대 특혜 계급(자본가, 전문직 종사자, 관리직 종사자), 비특혜 계급(하위 사무직 노동자, 숙련노동자, 비숙련 노동자), 하층계급 등으로 나눈다. 이런 계급 모형은 소득 패러다임과 같이 불평등을 단일 차원으로 측정하려는 개인주의에 반대한다. 그런데 불평등을 계급으로 파악하려는 시도가 나은가, 그렇지 않으면 개인주의적 접근이 더 나은가? 경험적 현실과 적합한 접근이 더 나을 것이다. 우리가 경험적 현실을 주의 깊게 살펴야 하는 이유다.

불평등을 몇 개의 덩어리(계급)로 파악하려는 시도도 두 가지 모형으로 나누어 생각해 볼 수 있다. 큰 계급 모형(big-class model)과 작은 계급 모형(micro-class model)이 바로 그것들이다. 앞 모형은 불평등한 분포를 커다란 몇 개의 큰 계급으로 분류하는 모형이고, 뒤 모형은 많은 수의 직업을 계급으로 간주하고, 자원의 불평등한 분포를 이 직업으로 파악하는 모형이다. 〈그림 5-5〉는 〈표 5-1〉의 임의의 두 자산이 서로 결합하는 방식을 그린 것인데, 여기서는 직업의 소득과 직업의 정치적 보수주의의 연관성을 다루었다. 불평등을 덩어리로 파악하려는 시도, 즉 계급 모형은 직업의 소득과 정치적 보수주의가 선형으로 연관되어 있는 것이 아니라 몇 개의 덩어리로 뭉쳐 있다고 가정한다. 큰 계급 모형은 이 덩어리가 몇 개 되지 않는다고 가정한 모형이고(〈그림 5-5〉의 a 패널), 작은 계급 모형은 이 덩어리가 제법 많을 뿐만 아니라 널리 퍼져있다고 가정한 모형이다(〈그림 5-5〉의 b 패널). 우리가 삶의 기회(소득, 교육, 근로조건, 자가 소유)나 생활양식(소비관행, 제도적 참여), 생활태도(정치적 선호, 사회적 태도)나 인구학적 구성(인종, 민족) 등과 같은 생활조건(life conditions)을 불평등과 관련지어 설명하고자 할 때, 어떤 모형이 경험적 현실을 더 잘 설명하는가? 한 연구는 불평등을 사회경제적 지위 지수로 측정하려는 시도는 이미 기울어졌으며, 큰 계급으로 재려는 시도도 내리막길에 들어섰다고 주장하였다(Weeden and Grusky, 2012). 불평등을 작은 계급 모형으로 측정하는 것이 가장 바람직하다는 주장이겠다. 그러나 이 책에서는 주로 큰 계급 모형을 살펴보기로 한다. 왜냐하면 이런 모형이 가장 고전적 논의이기 때문이다. 고전적 논의를 이해할 때에만 그보다 더 복잡한 논의의 위상이나 장단점을 파악할 수 있다.

〈그림 5-5〉 큰 계급 모형과 작은 계급 모형

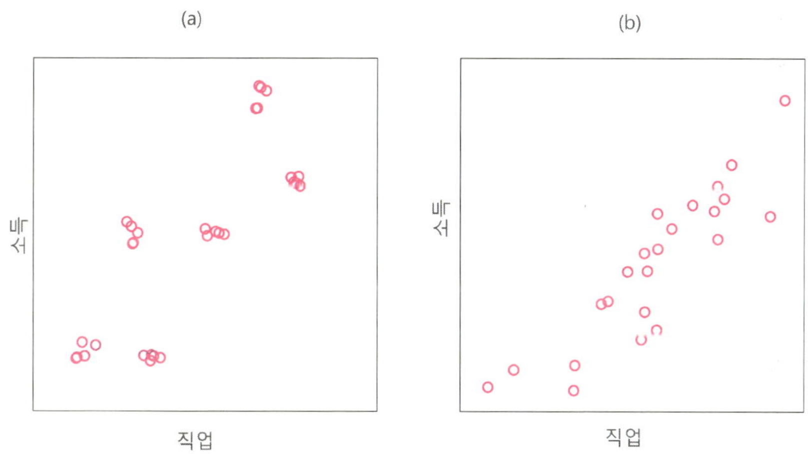

이제 오늘날 등장한 몇 가지 계급 이론과 계급 모형을 살펴보자. 아래에서는 먼저 맑스의 이론을 수정한 뢰머의 착취 이론과 라이트의 계급 모형을 보고, 그 다음으로는 베버의 전통을 계승한 파킨과 다렌도르프의 불평등 이론, 그리고 골드소프의 계급 모형을 차례로 살펴보기로 한다.

앞에서 우리는 자본주의 발전사가 맑스의 예측과 같지 않았음을 보았다. 맑스는 중간계급이 양극으로 분해할 것이라고 보았는데, 오늘날 중간계급은 소멸하지 않았다. 프티부르주아지(자영업자)는 줄어들지 않았고 사무직 종사자(화이트칼라)는 도리어 증가하였다. 맑스주의 이론가들은 맑스 이론의 타당성이나 현실적합성을 주장하려면 먼저 이 문제를 해결해야 했다. 왜 프티부르주아지는 줄어들지 않는가? 늘어나는 사무직 노동자는 노동자계급인가, 아니면 중간계급인가? 맑스주의에서 이런 질문은 이론적 차원에서 해결해야 할 문제만은 아니었다. 사무직 노동자가 증가한 현실은 정치적 행동을 계획하는 데에도 큰 문제였다. 즉 늘어나는 화이트칼라 노동자가 더 이상 노동자계급이 아니라면, 그리하여 노동자계급의 비중이 점차 줄어든다면, 노동자계급이 정치적 행동을 도모할 때 이들과 어떤 관계를 설정해야 하는가? 이 질문에 대답하는 것이 맑스 추종자의 주요 과제였다.

중간계급 문제를 이론적으로 해결하려고 여러 사람이 여러 가지 해법을 제시하였다. 브레이버만(Braverman, 1974)은 자본주의가 발전하면서 노동과정의 탈숙련(脫熟練, deskilling)이 진행되어 화이트칼라 노동도 단순 노동이라고 판단할 수 있다고 보았다. 그러므로 새롭게 등장한 사무직 노동자도 중간계급이라기보다 사실상 노동자계급의 일부라고 판단하였다. 이와 달리, 풀랑차(Poulantzas, 1979)는 화이트칼라를 전통적 노동자계급이라고 볼 수 없고 새롭게 등장한 프티 부르주아지(a new petty bourgeoisie)라고 보는 것이 더 낫다고 주장하였다. 앞의 각주에서도 언급하였듯, 일찍이 맑스는 프티 부르주아지를 작은 상점 주인이나 부르주아지가 소유한 상품이나 서비스를 생산, 교환, 분배하는 노동자라고 규정하였던 바, 화이트칼라가 바로 이런 일을 하고 있었기 때문이다.[72] 화이트칼라는 경제적, 정치적, 이데올로기적 입장이 노동자계급과 다르고, 그들의 이해관계는 옛 프티 부르주아지와 흡사하므로 노동자계급의 우군이 아니라고 그는 단정하였다(홍두승·구해근, 2008).

그러나 라이트(E. O. Wright)는 제 3의 사람 문제, 즉 중간계급 문제를 다른 방식으로 해결하였다. 그는 모순적 계급위치라는 말을 만들고, 중간계급은 그 위치에 해당하는 계급이라고 주장하였다. 중간계급은 부르주아지와 프롤레타리아 사이에서 동요하는 계급이라는 의미다. 여하튼 이런 개념에 도달하게 된 과정을 살펴보자. 먼저 그는 계급관계를 지배관계가 아니라 착취관계로 보아야 한다고 주장하였다. 왜 그러한가? 왜 지배(domination)를 중심으로 계급을 설정하면 안 되는가? 지배를 축으로 설정한 계급 개념은 다음과 같은 문제를 가지고 있기 때문이다. 첫째, 지배는 행위자의 적대적 이해관계를 포함하고 있을 때도 있지만 포함하고 있지 않을 수도 있다. 자본가의 노동자 지배는 자본가와 노동자의 적대적 이해관계를 내포한다. 그러나 부모의 자녀 지배, 교사의 학생 지배에는 양자 사이에 적대적 이해관계의 대립이 존재하지

72) 그러나 오늘날 프티부르주아지는 주로 자영업자를 지칭한다.

않는다. 부모가 자녀를 지배할 때 부모가 자녀에게서 무엇인가를 탈취하지 않는다. 교사가 학생을 지배할 때 교사가 학생에게서 무엇인가를 빼앗지 않는다. 다시 말해 모든 지배가 적대적 이해관계를 내포하지 않는다. 그러므로 지배를 중심으로 계급을 설정해서는 곤란하다. 둘째, 지배를 중심축으로 하여 만든 계급 개념은 "다중의 억압(multiple oppression)"이라는 개념과 일맥상통한다. 지배는 억압과 피억압을 포함하고, 사회에는 여러 형태의 억압, 즉 성적, 인종적, 민족적, 계급적 억압이 존재한다. 그런데 논리적으로 보면 이런 억압에서 그 어떤 것도 중심적 억압으로 간주할 수 없다. 이렇게 되면 계급은 사회나 역사 분석에서 중심 위치를 차지할 수 없다. 이는 맑스주의의 본령을 떠나는 것이다. 그러므로 억압 개념으로 계급을 설정해서는 안된다. 착취 개념에 근거하여 계급을 설정해야 한다.

착취(exploitation) 개념은 여러 행위자의 소득이 서로 인과관계를 맺는다고 가정한다. 부유한 자가 부유한 까닭은 가난한 자가 가난하기 때문이다. 다시 말해, 부유한 자가 부유한 까닭은 가난한 자의 노력(노동)의 결실을 가져가기 때문이다. 이렇게 타자의 노력이나 노동의 결실을 가져가는 것을 착취라고 한다. 그렇다면 이 착취는 어떤 메커니즘으로 이루어지는가? 앞에서 보았듯, 맑스는 노동가치설(잉여가치설)로 이 착취를 설명하였다. 그러나 뢰머(Roemer, 1982)는 맑스의 이론에 의존하지 않고 착취를 설명하였다. 그는 착취가 일어나는 두 가지 메커니즘을 언급하였다. 첫째, 생산자산의 불균등 분포다. 자산의 불균등 분포는 착취를 낳는다. 소규모의 상품 생산 경제에서 생산자의 보유 자산의 크기가 서로 다르면 착취가 일어난다. 동일한 가격의 생산물을 생산하는데, 자산이 크거나 많은 생산자(S)는 작거나 적은 생산자(s)보다 적은 노동만 투하해도 된다. 왜 그러한가? 예를 들어 보자(〈표 5-4〉 참조). 자산이 크면 적은 노동으로도 많은 생산물을 낼 수 있다. 자산이 적거나 작으면 노동을 많이 해도 생산물은 적다. 자산 크기가 노동의 효율성을 제약하기 때문이다. 토지의 크기가 1인 생산자가 연간 20의 노동을 투하해서 20 가마니의 쌀을 수확할 수 있다고 가정해 보자. 농지 크기가 2인 생산자는 s의 생산해낸 수량(20 가마니)만큼 쌀을 생산하려면 얼마나 많은 노동을 해야 할까? 아마도 20만큼 노동하지 않아도 될 것이다(여기서는 10의 노동만 투하하면 된다고 가정하였다). 농지가 커서 슬렁슬렁 일해도 동일 수량의 생산물을 생산할 수 있기 때문이다. 이렇게 S가 노동을 덜 하면서도 동일한 생산량(동일한 수입)을 얻는 까닭은 s가 더 많이 노동하기 때문이다. 이런 방식으로 S는 s를 착취한다.

〈표 5-4〉 소규모 상품 경제에서 이루어지는 착취

자산 크기	S	s
투하 노동량	10	20
산출물 수량	20	20

임노동이 존재하는 시장 경제(자본주의)에서도 상황은 마찬가지다. 생산자산이 클수록 더 많은 착취가 가능하다. 이 사회에서는 자산이 클수록 더 많은 노동력을 사용할 수 있다. 〈표 5-5〉를 보면, 생산자산이 클수록 더 많은 노동자를 고용할 수 있다. 더 많은 노동자를 고용하면 자본가의 이윤 총량은 더 커진다. 특정 생산 기간에 노동자 일인당 10대의 자전거를 생산한다고 가정해 보자. 그리고 이 자전거의 가격은 1이고 노동자의 임금은 5라고 가정해 보자. 소자본가 s는 10명의 노동자를 고용하여 100대의 자전거를 생산한다. 50의 임금을 지불하고 나머지 50을 이윤으로 얻는다. 그러나 그보다 많은 수의 노동자를 고용하는 자본가는 더 많은 이윤을 얻는다. 20명의 노동자를 고용한 자본가(S1)는 100의 이윤을 얻고, 40명을 고용한 자본가(S2)는 200의 이윤을 얻는다. 결국 뢰머는 소규모 상품생산경제이든 자본주의든 시장을 거쳐 이루어지는 착취는 생산자산(생산수단)의 불평등에서 비롯한다고 보았다.

〈표 5-5〉 자본주의적 시장 경제에서 이루어지는 착취

자산 크기	S2	S1	s
노동자 수	40	20	10
산출물 수량	400	200	100
개별 노동자 임금	5	5	5
임금 총액	200	100	50
이윤	200	100	50

시장을 통한 착취, 즉 생산자산을 소유함으로써 일어나는 착취는 착취의 한 형태일 뿐이다. 다른 형태의 착취가 존재할 수 있다. 그것은 생산 조직 속에서 발생한다. 생산자 S와 S'이 서로 결합하여 생산 활동을 한다고 가정해 보자. S'이 이 결합에서 '철수(withdraw)'할 때 S의 형편이 현재보다 더 나빠지고 S'의 형편이 더 나아진다면 S

는 S'을 착취한다고 이야기할 수 있다. 생산부서의 임원과 직원이 서로 결합하여 생산할 때, 직원이 생산에서 철수하면 직원의 소득은 없어지거나 줄어들 것이다. 그러나 임원의 실적과 소득이 나빠지거나 줄어드는 정도가 더 크다면, 그동안 임원은 직원을 착취해 왔던 것이라고 말할 수 있다(남편과 아내의 결합을 생각해 보자. 둘이 헤어지면 둘의 행복도는 동시에 낮아질 것이다. 그러나 남편의 행복이 줄어드는 정도가 아내의 행복이 줄어드는 정도보다 더 크다면 그동안 남편이 아내를 착취하였다고 말할 수 있다).

라이트(Wright, 1985)는 뢰머의 이론은 수정하고 확장하였다. 그는 자산을 물질자산(생산재), 조직 자산(조직재), 기술 자산(기술재)으로 구분하였다. 뢰머의 생산자산과 조직 자산에 기술 자산을 덧붙인 셈이다. 그는 이 세 자산의 불균등한 분포가 착취를 낳는다고 주장하였다. 생산재와 조직재의 불균등 분포가 착취를 낳는 것은 뢰머의 논의에서 이미 보았다. 이에 더하여 라이트는 기술재(즉, 숙련)의 불균등 분포도 착취를 낳는다는 것을 보였다. 라이트는 숙련이 낳는 착취는 다음과 같다고 주장하였다. 만일 숙련공이 얻는 소득이 훈련 기간에 쓴 비용정도에 해당한다면 착취라고 볼 수 없다. 그러나 그 비용을 넘는 임금(소득)을 받는다면 이는 착취라고 말할 수 있다. 예를 들어 보자. 대학졸업자가 대학을 졸업하는 데에 드는 비용이 3억이라고 가정해 보자(교육훈련에 든 직접비용, 즉 등록금과 기타 훈련비용의 합계가 1억이고, 교육기간에 벌 수 있었으나 교육 때문에 포기했던 기회비용이 2억이라고 가정해 보자). 그리고 대학 졸업자가 학교 졸업 이후 평생 동안 버는 소득, 즉 항상소득(permanent income)이 고등학교 졸업자보다 3억만큼 더 많다고 가정해 보자. 상황이 이렇다면 대학 졸업자가 고등학교 졸업자를 착취한다고 말할 수 없다. 그러나 항상소득이 비용보다 더 많다면 대학 졸업자는 고등학교 졸업자를 착취한다고 말할 수 있다. 그렇다면 어떤 조건에서 숙련이 착취를 낳는가? 숙련이 착취를 낳으려면, 숙련이 수요보다 희소해야 한다. 숙련의 희소성은 다음과 같은 두 가지 조건 아래에서 확보할 수 있다. 첫째, 천부적 능력처럼 자연적 희소성이 존재할 때, 둘째, 자격증이나 면허 등으로 숙련에 접근하는 사람들의 숫자를 의도적으로 줄일 때(예컨대 의과대학 정원을 제한하여 의사 공급을 줄일 때), 숙련의 희소성을 유지할 수 있다. 이런 조건에서 숙련은 착취를 낳는다.

라이트는 위의 세 종류의 착취를 기준으로 모두 12개의 계급 위치나 계급 범주를 설정하였다. 그는 먼저 이 세상의 경제적 위치를 생산재의 소유와 비소유로 나누었다. 그런 다음에 조직재의 수량을 기준으로 생산재의 소유를 세 집단(이나 위치)로 나누었고, 조직재와 기술재의 수량을 기준으로 생산재의 비소유를 아홉 집단(이나 위치)로 나누었다(〈그림 5-6〉 참조). 생산재를 소유하지 못하는 경제적 위치 중에는 자본가 계급과 상반하는 이해관계를 가지고 노동자계급과도 대립하는 이해관계를 보이는 계급 위치(class location)가 존재한다. 예컨대 비자격 경영자는 자본가를 대신하여 노동자를 지휘한다. 그러므로 이들의 이해관계는 어떤 경우에는 자본가와 일치하

〈그림 5-6〉 라이트의 계급 모형

생산재

소유자	비소유자				
부르주아지	전문 경영자	반(半)자격 경영자	비자격 경영자	+	조
소규모 고용주	전문 관리자	반(半)자격 관리자	비자격 관리자	>0	직
자영업자	전문 비관리자	반(半)자격 노동자	프롤레타리아	−	재
	+	> 0	-		
		기술재			

고 노동자와 대립한다. 그러나 어떤 경우에는 자본가와 대립하고 노동자와 일치한다. 예컨대 작업 현장에서 일을 할 때에는 이들의 이해관계는 자본가와 일치하지만, 임금 인상을 요구할 때에는 자본가와 대립하고 노동자와 일치한다. 이런 계급위치를 라이트는 모순적 계급 위치(contradictory class locations)라고 이름 붙였다. 이런 위치에 놓인 사람들은 노동자 계급이라기 보다 노동자 계급과 연합할 수 있는 세력이나 집단이라고 생각할 수 있다. 물론 자본가계급의 우군이 되어 노동자계급의 적이 될 수도 있다.

지금까지 맑스주의 학자들의 불평등 이론과 계급 모형을 살펴보았다. 지금부터는 베버의 추종자가 내세웠던 불평등 이론과 계급 모형을 알아보자. 맑스주의가 베버의 추종자를 비판하는 가장 중요한 지점은 그들이 분석의 초점을 생산영역이 아니라 분배영역에 둔다는 점이었다. 맑스주의자는 베버의 추종자들이 분배나 소비의 불평등을 조명할 뿐, 분배를 지배하는 생산체계를 무시한다고 비판하였다. 사실 베버에게

계급이란 분배체계에서 삶의 기회를 공유하는 사람들의 집합이다. 그렇다면 맑스주의자에게 계급이란 무엇인가? 계급은 인간 집단이 아니라 사회적 위치다. 개인은 단지 그 위치를 점유하다 사라지는 존재일 뿐이다. 맑스주의의 이런 입장은 나름대로 설득력이 있다. 개인이 문제가 아니라 그 개인이 사회에서 점유하는 위치, 특히 개인이 생산체계에서 차지하는 위치가 훨씬 더 중요하다. 그러나 맑스주의의 이런 입장에도 문제가 없는 것은 아니다. 이런 입장은 개인이나 집단이 그 위치와 상반하는 행동을 할 때 이론적 문제점을 드러내게 된다. 만일 개별 노동자나 노동자 집단이 노동자 계급이라는 위치에 맞지 않는 행동을 한다면, 이를 어떻게 설명할 것인가? 예컨대 노동자들이 자본가의 이익을 대변하는 우파 정당에 투표하는 행동을 어떻게 설명할 것인가? 맑스는 이를 허위의식(false consciousness) 때문이라고 설명하였다. 잘못된 판단과 생각 때문에 잘못된 행동을 한다는 말이다. 그러나 만일 잘못된 의식 때문에 잘못된 행동을 한다면, 오래지 않아 그 행동은 사라져야 한다. 허위의식은 곧 거짓이라고 밝혀질 것이기 때문이다. 그러나 비정상적 행위는 쉽게 사라지지 않는다. 이는 잘못된 행동이 허위의식 때문에 일어나는 것은 아니라는 사실을 알려준다.

일반적으로 여러 현상을 하나의 근본 속성으로 환원하려는 접근은 논리적으로 명쾌하기는 하지만 사회현상의 복잡성을 잘 설명하지 못한다. 모든 현상을 경제적 관계로 환원해서 설명하려는 맑스주의적 접근은 현실의 불평등이 종교, 정치, 성의 분열로 뒤섞여 있다는 것을 보지 못한다. 다시 말해 현실에는 자본과 노동 사이의 균열(cleavage) 이외에도 인종, 종교, 언어, 성 사이의 균열이 있다는 사실을 보지 못한다. 이 모든 균열을 생산관계라는 것으로 환원해서 설명하려는 시도는 무리하고 과도하다.

파킨(F. Parkin)은 소유라는 개념으로 자본주의 사회에 존재하는 복합 균열을 일반화하였다. 3장(성, 가족, 사랑)에서도 잠시 언급하였지만, 소유란 특정 자원을 둘러싸고 사람들이 맺는 권리 관계다. 소유는 특정 자원에 대한 특정인의 배타적 사용권이다. 이런 소유는 특정 자원에 타자가 접근하지 못하게 한다는 의미에서 사회적 닫기(social closure)라고 표현할 수 있다. 베버의 폐쇄가 그러하듯, 이러한 사회적 닫기는 주로 경제적 이익을 노린다. 경제적 이익을 얻으려고 사회관계를 닫는다는 말이다. 자본주의 사회에서 사람들은 주로 재산과 자격증을 이용하여 이 닫기를 실행한다. 사람들은 다른 사람이 자신의 재산을 이용하지 못하게 닫음으로써 경제적 이익을 얻고, 다른 사람이 자격증을 쉽게 얻지 못하게 막음으로써 경제적 이익을 극대화한다. 그러므로 부의 분배도 재산이나 자격증을 따라 이루어지는 경향을 보인다. 건물주를 생각해 보라. 다른 사람이 자신의 건물을 마음대로 이용하지 못하게 하고 자신이 허락하는 소수의 사람만 건물을 이용하게 함으로써 지대(地代)를 받는다. 의사를 생각해 보라. 의과대학 학생 정원을 늘리지 않음으로써 고소득을 만들어낸다.

물론 사회적 닫기는 재산과 자격증으로만 이루어지는 것이 아니다. 인종, 언어, 지역, 종교 등과 같은 요인을 이용하여 사회관계를 닫을 수도 있다. 예를 들어, '서울에 거주하는 영남 출신 중상층계급 남성'이 끼리끼리 뭉쳐 여타 지역 출신 남성, 특히 호남지역 출신 남성을 집중배제함으로써 채용이나 승진에서 이익을 얻는 것도 사회적 닫기고, 제주도 학교에서 제주어 사용을 장려하지 않고 한국어만 가르침으로써 제주도민의 정체성 형성을 막는 것도 일종의 사회적 닫기다.[73] 그러므로 현실세계의 갈등은 매우 다면적이다.

사회적 닫기는 행위자의 전략이다. 이 전략에는 배제와 침탈이라는 두 가지 차원이 존재한다. 배제(exclusion)란 다른 사람이 특정 자원에 접근하지 못하도록 막는 전략이고, 침탈(usurpation)이란 타인이 독점하는 자원을 뺏으려는 시도나 전략이다. 예컨대 검찰은 경찰에게 수사권을 넘기려 하지 않고(경찰을 배제하려 하고), 경찰은 검찰의 수사권을 뺏으려(침탈하려) 한다. 파킨은 배제의 전략과 침탈 전략을 동시에 구사하는 전략을 두 겹 닫기(dual closure)라고 하였다. 약사는 의사가 약을 조제할 수 없도록 배제하는 동시에 한의사의 한약 조제권을 뺏으려고 노력하는데, 이것이 두 겹 닫기다.

다렌도르프(R. Dahrendorf)는 맑스 이후의 자본주의(산업사회)의 발전사를 다음과 같이 요약하였다. 첫째, 자본이 분산하였다. 맑스 이후에 소유와 경영을 분리하는 경영혁명(managerial revolution)이 일어났다. 둘째, 노동도 분산하였다. 맑스의 예측과 달리 자본주의가 발달하면서 노동자는 같은 부류로 동질화하였다기보다 숙련 수준을 기준으로 서로 다른 부류로 이질화하였다. 그리하여 노동자의 이해관계도 분산

73) 외국어와 사투리를 나누는 기준은 이해 가능성이다. 들어서 이해할 수 있는 말은 사투리고 들어서 이해가 되지 않는 말은 외국어다. 한국인에게 평안도 말은 사투리지만, 일본어는 외국어다. 평안도나 함경도 말은 알아들을 수 있지만 일본어는 이해하지 못하기 때문이다. 이런 기준으로 보면, 제주어는 사투리가 아니라 외국어다. 한국인은 제주어를 알아듣지 못한다. 사정이 이렇다면, 한반도에는 두 개의 언어, 한국어와 제주어가 공존하는 셈이다(고종석, 1999). 그런데도 제주도 학교에서는 제주어를 가르치지 않는다. 아마도 특별한 이유가 있을 것이다. 어떤 이유 때문에 그러하든, 이런 교육 정책은 제주어만 사용하는 사람이나 제주어를 평상어로 사용해야 한다고 주장하는 사람을 사회관계에서 배제한다. 이것도 사회적 닫기다.

하였다. 셋째, 신중간층(화이트칼라)이 성장하였다. 넷째, 사회 이동의 정도가 높아져 계급 장벽이 낮아지고 갈등의 성격도 바뀌었다. 집단 사이의 갈등은 개인 사이의 갈등으로 바뀌었다. 다섯째, 시민권이 확장하여 정치적·경제적 불균형의 극단성이 사라지거나 줄었다. 여섯째, 계급 갈등을 제도화함으로써 계급 갈등은 정치 영역으로 비화하지 않고 산업 영역에서 멈추었다.

다렌도르프는, 이런 변화 때문에 불평등이나 계급은 생산수단의 소유라기보다 오히려 권력과 권위의 소유를 기준으로 구분해야 한다고 주장하였다. 오늘날 잘 발달한 자본주의 사회의 조직체, 즉 정부나 기업 등과 같은 조직체에서는 권력이 잘 조정되어 있다. 그는 이런 조직체를 '권위가 잘 조정된 결사체(Imperatively Coordinated Association, ICA)'라고 불렀다. 사람들은 이 조직체에서 특정 위치를 차지하고 권력을 행사한다. 이 조직체에서 권력을 소유한 집단과 소유하지 못한 집단은 이해관계가 다르기 때문에 서로 대립한다. 다렌도르프는 현대 자본주의에서 이와 같은 권력의 대립이 생산관계의 대립보다 더 중요하다고 보았다.

파킨과 다렌도르프는 불평등이나 계급에 대한 독자적인 이론을 전개하였을 뿐 따로 계급 모형을 만들지는 않았다. 맑스주의와 구별되는, 베버의 생각에 기반하는 계급 모형을 만들었던 사람은 골드소프(J. H. Goldthorpe)였다. 계급을 나눌 때, 맑스주의는 생산수단의 소유를 기준으로 삼았다. 이와 달리 베버의 추종자들은 대체로 직업을 기준으로 하였다. 시장상황을 규정하는 가장 중요한 요인은 직업이라고 보았기 때문이다. 골드소프(Erikson, Goldthorpe, and Portocarero, 1979; Erikson and Goldthorpe, 1992)가 직업을 계급으로 전환할 때 사용한 요인도 역시 시장상황이었다. 그는 직업을 계급으로 바꿀 때 첫째, 직업의 경제적 안정성과 경제적 성취 기회, 수입의 원천과 수준, 그 밖의 고용조건을 고려하였고, 둘째 권위와 통제 체계 안에서 개인이 차지하는 위치를 참고하였다. 좀 더 구체적으로 골드소프는 고용관계(노동시장에서 차지하는 위치)와 노동계약의 성격(계약 기간)이라는 기준을 동원하여 직업을 계급으로 전환하였다. 〈그림 5-7〉에서 보다시피, 골드소프는 먼저 고용관계를 기준으로 모든 직업을 세 부류의 집단(고용주, 자영업자, 피고용인)으로 나누었다. 그런 다음 노동계약의 성격, 산업 분야, 생산조직 안에서 차지하는 위치, 숙련도 등을 기준으로 계급을 차례로 세분하였다. 골드소프가 설정했던 계급 범주는 모두 12개이지만, 경험 연구에서 이 모형을 사용한 경우는 드물었다. 사람들은 보통 몇 개의 범주

〈그림 5-7〉 골드소프의 계급 모형

고용주			자영업자		피고용인							
대	소				서비스관계		중간			단기노동계약		
							화이트칼라		기술 관리, 감독	육체노동		
	산업	농업	산업	농업						산업		농업
					상	하	상	하		숙련	비숙련	
Ⅰ	Ⅳa	Ⅳc	Ⅳb	Ⅳd	Ⅰ	Ⅱ	Ⅲa	Ⅲb	Ⅴ	Ⅵ	Ⅶa	Ⅶb

출처: Erikson and Goldthorpe(1992)

를 결합하여 7개나 5개의 범주로 구성한 계급 모형을 사용하였다.[74] 미리 짐작할 수 있다시피, 서구의 학자들은 라이트의 계급 모형보다 골드소프의 계급 모형을 더 선호하였다. 특히 사회이동을 연구할 때에는 골드소프의 모형을 주로 사용하였다. 우리는 조금 뒤에 이 계급 모형을 사용한 예를 살펴 볼 것이다.

지금까지 라이트와 골드소프의 계급 모형과 그 이론적 기원을 살펴보았다. 오늘날 이 계급 모형을 사용하여 계급구조를 파악하거나 계급 관련 주제를 연구하는 사람은 그렇게 많지 않다. 한국에서도 소수의 연구자만 이런 주제를 탐구하였을 뿐이다(장상

74) 흔히 쓰는 골드소프의 7계급 모형은 다음과 같다. 여기서 화이트칼라 상층(Ⅰ+Ⅱ)은 골드소프가 서비스계급(service class)이라고 이름 붙였는데, 그 까닭은 이들이 자본가계급에게 봉사하기 때문이다. 봉사계급이라고 번역하기도 한다. 이런 7계급 모형은 선진 산업국가에 적용하는 모형이다. 상황에 따라 5계급 모형(Ⅰ+Ⅱ+Ⅲab, Ⅳab+Ⅶb, Ⅴ+Ⅵ, Ⅶa) 등으로 변형할 수도 있다.

Ⅰ+Ⅱ	서비스계급
Ⅲab	화이트칼라 하층
Ⅳab	자영업자
Ⅳcd	농민
Ⅴ+Ⅵ	숙련노동자
Ⅶa	반숙련/비숙련 산업 노동자
Ⅶb	반숙련/비숙련 농업 노동자

수, 2001; 신광영, 2004; 홍두승·구해근, 2008; 김하영, 2017). 그 이유는 아마도 세상의 변화에 있을 것이다. 오늘날 산업자본주의의 오랜 갈등에 뿌리를 둔 노동운동은 점차 덜 격렬하게 되었고, 사람들의 계급 기반 정체성은 차츰 그 뿌리를 잃었다. 그리하여 사람들은 일과 직장, 그리고 지위집단에 느끼는 소속감이나 정체성과 무관하게 별도의 생활양식이나 소비생활을 영위하였다. 불평등은 어디까지나 개인의 것으로 치부하게 되었다. 말하자면 불평등의 개인화(individualization of inequality)가 이루어졌다(Pakulski and Waters, 1996). 그리하여 이런 계급이 실제로 존재한다는 믿는 사람은 거의 없거니와 설령 계급이 존재한다고 믿는 사람들이라 하더라도 계급 구조가 계급의식과 계급행동을 낳아 사회변화를 추동할 것이라고 믿는 사람은 드물다. 다만 사회적 불평등을 묘사하거나 서술할 때 계급 개념을 발견 도구(heuristic device)로 사용하는 사례는 많다. 예컨대 계급별 진학률이나 계급별 이혼률 등을 제시할 때 때때로 계급이라는 범주를 사용하고, 뒤에서 보겠지만 세대간 이동을 논의할 때에도 계급을 사용하기도 한다(신광영, 1994; 장상수, 2001; Park, 2004).

(3) 불평등의 기원

1) 기능주의

사회적 불평등(계급이나 계층)은 비록 그 형태를 바꾸어 왔지만 인간 역사에 항상 존재해 왔다. 이와 같이 '보편적으로' 존재했던 불평등의 원인은 무엇인가? 무엇이 불평등을 낳았는가? 불평등을 낳은 원인은 시대마다 사회마다 달랐다. 〈표 5-2〉에서 보았다시피, 불평등을 규정했던 요인은 사냥이나 주술일 수도 있었고 정치일 수도 있었다. 경제일 수도 있었고, 명예일 수도 있었으며 인간자본일 수도 있었다. 오늘날 불평등을 낳은 원인은 말할 것도 없이 경제다. 경제적 불평등이 불평등의 본류를 이룬다. 그런데 어떤 사람이 부를 차지하고 어떤 사람이 가난하게 사는가? 이런 질문에 대한 고전적 대답은 데이비스와 무어(Davis and Moore, 1945)의 구조기능주의 이론에서 찾을 수 있다.

불평등을 다루는 구조기능주의 이론(structural functionalism)의 논리는 다음과 같이 요약할 수 있다. 모든 사회적 위치와 그에 부착된 구실은 사회를 유지하는 데에 필요하고 사회를 존속하는 데에 기여한다. 사회계층도 사회 생존에 필요한 기능을 수행하기 때문에 존재한다. 다시 말해, 사회적 불평등은 사회의 유지와 생존에 도움이 되기 때문에 존재한다. 의사는 의사대로, 농민은 농민대로 사회의 생존에 기여한다. 4장(일탈과 범죄)에서 보았듯, 심지어 범죄자(도둑이나 강도)도 사회의 생존에 기여한다. 그러나 이들의 기여도는 서로 다르다. 특정한 위치와 구실은 다른 것보다 사회의 생존에 더 중요한 기능을 수행한다.

사회적 위치가 요구하는 구실을 수행할 때 일정한 정도의 재능(talent)과 훈련(training)이 필요하다. 이 재능과 훈련이 필요한 정도는 위치마다 다르다. 평범한 위치의 시시한 구실을 수행할 때에는 별다른 재능이나 훈련이 필요하지 않지만, 중요한 위치의 막중한 구실을 수행하려면 매우 특별하거나 매우 높은 수준의 재능이나 훈련을 갖추어야 한다. 만일 중요한 위치를 채울 사람을 쉽게 구할 수 있다면, 즉 그 위치와 구실에 상응하는 재능이나 훈련을 갖춘 사람이 충분히 많다면, 그 위치를 채우는 사람에게 많은 보상을 부여할 필요가 없다. 그러나 그 위치와 구실에 상응하는 재능이나 훈련이 그렇게 풍부하지 않으면, 그리하여 중요한 위치를 채울 사람이 충분하지 않다면, 필요한 인력을 확보하기 위해 그 위치에 많은 보상(소득과 명예, 폭넓은 여가 시간 등)을 제공해야 한다.

이처럼 계층은 개개인을 동기화(motivation)하는 메커니즘이다. 개개인이 중요하지만 까다롭고 힘든 사회적 기능을 수행하려는 동기를 부여하고 개인을 사회구조 안에 배치하는 제도라고 말할 수 있다. 사회는 개개인으로 하여금 사회 위치에 부착된 의무를 기꺼이 다하도록 해야 한다. 그러려면 사회는 개인에게 두 가지 상이한 차원의 동기를 부여해야 한다. 첫째, 개인에게 특정 위치를 차지하려는 열망을 부여해야 한다. 둘째, 그 위치에 부착된 의무를 다하려는 욕망을 부여해야 한다. 개인에게 이 열망과 욕망이라는 두 가지 동기를 부여하려면 보상을 차등할 수밖에 없다. 특정 위치를 차지하는 사람에게 물질적 안락함을 제공해야 하고, 쾌적함이나 기분전환 같은 심리적 만족도 제공해야 한다. 자긍심이나 기타 부수적 혜택도 제공해야 한다. 이와 같은 차등 보상이 불평등(계층)을 낳는다. 이처럼 사회적 불평등은 가장 적절한 능력이나 자격을 갖춘 인물이 가장 중요한 위치를 차지할 수 있도록 만들어진, '무의식적으로 진화한 장치(unconsciously evolved device)'이다. 아래의 〈그림 5-8〉은 위의 논리를 도식으로 나타낸 것이다. 이 도식에서 높은 보상은 중요한 사회적 위치에 부착되어 있고, 이 위치는 자격을 가장 잘 갖춘 사람이 차지한다. 그러므로 재능이나 훈련으로 가장 적절한 자격(능력)을 갖춘 사람이 풍요롭게 살게 된다.

〈그림 5-8〉 데이비스와 무어의 불평등 이론

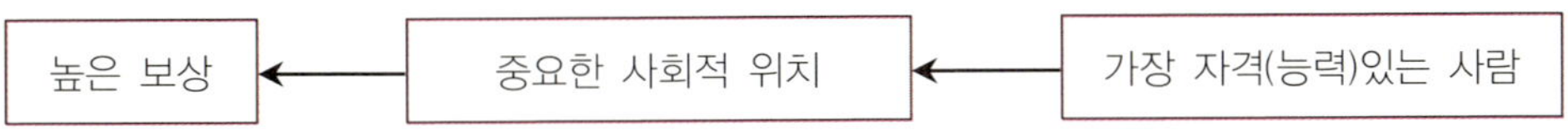

이 그림과 앞의 논의로 짐작할 수 있듯, 차등 보상은 사회적 위치의 중요성과 자격의 희소성의 함수다. 그러므로 사회적 불평등이 사회마다 다른 까닭은 위의 두 요인이 사회마다 시기마다 다르기 때문이고, 이 요인에 영향을 미치는 내외의 조건이 사회마다 시기마다 다르기 때문이다. 먼저 사회적 위치의 중요성이 달라지는 경우를 보자. 개별 사회에서 기술 혁신이 일어나 특정한 기능이 필요없게 되는 경우가 발생한다. 예컨대 전기 자동차의 등장은 자동차 정비사의 중요성을 낮춘다. 앞으로 이들의 보상은 낮아질 가능성이 크다. 사회적 위치의 기능적 중요성만 보상을 결정하는 것은 아니다. 자격이나 능력의 희소성도 보상에 영향을 미친다. 개별 사회에서 인재의 희소성이 감소하면, 보상 정도가 낮아진다. 예컨대 고학력자가 많아 희소성이 떨어지면 임금이나 소득도 감소한다. 이제 사회의 내외 조건이 불평등을 좌우하는 상황을 살펴보자. 개별 사회의 내적 발전 정도가 낮으면 의학 수준이 낮고, 그로 말미암아 의술의 기능적 중요성도 낮다. 그러므로 의사에게 높은 보상을 제공할 이유가 없다. 근대 이전의 사회에서 의사는 그다지 중요하지 않은 직업이었고, 보상도 그렇게 높지 않았다. 명예는 말할 것도 없었다. 조선 시대에 의원(醫員)은 양반계급도 아닌 중인 신분이었다. 사회의 내적 발전 정도와 함께 외적 상황도 위의 도식에 영향을 미친다. 사회를 둘러싼 외부 상황이 좋지 않으면 군사적 기능이 중요해진다. 이 기능이 중요해지면 그 구실을 수행하는 군인이 높은 보상을 받게 된다. 아메리카 인디언 사회에서 전사(戰士)는 다른 어떤 사람보다 더 중요했고 가장 많은 수혜를 받았다. 근대에 들어서도 전쟁이 빈번했거나 군사적 위협이 컸던 시대에는 군인은 중요했고 그들이 누리는 혜택은 컸고 넓었다(특혜를 유지하기 위해 군사적 위협을 과장하는 경우도 많았다. 멀리 갈 것도 없이 박정희와 전두환 시대를 생각해 보라).

데이비스와 무어의 이론은 오늘날 불평등을 설명하는, 즉 불평등의 원인을 제시하는 가장 유력한 이론으로 알려져 있다. 이 이론은 보상은 능력(재능과 노력)에 비례한다는 원리를 제시하였다. 이 원리가 관철되는 사회가 능력제 사회(meritocracy)인데, 이 이론은 현실의 사회가 능력제 사회라고 주장한다. 아울러 이 이론은 능력제 사회가 바람직한 사회이며, 그러므로 불평등은 불가피하다는 견해를 포함한다. 그러나 과연 현실 사회는 능력제 사회인가? 재능과 노력에 따라 보상을 얻는 사회인가? 능력제 사회는 바람직한가? 이런 질문에 대한 대답은 부정적이다. 데이비스와 무어의 예측과는 달리, 현실 사회는 능력제 사회가 아니고 능력제 사회는 바람직하지도 않다. 능력주의를 둘러싼 이런 논의는 조금 뒤의 2절에서 살펴보기로 하고, 우선 데이비스와 무어에 대한 직접적 비판을 들어보자.

튜민(Tumin, 1953)은 데이비스와 무어의 기능주의 이론을 조목조목 비판하였다. 첫째, 특정한 사회적 위치는 다른 위치보다 기능적으로 더 중요하다는데, 어떤 위치가 사회의 생존에 더 중요한지 어떻게 알 수 있는가? 가수나 배우가 더 중요한가, 농부가 더 중요한가? 생활용품을 생산하는 노동자가 중요한가, 변호사가 중요한가? 판정하기 어렵다. 특정 위치가 사회에 더 기능적이라고 주장하는 것은 현 상태를 합리화하거나 두둔하는 이데올로기일 가능성이 높다.

둘째, 기능주의 이론은 (기능적으로 더 중요한 위치에 적합한) 재능이나 숙련을 보유한 사람은 소수이고, 그래서 그들에게 더 많은 보상을 줄 수밖에 없다고 주장한다. 그러나 차등 보상이 사회 생존에 기능적인 것이라고 정당화하려면 모든 사람의 재능에 맞추어 숙련을 제공하는 기회 평등이 보장되어야 한다. 그러나 사회의 불평등은 기회 균등에 적대적이다. 먼저, 사회의 계층구조가 굳어 있을수록 개인의 재능을 발견하기는 쉽지 않다. 부모가 가난하면 자녀는 자신의 재능 발견하기 어렵다. 재능을 발견했다 하더라도 재능을 다듬거나 떨치어 나타내기가 그렇게 쉽지 않다. 숙련의 획득도 공평하지 않다. 부모가 가난하면 자녀가 숙련을 쌓기도 그렇게 쉽지 않다. 재능을 다듬거나 숙련을 쌓으려면 돈과 시간이 필요하기 때문이다.

셋째, 재능을 숙련으로 바꾸려면 훈련기간을 필요로 하고, 이 훈련기간은 희생을 수반하므로 더 많은 보상을 주어야 한다고 기능주의는 주장한다. 여기서 희생이란 훈련할 때 쓰는 직접 비용을 포함하고, 훈련 때문에 포기한 기회비용(opportunity cost), 즉 방기소득(放棄所得, foregone earnings)도 포함한다. 그러나 이런 주장은 문제를 안고 있다. 1) 훈련할 때 쓰는 직접 비용은 흔히 훈련을 받는 당사자가 아니라 부모가 지불한다. 그러므로 자녀는 자신의 능력 때문이 아니라 자신의 사회적 위치 때문에 보상을 받는 셈이다. 상황이 이렇다면 훈련비용에 대한 대가로 보상을 주는 것은 부당하다. 2) 훈련이 끝난 뒤에 받는 차등 보상은 비용을 초과하는 경우가 흔하다. 비용을 초과한 보상은 어떻게 정당화할 것인가? 3) 훈련 기간이 반드시 희생으로 이루어져 있는 것은 아니다. 높은 위세, 자아 발전, 성인의 의무(가족 부양) 실행 연기, 여가 시간의 향유 등의 심리적 만족을 누린다. 예컨대 대학생은 고등학교를 졸업하고 바로 취업한 사람보다 더 많고 더 높은 심리적 만족을 느낀다. 그러므로 훈련이 오로지 희생일 뿐이라는 가정은 불합리하다. 대학 생활의 비용을 모두 보전해 주어야 한다는 주장은 넌센스다.

넷째, 재능 있는 사람이 희생을 감수하고 훈련을 받도록 하려면 차등 보상을 제공해야 한다는데, 재능 있는 사람을 동기화하는 방법이 물질적 혜택뿐인가? '일하는 기쁨', '일하려는 본능', '내재적 만족' 등을 동기로 제공할 수는 없는가?

다섯째, 중요 위치를 차지한 사람에게 특혜(privilege)와 부수적 혜택(fringe benefit)을 제공해야 하는데, 이 특혜와 혜택은 1) 생계유지와 안락함, 2) 감정과 기분전환, 3) 자긍심과 자아 발전 등이라고 기능주의는 주장한다. 또한 차등 보상은 위신과 존경의 분화를 야기하여 물질적 혜택과 더불어 불평등을 제도화한다고 기능주의는 주장한다. 그러나 사람들을 동기화하기 위해서 물질적 혜택과 위신을 모두 다 주어야 하는가? 과도한 보상이 아닌가? 물질적 보상을 주되, 위신과 존경은 주지 않아도 되지 않은가?

여섯째, 기능주의는 사회적 불평등이 사회의 생존에 기능적이라고 말한다. 그러나 사회적 불평등은 과연 순기능(順機能, eufunction)만 행하는 것인가? 그렇지 않다. 역기능(逆機能, dysfunction)이나 부작용이 더 많다. 1) 사회의 계층체계는 신규채용의 통로를 불균등하게 제공하거나 훈련 가능성을 균등하게 배분하지 않음으로써 재능의 발견 가능성을 제약한다. 즉 가난한 사람이 자신의 재능을 발견할 수 없게 한다. 2) 그리하여 생산 자원의 확장 가능성을 제약한다. 자원의 낭비와 비효율을 초래한다. 3) 불평등은 현상태를 옹호하는 이데올로기를 전파하여 사회 발전을 저해한다.

4) 불평등은 우호적 자아상의 차등 배분을 낳는다. 가난한 사람의 자아상을 해친다. 그리하여 그 사람의 잠재능력 실현을 제약한다. 5) 불평등은 사람들 사이에 적대감과 의심, 불신을 낳아 사회 통합을 저지한다. 6) 사회의 중요한 성원이라는 느낌은 사회의 위신 사다리에서 개인이 차지하는 위치에 달려 있다. 불평등은 가난한 사람들이 이 느낌을 갖지 못하도록 한다. 7) 사회의 중요한 성원이라는 느낌이 사회를 향한 충성심을 낳는 것이라면, 불평등은 성원의 충성심을 낮추는 데에 기여한다. 8) 사회의 중요한 성원이라는 느낌이 사회 참여를 낳는 것이라면, 불평등은 성원의 사회 참여를 가로막는다.

이처럼 기능주의 이론 비판은 근원적이면서 체계적이었다. 그리하여 기능주의 이론의 타당성도 의심을 받았다. 그러나 최근 들어 기능주의 이론에 대한 관심이 다시 커졌다. 20세기 말 소련과 동구의 사회주의 붕괴 과정에서 서구 학자들은 미처 예상치 못한 두 가지 사실을 발견하였다. 첫째, 이들은 사회주의 국가의 불평등이 자본주의보다 결코 낮지 않았다는 사실을 발견하였다. 정치적 지배층은 엄청난 부자였고, 노동자 대중은 매우 가난하였다. 평등을 슬로건으로 내세웠던 국가의 불평등이 극심했다는 것은 하나의 아이러니였다. 둘째, 사회주의의 생산력은 짐작했던 것보다 훨씬 더 낮았다. 냉전에서 비롯한 정보의 제약과 왜곡 때문에 서구 사람들은 사회주의 생산력의 실제 모습을 잘 몰랐다. 사회주의의 붕괴 이후에 실제의 생산력이 예상보다 훨씬 낮다는 사실을 비로소 알게 되었다. 이 중에서 학자들이 관심을 기울였던 것은 두 번째 사실이었다. 왜 사회주의 국가의 생산력은 그렇게 낮았는가? 학자들이 한 원인으로 들었던 것은 노동자의 동기 결여였다. 모든 사람이 비교적 균등한 보상을 받는 사회주의 체제에서 더 많은 노동을 하거나 더 창의적으로 노동하려는 동기가 없었고, 이는 결국 사회주의 체제의 낮은 생산성을 초래했다고 판단하였다(Lenski, 2001). 이렇게 동기화의 문제가 중요하다는 사실을 알게 되면서 기능주의적 설명의 장점을 다시 인식하게 되었다. 동기화는 사회의 생존에 필수적이고, 동기화의 이면에 있는 차등 보상, 그리고 이로 말미암은 불평등은 불가피한 것이라는 사실을 어느 정도 인정할 수 있게 되었다. 그러나 기능주의 이론이 이처럼 현상의 일부를 유효하게 설명할 수 있다고 해도, 이 이론은 여전히 다음과 같은 몇 가지 약점을 보인다. 첫째, 기능주의가 말하는 불평등의 기원은 역사적 사실과 일치하지 않는다. 과연 불평등은 사회의 필요가 만들어낸 것일까? 권력을 쥔 사람들이 강압적으로 불평등을 만들어낸 것은 아닐까? 과거의 역사에서 부자는 사회에 중요한 기능을 수행했던 사람들이 아니고 권력을 장악했던 사람들이었다. 둘째, 기능주의 이론은 '지위가 세습되는 안정된 사회'를 설명하는 힘이 약하다. 봉건 사회와 같은 세습 사회에서는 위치의 중요성 차이는 있었다 해도 이 위치에 가장 자격 있는 사람이 배치되지 않았다. 그러므로 세습 사회에는 기능주의 이론을 적용하기 힘들다. 셋째, 기능주의 이론은 '권력 요소(power element)'를 간과한다. 기능주의 이론은 자원의 공급을 의도적으로 제약함으로써 얻는 지대(地代, rent)를 간과한다. 예컨대 자격증 제도화(credentialing)의 수법이나 조합 만들기(unionization)의 방법으로 지대를 만드는 과정을 놓친다.[75] 자격증을 만들거나 조합을 결성해 노동력 공급을 제약하는 현실 과정을 놓침으로써 불평등이 만들어지는 실제 모습을 파악하지 못한다. 불평등은 중요한 기능과 자격으로 유지되는 것이 아니라 자격의 희소성을 만들어내는 힘(권력)에 의해 유지된다는 사실을 간과한다. 의사는 기능이 중요하고 자격증이 희소해서 더 많은 보상을 얻는 것이 아니라 의사 집단이 돈과 힘으로 시장에 개입하여 자격증의 희소성을 유지하는 능력 때문에 더 많은 보상을 얻는다는 사실을 잊는다.

2) 능력주의

오늘날 능력주의나 실력주의라는 말은 어디서나 만날 수 있다. 능력주의와 관련하여 우리가 일상생활에서 가장 많이 듣는 단어는 아마도 성과급(成果給)일 것이다. 노동자의 성과를 감안하여 차등적으로 보상하는 시스템이 성과급인데, 성과는 보통 능력에 비례한다고 보이므로 성과급은 능력급(能力給)이라고 부를 수도 있다. 결국 능력이 있는 사람이 더 많은 보상을 가져가는 것이 성과급이고 능력급이다(거꾸로 말하면, 능력이 없는 사람은 돈을 적게 받아야 한다는 것이 성과급이다).

능력주의는 물질적 보상에 그치지 않고 사회적 보상과도 관련한다. 어찌 한국만 그렇겠는가마는, 한국의 20대 청년은 신입생이나 재학생의 수학능력시험 평균 점수로

75) 지대는 원래 토지나 건물을 임대하고 받는 돈을 의미하였다. 그러나 최근 들어 재화나 서비스, 재산 등을 보유하거나 그 사용을 제한함으로써 올리는 수입이라는 뜻으로 그 의미가 확대하였다. 생산을 늘려 돈을 벌지 않는다는 점에서 지대는 다분히 기생적 수입이다. 지대는 돈 뿐만 아니라 명예로까지 적용범위를 넓힐 수 있다. 강준만(2019)은 한국의 명문대학이 지식의 생산성이나 품질을 높여 명문대학으로 발돋움하려고 시도하는 것이 아니라 수도권에 위치한다는 사실을 이용하여 명문대학이 되려 한다는 의미에서 이들 대학을 지대 추구자(rent-seekers)라고 비난하였다.

대학의 서열을 만든다. 이 서열은 곧 대학에 몸담고 있는 교수나 학생에 대한 존경과 멸시로 이어진다.

> 지금 대학생들은 '수능점수'의 차이를 '모든 능력'의 차이로 확장하는 식의 사고를 갖고 있다. 십대 시절 단 하루 동안의 학습능력 평가 하나로 평생의 능력이 단정되는 어이없고 불합리한 시스템을 문제시할 눈조차 없는 것이다. 아이러니한 점은 본인이 당한 인격적 수모를 보상받기 위해 본인 역시도 이런 방식을 사용한다는 점이다. 이들은 더 '높은' 곳에 있는 학생들이 자신을 멸시하는 것에 문제를 제기하기보다, 스스로 자신보다 더 '낮은' 곳에 있는 학생들을 멸시하는 편을 택한다. 그렇게 멸시는 합리화된다(오찬호, 2013: 168).

젊은 청년의 이런 생각도 일종의 능력주의다. 능력에 맞추어 보상을 지급하는 것이 능력주의 아니었는가? "수능점수 몇 점이나 정규직·비정규직의 능력 차이가 사소한 것임에도 우리는 그런 차이에 엄청난 의미를 부여하면서 그에 따른 차별에 찬성하는 것을 정당한 능력주의라고 믿는 경향이 있다(강준만, 2014b)."

이 능력주의를 더 자세히 논의하기 전에 먼저 용어를 정리해 보자. 능력주의(meritocracy)는 개인의 능력이나 성과에 상응하여 물질적·심리적 보상을 지급하는 원리를 말한다. 그리고 이런 원리가 관철되는 사회를 능력제 사회라고 부른다. 여기서 능력이란 선천적 재능과 후천적 노력을 아우르는 말이다. 다른 말로 바꾸면, 능력(merit; M)은 지능(intelligence; I)과 노력(effort; E)의 합이다(M=I+E). 그러므로 능력주의는 지능이 뛰어나거나 노력을 많이 기울이면 (그리하여 더 많은 성과를 거두면) 더 높은 보상을 받는다는 원리를 말한다.[76)]

능력주의라는 개념은 1950년대 후반에 사회주의자들이 만들었다. 그들은 애초에 이 말을 우려나 경고의 의미로 사용하였다. 폭스(Fox, 1956)는 능력주의가 불평등을

---

76) 능력주의의 정의는 단순해 보이지만 실제로는 매우 복잡하다. 그중 대표적인 것은 어떤 형태의 능력(지능과 노력)이 더 높은 보상을 낳는가 하는 문제다. 능력주의는 발전하면서 지속적으로 옛 능력을 경시하고 새 능력을 요구한다. 한 학자는 이를 능력주의의 재귀성(reflexivity of meritocracy)이라고 표현하였다. 한때는 대학 졸업이라는 학력이 능력이었다면 대학 학력이 보편화된 지금 시대에는 더 좋은 대학의 학력이나 해외 대학 졸업 학력이 능력이 된다. 제조업이 주종이었던 과거에는 많은 사람이 성실함을 능력이라고 보았다면 서비스와 지식 산업이 대세를 이루는 현대에는 사회성과 창의성을 능력으로 취급한다. 요컨대 시대가 바뀌면서 사람들은 기존 능력의 가치를 의문시하고, 새 능력을 강조한다(中村高康, 2018).

심화할 것이라고 우려하였다. 능력주의는 '재능 있고 똑똑한, 힘차고 야심차며 무자비한' 사람들이 '두툼한 보너스(fat bonus)'를 챙기고 나머지 사람들은 곤궁하게 살아야 하는 사회를 낳을 것이라고 예측하였다. 영(Young, 1958)은 (학생 선발이나 물질적 보상 등에서) 능력주의가 실현되면 귀족지배사회(aristocracy)의 사회적 분열과 구별되는 새 형태의 사회적 분열(빈부격차)이 출현할 것이고, 이 분열은 노동자의 사기를 꺾고 그들의 거센 저항을 불러일으킬 것이라고 경고하였다. 애초에 능력주의는 이렇게 바람직스럽지 않은 결과를 낳는 부정적 원리였다. 그러나 1970년대 이후의 사람들은 이 개념을 긍정적 원리로 이해하기 시작하였다. 벨(Bell, 1972)은 '일정한 조건'에서 능력주의가 긍정적일 수 있다고 보았다. '경제 성장이 지속하고 불평등이 줄어드는' 당시의 사회 조건, 즉 포디즘이 널리 확산하였고 노동조합은 강력했으며 복지국가의 구실도 강력하였던 조건에서 능력주의가 야기하는 경쟁은 '생산적 부(productive wealth)'를 창출하는 동력이 될 것이라고 예측하였다. 그리고 이런 예측을 기반으로 후기산업사회는 논리상 능력주의 사회가 될 것이라고 주장하였다. 신자유주의(neo-liberalism) 시대가 도래하면서 능력주의는 1990년부터 그 의미를 한 차례 더 바꾸었다. 신자유주의적 능력주의는 사회민주주의, 공동체, 복지국가 등과 같은 말이나 정책과 반대되는 함의를 띠게 되었고 개인주의, 시장우선주의, 기업가정신, 성장, 경쟁 등과 같은 말이나 정책과 가까운 의미를 띠게 되었다. 말하자면 신자유주의 시대에 들어 능력주의는 독점대기업의 세계관과 흡사하게 되었으며, 우리가 이 세상에서 마땅히 이루어야 할 이상(an ideal)으로 간주되었다(Littler, 2018).[77)]

이런 능력주의는 역사상 다양한 형태의 외피를 둘렀다. 먼저, 능력주의 원리는 1940년대와 50년대에 기능주의 계층 이론의 형태로 등장하였다. 본문에서 이미 보았지만, 뒤르케임의 불평등 이론(분업론)을 계승하였던 기능주의 계층 이론의 중심 논리는 다음과 같았다. 세상의 사회적 위치는 그 기능적 중요성이 모두 다르다. 특정

---

77) 능력주의라는 단어는 능력주의 담론(meritocratic discourse)과 구별된다. 역사적 과정을 보면, 능력주의라는 개념은 1950년대에야 비로소 등장하였지만, 능력주의 담론은 아주 오래 전에 나타났다. 능력주의 담론(믿음이나 관념)은 근대 초기에 시민계급이 귀족정(aristocracy)을 반대하는 과정에서 등장하였을 것으로 짐작하지만, 그렇지 않다. 능력주의 담론은 자본주의의 부산물이 아니다. 능력주의 담론은 자본주의시대 이전에도 존재하였다(Sandel, 2020: 2장). 예컨대 '하늘은 스스로 노력하는 자를 돕는다(Heaven helps those who help themselves)'는 격언이나 진인사대천명(盡人事待天命)이라는 오래 된 철학, '세속적 성공은 구원의 징표'라는 캘빈주의 교리(이 책의 7장을 보라)는 노력하면 부자가 된다는 능력주의와 크게 다르지 않다. 그러나 이런 능력주의 담론은 아무래도 자본주의, 특히 독점자본주의와 금융자본주의가 나타나고 중간관리층(테크노크라트)이 비대해지면서 본격적으로 꽃 피었다(장석준, 2021).

위치는 사회의 생존에 중요한 구실을 수행하고, 다른 위치는 그다지 중요하지 않은 구실을 수행한다. 기능적으로 중요한 구실을 맡으려면 뛰어난 재능을 타고나거나 많은 훈련을 거쳐야 한다. 이 재능이나 훈련에 보상을 지급해야 한다. 차등 보상을 지급하지 않으면 능력을 갖춘 사람이 이 중요하고 힘든 구실을 맡지 않으려 할 것이기 때문이다. 이런 논리를 압축하면 능력을 갖춘 사람(재능이 뛰어난 사람이나 노력을 많이 기울인 사람)이 더 많은 보상을 받는다고 요약할 수 있다. 노력을 훈련이라는 말로 달리 표현했을 뿐 기능주의 이론은 능력주의 원리와 크게 다르지 않다.

능력주의 원리를 기능주의 이론에서만 볼 수 있는 것은 아니다. 비록 대상자를 임금노동자에 한정하고 있지만, 신고전파 경제학의 임금이론도 능력주의 원리를 내세운다(Borjas, 2016; Frank, 2016). 이 이론의 개요는 다음과 같다. 개개인은 교육을 받아 축적한 지식과 기술, 인간자본(人間資本, human capital)을 가지고 노동시장에 진입한다. 여기서 교육은 학교 교육이나 직장 안팎에서 이루어지는 훈련을 말하고, 지식과 기술은 생산활동에 활용할 수 있는 여러 다양한 능력을 말한다.[78] 인간자본 이론은 인간자본이 클수록 생산성이 높고, 생산성이 클수록 임금이 높을 것이라고 가정한다. 다시 말해 교육연수가 높을수록 임금이 높을 것이라고 판단한다.

인간자본 이론이 교육과 훈련에만 관심을 두었던 것은 아니다. 그 이론은 선천적 재능에도 관심을 기울였다. 교육과 훈련의 차이가 임금 차이를 낳는다면 재능의 차이는 어떻게 임금 차이를 낳는가? 타고난 재능이 뛰어난 사람은 적은 돈으로도 교육이나 훈련을 소화할 수 있다. 또 재능이 뛰어난 사람은 같은 기간 동안의 교육이나 훈련으로도 더 많은 지식과 기술을 쌓는다. 그러므로 이들은 더 빨리 더 높은 생산능력을 발휘하여 더 많은 임금을 받는다. 이를 종합하면, 인간자본 이론은 재능이 뛰어나고 더 높은 학력을 갖춘 사람이 더 높은 임금을 얻는다고 주장하였다. 이렇게 인간자본 이론은 능력주의와 다르지 않다.

그런데 이와 같은 능력주의 원리는 우리가 살고 있는 사회의 운행 원리를 그대로 모사한 것일까? 다시 말해, 오늘날 현실 사회에서 능력주의 원리는 실현되고 있는 것일까? 지능이 높은 사람이나 노력을 많이 기울인 사람이 더 높은 보상을 얻고 있을

78) 학교 교육이나 직업 훈련으로 사람들은 나중에 취업하여 직접 사용할 수 있는 지식과 기술을 쌓을 뿐만 아니라 이 지식과 기술을 응용하고 분석하며 판단할 수 있는 능력을 키운다. 사람들은 교육으로 새 정보를 수집하고 해독하여 그것에 적절히 대응하고, 기술이나 경제의 변화에 유연하게 적응하며, 스스로 기술을 혁신할 수 있는 능력을 쌓는다. 또한 한 직업이 아니라 다양한 직업에 상응하는 태도와 규율을 체득한다(荒井一博, 1995). 이런 능력과 태도도 생산성을 높이는 인간자본이다.

까? 단도직입적으로 대답하면, 그렇지 않다. 능력주의 원리는 현실이 아니다. 현실과 동떨어진 환상이다. 이 원리는 자원을 분배하는 실제 원리가 아니다. 시장경제와 다원주의적 정치체제를 갖춘 사회에서 특정인의 보상을 결정하는 것은 개인의 능력에 대한 타인의 도덕적 판단이 아니다. 그 사람의 능력 그 자체가 보상을 결정하는 것도 아니다. 보상을 결정하는 것은 그 사람이 보유한 재화나 서비스가 타인에게 갖는 가치다. 특정 개인이 보유한 자원을 많은 사람이 바랄수록 그 자원은 많은 보상을 낳는다. 표현을 바꾸면, 개개인의 능력(재능과 노력)은 시장 가치를 가질 때만 보상을 얻는다. 가치가 없는 재능이나 노력은 보상으로 귀결하지 않는다. 그러므로 보상의 불평등은 능력의 불균등이 만드는 것이 아니라 수요 구조가 만들어낸다. 예를 들어 보자. 바이올린을 연주하는 능력이 뛰어나다고 섹소폰 연주자보다 돈을 더 많이 버는 것은 아니다. 한 사회에서 클래식 음악을 듣고 즐기는 청중이 많으면 바이올린 연주자가 돈을 더 많이 벌 것이지만, 대중음악을 좋아하는 사람이 더 많다면 색소폰 연주자가 더 많은 돈을 벌 것이다. 특정 시기에 특정 능력에 대한 사람들의 선호가 불평등 구조를 만든다. 개인은 사람들의 이런 선호를 규정하는 요인을 알 수 없다. 개인의 관점에서 보면, 개인이 받는 보상은 우연일 뿐이다. 그러므로 시장경제에서 공적이나 업적, 자격이라는 말은 잘못된 것이다. 보상은 특정 개인이 과거에 이루었던 업적에 대한 대가가 아니라, 이러저러한 일을 하면 가깝거나 먼 미래에 이런저런 정도의 보상을 받을 것이라고 알리는 신호일 뿐이다.

조금 다르게 생각할 수도 있겠다. 독립적 소상공인(농민, 상인, 수공업자, 전문직 종사자)으로 구성된 시장경제에서 능력제가 실현될 가능성이 없다고 하더라도 전 인구의 상당수가 노동자인 사회에서는 능력제가 실현될 수 있지 않을까? 노동자를 고용한 고용주나 경영자는 노동자의 능력을 평가하고 그 능력에 비례하여 임금을 지불하지 않을까? 얼핏 보면 고용주는 그런 식으로 노동자의 능력을 평가하여 임금을 지불한다고 생각할 수도 있다. 그러나 노동자의 능력을 평가하는 기준은 생각만큼 그렇게 객관적이지 않다. 평가 기준은 '미리 정해져 있지(socially given)' 않고 '사회적으로 구성된다(socially constructed).' 시장 경제에서 이 기준은 다양한 것이 될 수 있다. 어떤 경우에는 평가 기준이 기술이나 지식일 수 있고, 어떤 경우에는 학력, 태도, 외모, 성격, 생활양식 등일 수 있다. 개별 기업은 이처럼 다양한 평가 잣대를 활용하므로 사회 전체적으로 활용되는 단 하나의 객관적 잣대란 존재할 수 없다.

〈그림 5-9〉 교육수준과 시간당 임금의 산포도: 일본과 한국, 대만

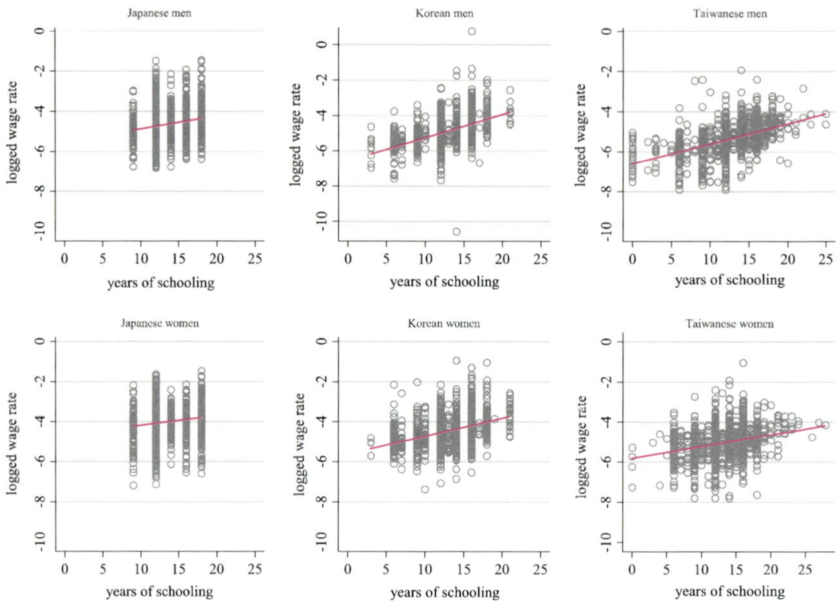

출처: 장상수(2020)

실제의 상황, 즉 능력과 보상의 연관성을 현실 사회에서 살펴보자. 여기서는 학력(훈련)과 임금의 관계를 알아보자. 〈그림 5-9〉는 2006~2010년에 일본과 한국, 대만 남성과 여성의 학교 교육연수와 시간당 임금(의 대수값)의 연관성을 보인 산포도다. 이 그림으로 우리는 다음과 같은 사실을 알 수 있다. 비록 기울기(〈그림 5-9〉의 실선)는 조금씩 다르지만, 세 나라에서 남성 여성구분 없이 학교 교육연수가 늘면 임금도 높다.[79] 고학력자가 더 많은 임금을 받는다. 그러므로 능력(학력)은 더 많은 보상을 낳는다고 판단할 수 있다. 이런 경향을 근거로 삼아 우리는 이 세 나라에서 능력주의 원리가 관철되었다고 주장할 수 있는가? 그렇지 않다. 이렇게 간단하게 부정하는 이유는 다음과 같다. 이 그림에서 교육연수와 시간당 임금의 산점(散點)은 회귀적합선 근처에 몰려 있지 않고 적합선 주변으로 넓게 퍼져 있다. 다시 말해, 특정 학력을 갖춘 사람들이 똑같은 임금을 받는 것이 아니라 들쭉날쭉 평균 임금보다 많거나 적은 임금을 받는다. 이는 두 변수(학력과 임금)의 연관 정도가 그렇게 높지 않다는 것을 의미한다. 아니나 다를까 (여기서는 보이지 않았지만) 나라별, 성별 회귀분석에

79) 회귀선의 기울기는 $\ln WageRate_i = \alpha_i + \beta_1 Educ_i + \beta_2 \mathrm{Exp}_i + \beta_3 \mathrm{Exp}_i + \epsilon_i$에서 구한 β_1을 말한다.

서 계산한 결정계수는 모두 0.3을 넘지 않는다.[80] 다시 말해, 독립변수(여기서는 학력과 직장 경력)가 임금의 분산을 설명하는 정도는 30퍼센트에 미치지 않는다. 그렇다면 임금 분산의 나머지 70퍼센트는 무엇이 설명하는가? 능력이 아닌 알 수 없는 다른 그 무엇(가족배경, 태도, 외모, 성격, 생활양식 등)이다. 사람들은 보상(임금이나 소득)을 결정하는 이 알 수 없는 원인을 가리켜 '순전한 운(sheer luck)'이라고 말하였다(Blau and Duncan, 1967; Jencks et al, 1972; McNamee and Miller, 2013; Frank, 2016). 어쨌든 현실 사회에서 능력이 보상을 결정하는 정도는 미약하다. 현실 사회는 어느 정도 능력주의 사회이지만, 능력주의인 정도가 그렇게 높지 않은 사회다. 그러므로 사람들이 능력주의가 더 완벽하게 실현되는 것을 희망하는 것은 어느 정도 이해할 만한 일이다. 능력주의가 바람직한 원리라면 그렇다는 말이다.

그런데 능력주의 원리가 실현되는 사회는 좋은 사회일까? 바람직한 사회일까? 그럴 것 같지 않다. 능력제 사회가 좋지 않다는 판단은 능력주의를 구성하는 원리에서 추론할 수 있다. 능력주의가 내포하는 원리는 두 가지다. 첫째, '차등의 원칙'이다. 이 세상에 존재하는 인간의 능력은 천차만별인데, 차등 원칙은 이 차이를 받아들여 능력별로 보상을 지급해야 한다는 원리를 말한다. 가장 능력 있는 이에게 가장 힘들고 어려운 일을 배정하고 가장 많은 보상을 지급해야 한다는 말이다. 이런 원칙이 통용되는 사회에서는 남다른 재능을 발휘하여 뛰어난 성과나 업적(achievement)을 쌓은 사람이 더 많은 보상을 얻고, 남보다 더 많은 노력을 기울여 더 많거나 나은 업적을 이룩한 사람이 더 높은 보상을 얻는다. 능력주의를 구성하는 두 번째 원리는 '이동의 원칙'이다. 이 원칙은 경쟁이 지속되어야 한다는 원칙이다. 누구든 성취와 실패에 맞추어 지위가 오르거나 떨어져야 한다. 가난한 집안 출신의 사람이라도 재능이 있다면 높고 중요한 자리에 오르고, 재력가 집안 출신이라도 평범하거나 노력하지 않는다면 높은 자리에 올라서는 안 된다. 사람들은 보통 후자, 즉 이동의 원칙을 중시하여 이동 가능성이 열려 있는 상태를 기회 균등이라고 표현하고 이 균등을 매우 중요한 것으로 간주한다. 차등 원칙이 관철되어 결과의 불평등이 심해져도 사람들은 분개하지 않지만, 이동 원칙이 보장되지 않으면 사람들은 분노한다.

그러나 이동 원칙보다 훨씬 더 중요한 것은 차등 원칙이다. 왜냐하면 전자와 후자

80) 회귀모형에서 결정계수(coefficient of determination)는 보통 독립변수와 종속변수의 연관성 정도를 나타낸다. 계수가 0에 가까우면, 변수의 연관성 정도가 낮고, 1에 근접하면 둘의 연관성이 뚜렷하다고 해석한다.

는 서로 연결되어 있지만, 후자가 전자를 제어하기 때문이다. 능력주의 시스템이 그 모습을 갖춰지면서 차등 원칙이 관철되면 이동 원칙은 점차 훼손된다. 다시 말해, 불균등한 결과는 균등한 기회를 불가능하게 하고, 차등 원칙은 이동 원칙을 무용지물로 만든다.

> 첫 단계에 해야 할 일은 대중에게 능력주의라는 신념이 사회발전을 가로막고 있음을 널리 알리는 것이다. 1970년대 이후 능력주의의 첫 번째 계명은 다음과 같았다. "인종과 성, 성적 지향에 관계없이 모든 사람에게 평등한 기회를 제공하라. 하지만 결과의 불평등은 어쩔 수 없는 일이다."
>
> 그러나 매번 깨닫는 사실은 기회의 평등과 결과의 평등이 확연히 구별되지 않는다는 것이다. 결과의 평등에 대해 전혀 관심을 두지 않는 사회는 시간이 지나면 기회도 불평등한 사회가 될 수밖에 없다. 매우 평등한 조건에서 시작해야 진정한 능력주의가 꽃핀다는 것, 이것이 능력주의의 역설이다. 그러므로 능력주의를 원한다면 평등을 위해 노력해야 한다. 능력주의는 결과의 실질적 평등을 중요시하는 사회, 사회복지와 사회적 연대의식을 고취하는 사회, 평등한 기회와 노력을 통한 계층이동이 활발한 사회에서만 제 기능을 발휘하기 때문이다(Hayes, 2012: 332-333, 강조는 인용자).[81)]

처음에는 그렇지 않지만 시간이 흐르면서 능력주의 사회는 점점 더 불공평해지고 이동성은 둔화한다. 이런 사회에서는 불평등 지수가 극도로 높지만, 엘리트의 순환은 거의 일어나지 않는다. 결국 능력주의는 소수자의 독재를 낳는다. 한 연구자는 이런 현상을 능력주의의 철칙이라고 불렀고(Hayes, 2012), 다른 연구자는 이런 철칙에서 비롯한 소수자 독재를 새로운 귀족정(the new aristocracy)라고 이름 붙였다(Stewart, 2018). 중세의 귀족정을 비판하면서 각광을 받은 능력주의가 다시 귀족정으로 회귀하게 된다는 사실이 역설적이다.

이처럼 현실 사회는 능력제 사회가 될 가능성이 낮고, 어쩌다가 능력제 원리가 실현된다고 해도 이 원리는 빈부 격차를 초래하고 기회 균등을 훼손할 가능성이 높다. 이런 능력제 사회에서 승자의 사기는 높아질지 모르지만, 패자의 사기는 땅에 떨어질

81) 쪽수는 번역본의 것이다.

가능성이 높다. 그런데도 사람들은 능력주의 원리를 언젠가는 실현되어야 할 이상으로 생각한다. 능력제 사회를 바람직한 상태로 생각한다. 왜 그럴까? 사람들은 왜 능력주의 원리를 바람직스러운 것으로 생각할까? 강준만(2016b)은 그 이유를 다섯 가지 정도로 요약하였다. 첫째, 인정 투쟁이다. 사람들은, 특히 사회적 위계의 상층에 속한 사람들은 능력주의를 활용하여 타인의 인정을 받으려 노력한다. 이들은 능력에 비례하여 보상을 지급하는 능력주의가 가장 자연스럽고 올바른 평가기준이라고 판단한다. 둘째, 정체성 확보다. 정체성은 자기를 타인과 구별하려는 욕구인 바, 사람들은 능력과 그에 상응하는 보상으로 타인과 구별짓기를 시도한다. 사람들은 능력주의로 정체성을 확보한다. 셋째, 시장신호 확보다. 능력(학력이나 학벌)은 시장에서 신호 기능을 수행한다. 높은 학력이나 좋은 학벌을 갖춘 사람들은 시장에 신호를 보내려고 하며, 그리하여 능력주의를 옹호한다. 넷째, 정당화 효과다. 능력과 능력주의는 물질적 보상을 정당화한다. 승자는 자신의 보상을 정당화할 때 능력주의를 활용한다. 다섯째, 내성 착각(內省 錯覺)이다. 사람들은 자신을 잘 안다고 생각하는데, 특권을 누리는 사람들이 특권에 무감각한 채, 특권을 당연하게 생각한다. 능력에 따른 보상을 당연시 한다. 능력주의를 자연스럽게 받아들인다. 정리해 보자. 사람들은 타인과 경쟁하면서 타인의 인정을 받아 정체성을 확보하고자 할 때, 시장에서 더 많은 혜택을 받거나 그 혜택을 정당화할 때, 그리고 자신이 누리는 특권을 당연시할 때 자연스럽게 능력주의를 사용한다. 이만큼 능력주의의 활용범위는 넓다. 그러나 그렇게 활용도가 높다고 해도 능력주의는 불평등한 현실을 설명하는 과학이 아니다. 불평등을 숨기거나 두둔하는 신화로 기능할 뿐이다(McNamee and Miller, 2013; Markovits, 2020; Sandel, 2020).

이런 신화를 진실이라고 믿는 사회는 참혹하다. 이 신화를 사실이라고 믿음으로써 승자와 패자의 심성은 모두 비뚤어진다. 능력주의로 말미암아 승자는 오만(hubris)에 빠진다. 승자는 자신이 누리는 보상이 제 자신의 재능과 노력의 결과라고 여기고 패자를 '잉여', '쓰레기', '벌레' 등이라고 업신여긴다(한길석, 2021). 승자는 이와 같은 능력주의적 오만 때문에 성공의 버팀목이었던 우연과 행운을 잊고 타인의 노고와 희생에 감사하는 마음도 잊는다. 그리하여 너와 내가 모두 운명 공동체임을 잊는다. 거꾸로 패자는 승자의 오만에 굴욕과 분노(humility and hostility)를 느낀다. 능력주의 신앙은 패배의 상처에 굴욕까지 보탠다. 승패를 가름하는 게 재능과 노력이라면,

패자의 실패와 가난은 자신이 못나고 게을렀기 때문이 아닌가? 이러한 굴욕과 자학으로 패자는 풀이 죽고(demoralized), 때로 참을 수 없는 분노를 느낀다(Young, 1958; Sandel, 2020).

지금까지 능력주의는 현실의 작동 원리도 아니고, 현실에서 바람직한 결과를 낳는 원리도 아니라는 사실을 밝혔다. 그리고 이 능력주의는 현실의 불평등을 두둔하거나 정당화하는 신화라는 사실도 밝혔다. 그러나 이처럼 능력제 원리가 사실이 아님을 밝히거나 능력제 사회가 내포할 법한 여러 문제점을 지적하는 일은 아무래도 삐딱해 보인다. 세상을 부정적으로 바라보는 사람처럼 보여서 그럴 수도 있지만, 능력제 원리의 비판이 고약한 함의를 띠고 있어서 그렇기도 하다. 능력제 원리가 마땅치 않으면 교육이나 고용에서 귀속 기준을 옹호해야 한다는 말인가? 능력제 원리가 실현가능하지 않다면, 재능도 없고 노력도 하지 않는 금수저가 좋은 학교와 직장을 차지하고 높은 소득을 얻는 것이 마땅하다고 인정해야 한단 말인가? 그럴 수 없다는 것은 말할 필요도 없다. 그러므로 능력제라는 관념은 허망한 신화지만, 그렇다고 지금 당장 버릴 수도 없는 필요 신화(necessary myth)라는 사실을 인정해야 한다(Goldthorpe, 1996b). 능력제는 터무니없는 거짓말이지만 고귀한 거짓말이라고 인정해야 한다.[82)]그러므로 우리는 다음과 같은 사실을 알아야 한다. 첫째, 노력하면 성공할 것이라는 신념은 어느 정도까지만 진실이다. 시장경제에서는, 아니 어떤 사회에서든, 능력 없는 자가 성공할 수 있고 능력 있는 자가 실패할 수 있다. 능력은 성공을 보장하지 않는다. 둘째, 성공과 실패는 거의 모두 운에 좌우된다. 혹자는 한 사회의 불평등 구조와 제도적 차별이 개개인의 성공과 실패를 가른다고 말하지만(김정희원, 2021), 개인의 입장에서 바라보면 부유한 부모나 가난한 부모가 운인 것처럼 구조와 제도도 일종의 운이다. 그러므로 승자는 행운에 감사해야 하고, 패자는 지나치게 자학할 이유가 없다. 셋째, 실패의 운명이 너무 가혹하지 않도록 제도를 다듬어야 한다. 이긴 사람이 많이 갖는 것에 불만을 토로할 필요는 없다. 승자가 부유하게 사는 일은 당연한 일이다. 그러나 승자와 패자의 보상이 큰 차이가 나지 않도록 노력해야 한다. 승자가 지나치게 많이 차지하고 패자가 너무 적게 가져가는 승자독식 보상체제는 사회적으

82) 플라톤(Platon)은 『국가론』에서 신들이 간통을 저지르거나 실수를 했다는 신화를 아이들에게 그대로 가르치면 신을 존경하지 않을 것이므로 그런 내용은 빼고 가르쳐야 한다고 말하였다. 그는 이런 종류의 거짓말을 고귀한 거짓말(noble lie)이라고 불렀다(Sandel, 2020).

로나 심리적으로 바람직하지 않다. 이런 보상체제는 고쳐야 한다. 예컨대 가장 임금이 작은 노동자의 연봉이 2천만 원이라면 경영자의 최고 연봉은 그 30배인 6억 원이면 되지 않겠는가? 50억, 100억 등과 같은 고액 연봉은 지나친 탐욕의 결과가 아닌가? '살진 고양이법' 마련을 생각해 볼 때다.[83] 이외에도 승자독식 보상체제를 완화하는 다양한 방안을 고려해 볼 수 있을 것이다. 이런 방안의 하나로는 〈삽화 5-3〉을 참조하라.

〈삽화 5-3〉 승자독식 보상체제와 능력주의, 민주주의

이 글은 2019년 필자가 재직하는 학교의 총장 선거를 앞두고 썼다. 소모적인 직선제 선출 방식을 추첨제 선출로 바꾸자는 제안이었다. 이 글에서 추첨제 선출, 즉 제비뽑기 선출제는 자세히 논의하지 않았다. 그럴 여유가 없었거니와 그럴 이유도 없었다. 이 선출 방법의 장단점은 Manin(1997), 가라타니 고진(柄谷行人, 2002), 이지문(2012) 등을 보라. 그리고 이 선출 방법에 대한 논평은 고종석(2002c), 김종철(2015) 등을 보라.

바야흐로 정치의 계절이다. 내 생각에 정치란 희소 자원을 차지하려고 사람들이 서로 다투는 일이다. 그러므로 산이나 섬에서 혼자 살지 않는다면, 아무리 뿌리쳐도 정치는 반드시 우리 곁에 다가오기 마련이다. 정치란 이렇게 불가피한 것이면서 동시에 당파적인 것이다. 우리는 서로 싸우는 사람들 사이에서 어느 한쪽 편을 들지 않을 수 없다. 예를 들어 보자. 여기 얼마간의 돈이 있는데, 이 돈을 길 만드는데 쓸 것인지 아이들에게 점심밥을 주는데 쓸 것인지, 하나를 고르는 일이 정치다. 사람들이 길을 내기로 결정하면 한 건설업자가 화려한 주점에서 자신의 사업 수완을 뽐내며 호탕하게 술잔을 기울일 것이고, 아이들의 점심밥을 주기로 결정하면 저기 외진 구석에서 한 어머니가 남몰래 가슴을 쓸어내릴 것이다. 우리는 누구 편을 들 것인가? 양다리를 걸쳐도 된다. 그러나 한 가운데 설 수는 없다. 어느 한쪽으로 더 가깝게 붙는 수밖에 없다.

정치에서 승리한 자는 흔히 부와 명예, 역사와 비전을 독차지한다. 시절이 하 수상

83) 탐욕스런 자본가는 서구 풍자만화에서 흔히 살진 고양이(fat cat)로 등장한다. 2016년 정의당 심상정 의원은 민간기업과 공공기업의 최고임금을 최저임금의 각각 30배와 10배로 제한하는 법안을 발의하였다. 고양이의 살을 빼자는 이야기였다. 이 법안은 20대 국회가 끝나면서 자동 폐기되었다.

하여 이런 방식의 승자독식(winner-take-all) 보상체제가 피치 못할 자연질서처럼 보이지만, 논리로 보든 역사로 보든 이런 보상체제가 필연인 것은 아니다. 다른 방식의 보상체제도 드물지 않다. 예컨대 오늘날 북유럽의 여러 나라는 승자가 차지하는 몫을 줄여 패자를 돌보는 데에 쓴다. 부자에게서 세금을 많이 걷어 가난한 사람을 돕는다는 말이다. 이런 사회에서 승자는 패자보다 풍요롭지만 탐욕스럽거나 오만하지 않고, 패자는 승자만큼 넉넉하진 않지만 궁핍하거나 남루하지 않다.

승자독식 보상은 능력제(meritocracy)라는 관념과 붙어 다닌다. 여기서 능력(merit)이란 선천적 재능(talent)과 후천적 노력(effort)을 아우르는 말이다(능력=재능+노력). 능력제는 재능이 뛰어나거나 노력을 많이 기울인 사람이 더 많은 보상을 받는 원리를 말하고, 능력제 사회는 능력제 원리가 작동하는 사회를 이른다. 말하자면 능력제 사회는 남보다 똑똑한 아이가 나중에 더 많은 돈을 벌고, 남보다 더 많이 노력한 사람이 더 풍요롭게 사는 세상이다. 얼핏 생각하면 능력제 사회는 희망과 패기, 활기가 넘치는 세상일 것 같다. 그렇지 않겠는가? 재능이 뛰어난 사람이 더 많은 돈을 번다는데 물려받은 재능을 다 쓰지 않을 사람이 어디 있을 것이며, 노력하는 사람이 더 큰 부자가 된다는데 온몸의 힘을 짜내지 않을 사람이 어디에 있을 것인가? 그리하여 사람들이 모두 자신의 재능과 노력을 쏟아내는 이런 사회는 에너지와 활기로 이곳저곳이 들썩이는 세상일 것 같다. 그러나 이런 사회, 즉 능력제 사회가 실제로 존재한다면 그 사회는 자학의 한숨 소리로 가득 찬, 우울하기 짝이 없는 신경증(neurosis)의 세계일 가능성이 더 높다. 이유는 두 가지다. 첫째, 누가 살더라도 능력제 사회는 버티기 힘든 세상이다. 이 사회는 붉은 여왕(Red Queen)이 다스리는 '이상한 나라'와 닮았다. 이상한 나라에서는 사람들이 모두 뛴다. 그러므로 이 곳 사람들은 한 자리에 가만히 머물러 있으려 해도 앞으로 내달려야 한다. 뛰지 않으면 뒤처지기 때문이다. 이렇게 이상한 나라가 어디 있을까 싶지만, 능력제 사회가 바로 그런 곳이다. 능력제 사회에서 사람들은 남보다 더 많은 돈을 벌려고 더 좋은 직장을 얻는다. 더 좋은 직장을 얻으려 더 좋은 학교에 가고, 더 좋은 학교에 가려고 남보다 더 열심히 공부한다. 그러므로 이 나라 사람들은 어른 아이 할 것 없이 지칠 대로 지친다. 이런 나라에서 공부 못하는 아이의 삶이 스산한 것은 말할 것도 없지만 공부 잘하는 아이의 삶도 안쓰럽기는 매 한가지다. 뒤처진 아이는 열등감에 찌들어 자책하기 바쁘고, 앞선 아이는 불안하여 스스로 잠을 줄인다. 어른이라고 다를 게 없다. 좋지 않은 직장에 다니는 사람들은 자신을 비하하기 바쁘고, 좋은 직장을 얻은 사람도 남보다 더 많은 돈을 벌지 못하는 데에 분노하고 절망한다. 능력제 사회는 이렇게 자책과 후회, 근심과 걱정, 슬픔과 분노로 잠 못 이루는 '스카이 캐슬'이다. 둘째, 경쟁 과정도 고달프지만 경쟁 결과는 고달픔을 넘어 우울하기까지 하다. 이름과 다르게, 능력제 사회에서 부와 명예는 능력에 비례하여 배분되지 않는다. 부와 명예, 권력은 능력이 뛰어난 한두 명이 다 쓸어간다. 그보다 재능이 모자라거나 게으른 여덟아홉 명은 가난하고 비천하게 살아야 한다. 부자는 드물고 가난한 사람은 지천으로 넘쳐나는 이런 세상이 우울하지 않으면 도대체 어떤 사회가 우울하단 말인가? 더구나 패자의 그 지긋지긋한 가난과 불행이 그의 무능과 게으름에서 비롯한 것이라면 그는 제 자신 말고 누구를 탓할 수 있단 말인가? 이렇게 능력제 사회는 참을 수 없이 우울한 곳이다.

다행스럽게도 현실 사회는 능력제 사회가 아니다. 눈에 뻔히 보이는 손은 말할 것도 없거니와 눈에 보이지 않는 손도 능력제 원리의 실현을 보장하지 않는다. 우연이 여기저기서 춤추고 눈먼 힘이 이곳저곳에서 날뛰는 시장경제에서 능력이 보상을 결정할 가능성은 그다지 높지 않다. 우리가 주변에서 흔히 보듯, 시장경제에서는 똑똑했던 아이가 가난하게 살고, 공부 못했던 아이도 부자로 살 수 있다. 부지런하고 성실한 사람이 실패하고, 게으르고 사악한 사람이 성공할 수 있다. 현실 사회가 이렇게 능력제 사회가 아니라는 사실은 무척이나 다행스러운 일이다. 그러나 다행은 여기까지다. 불행하게도 우리는 능력제 원리를 마땅히 추구해야 할 가치로 여기면서 산다. 우리는 능력제 원리가 머지않아 이 땅에서 꼭 실현되기를 바란다. 우리는 능력이 뛰어난 사람이 부자로 살고, 능력이 없는 사람은 가난하게 사는 세상을 기대하고 갈망한다. 기이한 일이다. 애초에 실현 가능성도 없고, 설령 실현된다고 해도 저렇게 우울한 결과를 낳는 원리와 사회를 사람들은 왜 그렇게 갈망하고 염원하는 것일까? 믿을 만한 신이 없으니 당나귀라도 섬기겠다는 강박증 때문일까? 그럴 리 없다. 나는 사람들이 능력제 원리를 떠받드는 까닭을 승자의 욕망에서 찾는다. 승자는 부와 권력을 우연히 얻은 것이 아니라 자신의 능력으로 쟁취한 것이라고 믿는다. 그리고 다른 사람도 그렇게 생각해 주길 바란다. 승자는 자신의 이런 욕망과 맞아떨어지는 능력제 원리에 친화력을 느낀다. 결국 승자는 능력제 원리를 자원 분배의 '자연적' 원리로 선포하고, 그 원리에 기대어 자신의 부와 권력을 정당화한다. 즉 자신이 누리는 부와 권력, 명예는 뛰어난 재능으로 성취했거나 남다른 노력으로 얻어낸 것이라고 강변한다. 늘 그렇지만, 승자의 사상은 그 사회의 지배 이념이다. 승자의 사상을 거부하는 일은 곧 반역이다. 식민지와 분단, 전쟁이라는 불행한 역사를 거쳐 온 탓에 우리 주변 이곳저곳에 퍼져 있는 극우 파시스트, 저 역겨운 영남패권주의를 두둔하느라 추악한 박정희 일당을 산업화 세력이라고 치켜세우는 딱한 사람들(박정희가 한국의 경제성장을 이끌었다고 믿느니 당나귀가 전지전능하다고 믿는 게 정신

건강에 훨씬 더 이롭다), 그리고 전두환을 다시 불러내서라도 더 많은 돈을 벌고 싶은 탐욕의 화신들이 즐겨 쓰는 저질 용어로 표현하면, 그런 반역은 곧 '종북'이다. '종북'이라는 딱지를 피하고 싶은 사람들은 승자가 내세우는 능력제 원리를 정당한 분배 원리로 인정하고야 만다. 그리하여 승자는 '불온하기 짝이 없고 수상하기 이를 데 없는' 유언비어를 당당하고 떳떳하게 온 세상에 퍼트린다. 권력과 부는 능력에서 나온다고(…).

이런 유언비어를 진실이라고 믿는 사회, 즉 능력이 출중한 사람이 더 많은 돈을 벌고 더 높은 자리에 올라선다는 믿음이 횡행하는 사회는 분열증(schizophrenia)의 세계다. 능력제 원리는 현실이 아니라 판타지다. 승자가 만들어낸 허구이고, 실체가 없는 허깨비란 이야기다. 거듭 말하지만, 능력은 부를 보장하지 않는다. 주변을 돌아보라. 천부적 재능이 눈부셔도 궁핍한 삶을 이어갔던 사람은 어디에나 많았다. 우주의 아름다움을 한 줄 수식으로 그려낸 수학 천재는 빈민촌에서 추위와 싸워야 했고, 천상의 선율을 지상으로 끌어들인 음악 천재는 저녁 끼니를 걱정해야 했다. 옛날에만 그랬던 것이 아니다. 온 종일 등이 휘도록 '노오력'해도 입에 풀칠하기 힘든 사람은 오늘날에도 거리에 넘친다. 그와 달리, 재능도 없고 노력마저 하지 않는데도 부모 잘 만나 거들먹거리며 사는 사람도 결코 적지 않다. 젊은 나이에 부모 회사의 기획실장이 되고, 본부장이 되며, 상무가 되는 예는 싸구려 멜로드라마에서나 보는 그런 이야기가 아니다. 드라마보다 더 드라마틱한 현실은 우리 주변 어느 곳에서나 흔히 볼 수 있다. 그런데도 승자는 능력제 원리를 내세워서 능력과 부 사이에 인과관계를 설정한다. 부자가 부자인 것은 능력 때문이라는 신화를 만든다. 무당의 신탁(神託)을 비웃을 만큼 충분히 개명한 세상에 살면서도 우리는 이렇게 얼토당토않은 신화를 진실이라고 믿고야 만다. 우리가 발을 딛고 사는 현실 세계는 이렇게 미몽과 망상이 일렁이는 신화의 세상이고, 환각과 환영이 너울대는 분열증의 세상이다.

존재의 참모습과 동떨어진 관념은 언제나 파멸을 불러들인다. 신경증 환자는 끊임없는 자기학대로 가엾게도 제 자신을 갉아먹지만, 분열증 환자는 끝 모를 가학증으로 천만부당하게도 다른 사람의 영혼을 무너뜨린다. 망상과 환상으로 정신이 갈가리 찢긴 사람들이 만들어내는 현실은 그야말로 간담이 서늘한 한편의 공포영화다. 아비가 부자였던 탓에 손에 물 한 방울 묻히지 않고 돈과 힘을 거머쥐었던 한 여자는 자신이 누리는 '참으로 마땅한' 부와 권력에 너무 많이 도취했나 보다. 그 여자는 '못나고 게을러서 남의 집 종살이밖에 할 짓이 없는' 부하 직원의 잘못을 꾸짖으려 활주로에 나서는 비행기를 게이트로 되돌렸다. 옛 왕조의 세도가가 가을 서리 같은 호령으로 나는 새를 떨어뜨렸다면, 오늘날의 권력자는 호쾌하게도 비행기를 주저앉힌다.

부와 권력에 취하여 몽롱한 환각세계에 들어선 자들이 펼치는 전율과 공포는 이쯤에서 멈추지 않고 우리 일상의 구석구석까지 파고든다. 자기 집 장롱에 현금을 수억 원이나 쌓아두고 산다는 한 사내는, 오뎅이나 붕어빵을 팔았다는 어린 시절 경력을 들먹이며 서민의 처지를 잘 안다는 말을 입에 달고 다녔다. 그런데 이 남자는 과연 곤궁한 이의 애처로운 처지를 안타깝게 여겼을까? 그랬던 것 같지 않다. 그 남자는 카메라 앞에서 눈물을 훔치는 시늉을 할 만큼 교활하였지만, 공감 능력의 결핍을 감출 수 있을 만큼 치밀하지 못하였다. 그 남자는 남의 아픔이나 슬픔을 가슴으로 느끼지 못하였다. 그러므로 그 남자가 입에 달고 다녔던 말은 '나는 내 능력으로 부자가 되었다. 너희가 가난한 것은 무능하고 게으른 탓이다'는 야멸찬 조롱이었을 뿐이다. 조롱은 참을 수 있다. 모멸도 견딜 수 있다. 그러나 생쥐의 번들거리는 눈알을 마주보는 듯한 공포는 떨쳐버리기 힘들다. 주인 집 문간에서 굶어 죽은 개는 나라의 멸망을 예고하고 한길에서 학대 받은 말은 하늘에서 사람의 피를 달라고 한다는데, 나는 이 나라 부자의 오만과 무정에서 우리 앞에 길게 드리운 불길한 전조를 본다.

분열증을 치유하는 방법은 무엇인가? 간단하다. 환각에서 벗어나면 된다. 부와 권력은 능력에서 비롯한다는 판타지를 버리면 된다. 그러나 승자는 판타지를 버려야 할 그 어떤 이유도 찾지 못한다. '세상 이치를 그토록 밝고 뚜렷하게 드러내는 진리'를 그들이 왜 스스로 버릴 것인가? 승자가 판타지를 버리고 분열증과 가학증에서 벗어나기를 바라는 것은 마치 아귀가 부처되기를 기다리는 것과 같다. 불가능하다는 말이 아니라 부지하세월이란 이야기다. 그러므로 승자의 환상을 깨려면 판타지를 낳는 뿌리를 흔들어야 한다. 판타지의 뿌리는 승자독식 보상체제다. 남보다 더 많이 가지려는 탐욕, 이미 움켜쥔 것은 한 푼도 내놓지 않으려는 집착, 이 탐욕과 집착은 '자연 법칙'이어서 그 누구도 침해해서는 안 된다고 믿는 미신, 승자는 고귀하고 패자는 비천하다고 믿는 망상, 이런 미신과 망상을 진리라고 우기는 무지와 오만은 능력제라는 판타지를 끝없이 재생산한다. 그러므로 환상과 환각을 멈추려면 승자독식 제도를 제어해야 한다. 승자독식제도를 흔들면 탐욕이 줄고, 탐욕이 줄면 능력제라는 환상도 천천히 사라진다.

불행하게도 승자독식 구조를 뜯어 고치는 일은 쉽지 않다. 돈과 권력에 취하고 환영과 환청에 갇힌 승자가 눈을 부라리고 지켜보고 있는데 그들의 권리와 혜택을 줄이는 일이 그렇게 쉬울 리가 없다. 그러나 아무리 힘들어도 꼭 해야 할 일이 있는 법이다. 이 나라 미래 세대의 평온한 삶을 위해서, 아니 그렇게 멀리 갈 것도 없이, 이 시대를 살아가는 우리의 정신건강을 위해서도 이제 승자독식 보상제도는 버리거나 고쳐야 한다. 무슨 수로? 나는 정치에 주목한다. 사람들이 한데 모여, 얽힌 매듭을 풀어내야 한다. 새삼 말할 필요도 없지만, 정치로 세상만사를 해결할 수 있는 것은 아니다. 이 세상에는 인간의 의지로 풀 수 있는 일보다 풀지 못할 일이 훨씬 더 많다. 신의 자비를 비는 간절한 기도가 필요한 이유고, 다가오는 운명에 몸과 마음을 내맡기는 태도가 필요한 이유다. 그런데도 나는 정치의 힘을 믿는다. 정치로 이 매몰찬 세상을 조금이라도 바꿀 수 있다고 믿는다. 평범한 사람들이 힘을 모으면, 추악한 권력의 모진 폭정을 막고 무정한 자본의 몹쓸 폭력을 줄일 수 있다고 믿는다. 부자는 탐욕스럽거나 오만하지 않고 가난한 이는 남루하거나 비겁하지 않은 세상을 만들 수 있다고 믿는다. 노동시간을 줄여 모든 이가 저녁 식탁에서 와인 한 잔 곁들이는 세상을 만들 수 있다고 믿는다. 고등학교를 마치면 안정된 직장을 얻을 수 있어서 청년들이 별다른 걱정 없이 애를 낳고 기르는 세상을 만들 수 있다고 나는 믿는다. 비현실적 몽상이라고 비웃어도 좋다. 그러나 나는 이런 꿈 때문에 차갑고 무정하며, 너절하고 비열한 정치에서 눈을 돌리지 않는다.

관심을 좁혀 우리 대학에서 승자독식제도를 해체할 수 있는 방법을 찾아보자. 직전의 총장 선출 제도는 간선제였지만, 최근 들어 우리 대학 교수회는 차기 총장 선출 방식을 직선제로 바꾸었다. 그러나 나는 간선제가 그렇게 나쁜 제도는 아니라고 생각한다. 뒤로 자빠져도 코가 깨질 만큼 운이 나쁘지 않다면, 선거인단의 투표로 얻는 결과는 전체 성원이 투표하여 얻는 결과와 많이 다르지 않을 것이기 때문이다. 그러므로 간선제는 직선제와 같은 결과를 낳으면서도 선거 비용을 획기적으로 줄이는, 아주 좋은 제도라고 말할 수 있다. 그러나 조금 다른 각도에서 보면, 간선제나 직선제는 그 효과가 같다. 후보자가 시간과 돈, 노력을 투자하여 유권자의 지지를 끌어낸다는 점에서 그러하다. 과정이 같으면 관념도 같다. 간선제로 선출되든 직선제로 뽑히든, 총장은 자신의 능력으로 권력을 쟁취했다고 생각할 것이다. 그리하여 선거운동 기간에 자신이 투자한 시간과 돈, 노력에 대한 보상으로 권력과 돈, 명예를 당당하게 요구할 것이다.

승자의 이런 망상, 즉 자신의 능력으로 권력을 쟁취하였다는 망상을 걷어 내는 한 방법은 제비뽑기 선출(sortition)이다. 이 선출 방법은 나이와 경력, 연구업적과 윤리 등에서 일정 자격을 충족하는 사람을 후보자로 삼고, 이 후보자 집단에서 제비뽑기로 한 사람을 선출하는 방법이다. 기준을 잘 만들면 후보자는 그렇게 많지 않을 것이고, 선출 과정도 그렇게 번거롭지 않을 것이다.

제비뽑기 선출의 장점은 이렇다. 첫째, 제비뽑기는 승패가 능력이 아니라 운으로 결정된다는 사실을 꾸밈없이 보여준다. '나를 키운 것은 팔 할이 바람'이듯, 우리 삶은 대부분 행운과 불운으로 이루어져 있다. 그러므로 이런저런 자리를 제비뽑기로 채워도 전혀 이상하지 않다. 제비뽑기 선출은 우리의 심리 상태를 바꾼다. 승패는 운으로 갈리기에 승자는 자신의 능력을 앞에 내세울 수 없다. 자신의 능력을 과장할 수 없으므로 과도한 권력과 돈을 요구하기도 힘들다. 그러므로 제비뽑기 선출은 권력과 돈의 집중을 미리 막는다. 승자가 우쭐거릴 수 없다면, 패자도 열패감을 느낄 이유가 없다. 결국 제비뽑기는 분열증과 신경증을 한꺼번에 고치는 명약인 셈이다. 둘째, 이 제도는 승자의 편집증을 줄인다. 권력을 차지한 이는 흔히 자신의 능력이 남다르다고 생각하고, 그 뛰어난 능력을 입증하려 안달복달한다. 그리하여 승자는 거의 예외 없이 편집증에 시달린다. 특정 사물이나 사실에 강하게 집착한다는 것은 비이성적 추론이나 착각에 빠진다는 것을 뜻한다. 권력자의 편집증이 초래한 불행한 결과는 우리 주변에 그야말로 '차고 넘친다'. 4대강이 그렇고, 창조경제가 그렇다. 우리가 보기에는 명백한 착각이거나 환상인 것도 편집증의 세계에서는 이성이고 진리다. 이런 편집증의 '적폐'를 보려고 낙동강이나 팽목항까지 갈 필요는 없다. 우리 대학 전임 총장들의 독선과 아집이 낭비한 시간과 자원을 돌이켜보기만 해도 충분하다. 승자가 내비치는 어질어질한 나르시시즘과 편집증만 없어도 들풀처럼 하찮은 우리가 이 힘겨운 세상살이를 버텨내기는 조금 더 수월해질 것이다. 셋째, 이 제도는 직선제의 폐해를 치유한다. 지난날 군사파쇼에 질린 사람들은 대학의 민주주의를 달성하는 수단으로 총장 직선제를 떠올렸다. 그런데 이렇게 탄생한 총장 직선제가 민주주이를 키우는 데에 기여하였던가? 별로 그랬던 것 같지 않다. 먼저 지선제 총장은 외부 권력의 침탈을 막지 못하였다. 직선제 총장은 임명제 총장 못지않게 중앙권력에 순종하였다. 권력에 저항하기는커녕 자발적으로 복종하였다. 그뿐인가? 총장 직선제는 대학 내부의 의사결정과정도 민주화하지 못하였다. 총장이 대학의 의사결정기구를 장악하고 대학을 자기 멋대로 운영하는 것은 식은 죽 먹기였다. 이렇게 직선제가 대학의 민주주의를 키우는 데에 기여하지 못했으면서도 선출을 둘러싼 소음은 실로 대단하였다. 사람들은 이런저런 연고를 엮어 패거리를 만들었다. 떼 지어 골프장으로 달려가서 친분을 쌓았고, 여기저기 술판을 벌여 세를 과시하였다. 내 편과 남의 편을 구별하여 미움과 증오를 내뿜었다. 그렇게 많은 시간을 쏟아 붓고, 그렇게 많은 돈을 쓰며, 그렇게 많은 사람을 미워하여 가장 적합하고 훌륭한 인물을 총장으로 뽑았던가? 그랬던 것 같지 않다. 이런 과정을 거쳐 뽑힌 총장은 학술활동과 거리가 먼 사람일 가능성이 컸다. 수년이나 평생, 사교활동에 온 힘을 쏟은 사람들이 무슨 정열이 남아 있다고 학술활동에 관심을 기울이겠는가? 그들은 겉으로는 짐짓 학술활동을 존중하고 권장한다고 말하였지만, 속으로는 경시하였다. 심지어 경멸하기까지 하였다. 결국 총장 직선제는 학술활동을 경시하거나 경멸하는 사람을 지식생산기관의 수장으로 뽑는 역설을 낳았다. 나는 이런 패러독스가 한국 대학의 낮은 생산성을 낳은 한 요인이라고 생각한다. 어쨌든 직선제는 이렇게 민주주의 실현이라는 본연의 목적은 뒤로 한 채 가장 좋지 않은 부작용만 낳고 말았다. 제비뽑기 선출은 이런 부작용을 제거할 것이다.

총장을 제비뽑기로 뽑는 것 외에 승자독식을 막는 또 다른 방법으로는 무엇이 있는가? 많은 아이디어가 있겠지만 우선 생각나는 대로 몇 가지만 이야기해 보자. 첫째, 총장이 쓰는 돈과 자원을 줄여야 한다. 현 체제에서 총장이 제 멋대로 쓰는 돈은 너무 많다. 이렇게 총장이 너무 많은 자원을 차지하면 그 자리를 차지하고픈 욕망을 낮출 수 없다. 욕망을 낮출 수 없으면 자기기만과 분열적 사유가 날뛰는 것도 막을 수 없다. 둘째, 총장이 부리는 권력을 줄여야 한다. 권력을 줄이는 한 방법은 보직자를 제비뽑기하는 것이다. 범위는 정하기 나름이겠지만, 주요 보직자를 제비뽑기하면 된다. 총장의 권력을 줄이는 또 다른 방법은 총장 임기를 단축하는 것이다. 총장의 임기를 일이년 남짓으로 줄이면 과도한 욕망과 치열한 경쟁을 누그러뜨릴 수 있지 않을까?

승자가 차지하는 몫을 줄임으로써 우리 정신은 지금보다 더 건강하게 될 것이다. 우리는 교만과 무정, 속임수와 자기기만에서 자유로워진다. 예컨대 총장직을 지망하면서 자신의 욕망은 뒤에 숨겨두고 '마지막 봉사'라든지 '대학 발전' 등등, 누가 말해도 가당치 않고 누가 들어도 가소로운, 기만적 언사를 쓰지 않아도 된다. 제비뽑기로 당선된 사람은 자신의 욕망에 진솔할 수 있거니와 타자의 욕망에도 민감하다.

나는 이런 글줄 하나로 세상을 바꿀 수 있다고 믿을 만큼 순진하지 않다. 또한 나는 내 생각대로 세상을 바꾸려 들 만큼 낭만적이지도 않다. 그럼 나는 왜 시간과 노력을 들여 이런 글을 쓰는가? 줄을 바꿔 말해 보자.

우리가 평소에 쓰는 말은 거의 모두 우리 욕망의 산물이다. 객관적 사실을 '있는 그대로' 서술하는 것처럼 들리는 말도 실은 말하는 사람의 욕망을 싣고 있는 경우가 허다하다. 예를 들어보자. 얼마 전 한 여론 조사에서 일본인의 반수 이상은 '북조선이 핵무기를 포기하지 않을 것'이라고 응답하였다고 한다. 일본인의 이런 예측은 정확한가? 알 수 없다. 아직 도래하지 않은 미래에 대한 판단이 정확한지 아닌지를 지금 어찌 평가할 수 있단 말인가? 그러나 한 가지 분명한 것이 있는데, 그것은 그들이 그 대답으로 은연중에 자신의 욕망을 드러냈다는 사실이다. 그들은 '북조선이 핵무기를 포기하지 않았으면 좋겠다,' 그리하여 '일·미·한 군사연합체가 북조선과 계속 정치군사적 갈등을 빚었으면 좋겠다'는 자신의 욕망, 아니 더 정확하게 말하면, 일본 지배계급의 욕망을 드러냈다. 우리는 이 땅에서 다시는 전쟁이 일어나서는 안 된다고 생각하지만 그들의 계산법은 이와 전혀 다르다. 남의 불행은 내 행복이라 하지 않았던가? '조선반도'에서 또 전쟁이 터지면 더할 나위 없이 좋겠지만, 그렇게까지 좋은 일이 일어나지 않는다 하더라도 한국과 북조선 사이에 군사적 긴장관계가 높아질수록 자기네 이익이 더 커질 것이라고 그들은 생각한다. 이런 잇속을 감안하면 '일·미·한'과 북조선의 불화를 부추기는 그들의 욕망과 언동은 그야말로 자연스럽다(참으로 얄궂은 것은, 그러므로, 일본의 극우파가 아니라 자유한국당(국민의힘 전신-필자)이다. 자유한국당도 일본의 극우파처럼 남북의 군사적 대립과 긴장을 열망한다. 왜냐고? 아마도 이 대립이 제 이익에 맞아떨어지기 때문일 것이다. 그 이유야 어쨌든 자유한국당과 일본 극우파의 욕망은 서로 같다. 이들의 욕망이 같다는 사실은 2018년 남북정상회담과 북미정상회담 앞뒤로 일본 수상 아베 신조와 자유한국당 대표 홍준표가 쏟아냈던 논평을 비교해 보면 곧바로 알 수 있다. 이 두 사람은 도플갱어 같았다. 이들은 하나 같이 남북의 평화공존을 반대하였고 북미 대화를 저주하였다).

지금까지, 텍스트는 화자의 욕망을 싣고 있다는 일반론을 말하였다. 이 일반론이 옳다면, 내가 이 글에서 쏟아낸 말들도 내 욕망의 산물이다. 그럼 그 욕망은 무엇인가? 다행인지 불행인지 모르겠지만, 나는 그것을 알지 못한다. 욕망은 때때로 의식 바깥에 놓여 있어, 선연하지 않을 때가 많기 때문이다. 그러나 내가 알지 못한다고 해서 남도 모를 것이라고 단정할 수는 없다. 다른 사람은 어떻게든 그것을 짐작하려 들 것이다. 그러므로 내 욕망을 알아내는 일은 그들의 몫으로 남기려 한다.

그런데 그 욕망이야 무엇이든, 총장의 권력을 좁히거나 줄이자는 내 제안은 과연 실현될까? (색즉시공이고) 공즉시색(空卽是色)이라 하였다. (만물은 무상하여 끝없이 그 모습을 바꾸므로 그 어떤 순간의 모습도 참모습이나 본모습이라고 말할 수 없고,) 애초에 그 모습이 정해져 있지 않은 존재는 원인과 조건에 맞추어 차츰 이런저런 모습을 띠게 된다는 말이란다. 바람을 타던 홀씨가 운 좋게 땅에 내려앉으면 민들레가 필 것이지만, 어쩌다가 아스팔트에 떨어지면 민들레라는 가능성은 사라진다. 우리는 홀씨가 땅에 내려앉을지 아스팔트에 떨어질지 미리 알지 못한다. 그 누구도 존재의 앞날을 미리 알 수 없다. 그러므로 우리가 할 수 있는 일이란 '바람이 불어오는 곳'이나 '바람 속으로' 그저 발을 내딛는 것밖에 없다.

3) 갈등론

이제 불평등의 기원을 설명하는 다른 시각을 살펴보자. 갈등론의 시각이다. 렌스키(Lenski, 1966)는 기능주의 이론보다 더 현실적 이론을 제시하였다. 그는 다음과 같은 가정으로 논의를 시작하였다. 첫째, 인간은 이기적이다. 둘째, 인간은 이런 이기심을 충족하려면 타인과 함께 협동하면서 살아야 한다. 이런 가정이 옳다면, 이 가정으로 다음과 같은 명제를 도출할 수 있다. 첫째, 타인과 함께 살아야 하기 때문에 인간은 타인의 생존을 보장할 수 있도록 노동의 산물을 공유해야 한다. 둘째, 자신과 타인의 생존에 필요한 수량을 초과하는 노동 생산물이 생기면, 이기심 때문에 사람들은 이 잉여를 차지하려고 다투고 싸울 수밖에 없다. 이 잉여는 대부분 권력을 쥔 개인이나 집단이 차지한다.

정리하면, 권력(power)은 사회의 잉여 생산물인 물질적 혜택(privilege)을 좌우한다. 한편 위신이나 명예(prestige)는 권력에서 비롯할 수도 있고, 물질적 부에서 비롯할 수도 있다. 그러므로 분배 체계의 과정은 〈그림 5-9〉와 같이 묘사할 수 있다. 이 그림에서 물질적 혜택은 주로 권력이 좌우한다. 그러나 사람들은 권력이 없어도 타인의 이타주의, 예컨대 사회복지제도 등으로 물질적 혜택을 얻을 수 있다. 권력이나 물질적 혜택이 위신을 결정하지만, 이외의 다른 요인, 예컨대 학식이나 인품 등도 위신에 영향을 미칠 수 있다.

〈그림 5-9〉 렌스키의 불평등 기원론

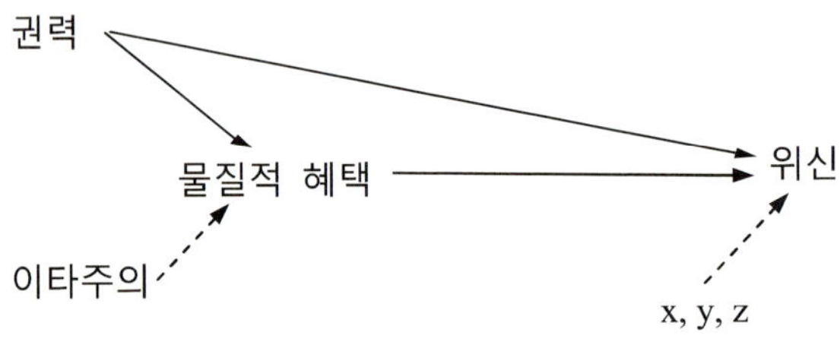

이 그림에서 보상(물질적 혜택이나 명예)은 권력이 결정한다. 그런데 무엇이 권력을 결정하는가? 보상 체계를 규정하는 권력의 원천은 무엇인가? 이 그림에서는 보이지 않았지만, 렌스키는 권력를 결정하는 네 가지 원천을 들었다. 첫째, 물리적 폭력(force)이다. 맨주먹, 칼, 총 등과 같이 아무런 포장도 없는 힘이 권력의 가장 근원적 원천이다. 베버의 정의에서 보았듯, 권력은 '타인의 저항하는데도 자신의 의사를 관철할 수 있는 능력'이다. 이 권력은 폭력으로 자신의 의사를 달성한다. 주먹질로 돈을 강탈하는 폭력배를 생각해 보라. 그는 지금 권력을 휘두르고 있는 중이다. 둘째, 권력의 또 하나의 원천은 정당화된 폭력이다. 국가의 폭력 기구가 행사하는 권력이다. 국가 기구를 장악한 사람들은 합법적으로 타인을 강제할 수 있다. 그들은 타인을 그들의 의사에 반하여 체포할 수 있고 구금할 수 있다. 국가기구를 장악한 사람들은 때로 비정상적이지만 강압적으로 타인을 강제할 수 있다. 비무장 대중에게 총질을 하는 권력자를 보라. 그들은 권력을 행사하는 중이다. 셋째, 재산(property)이다. 재산이 많은 사람은 돈을 이용하여 권력을 행사한다. 돈이 많은 사람은 돈이 없는 사람을 좌지우지할 수 있다. 돈이 필요한 사람에게 돈을 지불하면서 많은 사람이 싫어하는 일을 시키는 것이 바로 그런 예다. 넷째, 영향력(influence)이다. 영향력은 타인을 설득할 수 있는 능력이다. 학식이나 인품, 종교적 후광 등으로 말미암은 능력이다. 지식인이나 인텔리겐차(intelligentsia)가 대중을 이끄는 힘, 그리고 목사나 신부가 신도를 움직이는 힘이 이 영향력일 것이다. 영향력도 권력의 한 원천이다.

기능주의와 갈등론의 불평등 기원론을 간략하게 비교해 보자(〈표 5-6〉 참조). 이미 보았다시피, 기능주의는 불평등의 기원을 사회의 필요에서 찾았다. 사회가 무의식적으로 개발한 장치가 불평등이었다. 이와 달리, 갈등론은 불평등의 기원을 개인과 집단의 이기적 욕망에서 찾았다. 더 많은 것을 차지하려는 개인이나 집단의 욕망이 불평등을 낳았을 것이라고 추정하였다. 기능주의는 한 사회에서 사람들은 동일한 이해관계를 갖는다고 보았고, 이들은 모두 공통의 이익을 추구한다고 가정하였다. 그러나 갈등론은 사람들의 이해관계는 서로 다르고, 한쪽이 다른 쪽을 지배하고 착취할 것이라고 가정하였다. 그러므로 사람들은 서로 갈등하는 관계에 놓여 있을 것이라고 판단하였다. 기능주의는 사람들이 사회의 가치에 합의하고 있을 것이라고 생각하였다. 그러므로 불평등을 정당한 것으로 인정할 것이라고 생각하였다. 이와 달리, 갈등론은 지배자가 자신의 가치를 피지배자에게 강제하고 있을 것이므로, 피지배자는 불평등을 정당하지 않은 것으로 생각할 것이라고 가정하였다. 기능주의는 시간이 흘러도 사회체계가 큰 변화를 보이지 않을 것이라고 생각하였고, 갈등론은 사회가 매순간 변화의 과정에 놓여 있을 것이라고 짐작하였다.

〈표 5-6〉 기능주의와 갈등론의 불평등 기원 비교

	기능주의	갈등론
불평등의 기원	사회의 필요	개인과 집단의 필요
이해관계	공통의 이해관계, 공통 이익	사적 이해관계, 지배와 착취
가치	합의	강제
사회체계	안정성	변화

(4) 불평등의 재생산

불평등은 세대를 넘어 지속한다. 부모 세대의 불평등은 자녀 세대로 이어진다. 부모가 부유하면 자녀도 부유할 가능성이 크고, 부모가 가난하면 자녀도 가난할 가능성이 크다. 그렇지 않기도 하지만 대체로 그러하다. 그런데 부모 세대의 부와 지위는 자녀 세대에 어떤 과정을 거쳐 어느 정도 이어질까? 사람들은 이와 같은 불평등의 재생산을 사회이동이라는 개념으로 파악한다.

사회이동(social mobility)은 개인이나 집단이 한 사회경제적 지위(socio-economic status; SES)에서 다른 사회경제적 지위로 옮겨가는 것을 말한다. 여기서 사회경제적 지위를 직업으로 측정하면 직업이동이라 말할 수 있고, 계급으로 파악하면 계급이동이라 부를 수 있다.[84] 먼저 사회이동의 차원을 몇 가지 부류로 나누어보자.

사회이동은 몇 가지 하위 차원으로 분류할 수 있다. 수평이동과 수직이동의 구별이 그런 분류의 하나고, 세대간 이동과 세대내 이동의 구별이 그런 분류의 다른 하나다. 첫째, 사회이동은 수평이동과 수직이동으로 구별할 수 있다. 수평이동(horizontal mobility)은 개인이나 집단이 엇비슷한 사회경제적 지위로 움직인 것을 말하고, 수직

84) 이동이라는 용어도 자연과학에서 빌려 온 것이다. 이동은 자연과학 곳곳에서 사용된다. 물리학에서 이동은 흔히 도체나 반도체에서 전자(electron)가 움직이는 것을 지칭한다. 다른 분야의 학문은 각기 고유한 뜻으로 이 단어를 사용한다.

사회이동은 사회운동과 다른 개념이다. 사회운동(social movement)은 다수의 사람들이 특정 목표를 달성하려고 함께 행동하는 것을 말한다. 예컨대 동물을 보호하려고 모피로 만든 의류를 거부하는 캠페인을 벌인다든지, 미세먼지 문제를 해결하려 석탄 발전을 금지하자는 시위를 한다든지, 코로나 사태로 대학에서 비대면수업을 강행하자 학생들이 등록금 반환을 추진한다든지 하는 행동 등을 사회운동이라 말한다.

이동(vertical mobility)은 다른 수준의 지위로 움직인 이동을 말한다. 예컨대 어떤 사람이 20년 전에 세탁소를 개업했는데, 지금도 그 세탁소를 운영하고 있다면 우리는 이를 수평이동이라고 이름 붙일 수 있다. 그러나 20년 전에 쌀가게를 운영했지만, 지금은 자동차와 선박 회사를 운영하는 회장이 되었다면 우리는 이를 수직이동이라고 말할 수 있다. 수직이동은 다시 상승이동(upward mobility)과 하강이동(downward mobility)으로 구별할 수 있는데, 앞에서 든 자동차 회사 회장 예는 상승이동에 해당한다. 나중의 사회경제적 지위가 처음 지위보다 높아졌기 때문이다. 20년 전에 큰 사업을 하던 사장이었는데, 사업에 실패하여 지금 무직자라면 우리는 이런 지위 이동을 하강이동이라고 부른다. 나중의 사회경제적 지위가 처음 지위보다 낮아졌기 때문이다.

둘째, 사회이동은 세대내 이동과 세대간 이동으로 구분할 수 있다. 세대내 이동(intra-generational mobility)은 한 개인이 그의 생애 안에서 사회경제적 지위를 바꾼 방향과 정도를 말하고, 세대간 이동(inter-generational mobility)은 자녀 세대가 부모 세대의 사회경제적 지위에서 출발하여 움직인 방향과 정도를 말한다. 예컨대 한 사람이 20년 전에 평범한 자영업자였는데, 지금은 큰 기업의 사장이 되었다면 이는 세대내 이동이다. 한 세대 안에서 이루어진 이동이기 때문이다. 이 이동은 개인의 경력 안에서 이룬 것이어서 경력이동(career mobility)이라고 부르기도 한다. 이와 달리, 아버지(어머니)와 아들(딸)의 사회경제적 지위가 바뀌는 것을 세대간 이동이라고 말한다. 아버지는 농민이었는데 아들(딸)이 의사라면 이는 세대간 이동이라고 말할 수 있다.

수평이동과 수직이동에서 어떤 것이 우리의 관심을 더 끄는가? 말할 것도 없이 수직이동이다. 우리는 정지된 상태보다 변화에 더 많은 관심을 두기 때문이다. 그렇다면 세대내 이동과 세대간 이동에서 어떤 것이 우리의 관심을 더 많이 끄는가? 다소 이상하게 들릴지 모르겠지만, 답은 세대간 이동이다. 이유는 두 가지다. 첫째, 세대내 이동의 폭은 생각만큼 크지 않다. 생애 첫 직업과 마지막 직업 사이의 차이는 그다지 크지 않다. 어떤 사람은 엄청난 성공이나 실패를 경험하지만, 그런 사례는 매우 드물다. 그러므로 분석할 만한 가치가 별로 없다. 둘째, 세대간 이동은 세대내 이동보다 이동 폭이 커서 눈에 잘 띄기도 하지만, 그 이동은 다른 무엇보다 한 사회의 유동성이나 개방성을 나타내기도 한다. 거꾸로 말하면 세대간 이동은 한 사회의 경직성이나 폐쇄성을 나타낸다. 세대간 이동의 정도가 활발하고, 세대간 이동의 폭이 큰 사회가 있다면 그 사회는 개방적이거나 유동적인 사회라고 말할 수 있고, 세대간 이동이 막혀 있거나 이동의 폭이 작다면 그 사회는 폐쇄적이거나 경직된 사회라고 말할 수 있다. 오늘날 많이 쓰는 용어로 바꾸어서 말하면, 세대간 이동은 한 사회의 기회 균등(the equality of opportunity)의 정도를 나타낸다. 특정 사회에서 부모의 사회경제적 지위가 자녀의 지위에 영향을 많이 미치면(그리하여 세대간 이동의 정도가 미약하면) 우리는 그 사회의 기회 균등이 미약하다고 표현하며, 거꾸로 부모의 지위가 자녀의 지위에 영향을 덜 미치면(그리하여 세대간 이동의 정도가 크면) 그 사회의 기회가 균등하다고 말한다. 지금부터 우리는 주로 이 세대간 이동을 논의할 것이다.

1) 지위획득모형

사회이동 연구는 일찍이 20세기 초반에 시작하였지만 실제로 우리의 관심을 끌기 시작한 때는 그다지 멀지 않은 과거였다. 사회이동 연구는 블라우와 던컨(Blau and Duncan, 1967)의 획기적 연구로 본격화하였다. 블라우와 던컨은 사람들의 현재 직업지위를 결정하는 몇 가지 요인을 확인하고자 하였다. 그들은 사람들에게 우편으로 설문지를 보내, 응답자 아버지의 교육수준과 직업, 응답자 본인의 교육수준과 첫 직업, 현재 직업을 물었다. 그들은 이렇게 얻은 자료를 분석하여 이들 변수 사이에 특별한 인과관계를 설정하였다. 그들은 자신들이 만든 인과모형을 계층화 과정의 기본 모형(the basic model of the process of stratification)이라고 이름 붙였는데, 이것이 1970년대의 사회학계를 휩쓴 지위획득모형(status attainment model)의 시발이었다.

〈그림 5-10〉의 모형에서 V, X는 순서대로 아버지의 교육연수와 직업지위점수이고 U, W, Y는 순서대로 응답자 본인의 교육연수와 첫 직업의 지위점수, 현재 직업의 지위점수다. 화살표는 인과관계를 나타내고 화살표 위아래나 옆에 붙은 숫자는 인과관계의 강도를 보인다(양쪽으로 화살표가 표시된 선은 상관관계를 나타내고 그 선 옆에 붙은 숫자는 상관계수다). 예컨대 응답자의 첫 직업지위(W)에 영향을 미치는 요인은 아버지의 직업(X)과 본인의 교육수준(U)인데, 응답자 본인의 교육수준이 자신의 첫 직업지위에 미치는 영향(.440)이 아버지의 직업이 응답자의 첫 직업지위에 미치는 영

향(.224)보다 더 크다.[85] 이는 응답자 본인의 교육이 첫 직업 지위의 달성에 미치는 영향은 아버지의 직업이 응답자의 첫 직업 지위의 달성에 미치는 영향보다 더 크다는 것을 의미한다. 블라우와 던컨은 이 모형으로 미국에서는 업적 요인(교육)이 귀속 요인(가족배경)보다 개인의 성취에 더 많은 영향을 미친다고 주장하였다.[86] 그들은 미국의 기회 균등이 비교적 크다고 말했던 셈이다.

〈그림 5-10〉 계층화 과정의 기본 모형

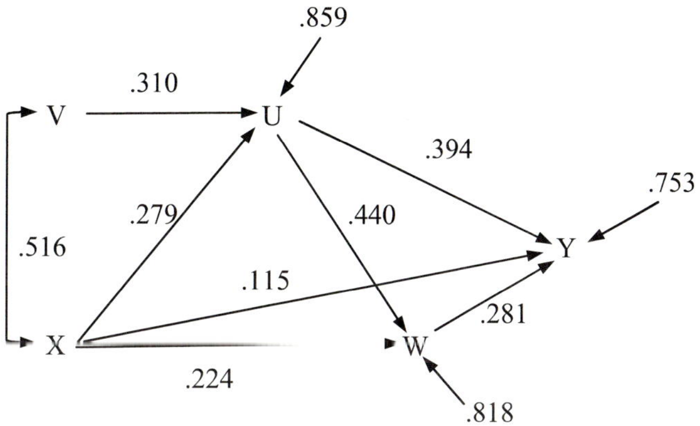

블라우와 던컨의 모형은 획기적인 것이었다. 이 모형은 이후의 사회이동 연구의 방향과 형식을 설정하였다. 이후의 연구는 이 모형으로 추론할 수 있는 여러 주제를 선택하였다. 구체적으로 어떤 주제였는가? 이를 직관하려면, 블라우와 던컨의 모형을 조금 더 단순하게 바꿀 필요가 있다. 변수를 줄여, 사회이동을 바라보는 시야를 더 선명하게 드러내 보자(〈그림 5-11〉 참조).

85) 물론 개별 요인의 영향력을 이렇게 단순하게 비교할 수는 없다. 영향력을 비교하려면 직접효과와 간접효과, 총효과를 계산해야 하는데, 여기서는 그런 효과를 계산할 만한 여유가 없거니와 그럴 이유도 없다.

86) 업적(achievement) 요인은 본인의 재능과 노력으로 스스로 이룬 요인을 말하고, 귀속(ascription) 요인은 타고난 속성을 이른다. 예컨대 교육수준이나 학력은 업적 요인에 속하고, 부모의 사회경제적 지위나 성, 인종 등은 귀속 요인이다.

〈그림 5-11〉 사회이동 연구

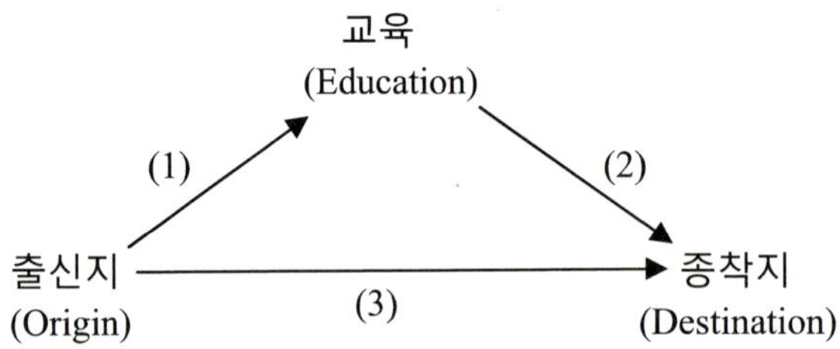

이 그림에서 O는 출신지(Origin)로서 부모의 사회경제적 배경을 의미한다. E는 자녀의 교육(Education)을 나타내고, D는 종착지(Destination)를 줄인 말로 자녀가 도달한 사회경제적 위치(직업이나 소득)를 의미한다. 첫 번째 과정(O–E)은 부모의 사회경제적 지위가 자녀의 교육에 미치는 영향을 살펴보는 과정이다. 이른바 교육기회의 불평등(the inequality of educational opportunity)을 다루는 과정이다. 두 번째 과정(E–D)은 개개인의 교육이 직업이나 소득에 미치는 영향을 살핀다. 이 과정에서는 학교–직장 이행(school-work transition)을 살피거나 교육 수익률(returns to education)을 다룬다. 세 번째 과정(O–D)은 부모의 사회경제적 지위와 자녀의 사회경제적 지위를 직접 비교한다. 주로 직업이동이나 계급이동을 다루는 연구 영역이다. 이 세 연구 영역에서 오늘날 가장 주목을 받는 것은 아마도 첫 번째와 두 번째 과정일 것이다. 세 번째 영역은 1980년대와 90년대에 크게 활성화하였다가 이제 쇠퇴기에 접어든 듯하다. 그러나 이 책에서는 논의의 완결성을 추구하여 이 세 과정을 모두 개관하고자 한다. 개관하려면 논의의 범위를 좁혀야 한다. 첫째 과정에서는 학력 성취의 불평등을 다루고 둘째 과정에서는 학교–직장 이행을 살피기로 한다.[87] 논의를 구체화하려면 경험적 사례를 살피는 것이 필요한 바, 여기서는 주로 한국의 사례를 예시하고자 한다.

2) 교육기회의 불평등

교육기회의 불평등에 대한 연구는 넓게 보아 둘로 나눌 수 있다. 하나는 학업성적의 불평등(the inequality of academic achievement)을 다룬 연구이고 다른 하나는

87) 한국의 첫째 과정과 둘째 과정을 좀 더 세부적으로 다룬 여러 연구에 대해서는 장상수(2017)를 보라.

학력성취의 불평등(the inequality of educational attainment)을 다룬 연구다. 전자는 부모의 사회경제적 지위(가족배경)가 자녀의 학업성적을 결정하는 정도를 연구하는 것이고, 후자는 부모의 사회경제적 지위가 자녀의 학력(學歷, 교육수준)을 결정하는 정도에 대한 연구다. 학업성적의 불평등에 대한 연구는 사회학 연구에서 가장 많은 논쟁을 낳은 분야일 것이다. 그러나 여기서는 학력성취의 불평등만 언급하기로 한다. 학력 성취의 불평등은 때때로 학력 성취의 계급 차이(class differentials in educational attainment)라고 표현하기도 하는데, 이 차이는 다음과 같은 여러 요인 때문에 발생한다. 첫째, 경제적 요인이다. 교육은 비용을 동반한다. 대학 교육을 이수하는 비용(직접비용과 기회비용)은 특별히 더 커서 부모가 가난하면 쉽사리 대학에 진학할 수 없다. 그러므로 부모의 직업과 소득이 학력 성취의 계급 차이를 유발한다. 둘째, 문화적 요인이다. 각 계급의 가치와 언어는 학교가 지향하는 가치나 교사가 사용하는 언어와 일치하는 정도가 다르다. 중간계급의 가치와 언어는 학교나 교사의 그것과 근접하지만, 노동자계급의 가치와 언어는 학교나 교사의 그것과 거리가 멀다. 예컨대 학교는 노동자계급이 존중하는 정직이나 책임 등과 같은 구체적 가치보다 중간계급이 내세우는 자유나 평등, 독립 등과 같은 추상적 가치를 더 높게 평가한다. 중간계급 출신 교사는 거친 말을 즐겨 사용하는 노동자계급 아이보다 공손하고 우아한 말투를 선호하는 중간계급 아이에게 더 많은 호감을 느낀다. 그러므로 학교나 교사는 중간계급의 아이의 생활 태도에 더 우호적이고 그들의 학습 태도를 더 긍정적으로 평가한다. 그로 말미암아 중산층 아이의 학업 성적은 노동자계급 자녀의 성적보다 더 높고, 그들의 상급학교 진학과 졸업도 더 쉽다. 셋째, 심리적 요인이다. 개개인의 학업 열망은 계급별로 다르다. 모든 부모는 자녀가 자신의 계급(지위)과 동일하거나 그보다 높은 계급(지위)에 도달하기를 바란다(Breen and Goldthorpe, 1997; 마강래, 2016). 다시 말해, 자녀가 자신보다 낮은 지위로 떨어지는 하강이동의 위험을 회피하려고 노력한다. 하강이동을 회피하는 이 전략은 불가피하게 학력성취의 계급 차이를 낳는다. 다음과 같은 메커니즘 때문이다. 노동자계급 자녀는 노동자계급 직업에 만족할 수 있지만 중간계급 자녀는 최소한 중간계급에 속하는 직업을 얻어야 한다. 좋은 직업을 얻기 위해서는 그에 상응하는 교육을 이수해야 한다. 더 높은 학업 열망은 더 좋은 학습 태도로 이어지고, 더 좋은 학습 태도는 더 높은 학업 성적으로 이어진다. 그러므로 더 높은 직업열망을 가진 중간계급 자녀는 노동자계급 자녀보다 더 높거나 더 나은 학력을 선택한다.

이처럼 특정 학력을 달성할 때 중간계급은 노동자계급보다 여러 가지 측면에서 더 유리하다. 학력 성취의 계급 차이가 존재한다는 말이다. 그러면 이런 차이는 시간이 흐르면서 어떤 방향으로 바뀌었을까? 몇 가지 가설을 들어 보자. 먼저 산업사회론의 가설이다. 산업사회론은 산업화가 진전하면서 학력 성취의 계급 차이가 감소할 것이라고 예측하였다. 다음과 같은 이유 때문이라고 말하였다. 첫째, 산업이 발전하면서 고도의 테크놀로지가 발달할 것이고 고도의 숙련이 필요할 것이다. 이런 조건에서는 직업을 얻을 때에 교육의 영향은 점차 증가하고 가족배경의 영향은 점차 감소할 것이다. 둘째, 산업화가 진전하면서 교육의 기능은 친족에서 학교로 이전할 것이고 이는 교육 요인을 중시하는 풍토를 낳을 것이다. 셋째, 산업화가 진전하면서 기업은 효율성을 추구할 것이고, 귀속 요인(가족배경)보다 업적 요인(교육)을 중시할 것이다. 넷째, 기업이 업적 요인으로 인원을 선발하면서 모든 계급의 자녀가 교육을 받으려 할 것이다. 다섯째, 국가는 정책적으로 교육비를 줄이면서 학력 성취의 계급 차이를 점차 감소할 것이다.

그러나 문화적 재생산론은 산업사회론과 달리 학력 성취의 계급 차이가 시계열적으로 안정적일 것이라고 짐작하였다. 즉 별다른 변화가 없을 것이라고 예측하였다. 이런 예측의 근거는 다음과 같다. 교육은 지배계급에 봉사한다. 학교는 교과과정의 운영 등에서 지배계급의 가치를 지향한다. 그러므로 하층계급의 자녀는 학교생활에서 언제나 불리하다. 학업 성적이나 학교생활 등에서 이러한 불리함이 변화할 가능성이 별로 없다.

교육기회의 불평등, 특히 학력 성취의 계급 차이의 시계열 추세를 살펴본 경험 연구는 다음과 같은 사실을 밝혀냈다. 첫째, 거의 모든 나라에서 교육체계는 팽창하였다. 둘째, 학력 성취의 성별 차이, 즉 학력 성취의 성 격차는 줄어들었다. 셋째, 그런데도 거의 모든 국가에서 학력 성취의 계급 차이는 감소하지 않았다. 이는 개별 국가의 산업화의 수준이나 교육체계의 팽창, 각종 교육 개혁에도 불구하고 그러하였다. 세 번째 발견은 산업사회론의 예측보다 문화적 재생산론의 결과와 더 부합하는 듯하다.

지금까지 〈그림 5-11〉의 O-E 과정의 한 차원을 살펴보았다. O-E과정은 학업성적의 불평등, 즉 학업성적의 계급 차이도 포함하지만 여기서는 학력 성취의 계급 차이만을 다루었다(학업성적의 계급 차이는 9장에서 살펴볼 것이다). 이제 E-D 과정을 알아보자. 이 과정은 교육의 수익률을 살피는데, 여기서는 교육의 화폐수익률이 아니라 직업 수익률을 살펴보기로 한다. 다시 말해, 학교를 졸업한 후에 어떤 직업을 얻는지, 학교-직장 이행 과정을 알아보기로 한다.

3) 교육의 수익률

근대 이전에 개인의 지위는 보통 통과의례(rites of passage)를 치르면서 바뀌었다(통과의례의 내용과 의미는 이 책의 7장을 보라). 어린이는 성인식을 치르면서 성인이 되고, 어른들은 결혼식을 치르면서 가구를 이루고 아이를 낳았다(van Gennep 1909). 그러나 오늘날 개인의 지위 변화는 흔히 직업과 관련한다. 연애, 결혼, 출산, 이혼 등은 모두 직업을 얻고 바꾸며 잃는 일과 얽혀 있다. 그러므로 오늘날 직업 획득은 지위통과(status passages)의 가장 큰 계기라고 해도 무방하다(Hannan and Werquin 2001). 직업이 지위를 결정하는 가장 큰 힘이라면, 직업을 얻는 데에 가장 큰 영향을 미치는 요인은 무엇인가? 교육이다. 직업을 얻는 일은 다른 무엇보다 교육과 관련한다(Breen et al, 1995; Müller and Shavit, 1998; Müller and Wolbers, 2003). 이처럼 직업이 지위를 제약하고 교육이 직업을 얻는 데에 가장 큰 영향을 미친다면, 청년층이 학교를 마치고 첫 직업을 얻는 과정, 즉 학교-직장 이행(the transition from school to work)은 깊이 살펴야 할 중요한 연구 주제라고 할 수 있다.

이런 의의 때문이겠지만 한국에서 학교-직장 이행을 다룬 연구는 그렇게 적지 않다. 이 연구들은 크게 두 가지 부류로 나눌 수 있다. 첫째, 사회학의 연구다. 사회학 연구는 주로 학력이 첫 직업의 종류나 지위에 미치는 영향을 살폈다. 그리하여 학력이 높을수록 좋거나 나은 직업을 얻는다는 사실을 밝혔다(장상수 2001; 김기헌 2003; Sandfur and Park 2007). 사회학 연구는 이처럼 각종 학교를 마친 청년이 도달하는 직업 지위나 계급 위치를 주로 분석하였지만, 그들이 학교를 마친 뒤 직업을 얻을 때까지 대기한 시간을 분석하지 않았다. 말하자면 시간 차원을 고려하지 않았다. 둘째는 노동경제학의 접근이다. 이 접근은 사회학과 달리, 청년들이 학교를 마치고 첫 직업을 얻을 때까지 기다린 시간을 중시하였다. 나아가 이 접근은 학력이나 성, 그리고 진입대기기간 등이 취업(이라는 사건이 일어날) 가능성(위험률)에 미치는 영향을 분석하였다. 이 접근을 사용한 연구는 학력이 높을수록 진입대기기간이 짧고, 학력이 높을수록 취업가능성이 더 높다는 사실을 발견하였다(이병희 2005; 류장수 2005; 김미란 2006; OECD 2007).

학력이 높을수록 직업 지위나 취업가능성이 더 높다거나 직업을 더 빨리 얻는다는 발견은 상식과 너무 가까워서 흥미를 끌지 못한다. 이런 발견이 상식이 되지 않으려면 국가 비교든 시계열 비교든 비교가 있어야 한다. 그러나 학교-직장 이행을 나라별로 비교하는 일은 그렇게 쉽지 않다. 선행 연구가 국가 비교를 위해 여러 가지 비교 기준을 내세웠지만(Kerckhoff, 2000), 이 기준은 너무 단순하여 한 나라의 학교-직장 이행을 다른 나라와 비교하여 그 특징을 선명하게 밝히지는 못하였다. 그러므로 학교-직장 이행을 다룬 연구는 국제 비교보다 주로 시계열 비교에 초점을 맞추는 경향을 보였다. 그러나 연구 성과가 충분히 쌓이지 않으면 한 사회의 학교-직장 이행의 시계열 추세를 파악하기도 쉽지 않다.

4) 계급이동

〈그림 5-11〉의 세 번째 과정(O-D)은 계급이동이나 직업이동이다. 계급이동이나 직업이동은 두 가지 방식으로 측정할 수 있다. 하나는 부모나 자녀의 직업 지위를 지위 점수라는 연속변수로 포착하여 두 지위 사이의 상관계수나 회귀계수를 측정하는 방법이고, 다른 하나는 부모의 계급(직업)과 자녀의 계급(직업)을 범주형 변수로 파악하여 둘 사이의 연관성을 측정하는 방법이다. 첫째 방법은 앞의 〈그림 5-10〉에서 이미 보았다. 그러므로 여기에서는 둘째 방법에 대해서만 말하고자 한다. 부모의 계급(직업)과 자녀의 계급(직업)을 교차하여 세습(이나 이동)의 정도를 측정하는 연구는 한때 왕성하였으나 지금은 그 열기가 식은 듯하다. 아마도 논의 내용이 지나치게 거시적이고 너무 추상적이기 때문이었을 것이다. 어쨌든 실제의 계급이동표는 제법 어수선하여 계급이동의 실례로 삼는 일은 그렇게 마땅치 않다. 그러므로 여기에서는 간단한 가상 사례로 계급이동의 유형을 살펴보자. 〈그림 5-12〉는 계급이동의 네 가지 가상 유형을 든 것이다. 이 그림의 세로 축은 부모의 계급이고 가로 축은 자녀의 계급이다. 수직 축은 관찰값의 빈도다. 여기서 관찰값이란 부모 계급과 자녀 계급이 정

〈그림 5-12〉 계급이동 유형

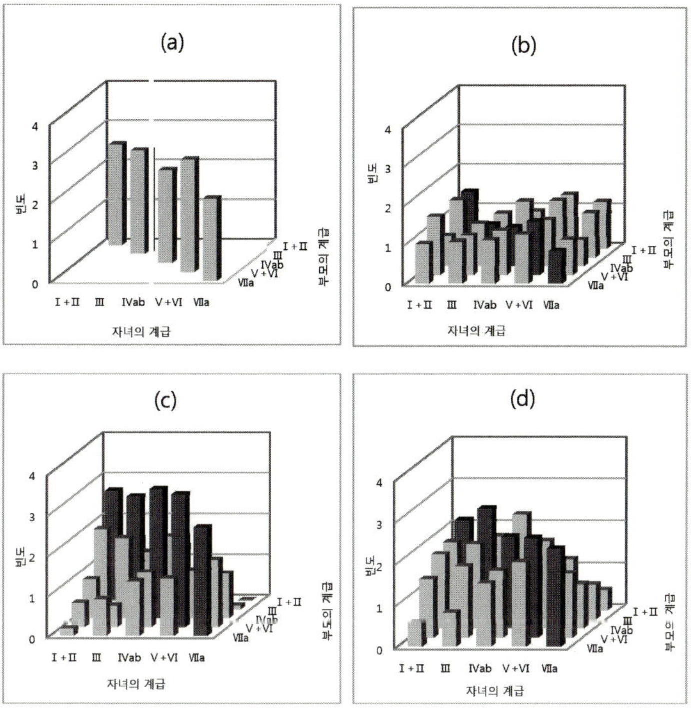

해졌을 때 해당 범주에 해당하는 사례(응답자) 수를 말한다. 예컨대 부모의 계급이 서비스계급(Ⅰ+Ⅱ)이고, 자녀 계급이 노동자계급(Ⅶab)인 경우의 사례(응답자) 수가 있을 것인데, 관찰값이란 그 사례 수를 말한다.

유형 (a)는 관찰된 사례가 주대각선(主對角線, main diagonal)에 몰려 있는 사회를 말한다. 만일 이런 유형의 사회가 있다면 그 사회는 완전한 세습사회다. 자녀는 부모의 계급을 그대로 세습한다. 이런 유형의 사회에서는 이동 기회가 완전히 차단된다. 지금이야 이런 사회가 다소 비현실적이지만, 근대 이전 사회에서는 그렇게 드물지 않았다. 유형 (b)는 자녀가 부모의 계급과 무관하게 이동하는 사회다. 불리한 계급의 자녀도 능력이 있으면 상층계급으로 옮아갈 수 있고, 유리한 계급의 자녀도 능력이 없으면 하층계급으로 이동하는 사회다. 만일 이런 유형의 사회가 실제로 존재한다면 그 사회는 완전히 개방된 사회라고 표현할 수 있고, 기회가 완전히 균등한 사회라고 말할 수 있다. 완전한 능력제 사회라고 말할 수도 있겠다. 그러나 이런 유형의 사회가 과거에 없었던 것을 말할 것도 없고 앞으로도 없을 가능성이 높다. 핵가족과 시장경제가 유지되는 한, 이런 사회는 아마도 상상의 영역에서만 존재할 것이다. 유형 (c)는 (a)와 (b)의 중간 형태다. 주대각선의 빈도가 가장 높고, 이 대각선에서 멀어질수록 순서대로 빈도가 줄어드는 형태다. 이는 세습이 이루어지기도 하고 능력이나 운에 의한 이동도 적지 않은 사회다. 이 유형이 현실 사회와 가장 흡사하다. 현실 사회는 어느 정도 세습하고 어느 정도 이동하는 사회이기 때문이다. 현실 사회는 주대각선의 상대적 높이가 다양한 변이를 보이는 사회일 것인데, 주대각선의 높이가 상대적으로 높으면 기회 균등이 비교적 작은 사회일 것이고(c), 이 높이가 상대적으로 낮으면 기회 균등이 비교적 보장된 사회(d)일 것이다.

1970년대에 들어 이 분야 연구자들은 계급이동을 국제 비교하여 다음과 같은 가설을 내놓았다. 겉모습으로 본 이동 모습(절대적 이동이나 표현형적 이동 모습)은 나라마다 다르지만 확률의 관점에서 바라본 이동 유형(상대적 이동이나 인자형 이동 유형)은 서로 비슷할 것이라고 그들은 예측하였다.

> **시장경제**와 **핵가족체제**로 이루어진 산업사회에서 표현형적(phenotypical) 이동 유형은 나라마다 서로 다르지만 인자형(genotypical) 이동 유형은 기본적으로 같다(Featherman, Jones, and Hauser, 1975)(강조점은 인용자).

이후 수많은 연구가 이 가설(이른바 FJH 가설)을 검증하였다. 검증 결과는 대체로 FJH 가설과 일치하였다. 비록 겉으로 드러난 이동 유형은 나라마다 서로 달랐지만 상대적 이동 기회(이동 확률의 비)는 서로 비슷하였다. 심지어 한 나라에서 시간적 배경을 달리 해도 상대적 이동 기회는 비슷하였다. 인류학적 비교든 역사적 비교든 상대적 이동 기회는 그다지 바뀌지 않았다는 말이다. 예를 들어보자. 노동자계급의 자녀가 서비스계급으로 상승이동한 비율은 나라마다 시기마다 달랐다. 그러나 사회의 구조 변동(서비스계급의 확대와 노동자계급의 축소)을 감안하여 노동자계급 자녀가 서비스계급으로 이동할 확률과 서비스계급 자녀가 서비스계급에 머무를 확률의 비율(확률비, odds ratio)을 관찰하면, 이 확률비는 나라마다 시기마다 큰 차이를 보이지 않았다(Erikson and Goldthorpe, 1992). 노동자계급의 자녀가 서비스계급으로 상승이동한 비율이 높으면 서비스계급 자녀가 서비스계급에 머문 비율도 높아져서,

노동자계급 자녀가 상승이동한 확률은 여기저기서, 그리고 예나 지금이나 상대적으로 일정하였다는 말이다.

5) 소득이동

이처럼 사회학자들은 상대적 이동 기회가 나라마다 비슷하다고 판단하였지만, 이런 결론은 어디까지나 '계급'이동을 분석하여 얻은 것이었다. 2000년대 초반부터 경제학자들도 정치적 필요 때문에 사회이동에 관심을 기울이기 시작하였다(Goldthorpe, 2013). 그러나 이들은 계급이동이나 직업이동이라는 관점이 아니라 주로 소득 이동(earnings mobility)이라는 관점에서 바라보았다. 이들은 소득 이동을 세대간 소득 탄력성(intergenerational earnings elasticity; IGE)이라는 개념으로 파악하였는데, 이들은 이 탄력성이 나라마다 서로 다르다고 판단하였다(여기서 세대간 소득 탄력성이란 부모의 소득 변화율(백분율)이 자녀의 소득 변화율(백분율)에 미치는 영향을 말한다).[88] 소득 탄력성이 더 큰 사회, 즉 부모 소득이 자녀 소득에 더 큰 영향을 미치는 사회는 기회가 균등하지 않은 사회라고 판단할 수 있다. 그렇지 않겠는가? 부모의 재산이나 소득이 자녀의 재산이나 소득에 더 많이 기여하는 사회는 유동성이 떨어지고 기회가 덜 균등한 사회가 아니겠는가? 그건 그렇고, 이와 같은 소득 탄력성은 어떤 요인의 함수인가? 다시 말해, 한 사회의 소득탄력성을 좌우하는 요인은 무엇인가? 단도직입적으로 말하면, 소득 불평등이다. 소득 불평등이 소득탄력성을 좌우한다. 소득 불평등이 크면 소득탄력성은 더 크고 소득 불평등이 작으면 세대간 소득 탄력성은 더 작다. 이 둘의 관계가 왜 그러한지를 설명하는 이론적 논의는 아직 미비하다. 그러나 이 둘의 상관관계를 보인 경험적 증거는 명백하다. 한 연구자는 국제 비교를 통해 소득 탄력성은 소득 불평등과 긴밀한 관계에 놓여 있음을 발견하였고(Corak, 2006), 다른 연구자는 이 관계의 경향성을 나타내는 곡선을 '위대한 개츠비 곡선(The Great Gatsby Curve)'라고 이름 붙였다(Krueger, 2012).[89]

---

88) $\log Y_{i,t} = \alpha + \beta \log Y_{i,t-1} + \epsilon_i$에서 추정한 $\hat{\beta}$가 세대간 소득 탄력성이다. 여기서 $Y_{i,t-1}$는 부모(아버지)의 항상소득(permanent income)이고 $Y_{i,t}$는 자녀(아들)의 항상소득이다. 그러나 최근의 한 연구는 이런 방식으로 추정한 $\hat{\beta}$가 이른바 기회 균등을 제대로 측정하지 못한다는 주장을 제기하였다(Mitnik and Grusky, 2020).

89) 이는 미국 작가 피츠제럴드(F. Scott Fitzgerald)의 소설, 『위대한 개츠비(*The Great Gatsby*)』에서 딴 이름이다. 이 소설의 주인공 개츠비는 1920년대 주류 밀매업으로 큰 부자가 되었다.

〈그림 5-13〉 위대한 개츠비 곡선(OECD 24개국)

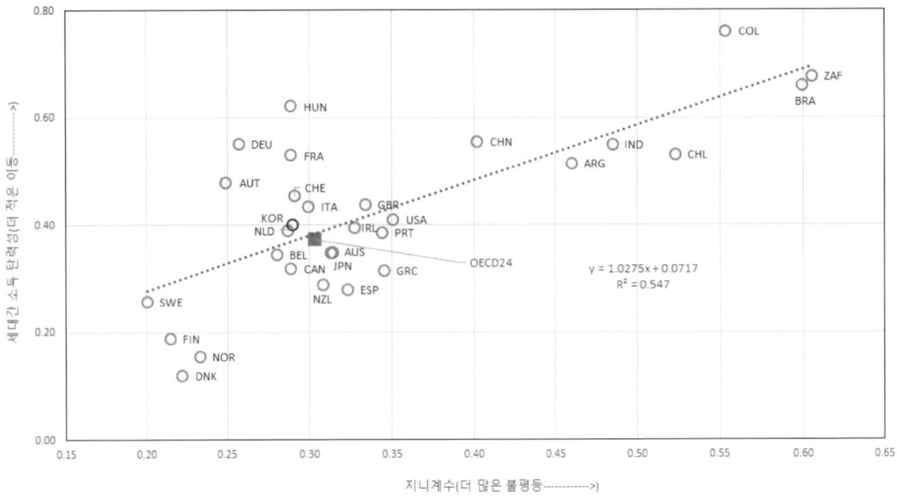

출처: http://dx.doi.org/10.1787/888933762062

주: 세대간 소득 탄력성은 2010년대 것이고, 지니계수는 1980년대 후반과 1990년대 초반의 것이다(cf OECD, 2018).

〈그림 5-13〉은 OECD 24개국을 대상으로 삼아 '위대한 개츠비 곡선'을 그려놓은 것이다(OECD, 2018: 36). 그림의 y축은 자녀 세대의 소득 탄력성(여기서는 2000년대 후반의 탄력성)을 나타내고, x축은 한 세대 앞(아버지 세대)의 지니 계수(여기서는 1980년대 후반과 1990년대 초반의 지니 계수)를 나타낸다. 이 그림은 결국 소득 불평등과 소득 탄력성의 관련을 보인 것이라 할 수 있다. 이 그림으로 알 수 있는 것은 다음과 같다. 첫째, 소득 불평등이 큰 사회에서 세습의 정도는 더 크고 기회 균등의 정도는 더 작다. 지니 계수가 낮은 북유럽의 여러 나라, 스웨덴, 덴마크, 노르웨이, 핀란드 등에서 세대간 소득탄력성은 낮다(이동 기회가 많다. 그러므로 기회가 균등하다). 거꾸로 소득 불평등의 정도가 높은 남아프리카공화국, 브라질, 콜롬비아 등에서 세대간 소득탄력성은 높다(이동 기회가 적다. 그러므로 기회가 불균등하다). 이런 경향성이 나타나는 이유는 거의 자명하다. 위로 움직일 때 쓰는 사다리 가로대(rung)의 칸(간격)이 넓을수록 위로 올라가는 일은 점점 더 어려워지듯, 소득 불평등이 크면 저소득층이나 하층계급이 제 자신의 힘으로 고소득층이나 상층계급으로 올라갈 가능성, 즉 자수성가할 가능성은 그만큼 낮아지기 때문이다. 둘째, 전반적 경향성은 그렇다 치고, 한국에 초점을 맞추어 보자. 한국은 이 경향성에서 어떤 위치를

〈그림 5-14〉 교육 수익률과 세대간 소득탄력성의 관계

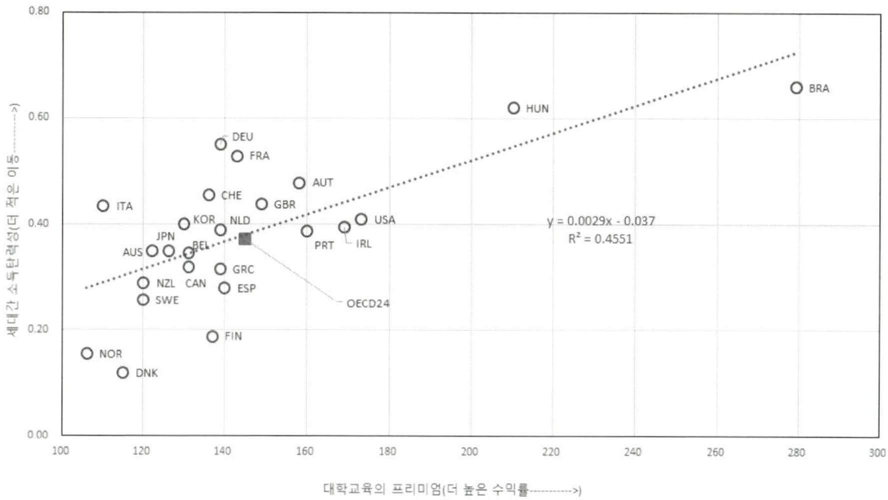

주: 대학교육의 수익률은 2009년 무렵의 것이고(OECD, 2011: Table A8.1), 세대간 소득탄력성은 2010년대 것이다(OECD, 2018: 36)

차지하는가? 한국은 소득 불평등도이든 세대간 소득탄력성이든 OECD 평균과 비슷하다. 중간 정도라는 말이다.

'위대한 개츠비 곡선'과 조금 차원의 이야기를 해보자. 소득 탄력성은 지니 계수뿐만 아니라 교육의 수익률과도 연관될 수 있다. 좀더 구체적으로 말하면, 세대간 소득탄력성은 교육의 (화폐)수익률, 특히 대학 교육의 수익률과 연관되어 있을 수 있다. 코락(Corak, 2013)은 대학 교육의 수익률이 클수록 세대간 소득 탄력성이 커지는 경향을 발견하였다. 〈그림 5-14〉는 OECD 22개국을 대상으로 삼아 교육 수익률과 세대간 소득 탄력성의 연관성을 보인 것이다. 그림의 x축은 2009년을 전후하여 25-34세 남성이 노동시장에서 거둔 대학 교육의 수익률을 나타내고 y축은 세대간 소득 탄력성(여기서는 2010년대의 탄력성)을 나타낸다. 이 그림은 대학 교육의 수익률이 높은 나라에서 세대간 소득 탄력성이 더 크다는 사실, 즉 소득이동의 가능성이 더 낮다는 사실을 보여준다. 이런 사실은 대학 졸업자의 임금이 고등학교 졸업자의 임금보다 크면 클수록, 그리하여 고졸자와 대졸자의 소득 격차가 증가할수록 기회 균등이 줄어든다는 것을 의미한다. 왜 그럴까? 노동시장이 불평등한 조건에서 부유한 부모는 자녀 교육에 더 많은 자원을 투자하려 할 것이고, 가난한 부모는 자녀 교육에 투자할 여력을 잃는다. 그리하여 부모-자녀 세습의 정도는 더 커지고 세대간 이동의 정도는 낮아지기 때문일 것이다.

앞의 논의, 즉 세대간 계급이동과 소득이동이 함축하는 것은 무엇일까? 특히 소득 불평등(이나 교육 수익률)과 소득 탄력성의 관계에 대한 논의의 함의는 무엇일까? 이런 논의는 기회 균등이 불평등과 긴밀하게 연결되어 있다는 사실을 보여준다. 만일 우리가 기회 균등을 우리가 추구해야 할 좋은 가치라고 여겨서 이를 달성하고자 노력한다고 가정해 보자. 그 가치를 이루려면 어떤 방법을 사용해야 할 것인가? 논리적으로 추론하자면, 당연하게도 가장 먼저 소득 불평등을 줄여야 한다. 이에 덧붙여 임금 격차도 줄여야 한다(앞 절에서 사용한 용어로 표현하면, 승자가 차지하는 몫을 줄여야 한다). 한 사회의 소득 불평등을 줄이고 임금 격차를 낮추면 기회 균등은 저절로 좋아진다. 그러므로 우리가 집중해야 할 것은 기회 균등이 아니라 현재의 소득 불평등이고 임금 격차다(Goldthorpe, 2013). 소득 불평등과 임금 격차를 그대로 둔 채 기회 균등을 확보할 수 있다는 말과 태도는 일종의 기만이다. 예컨대 '결과의 불평등'이나 '조건의 불평등'은 용인할 수는 있어도 '기회의 불평등'은 참을 수 없다는 말과 태도는 현재의 불평등을 유지하거나 강화하려는 속임수이고, 불평등을 옹호하거나 두둔하는 이데올로기이며, 소득 평등이나 기회 균등을 달성하고 싶지 않다는 고백이기도 하다.

지금까지 계급이동이나 소득이동을 살펴보면서 기회 균등은 소득 불평등과 임금 격차의 함수임을 살펴보았다. 그런데 기회 균등에 영향을 미치는 요인은 이런 요인들뿐인가? 당연히 그렇지 않을 것이다. 일군의 연구자들은 기회 균등에 영향을 미치는 또 하나의 중요한 요인으로 고용안정성을 꼽았다(Erikson and Goldthorpe, 1992; Goldthorpe, 1996a). 그들은 고용안정성이 떨어지는 사회에서는 이동 기회가 그렇게 많지 않고 이동의 폭도 그렇게 크지 않다고 보았다. 고용안정성이 낮은 사회에서는 사람들이 자신의 생계를 꾸리는 계획을 세울 수도 없거니와 자녀의 이동 전략을 짜기도 힘들다. 예컨대 부모가 자녀의 교육 등에 합리적인 방식으로 투자할 수 없다. 그 결과는 아마도 세대간 소득 탄력성의 증가일 것이다. 그러므로 고용안정성과 기회 균등의 관계를 그려도 '위대한 개츠비 곡선'과 비슷한 그림이 나올 것이라 예측할 수 있다. 예컨대 여러 국가의 평균 근속년수나 노동조합 결성률과 같은 지표와 소득 탄력성의 관계를 그리면, 〈그림 5-13〉이나 〈그림 5-14〉와 비슷한 경향을 보일 것이라고 예측할 수 있다. 그러나 여기에서는 이런 논의를 더 이상 진척하지 않는다. 독자 여러분이 자료를 찾아 스스로 그림을 그려보면 좋을 것이다.

(5) 불평등의 결과

불평등이 낳은 결과는 다양하다. 우리는 그야말로 다양한 영역에서 불평등의 영향을 볼 수 있다. 개인의 삶에서 불평등의 영향을 받지 않는 영역은 거의 없다. 예를 들어보자. 2장(문화와 사회화)에서 이미 보았지만, 부잣집 자녀의 언어는 가난한 집안의 자녀와 다르다. 바로 뒷 절에서 보겠지만 부잣집 자녀의 세계관은 가난한 집 자녀와 다를 가능성이 크다. 학교도 다르다. 중산층 자녀가 다니는 학교는 가난한 집 자녀의 학교와 다르다. 그뿐이랴? 부모의 사회경제적 지위가 높을수록 자녀의 학업 성적도 높다. 중산층 자녀가 상급 학교나 명문 학교에 진학할 확률은 가난한 집 자녀보다 더 높으며, 부잣집 출신은 더 좋은 직장에 취업하고 더 많은 소득을 올릴 가능성도 높다. 부잣집 아들이어서 소득이 더 높은 남성은 가난한 집 아들이어서 소득이 낮은 남성보다 결혼할 가능성이 더 크다(〈그림 5-15〉 참조). 불평등의 효과는 이에 그치지 않는다. 이미 보았듯, 사람들은 경제적 수준이나 교육수준이 비슷한 사람과 연애하고 결혼한다. 그러므로 부잣집 딸은 부잣집 아들과 결혼한다. 계층별로 출산아 수가 다르고 (〈그림 5-16〉 참조), 자녀의 영양상태도 다르다. 각 계층의 의료기관 이용률이 다르며 사망률도 다르다. 부자가 좋아하는 의복의 모습은 가난한 사람이 좋아하는 의복과 다르고, 그들의 주거 생활도 서로 다르다. 계층별로 투표 성향도 다르고, 일탈률이나 일탈의 유형도 다르다(홍두승·구해근, 2008: 5장). 불평등의 결과는

〈그림 5-15〉 임금수준별 기혼자 비율(20~30대 임금근로자)

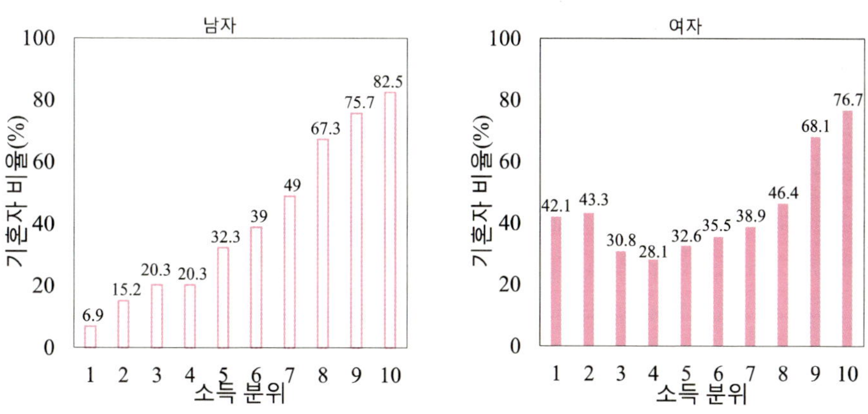

출처: 김유선(2016)

이렇게 넓고 깊다. 그러나 여기에서 이 모든 것을 다 살펴볼 수는 없다. 우리는 이 절에서 한 가지 예만 들 것이다. 여기서는 계층별로 사람들의 사유방식이 다르다는 사실, 즉 사유방식의 계급 차이를 살펴보기로 한다.

〈그림 5-16〉 2018년 소득 분위별 분만 건수 비중

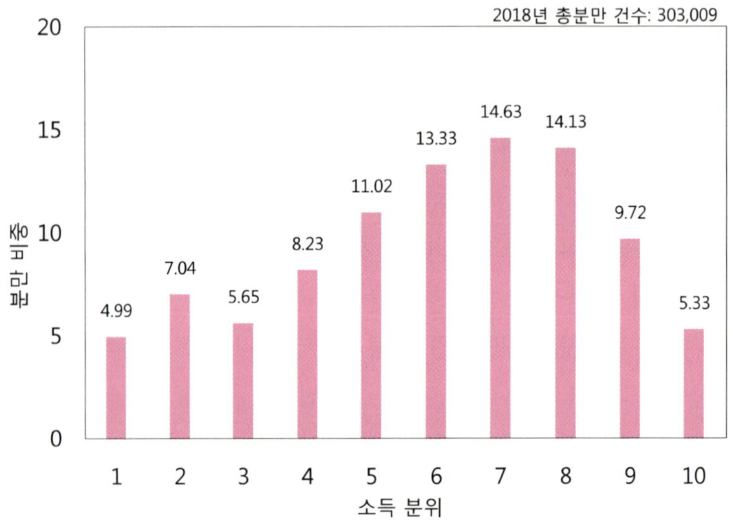

출처: 국민건강보험공단(2019)

사람마다 생각하는 방식이 다르지만, 사유방식은 계급별로도 차이를 보인다. 큰 틀에서 보면 그렇다는 말이다. 2장(문화와 사회화)에서 언어의 계급 차이를 볼 때에도 그랬듯, 불평등을 단순화해서 이 세상에 노동자계급과 중상층 계급만 존재한다고 가정해 보자. 이 두 계급의 생활방식과 사유 방식은 서로 뚜렷하게 대비된다. 노동자계급의 전형적 문화는 독특한 도덕률(moral code)에서 찾을 수 있다. 노동자계급은 옳고 그름을 흑백논리로 명쾌하게 나누고, 올바르지 않은 행위는 비교적 엄하게 처벌한다. 노동자계급의 부모는 자녀에게 엄격한 복종을 요구하고 물리적 처벌을 사용하는 경향이 있다. 노동자계급은 성 구실(gender role)에 대해서도 보수적 태도를 지닌다. 남성은 직장에 다녀야 하고 여성은 가정을 지켜야한다는 옛 관념을 고집한다. 그리고 그들은 다른 누구보다 전통에 집착한다. 이들은 일탈적 성행위나 정치적 이견을 못 참고, 종교적 순응에 거스르는 행동을 참지 못한다. 이에 더하여, 노동자계급은 자신

의 직업에 별다른 자긍심을 느끼지 않는다. 그러므로 직업 활동에 자신의 정체성을 두지 않는다. 직업이 표방하는 공식 이념이나 목적에 대해서도 별다른 사명감을 느끼거나 보이지 않는다.

이와 달리, 중상층계급은 직업의 공식 이념에 강한 일체감을 보인다. 과학자는 한 사회의 지적 성취의 수준을 걱정하고, 의사는 한 나라의 국민건강제도의 개선 방향을 길게 말한다. 기업 경영자는 기업이 나아가야 할 방향과 정부가 맡아야 할 구실을 말한다. 중상층계급은 세상의 모든 쟁점에 관심을 기울이고, 정치적으로도 가장 활동적이다. 중상층계급은 대체적으로 유연한 가치관, 즉 세계주의적 가치관을 보인다. 이런 견해나 행동도 옳지만, 저런 견해나 행동도 그렇게 나쁘지 않다고 생각한다(이익집단으로 행동할 때에는 그러하지 않다. 의사의 집단적 진료거부행동을 보라. 상당히 비타협적이다). 그리하여 이들은 일탈에 대해서도 비교적 관대하다. 중상층계급은 자녀를 통제할 때 인격적 호소나 심리적 기술을 즐겨 사용한다. 그들은 성 구실에 대해서는 진보적 태도를 보인다. 남성이 가사 일을 하고, 여성이 직장에 다녀도 좋다고 생각한다(그러나 관념적으로는 그렇다 할지라도 실생활에서는 전통적 성 구실을 지키는 경우가 많다. 남성이 더 많은 돈을 벌기 때문에 남성이 여성을 지배하는 경우가 많다). 이들은 정치적 반대자를 수용하지 않지만 적어도 논리적으로는 배척하지 않는다. 다른 종교를 믿는 사람도 이해한다.

왜 그럴까? 왜 이런 차이를 보일까? 콜린스(Collins, 1975; 1985)는 그의 상호작용 의례 이론(the interaction ritual theory)으로 그 이유를 밝히려고 시도하였다. 앞의 3장(성, 가족, 사랑)에서 보았고 뒤의 7장(종교)에서도 다시 살피겠지만, 종교적 행동뿐만 아니라 일상생활의 행위도 의례다. 고프먼은 일상생활에서 이루어지는 이 의례를 상호작용의례라고 이름 붙였다. 종교적 의례가 종교적 감정을 낳듯, 이 의례는 개인이나 집단의 의식과 감정을 규정한다.

상호작용 의례의 형태와 내용은 연결망과 권력이라는 거시적 차원의 영향을 받는다. 연결망 차원(network dimension)은 다시 사회적 밀도와 사회적 다양성이라는 두 하위 차원으로 나눌 수 있다. 사회적 밀도(social density)는 사람들이 대면적 상호작용을 하는 빈도나 강도, 즉 의례가 일어나는 빈도나 정도를 말하는데, 이 차원은 집단 유대감의 정도를 규정한다. 사회적 밀도가 높을수록, 의례의 빈도나 강도가 높다. 사람들은 이런 조건 때문에 그들이 속하는 집단에 더 강한 정체감을 느끼며, 외부 사람을 더 심하게 불신한다. 그리고 다른 집단의 성원이 자신의 도덕적 기준에 순응할 것을 더 강력하게 요구한다. 사회적 다양성(social diversity)은 접촉하는 사람의 부류를 말하는데, 이 차원은 사고나 문화의 유연성을 규정한다. 만나는 사람의 부류가 적으면 사람들의 관념은 추상적이라기보다 구체적인 것으로 되며, 반성적이고 상대적이라기보다 고정적이고 절대적인 것이 된다. 만나는 사람이 다양하지 않으면 사람들은 매사를 도덕적 절대성이라는 관점에서 생각하는 경향을 띤다. 그리하여 자신이 전적으로 옳고, 자신에게 동조하지 않는 외부사람은 나쁘다고 생각하는 경향이 있다. 이런 생각으로 외부사람을 신뢰하기는 어렵다. 이들은 집단의 규칙을 의심하지 않고 받아들이며, 이 규칙을 강한 정서로 뒷받침한다. 그러므로 이 규칙이 깨어질 때의 자연스러운 반응은 폭발하는 것이다.[90] 사회적 다양성이 높다면? 만나는 사람의 부류가 많으면 사람들의 관념은 어떻게 형성될 것인가? 반대일 가능성이 크다. 사람들의 관념은 추상적이고 관념적이며 반성적이다. 매사를 도덕적 상대성의 관점에서 바라보고, 외부 사람에 대한 거부감도 적다. 집단의 규칙을 신봉하는 정도도 비교적 낮다.

권력 차원(power dimension)은 주로 집단의 공식 이념에 대한 몰입 정도를 규정한다. 집단에서 높은 위치를 차지하는 사람, 즉 명령을 내리는 사람(order givers)은 자신의 일에 자긍심을 갖고, 맡은 바 구실에 강한 정체감을 느낀다. 이런 성향은 다른 사람에게 명령하는 경험에서 나오는 것이다. 자긍심은 심리적으로 만족스러운 데에서 기인하고, 정체성은 일의 구실을 진지하게 생각하는 데에서 비롯한다. 이와 달리 명령을 받는 사람(order takers)은 조직체의 공식 이념에 거리를 둔다. 명령을 받는다는 것은 심리적으로 굴욕적인 경험이기 때문에 명령을 받는 사람은 직업에 강한 정체성을 느끼지 못하고 그것과 일정한 거리를 두려고 노력한다. 그들은 상급자의 입에서 나오는 공식 이념에 대해 냉소적 태도를 취한다. "이 회사는 우리 것이므로 주인의식을 갖고 일하자"는 상급자의 충고에 코웃음을 친다. 그러나 그 코웃음은 어찌 겉

90) 누구나 다 그런 것은 아니지만 인간은 대체로 타인을 공감하고 이해한다. 사회생물학자들은 이 공감능력이 거울신경세포(mirror neurons)에서 비롯한다고 본다. 타고난 이 공감능력은 개인별로 편차를 보이기도 하지만 환경(문화)마다 약간씩 다르기도 하다. 어떤 집단의 공감 능력은 크고 어떤 집단의 능력은 낮다. 차이를 낳는 요인은 집단의 다양성 지수다. 다양성이 높을수록 공감능력은 더 크다. 예컨대 뚱뚱한 여성도 해변에서 비키니를 입고 서성이는 하와이는 날씬한 몸매의 여성만 해변에 가는 한국보다 공감능력이 더 크다. 우리의 획일적 문화, 즉 성적이라는 단일 기준으로 줄 세우는 학교, 모든 청년이 꼭 경험해야 하는 군대, 천편일률적 아파트 등은 우리의 공감능력을 줄인다. 즉 자신의 것만 고집하는 편협한 사고를 낳기 쉽다(장대익, 2017). 장대익이 말하는 다양성 지수는 콜린스의 사회적 다양성보다 더 포괄적인 개념이지만 서로 비슷하다.

으로 내보이겠는가가? 속으로 비웃는다는 말이다.

상호작용의례의 여러 차원을 결정하는 요인은 단연코 경제적 처지일 것이다. 이 경제적 처지는 상호작용의 형태와 내용을 결정하고, 이렇게 결정된 상호작용은 사유에 영향을 미친다. 일반적으로 노동자계급은 물질적으로 풍요롭지 않다. 그러므로 이들은 오래된 친구나 친지와 같이 제한된 범위의 사람들과 교제할 수밖에 없다. 이는 이들이 맺는 상호작용의 사회적 밀도가 높다는 말이고 사회적 다양성이 낮다는 말이다. 사회적 밀도가 높다는 말은 곧 집단 유대감이 높다는 말이고, 사회적 다양성이 낮다는 말은 자기집단과 타집단을 확연히 구별하려는 성향이 크다는 말이다. 그리하여 노동자계급의 사유는 흑백논리 성향을 띤다. 그리고 노동자계급은 명령을 받아 집행하는 사람들이기 때문에 세상사에 진지한 관심을 기울이지 않고 냉소적 태도를 취할 가능성이 크다. 이와 달리 중상층계급은 경제적 풍요를 바탕으로 다양한 사람과 접촉한다. 이들은 여러 부류의 사람과 만나 다양한 경험을 공유한다. 이번 주말에는 테니스 동호회 회원을 만나고, 다음 주말에는 골프 친구를 만난다. 이는 이들의 상호작용의 사회적 밀도가 낮고, 사회적 다양성이 높다는 말이다. 그리하여 중상층계급은 세계주의(cosmopolitanism) 사유 방식을 견지할 가능성이 크다. 개인주의적이고 자유주의적 태도를 취할 가능성이 크다. 그리고 중상층계급은 주로 명령을 내리는 사람이어서 직장 생활에 긍정적 태도를 유지하고 직장에 일체감을 느끼는 경우가 많다(〈표 5-7〉 참조).

〈표 5-7〉 상호작용 의례 이론의 세 차원

		노동자계급	중상층계급
연결망 차원	사회적 밀도	높음	낮음
	사회적 다양성	낮음	높음
권력 차원		낮음	높음

(6) 불평등과 귀속 요인

지금까지 우리는 주로 경제적 불평등이나 그와 비견할 만한 사회적 불평등, 예컨대 명예나 권력의 불평등을 말하였다. 이 불평등은 그 자체로도 탐구할 만한 대상이다. 그러나 다른 한편으로는 이 불평등이 귀속 요인, 즉 개인의 타고난 특성(예컨대, 성과 인종, 지역 등)과 맺는 관계도 살펴볼 만하다. 왜냐하면 이 특성은 경제적 불평등이나 사회적 불평등과 겹치거나 얽혀 있을 가능성이 높기 때문이다. 이 책에서는 귀속 요인에서 성과 지역을 살펴보기로 한다. 성과 불평등의 연관성, 그리고 출신 지역과 불평등의 연관성을 차례로 살펴보기로 한다. 먼저 성과 불평등의 연관성이다.

1) 불평등과 성

일반적으로 여성은 남성보다 경제활동에 참여할 가능성이 낮고, 경제활동에 참여한다 하더라도 제한된 분야의 직장을 얻을 가능성이 높으며, 같은 직장에서 같은 일을 하더라도 남성보다 낮은 임금을 받을 가능성이 더 높다. 실제로 그런가? 확인해보자. 균형을 잡으려면 다른 무엇보다 선진산업사회, 즉 서구의 성 불평등 모습을 먼저 살펴보아야 하겠지만, 여기서는 논의의 번거로움을 피해 2000년대 첫 십년 후반(2006-2010년)의 동아시아 세 나라(일본과 한국, 대만)의 사례만 살펴보기로 하자. 세 나라만 살펴도 충분히 흥미롭다.

먼저 경제활동참여율을 보자(〈그림 5-20〉 참조). 남성의 참여율은 세 나라가 모두 비슷한 유형을 보인다. 연령이 높아질수록 참여율이 증가하다 40세를 전후하여 참여율이 하강한다. 나라별로 차이가 있다면 그것은 참여와 하강의 기울기다. 일본은 청년층의 참여율은 느리고 더디게 늘어나고 중장년층의 참여율도 느리고 더디게 줄어든다. 한국과 대만은 그보다 빠르게 상승하고 하강한다. 이는 아마도 노동시장의 특성 때문일 것이다. 일본에서는 기업이 노동자를 종신고용하는 경향이 높기 때문일 것이다. 그러나 이보다 더 흥미로운 것은 여성의 경제활동참여율이다.

여성의 참여율에서 주목할 만한 사실은 두 가지다. 첫째, 여성의 참여율은 남성보다 낮다. 여성의 노동시장참여율이 비교적 높은 대만에서도 여성의 참여율은 남성보다 낮다. 둘째, 여성의 참여율은 나라별로 극적인 차이를 보인다. 대만 여성의 참여율은 남성보다 낮기는 하지만 남성과 비교적 동일한 유형을 보인다. 30대 초·중반까지 참여율이 증가하다 그 이후로 하강한다. 그러나 일본과 한국 여성의 참여율은 매우 특이한 유형, 즉 M자형 유형을 보인다. 20대 후반까지 참여율이 높다가 20대 후반에서 40대 초반까지 참여율이 낮다. 40대 초반 이후 다시 참여율이 높아진다. 이 나라 여성의 참여율이 30대 무렵에 낮은 까닭은 출산과 육아 때문일 것이다. 그런데 왜 나라별로 이런 차이를 보이는 것일까? 왜 나라마다 여성의 참여율이 다르고, 유독 일본과 한국에서 M자형 곡선을 그리는 걸일까?[91] 이 책에서는 이 질문에 대답하지 않는다. 이런 질문에 흥미를 느끼는 독자는 그 이유를 알아보는 것도 나쁘지 않을 것이다.

〈그림 5-20〉 2000년대 후반기(2006∽2010) 일본, 한국, 대만의 노동시장 참가율

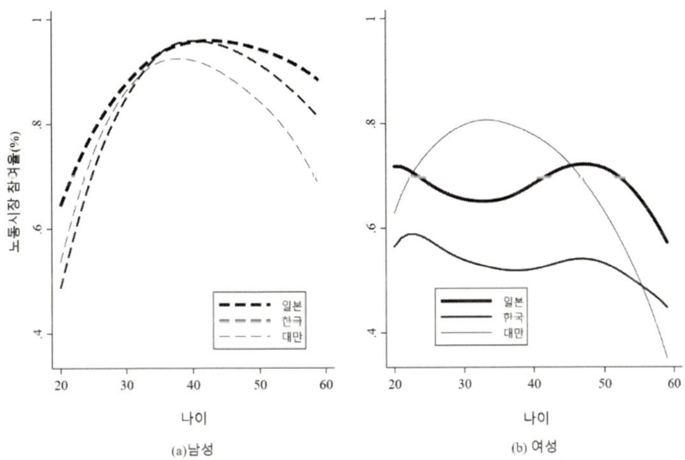

출처: Chang(2019)

한 준(2000)은 직업 분리를 측정하는 지수를 만들어 1960년과 1990년 사이에 동아시아 세 나라를 비교해 본 바, 성별 분리 지수는 대만에서 가장 작고, 한국과 일본은 비슷한 수준에 놓여 있다는 사실을 발견하였다. 또한 이 세 나라의 분리 지수는 전반적으로 감소하였다는 사실을 발견하였다. 특히 대만에서 감소 폭이 가장 컸다. 일본은 1960년대에 큰 폭으로 감소하였으나 그 이후 정체상태에 놓였으며, 한국은 1980년대까지 감소하는 경향이 두드러졌다. 그러나 동아시아 여성의 직업 분리의 추세는

91) 대만 여성의 노동시장참여율도 1960년대까지는 M자형 모습을 보였다(한 준, 2000).

서구보다 여전히 더 높았다.

이제 동아시아 여성의 임금을 살펴보자. 〈그림 5-21〉에는 남성과 여성의 학력별평균 임금을 제시하였다(이 임금은 2001년부터 2005년까지 수집한 각국의 종합사회조사(General Social Survey)에서 추출하였다). 이 그림에서 눈에 가장 먼저 띄는 것은 나라별 임금 격차다. 남성의 임금(점선)은 일본, 한국, 대만 순으로 높다. 대학을 나온 일본 남성의 월평균 소득은 대략 5,500달러 정도인데, 한국과 대만 남성은 약 3,900달러와 2,100달러 정도다. 그러나 남성 임금의 나라별 격차는 크지만, 여성 임금(실선)은 나라별로 큰 차이가 없다. 대학을 나온 일본 여성은 2,700달러 정도를 받는다면, 한국과 대만 여성은 2,400달러와 1,800 달러 정도를 받는다. 둘째, 성별 임금 격차다. 성별 임금 격차는 일본, 한국, 대만 순으로 크다. 다시 말해, 임금의 성차별은 일본과 한국에서 크고, 대만에서는 그다지 크지 않다고 말할 수 있다.[92]

〈그림 5-21〉 2000년대 후반기(2006∽2010)의 일본, 한국, 대만의 임금

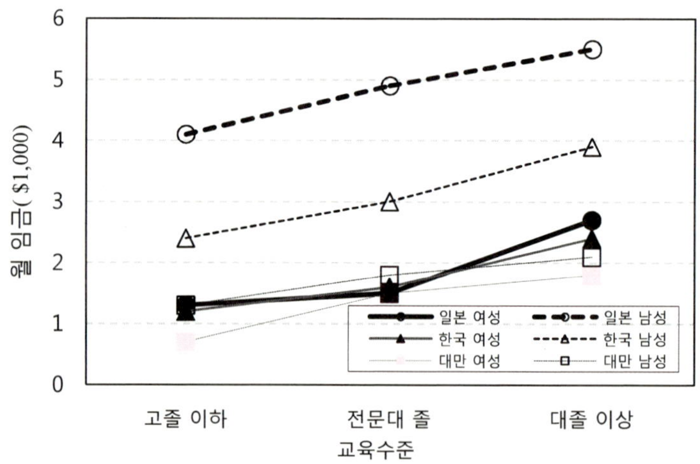

출처: Chang(2019)

왜 이럴까? 왜 여성은 남성보다 경제활동참여율이 낮고, 취업하더라도 특정 직업이나 직종에 집중하며, 같은 직업이나 직종에 근무하더라도 남성보다 낮은 임금을 받을까? 신고전파 경제학은 노동시장에서 일어나는 성 차별을 설명할 때 다음과 같은

92) 앞의 3장(성, 가족, 사랑)에서, 우리는 OECD 국가에서 한국의 임금의 남녀 격차가 가장 크다고 말하였다(〈그림 3-5〉 참조). 그러나 지금 우리가 보고 있는 남편과 아내의 임금 격차는 일본에서 가장 크다.

'단순 논리'를 제시하였다. 여성은 가정에서 가사노동과 육아를 담당하므로 인간자본에 덜 투자한다. 여성은 합리적 선택으로 스스로 직업 경력을 중단하는 경향을 보이는데, 이와 같은 중단을 예상하여 입직과 이직이 쉬운 직장을 선택한다. 이런 간헐적 취업으로 여성의 인간자본은 적게 되고, 임금은 낮아진다(Polachek and Kao, 1991).

이보다 조금 더 '정교한 견해'의 논리는 다음과 같다. 사람들은 가정 활동과 시장 활동에 시간을 쪼갤 뿐만 아니라 노력도 배분한다. 여성은 가사에 더 많은 노력을 배분하기 때문에 직장 활동에는 적은 노력을 기울일 수밖에 없다. 그러므로 여성과 남성의 직업경력과 훈련기간이 비슷하다 하더라도 여성의 생산성은 남성보다 떨어진다. 여성의 일은 남성보다 노력이 집중되어 있지 않기 때문이다. 그 결과 고용주는 여성을 고용하기를 꺼려하고, 여성은 인간자본 축적에 불리한 직업을 선택할 수밖에 없다(Becker, 1991).

다른 한편, 신고전파 경제학은 여성의 직업 분리가 이와 다른 다른 메커니즘으로 이루어질 수도 있다고 주장하였다. 차별은 차별이되 합리적 차별인 통계적 차별(statistical discrimination)이 바로 그것이다. 불확실한 세계에서 고용주는 모든 구직자의 성향을 알 수 없다. 누가 이직을 많이 할 것인지도 알 수 없다. 다만 통계적으로 여성이 남성보다 더 많이 이직할 것이라는 정보만을 갖고 있을 뿐이다. 만일 노동자가 이직할 경우 많은 비용이 든다면, 비록 남녀가 이직하는 실제 비율은 비슷하더라도, 고용주는 자신의 통계적 지식으로 여성을 고용하기 꺼린다. 그리하여 이직 비용이 높은 기업에서는 여성의 비율이 낮고, 이직 비용이 낮은 기업에서만 여성의 비율이 높다.

당신은 신고전파 경제학의 이런 논리에 설득력이 있다고 생각하는가? 이런 설명이 성별 직업분리와 여성의 낮은 임금을 잘 설명한다고 생각하는가? 많은 학자들은 이런 논리에 동의하지 않았다(Bielby, 1991). 그리하여 노동시장에서 일어나는 성 차별(직업분리와 임금의 성 격차)을 이와 다른 방식으로 설명하려고 노력하였다. 그 설명 방식에는 다음과 같은 몇 가지가 있다. 성 구실의 차별적 사회화가 직업의 성별 차이를 만들어냈다고 주장하는 사회심리학적 모형(이론)이 있는가 하면, 직업의 성별 차이는 관료적 규칙이나 절차가 낳은 의도치 않은 결과라고 보는 제도적 모형(이론)도 있다. 남성과 여성의 일은 문화가 결정한다고 보는 문화적 모형도 있고, 고용주와 남성 노동자의 이해관계가 여성의 직업 영역을 제한한다고 주장하는 정치적 모형이나 페미니즘 모형도 있다. 이 책에서는 이런 논의로 빠져들어가지 않는다. 이 방면에 관심이 있는 독자는 이런저런 모형을 다룬 다른 책을 읽어야 할 것이다(cf. 강이수·신경아·박기남, 2001; 금재호, 2004; 사명철, 2015).

2) 불평등과 지역주의

한국에서 인종과 관련한 문제나 갈등은 지금까지 별로 심각하지 않았다. 오래 전에는 기껏해야 미군 아버지와 한국인 어머니 사이에서 출생한 혼혈아 문제만 가끔 언급되었고, 최근에는 외국인 노동자 문제가 관심 대상이 되었을 뿐이다. 그러나 앞으로는 인종 문제가 그렇게 간단하지 않을지도 모른다. 2008년 이래, 다문화 가정에서 출생한 자녀수는 2012년에 정점을 찍고 점차 감소하였지만, 전체 출생아 수에서 다문화 가정 출생아 수가 차지하는 비중은 점차 높아졌다. 그리하여 2018년 현재, 한국에서 출생한 아이의 약 5.5%가 다문화 가정 출생아였다(〈그림 5-22〉 참조).

〈그림 5-22〉 다문화 가정 자녀수와 비중(2018년)

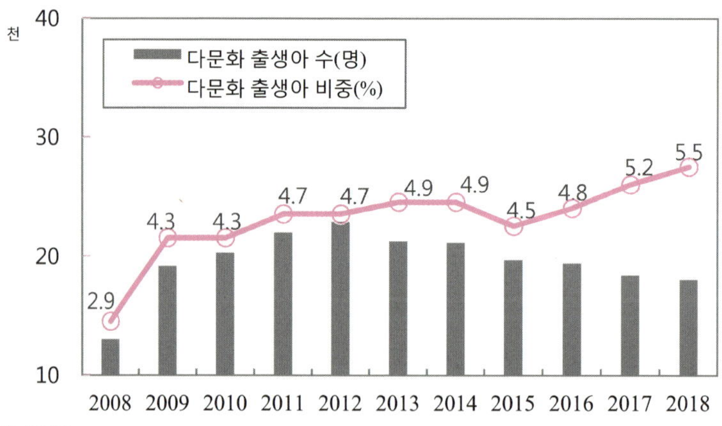

출처: (통계청, 2019b)

다문화 가정의 자녀가 증가하였다는 것은 여러 가지 의미를 띤다. 가장 긍정적으로는 한국사회의 다양성이 증가하여 세계주의·자유주의적 사고와 가치관이 확산할 것이라는 점이고, 가장 우려스럽기로는 저급한 인종주의(racism)가 고개를 들 가능성이 있다는 점이다.[93)]

그러나 이 절에서 다루려는 인종주의는 머지않은 앞날에 생길 인종주의가 아니라 지난 수 십 년 동안 한국에 만연하였고, 앞으로도 쉬이 가라앉지 않을 인종주의다. 한국은 단일 민족 사회라고 하지 않았던가? 이런 사회에서 무슨 인종주의가 있었으며, 무슨 인종차별이 있었단 말인가? 그러나 지난 수 십 년 동안 한국에서도 인종주의와 인종차별은 엄연히 존재하였다. 영남패권주의가 바로 그것이다. 아래에서는 먼저 영남패권주의를 정의하고, 영남패권주의의 기원과 특징을 본 다음에, 이어서 이를 은폐하는 이데올로기적 시도를 볼 것이다.

멀리서 크게 보면, 영남패권주의는 서울에 사는 영남 출신 남성 엘리트가 중앙 정부에서 정치권력을 독점하거나 서울에서 물질적 이익을 확보하기 위해 타 지역 출신 엘리트와 벌인 투쟁의 산물이었다(최장집, 2002). 더 구체적으로 말하면, 영남패권주의는 '서울에 거주하는 영남 출신 중상층계급 남성'이 다른 지역 출신을 배제하여 '중앙'에 집중된 정치적 특권이나 경제적 이권을 독차지하려 했던 전략이었다. 앞의 5장 2절에서 사용한 용어로 표현하면, 영남패권주의는 영남 엘리트의 폐쇄 전략이자 사회적 닫기 전략이었다. 그러나 영남 출신 엘리트가 다른 지역 엘리트를 모두 배제하는 것은 싸워야 할 적을 너무 많이 만드는 하책이었다. 그러므로 그들은 특정한 역사적 계기를 기점으로 호남 출신 엘리트를 집중 배제하는 전략을 채택하였다. 이 전략은 지난 수십 년 동안 주효하였거니와 지금도 여전히 유효하다. 결국 영남패권주의는 다음과 같이 정의할 수 있다. "영남인(영남 엘리트-인용자)이 폭압적인 정치권력을 통해 호남인(호남 엘리트-인용자)을 차별·배제하는 전략으로 전국적 규모의 경제적 지배관계를 확대 재생산하고 이러한 지역적 지배 관계에 대해 사회문화적인 차원에서 은밀하게 이데올로기적 동의를 얻어내는 극우 헤게모니"다(김 욱, 2015). 긴 말을 줄이면, 영남패권주의는 영남 엘리트의 정치경제적 전략과 영남 지역민의 이데올로기적 동의로 이루어진다고 말할 수 있다.

그렇다면 영남 엘리트의 이런 정치경제적 전략은 언제부터 시작하였는가? 1970년대 이전에 영호남 엘리트가 서로 대립하였다는 증거는 어디에서도 찾을 수 없다. 양 지역민이 정치적으로나 경제적으로 서로 대립할 이유도 별로 없었다. 1963년 5대 대선에서 전라남도 유권자의 57.2퍼센트가 박정희를 지지하였다. 이는 경북 유권자의 지지율, 55.7퍼센트를 웃도는 것이었다(고종석, 2002b). 이런 사실은 지역주의가 신

93) 이른바 순혈 한국인이 외국인 아버지와 한국인 어머니 사이에서 태어난 혼혈아에게 보여준 편견과 차별은 Kim et al.(2018)을 보라.

라와 백제의 대립에서 시작하였다거나 고려 태조의 훈요십조(訓要十條)에서 비롯하였다는 주장을 배척한다. 이런 주장은 천황이 인간 모습을 한 신이라는 이야기만큼이나 허망하다. 그러나 허망한 이야기라고 모두 쓸모없는 것은 아니다. 천황이 현인신(現人神)이라는 주장이 일본 지배세력의 정당성을 보장하였듯, 지역주의가 아주 오래 전에 시작하였다는 주장은 영남패권주의를 중화하거나 정당화하는 데에 기여하였다.

영남패권주의는 1971년 대통령 선거에서 그 모습을 드러냈다. 이 선거에서 박정희는 경북에서 7.6 대 2.4, 경남에서 7.4 대 2.6, 부산에서 5.6 대 4.4의 비율로 득표했다. 김대중은 전남북에서 약 6.4대 3.6으로 우세했고, 서울 지역에서 6대 4로 유리하였다(서중석·김덕련, 2017). 박정희의 득표 결과는 자연스럽게 보이지 않는다. 특히 경남과 경북의 투표 결과에서는 인위적 공작의 냄새가 짙게 배어난다. 박정희 정권의 권모술수, 그리고 이에 대한 영남 사람의 적극적 호응을 감지할 수 있는 대목이다. 박정희는 정적에게서 느꼈던 위협을 호남에 대한 적개심으로 바꿨고, 이 적개심으로 영남과 호남을 가르려고 시도하였다. 이런 전략은 성공하였다. 박정희는 김대중보다 백만 표를 더 얻었다. 이처럼 지역주의는 처음부터 영남 출신 엘리트가 정치적이고 경제적인 특권을 확보하려는 욕망에서 출발하였다.[94)]

영남패권주의는 박정희가 분할 통치의 한 방법으로 도입하였지만, 전두환의 광주학살로 그 모습과 내용을 폭력적으로 완성하였다(남영신, 1991; 황태연, 1997). 이후 노태우와 김영삼의 노골적 분할 통치로 훨씬 더 깊고 넓게 퍼진 영남패권주의는 노무현의 은폐된 투항적 태도로 더욱 더 교묘해졌다.[95)] 분할 통치의 협력자는 말할 것도 없이 영남 지역민이었지만, 이들이 모두 영남패권주의의 혜택을 입었던 것은 아니다. 수혜자는 '서울에 거주하는 영남 출신 중상층계급 남성'이었다. 이로 미루어볼 때, 앞에서 이미 말하였듯, 영남패권주의는 서울에 사는 영남 출신 남성 엘리트가 중앙권력

94) 황태연(1997)은 영남패권주의를 헤치터(Hechter, 1975)의 내부식민지이론으로 이해하고자 하였다. 제국주의 종주국이 식민지 국가를 억누르고 각종 이익을 수탈하였듯 영남이 비영남을 억누르고 이익을 독점하려 했다는 논리다.

95) 흔히 사람들은 노무현이 지역주의를 타파하려고 필생의 노력을 기울였다고 생각한다. 그러나 강준만(2007)은 지역주의를 마주하는 노무현의 태도와 행동에 다분히 비판적이었다. 그는 노무현의 태도와 행동이 유권자에게서 배척당했던 영남 민주화 세력의 한(恨)에서 비롯하였다고 보았다. 다시 말해 노무현을 비롯한 영남민주화세력은 엉뚱하게도 자신들이 지역주의의 피해자라고 보았다. 가해자는 영남지역주의이기도 했지만 호남지역주의이기도 했다. 김 욱(2015)은 영남과 호남의 지역주의를 양비론(兩非論)의 시각으로 바라보는 노무현의 이런 태도를 '은폐된 투항적 영남패권주의'라고 명명하였다. 김 욱은 노무현의 양비론이 영남패권주의를 은폐함으로써 결국은 그것을 두둔하였다고 보았다. 그러고 보면, 위대한 인물이라고 해서 항상 바르게 생각하고 항상 옳게 행동하는 것 같지 않다.

이나 돈을 지키려는 몸부림이었다고 말할 수 있다.

영남 엘리트가 부와 권력을 추구했다는 증거를 보자. 〈표 5-8〉은 2013년 현재, 조사가 가능했던 500대 기업의 경영자 현황과 박근혜 정부의 엘리트 등용 상황을 보인 것이다. 경영계에서는 영남 출신이 약 36(≒100*180/495)퍼센트를, 호남 출신이 약 9.1(≒100*45/495)퍼센트를 차지하였고, 정부에서는 영남 출신이 약 36(≒100*82/230)퍼센트, 호남 출신이 약 12(≒100*28/230)퍼센트를 차지하였다. 현재의 정·재계 리더가 출생했던 당시(대략 1960년)에 영남의 인구는 호남보다 1.35배 더 많았다(김욱, 2015: 222). 그러나 앞의 수치를 기준으로 계산하면, 영남 출신이 호남 출신보다 재계에서는 4배, 정부 영역에서는 3배 많다. 영남 출신의 패권적 지배 현황이 선명하다. 그러나 이보다 더 중요한 것은 핵심 권력의 문제다. 한국의 피라미드 통치구조에서 전통적 권력기관의 구실은 여전히 막강하다. 〈그림 5-23〉을 보건대, 국가정보원, 검찰청, 경찰청, 국세청 등 이른바 '4대 권력기관'의 주요 보직은 영남 출신이 거의 모두 장악하였다. 2015년 현재 총 인원 25명 가운데 18명이 영남 출신이었다. 전체의 60퍼센트를 넘었다. 이를 영호남 대비로 바꾸면 더 극적이다. 영남 출신은 호남 출신보다 9배나 많았다.[96]

〈표 5-8〉 2013년 기업과 정부 인사 출신 지역

	영남	호남
경영계		
오너경영인	40/122(32.8%)	11/122(9.0%)
전문경영인	140/373(37.5%)	34/373(9.1%)
정계 및 산하기관		
박근혜 내각 1기	6/18(33.3%)	2/18(11.1%)
박근혜 내각 2기	7/18(38.9%)	1/18(5.6%)
청와대 수석	5/11(45.5%)	0/11(0.0%)
정부 산하 단체장	64/183(35%)	25/183(13.7%)

출처: 김 욱(2015: 223)

96) 이외에도 영남 출신 엘리트가 정계, 경제계, 학계 등을 장악하여 타 지역 출신을 배척하였다는 증거는 많다(남영신, 1991; 황태연, 1997; 강준만, 1995).

〈그림 5-23〉 2015년 4대 권력기관 주요 보직 출신 지역(총 29명)

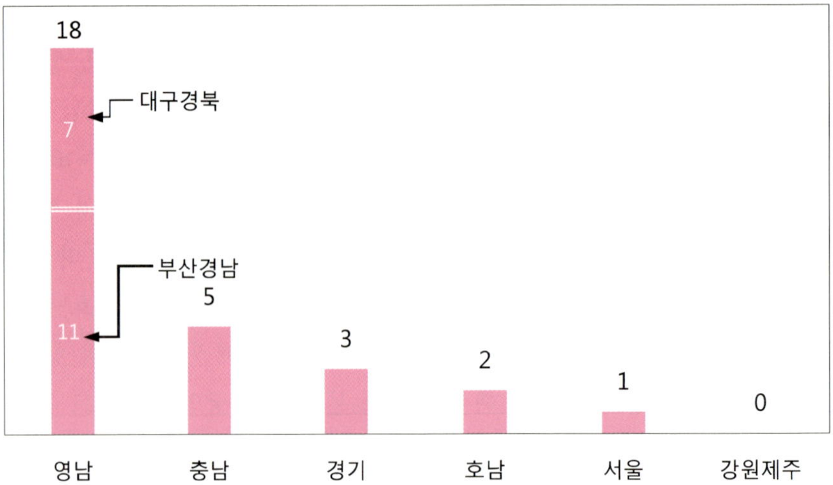

출처: 김 욱(2015: 224)

지금까지 영남패권주의는 영남 출신 엘리트의 물질적 욕망에서 비롯하였다는 사실을 보았다. 영남 엘리트가 물질적 자원을 독차지하려는 욕망은 그 자체로 큰 문제가 되지 않는다. 그 욕망 때문에 여러 지역 엘리트가 펼치는 상호대립도 별 문제가 되지 않는다. 돈과 권력을 둘러싼 싸움이 어딘들 없겠는가? 돈과 권력을 추구하는 열망과 그 열망으로 말미암은 대립보다 그 열망과 대립을 포장하고 정당화하는 말과 행동이 더 큰 문제를 야기하였다. 주지하다시피, 출신 지역은 귀속 요인이다. 귀속 요인이란 타고난 속성(성이나 인종 등)으로 어떤 노력을 기울여도 바꿀 수 없는 요인이다. 일반적으로 이런 요인을 근거로 차별하는 것은 부당하다고 알려져 있다. 성을 기준으로 차별하는 성차별주의(sexism)가 부당하듯, 혈통(인종이나 민족, 출신지역)을 근거로 차별을 시도하는 인종주의나 인종차별주의(racism)도 부당한 것이다. 이렇게 부당한 인종주의를 한 마디로 정의해 보자. 튀니지의 문필가 알베르 메미(Albert Memmi)는 인종주의를 다음과 같이 정의하였다. 인종주의란 "어떤 공격을 정당화하려고, 현실적이거나 상상적인 차이를, 공격자에게는 유리하고 피해자에게는 불리하도록 일반화해 가치를 부여하는 것"이다(고종석, 2016). 이런 정의를 따르면 인종주의는 여러 빛깔을 띠고 있다. 피부색을 근거로 백인이 흑인을 배척하고 학대했던 백인우월주의가 인종주의라면, 혈통을 기준으로 유태인을 박해하고 살해했던 것도 인종주의다. 민족을 기준으로 일본인이 한국인을 혐오하거나 멸시하는 혐한론이 인종주의이듯, 출신지역을 근거로 영남인이 호남인을 비하하고 모욕하며 배제하는 것도 인종주의다.[97] 당연하지만, 이런 인종주의는 자연스럽게 편견, 차별, 적대감을 포함한다. 백인은 흑인을, 독일인은 유태인을, 일본인은 한국인을 얕보고 경멸하며 증오하였다. 전자는 후자를 '더럽고 게으르고 비천하고 사악한' 존재로 규정하였다. 백인이 흑인을, 독일인이 유태인을, 일본인이 조선인을 규정할 때 쓰는 이와 같은 수식어가 영남 사람이 호남 사람의 품성을 묘사할 때에 쓰는 수사법과 거의 같다는 사실은 그다지 놀랍지 않다. 영남 사람은 호남 사람을 '더럽고 게으르고 비천하고 사악한' 존재라고 생각한다(강준만, 1995)

인종주의가 흔히 그러하듯, 영남패권주의도 파시즘과 관련한다.[98] 불행하게도 영남 엘리트의 이익은 군사파쇼와 연관되었다. 영남 엘리트는 군사파쇼에 빌붙어서 더 많은 권력을 탐했고 더 많은 돈을 거머쥐었다. 파시스트 세력의 일부였던 셈이다. 파시즘에 빌붙었던 영남 엘리트는 만인의 비난을 받아 마땅하다. 그런데 그들은 그렇다 치고, 출신 지역이 같다는 이유로 박정희와 전두환을 두둔하다가 마침내 시민 학살마지 용인하게 된 평범한 영남 사람을 우리는 무엇이라 부를 것인가? 박정희와 전두환을 찬양하다가 마침내 독재자의 딸마저 존경하게 된 사람들의 심성을 우리는 무엇이라고 말할 것인가? "군사변란을 일으켜도, 제 동포를 학살해도, 국가를 파산시켜도, 제아무리 큰 부정과 비리를 저질러도, 민주주의를 질식시켜도, 남북관계를 파탄내도, 강부자(강남의 땅 부자-인용자)만을 위한 정책을 펴도 변함없이 한나라당(현 국민의힘-인용자)을 지지하는 경상도 유권자의 집단 멘털리티 기저에는 무엇이 도사리고

---

97) 황태연(1997)과 고종석(2002a, 2016)은 '피'를 근거로 차별을 감행하는 이 인종주의를 일종의 신분제라고 표현하였다. 근대라는 바다에 아직도 의연히 남아있는 봉건제라고 보았던 셈이다.

98) 파시즘(fascism)은 국가주의, 전체주의, 권위주의, 국수주의, 반공주의 정치 이념을 말한다(가장 전형적인 것은 이차대전 전의 독일, 이탈리아, 일본의 정치체제였지만, 가장 쉽게는 1970년대 한국의 유신 체제와 1980년대의 군사독재를 머리에 떠올려도 무방하다). 1920~30년대에 서구 각국의 자본가, 지주, 보수주의자, 허무주의 지식인 등은 안으로 주기적인 경제 공황과 고질적인 실업에 시달리기도 하였거니와 밖으로는 사회주의 세력의 성장에 위기를 느껴 긴밀한 반공 동맹을 맺었다. 이 동맹을 하나로 묶는 이념이 파시즘이었다. 이처럼 파시즘은 사회 진보에 대한 강렬한 반작용의 형태로 나타났고, 극우 정치 운동의 일종으로 등장하였다.

파시스트 운동의 핵심 요소는 계급투쟁의 격화를 차단하고 내부의 관심을 영토의 확장과 국가 중흥으로 돌리는 것에 있었다. 이를 위해서 파시즘은 계급 협조를 강요하였다. 파시즘은 형식적으로는 자본가와 노동자를 모두 국가의 통제 아래에 두려고 하였다. 그러나 이런 협조는 정치권력과 대자본의 긴밀한 협력으로 이루어지기에 사실상 노동자에 대한 독점 자본의 폭력적 독재였다고 말할 수 있다. 파시즘은 독점 자본과 정치권력, 종교 세력의 후원과 보수적 군중의 열렬한 참여로 대표되었으며, 이 과정에서 반공주의, 반지성주의, 관습주의를 옹호하는 경향을 강하게 띠었다.

있는 것일까(이태경, 2009)?" 유시민(1997)은 영남 사람의 그런 심성의 밑바닥에는 '집단적 정신질환'이 놓여있다고 말하였다. 유시민의 이런 진단은 제법 충격적으로 들리지만 그렇게 적절하지는 않다. 그 진단은 영남인의 집단 심성을 합리적으로 해명할 수 없는 그 무엇이라고 간주하는 일종의 신비화에 가깝다. 그런 진단이나 표현은 집단 심성의 밑자락에 깔린 합리적 욕망을 숨긴다는 측면에서 이데올로기에 근접한다고도 말할 수 있다. 영남인의 집단 심성은 정신병으로 치부할 만큼 그렇게 이해하기 어려운 것이 아니다. 그 심성은 비자발적 정신질환이 아니라 영남사람이 자발적이고 합리적으로 선택한 욕망의 결과물이다. 그 욕망이란 사익의 극대화다. 영남 엘리트와 영남 지역민은 부와 권력을 추구하는 데에 방해가 되는 세력을 인종주의에 근거하여 억압하거나 배제하려는 욕망을 내보이는데, 영남인 고유의 심성은 이런 욕망의 자연스런 결과물이다. 거듭 말하면, 영남패권주의는 자신도 제어하지 못해 어찌할 수 없이 나타나게 된 비합리적 질병이 아니라 합리적으로 계산하고 의도적으로 고안해낸 사익 추구 전략이자 그 전략의 결과물이다. 그리하여 영남패권주의 이데올로기에는 항상 영남 지역민의 물질적 욕망을 건드리거나 부추기는 표현이 묻어 있다. 예컨대 "(광주에는 추석이 풍성한데,-인용자) 대구 부산엔 추석이 없다(동아일보, 2000)"거나 "부산이 광주보다 못 산다(미디어오늘, 2021)"는 선동은 영남 지역민의 물질적 욕망을 건드리는 말이기도 하지만, 다른 한편으로 영남패권주의의 핵심에 물질적 욕망이 숨어 있다는 사실을 선명하게 보여주기도 한다. 어쨌든 영남 파시즘은 영남인의 이런 욕망을 달성하는 한 수단이었고, 거꾸로 그 욕망은 영남 파시즘을 두둔하거나 감싸는 동력이었다.

영남 파시즘은 지난 역사에서 보았던 다른 파시즘과 별로 다르지 않다. 영남 파시즘을 다른 파시즘과 비교해 보자. 1930~40년대에 히틀러를 추종하여 '바퀴벌레' 같은 유태인 학살에 동조했던 평범한 독일인을 우리는 무엇이라 부를 것인가? 1920~40년대에 천황폐하 만세를 외치며 '더럽고 사악하고 비천한 조센진' 사냥을 수수방관했던 보통의 일본인을 우리는 무엇이라 부를 것인가? 그들을 파시스트라 부르지 않으면 어떤 사람을 파시스트라고 할 것이며, 그들의 신념과 태도를 파시즘이라고 부르지 않으면 도대체 무엇을 파시즘이라고 한단 말인가? 자기집단의 이익을 지키고 누리기 위해서라면 이웃 시민을 학살해도 무방하다는 신념을 파시즘이라고 부르지 않으면 무엇을 파시즘이라고 한단 말인가? 바로 이런 의미에서 영남패권주의는 야만적 파시즘이라고 말할 수 있다.

이와 같은 영남 파시즘이 우리 사회에 끼친 해악은 이루 말할 수가 없다. 한국 민주주의는 주춤주춤 제 자리를 맴돌며 앞으로 나아가지 못하였다. 그로 말미암아 얼마나 많은 사람이 피눈물을 흘렸는지 모른다. 옛날에만 그랬던 것은 아니다. 한국의 민주주의는 지금도 아슬아슬하다. 그런데도 그들은 파시즘에 찌든 발톱을 슬그머니 숨긴 채, 자신을 보수라고 참칭한다. 이런 얄팍한 포장술은 그들의 생각과 이념, 태도가 얼마나 비도덕적이고 비윤리적인지를 입증한다.

지금까지 영남패권주의의 물질적 측면과 관념적 측면을 모두 살펴보았다. 영남패권주의의 물질적 측면, 즉 영남 출신 중상층계급 남성이 다른 지역 사람들을 제치고 정치경제적 특권을 누리려는 시도가 아마도 영남패권주의의 핵심이자 본질일 것이다. 그러나 영남패권주의의 두 측면에서 문제가 되는 것은 이 본질이 아니라 겉으로 드러난 현상, 즉 관념적 측면의 현상(인종주의와 파시즘)이었다. 이제 영남패권주의가 낳은 또 하나의 문제를 살펴보자. 영남패권주의를 숨기고 두둔하며 이를 정당화하려는 시도가 바로 그 문제인데, 이 문제도 심각성이 결코 가볍지 않다. 앞에서 보았듯, 영남패권주의는 애초에 박정희의 분할통치 전략과 영남 출신 엘리트의 탐욕에서 비롯하였다. 민주주의 탄압과 시민 학살을 묵인하였던 영남패권주의는 당연히 저항적 지역주의를 낳았다. 공격적이고 팽창적인 민족주의였던 제국주의가 저항적 민족주의를 만들어냈던 것과 같다. 이 저항적 지역주의는 소극적이고 방어적인 것이어서 적극적이고 공격적인 영남의 지역주의가 소멸하면 저절로 사라질 운명의 것이다. 그러므로 한국의 지역주의는 다른 이름으로 부르면 그 역동성을 이해할 수 없다. 영남패권주의라고 일컬어야 비로소 이해가능하다(김 욱, 2015). 이처럼 영남패권주의가 한국의 지역주의를 만들어냈는데도 사람들은 한국의 지역주의를 영남패권주의라고 부르지 않고 그저 지역주의나 지역감정이라고 말한다. 사람들은 영남지역 사람과 호남지역 사람의 다툼이나 싸움을 지역주의라는 용어로 중립적이고 객관적으로 바라보아야 한다고 주장한다. 영남 사람은 영남의 이익을 주장하고 호남 사람은 호남의 이익을 내세우는 것이 지역주의라고 생각한다. 영남 사람이 특정 정당을 선호하는 것은 호남 사람이 다른 정당에 몰표를 던지는 것과 다르지 않으니 두 지역의 지역주의는 같은 수준의 것이라고 강변한다. 영남의 지역주의는 나쁘지만 호남의 지역주의도 결코 좋지 않은 것이라 말한다. 그러나 과연 그럴까? 두 지역의 지역주의는 같은 종류, 같은 수준의 것일까? 그렇지 않다. 앞에서 말한 것처럼, 영남패권주의가 지역주의를 촉발한 적극적 요인이라면 다른 지역의 감정은 저항적 성격의 소극적 요인이다. 앞의 것이 사라지면 뒤의 것은 저절로 없어진다. 그런데도 사람들은 왜 영남패권주의라는 말을 사용하지 않고 지역주의나 지역감정이라는 중립적 용어를 쓸까? 겉으로 보아 매우 중립적이고 공평하게 보이는 이런 용어를 써서 누구의 이익을 숨기고 두둔하는가? 질문은 바꿔보자. 지역주의/지역감정이라는 말을 사용하여 이익을 얻는 집단은 누구인가? 영남 지역민이다. 지역주의나 지역감정이라는 용어들이 영남패권주의의 적극성과 공격성을 숨겨주기 때문이다. 그러므로 지역주의/지역감정이라는 중립적 용어는 영남 엘리트의 물질적 욕망과 인종주의, 파시즘 등을 은폐하는 이데올로기다. 지역주의/지역감정이라는 표현은 영남패권주의의 주도성과 공격성을 숨기기도 하지만, 다른 한편으로는 영남 사람을 심리적으로 다독인다. 이 이데올로기는 영남패권주의를 다른 지역주의와 병렬함으로써 영남 사람들에게 심리적 면죄부를 준다. '영남 지역의 이익만 추구하는 우리도 나쁘지만 다른 지역의 이익을 생각하는 너희도 나쁘니, 이로써 비겼다'는 심리적 안정감을 준다. 나도 나쁘지만 너도 나쁘니 너는 날 비난할 자격이 없다는 논리를 제공한다. 어떻게 보면, 그 이데올로기는 자신의 잘못을 알면서도 그 잘못을 고치지 않겠다는 고집과 의지를 포함하고 있는 셈이다. 하기야, 잘못을 고치려면 물질적 욕망을 포기해야 하는데 그들이 왜 스스로 잘못을 고칠 것인가? 지역주의/지역감정이라는 단어가 내포한 이런 이데올로기를 폭로하고 해체하려면 지역주의라는 용어를 영남패권주의라는 말로 바꾸어야 할 것이다.

지금까지 줄곧 말하였지만, 영남패권주의는 인종주의다. 지금 살펴보건대, 영남 지역 여기저기에 널리 퍼진 이 인종주의는 쉬이 사라질 것 같지 않다. 어쩌면 먼 훗날까지도 이 인종주의가 지속할 가능성도 없지 않다. 그러나 장기적으로 볼 때, 출신지역을 기반으로 하는 이런 인종주의는 소멸할 가능성이 높다. 왜냐하면 서울과 수도권을 제외한 나머지 지역은 영호남 가릴 것 없이 정치, 경제, 문화적으로 나날이 피폐하고 있기 때문이다.

> (지방의 쇠퇴는-인용자) 수도권과 영남의 이원 구조를 갖는 영남 패권이 본격적으로 분화하기 시작했다는 신호(…)다. 강남에 사는 영남 3세는(…)추석 때 영남

이 아니라, 근처 '자이'아파트 사는 할아버지 집 찾아간다. 이들에게는 호남이나 영남이나 똑같은 시골 것들이다(윤중대, 2016).

이처럼 오늘날 서울에 거주하는 영남 출신 엘리트 남성은 더 이상 영남과 교류하지 않는다. 이들은 영남지역에 심정적인 호감을 느끼지만 영남지역민과 더 이상 사회적으로 교류하지 않는다. 마찬가지로 영남지역민은 머릿속으로는 서울에 거주하는 영남 출신 엘리트에게 호감을 느끼지만 이들과 끈끈한 인간관계를 맺지 못한다. 서울에 사는 영남 엘리트와 영남 지역민의 사회적 연결이 줄어들고 있다. 이처럼 영남패권주의를 지필 수 있는 불씨는 아직도 넘실거리지만, 이 불씨를 살려 화려한 불꽃을 만들 땔감의 양은 점차 줄어들고 있다. 그러므로 영남패권주의는 관념 영역에서 지속할 것이지만, 물질적 욕망으로서 그 자체를 유지하거나 확산할 가망성은 그다지 높지 않다. 이런 과정을 거쳐 인종주의적 지역주의는 마침내 종말을 맞을지도 모른다. 그러나 상황이 그렇다고, 모든 게 좋은 방향으로 귀결할 것 같지는 않다. 인종주의적 지역주의를 대신하는 새 지역주의가 등장할 가능성이 높다. 아니 이미 등장하여 그 깊이와 넓이를 늘리고 있다.

영남패권주의는 '중앙'의 정치권력이나 경제력을 차지하려는 욕망이나 열망이어서, 서울의 확대와 지방의 축소를 내포하는 것이었다. 그러므로 영남패권주의는 서울-지방의 대립에 기여하였다. 그러나 지난 수 십 년 동안 영남패권주의와 구별되는 별도의 지역주의, 더 강력한 지역주의가 천천히 자신의 모습을 드러냈다. 서울(수도권)과 지방의 대립이 바로 그것이다. 서울-지방 대립이란 전체 국토의 12퍼센트에 불과한 수도권에 전체 인구의 2분의 1, 경제력의 3분의 2, 국세 수입의 4분의 3이 집중되어 있는 형국을 말하고, 그 반대편에서는 지방 경제가 축소하고 지방 인구가 소멸하는 형국을 말한다. 서울과 지방의 이런 대립 형국은 곧 지방의 '내부식민지화(internal colonization)'라고 표현할 수 있다. 지방은 서울의 식민지와 같다는 말이다. 지방의 내부식민지화라는 말이 내포하는 구체적 내용은 무엇일까? 강준만(2016a: 223-225)은 그 내용을 다음과 같은 여덟 가지 요소로 요약하였다.

경제적 토대 측면

① 지방의 경제적 종속

② 서울과 지방의 불평등 상태 지속

정치적 상부구조 측면

③ 지방의 정치적 종속

④ 서울의 국가 엘리트 독점

⑤ 지방 엘리트의 탈영토화[99)]

이데올로기 측면

⑥ 서울의 소통 채널(매스미디어)의 독점

⑦ 지방의 문화적 종속

⑧ 지방에 대한 문화적 모멸('지잡대', '지균충' 등)

지방식민지화의 이런 내용은 자세하게 부연하지 않더라도 금방 이해할 수 있다. 예컨대 지방의 경제적 종속은 지방이 서울에 경제적으로 의존하고 있다는 사실을 지칭한다. 예컨대 서울에 본사가 있고 지방에 지사가 있는 식이다. 그 밖의 내용도 따로 부연할 필요 없이 거의 자명하다. 그런데 내부식민지화의 내용은 그렇다 치고, 지방의 내부식민지화를 생성하고 유지하며 강화하는 요인은 무엇일까? 아마도 경제적 요인일 것이다. 경제활동이 서울과 수도권에 집중하였다는 것이 그 원인일 것이다. 그러나 이와 같은 본질적 요인 이외에도 내부식민지화를 부추기는 일상적 메커니즘(routine mechanism)이 존재한다. 강준만(2015)은 지방의 내부식민지화를 강화하는 한 메커니즘으로 대학-매체-예산의 트라이앵글(삼각형)을 들었다. 먼저 대학은 '인 서울' 이데올로기를 유포하고 강화함으로써 지방을 내부식민지로 만든다. 서울에 소재하는 대학은 자신이 지방대학보다 우월한 대학이라고 주장한다.[100)] 학부모는 자녀

99) 지방 엘리트의 탈영토화(脫嶺土化, deterritorialization)는 이 엘리트의 장소 구속성이 약하다는 사실을 지칭한다. 지방 엘리트는 지역과 관련을 맺고 있지만 언제든 지방을 떠나 서울로 갈 수 있는 물적 조건을 확보하고 있다는 뜻이다. 지방의 국회의원은 지방에 거주하는 토박이가 아니라 서울에 사는 지방 출신 엘리트다. 그들은 국회의원을 그만 두면, 지방에 살지 않고 서울로 간다.

100) '인 서울' 대학의 명성은 지방대학보다 높지만, 그리하여 고등학교 때 더 높은 성적을 거둔 학생들이 그 대학으로 몰려가지만, 이것이 그 대학의 생산성이 높기 때문이라고 생각할 수 없다. '인 서울' 대학의 비교우위는 어디까지나 '위치'에 있다. 서울에 소재한다는 사실 그 자체가 비교우위를 낳았다. 건물이나 토지의 가치는 위치가 결정한다. 좋은 위치에 있는 토지나 건물의 지대(가격이나 임대료)가 더 높다. '인 서울' 대학의 명성은 대학의 지리적 위치에서 비롯한다. 그러므로 이 명성도 일종의 지대(rent)라고 말할 수 있다(강

가 자신보다 낮은 계급으로 하강이동하는 것을 막으려 자녀를 이 대학에 보내려 하고, 학생들은 덩달아 이 대학으로 진학하고자 열망한다. 이 열망은 중등학교 교사나 지방자치단체, 공적 기관, 교육부의 정책으로 증폭한다. 지방자치단체가 이른바 SKY 대학에 진학한 학생에게 장학금을 지급하고, 지방예산으로 서울에 이른바 학숙(學塾, 지역 기숙사)를 짓는데도 지역민은 이를 당연시한다. 사람들의 이런 '인 서울' 대학 지향성은 서울과 내부식민지를 유지하고 강화하는 심리적 메커니즘으로 작용한다.

둘째, 서울에 집중되어 있는 매체는 서울과 수도권에서 국가적 의제(agenda)를 찾는다. 매체는 지방이 해결해야 할 이슈를 다루지 않고, 지방 주민은 서울이 당면한 문제를 전국 차원의 이슈로 생각한다. 서울이 곧 대한민국이라는 인식을 갖는다. 그리하여 지방 사람의 의식은 서울로 향한다. 예컨대 지방 주민은 지역대학이 아니라 '인 서울' 대학에 훨씬 많은 관심을 갖기 때문에 지역 언론의 콘텐츠보다 중앙 언론의 콘텐츠를 더 중요하게 생각한다.

셋째, 중앙정부는 예산을 이용하여 지방을 통제하고 지방은 더 많은 예산을 따내려고 서울로 향한다. 지방 정부는 가용한 인적 네트워크를 모두 동원하여 예산을 확보하려고 용을 쓴다. 예산을 확보하는 것이 지방자치의 가장 중요한 과제라는 이데올로기, 즉 '향(向) 서울' 이데올로기를 만든다. 이런 이데올로기는 널리 퍼져, 지방의 각종 선거에서 유권자에게 가장 잘 먹히는 구호는 "나 중앙에 줄 있다"는 것이다. 심지어는 지방 대학의 총학장 선거 입후보자도 "나 중앙에 연줄이 많다"고 주장한다.

이 세 메커니즘은 서로 얽혀 지방의 내부식민지화를 강화한다. 지방의 학생은 '인 서울' 대학으로 진학하여 '향 서울' 인맥을 구축해야 하고, 사람들은 '향 서울'할 수 있는 인연을 맺으려고 자녀를 '인 서울' 대학에 보낸다. 서울의 매체는 지방의 문제에 무심하고 지방 매체는 '인 서울'과 '향 서울'이 정상적이고 바람직한 것이라고 인정한다. 그 결과는, 잘 알려져 있다시피, 인구 절벽이고 지방 소멸이다. 지방의 붕괴는 곧 수도권의 붕괴로 이어진다. 회피해야 할 경로다. 회피하는 방법에 대한 다양한 논의로는 마스다(増田寛也, 2014), 마강래(2017) 등을 참고하라.

준만, 2016a; 2019).

6

일상생활과 상호작용

Sociology

(1) 인상관리

(2) 민속방법론

6. 일상생활과 상호작용

사회적 상호작용(social interaction)은 사람들이 무엇인가를 서로 주고받는 것을 말한다.[101] 다시 말하면, 사람들이 무엇인가 주고받는 것을 상호작용이라 한다. 무엇을 주고받는가? 그것은 별로 중요하지 않다. 사람들은 서로 돈을 주고받고, 물건을 주고받는다. 말을 주고받고 눈빛이나 관심을 교환하기도 한다. 애정을 주고받고 증오를 주고받는다. 이런 것이 상호작용이라면 우리는 거의 매순간 다른 사람과 상호작용한다. 아는 사람과도 상호작용하지만, 전혀 모르는 사람과도 상호작용한다. 우리는 길거리에 지나가는 사람의 태도나 반응을 쳐다보고 내 옷 맵시를 점검하기도 하고, 강의실 안에서도 다른 사람의 눈길을 받고 그에 상응하는 반응을 내보인다.

사회적 상호작용을 하는 방법은 두 가지다. 하나는 말(verbal expression)로 하는 상호작용이고, 다른 하나는 말이 아닌 다른 수단(non-verbal expression)으로 상호작용이다. 전자는 그야말로 서로 말을 주고받는 상호작용이고, 후자는 표정이나 몸짓으로 의미를 교환하는 상호작용이다. 말이 아닌 상호작용, 즉 몸짓(gesture)에는 의도한 동작이 있을 수 있고, 의도하지 않은 동작이 있을 수 있다. 의도한 동작은 타인을 존중하거나 자아를 보호하려는 목적으로 행하는 동작이고, 의도하지 않은 동작은 행위자의 본심을 나타낸다. 먼저 의도한 동작을 보자. 우리는 상대방이 실수를 해도 모른 척 할 때가 많다. 상대방이 길에서 넘어지면 그냥 모른 척하고 지나간다. 상대방이 부끄러워할까 싶어 그렇게 행동한다. 상대방을 보호하려는 배려에서 나온 동작이다. 다른 한편, 사람들은 벽에 못을 박다 실패하면 '앗' 하고 낮게 말하거나 어깨를 으쓱하는 등의 동작을 한다. 이는 상대방에게 조금 전에 일어났던 사태는 실수때문이

---

101) 구조, 계급, 이동 등의 개념이 그러하였듯, 상호작용이라는 개념도 자연과학에서 빌려 온 말이다. 뉴튼(I. Newton)은 『자연철학의 수학적 원리(*Philosophiæ Naturalis Principia Mathematica*)』에서 물체의 운동을 세 가지 법칙으로 요약하였다. 제 1법칙은 관성의 법칙이다. "외부에서 힘이 가하지 않으면, 물체는 정지해 있거나 등속운동 상태를 유지한다." 제 2법칙은 가속도의 법칙이다. "외부에서 힘을 가하면, 물체의 운동 상태는 바뀐다." 제 3법칙은 작용반작용의 법칙이다. "물체 A가 물체 B에 힘을 주면, 물체 B도 물체 A에 크기는 같고 방향은 반대인 힘을 준다." 이때 A가 B에 미치는 힘이나 영향을 작용(action)이라 하고, B가 A에 미치는 힘을 반작용(reaction)이라 한다. 이 작용과 반작용을 합하여 상호작용이라 한다. 사회적 상호작용은 사람 사이의 작용과 반작용을 말한다.

었다는 것을 보여 자기를 보호하려는 동작이다. 의도한 동작과는 달리, 의도하지 않은 동작은 본심을 나타낸다. 사람들은 남의 집에 초대를 받아 음식을 먹을 때 맛있다는 말을 하거나 아주 흡족하다는 표정을 짓는다. 집 주인을 배려한 의도한 동작이다. 그러나 실제로는 음식이 너무 짜다고 가정해 보자. 음식을 먹다 자기도 모르게, 즉 의도치 않게, 미간을 찌푸릴 수도 있다. 집주인도 그런 표정이나 동작을 놓치지 않는다. 이처럼 의도하지 않은 동작은 본심을 표현한다. 어쨌든 우리는 말과 몸짓으로 상호작용한다. 구체적으로 어떻게 상호작용하는가? 이 장에서는 고프먼(E. Goffman)이 말하는 상호작용과 민속방법론이 말하는 상호작용을 살펴보기로 한다.

(1) 인상관리

사회적 상호작용이 우리에게 어떤 의미를 띠기에, 우리가 관심을 기울여야 하는가? 상호작용은 대체로 두 가지 의미를 띤다. 첫째, 상호작용은 '중요한 사회관계'를 만든다. 다른 말로 표현하면, 사람들은 상호작용을 하면서 사회구조를 만든다. 다정한 눈빛이나 손길을 주고받던 두 사람은 연인이 되고 부부가 된다. 서로 호감어린 말을 주고받으면서 친구가 된다. 상호작용이 없는 사회구조란 생각할 수 없다. 다시 말해, 사람들은 느닷없이 친구가 되거나 연인이 되는 것은 아니라는 말이다. 겉으로 보기에는 매우 사소한 말과 몸짓을 주고받으면서 중요한 사회관계를 만든다. 그런 의미에서 상호작용은 탐구해볼 만한 것이다. 둘째, 사회적 상호작용도 우리의 생각과 행동에 영향을 미친다. 앞에서 우리는 사회구조가 우리 생각과 행동에 영향을 미친다고 가정하는 것이 사회학의 시각이라고 주장하였다(이 책의 1장 참조). 그러나 사회구조(중요한 사회관계)만 개인의 생각과 행동에 영향을 미치는 것은 아니다. 앞으로 구체적인 사례를 보이겠지만, 일상적 상호작용도 우리의 생각과 행위에 영향을 미치는 중요 요인이다. 그러므로 상호작용을 좀 더 자세히 살펴볼 필요가 있다.

오늘날 개인의 인격은 훼손되어서는 안 되는, 예찬해야 하는 신성한 존재다(Chriss, 1993). 종교가 신성한 대상을 경건하게 대하는 의례로 꾸려지듯, 상호작용은 그 신성한 인격을 숭배하는 의례로 채워진다. "수많은 신은 소임을 다하고 사라졌지만 개인의 신성은 엄청나게 중요해졌고 견고해졌다. (…)어떤 경우든 개인은 조심스러운 의례로 응대해야 할 신성한 존재다(Goffman, 1956)." 개인 예찬(cult of the individual)을 수행하는 이 의례를 고프먼은 상호작용의례(interaction ritual)라고 하였다(Goffman, 1967). 마치 신을 찬미할 때 특정 태도와 특정 방식으로 기도하듯, 상호작용도 특정 태도와 특정 방식으로 이루어진다. 사람들은 상대방을 존중하여 상황에 맞는 의상을 갖추고, 특정한 태도를 유지하며, 특정한 말투를 사용한다. 이 상호작용의례는 꼭 지켜야 하는 강력한 도덕적 의무(moral obligations)를 포함한다. 이 도덕적 의무를 살펴보자.

상호작용할 때, 특히 대화할 때 지켜야 하는 몇 가지 규칙을 살펴보자(그러나 이것들이 규칙의 전부는 아닐 것이다). 첫째, 단일 초점을 유지해야 한다. 초점이 흐려지거나 중복되면 대화가 가능하지 않다. 초점을 유지하는 대표적 방법으로는 눈 맞추기(eye contacting)를 들 수 있다. 우리는 다른 사람과 말이나 관심을 주고받을 때 상대방의 눈을 바라본다. 왜 그렇게 하는가? 그렇게 해야 하기 때문이다. 타인이 말할 때 그의 눈을 바라보지 않는 것은 그를 존중하지 않는다는 의미를 띤다. 그를 존중하지 않으면 그는 화를 낼 것이고, 그러면 상호작용은 끝난다. 그러므로 상호작용을 유지하려면 눈을 맞추어야 한다. 둘째, 말차례 지키기(turn taking)를 준수해야 한다. 상대방이 말을 끝내지 않았을 때 내가 말을 시작하면 상대방을 무시하는 것이다. 그러면 그가 화를 낼 것이고 상호작용은 끝난다. 그러므로 상대방의 말이 끝날 때까지 기다려야 한다. 셋째, 대화 참여자가 대화를 장악하는 시간과 빈도를 결정해야 한다. 한 사람이 너무 말을 많이 하고 너무 많은 시간을 쓰면 대화가 원활하지 않게 된다. 넷째, 대화의 방해와 소강을 통제해야 한다. 대화가 끊기거나 말수가 줄어들면 대화 당사자는 서로 불편하기 때문에 대화를 원상으로 회복하려고 서로 노력해야 한다. 다섯째, 대화를 진행하고 있을 때에는 외부자의 참여를 가급적이면 제한해야 한다. 대화를 끝내기 전에는 다른 사람이 끼어드는 것을 막아야 한다. 여섯째, 상대방이 내 의견에 반대하더라도 예절을 유지해야 한다. 다음에 있을 상호작용을 포기하지 않는 한, 상대방과 의견이 일치하지 않더라도 예절을 유지해야 한다.

상호작용을 유지하는 절차가 의례다. 다시 말해 의례가 상호작용을 유지한다. 상호작용을 유지하는 가장 중요한 의례는 존중과 처신의 의례다(Goffman, 1956). 존중

(deference) 의례는 상대방에 대한 헌신을 표시한다. 존중 의례는 1) 인사말, 2) 회피 의례, 3) 연출의례로 구분할 수 있다. 상대방을 존중한다는 의사를 표시하려면 첫째, 상대방과 만났을 때 먼저 인사를 한다(인사말). 둘째, 일정한 거리를 유지하고 상대방이 중시하는 영역으로 접근하지 않는다(회피의례). 셋째, 상대방을 존중하는 적극적 의례를 행한다. 말을 시작할 때, "잘 아시겠지만" 등과 같은 말을 하여 상대방을 높인다(연출의례). 처신(demeanor)은 자신의 태도나 품행을 알리는 의례다. 상대방에게 자신이 믿을만하고 대화나 상호작용에 적합한 사람이라는 것을 보여주는 의례다. 예컨대 상황에 맞추어 적절한 의복을 갖추거나 사람에 맞추어 공손한 태도를 보이는 등의 행동을 말한다. 데이트할 때 적당한 옷을 입거나 면접시험을 볼 때 면접관에게 깍듯한 인사를 하는 행동이 처신이다. 이와 같은 존중과 처신의 의례는 그 자리에 참석한 사람들을 통합하여 일종의 사회질서를 만들어내는데, 이런 의례로 만든 사회질서를 고프먼(Goffman, 1983)은 상호작용질서(interaction order)라고 이름 붙였다.

이 상호작용 질서는 거시적 사회질서와 연결되어 있지만 별개의 것이기도 하다. 1장에서 우리는 사회학의 기본 시각을 〈그림 1-3〉으로 나타냈다. 사회구조가 개인의 생각과 행동에 영향을 미친다고 보는 시각이 사회학의 시각이었다. 그러나 이제 상호작용 질서라는 아이디어를 이 기본 시각과 결합하면, 〈그림 6-1〉처럼 나타낼 수 있다. 이 그림을 보면, 개인의 생각과 행동은 사회구조의 영향을 받기도 하지만 상호작용 질서의 영향을 받기도 한다.

〈그림 6-1〉 사회구조와 상호작용질서

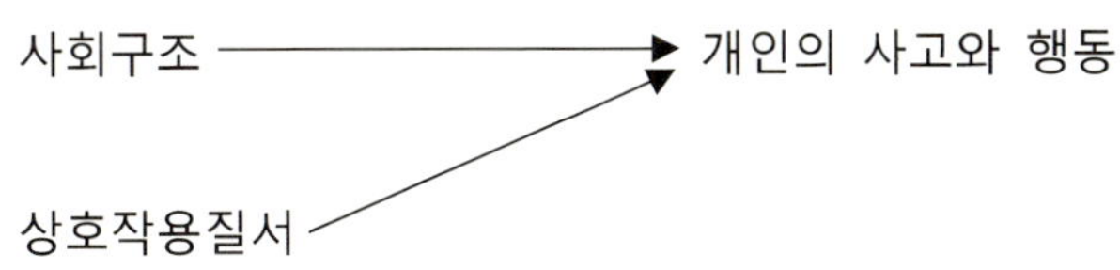

상호작용의례를 주고받으면서 우리는 타인에게 좋은 인상(印象)을 남기려고 노력한다. 이런 노력(행위)를 고프먼은 자아연출(self-presentation)이라고 말하였지만 종종 인상관리(impression management)라고도 명명하였다(Goffman, 1967). 그런데 사람들은 왜 인상관리를 할까? 왜 타인에게 좋은 인상을 남기려 노력할까? 두 가지 이유 때문이다. 첫째, 타인을 자신의 뜻대로 통제하기 위함이다. 한 남자가 한 여자에게 좋은 인상을 남기려고 노력하는 것은 그 여자에게 접근하기 위함이고, 가게 주인이 손님들에게 좋은 인상을 남기려고 애쓰는 것은 고객을 붙잡기 위함이다. 학생이 교수에게 좋은 인상을 남기려는 것은 교수에게 좋은 평가를 얻기 위한 것이고, 교수가 학생에게 좋은 인상을 남기려는 것은 더 많은 학생을 끌어 모아 자신의 위상을 높이기 위함이다. 결국 행위자는 자신의 이익을 확보하려는 이기적 목적에서 인상을 관리한다. 둘째, 인상관리는 행위자 자신이 바라는 바람직한 자아상(自我像)을 건설하는 한 방법이다(Kenrick, Neuberg, and Cialdini, 2014: 168). 이 책의 2장에서 보았듯 자아(self)는 타인과의 교제에서 만들어진다. 남에게 좋은 인상을 남기는 것은 남이 나를 좋게 평가하도록 하는 것이다. 남이 나를 좋게 평가하는 것은 곧 내가 나를 좋은 사람으로 인지하는 것과 같다. 사람들은 남이 자신에게 받는 인상을 관리함으로써 자신이 제 자신에게서 받는 인상(자아상)을 관리할 수 있다. 자아상을 더 직접적으로 관리하는 또 하나의 방법은 제 자신을 관객으로 삼는 연기다. 사람들은 타인이 아니라 제 자신을 관객으로 삼기도 한다. 자신에게 인상관리를 하여 자아상을 건설한다. 요컨대 제 자신을 특정 방식으로 보고 싶다면, 그 구실을 연기한다. 재치있는 이야기를 할 때마다 자신이 재미있는 사람이라는 자아상이 강해지기 때문에 실제로 사람들 앞에서 농담을 많이 하려는 동기가 생겨난다.

고프먼은 인상관리를 연극과 비유하였다. 그는 인상을 관리하는 구체적 행동을 연기(performance)와 같다고 보았다. 연극배우가 배역을 충실하게 연기하여 관객의 호감과 호평을 얻으려 하듯, 행위자는 자신의 행위를 효과적으로 연기하여 선량하고 유능한 행위자인 것처럼 보이려 한다. 행위를 이렇게 연기라는 관점으로 바라보는 그의 이론은 행위의 연극적 모형(dramaturgical model of action)이라고 부른다. 그렇다면 행위는 연기와 어떻게 비슷한가? 행위는 공간 분할, 무대장치, 소품, 구실 등을 필요로 한다는 점에서 연기와 비슷하다. 먼저 행위자는 공간을 양분한다. 연기자가 무대를 무대 앞면(front stage)과 무대 뒷면(back stage)으로 양분하듯, 행위자는 행위가 일어나는 공간을 표면영역(front region)과 이면영역(back region)이라고 구분한다. 배우는 무대 앞면에서 배역을 연기하고 무대 뒷면에서는 긴장을 풀고 쉬기도 하고 소도구를 챙기기도 하며 분장을 다듬기도 한다. 행위자도 배우와 같다. 행위자는 표면영역에서 상대방에게 좋은 인상을 남기려고 애를 쓰고, 이면영역으로 들어오면 인상관리를 준비한다. 휴식을 취하거나 다음 인상관리를 준비한다. 둘째, 행위자도 배우처럼 소도구(property)를 사용한다. 배우가 무대장치(setting)를 활용하고 의상(appearances)과 같은 소도구를 사용하듯, 행위자도 이런 장치와 물품을 활용한다. 햄릿을 연기하는 사람이 (중세 성벽처럼 보이는 배경이나 어둠을 표현하는 푸르스름한 조명 등) 적절하게 꾸민 무대장치에서 시대에 적합한 의상을 준비하여 연기하듯, 휴일에 등산하는 사람은 적절한 의상과 장비 등을 갖추어 동료에게 좋은 인상을 남기려 한다. 데이트에 나선 사람은 장소에 적합한 의상을 갖추어서 인상을 관리한다. 부모 장례를 치르는 사람은 꽃이나 화환, 영정(影幀) 등으로 꾸민 장례식장을 준비하고 상복(喪服)과 상장(喪章) 등의 의상이나 휘장을 갖추어 연기하듯 인상을 관리한다.

적절한 무대에서 연기하는 배우처럼, 행위자도 무대장치와 의상을 갖춘 뒤에 인상을 관리한다. 그런데 인상을 관리할 때, 행위자는 어떤 기술(technique)을 사용하는가? 행위자는 상황에 맞추어 수없이 많은 기술을 사용하지만 여기서는 대표적 기술 몇 가지만 들어보기로 하자. 인상관리 기술은 크게 나누면 이상화의 전략과 일관성 유지 전략으로 나눌 수 있다. 이상화(idealization)는 행위자가 자신의 좋은 측면을 과시하고, 나쁜 측면을 숨기려는 전략이다. 예컨대 정육점 주인은 가게 안이나 진열상에는 깔끔하게 다듬어 놓은 고기만 진열하고 피나 뼈 등 불결하거나 불쾌한 부분은 고객의 눈이 닿지 않는 곳에 보관한다. 의사는 자신이 잘 치료한 사례만 이야기할 뿐 자신이 오진한 사례는 말하지 않는다. 이상화의 전략이다. 그러나 어쩔 때에는 부(負)의 이상화(negative idealization) 전략을 사용하는 경우도 있다. 행위자는 자신의 좋은 점은 숨기고 나쁜 점을 보이려 한다. 예컨대 거지는 가급적 불쌍한 모습을 보이려 한다. 여성은 대체로 상대방에게 남자와 처음 데이트한다고 말한다(여성이 많은 남자와 데이트했던 사실이 나쁜 일이라고는 볼 수 없지만 여성은 대체로 이를 숨기려 한다). 정(正)의 이상화와 부(負)의 이상화를 종합하면, 이상화는 자신의 목적에 부합하는 측면은 돋보이게 하고 나머지는 숨기려는 전략이라고 말할 수 있다.

일관성 유지(consistency) 전략은 이미 만들어진 인상이 깨지지 않도록 하는 노력이다. 예를 들면, 행위자가 지금 일부 사람에게 정직한 사람이라는 인상을 심었다고 하자. 그리고 과거의 행동 때문에 자신을 정직하지 않다고 믿는 다른 사람들이 있다고 하자. 행위자는 이 두 부류의 사람이 한 자리에 모일 가능성을 차단해야 한다. 행위자의 연기를 바라볼 청중(audience)을 따로 분리해야 한다. 그래야 행위자가 새로 만든 인상, 정직한 사람이라는 인상이 깨지지 않는다. 그러나 아무리 세심하게 관리

해도 이런 노력은 우연한 상황(실수, 소동 등)으로 깨지기 쉽다. 그래서 다음과 같은 섬세한 기술을 사용한다. 첫째, 자기방어 기술이다. 인상관리 훈련(표정 훈련, 말하기 훈련 등)으로 연기를 몸에 익히거나, 팀(team, 함께 연기하는 사람들)과 유대감을 확립하여 집단(자신과 팀)의 연기가 일사불란하도록 훈련한다. 웃는 훈련, 인사말 훈련 등으로 연기를 몸에 익히며, 동료와 함께 하는 연합 훈련으로 연기를 효과적으로 만든다. 둘째, 타인보호 기술이다. 타인을 보호함으로써 내가 당황하지 않도록 하는 기술이다. 예컨대, 타인의 이면영역에 접근하는 것을 삼가는 태도 등을 말한다. 그 이면 영역에 꼭 접근해야 한다면 노크를 하거나 사전 예약을 함으로써 타인이 당황하지 않도록 배려한다. 정중한 무관심(civil inattention)도 타인 보호 기술이다. 사람들은 엘리베이터 안에서 다른 사람의 대화를 못들은 척하거나 주변에서 다른 사람이 넘어지거나 미끄러져도 일부러 못 본 척한다. 왜? 이런 의도적 무관심으로 상대방을 어색하게 않게 하고, 나도 어색해지지 않도록 하기 위함이다. 결국 타인 보호 기술은 말로만 타인보호일 뿐 실은 행위자 자신을 보호하는 기술인 셈이다.

〈그림 6-2〉 인상관리 기술

- 이상화
  - 이상화
  - 부의 이상화
- 일관성 유지
  - 자기 방어 — 인상관리 훈련, 팀과의 유대 확립, 청중의 분리
  - 타인 보호 — 타인의 이면영역 보호, 예의 바른 무관심

인상관리는 표면영역에서 한다. 그러므로 표면영역에서 사람들은 항상 긴장하고 있다. 인상관리가 필요 없는 이면영역에 들어서면 사람들은 이완한다. 휴식을 취한다. 편한 옷으로 갈아입고 편한 자세로 편하게 말하면서, 사람들은 다음 연기를 준비한다. 그러므로 이면영역에서 만나는 사람은 대체로 친근한 사람들이다. 인상관리가 별달리 필요하지 않은 사람들과 만난다. 거꾸로 이면영역에서 만나는 사람들은 서로 친근감을 느끼게 된다. 예를 들어 옷을 갈아입는 사물함(로커)를 같이 쓰는 사람들은

곧바로 친밀한 관계를 형성한다. 그러나 이런 이면영역에서도 인상관리는 존재한다. 이를 보여주는 좋은 예는 여러 가지다. 아내를 속이면서도 사랑하는 척 하기, 친구 말을 듣고 있지 않으면서도 듣는 척 하기 등이다. 결국 최후의 이면영역은 행위자 제 자신이다. 수준이나 정도의 차이는 있지만, 타자에게는 거의 항상 인상관리를 한다.

인상관리라는 말이 품고 있는 함의는 대략 다음과 같다. 첫째, 인간의 행위는 반드시 사회적 측면(social aspect)을 포함한다. 인간은 타인을 민감하게 의식하고 이들에게 좋은 모습을 남기려 한다. 그러므로 우리가 일상생활에서 보는 행위는 모두 타인을 의식하는 측면을 반드시 포함한다. 〈삽화 5-1〉에서 우리는 베버가 인간의 행위를 네 가지로 분류하였다는 것을 보았다. 고프먼이 이런 분류를 부정하고 또 하나의 행위 유형을 새로 제시하였던 것은 아니다. 그가 말했던 것은 어떤 유형의 행위든 행위는 반드시 사회적 측면을 포함한다는 사실이었다. 그의 생각으로, (다른 사람이 곁에 있다면) 모든 행동은 왜 그 행동을 그런 방식으로 하는지를 '타자에게 알리는' 측면을 항상 포함한다. 예컨대 행위자가 목적합리적(도구적) 행위를 할 때에도 타자가 옆에 있으면 특정한 방식의 행동을 곁들여서 타자에게 왜 이렇게 행동하는지를 알린다. 벽에 못을 박을 때에도 왜 그런 방식으로 박는지를 설명하는 자세를 취한다. 못을 박다 실패하면, '어?', '어이쿠' 등의 소리를 냄으로써 실수로 못을 놓쳤음을 타인에게 알린다. 행위자가 다른 유형의 행위, 예컨대 정서적 행위를 할 때에도 마찬가지다. 울적하여 술을 마실 때에 사람들은 술집에서 우울한 모습을 내보임으로써 자신이 왜 혼자 술을 먹는지를 타자에게 알리고 타자가 접근해 오는 것을 미리 차단한다.

둘째, 인상관리 이론은 인간이 매우 위선적(hypocritical)이라는 사실을 보여준다. 인상관리 이론을 끝까지 따라가면, 사람들은 일상생활에서 손톱만큼의 진실성도 갖지 않는 것으로 보인다. 사람들은 남에게 자신의 참모습이나 진면목을 보이려 하지 않고, 좋은 모습만 보이려 한다. 다분히 위선적이다. 그런데 이것이 인간의 본래 모습인가? 그것은 알 수 없다. 인간이 원래 그렇게 참되지 않고 위선적인지는 지금 판단할 수는 없다. 다만 우리가 지금 알 수 있는 것은 이런 위선이 없다면 인간 사회가 그렇게 인간적이지 않으리라는 사실이다. 인간이 위선을 떨지 않으면 이 세상은 그렇게 아름답지도, 따뜻하지도, 편안하지도, 행복하지도 않을 것이다. 그것을 어떻게 알 수 있는가? 2장에서 재사회화를 언급하면서 우리는 총체적 기관을 살펴보았다. 이 기관의 특징은 사람들이 항상 타인과 함께 일상생활을 영위한다는 것이다.

혼자 있는 공간도 시간도 허용하지 않는 것이 이 기관의 특징이다. 앞에서도 언급하였듯, 이런 기관에 투입되면 수용자(inmate)의 퍼스낼러티는 빠르게 바뀐다. 수용자는 능동적 자아 감각을 상실하고, 수동적이고 소극적으로 행동하여 걸어 다니는 시체 모습으로 바뀐다. 퍼스낼러티의 이런 변화가 단지 폭력과 강압 때문일까? 혹시 인상관리를 할 수 없는 상황의 결과 아닐까? 즉 위선을 떨지 못해 활기를 잃어버린 탓일 수도 있지 않을까? 나는 그렇다고 생각한다. 고프먼도 그러하겠지만, 나도 진실이 아니라 위선이 우리를 인간답게 한다고 믿는다. 위선을 떨지 않는 세계는 기괴한 세상이다. '나는 시어머니 당신이 싫어요. 다시는 우리 집에 오지 마세요'라고 자신의 진심을 말하는 세상은 사람 사는 세상이 아니다. 혹시라도 그런 세계를 보고 싶은가? 사람들이 오직 진실만 말하는 세계, 그렇게 해서 만들어진 혐오스런 세계는 영화 〈거짓말의 발명(The Invention of Lying)〉에서 볼 수 있다(〈그림 6-3〉 참조).

〈그림 6-3〉 〈거짓말의 발명〉(R. Gervais and M. Robinson, 2009)

(2) 민속방법론

민속방법론(民俗方法論)은 현상학적 방법을 사용하는 사회학의 한 분파이다. 그런데 현상학이란 무엇인가? 이른바 현상학은 모든 현상(phenomenon)을 인간의 인지나 의식의 산물로 간주하는 철학이다. 현상학은 객관 세계를 인간의 주관적 의식이 적극적으로 개입한 결과로 본다. 현상학에서 비롯한 민속방법론도 사회 현상을 개개인의 능동적 행위의 결과물로 본다. 이 절에서는 먼저 현상학이 어떤 학문인지를 개괄하고, 곧이어 민속방법론의 구체적 내용을 살펴본다.

현상학(phenomenology)은 후설(E. Husserl)에서 시작하였다. 후설이 탐구했던 철학적 문제는 '무엇이 실제로 존재하는가?'였다. 이 질문은 '실재를 어떻게 인식하는가?'라는 질문과 상통한다. 인간은 물이나 돌 같은 자연적 실재든 규범이나 가치, 제도 등과 같은 사회적 실재든 경험으로 인식한다. 경험을 거치지 않은 실재란 있을 수 없다. 이 경험은 의식(consciousness) 속에서 실현한다. 의식이 경험한다는 말이다. 그러므로 무엇이 실제로 존재하는가 하는 철학적 문제를 해결하려면 인간의 의식을 분석할 수밖에 없다. 즉, 의식이 외부 세계가 존재한다는 느낌을 만들어내는 방식에 관심의 초점을 둘 수밖에 없다.

그렇다면 의식의 속성은 무엇인가? 후설이 보기에, 인간은 자신이 속하는 세계를 매우 당연시하는 습성을 지닌다. 그는 이렇게 세계를 매우 당연시하는 태도를 자연적 태도(natürliche Einstellung, natural attitude)라고 하였고, 그런 태도로 바라본 세계를 생활세계(Lebenswelt, life world)라고 이름 붙였다. 결국 우리는 자연적 태도로 마주하는 생활세계에 산다. 그리고 인간은 이 생활세계를 실재라고 판단한다. 인간은 생활세계를 당연시하여 의심하지 않을뿐더러 타인도 자신이 경험하는 세계를 동일하게 경험할 것이라고 가정한다.

이렇게 의식이 실재를 경험하고 생활세계가 이 의식을 물들인다면, 실재를 파악하는 방법은 무엇인가? 생활세계와 무관한 의식의 본질(essence of consciousness)을 찾아야 한다. 자연적 실재와 사회적 실재를 파악하려면 의식을 분석해야 하나, 그 의식의 내용을 분석해서는 안 된다. 의식의 내용은 생활세계가 결정하기 때문이다. 의식의 본질을 알려면 의식의 내용이 아니라 추상화한 의식을 분석해야 한다. 즉 현실에서 상호작용하고 있는 개개인의 의식을 급격히 추상(抽象)하여 의식의 본질을 파악해야 한다. 이 본질을 파악하려면 철학자는 먼저 자연적 태도를 버리고 "순수한 정신"을 분석해야 한다. 요컨대 자연적 태도를 판단정지(epoche of natural attitude)하고 순수한 정신을 분석해야 한다.

후설의 이러한 논지는 데카르트의 방법적 회의와 흡사하다. 의심하고 의심하여 인식의 확실성을 얻고자 했다는 점이 흡사하다는 말이다. 후설의 이런 철학적 논의가 성공했는지는 의심스럽지만, 여기서 그 성공 여부를 따질 필요는 없다. 그것이 중요한 것은 아니기 때문이다. 여기서는 슈츠(A. Schutz)가 후설의 이런 논지의 일부를 비판적으로 계승하였고, 후설의 논지를 거꾸로 뒤집었다는 점만 언급하자. 슈츠는 후설의 생활세계 개념을 받아들였다. 그러나 그는 후설과 달리, 이 생활세계가 우리의 인식을 오염한다고 생각하지 않았다. 도리어 그것 자체가 실재라고 판단하였다. 객관적으로 보아 생활세계가 잘못되었다고 해도(우리가 당연시하는 세계가 오류투성이라고 할지라도) 그것은 우리 인식을 구성하고 우리 행동을 낳는다고 보았다. 그렇다면 사람들은 생활세계를 어떻게 만드는가? 슈츠는 사람들이 어떤 과정을 거쳐, 어떤 방법으로 생활세계를 만드는지에 초점을 맞추었다. 그의 용어로 바꾸면, 사람들이 공통으로 느끼는 주관 세계, 즉 상호주관성(intersubjectivity)을 어떻게 만드는지 그 방법에 관심을 두었다.

사람들은 상호주관성(후설의 용어로 표현하면 생활세계)을 어떻게 만드는가? 인간은 주변의 규칙이나 규범, 기타 정보를 근거로 삼아 행동한다. 그는 이렇게 행동의 전제가 되는 지식을 재고 지식(在庫 知識, stocks of knowledge)이라고 하였다. 창고에 쌓아놓았다가 필요하면 꺼내 쓰는 지식이라는 말이겠다. 슈츠는 이 재고 지식이 상호주관적 세계를 만든다고 보았다. 사람들이 이 지식을 공유하기 때문에 상호주관성이 생긴다고 보았다. 인간에게 이 지식은 이 세계를 구성하는 궁극의 실재(ultimate reality)다. 그러므로 현상을 이해하려면 우리는 인간이 이 재고 지식을 활용하는 방식을 알아야 한다. 다시 말해, 인간이 어떤 인지규칙으로 세계를 인식하는지를 알아야 한다. 도대체 인간은 어떤 규칙을 써서, 어떤 방법을 써서 세계를 인식하는가?

민속방법론은 후설의 현상학이 아니라 슈츠의 현상학을 계승하였다. 민속방법론(ethnomethodology)은 '사람들(ethonos)이 일상생활에서 사용하는 방법(methods)을 다루는 학문(-ology)'이다. 때때로 민간방법론(民間方法論)이나 민생방법론(民生方法論), 일상생활방법론 등으로 번역하기도 한다. 그런데 민속방법론의 '방법'은 일상생활에서 무엇을 할 때 쓰는 방법인가? 세계를 인식할 때 쓰는 방법이다. 그러므로 민속방법론은 '사람들이 세계를 인식할 때 사용하는 규칙(방법)'을 살펴보는 학문이라고 바꿔 쓸 수 있다. 이 방법은 조금 뒤에 알아보고, 먼저 민속방법론의 가정을 살펴보자.

민속방법론은 첫째, 행위의 재귀성(再歸性, reflexivity)을 가정한다. 인도유럽어족에서 재귀어(reflexive words)란 행위의 주체와 객체가 같은 말이다. 다시 말해, 객체에게 하는 행위가 주체에게 되돌아오는 말이다.[102] 이런 재귀성은 상호작용과 어떤 관계가 있는가? 상호작용에서 재귀성은 어떻게 나타나는가? 상호작용은 대부분 상호작용 당사자가 지금 보유하는 특정 현실관을 유지하는 데에 기여한다. 예컨대 신을 향한 의례행위는 신이 존재한다는 믿음에서 비롯하지만, 이 의례행위는 다시 신에 대한 믿음을 강화한다. 재귀적이다. 심지어 행위자의 기도가 실현되지 않았다고 하여도 신에 대한 믿음을 저버리지 않고, 기도가 부족했다거나 신이 더 나은 계획을 갖고 있다고 믿거나 주장함으로써 신이 존재한다는 믿음을 유지한다. 여전히 재귀적이다. 아무튼 이런 의미에서 인간의 상호작용은 대부분 재귀적이다. 사람들은 제스처와 단서, 단어나 기타 정보를 개별적 현실관을 유지하는 방식으로 변형한다. 모순되는 증거라 할지라도 재귀적으로 번역하여 자신의 믿음을 유지하거나 강화한다. 예를 들어 보자. 2008년 대구경북 지방에서 피해 규모가 약 8조원으로 추산되는 금융사기 사건이 발생하였다. 피해자는 약 7만 명이었다고 한다. 사기의 주범은 조희팔이었다. 조희팔의 사기 수법은 금융 사기의 전형이었다. 조희팔은 자신이 사업을 하는데 자금을 필요하다고 사람들을 속이고 그들에게 돈을 빌려, 높은 이자를 꼬박꼬박 지급하였다. 한 사람에게 돈을 빌려, 다른 사람들에게 이자를 지급하였다. 사람들의 신뢰를 얻은 조희팔은 돈을 투자하는 사람 수를 늘리고, 투자금의 액수도 점차 늘렸다. 충분히 돈을 끌어 모은 다음에 조희팔은 더는 이자를 지급하지 않고 원금을 가로채 중국으로 도피하였다. 결말이야 그러했지만 거래 과정은 이와 달랐다. 사람들은 조희팔이 매달 이자를 꼬박꼬박 입금하는 단서를 보고 조희팔을 믿을 만한 사람이라고 생각하였다. 다시 말해, 좋은 거래관계라는 현실관을 유지하였다. 투자하는 과정에서 조희팔과 그의

102) 예컨대 "He prides himself on doing a good job (그는 일을 잘 해냈다고 스스로 자랑스러워 했다)"는 문장에서 pride는 재귀동사고, himself는 재귀대명사다. 여기서 객체(himself)를 자랑스러워 한다는 말은 주체가 자랑스러워 한다는 말이 된다.

일당이 보여주는 여러 제스처와 단어, 증거 등을 활용하여 이 현실관을 유지하였다. 사기꾼이 언뜻언뜻 비추는 비현실적 제안(더 많은 돈을 더 빨리 입금하라는 독촉 등)마저 좋은 거래관계라는 현실관을 유지하는 단서로 활용하였다. 사업이 잘 되는가보다고 생각하였다(물론 그와 같이 유지한 현실관의 끝은 파멸이었다). 이처럼 행위는 항상 행위자의 현실관을 보강한다.

둘째, 민속방법론은 의미의 지표성(indexicality of meaning)을 가정한다(〈삽화 6-1〉 참조). 상호작용 당사자가 주고받는 말과 행동, 기타 정보는 보통 특정 맥락에서만 의미를 지닌다. 예를 들면 '나는 너를 좋아한다'는 말은 맥락에 따라 의미가 다르다. 남자가 여자에게 하는 말의 의미는 동성 친구끼리 하는 말의 의미와 확연히 다르다. 이성간에는 이 말이 성적 관심을 내포하지만 동성간에는 그저 호감만을 포함한다. 아무튼 맥락과 의미의 이런 관계는 지표성이라는 개념으로 표현할 수 있다. 특정 표현이 지표적이라는 것은 그 표현의 의미가 특정 맥락과 얽혀 있다는 것을 뜻하고, 동시에 맥락이 실재한다는 것을 뜻한다. 지표성이 사실이라면, 연구자는 특정 맥락에 놓은 행위자들이 어떻게 그 맥락에서 실재관을 구성하는지, 그 방법에 대한 관심을 두게 된다. 행위자들은 그 상황에서 실제적인 것에 대한 공통의 감각을 낳는 표현을 개발한다. 민속방법론자들은 실제의 상호작용 맥락에 관심을 기울여, 행위자들이 특별한 가정(특정 실재가 일상을 지배한다는 가정)을 만들고 유지할 때 어떻게 지표적 표현(말이나 표정, 몸짓이나 기타 단서)을 쓰는지 알아보는 데에 관심을 둔다. 예를 들어 보자. 서로 호감을 갖는 두 남녀는 상대방의 생일을 기억하였다가 선물을 보낸다. 상대와 함께 밥을 먹고, 가끔 영화도 보러 간다. 이런 행동(선물하기, 밥먹기, 영화보기)의 의미는 확정적이지 않다. 아직 맥락이 정해지지 않았기 때문이다. 그러므로 이 두 사람은 그런 행동의 의미가 무엇인지 그 맥락을 알아내려 하고, 이 맥락에 대한 공통의 감각을 낳는 표현을 개발하려 든다. 넌지시 '너는 이것을 좋아하던데, 아니야?"라는 말을 건네서 상대방에게 호감을 갖고 있다는 맥락을 알린다. 말하는 사람이 상대방을 유심히 지켜보고 있다는 사실을 알린다. 자신이 상대방과 영화를 같이 보는 행동을 하는데, 왜 그런 행동을 하는 것인지 그 행동의 맥락을 알린 셈이다. 상대방도 지표적 표현으로 그런 맥락을 만들어낸다. "그래, 너도 좋아하는 것 같더라." 이렇게 두 사람은 말이나 표정 등으로 서로 사랑한다는 현실 감각을 만들어낸다. 그리하여 사랑이라는 실재를 만들어낸다. "실재 구성을 다루는 민속방법론은 실재를 만드는 절차(procedure)에 관심을 둘 뿐이지, 특정 실재에 관심을 두지 않는다(Mehan and Wood, 1975)." 민속방법론은 사람들이 사랑이라는 감정을 만들어내기 위해 사용하는 여러 방법(말이나 행동)에 관심을 둘 뿐이지, 사랑이 실재하는지에 대해서는 관심을 두지 않는다. 실재한다면 그것은 무엇인지 등에 대해서도 관심을 두지 않는다. 이른바 민속방법론적 무관심(ethonomethodological indifference)이다(Garfinkel, 1967; cf. 양종회, 1988).

행위자는 행위의 재귀성이나 지표성을 사용함으로써 타인과 함께 자연적 태도와 생활세계를 공유하고 공통의 실재감(상호주관성)을 갖는다. 그러면 사람들이 자연적 태도나 생활세계를 만들고 유지할 때 사용하는 방법은 무엇인가? 사람들이 자주 쓰는 대표적 방법은 다음과 같다.

1) 사람들은 대상을 일련의 사회적 범주(social category)로 파악한다. 달리 말하자면, 대상을 전형화(典型化, typification)하여 파악한다. 예를 들어보자. 사람들은 어떤 사람이 의사라고 들으면 그가 돈이 많은 사람으로 생각한다. 그리고 부자의 자녀가 물건을 훔칠 것이라고 생각하지 않는다. 그러므로 의사의 자녀가 물건을 훔치면 우발적이고 충동적인 일탈이라고 생각한다. 그러나 가난한 집 아이가 물건을 훔치면 사정이 달라진다. 사람들은 그 아이를 상습범으로 간주할 가능성이 높다. 즉 사람들은 부잣집 아이는 물건을 훔치지 않을 것이고, 가난한 집 아이는 물건을 훔칠 가능성이 높다고 전형화한다. 이런 (전형화의) 방법으로 복잡한 대상을 단순하게 파악한다.
2) 정상 형태를 탐색한다. 실재에 대한 회의가 싹트면 그 상황에 맞는 정상 형태를 찾는다. 어떤 사람이 상황에 맞지 않는 실언을 했다고 가정해 보자. 실언을 들은 당사자는 당황한다. 듣는 사람이 당황하면 말한 사람도 당황한다. 그리하여 두 사람은 정상 상태(서로 원만한 관계를 유지하고 서로 갈등하지 않는 상태)에서 벗어난다. 사람들은 이런 비정상상태를 고치거나 바꾸는 가장 빠른 방법을 동원하려 한다. 변명하거나 사과함으로써 실수를 만회하거나 얼른 화제를 바꾸어 위기 상황을 모면한다.
3) 시각의 상호성(reciprocity of perspectives)을 전제한다. 사람들은 상대방의 입장을 이해하려고 노력하고, 그의 입장을 이해하고 있다는 것을 알려주려고 노

력한다. 상대방이 나와 함께 동일한 대상을 보고 있다고 가정하고, 그도 같은 생각이나 판단을 하고 있을 것이라고 가정한다. “저 수선화가 참 예쁘지요?”라고 묻지 않고 “참 예쁘지요?”라고 묻는다. 대답하는 사람은 그가 꽃에 대해 묻는지 이해하고 “꽃이 예쁘다는 말인가요?”라고 묻지 않고 “예”라고 단순하게 대답한다.

4) 기타의 원리(the etc principle) 사용한다. 말하는 사람은 상대방이 아는 내용을 말하지 않으려 노력한다. “배고파” 하고 말하지, “배고프니 빨리 밥을 먹었으면 좋겠다”고 길게 이야기하지 않는다. 말을 듣는 사람은 상대방이 말을 구체적으로 다하지 않아도 그것을 채워서 이해하려고 노력하고, 그 구체적인 내용을 묻지 않는다. “면접 보러 가는 길에 자동차가 고장나서(…)”라고 말하면 그 뒷부분은 듣지 않아도 맥락에 맞추어 채워서 이해한다. 즉, “면접을 치르지 못했어”라거나 “진땀을 뺐어”라는 말을 채워 넣는다.

5) 일관성(consistency)을 유지하려고 한다. 사건이나 사람들을 범주화하여 전형화하면 그들의 과거 행적이나 미래 행동을 재구성하려고 시도한다. 예컨대, 그가 전과자라는 사실을 알게 되면, 그의 과거 행동을 모두 부정직한 것으로 해석한다. 과거에 그가 선의로 준 선물도 사기의 수단으로 의심한다. 그가 과거의 잘못을 버리고 새 삶을 살아보고자 하는 신호도 애써 무시한다.

사람들은 이런 방법을 써서 상호작용을 유지하고 자연적 세계와 사회세계를 구성한다. 사람들은 사회질서와 사회적 범주를 능동적으로 만들어낸다. 예컨대 우리는 4장에서 구성주의 일탈 이론을 살펴보았다. 그곳에서 일탈이나 범죄는 객관적으로 존재하는 것이 아니라 일탈을 담당하는 사람이나 조직이 주관적으로 만들어내는(구성하는) 것임을 보았다. 최근 들어 한국의 검찰이 특정인의 특정 행동을 범죄로 규정하였지만, 다른 사람의 같은 행동은 문제시하지 않음을 보면서 사람들이 범죄를 왜, 어떻게 구성하는 것인지를 쉽게 이해할 수 있다. 조국 전 장관 아내가 동양대학교의 표창장을 위조했다고 그를 구속 기소했는데 반해, 유력 정치인의 아들과 딸의 의혹은 모르는 척하였다. 자신의 정치적 기준에 부합하지 않은 행동만 범죄로 구성하였다.

이처럼 민속방법론은 사람들이 일상생활에서 상호작용할 때 사용하는 방법을 살펴보았지만, 일군의 학자들은 상호작용 가운데에서 대화(conversation)에 초점을 맞추고, 사람들이 대화할 때 대화를 효율적으로 이끄는 방법을 집중적으로 탐구하였다. 사람들은 대화할 때 어떤 방법을 사용하는가? 여러 가지 방법을 사용하지만, 대표적 방법 두어 가지를 언급해 보자. 먼저 사람들은 대화할 때 상대방이 배경지식(background knowledge)을 공유할 것으로 가정하는 방법을 쓴다. 이 배경지식은 슈츠의 표현으로 바꾸면 재고 지식이라고 할 수 있다. 예를 들어, 친구들은 서로 다짜고짜 묻는 편이다. 한 사람이 다른 사람에게 "어제 재미있었어?"라고 묻는다. "네가 어제 내게 말하기를 오후에 영화 보러 간다고 했는데, 그 영화 재미있었어?"라고 길게 말하지 않고, "네가 어제 영화 보러 간다고 내게 말했다"는 배경지식은 서로 공유하는 것으로 가정한 채 대화한다. 그 배경지식을 길게 말하지 않는 것이다. 다른 예를 들어 보자. 공과대학 교수는 학생들이 미적분을 안다고 가정하고 강의한다. 말하자면 학생들이 미적분을 배웠다고 가정하고, 미적분의 원리를 따로 설명하지 않는다. 미적분 지식을 모두 공유하는 지식, 즉 배경지식으로 간주하는 것이다. 둘째, 상대방의 말이 어떤 지표성(indexicality)에서 나왔는지, 즉 어떤 맥락에서 비롯하였는가를 살피는 방법을 사용한다. 다음 대화를 살펴보자.

A : 저는 개를 키우는데요?
B : 괜찮습니다.
A : 아이가 셋 있습니다.
B : 아, 그러면 곤란합니다.

우리가 맥락을 모르면, 개는 되는데 사람은 안 된다는 위의 대화는 매우 기괴하게 들린다. 그러나 맥락을 알면 위 대화를 이해하는 것이 그렇게 어렵지 않다(대화를 하고 있는 사람들은 이미 맥락을 알고 있다). A는 집을 임대하려는 사람이고, B는 집주인이다. 위 대화는 집을 내주는 사람이 개는 봐 줄 수 있지만 아이들이 시끄럽게 하는 것은 용인할 수 없다는 의미를 띤다. 어쨌든 사람들은 대화의 맥락을 말하지는 않지만 적극적으로 활용함으로써 대화를 효율적으로 이끌어 나간다.

〈삽화 6-1〉 맥락과 지표성

우리는 2장(문화와 사회화)에서 노동자계급과 중상층계급의 어법(speech code)을 논의할 때 맥락을 이야기 하였다. 맥락(context)은 '텍스트(text)를 둘러싼 환경'이다. 텍스트의 의미는 이 맥락이 결정한다.

창밖에 쏟아지는 '눈'을 바라본다.
그의 '눈'을 들여다 본다.

앞 문장의 '눈'과 뒤 문장의 '눈'은 서로 다른 의미를 띤다. 앞의 '눈'은 하늘에서 내리는 눈이고 뒤의 '눈'은 사람의 눈이다. 그렇다는 것을 어떻게 아는가? 우리는 '눈'의 앞뒤에 놓은 단어들, 즉 맥락을 보고 그 '눈'의 의미를 파악한다.

이와 비슷하게 보이지만 조금 다른 차원에서 텍스트의 의미를 살펴볼 수도 있다. 텍스트의 의미는 좀 더 근원적으로 여러 텍스트의 배열(지표나 색인, index) 속에서 해당 텍스트가 차지하는 위치에 의해 결정된다. 예컨대 boom이라는 텍스트의 의미는

boob
book
boom
boor
boot

라는 배열 속에서 boom이 놓인 위치가 결정한다. 다시 말해 다른 단어와 비교하여 boom이 가지는 독특한 형태 차이가 그 의미를 결정한다. boom은 book과 그 형태가 다르고 boot와도 달라서 그 의미가 확정된다.

가핀클은 지표성을 맥락이라는 말의 의미와 거의 같게 사용하였다.

사람들은 다른 사람도 앞에서 말한 이런저런 방법을 사용할 것이라고 가정하고 상호작용한다. 그런데 만일 이런 가정이 통하지 않으면 대화가 어떻게 될 것인가? 다시 말해 누군가가 그런 방법을 사용하지 않으면 어떻게 될 것인가? 사람들이 이런 방법을 사용할 것이라는 가정을 깨 보면 그 결과를 알 수 있다. 이 가정을 의도적으로 깨는 실험을 가핀클(H, Garfinkel)은 위반실험(breaching experiment)이라고 이름 붙였다.

예를 들어 보자. 친구와 만나기로 약속한 다음, 일부러 약속 장소에 늦게 나가 보자. 친구(피실험자)는 화가 나 있을 것이다. "길이 막혔어?" 약속 시간을 지켜야 한다는 배경 지식을 공유하고 있다는 가정 하에, 또 약속시간에 늦었다는 맥락을 이해하고 있다는 가정 하에, 그리고 약속시간에 늦으면 해명을 하는 것이 마땅하다는 가정 하에 실험자에게 어떤 식으로든지 늦은 이유를 해명해 보라고 요구하는 질문이다. 그러나 실험자가 그 가정을 깨고, 천연덕스럽게 엉뚱한 대답을 하면 어떻게 될까? "오늘 날씨가 너무 좋다. 그렇지?" 실소가 터지거나 분노가 폭발할 것이다.

자동차 정비 업체에 들른 손님에게 엉뚱한 응대를 하면, 손님을 어떤 반응을 보일까? 손님은 직원이 배경지식과 맥락을 공유하여 자신의 말을 충분히 이해할 것이라고 가정한다. 손님은 "타이어 바람이 빠졌습니다"라고 말할 때, 그는 직원이 그 말을 이해할 것이라고 가정한다. 그래서 타이어를 수리해 줄 것이라고 믿는다. 그러나 그 가정을 깨고 배경지식과 맥락을 이해하지 못한 것처럼 행동해 보자. "타이어 바람이 빠졌다는 말이 무슨 뜻입니까?"라거나 "그래서 제가 무엇을 도와 드려야 합니까?"라고 되물어보자. 손님은 곧 분노를 나타낼 것이다. 가핀클은 자신의 수업을 듣는 학생들에게 여러 종류의 위반실험을 해 볼 것을 요구했는데, 이런 실험도 실험 대상자에게 상당한 정도의 분노를 야기했다고 보고하였다. 그 분노가 너무 커서 실험자와 피실험자 사이의 사회관계에 회복불가능한 상처를 입히기도 하였다고 보고하였다. 예컨대 부모형제를 가족처럼 대하지 않고 마치 호텔 종업원인 것처럼 응대하면, 다시 말해 공손하지만 냉정하게 응대하면, 부모형제는 곧 분노를 표현하였다. 그리고 이 분노는 일시적인 것으로 그치지 않고 실험이 끝난 뒤에도 상당한 기간 동안 지속하였다. 이로 미루어 보건대, 일상생활에서 대화할 때 우리가 사용하는 방법은 효율성을 겨냥한 도구적 수단일 뿐 아니라 도덕적 의무감까지 포함한다는 사실을 알 수 있다. 다시 말해 우리가 사용하는 방법은 효율적이어서 사용하는 것이기도 하지만 꼭 사용해야 하는 그 무엇이기도 하다는 말이다. 그 방법을 쓰지 않으면, 상호작용이 불가능할 뿐만 아니라 때때로 사회관계를 파괴하는 위험까지 감수해야 한다.

7

종교

Sociology

(1) 종교와 사회

(2) 종교와 집단유대감

(3) 세속화

7. 종교

종교는 매우 민감한 주제다. 종교는 신념의 문제이기도 하지만 도덕과 열정과도 관련하기 때문이다. 그러므로 이 책에서는 신의 존재 여부나 개별 종교의 신학적 교리를 이해하거나 그 교리의 옳고 그름을 따지지 않는다. 이 책에서는 종교를 사회학적 관점에서 바라볼 것이다. 다시 말해, 종교와 사회적 조건의 연결 방식만 다룰 것이다.

사회학에는 종교에 대한 논의가 무척이나 많다. 그 이유는 두 가지다. 첫째, 종교는 인간의 지식과 신념이 사회와 결합하는 방식을 밝히는 아주 좋은 예이기 때문이다. 맑스는 자신의 역사유물론에서 경제적 토대는 정치, 법, 도덕, 학술과 예술, 이데올로기 등과 같은 문화적 상부구조를 결정한다고 주장하였다. 지식과 신념도 예외는 아니다. 역사유물론은 사회의 경제적 토대가 지식과 신념의 내용과 형식을 결정한다고 말할 것이다. 만하임(K. Mannheim)은 맑스의 이러한 역사유물론을 수정하고 확장하였다. 그에 의하면, 모든 지식과 사상은 사상가가 놓인 사회적 위치의 영향을 받는다. 다시 말하면, 우리가 놓인 역사적이고 사회적 상황이 우리의 지식과 사상에 영향을 미친다. 이러한 사실, 즉 사회적 존재가 지식을 제약한다는 주장을 의식의 존재구속성(Seinsverbundenheit des Bewußtsein)이라는 단어로 줄였는데, 그는 이 구속성을 연구하는 학문을 지식사회학(sociology of knowledge)이라고 이름 붙였다. 이렇게 존재가 의식을 결정하므로 모든 지식은 결국 시각이나 전망(perspective)의 성격을 띤다. 시각은 대상을 보거나 해석하는 방식을 말한다. 시각이 다르면 사람들은 동일한 대상도 다르게 보고 다르게 해석한다. 결국 존재의 위치가 다르면 같은 대상도 달리 보인다고 요약할 수 있다. 사회적 존재가 대상을 다르게 보는 가장 좋은 예는 정치에서 찾을 수 있다. 우리 사회의 개별 정당은 남한과 북한의 군사적 대립을 다르게 평가한다. 한 정당은 남북의 군사적 대립의 격화하기를 바라는 것처럼 말하고 행동한다. 아마도 남북의 대립이 빚어지면 국내 정치에서 이익을 얻을 수 있을 것이라 판단하기 때문인 것 같다. 다른 정당은 군사적 대립을 소모적인 것으로 판단하여 이 대립의 완화를 희망한다. 정치뿐만 아니라 복지를 바라보는 시각도 사회적 위치마다 다르다. 한 정당은 선별 복지를 선호하고, 다른 정당은 보편 복지를 선호한다. 역사유물론으로 바라보든 지식사회학의 관점에서 바라보든 우리가 서 있는 사회적 위치는 지식과 사상의 내용을 결정한다. 종교도 지식과 사상, 신념의 일부다. 그러므로 우리가 서 있는 사회적 위치는 정치나 법, 도덕뿐만 아니라 종교에도 영향을 미친다고 말할 수 있다. 그리하여 종교는 언제나 사회학의 중심 주제의 하나로 손꼽혔다. 우리는 이런 방식의 접근을 맑스와 베버의 종교 이론에서 찾아보기로 한다.

우리가 종교를 다루는 두 번째 이유는 종교가 집단 유대감(group solidarity)과 집단 형성(group formation)에 관련하기 때문이다. 나중에 보겠지만, 종교는 사람들 사이에 끈끈한 연대감을 만들어낸다. 이 연대감/유대감은 사회를 이루어내는 기본 요소인 바, 종교 연구는 곧 사회 연구와 같다고 말할 수 있다(김광기, 2007). 그러므로 많은 학자가 종교를 이런 측면에서 연구하였다. 이와 관련하여 우리는 뒤르케임의 종교 이론을 살펴보기로 한다. 아울러 비록 종교에 관한 논의는 아니지만 뒤르케임의 종교 이론과 결을 같이 하는 다른 학자의 집단유대 논의도 함께 살펴보기로 한다.

다음 절부터는 이와 같은 종교사회학, 즉 종교와 사회의 연관을 살필 것이다. 그러나 이에 앞서, 먼저 종교를 정의해 보자. 종교에 대한 정의는 무척이나 많다(유요한, 2020). 그러나 종교에 대한 정의는 대략 둘로 분류할 수 있다(Manza et al, 2016: 317). 하나는 신성한(sacred) 것을 강조하는 정의이고, 다른 하나는 초자연적인(supernatural) 것을 중심으로 하는 정의다. 먼저 신성함을 중시하는 정의를 보자. 뒤르케임(1912)은 사회가 신성한 것, 즉 세속적이거나 일상적인 것이 아니라 사람들이 경외심을 가지고 특별하게 취급해야 하는 것, 예컨대 모세 오경과 같은 성스러운 대상[103], 성찬 의례와 같은 성스러운 행동, 메카와 같은 성스러운 장소, 부활절 같은 성스러운 시간, 사제와 같은 성스러운 사람을 다루는 방식을 종교라고 정의하였다. 다시 말해, 종교는 특정한 사람, 대상, 시간, 장소, 사물과 사건을 다른 사람이나 대상, 다른 시간이나 장소, 다른 사물과 사건과 구별하여, 양자 사이에 상징적 경계를 짓는 것이라고 말하였다.

종교사회학자 스타크와 핀케(Stark and Finke, 2000: 89-91)는 종교를 뒤르케임과 다른 방식으로 정의하였다. 종교는 초자연적인 것과 관련한 것으로, 초자연적인 것이 아닌 다른 특징은 모두 부차적이다. 초자연적인 것이란 자연세계 바깥에 존재하

103) 모세 오경(五經)은 모세(Moses)가 썼다는 구약 성경의 첫 다섯 책, 즉 창세기, 출애굽기, 레위기, 민수기, 신명기를 말한다. 보통 토라(Torah)라고 부른다.

거나 자연세계를 뛰어넘는 것으로, 물리적 힘을 중단하고 변경하며 무시할 수 있는 힘이나 존재를 말한다. 자연적 수단이 없을 때, 사람들은 자신의 목표를 달성하기 위해 다른 수단을 찾는다. 사람들은 세속적 수단으로는 쉽게 얻을 수 없는 보상을 초자연적 힘이나 존재에 의존하여 얻을 수 있다고 믿는다. 신은 의식과 욕망을 갖는 초자연적 존재다. 종교는 신과 교류한다는 관점을 포함하여, 존재를 일반적으로 설명한다. 이런 관점에서 보면, 종교는 자연과 초자연의 관계를 기술하는 일련의 관념이다. 예컨대 세속의 존재가, 그것이 풍성한 수확이든 영원한 구원이든, 저 세상의 것을 얻을 수 있는 방법을 서술하는 관념이 종교다.

그러나 사람들이 어떤 정의를 채택하든, 사회학은 종교를 어느 한쪽으로만 이해하려고 하지 않는다. 사회학은 종교에 대해 유연하게 접근한다. 종교를 일련의 교리로 정의하는 것이 아니라 집단이나 사회의 사람들이 실제로 보이는 행동과 신념, 헌신으로 정의한다. 예컨대 한국인은 조상이나 가족의 명복을 빌기 위해 기독교든 불교든 종교를 선택한다. 일본인은 아이의 출생을 축하할 때에는 신도(神道)의 예절에 기대고, 기독교 의식을 치르면서 결혼한다. 장례식을 치를 때에는 불교 의식을 지킨다. 그러면서도 일본인은 자신이 종교적이 아니라고 자평한다. 그야 어쨌든, 우리는 한국인이나 일본인이 믿는 종교의 교리가 아니라 그들의 실제 행동으로 그들의 종교를 말하거나 정의할 수 있다.

(1) 종교와 사회

종교와 사회의 관계를 살피는 가장 인상적 논의는 아마도 맑스의 발언일 것이다. 맑스는 종교를 그다지 많이 언급하지 않았다. 체계적으로 비판하지도 않았다. 여러 군데에서 띄엄띄엄 종교를 다루었을 뿐이다. 5장(사회적 불평등)에서 이미 보았지만 맑스는 역사유물론을 주장하였다. 이 이론을 따르면, 경제는 인간 생활과 역사의 기본 토대를 이룬다. 물질적이고 경제적인 현실은 모든 관념(법, 정치, 예술)과 사회제도(가족, 학교, 기업, 정부 등)를 규정한다. 종교도 그런 관념과 제도의 하나다. 종교의 역사는 독자적이지 않다. 종교는 물질적 생산의 부산물일 뿐이다. 그러므로 "종교 세계는 실제 세계의 반영이다."

맑스는 종교를 좋아하지 않았다(Cline, 2019). 다음과 같은 이유 때문이었다. 첫째, 종교는 비합리적이다. 종교는 속임수다. 심층적 실재가 아닌 겉모양을 숭배하는 것이다. 둘째, 종교는 인간이 현상태를 더 고분고분하고 유순하게 받아들이도록 함으로써 인간의 존엄을 부정한다. 셋째, 종교는 위선적이다. 종교는 제법 가치 있는 원리를 공언하지만, 억압자를 편든다. 예수는 가난한 자를 도왔지만, 교회는 억압자인 국가와 협력하여 인민을 노예로 만드는 데에 기여하였다. 이처럼 그는 종교를 싫어했으면서도 종교에 대해서는 그다지 많은 논평을 남기지 않았다. 종교를 공격해야 할 주요 적으로 간주하지 않았다는 징표다. 여기서는 그렇게 많지 않은 말들을 정리해 보자.

그가 청년 시절에 썼다는 「포이어바흐에 대한 테제」를 보자. 이 테제는 그가 포이어바흐의 『기독교의 본질』(1841)을 읽고 쓴 논평이다. 포이어바흐는 신을 가공의 존재로 보았다. 인간은 자신의 이상과 열망을 외부 대상에 투사(投射, projection)하여 신을 만들었다. 헤겔은 (절대)정신이 물질적 대상을 외화(外化)하거나 객체화(客體化)하는 것을 소외(疎外, alienation)라고 하였는데, 포이어바흐에게 종교는 인간 본성을 소외한 것이었다.[104] 그의 논지를 따르면, 신이란 이상적 인간이다. 신은 인간이 이상적 특성을 가려 뽑아 조합한 존재다. 그러므로 신을 안다는 것은 인간의 본질을 아는 것에 지나지 않는다. 포이어바흐는 이렇게 천상에 있는 신을 지상으로 끌어내렸으며, 인간의 자기소외와 자기상실을 지적하였다. 인간은 종교 속에서 자기가 만들어 낸 신의 노예가 되어 자기 자신을 완전히 잃어버린다. 인간이 자신의 인간다움을 대상화하여 신을 만들었지만, 이 신은 더욱더 인간적이고 적극적인 존재가 된다. 신이 인간적이고 적극적일수록 인간은 점점 더 동물적이고 소극적인 존재로 왜소화한다. 그러므로 인간에게 중요한 것은 종교 속에서 잃은 자기, 즉 인간성을 회복하는 것이다. 인간성을 회복하려면 기독교의 본질이 인간의 본질임을 자각하고 신학을 인

104) 맑스의 소외는 헤겔이나 포이어바흐와 약간 다르다. 맑스의 소외는 주체가 객체를 생성한다는 데에 초점이 맞추어져 있지 않다. 그의 소외는 주체가 객체를 만들었으나 이 객체가 도리어 주체를 지배하는 상태를 가리킨다. 자본주의 사회에서 상품은 노동자가 만들지만 자본가가 소유한다. 노동자가 상품을 많이 만들수록 자본가의 힘을 더 커진다. 그리하여 노동자가 만든 이 상품이 도리어 노동자를 억누르게 되는데, 이 상태가 곧 소외다. 소외를 흥미진진하게 다룬 논의로는 무스토(2011)를 보라.

간학으로 개조하지 않으면 안 된다. 그리하여 포이어바흐는 신이 아니고 인간을 종교의 중심에 두어야 한다고 주장하였다. 그러나 맑스는 포이어바흐의 이런 주장을 다음과 같이 비판하였다(Marx, 1888/1976).

4. 포이어바흐는 종교가 자기소외라는 사실, 즉 세계가 종교 세계와 세속 세계로 겹쳐있다는 사실에서 출발한다. 그는 종교 세계를 세속적 기초로 해소하려고 노력한다. 그러나 세속적 기초가 제 자신에게서 분리하여 별도로 구름 속에서 자립적 영역으로 고착한다는 사실은 세속적 기초의 자기분열과 자기모순으로만 설명할 수 있다. 그러므로 우리는 세속적 기초를 모순으로 이해해야 하고, 이와 동시에 이 모순을 혁명적으로 변혁해야 한다. 예를 들면 세속 가족이 신성 가족의 비밀이라는 사실을 밝힌 다음에 우리는 이론적으로나 실전적으로나 세속 가족을 변혁해야 한다.

6. 포이어바흐는 종교의 본질을 인간의 본질로 환원한다. 그러나 인간의 본질은 단일 개인에 내재하는 추상물이 아니다. 사실 인간의 본질은 사회 관계의 앙상블(총체)이다. 이렇게 실제 본질의 비판에 들어서지 않은 포이어바흐는 다음과 같은 입장에 서지 않을 수 없다. 1) 역사적 과정을 추상화하고, 종교적 심성을 그 자체로 고정하며, 추상적(고립된) 개인을 전제하지 않을 수 없다. 2) 그러므로 그 (인간의) 본질은 오직 '유(類)'로서만, 즉 다수의 개인을 자연적으로 결합하는 내면의 말없는 일반성으로서만 이해할 수 있을 뿐이다.

7. 결론적으로 포이어바흐는 '종교적 심성' 자체가 사회적 산물임을 알지 못하고, 그가 분석하는 추상적 개체가 특정 형태의 사회에 속한다는 사실을 알지 못한다.

말이 무척 어렵다. 다음 해설을 읽고 인용문을 천천히 다시 읽어 보자. 네 번째 테제는 종교 세계는 세속 세계가 만들어낸 객체이지만, '구름 속에 자립적 영역으로 자리 잡은' 허상이라는 사실을 말하였다. 그런데 맑스가 보기에 포이어바흐는 그 사실을 말하기만 할 뿐, 변화를 말하지 않는다. 종교 세계는 세속 세계의 반영일 뿐인데, 이 허상을 제거하려면 어떻게 해야 하는가? 맑스는 (상상으로 만들어낸-필자) 신성

가족(the holy family)을 해체하려면 (현실에 존재하는–필자) 세속 가족을 바꾸어야 하듯, 종교 세계를 변혁하려면 세속 세계를 바꾸어야 한다고 주장하였다. "철학자들은 세계를 다양하게 해석하였을 뿐이다. 중요한 것은 세계를 바꾸는 것이다." 여섯 번째와 일곱 번째 테제는 종교가 추상적 인간(사회에서 분리된 가공의 인간)의 본성을 투사한 것이 아니라 현실적 인간(사회 관계를 맺고 살아가는 인간)이 만들어낸 것이라고 말하였다. 그러므로 종교는 사회에서 분리할 수 없다. 종교는 경제구조나 다른 사회체계와 관련한다. 종교는 사회 관계에서만 의미를 띤다. 그러므로 종교는 신념의 내용(교리)으로 이해하려 들면 안 되고 그 종교가 봉사하는 사회적 목적으로 이해해야 한다.

이런 방식의 논리는 일종의 기능주의적 설명이다. 맑스는 종교의 사회적 기능을 밝히려고 노력했던 것이다. 맑스가 생각하기에 종교는 어떤 기능을 수행하는가? 종교는 현재의 사회가 이 상태로 존재하는 이유와 변명을 제공하는 환상이다. 종교는 이 세계의 고통을 달래고 누그러뜨리는 진통제다. 이제 우리는 맑스가 남긴 유명한 말을 이해할 수 있다.

> 종교적 고통은 실제 고통의 표현이자 그 고통에 대한 항의다. 종교는 억눌린 피조물이 내쉬는 한숨이고, 영혼 없는 상황의 영혼이며, 무정한 세계를 달래는 따스한 가슴이다. 종교는 인민의 아편이다
>
> 환상적 행복으로 기능하는 종교를 폐절(廢絶)하는 것은 사람들이 참된 행복을 누리기 위해 필요한 일이다. 조건에 대한 환상을 포기하도록 요구하는 것은 환상을 부추기는 조건을 포기하도록 요구하는 것이다. 그러므로 종교 비판은 처음부터 종교의 후광으로 감싼 눈물 골짜기를 비판하는 것이다(Marx, 1843/1970, 강조는 원저자).

종교는 인민의 아편이다. 아편은 상처의 아픔을 달랜다. 사람들은 현실에서 행복할 수 없으므로 종교가 약속하는 내세의 행복을 추구한다. 그리하여 고통스런 현실을 잊는다. 종교는 영혼이 없는 곳의 영혼이 되며 무정한 세계를 달래는 따뜻한 가슴이 된다. 그러나 종교가 위안과 위로가 된다고 하더라도, 그 위로는 어디까지나 한시적이

다. 아편은 몸의 상처를 치유하지 않고 고통만 달래기 때문이다. 더 나쁜 것은 아픔과 고통을 주는 억압자가 이 '약물'을 관리한다는 것이다. 고통을 치유하는 길은 종교의 후광으로 둘러싸인 눈물의 골짜기를 지나는 것이 아니라, 고통을 낳는 현실의 조건을 타파하는 것이다(Cline, 2019).[105]

베버의 종교사회학도 맑스와 흡사하게, 종교 그 자체라기보다 종교가 사회와 맺는 연관성을 살폈다. 맑스와 다른 점은 다음과 같다. 맑스는 종교가 사회에서 지배계급의 이익을 위해 어떤 기능을 수행하는지를 주로 살폈다면, 베버는 종교가 사회변화와 맺는 연관을 알아보고자 하였다. 기실 맑스도 종교와 사회변화의 연관성을 따지지 않았던 것은 아니었다. 맑스의 역사 유물론은 경제의 변화가 종교를 포함한 관념의 변화를 초래한다는 것이었다. 그러나 베버는 바로 맑스의 이런 이론을 정면으로 반대하였다. 종교가 경제적 현실을 바꿀 수 있다는 사례를 보임으로써 역사 유물론의 뿌리를 흔들고자 하였다.

베버는 서구 자본주의가 발흥한 지역에서 카톨릭 신도보다 개신교도(Protestant)가 더욱 더 부유하다는 것을 발견하였다. 개신교도가 사는 지역에서 자본주의가 융성했기 때문이다. 그런데 왜 자본주의는 중국이나 인도라기 보다 서구에서 발흥하였는가? 자본주의는 왜 서구에서도 카톨릭 교도 거주 지역이 아니라 개신교도 거주 지역에서 생겨났는가? 그는 개신교가 자본주의 정신을 만들어 내었기 때문이라고 대답하였다.

자본주의 정신이란 무엇인가? 자본주의가 출현하려면 자본주의적 행위 유형(목적합리적 행위, 이윤 추구)이 존재해야 하고, 이런 행위를 정당화하는 신념 체계가 존재해야 한다. 이 신념 체계가 곧 자본주의 정신이다. 자본주의 정신이란 자본주의를 움직이는 정신으로 이념형적으로 다음과 같은 특성을 지닌 정신이다(이념형은 〈삽화 5-1〉을 보라).

첫째, 노동은 목적 그 자체로서 가치를 지닌다.

---

105) '눈물 골짜기(the valley of Baca)'는 시편(Psalms)에 나오는 말로 고난과 역경의 장소나 시기를 비유한다. "나의 왕, 나의 하나님, 만군의 여호와여 주의 제단에서 참새도 제 집을 얻고 제비도 새끼를 둘 보금자리를 얻었나이다. 주의 집에 사는 자들은 복이 있나니 그들이 항상 주를 찬송하리이다. 주께 힘을 얻고 그 마음에 시온의 대로(大路)가 있는 자는 복이 있나이다. 그들이 눈물 골짜기로 지나갈 때에 그 곳에 많은 샘이 있을 것이며 이른 비가 복을 채워 주나이다. 그들은 힘을 얻고 더 얻어 나아가 시온에서 하나님 앞에 각기 나타나리이다."(시편 84: 3-7절).

둘째, 교환과 수익은 미덕이다.

셋째, 이성적 삶은 (경제적 성공에도 필요한 것이지만) 바람직한 삶의 한 방편이다.

넷째, 즉각적 행복과 즐거움을 유보해서 미래에 더 큰 만족을 얻어야 한다.

이런 내용을 지닌 정신이나 신념은 어디에서 생겨났는가? 베버는 캘비니즘(Calvinism)의 교리에서 비롯하였다고 주장하였다. 캘비니즘의 교리는 예정설(predestination)이었다. 예정설의 교리는 문자 그대로, 모든 이의 운명 미리 정해져 있고, 죽어서 구원을 받을지 받지 못할지는 미리 정해졌다는 것이다. 다만 사람들이 그것을 모르고 있을 뿐이다. 그렇다면 사람들은 자신이 신의 선택을 받으리라는 것을 어떻게 알 수 있을까? 자신의 구원을 어떻게 믿을 수 있을까? 자신이 지금 하고 있는 일을 신이 내려준 소명(calling)으로 삼아, 성실근면하게 일하고 근검절약하는 생활을 영위하여 남보다 큰 경제적 성공을 거두면, 바로 그 사실이 구원의 증거이지 않을까? 그리하여 캘빈주의 교도는 경제적 성공을 중시하고 그 수단인 이윤 추구를 정당화하기에 이르렀다.

결국 베버는 개신교의 윤리가 자본주의 정신을 만들고, 이 정신이 자본주의를 낳았으며, 이 자본주의가 개신교도 지역을 풍요롭게 만들었다는 논리를 만들었던 셈이다(Weber, 1905).[106] 새삼 말할 것도 없지만, 이런 논리는 매우 단순하다. 기실 자본주의 정신만이 자본주의를 낳았다고 믿을 이유는 없다. 산업화, 자유 노동력, 체계적인 회계, 자유시장, 신뢰할 수 있는 법률, 경제의 상업화 등과 같은 구조적 여건도 자본주의의 발흥 조건이다. 그러므로 개신교 윤리가 자본주의를 낳았다는 논리는 지나치게 단순하다. 그러나 그 사실을 인정하면서도 베버가 이 논리를 무리하게 내세운 이유는 무엇일까? 그가 말하고 싶었던 것은 맑스의 역사 유물론이 지나치게 일면적이라는 것이었다. 경제가 관념(사상, 종교, 신념 등)을 결정한다는 역사 유물론은 상당히 설득력 있는 인과도식을 제시하지만 베버는 이것을 지나치게 일방적인 견해라고 생각하였다. 그는 경제와 관념이 상대적 자율성(relative autonomy)을 가진다고 생각하였다. 그리하여 물질적 이해관계와 관념 사이에는 필연적 연관성이 존재하는 것이 아니라 선택적 친화력(elective affinity)만이 존재한다고 생각하였다. 예컨대 토지를

106) 베버의 이런 논리에 대한 반론은 무척이나 많다. 그 비판 중에서 가장 최근에 출판되었고 가장 통렬한 비판을 담았던 책으로는 Stark(2017)를 보라.

소유하지 않은 무사 계급은 전투적 신을 신봉하는 종교에, 농민은 자연숭배에, 도시민은 경건한 종교에 친화력을 느낀다고 보았다. 요컨대 베버는 물질과 관념 사이의 관계를 일방적으로 설명하지 않고 그 관계를 다양하게 포착하려 하였다.

(2) 종교와 집단유대감

지금까지 종교와 사회의 연관성을 살폈다. 맑스는 경제적 토대가 종교를 비롯한 문화적 상부구조를 결정한다고 주장하였고, 종교는 이 토대의 유지에 일정한 기능을 수행한다고 보았다. 베버는 종교와 사회변화의 관계, 캘비니즘과 자본주의 형성의 관계를 살펴보았다. 그러나 이제 뒤르케임의 접근을 좇아 종교의 본질이 무엇인지에 대해 알아보자. 큰 틀에서 보면, 뒤르케임의 종교론도 종교와 사회의 연관성을 다루었다고 볼 수 있지만, 맑스와 베버의 이론과는 구별되는 것이다.

종교란 무엇인가? 이 질문에 대답하기 전에 종교가 아닌 것은 무엇인가를 살펴볼 필요가 있다. 흔히 우리가 종교가 아닌 것을 종교라고 착각하기 때문이다. 먼저 종교는 신(神)에 대한 믿음이 아니다. 많은 종교가 인격 신을 섬기지만 모든 종교가 인격 신을 모시는 것은 아니다. 예를 들면, 동북아시아와 중앙아시아의 샤머니즘(shamanism)은 신이 아니라 하늘을 신성한 존재로 섬긴다. 멜라네시아와 폴리네시아 부족은 독특하게도 마나(mana)라는 존재를 믿고 섬긴다. 마나는 우주에 스며들어 이곳저곳을 떠돌아다니는 초자연적 힘을 일컫는다. 마나를 담지한 사물이나 사람은 신성한 힘을 갖는다. 이처럼 하늘과 마나는 신이 아니므로 종교는 모두 신을 섬긴다는 명제는 참이 아니다. 둘째, 종교는 도덕성(morality)이 아니다. 우리 주변에서 자주 만나는 종교는 흔히 도덕적 훈계를 제시한다. 예컨대, 기독교는 10계명을 제시하고, 불교도 계율을 지정한다. 상당수의 종교는 거짓말을 하지 말라든지 술을 먹지 말라든지 하는 도덕적 계율을 제시한다. 그러나 종교가 모두 도덕적 훈계를 포함하는 것은 아니다. 예컨대 그리스의 신은 도덕적이지 않다. 제우스는 아내를 속이고 인간 여자를 빼앗는다. 헤라는 제우스의 여자를 좇아다니며 해코지한다. 신이 이렇게 제 스스로 부도덕하니 인간에게 이리저리 살라고 훈계할 처지가 못된다. 셋째,

종교는 주술(magic)이 아니다. 주술은 초자연적 힘을 인간의 목적에 복속하는 행위를 말하는데, 종교는 주술이 아니다. 천지신명에게 제사를 지내 동남풍을 일으킨다든지, 연적을 무찌르려 인형을 만들어 저주를 퍼붓는다든지 하는 행위는 종교가 아니다. 주술보다 종교에 더 가까운 것은 초자연적 힘에게 바치는 간절한 기원, 즉 탄원(petition)이다.

그럼 종교는 무엇인가? 뒤르케임은 매우 일반적인 방식으로 종교의 본질을 밝히고자 하였다. 뒤르케임은 모든 종교에 공통적으로 존재하는 요소, 즉 종교의 문화적 보편자(cultural universals)를 찾았다. 만일 그러한 것을 찾을 수 있다면 우리는 그것을 종교의 본질이나 정의 같은 것이라고 여길 수 있다. 그가 찾아낸 종교의 문화적 보편자는 1) 성과 속의 구분, 2) 의례, 3) 교회였다. 모든 종교는 성(聖, sacred)과 속(俗, profane)을 구분하고, 제 나름의 독특한 의례를 지니며, 신도가 모이는 장소(교회)를 둔다는 말이다. 이를 하나씩 차례로 살펴보자.

성과 속을 구별할 때, 신성한 것은 여러 종류로 나눌 수 있다. 여호와(Jehovah)나 알라(Allah)처럼 인격화된 신일 수 있고, 마나처럼 비인격적 힘일 수도 있다. 샤먼(shaman)과 같은 사람일 수도 있고 호랑이, 곰, 장미 등과 같은 동식물일 수도 있다. 바위, 나무, 샘, 자갈, 숲, 집 등 사물일 수도 있다. 그런데 사람들은 이 대상을 왜 성스럽다고 생각하는가? 이 힘이나 사람, 사물이 신성한 속성을 내재하고 있는가? 뒤르케임은 그렇지 않다고 보았다. 그는 이 힘이나 사람, 사물이 그 자체로 성스러운 것이 아니라 이들이 성스러운 어떤 대상을 상징하기 때문에 성스럽다고 주장하였다. 그렇다면 이 힘이나 사람, 사물은 무엇을 상징하는가? 뒤르케임은 이 힘이나 사람, 사물은 개개인이 속한 집단(사회)을 상징한다고 보았다. 십자가는 기독교를 신봉하는 집단을 상징하고, 다윗의 별은 유대인 집단을 상징한다. 불상은 승가(僧伽, 승려 집단)를 상징하고, 호랑이와 곰은 개별 토템 부족을 상징한다. 그러므로 특정한 힘이나 사람, 사물을 성스럽다고 생각하는 것은 자신의 집단을 성스럽다고 믿는 것을 의미한다.

〈삽화 7-1〉 성스러운 것과 집단

개별 종교는 자신을 상징하는 휘장을 성스럽게 생각한다(〈그림 7-1 참조〉). 뒤르케임은 이 휘장이 집단을 상징하기 때문에 성스럽다고 주장하였다. 그런데 과연 이 휘장이 집단(사회)을 상징하기 때문에 성스러울까? 종교가 아닌 다른 경우를 생각해 보자.

〈그림 7-1〉 종교의 상징물

첫째 줄: 기독교, 유대교, 힌두교
둘째 줄: 이슬람, 불교, 신도(神道)
셋째 줄: 시크교, 바하이교, 불해교(不害敎)

종교에만 성스러운 것이 있는 것은 아니다. 우리의 일상생활에도 성스러운 것은 많다. 수준이나 층위별로 구분해 보자. 다른 무엇보다 국기가 성스럽다. 우리 같으면 태극기가 성스럽다. 태극기는 함부로 취급할 수 없다. 태극기가 훼손되거나 더러워지면 우리는 그것을 쓰레기통에 집어넣지 않는다. 소각하거나 땅에 묻는다. 성스러운 것을 성스럽게 취급하는 셈이다. 미국기나 일장기는 태극기만큼 성스럽지는 않으나 그렇다고 속된 것도 아니다. 이 역시 함부로 취급하지 않는다. 그런데 태극기나 다른 나라 국기는 왜 그렇게 성스러운가? 그 자체로 성스러운 속성을 띠기 때문인가? 그렇지 않다. 태극기는 그렇게 비싸거나 귀한 소재로 만들어진 것이 아니다. 태극기가 성스러운 것은 그것이 우리(집단)를 상징하기 때문이다. 미국기나 일장기가 태극기만큼 성스럽지 않지만, 그렇게 속되지 않은 까닭은 그것이 다른 집단을 상징하기 때문이다.

〈그림 7-2〉 조선, 일본, 청, 영국 왕가의 휘장

우리 주변에서 우리가 성스러운 것으로 간주하는 것으로 국기만 들 수 있는 것은 아니다. 우리 집단을 상징하는 것도 성스럽게 여긴다. 예컨대 조선 왕조 왕가의 휘장도 태극기만큼 성스럽지 않지만 그래도 함부로 대하지 않는다(왕조 시대에는 국기보다 더 신성했을 것이다). 다른 나라 왕가의 휘장도 속된 것으로 취급하지는 않는다. 어쨌든 우리는 우리 집단과 다른 집단을 상징하는 것을 성스럽게 여긴다(〈그림 7-2〉에서는 조선, 일본, 청, 영국 왕실의 휘장을 보였다. 조선 왕조의 문양은 오얏꽃(李花, 자두꽃)이고 일본 왕가의 문양은 국화다. 청 왕조의 상징물은 용이고 영국 왕실의 상징물은 사자와 유니콘이다).[107)]

왕가처럼 유명한 집단을 상징하는 것도 성스럽지만, 우리 주변의 조그만 집단을 상징하는 것도 성스럽다. 우리가 다녔던 고등학교나 대학을 상징하는 상징물도 성스럽게 여기거니와 그보다 작은 집단을 상징하는 것도 성스럽게 여긴다. 예컨대 부부

107) 집안을 나타내는 상징적 표지, 가문(家紋)은 일본의 문화라고 한다. 청이나 조선 왕조에서 왕가의 문장(紋章)을 만드는 전통은 없었는데, 일본 왕가의 영향을 받아 근대 이후 만들었던 것으로 추정한다(이어령, 1991).

나 연인이 교환한 반지를 보자. 이 반지는 다른 반지와 확연히 구별된다. 사람들은 이 반지를 재질이나 가격으로 평가하지 않는다. 이 반지는 두 사람의 관계를 상징한다. 그러므로 다른 반지와는 전혀 다르게 성스러운 속성을 띤다. 이 반지는 소중하게 간직해야 하고, 조심스럽게 취급해야 한다.

뒤르케임은 종교의 문화적 보편자로 의례(ritual)를 들었는데, 이 의례는 신성한 것을 숭배하거나 사악하거나 비천한 것을 물리치는 행위다. 예컨대, 기도, 찬송, 춤, 굿, 기우제, 소금 뿌리기 등을 말한다. 이런 의례는 일상의 동작이나 행위와 유사하지만 그 의미는 완전히 다르다. 종교 의식에서 촛불을 켜고 끄는 행위는 일상생활의 그것과 같지만 그 의미는 사뭇 다르다. 이런 의례는 일정한 형식성을 갖춘다. 성호는 특정 방향으로 그어야 하고, 발우공양을 하는 방법도 미리 정해져 있다. 춤을 추어야 한다면 춤추는 방식도 미리 정해져 있다. 1장에서도 보았지만, 이런 형식성은 지켜도 그만, 안 지켜도 그만인 것이 아니다. 이 형식성은 특정 목적을 달성하기 위한 수단이 아니라 그 자체가 목적이다. 그러므로 꼼꼼하게 지켜야 하는 것이다.

세 번째 문화적 보편자는 교회(church)다. 사람들은 집에서 사적으로 의례(기도나 찬송, 춤, 굿, 제사)를 치르기도 하지만, 대체로 특정 장소(성당, 예배당, 절, 성황당, 소도 등)에서 집단으로 의례를 치른다. 이 장소를 교회라고 하는데, 모든 종교는 반드시 교회를 갖는다.

지금까지 종교의 문화적 보편자를 살펴보았는데, 이 세 요소가 종교의 본질 같은 것이라고 말할 수 있다.

> 그러므로 우리는 다음과 같이 정의할 수 있다. 종교란 성스러운 사물(따로 떨어져 있고 접촉 금지된 사물)과 관련한 신념과 의례의 결합 체계다. 교회는 이런 신념과 의례를 신봉하는 사람을 단일한 도덕 공동체로 통합한다. 이 정의의 두 번째 요소(교회-인용자)는 첫 번째 요소(성스러운 사물과 관련한 신념과 의례-인용자) 못지않게 중요한 것이다. 왜냐하면 두 번째 요소는 종교와 교회가 분리 불가능하다는 것을 보임으로써 종교는 집합적이라는 사실을 드러내기 때문이다 (Durkkeim, 1912/1995: 188. 강조는 원저자. 쪽수는 한국어 번역본)

그렇다면 이 문화적 보편자 중에서 종교를 규정하는 가장 중요한 요소는 무엇인가? 성과 속의 구분이 종교의 본질에 가장 가까운 요소처럼 보이지만, 뒤르케임은 의례를 가장 중요한 요소라고 생각하였다.

> 사실, 종교의 참 기능은 생각의 폭을 넓히거나 지식을 풍부하게 하는 데에 있지 않다. 과학이 만들어낸 것에 새 것을 더하는 데에도 있지 않다. 종교의 참 기능은 우리를 행동하게 하는 데에 있고, 우리가 삶을 살아내도록 하는 데에 있다. 신과 교류하는 신자는 단순히 비신자가 모르는 새로운 진리를 아는 사람이 아니다. 그는 더 강해진 사람이다. 그는 자신 안에서 존재의 시련을 견디거나 넘어서는 힘을 느끼는 사람이다. (…)그러나 우리가 관념에서 그런 힘을 얻는 것 같지 않다. 사실, 관념은 우리 자신의 일부에 불과하다. 이런 관념이 어떻게 우리 본성에 내재한 힘보다 더 우월한 힘을 우리에게 줄 수 있단 말인가? 관념의 정서적 효능이 아무리 풍성하더라도 우리의 자연적 생명력에 아무 것도 덧붙여 주지 못한다. 왜냐하면 관념은 우리 안에 잠재한 정서적 힘을 풀어줄 뿐이지 그것을 만들거나 늘리지는 못하기 때문이다. 사랑하고 추구할 만한 대상을 생각한다고 해서 그 생각만으로 우리가 더 강한 힘을 느끼지는 않는다. (우리가 더 강한 힘을 느끼려면–인용자) 그 대상이 우리가 보유하는 에너지보다 더 많거나 더 큰 에너지를 포함해야 하고, 우리는 그 에너지를 안으로 들여와 우리의 내적 삶과 섞는 방법을 쓸 줄 알아야 한다. (…)한마디로, 에너지를 느끼려면 우리는 행동해야 하고, 그 행동의 효과를 새롭게 하려면 이 행동을 반복해야 한다. 이런 관점에서 보면 숭배를 이루는 행위, 즉 규칙적으로 되풀이하는 행위(의례–인용자)가 얼마나 중요한지를 쉽게 알 수 있다. 실제로 종교에 종사하는 사람은 누구든지 의례가 신앙의 체험 증거로 여겨지는 감정, 즉 기쁨과 평화, 안정과 열광을 낳는다는 사실을 안다. 의례는 단순히 신앙을 밖으로 표현하는 기호 체계가 아니다. 의례는 신앙을 만들어내는 계기이고 신앙을 주기적으로 강화하는 수단이다(Durkheim, 1912/1995: 777- 778. 강조는 인용자. 쪽수는 한국어 번역본).

위의 인용문은 종교적 의례가 신앙심의 원천임을 말하고 있다. 의례는 성스러운 것이 내재하는 강력한 에너지를 우리 안으로 불러 들여와 우리의 내적 삶과 뒤섞는다. 그리하여 우리 안에 기쁨과 평화, 안정과 열정의 감정을 낳는다. 앞에서 우리는 신앙심을 성스러운 것(집단이나 사회)에 대한 헌신, 즉 집단에 느끼는 소속감이나 일체감이라고 말하였던 바, 종교적 의례는 이 일체감을 만들어내고 이 일체감으로 갖가지 개인 감정을 만들어내기도 한다(〈삽화 7-2〉 참조). 신앙심이 돈독하여 기도나 찬송과 같은 의례를 행할 수도 있지만, 거꾸로 의례를 반복함으로써 신앙심이 돈독해지기도 한다. 어느 쪽이 더 그럴싸한 인과관계인가? 뒤르케임은 뒤쪽 인과관계의 손을 들었다. 그는 신앙심이 의례로 나타나는 것이 아니라 의례가 신앙심을 낳는다고 주장하였다. 앞에서 보았듯, 신앙심은 집단에 대한 헌신, 집단에 대한 충성, 집단에 느끼는 일체감(집단유대감)이라고 바꾸어 말할 수 있는 바, 그는 의례가 집단유대감을 낳는 원천이라고 주장하였던 셈이다.

〈삽화 7-2〉 신천지와 '종교다움'

2019년 겨울부터 전세계를 휩쓸었던 코로나19 바이러스는 평소 잘 보이지 않던 우리 사회의 구석구석을 환하게 비춰주었다. 그 와중에 기성 교단이 이단이라고 부르는 한 종파가 관심 대상이 되었다. 그리고 많은 사람이 이 종파를 언급하였다. 아래의 글은 소설가 한지혜가 『경향신문(2020. 3. 11)』에 이 종파에 대해 기고한 글의 전반부다. 이 소설가가 뒤르케임을 읽었는지는 모르겠지만, 인용자는 그 논지가 뒤르케임의 논리와 비슷하다고 판단하였다. 이 글을 이 책에 인용하는 이유다. 아래의 강조는 원저자가 아니라 인용자가 한 것이다. 나는 그 부분을 사회적 연대나 의례가 성스러운 것을 만들어낸다는 논지로 읽었다.

작금의 신천지 사태처럼 신흥종교 혹은 유사종교가 사회적 문제를 일으킬 때마다 어떻게 그런 이상한 교리와 말도 안되는 개인에 대한 숭배에 빠질 수 있는지 의아하다는 게 대체적인 여론이다. 그런데 역설적으로 바로 그 지점이 그들이 이론과 포교 방법에 얼마나 공을 들이는지를 증명한다. 그들의 이론을 종말이나 구원 혹은 영생불사 같은 한두 개의 단어나 문장으로만 이해하면 곤란하다. 그런 종교의 교리를 한 번이라도 제대로 들여다보라. 종말, 구원, 영생불사를 받아들이기까지의 교리에 얼마나 많은 인문학과 과학을 촘촘히 논리적으로 심어놓았는지 말이다. **그 교리를 배우며 그들은 세상에서 경험하지 못한 유대감과 친밀감도 주고받는다.** 지도자에 대한 믿음은 사실 가장 나중에 생겨난다. **교리를 통해서가 아니라 함께 속한 이들과의 연대를 통해서, 이들이 믿고 의지하는 대상을 나도 따르겠다는 결속력이 생기는 것**

이다.

그런데 이들이 배우는 가장 중요한 첫 번째 교리는 뜻밖에도 종말이나 구원이 아니라 '이단론'이다. 세상의 모든 진리는 이단이라고 비판과 모함을 받았다는 주장이다. 그 선두에 사람의 아들로 태어나 신의 아들임을 고백하여 십자가에 달린 예수가 있고, 로마 가톨릭의 부패를 비판하며 종교를 개혁한 마르틴 루터가 있고, 심지어 지구가 돌고 있다고 주장했다가 죽어서 장례를 치르는 일과 묘비를 세우는 일까지 금지당해야 했던 갈릴레오도 있다. 그러한 사례를 끝없이 열거한 후에 그들은 마지막 줄에 자신을 세운다. 세속적인 기준에서 리더의 외연에 못 미치는 그들의 종교지도자도 그 줄에서 당위성을 얻는다. 세상이 볼 때 약하면 약할수록 못나면 못날수록 극복의 상징이자 대속의 표지가 되는 것이다. '이단'은 억울한 누명이 아니라 그들에게는 사실 명예이자 자랑스러운 정체성이다. 신이 가장 약한 자의 모습으로 나타나 핍박받고 외로운 이들을 구원한다는 종교의 기본 논리를 그들도 믿는다. 아무래도 상관없다. 그들의 구원이 어떤 믿음의 단계를 거쳐 이루어지든, 어떤 대상을 통해 이루어지든, 그것이 종교일 때는, 살아 있는 신을 믿든, 길가의 돌멩이를 믿든 그것이야말로 종교의 영역이고 자유일 것이다. (…).

종교적 의례가 집단유대감을 낳는다는 뒤르케임의 논지는 다른 분야의 논의, 다른 학자의 논의에서도 찾을 수 있다. 네덜란드의 인류학자 반 헤네프(A. van Gennep)는 종교에서만 의례를 행하는 것이 아니라 우리네 삶이 중요한 고비에서도 의례를 치른다는 사실을 밝혔다(van Gennep, 1909). 삶의 주요 단계를 통과하면서 치르는 의례라고 하여 그는 이를 통과의례(通過儀禮, rites of passage)라고 이름 붙였다. 사회마다, 시대마다 그 중요도는 약간씩 달라지지만 통과의례로 다음과 같은 식을 들 수 있다. 임신, 출산, 백일, 돌을 맞이하여 치르는 의식(儀式)이나 졸업, 성년, 약혼, 결혼, 금혼, 회갑, 고희, 사망 등을 맞이하여 치르는 의식이 통과의례다. 그 외에도 특정 집단에 입회할 때 치르는 신고식(entrance ritual)이나 입회식(initiation ritual)도 통과의례로 분류할 수 있다.

사람들이 통과의례를 치르는 이유는 무엇인가? 즉 통과의례의 목적은 무엇인가? 개인이나 집단의 사회적 지위가 바뀌었다는 것을 공표(公表, public announcement)하는 것이 그 목적이다. 예컨대 성인식은 아이가 성인이 되었다는 사실을 선포하고 (〈삽화 7-3〉 스웨덴의 고교 졸업식을 보라. 현대의 고등학교 졸업식은 사실상 성인식이다), 결혼식은 결혼 당사자의 지위가 미혼에서 기혼으로 바뀌었다고 주변 사람들에게 공개적으로 선언한다. 장례식은 한 집단의 성원이 죽었다는 것을 공식적으로 알린다. 신고식이나 입회식은 한 집단에 새 사람이 들어왔다는 것을 모든 성원에게 알린다. 목적은 그렇다고 치고, 통과의례를 치른 뒤에 나타나는 결과는 무엇인가? 첫째, 통과의례를 분기점으로 사람들은 생활의 모든 차원, 즉 집단, 공간, 사고, 행위 등에서 옛 생활양식을 버리고 새 생활양식을 따른다. 성인식을 치른 청년의 사회적 지위는 아이가 아니고 어른이다. 그러므로 성인식 이후에는 아이들과 어울리지 않고 성인과 접촉한다. 성인식을 치른 사람은 이제 성인용 공간(주점 등)에도 드나들 수 있다. 결혼식을 치른 남녀는 한 방을 사용하고, 예전과는 다른 생각이나 행동을 한다. 결혼 전에는 부모 생일을 챙기지 않았지만, 결혼한 뒤에는 부모나 친인척의 생일을 챙긴다. 둘째, 통과의례를 치르면서 집단 성원의 유대감을 강화한다. 통과의례가 낳는 집단유대감은 때때로 실감이 되지 않는다. 결혼식이나 장례식에 마지 못해 함께 모이는 사람들 사이에 무슨 유대감이 생길 것이냐고 회의가 들기도 한다. 그러나 의례에 참석하지 않는 경우를 생각해 보라. 이 의례가 집단유대감에 얼마나 큰 기여를 하고 있는지를 곧 알 수 있다. 예컨대 친구 결혼식에 참석하지 않는다면 어떤 일이 벌어질까? 친구 아버지의 장례식에 참석하지 않는다면 어떤 결과가 나타날까? 그 친구와 맺는 끈끈한 유대감은 없어지거나 묽어진다. 친구 관계가 소원해진다는 말이다. 그러므로 통과의례는 의례에 참여하는 사람들 관계를 돈독하게 묶는다고 말할 수 있다. 종교적 의례보다 범위는 좁지만, 통과의례도 의례 참여자 사이에 집단유대감을 형성한다.

반 헤네프는 통과의례의 구조를 내보였다. 통과의례는 모두 분리, 경계, 재통합의 세 국면(局面, phases)을 거친다고 생각하였다(〈표 7-1〉 참조). 이 국면 하나하나를 살펴보자. 먼저, 분리(separation)는 이전의 사회적 지위와 분리하는 국면의 의례다. 성인식에서 아이들의 옷을 벗기는 의례나 결혼식에서 신부 아버지가 신부를 신랑에게 넘겨주는 의례다. 교도소나 병원 등에 들어갈 때 치르는 신고식에서 사복과 휘장을 제거하는 의례다. 경계(liminality) 단계는 희뿌연 과도기를 말한다.[108] 이것도

108) 심리학과 생리학에서 limen은 심리학적, 생리학적 반응의 문턱(문지방)이다. 달리 말하면, 의식의 경계다. 문턱의 이쪽에서는 자극을 인지할 수 있지만, 저쪽에서는 인지할 수 없다. 심리학에서는 liminality를 식역(識閾)이라고 한다. 번역어가 더 어렵다. 의식의 문지방이라고 번역하는 것이 훨씬 더 나아 보인다. 의식의 문지방은 의식의 영역도 아니고 무의식의 영역도 아닌 뿌연 경계지대라고 생각할 수 있다.

〈표 7-1〉 통과의례의 단계

	분리	경계	재통합
성인식	옷 벗김	학대, 추방	축제
결혼식	옛 가족과 결별	독립 집단 형성	새 가족과 통합
장례식	옷을 갈아입음	유족의 고행, 학대	친족과 통합
신고식	옷, 휘장 제거	학대	잔치, 새 옷과 새 구실

아니고 저것도 아닌 국면이나 시기다. 성인식에서 아이들을 마을 바깥으로 내몰아서 아이들은 이제 아이도 아니고 어른도 아니게 되고, 이 집단 사람도 아니고 저 집단 사람도 아닌 존재가 된다. 결혼식에서 아버지의 손을 놓은 신부는 신랑과 둘만 남는다. 이 집단도 아니고 저 집단도 아닌 독립 집단을 구성한다. 신고식에서 기존의 멤버는 신입 회원을 학대한다. 신입회원은 기왕의 사회적 지위를 떠났지만, 아직 새 집단의 성원이 되지 못하였다. 재통합(reintegration) 국면에서 사람들의 지위가 바뀌고 새 집단에 소속한다. 성인식의 마지막 국면에서 사람들은 마을 바깥에 산재한 아이들을 불러 모아 성대한 잔치를 베푼다. 사람들은 이들을 성인으로 대접한다. 결혼식에서 신랑신부는 본가의 가족과 새로 생긴 가족(시가나 처가)과 화합한다. 신고식에서 기존 회원은 일정한 환영 절차를 밟아 새 회원을 식구로 맞이한다. 이 재통합이 집단유대감을 낳는 주요 계기다.

〈삽화 7-3〉 스웨덴 고교 졸업식이 이토록 호화스러운 이유

내가 믿든 말든 6월, 졸업의 때가 왔다. 스웨덴에서 고등학교 졸업은 도시 전체가 들썩거릴 만큼 전통적으로 아주 거창한 행사이다. 그래서 아이들과 부모들은 6월에 있을 '단 하루'의 졸업행사를 겨울부터 준비한다. 가장 먼저 '학생모(Studentmossa)'라 불리는 값비싼 졸업모자를 맞춘다. 졸업생의 이름이 새겨진 졸업모자는 졸업의 상징이라 비싸도 살 수밖에 없다. 가격이 20만원을 호가한다. 행진을 위해 트럭도 예약하고, 졸업식 날 저녁 화려한 파티도 계획한다. 밀가루나 날달걀 세례를 받고 동네 중국집에서 짜장면에 탕수육을 시켜 먹는 한국 고등학교 졸업식과는 차원이 다른 호화로움이다.

스웨덴의 졸업식 날 하루 풍경은 이러하다. 아침에 남학생은 정장에 모자, 여학생은 흰색 원피스에 모자를 쓰고, 같은 반 친구들끼리 정원 넓은 집에 모여 샴페인을 곁들인 아침식사 파티를 한다. 그 뒤 학교에 가서 건물 안으로 들어가는데, 건물 안으로 들어가는 이유는 오로지 문을 박차고 달려 나오기 위함이다. '달려나감(Utspringet)'이라 부르는 이 의식은 '독립적인 성인'으로서 세상에 첫발을 내딛는다는 의미가 있다. 번데기가 성충으로 탈바꿈하는 그런 순간이랄까! 이때 부모와 친지들은 운동장에서 꽃다발과 아이의 어릴 적 사진을 붙인 팻말을 들고 기다리다가 성충이 되어 날아오는 자녀를 격한 감동으로 맞이한다. 달려나감 의식을 통해 성인으로 거듭난 졸업생들은 운동장에 마련된 무대 위에 올라 한참을 뛰고 노래를 부른다.

다음엔 겨울부터 예약해 둔 트럭을 타고 도시를 누비며 어마어마하게 소란스러운 거리행진을 한다. 트럭 위에서 비싼 샴페인을 콜라 먹듯 마시고 심지어 사람들에게 뿌리기도 한다. 귀청이 찢어질 정도로 크게 음악을 틀어놓고 춤추며 나팔도 분다. 스웨덴에 와서 처음 이 광경을 접했을 때, 한적하고 고요한 스웨덴에서 이게 웬 난리인가 싶었다. 학교마다 졸업식 날이 다르니 6월 중 2주 정도는 이런 소란함을 각오해야 한다.

이렇게 트럭으로 도시 곳곳을 누빈 뒤, 저녁에 집에 돌아오면 오래전부터 계획한 화려한 졸업파티가 기다리고 있다. 작년에 내 친구 오사는 딸 루이자의 졸업행사를 얼마나 많이 준비했는지 모른다. 루이자와 인연이 있는 가까운 친지 25명을 초대했고, 출장요리에 음악 디제이까지 섭외했다. 파티 도중에 오사는 이제 성인이 된 딸에게 감동적인 편지를 낭독했고, '푸짐한 선물'을 들고 온 손님들 또한 모두 한마디씩 덕담을 해주었다. 오사는 이 행사에 자그마치 300만원이 넘는 비용이 들었다며 딸이 한 명이어서 다행이란 말을 했다. 친지와의 파티가 끝나면 밤늦게 친구들과의 파티가 또 있다. 가정에 따라 행사규모의 차이는 있겠지만 조용히 보내는 졸업생은 없다(…).

스웨덴에서 고등학교 졸업식을 이렇게 대단하게 치르는 이유는 졸업이 그만큼 큰 의미를 갖기 때문이다. 한국에서는 고등학교를 졸업해도 부모의 그늘에서 산다는 점에서 삶이 크게 달라지지 않지만, 스웨덴에서 고등학교 졸업은 '부모를 떠난다'는 걸 의미한다.

부모에겐 18세 이상 성년이 된 자녀를 부양할 책임이 없다. 이는 부모도 알고, 자녀도 안다. 더러 성년이 된 자녀에게 방값을 요구하는 부모도 있다. 이웃집 형이나 사촌 누나가 부모에게 방값을 내거나 독립해 나가 사는 걸 어려서부터 봐왔으니, 스웨덴 아이들은 18세가 되면 자신들도 그렇게 사는 것이 당연하다고 생각한다. 루이자가 졸업식 날 친지들로부터 받은 '푸짐한 선물'은 대부분 혼자 나가서 살 때 필요한 물건들로, 결혼 선물과 유사하다고 했다.

스웨덴은 다른 유럽 국가들에 비해 젊은이들이 일찍 부모를 떠나는 나라이다. 부모집을 떠나는 젊은이들의 평균 연령이 유럽은 26세인데, 스웨덴은 18.5세이다. 스웨덴에 유독 독립의 기운이 이렇게 충천하는 이유는 무엇일까?

지금으로부터 48년 전인 1972년, 올로프 팔메 총리와 일군의 사회민주주의 정치가들이 스웨덴의 미래를 위해 혁명적인 비전을 제시했다. 그 선언문의 제목은 '미래의 가족(Familjen i Framtid)'이었는데, 그 주요 내용은 다음과 같다. "서로에게 기대고 의존하는 낡은 전통적인 가족구조에서 벗어나자! 남편으로부터 아내를, 자녀로부터 노부모를, 부모로부터 청소년을 자유롭게 하자! 사회 구성원이 모두 자유롭고 평등하며 독립적으로 사는 사회를 만들자! 삶의 한 단계 도약을 이루어내자!"

지금 봐도 대단히 혁명적인 선언문이 아닐 수 없다. 진정한 독립과 자유는 경제적인 자립에서 비롯되므로 정부는 여성의 경제활동을 적극적으로 지원했고, 경제적 능력이 없는 노인과 아이들은 복지를 늘려 국가가 책임지는 시스템을 구상했다. 학교교육도 평등에 입각해서 독립성을 키우는 방향으로 초점을 맞추었다. 이렇게 국가의 도움으로 개개인이 경제적으로 자립하면서 모두가 모두로부터 자유로워졌고 독립적인 존재가 됐다.

사실 노부모를 부양하고 아이들의 양육비를 부담하고 의료비를 걱정해야 하는 사람들은 여유로운 삶을 살기 어렵다. 노부모는 부담스럽고, 수입의 많은 부분이 양육비로 나간다면 아이들을 독립적인 인격체로 보지 않고, 자신의 맘에 들게 키우려 할 것이다. 심지어 결혼하는 자녀에게 경제적인 도움까지 주어야 한다면 부모는 자녀의 인생을 간섭하려 들 것이고, 자녀는 경제적인 도움은 받을망정 자신의 인생을 간섭하려는 부모에게 반발심을 갖게 될 것이다. 이래서야 가족의 모습이 아름다울 수 있겠는가?

가족 간의 전통적인 의존관계를 해체하고, "사회구성원이 모두 자유롭고 독립적으로 사는 사회를 만들자"고 선언문까지 발표했으니, 정부가 새내기 성인이 된 고등학교 졸업생의 홀로서기에 정책적으로 아낌없이 지원하는 것은 당연한 일이다.

일단 정규 대학생이 되면 무조건 자립이 가능하다. 정부로부터 4주에 기본금 3,292크로나와 학자금 대출로 7,568크로나, 도합 10,860크로나를 받을 수 있다. 기본금은 거저 주는 돈이고, 대출금은 학교 졸업 후 6개월 이후부터 최장 25년 동안 0.16% 이자율로 갚으면 된다. 10,860크로나는 약 140만원인데, 이 정도면 부모 도움 없이

한 달 살 수 있다. 학비가 무료이기 때문이다!

대학을 가지 않을 경우엔 직업을 구한다. 스웨덴 고등학교에는 18개의 국정 학습프로그램이 있는데, 학교마다 몇몇의 프로그램을 제공한다. 이 중 6개는 대학 진학을 위한 이른바 인문계열, 나머지 12개는 실업계열 프로그램이다. 실업계열 프로그램에는 음악, 요리, 건축, 예술, 공예, 호텔경영 등 분야가 다양하고 실습의 기회도 주어진다. 졸업 후에는 원하는 분야에서 견습생으로 일할 수 있는데, 이때도 국가는 이제 막 일을 배우기 시작한 젊은이에게 실습지원금을 지급하며 응원하고 격려한다.

루이자는 가수가 꿈이라 음악 프로그램을 제공하는 학교에 다녔는데, 꿈이 바뀌어 올가을 대학에 들어가 그래픽디자인을 공부할 예정이다. 대학만 들어가면 바로 집을 나가 독립하리라 벼르고 있다.

물론 고등학교를 졸업했다고 해서 바로 부모의 집을 총알같이 튀어나가는 것은 아니다. 1년 정도 공백 기간을 갖고 해외 여행이나 오지 탐험 등 다양한 경험을 하는 친구들도 많다. 그러나 국가가 이런 경우까지 지원하지는 않는다. 보통은 열심히 아르바이트해서 비용을 벌고, 부족한 부분은 부모의 지원을 받는다. 부모의 지원에 대해서는 '나중에 갚겠다'고 말하거나 '돈 벌어 갚으라'는 소리를 들을 테니, 비공식 대출이라 할 것이다. 이런 태도는 부모의 재력과 크게 상관이 없다. 부모가 유산으로 물려주기 전까지 부모의 돈은 내 돈이 아니기 때문이다. 나는 부모님 돈을 참 편하게 생각했었는데(…).

어려서부터 평등과 독립을 배우며 성장한 스웨덴 청소년은 고등학교를 졸업하는 순간 이제 독립적인 인격체로서 부모와도 평등하고, 내 인생은 내 것이니 누구도 간섭할 수 없다고 생각한다. 한국 부모들이 흔히 "너 잘되라고(…) 너 위해서(…)"라며 퍼붓는 강압적 잔소리를 여기선 결코 들을 수 없다. 그래서인지 부모와 자녀의 관계가 친구처럼 담백해 보인다.

1972년 '미래의 가족'이라는 혁명적 비전의 선언문이 발표되기 전에는 스웨덴 사람들도 가족끼리 서로 간섭하며 살았을까? 정부가 어떤 비전을 제시하고 어떤 정책을 견지하느냐에 따라 사람들의 삶뿐만 아니라 개개인의 성향까지 달라진다는 걸 느꼈다. 스웨덴 사람들은 정말 '독립적인 삶'에 대한 의지가 무척 강하다.

부모님께 오랜 세월 많은 부분을 의존하며 살아온 내겐 참 감탄스러운 면이 아닐 수 없었다. 그런데 나의 이 감탄에 한 친구는 "독립은 외로움의 다른 말이야"라며 씁쓸한 미소를 지었다. 잘 생각해 보니 독립과 외로움은 동전의 양면일 지도 모르겠다. 하지만 또 다른 친구는 이렇게 얘기했다. "난 독립적인 삶을 가능하게 하는 스웨덴 시스템이 좋아. 외로움은 개인이 해결해야 할 문제고(…)."

그렇다면, 우리 시대의 '혁명적 비전'은 무엇이어야 할까? 스웨덴의 비전은 무엇이고 또 한국의 비전은 무엇이어야 할까? (나승위, 2020)

지금까지 우리는 종교 의례뿐만 아니라 통과의례도 집단유대감을 낳는다는 사실을 보았다. 고프먼은 이로부터 한 걸음 더 나아가 더 미세한 의례도 집단유대감을 낳는다고 생각하였다. 고프먼은 일상생활의 상호작용도 의례라고 생각하였고 이 의례를 상호작용 의례(interaction ritual)라고 이름 붙였다. 앞서 6장(일상생활의 상호작용)에서 보았듯, 개개인의 인격을 신성하게 여기는 시대에 사람들은 적절한 태도와 말투, 의상으로 상대방을 존중하는 의례를 치른다. 예컨대 사람들은 다른 사람과 상호작용하려고 시도할 때, 먼저 "안녕하세요?"하거나 "저기요"하고 인사말을 한다. 이것은 상대방이 잘 지내는지를 묻는 질문이 아니다. "제가 지금 말을 걸어도 좋겠습니까?", "이제 다른 관심을 끊고, 지금 저하고 대화할 생각이 있습니까?"하고 의사를 타진하는 질문이다. 만일 상대방이 "예, 안녕하세요."라고 응답하거나 고개를 돌려 상대방을 응시하면, "예, 좋습니다. 말씀해 보시지요"라는 대답이라고 볼 수 있다. 말하자면, 이런 대화는 대화를 시작하는 의례나 의식(儀式)이라고 말할 수 있다. 이런 대화는 마치 이런저런 행사의 개회 연설과 같다. 졸업식장에서 "지금부터 2020학년도 졸업식을 시작하겠습니다"라고 선언하는 것과 비슷하다. 사회자가 이렇게 선언하면 웅성거리던 사람들이 잡담을 끊고 관심을 졸업식에 집중한다. 마찬가지로 "안녕하세요?", "예, 안녕하세요"라는 인사말로 대화 당사자는 다른 관심을 끊고 두 사람의 대화에 집중하기 시작한다.

이런 대화가 끝나면 사람들은 헤어진다. 그러나 그냥 헤어지는 것은 아니다. 대화가 한참 진행하고 있는데, 아무 말이나 신호도 없이 뒤돌아서 가버리면 대화 상대방은 얼마나 큰 모욕감을 느낄 것인가? 얼마나 기분 나쁠 것인가? 사람들은 대화를 끝낼 때 또 의례를 한다. "안녕히 계십시오", "고맙습니다", "그럼 이제", "제가 바빠서 (…)." 등의 말로 대화가 끝났다는 신호를 보낸다. 대화가 끝났으니 이제 자기는 관심을 다른 데로 돌리겠다는 신호다. 이런 의례는 이런저런 행사의 폐회사와 같다. "이로써 2020학년도 졸업식을 모두 마치겠습니다." 이런 신호가 떨어지면 사람들은 뿔뿔이 흩어진다.

고프먼은 이 상호작용 의례도 집단유대감을 낳는다고 생각하였다. 상호작용 의례가 시작하면 비록 짧은 시간일 망정 사람들은 상호작용을 하는 사람과 일체감을 느껴야 하고 일체감을 느낀다. 적어도 상호작용을 하는 순간에는 다른 사람에게 신경을 써서는 안되고, 상대방의 눈을 쳐다 보아야 하며, 상대방의 말을 듣는 척이라도 해야 하며, 상대방의 말을 중간에서 끊어서는 안된다. 이런 의무를 이행하지 않으면 상대방의 도덕적 분노를 자아낸다. 그리하여 상호작용이 순조롭게 끝나지 않은 것은 말할 것도 없고, 장래에 있을 상호작용도 기대할 수 없게 된다. 말하자면 관계가 파탄으로 끝나고 만다. 이런 의무를 준수하지 않으면 일상적 사회생활이 가능하지 않다.

지금까지 의례가 집단유대감을 낳는다는 논리를 살폈다. 종교 의례, 통과의례, 상호작용 의례는 범위나 층위는 다르지만 모두 집단유대감을 만들어낸다. 콜린스(Collins, 1975; 1985)는 의례 일반을 다음과 같이 분류함으로써 이런 논의를 일반화하였다. 콜린스는 이런 의례가 모두 집단유대감을 형성하는 메커니즘이라고 보았다.

거시 의례: 큰 사회의 질서 확립이나 결집을 겨냥하는 의례; 종교, 정치, 사회행사
미시 의례: 작은 집단의 결속을 노리는 의례: 통과의례
개인 의례: 상호작용 의례

콜린스는 의례가 집단유대감을 낳는 과정을 〈그림 7-3〉과 같이 정리하였다. 의례는 사람들이 얼굴을 맞대고 접촉할 때 하는 행동이다. 그리고 의례는 사람들이 특정 대상에 관심을 집중하는 행동이다. 종교 의례를 치르면서 사람들은 교회에 모여 속죄와 구원을 생각하고, 사제나 승려의 행동에 관심을 모은다. 통과의례를 치르면서 사람들은 결혼식장이나 장례식장에 모여 두 사람의 결혼에 관심을 기울이거나 한 사람의 죽음에 관심을 집중한다. 상호작용 의례에서 상호작용에 참여하는 두세 사람은 모두 특정 화제나 행동에 초점을 맞춘다. 어쨌든 의례의 이런 두 조건(대면 접촉과 관심의 공유)이 갖추어지고 공통의 행동(의례)을 반복하면 의례에 참여한 사람 사이에서 공통의 감정이 생긴다. 이 공통 감정은 의례의 종류별로 다르다. 종교 의례에서 그 감정은 신앙심일 것이고, 정치 행사의 감정은 당파적 감정이나 민족주의적 감정일 것이다. 미시 의례에서 생기는 공통 감정은 가족주의나 우정일 것이며, 개인 의례일 경우에는 사랑이나 우정 같은 것일 수 있다. 이 공통 감정은 싸잡아 집단유대감이라고 표현할 수 있다.

〈그림 7-3〉 의례와 집단유대감

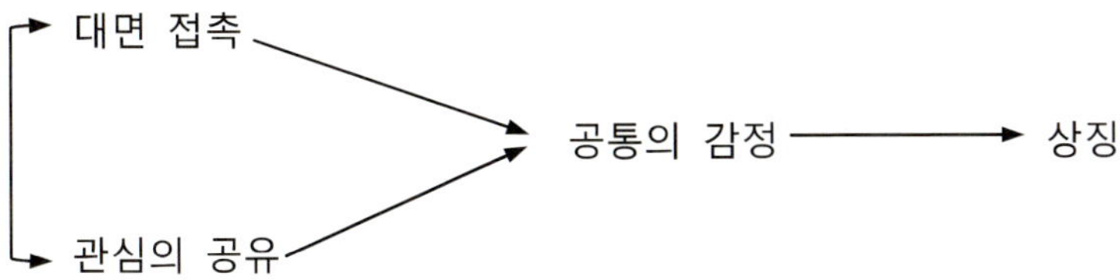

의례가 만들어내는 이 감정은 어떤 과정을 거쳐 확산하는 것일까? 다시 뒤르케임의 말을 들어보자. 두 사람 이상의 사람들이 얼굴을 마주하고 공통의 관심에 초점을 모으면서 틀이 잡힌 행동을 반복할 때 생긴 감정은 폭발적으로 퍼져나가 사람들을 재빠르게 사로잡는다.

> 여기저기 흩어져 있을 때 사람들의 생활은 단조롭고 무기력하며 지루하다. 그러나 코로보리(Corroboree, 호주 원주민의 축제-인용자)가 있으면 모든 것이 달라진다. (…)(사람들은) 쉽게 자제력을 잃는다. (…)함께 모인다는 사실 그 자체가 비할 데 없이 강력한 흥분제처럼 작용한다. 일단 모이고 나면 전류 같은 것이 흘러 사람들은 이상할 정도로 빨리 열광한다. 그곳에서 나타난 모든 감정은 아무런 거리낌 없이 모든 사람의 마음으로 들어간다. 사람들의 마음은 외부의 인상에 활짝 열린다. 한 사람의 감정은 다른 사람의 감정을 불러일으키고, 거꾸로 다른 사람의 감정은 그 사람의 감정을 고무한다. 마치 눈덩이가 굴러가면서 몸을 불리는 것처럼, 감정이 퍼지는 과정에서 최초의 충동은 더욱 커진다. 모든 억눌림을 떨쳐버리고 터져 나오는 열정은 밖으로 폭발한다. 사람들은 여기저기서 몸을 격렬하게 흔들어대고 사방에서 짐승의 울부짖음 같은 비명을 질러댄다. 사람들의 마음은 이런 몸짓과 비명으로 더욱더 흔들린다. 이 몸짓과 비명은 점차 리듬이 잡히고 규칙성을 띠는데, 그로 말미암아 전체의 일치된 행동을 규율하는 질서가 생기고 집단적 감정이 나타난다. 그 과정의 끝에서 춤과 노래가 생겨난다. 그러나 몸짓과 비명이 이렇게 규칙적으로 바뀌었다고 해도 그 본질적 격렬함은 사라지지 않는다. 규제된 소란이어도 소란은 소란이다(Durkheim, 1912/1995: 461-462, 쪽수는 한국어 번역본).

의례에 참여한 사람들 사이에 생기는 공통의 (격렬한) 감정은 의례가 끝나면 점차 식는다. 예를 들면, 종교 행사에 참여했던 사람들이 행사 중에 느꼈던 경건함 등은 행사가 끝나면 점차 사라진다. 눈앞의 자극(대면 접촉과 관심의 공유)이 사라지기 때문이다. 행사가 끝나도 행사 중에 느꼈던 감정을 조금이라도 더 오래 유지하고픈 사람들은 그 감정을 표상하는 상징물을 만든다. 예컨대 집에다 십자가를 걸고 성모 마리아 입상을 들이며, 묵주 반지를 손에 끼고 다닌다. 불상을 집에 들여 놓고, 염주를 휴대한다. 정치 행사를 마친 후에는 국기나 기타 휘장을 게양하고 정치 행사와 상응하는 노래를 만들어 부른다. 서로 사랑하는 남녀도 그러하다. 두 사람이 같이 있을 때 느꼈던 여러 감정은 각자 집으로 가면 점차 옅어진다. 이런 감정을 잊지 않고 조금이나마 유지하려고 둘의 관계를 표상하는 상징물을 만들고 각자 소지한다. 커플링 반지를 나누어 낀다든지, 선물을 주고받는다. 이런 상징물은 의례를 행할 때 느꼈던 감정을 되살리고 되새긴다.

의례 이론의 함의는 무엇인가? 다음과 같은 두 가지를 생각해 볼 수 있다. 첫째, 의례 이론은 사회학적 시각을 좀 더 정교화 한다. 1장에서 우리는 사회학적 시각을 다음과 같은 도식으로 표현하였다. 사회구조가 개인의 사고와 행동을 결정한다는 것이다.

사회구조 ⟶ 개인의 사고와 행동

의례 이론은 의례(행동)가 개인의 사고나 감정을 낳는다고 주장한다. 신앙심이 깊어서 기도를 하는 것이 아니라 열심히 기도하면 신앙심이 깊어진다. 지역주의나 민족주의적 색채가 짙어서 인종차별을 하는 것이 아니라 인종차별적 말과 행동이 지역주의나 민족주의 색채를 강화한다. 사랑하기 때문에 손을 잡는 것이 아니라 손을 잡아서 사랑이라는 감정이 싹튼다.

의례(행동) ⟶ 사고나 감정

그러므로 위의 인과구조는 다음과 같이 바꿔 쓸 수 있다. 사회구조가 행동에 영향을 미치고 이 행동이 우리의 생각과 감정을 결정한다.

사회구조 ⟶ 행동(의례) ⟶ 사고나 감정

의례 이론의 두 번째 함의는 사람과 사람을 잇는 끈끈한 감정, 즉 집단유대감은 모두 종교와 비슷한 속성을 띤다는 것이다. 앞에서 본 집단유대감, 즉 사랑, 우정, 지역주의, 민족주의 등은 종교와 흡사하다. 성스러운 것을 믿고, 집단적 의례를 행한다. 사랑이 소중하며, 우정이 경건하며, 민족이 성스럽다. 사랑이 작은 종교라는 사실은 널리 알려져 있다. 그러나 우정이나 지역주의, 민족주의가 일종의 종교라는 사실은 사람들이 좀처럼 눈치 채지 못한다. 일부 급진적 과학자들은 종교를 철 지난 비합리적 믿음이라고 생각하지만, 그리하여 한시라도 빨리 벗어나야 할 미몽이라고 생각하지만, 어쩌면 종교는 우리 삶을 이끌어가는 동력인지도 모른다. 우리는 교회나 사찰이 없어도 살 수 있지만, 사랑과 우정이 없이는 살 수 없다. 그런데 사랑과 우정이 종교라면? 우리는 종교 없이 살 수 없게 될 것이다.

(3) 세속화

예전에는 세상 어느 곳에서도 종교의 영향력이 압도적이었다. 카톨릭이나 개신교, 불교, 힌두교 등과 같은 세계종교가 개개인의 생활에 미치는 영향력은 말할 것도 없거니와 유대교나 신토, 무속과 같은 작은 종교도 개별 민족이나 집단의 일상에 적지 않은 영향을 끼쳤다. 그러나 20세기에 들어 거의 모든 나라에서 종교의 영향력은 약해졌다. 오늘날 사회과학자들은 근대화와 과학 발전과 함께 사회생활에 대한 종교의 관련성이 점차 감소하였다고 주장하였다. 이런 견해에 의하면, 세상은 점차 탈신비화(demystified)하였다. 우리는 미신을 포기하고 점차 더 세속적이 되었다. 사람들은 이런 과정을 흔히 세속화 가설(secularization hypothesis)이라고 말하였고, 이런 가설은 여러 학자가 20세기 전환기에 제시한 중요한 사회학 이론이었다.

그러나 최근 들어 종교사회학자들은 세속화 가설을 다시 생각하기 시작하였다. 왜냐하면 사람들은 선진산업국가에서도 종교의 힘이 지속하고 있다는 자료나 주장을 제시하였기 때문이다. 심지어 그들은 인간이 종교적 신봉과 실천에 대한 깊은 욕구를 지닌다고 주장하기까지 하였기 때문이다. 그리하여 사람들은 세속화를 서로 다른 의미로 사용하기 시작하였다. 혹자는 가장 단순한 수준에서 종교를 비과학적이고 비실용적인 것으로 간주하여 이를 포기하거나 버리는 것으로 이해하였다. 여러 종류의 책은 신의 죽음을 말하거나 무종교(irreligion)의 득세를 말하였다. 그러나 세속화를 말할 때 기실 이보다 더 미묘한 것이 존재한다. 사회학자들은 사람들이 신이나 교회, 종교적 관념에 대한 믿음을 포기할 것이라고 기대하지 않는다. 대신 그들은 종교가 사람들의 삶에 미치는 권위(authority)에 초점을 맞춘다. 다시 말해, 사람들이 종교의 요구나 명령에 맞추어 자신의 행동을 제한하거나 조율하는가에 초점을 맞춘다. 세속화를 주장하는 사람들은, 삶이 더 복잡해지고 종교와 관련 없는 여러 제도가 사람들의 삶에 더 많은 권위를 미치는 근대사회에서, 종교의 권위가 축소하였다고 주장하였다. 예컨대 농업 사회에서 종교는 날씨의 신을 달래는 것부터 풍작을 기원하는 것까지, 그리고 전쟁에서 신의 도움을 기원하는 것까지, 이 모든 것에 중심적이었다. 이에 반해 근대산업사회의 기업가는 생산라인이 잘 작동하기를 기도하지 않는다. 오늘날 사람들은 종교적 휴일에도 조립 라인이 멈추지 않도록 일을 해야 한다. 사제나 무당이 아니라 병원이나 의사가 사람들의 건강을 책임진다. 종교기관이 아니라 학교가 교육을 담당한다. 종교의 권위는 점차 미약해졌다.

8

일과 경제생활

Sociology

(1) 역사 유물론의 실제

(2) 분업과 생산성

(3) 과학적 관리

(4) 포디즘

(5) 유연 생산 체제

(6) 포스트모더니즘

8. 일과 경제생활

(1) 역사 유물론의 실제

앞의 5장(사회적 불평등)에서 우리는 맑스의 역사 유물론을 논의하였다. 오늘날 사회주의가 붕괴하면서 맑스의 이론을 그대로 받아들이는 사람들은 별로 없지만, 그의 이론은 아직도 인간과 사회를 설명할 때 응용할 만한 부분을 많이 포함하고 있다. 특히 역사 유물론은 가장 단순하면서도 가장 유용한 이론으로 꼽을 수 있다. 역사 유물론이 모든 문을 딸 수 있는 마스터 키는 아니지만 그래도 상당수의 문을 열 수 있는 열쇠라고 볼 수 있다. 쉽게 풀 수 없는 문제에 역사 유물론을 적용하면 가장 그럴싸한 해답을 마련할 가능성이 높다. 그러므로 개인의 행위를 설명할 때나 사회 현상의 원인을 찾을 때 역사 유물론을 적용하는 것이 가장 효율적이다. 먼저 개인의 행위를 역사유물론으로 설명해보자. 개인 행위의 이유를 알고자 할 때에는 그 사람의 경제적 이해관계를 따져 보는 것이 가장 좋다. 예를 들어, 누군가 자꾸 내게 호의를 베푼다고 가정해 보자. 자꾸 말을 걸려 하고, 시시때때로 선물도 하고 밥을 사준다. 왜 그럴까? 궁금하지 않은가? 그 이유를 금방 알 수 없으면, 역사 유물론을 적용해 보자. 그 사람은 내게 바라는 바가 있다. 돈이 필요할지도 모른다. 내게 돈을 빌리고 싶은지도 모른다. 물론 이런 짐작이 틀릴 수도 있다. 아예 엉터리일 수도 있겠다. 그러나 이런 짐작은 다른 어떤 짐작보다 틀릴 가능성이 작다. 더 그럴싸한 다른 예를 들어 보자. 특정인이 특정 정당을 싫어한다고 가정해 보자. 왜 그렇겠는가? 그 정당의 정강정책이 비현실적이어서? 정당 구성원이 마음에 들지 않아서? 그렇다기보다 그 정당이 그에게 불리한 경제 정책을 주장하고 있기 때문이 아닐까? 예컨대 재산세를 많이 매긴다든지 누진세율을 너무 높게 책정한다든지 해서 그에게 돈을 많이 거두어가기 때문이 아닐까? 이런 짐작도 다른 어떤 짐작보다 틀릴 가능성이 작다.

이번에는 사회현상이다. 특정한 사회현상이 일어났고, 그 현상의 원인을 알지 못한다고 가정해 보자. 그럴 때에도 경제적 원인을 찾아보는 것이 좋다. 역사 유물론은 경제가 정치, 법, 도덕, 학·예술, 이데올로기를 결정한다고 하였다(이 책의 5장 참조). 그런 주장이 과연 그럴듯한가를 살펴보자. 먼저 정치를 보자. 2020년 4월 총선거에서 더불어민주당은 압승을 거두었다. 300석 의석 중에서 174석을 확보하였다. 그러나 바로 1년 뒤 2021년 4월에 치른 지방자치단체장과 지방의회 의원 보궐선거에서 엄청난 표 차이로 패배하였다. 특히 서울 25개 구(區), 부산 16개 구 전역에서 큰 표 차이로 졌다. 왜 그랬을까? 도대체 그 일 년 사이에 무슨 일이 있었기에 민심이 한끝에서 다른 끝으로 움직였을까? 한겨레신문의 성한용 기자는 그 이유를 문재인 정부의 '내로남불(내가 하면 로맨스, 남이 하면 불륜)'과 집값 정책 실패에서 찾았다(성한용, 2021). 선거 패배의 원인이 윤리와 경제에 있었다고 진단한 셈이다. 다른 한편, TBS의 김어준은 그동안 패배를 거듭하던 국민의힘 지지자가 그 시점에서 단단하게 결집하였다는 데에서 그 까닭을 찾았다. 정치적 요인을 선거 결과의 원인으로 진단하였다. 더불어민주당 소수파와 일부 언론은 총선에서 압승을 거둔 민주당이 오만했고, 국민은 그 오만함에 실망해서 국민의힘을 지지했다고 주장하였다. 그러나 필자의 판단으로 이들은 모두 원인을 잘못 짚은 것 같다. 진단이 잘못되면 대책도 엉망인 법이다. 이튿날 한겨레신문은 '민심 들끓는데…인적쇄신·정책변화 선 긋는 청와대'라는 기사를 1면 톱으로 게재하였다. 청와대가 집값 안정 대책을 아직 마련하지 못한 것 같다고 힐난하는 기사였다. 선거 참패의 책임을 지고 물러난 지도부 대신 더불어민주당 비상대책위원장을 맡은 도종환은 '내로남불'의 수렁에서 하루 속히 빠져나오겠다고 말하였다. 그런데 한겨레신문 기자의 생각대로 청와대 비서진을 바꾸고 집값을 안정시키면 민심이 돌아설까? 도종환의 의지대로 더불어민주당의 도덕성을 강화하면 민심이 돌아설까? 매우 비현실적 대책이다. 원인이 그게 아닐 가능성이 크기 때문이다. 그러면 도대체 무엇이 원인이었을까? 사람들은 왜 그야말로 '하루아침에' 더불어민주당을 미워하게 되었을까? 역사유물론을 적용해서 판단하면, 경제 때문이다. 구체적으로 돈 때문이다. 더 구체적으로 말하면, 첫째 집값 때문이고 둘째, 재난지원금 지급 방법 때문이다. 문재인 정부는 집값 상승을 잡지 못하였는데, 선거 직전에 주택 가격이 천정부지로 뛰어 올랐다. 이런 상황에서 집을 소유하지 못한 사람들은 집권당에 분노하였고, 집을 소유한 사람들(중산층)은 집값을 억누를 것 같은 정당보다 집값을 더 올려줄 것 같은 정당을 선택하였다. 이에 더하여 자영업자 등도 더불어민주당에 고개를 돌렸다. 코로나19 사태가 장기화하자 청와대와 더불어민주당은

2020년 중반기와 하반기에 몇 차례에 걸쳐 자영업자에게 재난지원금을 지급하였다. 여기까지는 별 문제가 없다. 문제는 이를 보편지급하지 않고 선별지급하였다는 사실이다. 이것이 문제였다. 첫째, 재난지원금의 액수가 얼마 되지 않았다. 정부 예산 규모는 컸지만 개별 자영업자가 받은 액수는 쥐꼬리만 하였다. 둘째, 그러나 액수가 문제가 되었다기보다는 선별지급의 기준이 모호한 것이 더 큰 문제였다. 어떤 사람이 받고 어떤 사람은 못 받는지가 분명치 않았다. 전체 대상자의 35퍼센트는 증빙 자료가 없어 돈을 받지 못하였다. 셋째, 액수의 배정도 분명하지 않았다. 어떤 사람이 더 받고 어떤 사람은 덜 받는지, 그 기준이 명쾌하지 않았다. 그러하니 지원금을 못 받은 사람은 억울하기 짝이 없었을 것이고, 지원금을 받은 사람도 앙앙불락하지 않을 수 없었다. 자영업자들은 경제적 궁핍보다 불공평함에 분노했던 것이다. 이런 분노는 또 다른 분노를 낳았는데, 자영업자들은 코로나 사태로 말미암은 경제적 궁핍을 정부의 과도한 방역정책 탓으로 여기게 되었다. 필자는 자영업자의 이런 노여움이 민주당의 지지율을 끌어내렸다고 판단한다. 이처럼 정치를 움직이는 것은 경제일 가능성이 크다.

다음 예는 법이다. 2020년 검찰은 왜 공직자비리수사처(공수처) 설치법이나 검경수사분리법에 반대하였다. 왜 반대하였는가? 이 법이 국민의 (사법적) 권리를 침해할 가능성이 높아서였는가? 검찰의 정치적 독립성을 해치기 때문이었는가? 경찰이 무능하여 사법행정을 망칠 것 같아서 그러했는가? 검찰의 공식적 주장은 그렇다는 것이지만, 우리가 생각하기에는 아무래도 그런 것 같지 않다. 혹시 검찰은 자신의 경제적 이익을 지키려고 하는 것이 아닌가? 검찰 퇴직 후에 전관예우 제도를 등에 업고 많은 돈을 벌었는데, 공수처법과 검경수사분리법으로 그 기회가 사라질 것을 우려하여 공수처 설립을 반대하는 것은 아닌가? 이런 의심은 매우 합리적이다.

이제 도덕 문제다. 매스컴은 거의 항상 가족 윤리를 강조한다. 부모는 자녀를 양육해야 하고, 자녀는 부모를 효도해야 한다고 지속적으로 강조한다. 왜 그런 윤리를 강조하는가? 그것이 정상적이라서? 혹시 자녀를 양육하고 부모를 봉양하는 데에 세금을 쓰는 것을 반대하는 것은 아닌가? 유아나 노인 등의 사회적 약자를 국가가 맡아서 부조(扶助)하지 않고 부양 책임을 가족에게 떠넘기려는 술수가 아닌가? 전적으로 그렇다고 말할 수는 없어도 어느 정도는 그렇다고 볼 수 있다.

이번에는 학술과 예술을 보자. 일부 학자는 낙수효과(trickling-down effect)가 현실과 부합하는 진리라고 주장하고, 다른 학자는 분수효과(fountain effect)가 현실과 더 근접한다고 말한다. 즉 전자는 부자가 잘 살아야 가난한 사람들도 잘 살게 되는 것이 세상 이치라고 보고, 후자는 가난한 사람들이 잘 살아야 부자도 더 부자가 된다는 것이 세상 이치라고 본다. 그런데 이들은 순전히 학문적 호기심으로 어떤 논리가 현실과 맞는지를 알고 싶은 것일까? 그럴 것 같지 않다. 혹시 특정 경제 주체를 편들고 있는 것은 아닐까? 그럴 가능성이 높다. 낙수효과가 진리라고 주장하는 학자는 기실 대기업의 자본가 편을 들고 있고, 분수효과가 진리와 가깝다고 주장하는 학자는 노동자 편을 들고 있을 가능성이 높다. 진리의 문제가 아니라 당파성의 문제일 가능성이 높다는 말이다.[109]학술은 그렇다고 치고 예술은 어떤가? 2018년 봉준호 감독이 영화 〈기생충〉으로 미국의 오스카상을 받았을 때, 한국의 여러 정당은 각기 서로 다른 논평을 냈던 것으로 기억한다. 더불어민주당과 정의당은 축하 메시지를 발표하였다. 그러나 자유한국당(국민의힘 전신)은 별다른 논평을 내지 않았다. 왜 자유한국당은 기꺼이 축하하지 않고 어정쩡한 태도를 취했을까? 우리 사회의 불평등을 들추어낸 영화가 맘에 들지 않았을까? 그런 영화는 좌파의 이익에 기여하므로 자신에게는 유리하지 않다고 판단했을까? 그럴지도 모르겠다.

마지막으로 이데올로기다. 국민의힘은 왜 민주주의라고 말하지 않고, 꼭 자유민주주의라고 말할까? 자유라는 수식어를 빼면 왜 그렇게 신경질적 반응을 보일까? 아마도 그들은 인민민주주의와 대립하는 용어로 자유민주주의를 말하는 것 같다. 그런데 자유민주주의의 자유는 누구의 자유일까? 자본가의 자유다. 자본가가 기업할 수 있는 자유, 돈을 벌 수 있는 자유를 말한다. 국민의힘은 모든 자유를 옹호하지 않는다. 그들은 노동자가 파업할 자유를 부인한다. 농민이 시위할 자유도 허용하지 않는다. 그러므로 자유민주주의라는 이데올로기도 경제적 이해관계를 포함하고 있다.[110]

이처럼 역사 유물론이 제법 설득력을 발휘한다면, 우리는 경제가 사회생활의 기본이라고 말할 수 있다. 경제가 다른 사회 현상을 일으키는 원인이라고 말할 수 있다.

---

109) 이렇게 관념은 특정 파당에 편향된 것이지만, 이 편향된 지식은 객관적 현실과 비교함으로써 타당성을 따질 수 있다. 과연 부자 감세는 경제성장을 이끄는가? 크루그먼(Krugman, 2020)은 그런 주장의 근거가 없다고 말하였다. 그런데도 부자의 세금을 줄여야 한다는 주장이 횡행하는데, 그는 이런 생각을 '좀비 사상(zombie ideas)'이라고 이름 붙였다. 죽지 않은 상태로 사람들의 뇌를 갉아먹으면서 비틀비틀 걸어 다닌다는 것이다.

110) 한 마디 덧붙이자면, '민주주의' 앞에 수식어를 붙이면 민주주의와 거리가 멀 가능성이 크다. 박정희의 한국적 민주주의는 민주주의가 아니듯, 자유민주주의나 인민민주주의도 민주주의가 아닐 수 있다.

이 장에서는 지난 수십 년 동안 우리의 노동과 경제가 변화한 과정을 살펴보고, 그리고 이 변화가 초래한 문화의 변화를 살펴보기로 한다.

(2) 분업과 생산성

근대 경제, 즉 자본주의 경제의 가장 중요한 특성은 분업(分業, division of labor)이다.[111] 분업(分業)에서 업(業)은 해야 할 '일', 즉 '노동'이나 '과업'을 말한다. 그러므로 분업은 '과업의 분할'이다. 이 과업은 직업(occupation)일 수도 있고, 작업(work)일 수도 있다. 직업의 분할은 사회적 분업이라 하고, 작업의 분할은 기술적 분업이라거나 작업장내 분업이라 일컫는다. 사회적 분업의 의미는 매우 크다. 다른 무엇보다 사회적 분업(social division of labor)으로 사람들은 경제적으로 서로 의존하는 정도를 높인다. 그러므로 사회적 분업이 심화하면 사회의 유기적 결합의 정도가 커진다(이 책의 1장 〈삽화 1-1〉 참조). 그러나 여기서는 사회적 분업은 논의하지 않고 기술적 분업(technical division of labor)을 주로 살피기로 한다.

스미스(Smith, 1776)는 그의 저서 『국부(國富)』에서 분업의 장점을 논의하였다.[112] 그가 관찰하기로는, 핀(pin)을 생산하는 공장에서 노동자 한 사람이 기계의 힘을 빌리지 않고 수작업으로 핀을 만든다면 잘 해야 하루에 20개를 만들 수 있었다. 그러나 핀 생산공정을 18개로 나누어 열 사람이 작업하면 노동자 한 사람이 하루에 약 4,800개의 핀의 만들 수 있었다. 분업으로 생산성이 꽤나 높아졌다는 것인데, 분업을 하면 왜 생산성이 높아질까? 첫째, 분업을 하면 노동자의 숙련을 제고할 수 있다. 단순 작업을 반복하면 숙련이 증가하고 생산성이 높아진다. 옛날에 한석봉의 어머니는 불을 끄고도 떡을 일정한 크기로 썰 수 있는 달인의 경지에 도달하였다. 오늘날 초밥의 달인은 한 손으로 밥을 쥐면 예외 없이 21그램을 집어 올린다. 같은 작업을 오래 반복해서 얻은 결과다. 둘째, 분업을 하면 노동시간을 절약할 수 있다. 특히 한 작업대에서 다른 작업대로 이동하는 거리를 단축하여 노동시간을 단축한다. 예를 들어 침

111) 사람들은 때때로 노동 분업이라는 말을 쓰지만, 이는 역전 앞, 외갓집 등과 같은 표현과 같다. 이들을 역전, 외가라는 표현으로 바꾸어야 하듯, 노동 분업도 그냥 분업이라고 표현하는 것이 낫다.

112) 이 책의 원 제목은 『국부의 본질과 원인 탐구(*An inquiry into the Nature and Causes of the Wealth of Nations*)』다.

(針) 핀을 만드는 공정이 두 개의 공정, 즉 1) 커터로 철사를 끊는 공정, 2) 그라인더로 한쪽 끝을 가는 공정으로 이루어졌다고 가정해 보자. 커터에서 철사 하나를 끊어서 그라인더 작업대로 매번 이동하는 것보다 커터 작업대에서 많은 철사를 절단하여 그라인더 작업대로 한꺼번에 옮기면, 작업대와 작업대 사이를 옮겨 다니는 거리를 많이 단축할 수 있다. 그리하여 노동시간을 절약할 수 있다. 셋째, 분업을 하려고 생산공정을 잘게 나누면 노동을 절약하는 기계를 도입하기가 쉽다. 작업이 단순하면 단순할수록 수작업을 대체하는 기계를 만들기 쉽다. 예컨대 떡을 만드는 자동화기계는 만들기 어려워도 떡을 써는 단순기계는 만들기 쉽다. 마찬가지로 침 핀을 만드는 자동기계를 만들기는 어려워도 철사를 일정 크기로 절단하는 기계는 만들기 쉽다. 이런 장점 때문에 분업은 생산성을 높인다.[113)]

수학자이자 기계공학자였던 배비지(C. Babbage)는 1832년에 펴낸 책 『기계와 제조업의 경제』에서 (기술적) 분업으로 이룰 수 있는 혁신을 언급하였다. 그는 다음과 같은 혁신 방법을 내세웠다.

> 몇 개이 서로 다른 숙련도와 힘을 필요로 하는 작업을 할 때, 제조업자는 이 작업을 숙련도와 힘에 맞추어 여러 공정으로 나눔으로써 각 과정에 필요한 수량의 숙련과 힘을 구매할 수 있다.

이 인용문을 이해하기는 그렇게 쉽지 않다. 그의 주장을 풀어 말하면 다음과 같다. 고도의 숙련이 필요한 작업을 수행하는 노동자는 고도의 숙련 수준에 걸맞은 고임금을 받지만, 작업을 진행하는 과정에서 때때로 숙련도가 낮은 작업에도 시간을 써야 한다는 사실에 그는 주목하였다. 그는 이렇게 불합리한 상황을 바꾸면 노동 비용을 줄일 수 있다고 보았다. 노동과정을 몇 개의 과정으로 나누어 고도의 숙련이 필요한 작업은 숙련노동자에게 맡기고, 낮은 숙련이 필요한 작업은 미숙련노동자에게 맡겨 저임금을 지불하면 노동비용을 많이 절약할 수 있다고 판단하였다. 결국 제조업자는 분업이나 전문화로 노동비용을 절약하여 생산비를 줄일 수 있다는 것이었다. 어쨌든 이런 혁신의 원리를 사람들은 나중에 배비지 원리(The Babbage Principle)라고 명명하였다. 이 원리도 역시 분업의 장점(생산비 절감과 생산성 향상)을 보여준다.

113) 그러나 분업에 장점만 있는 것은 아니다. 분업을 하면, 그리하여 생산공정을 단순화하면 노동과정이 단조롭게 된다. 이는 노동자의 창의성을 제약하고 궁극적으로 인성을 파괴한다.

(3) 과학적 관리

미국의 기계공학자였던 테일러(Frederick W. Taylor)는 분업의 장점을 살리는 기업경영방법이나 기업관리방법을 제창하였다. 1910년 한 철도회사에서 노동운동을 하던 한 변호사는 테일러의 이 관리방법을 채택하면 비용을 절감할 수 있어, 철도 운임을 올리지 않아도 된다고 주장하면서 테일러의 경영방법을 과학적 관리라고 명명하였다. 후대의 사람들은 테일러의 이름을 따, 그냥 테일러리즘(Taylorism)이라고도 불렀다. 테일러는 자신의 기업관리방법을 1911년 『과학적 관리의 원리(*The Principles of Scientific Management*)』라는 책에 요약하였는데, 2001년 미국의 경영 아카데미(Academy of Management) 회원들은 이 책을 20세기에 가장 영향력 있는 책으로 선정하였다.

테일러는 젊은 시절 필라델피아의 미드베일(Midvale) 철강회사에서 근무하였는데, 이곳에서 그는 노동자가 '은밀한 태업(soldiering)'을 하고 있다는 사실을 알아차렸다. 그는 이 태업이 기업의 생산성을 저해하는 가장 큰 요인이라고 생각하였다. 테일러는 이 태업을 줄이려고 태업이 가능한 이유를 면밀하게 살폈다. 그는 태업이 가능한 이유는 노동자가 제 자신의 숙련(skill)을 바탕으로 노동과정(생산과정)을 장악하였기 때문이라고 판단하였다. 노동자들은 자신의 숙련을 활용하여 작업의 속도를 늦추었다. 그러므로 태업을 방지하고 생산성을 높이려면 경영자/관리자는 노동자의 숙련을 해체하여 그들이 생산 속도를 조절하지 못하게 해야 한다고 보았다. 그러면 누가 그 생산과정을 장악할 것인가? 경영자나 관리자가 장악해야 한다고 보았다. 어떻게 장악할 것인가? 과학적 관리법으로 장악해야 한다고 보았다.

그는 생산과정을 장악하려면 다음과 같은 세 가지 방법을 동원해야 한다고 주장하였다. 이 세 가지 방법이 과학적 관리의 핵심이다. 첫째, 생산공정을 분석해야 한다. 생산공정을 가급적 잘게 나누어 노동자가 개별 공정에서 작업할 때 쓰는 시간을 측정하고, 그 작업을 수행하는 가장 효율적인 동작은 무엇인지를 알아내야 한다. 전자는 시간연구(time study)이고 후자는 동작연구(motion study)다. 예컨대 사무용 침(針)핀(straight pin)을 만드는 과정은 다음과 같은 세 공정으로 이루어져 있다고 가정해하자.

① 철사를 일정한 길이로 자르는 공정,

② 한쪽 끝을 그라인더로 뾰족하게 갈아내는 공정,

③ 해머로 한쪽 끝을 뭉툭하게 만드는 공정

〈그림 8-1〉 미드베일(Midvale) 철강 회사의 여성 노동자들(1918)

이 각각의 공정에서 노동자가 철사를 한번 자르는 시간, 그 하나를 그라인더로 가는 시간, 해머로 뭉툭하게 만드는 시간 등을 스톱워치로 측정하는 일을 시간연구라고 한다(테일러가 활동하던 당시 스톱워치가 불티나게 팔렸다고 한다). 철사를 자르거나 갈 때 가장 효율적인 동작을 할 수 있는 작업대 높이, 그라인더의 높이, 해머의 크기를 알아내거나 그라인더나 해머를 사용할 때 가장 효과적 동작은 무엇인지를 알아내는 연구를 동작연구라고 한다. 이렇게 생산공정을 잘게 나눌 수 있을 때 노동자의 숙련을 해체할 수 있고, 경영자나 관리자가 생산공정을 모두 다 알고 있을 때 노동자의 은밀한 태업을 방지할 수 있다.

〈삽화 8-1〉 과학적 관리에 대한 논평

테일러는(…)노사 양쪽 모두에게 배척을 받았다. (…)그는 그런 배척을 잘 알고 있다며 결국엔 모든 게 자신의 뜻대로 될 것이라는 말로 『과학적 관리법』을 끝맺는다. "과학적 관리법은 문제의 모든 요소를 공정하고 과학적으로 분석하여 세 당사자(노동자, 고용주, 전체사회 구성원) 모두에게 정의가 실현되도록 하는 것을 유일한 목표로 삼는 경영 시스템으로서, 노사 양측이 효율성을 실현하고 협동을 통해 이익을 균등하게 배분할 수 있는 방법이라고 나는 확고히 믿고 있다." (…).

미국 사회주의노동자당 창당에 관여했던 트로츠키주의 활동가인 해리 브레이버만은 『노동과 독점자본주의』(Braverman, 1974)에서 테일러리즘의 목적은 노동자를 상호 교체할 수 있도록 하고, 그들의 개성이나 인간성을 빼앗아 상품처럼 매매하는 규격품으로 다룸으로써, 새 분업이 필요로 하는 단순노동을 할 수 있도록 하는 데 있다고 비판했다.

크게 보아 이런 비판은 결과적으론 타당한 면이 있다. 테일러의 뜻이 어떠했건, 테일러리즘의 실천으로 인한 문제는 테일러의 의도를 벗어난 점이 있다. 백욱인(1996)은 테일러가 작업장에서의 노동과정을 법칙화하고 규칙으로 만든 것은 개별 노동자의 지식을 착복하여 작업장 단위에서 새로운 기술과 지식으로 노동자를 통제하고 지배하는 결과를 낳았다고 말한다. 노동자의 작업 관련 지식은 자신에게서 멀어졌으며, 이제 거꾸로 작업에 관한 자신의 주체적인 지식이 상실, 즉 탈숙련화하였다는 것이다.

탈숙련화한(deskilled) 노동력은 노동과정에 대한 자율성이나 결정권을 갖지 못한다. 이들은 노동과정의 수인(囚人)에 불과하다. 이와 유사한 방식이 사회적인 차원에서 이루어질 경우 우리는 이를 '사회적 테일러리즘'이라 부를 수 있다. '사회적 테일러리즘'은 일상생활에서 이루어지는 사회구성원의 지식과 정보가 문화산업체로 수렴되어 그곳에서 일방적인 규칙과 법칙을 만들어내어 대중의 여가와 취미를 일률적으로 조정하고 조작하는 방식이다.

반면 피터 드러커(Drucker, 1993)는 "테일러를 자극한 것은 능률이 아니었다. 그것은 또한 소유주를 위해 이익을 창조하는 것도 아니었다"며 이렇게 옹호한다. "테일러는 생산성의 열매를 가장 많이 가지고 가는 것은 소유주가 아니라 노동자라는 생각을 죽을 때까지 갖고 있었다. 그의 주된 동기는 소유주와 노동자, 즉 자본가와 프롤레타리아가 생산성 향상에 공통으로 관심을 갖고 지식을 작업에 적용하는 데 있어 협조관계에 있는 사회를 창조하는 것이었다. 이러한 테일러의 사상을 지금까지 가장 가깝게 이해한 것은 제2차 세계대전 후 일본의 소유주와 일본의 노동조합이었다."

드러커는 지적 역사(知的 歷史)에 있어 테일러보다 더 큰 영향을 준 인물은 거의 없었는데도 불구하고 테일러만큼 의도적으로 왜곡된 사람도 없었으며 또한 한결같이 잘못 인용되고 있는 사람도 없다고 개탄한다. 드러커가 보기에 테일러가 왜곡된 이유는 그때까지 어느 누구보다도 지식인들 사이에 일을 경시하는 풍조가 가시지 않았기 때문이다.

드러커는 테일러에 대한 악평의 대부분은 정확하게 말하면 지식을 작업 연구에 적용하였기 때문에 받은 것이었다고 말한다. 테일러의 주장, 즉 작업은 연구될 수 있고, 분석될 수 있으며 또한 작업은 일련의 간단하고도 반복적인 동작으로 나눌 수 있고, 각 동작은 하나의 옳은 방법으로, 주어진 시간 내에, 알맞은 도구를 사용하여 수행될 수 있다고 한 것은 노동조합에게는 정말이지 치명적 공격이었다는 것이다.

드러커는 '다윈-맑스-프로이트'가 '현대세계를 창조한 삼위일체'로 인용되고 있는 것에 불만을 표하면서 "만약 이 세상에 정의라는 것이 있다면 맑스는 빼고 테일러를 대신 집어넣어야만 한다"고 주장한다. 또 드러커는 지난 100여 년간의 폭발적인 생산성 향상을 통해 선진국 경제를 창조한 것은 작업에 대한 지식의 적용이라는 것을 인식하는 사람이 너무나도 적은 것은 심각한 문제라고 주장한다. 기술자들은 기계에, 경제학자들은 자본투자에 그 공을 돌리고 있다는 것이다.

진보 진영과 노동 쪽의 테일러에 대한 비판은 여전하지만, 경영의 세계는 테일러와 그를 추앙하는 드러커의 편을 들고 있다. 아니 경영의 세계가 아니라 미국 사회 전체라고 하는 게 옳겠다. (…)테일러가 마르크스보다 위대한가? 적어도 미국에선 우문 중의 우문이라 할 수 있겠다(강준만, 2014a: 289-291).

〈삽화 8-2〉 인간요인, 인간공학(Human factors or Ergonomics)

테일러의 시간연구, 동작연구가 이른바 인간요인이나 인간공학을 창시했다고는 볼 수 없지만, 적어도 인간공학의 발전에 기여하였다는 것은 사실이다. 인간공학은 물체, 과정, 시스템의 공법과 다자인에 심리학이나 생리학 원리를 적용하는 응용학문이다. 인간공학의 목표는 인간과 사물의 상호작용에 초점을 맞추어 인간의 실수를 줄이고, 생산성을 높이며, 안전과 쾌적함을 높이는 데에 있다. 〈그림 8-2〉는 사무작업을 하거나 육체노동을 할 때 가장 편리하고 가장 효율적인 작업 환경이 어떤 것인지를 보여준다.

〈그림 8-2〉 인간공학

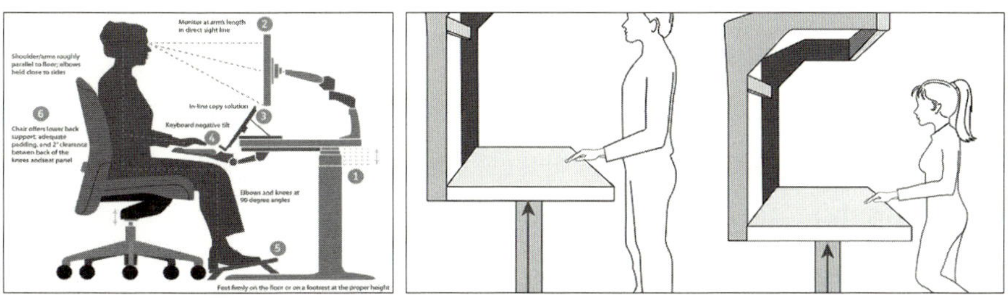

과학적 관리의 둘째 요소는 구상과 실행의 분리다. 생산 구상(planning)은 관리자나 경영자, 회사의 기획팀이 담당하고, 노동자는 그 구상에 맞추어 실행(execution)만 해야 한다. 요컨대 해체한 숙련(생산공정에 관한 전문 지식)은 회사에 집중하고 노동자는 미숙련작업을 해야 한다는 말이다. 셋째, 차별성과급제다. 앞의 두 조건, 즉 생산공정의 분석이 이루어지고 구상과 실행이 분리된다는 조건 아래에서 노동자에게 이제 성과에 비례하는 임금을 지불해야 한다. 더 많은 성과를 낸 사람이 더 많은 임금을 받을 수 있는 제도를 마련해야 한다는 것이다.

이 세 가지 요소가 과학적 관리의 핵심이고, 이 과학적 관리는 많은 사람의 관심을 받았다. 심지어 신생 사회주의 국가 소련의 레닌과 스탈린, 트로츠키의 관심을 받기도 하였다. 그러나 테일러의 과학적 관리, 즉 테일러리즘(Taylorism)은 널리 퍼지지 못하였다. 그 이유는 단순하였다. 첫째, 노동자가 저항하였다. 둘째, 기업의 기술적 토대가 빈약하여 아직 구상과 실행을 분리할 만한 규모에 이르지 못하였다. 그 당시에는 기업이 충분히 크지 않아 시간연구와 동작연구를 수행할 만한 부서를 만들 수 없었다.

(4) 포디즘

테일러는 19세기 말에 과학적 관리를 제안하였는데, 20세기 초에 테일러의 생각을 계승하고 확대한 사람이 나타났다. 자동차 회사를 운영했던 포드(H. Ford)였다. 포드는 자동차(Model T)를 만들면서 테일러의 원리를 그대로 계승하였지만, 여기에 세 가지 원리를 더하였다.

1) 생산물을 표준화(standardization)하였다. 생산물을 손으로 만들지 않고 미숙련노동자가 기계나 금형(金型)으로 만들었다.
2) 컨베이어 벨트와 특정 도구를 이용한 조립 라인(assembly lines) 생산체제, 즉 컨베이어(conveyor) 생산체제를 도입하였다. 그리하여 유동 작업(流動作業, flow operation)의 원리를 도입하였다.

3) 고임금·단시간 노동 체제를 도입하였다. 노동자가 단순작업에 지치지 않도록 하루 8시간 노동제를 시행하였고, 노동자가 공장이 생산한 제품(자동차)을 구매할 수 있도록 충분히 높은 임금을 지불하였다.

〈그림 8-3〉 〈모던 타임즈〉(C. Chaplin, 1936)[114)]

컨베이어 벨트를 이용한 유동 작업은 당시에 이미 가축 도축장에서 활용하는 방법이었다. 그러므로 이를 포드가 처음 도입한 독창적 방법이라고 보기는 어렵다. 혁명적이고 획기적 방법이라고 보기도 힘들다. 포드의 독창적 기여는 첫 번째와 세 번째 방법이었다. 번저 그는 복잡한 과업(생산공정)을 단순화하고 표준화하여 노동자가 그에 상응하는 도구, 즉 특화한 도구로 작업하게 하였다. 이런 방식으로 그는 부품을 효율적이고 생산적 방식으로 조립할 수 있었다. 그리하여 공장에 투입하는 인력을 줄이고 노동을 탈숙련화(deskilling)하여 생산비를 줄였다. 다른 한편, 고임금·단시간 노동체제도 획기적인 것이었다. 그는 일당 5달러를 지불하고, 하루 8시간 노동제를 도입하였다. 당시에 미국 노동자는 평균 9시간을 일하고 2.34달러를 받았다. 포드는 노동시간을 한 시간 줄이고 임금을 두 배 이상으로 올렸다. 왜? 첫째, 노동자의 저항을 줄이려 그리하였다. 포드의 조립라인 노동은 매우 단조로웠는데, 이는 노동자의 저항을 불러일으켰다(〈그림 8-3〉 참조). 그는 노동시간을 줄여 노동자가 단순작업에 견디지 못하고 이직하는 것을 막으려 하였다. 둘째, 노동자를 고객으로 삼을 수 있다는 계산에서 비롯하였다. 고임금을 지불하면 노동자는 회사가 생산한 제품(즉, 자동

114) 채플린은 모던 타임즈(Modern Times)에서 Fordism 공장 노동의 단조로움을 표현하였다

차)를 구매할 수 있을 것이라 보았다. 고임금·단시간 노동체제는 결국 대량생산과 대량소비를 잇는 대중소비사회를 만들었다.

〈삽화 8-3〉 포드 시스템! 멋진 신세계?

1913년 12월1일, 미국 미시간주 포드자동차 하일랜드 파크 공장. 작업대가 대부분 사라졌다. 대신 들어선 것은 컨베이어 벨트로 대표되는 이동형 생산 라인(Moving Assembly). '사람이 일에 가는 게 아니라 일이 사람에게 오는 생산 시스템'은 인간이 노동을 시작한 이래 최초의 변화였다. 포드 자동차의 창업주 헨리 포드는 시카고의 도축 공장에 매달린 고기 덩어리를 보고 영감을 얻었다. 노동자가 움직이는 대신 고깃덩어리가 천장에 설치된 모노레일에 매달려 작업순서에 따라 움직이는 모습을 보고 자동차 제작에 응용한 것이다.

마침 노동 생산성 향상에 고민하고 있던 터. 하루 9시간 노동 가운데 4시간은 걸어다니는 데 소비하는 노동 형태를 개선하려던 포드에게는 반대 의견도 적지 않게 나왔다. 포드는 '노동자 1만 2,000여명이 하루 열 걸음만 덜 걸어도 전체적으로 80㎞가 절약되며 에너지도 덜 쓸 수 있다'며 반대를 잠재우고 공장을 뜯어고쳤다. 포드는 컨베이어 벨트의 높이와 속도를 면밀하게 분석, 시행 3개월 만에 최적의 작업 모델을 찾아냈다.

생산라인의 혁명은 극적인 생산 증대로 이어졌다. 작업장을 옮겨 다니며 일하던 노동자들이 한 자리에서 컨베이어 벨트가 쏟아내는 부품을 단순 가공하자 효율이 높아졌다. T형 승용차 1대당 조립 시간이 5시간50분에서 1시간 38분으로 줄어들었다. 생산량도 1910년 1만9,000대에서 1914년 27만대로 늘어났다. 1915년말 포드사는 100만대째 T형 자동차를 출고했다. 1908년 첫 생산 이래 1927년 단종될 때까지 누적 생산량 1,500만 7,033대. 단일 차종으로는 독일 폴크스바겐사의 '비틀(딱정벌레)'에 이어 세계 2위 기록이다. 덕분에 T형 차에는 '현대를 탄생시킨 자동차'라는 영광스러운 평가가 붙었다.

미국이 자동차 왕국으로 자리 잡은 것도 이때부터다. T형 차가 나오기 전까지 세계 자동차 시장의 70%를 차지하던 프랑스를 완전히 제쳤다. 1924년께 미국에는 천만대의 T형 차가 굴러다녔다. 'T형 자동차는 추월할 수 없다'는 말도 생겼다. 앞지르고 또 앞질러도 또 다른 T형 차가 나타났으니까. 전성기 때 전세계 승용차의 절반은 T형 차였다. 대량생산은 생산원가와 가격도 떨어뜨렸다. 대당 850달러로 그렇지 않아도 업계 최저 수준이던 T형 차의 가격은 하락을 거듭하며 1923년에는 290달러까지 떨어졌다. 15년 동안 가격이 오르지 않고 오히려 65.8%나 하락한 것이다. 같은 기간 중 80% 가량 오른 물가를 감안하면 실질 인하율은 81.4%에 달한다.

포드의 공장에는 찬사가 쏟아졌다. 경제학자들은 애덤 스미스가 '국부론'에서 강조한 분업과 프레드릭 테일러가 역설한 과학적 관리법이 접목해 미국 시스템이 탄생했다며 포드를 추켜세웠다. 포드의 진짜 비결은 끊임없는 혁신 노력. 1903년 회사설립 당시부터 공구와 부품을 규격화하고 공정을 단순화시켜 경쟁업체의 절반 가격에 차를 내놓았다. 1907년에는 공장의 경사면을 따라 4층 차체 제작, 3층 바퀴 부착과 도장, 2층 세부 조립, 1층 최종 검사로 이어지는 연속공정을 선보였다. 도축장에서 이동식 작업 라인 아이디어를 얻기 전부터 포드의 공장은 이미 미국식 혁신의 모델이었다.

포드의 혁신은 부작용도 낳았다. 사람이 기계처럼 일하는 반복 노동에 지친 노동자들은 단순 작업에 싫증을 내고 공장을 떠났다. 100명의 직원을 유지하기 위해 900명을 채용할 정도로 이직률도 높았다. 포드는 이런 문제를 고임금으로 넘었다. 다른 회사의 두 배에 이르는 고임금(일당 5달러)으로 포드사 공장 앞에는 취업을 원하는 노동자들이 진을 쳤다. 고임금과 대량생산 체제는 포드 시스템을 이루는 두 기둥으로 자리 잡았다.

포드의 성공은 미국 내 제조업 전분야로 퍼졌다. 대량생산 체제에 힘입어 미국은 세계 최대의 경제대국이라는 위치를 굳혔다. 미국이 영국을 대신하는 '세계의 공장'으로 자리잡은 것도 대량생산을 통한 가격경쟁력 덕분이었다. 얼마 안 지나 전세계의 공장은 미국식 모델로 바뀌고 '포드주의(Fordism)'라는 신조어까지 나왔다. 포디즘은 이탈리아의 좌파 사상가인 안토니오 그람시(A. Gramsci)가 '옥중수고(1934)'에서 처음 사용한 이래 미국식 대량생산체계와 동의어가 됐다.

헨리 포드가 103년 전 선보인 대량생산 시스템은 여전히 전세계 공장의 표준 모델이다. 도요타 자동차가 자발적 노동의욕을 유도하고 작업 판단을 노동자의 자율에 맡기는 생산 방식을 도입하고 현대자동차가 동일한 생산라인에서 여러 차종을 동시에 생산하는 시스템을 도입했지만 여전히 대형 공장들은 컨베이어 벨트로 돌아간다.

노동을 단순한 물질로 전환한 포디즘에 대해서는 비판도 적지 않다. 찰리 채플린은 1936년 개봉작 무성영화 '모던 타임즈'에서 대량생산을 위한 기계 문명의 도구로 전락한 노동 인간을 날카롭게 풍자했다. 올더스 헉슬리의 디스토피아(dystopia) 소설인 '멋진 신세계'(1932)에 나오는 미래사회에서 포드는 신(神)이다. 성분에 따른 차별사회에서 사람들은 '오, 하나님(Oh, my God)'이 아니라 '오, 포드님(Oh, my

Ford)'를 뇌까린다. 시대 배경은 AF(After Ford) 632년. "기원후(After Domini)'로는 2540년에 해당된다. 포드가 T형 차를 처음 생산한 1908년이 포드 기원의 시작이다. 헉슬리는 이 소설에서 헨리 포드가 열어놓은 현대 문명 세상의 비인간화와 차별의 문제를 역설적으로 그렸다.

헉슬리의 예상대로 포드의 대량생산 시스템은 수백 년이 흐른 뒤에도 존속하고 사회의 근간으로 자리 잡을까? 단정하기 어렵다. 한국에서는 더욱 그렇다. 노동의 비인격화, 부품화 문제뿐 아니다. 정규직 여부에 따라 임금이 크게 달라지는 노동시스템은 건강하지도, 지속적이지도 않다. 포드의 노사정책과도 정반대다. 포드의 고임금은 생산성 향상은 물론 T형 차의 잠재수요를 늘리는 선순환으로도 이어졌건만 (…). 짜내기와 차별이라는 한국적 포디즘의 끝이 걱정된다(권홍우, 2016).

그러나 이렇게 혁신적 방법을 동원했는데도 포드의 생산방식, 즉 포디즘(Fordism)은 더디게 확산하였다. 노동자의 저항이 만만치 않았기 때문이다. 높은 임금을 지불하고 노동시간을 단축했는데도 노동자들은 높은 이직률을 보였다. 그리고 포드의 공장은 대규모 조립라인에 수많은 노동자를 집결하였는데, 이들은 파업으로 저항하였다. 포디즘은 대공황 이후 노동자들의 저항이 사그라들면서 1940년대부터 일부 산업에서 정착하였다.

포디즘이 초래한 사회변화는 깊고 넓었다. 포디즘이 정착하면서 유사 이래 최초로 직접 생산자의 풍요가 시작하였다. 직접 생산을 담당하였던 고대의 노예, 중세의 농노, 근대의 노동자는 정도 차이가 있기는 해도 모두 궁핍하였다. 특히 근대의 노동자가 보였던 빈곤, 그로 말미암은 도덕적 타락은 이루 말할 수가 없었다(cf. Marx, 1867/1976). 포디즘은 노동자를 궁핍에서 해방하였다. 노동자는 교외에 집을 짓고 자동차로 출퇴근하였다. 이때부터 교외화(suburbanization)가 시작하였다(〈그림 8-4〉 참조). 비록 똑같은 형태의 집에서 살았지만 도심의 빈민가와 비할 바가 아니었다. 물질적 풍요는 미래에 대한 낙관적 전망을 낳고 이 전망은 결혼률과 출산률의 상승으로 이어졌다. 포디즘이 정착했던 1940년대에 많은 사람들이 결혼했고, 이때 결혼한 노동자 부부는 다른 어느 때보다 많은 아이를 출산하였다. 이른바 베이비붐(baby boom)이 시작하였다. 베이비붐은 60년대 중반까지 지속하였다(〈그림 8-5〉 참조).

테일러의 과학적 관리는 이차대전 이후 후진국으로 수출되었다. 후진국에는 숙련노동자가 드물었다. 그러므로 테일러의 과학적 관리는 노동자의 숙련을 해체하는 방향으로 나아갔던 것이 아니라 미숙련 노동자의 저임금·장시간 노동을 강요하는 관리로 치달았다. 리피츠(A. Lipietz)는 이런 형태로 나타난 후진국의 과학적 관리를 선진국

〈그림 8-4〉 미국의 교외화

〈그림 8-5〉 미국의 출산율, 베이비 붐(1946-1964)

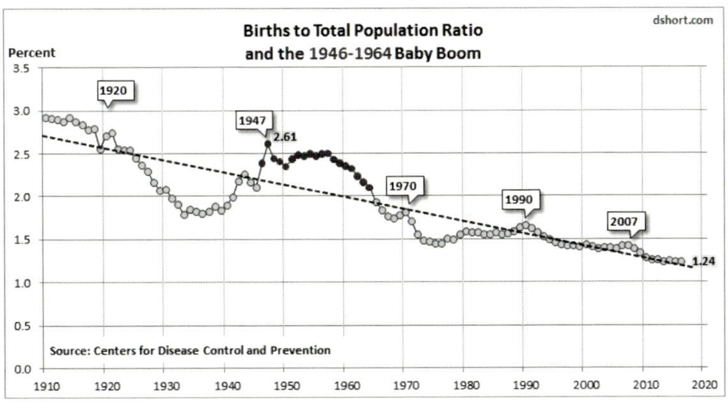

의 그것과 구분하여 원시적 테일러리즘(primitive Taylorism)이라거나 유혈적 테일러리즘(bloody Taylorism)이라고 이름 붙였다(〈그림 8-6〉 참조). 한편 포디즘도 후진

국으로 수출되었는데 후진국의 포디즘도 선진국과 달랐다. 후진국에서는 고임금·단시간 노동체제를 유지할 수 없었다. 저임금·장시간 노동체제가 일반적이었고, 국내에 구매력이 없었으므로 대량생산한 제품을 해외로 수출하는 것이 일반적이었다. 이런 포디즘은 주변부 포디즘(peripheral Fordism)이었다(Liepietz, 1987; 1989).

〈그림 8-6〉 1970년대 한국 동대문 평화시장의 작업장

(5) 유연 생산 체제

1973년 오일 쇼크(Oil Shock)로 세계 경제는 위기 국면으로 접어들었다. 위기의 원인은 외견상 석유 값 인상이었지만 실제로는 1940년대부터 지속한 포디즘의 위기였다. 포디즘은 대규모 고정자본을 투자하는 생산방식이어서 적정 이윤을 확보하는 것이 쉽지 않았다. 더군다나 자본의 회전기간(turnover)이 길었다. 자본을 투하하여 생산물을 생산하고, 이 생산물을 판매하여 다시 돈으로 거두어들이기까지 걸리는 기간(회전기간)이 짧으면 짧을수록 자본의 증식은 원활하다고 볼 수 있지만, 포디즘의 이윤 회수 기간은 너무 길었다. 그리하여 포디즘에 투자한 자본은 적정 이윤을 제때에 확보하지 못하는 상태, 즉 위기에 봉착하였다.

70년대 이후 이런 위기를 벗어나려는 노력이 시작하였는데, 이 노력의 하나가 유연

생산 체계(flexible manufacturing system; FMS)의 도입이었다. 유연 생산 방식은 포디즘이 처한 위기, 즉 자본의 이윤 확보 실패를 가속화(acceleration)로 극복하려고 노력하였다. 다시 말해, 자본의 회전기간을 줄여 빠른 시간 안에 이윤을 확보하려고 노력하였다. 자본의 회전기간을 줄이면 어떤 효과를 보는가? 예를 들어 보자. 투자 원금 1억원을 투자하여 상품을 생산하고, 이 상품을 팔아 수익을 얻는 두 가지 방법이 있다고 가정해 보자. 1년 뒤에 3000만원의 수익을 올리는 방법이 있고, 매달 240만원씩 수익을 얻는 방법이 있다고 가정해 보자. 둘째 방법으로 얻은 수익은 연 2880만원으로 3000만원에 약간 못 미친다. 사람들은 이 두 가지 투자 방법 중에서 어떤 방법을 선택할까? 사람마다 성향이 다르겠지만, 대부분 둘째 방법을 선택하지 않을까? 1년이라는 긴 시간을 기다려 조금 더 많은 돈을 버느니 조금 적게 벌더라도 빠른 시간 안에 이익을 회수하는 편이 더 좋은 투자 방법이 아닐까? 어쨌든 자본 입장에서는 이렇게 회전기간이 짧을수록 좋다. 회전기간 단축을 위해 유연 생산은 생산 부문, 교환부문, 소비 부문의 속도를 높였다. 하나씩 살펴보자. 먼저 생산 부문의 가속화를 살펴보자.

생산 부문에서 기업은 생산조직의 규모를 줄였다. 포디즘 시대에는 거대 기업이 정상(normal)이었다면 유연생산 시대에는 소기업, 가내기업이 일반적이었다. 어떤 기업은 심지어 아예 생산조직을 갖추지 않고 외부 기업에 하청을 주는 형식을 취하였다. 예컨대 서내 의류 회사 베네통(Benetton)은 의류생산라인을 보유하지 않았다. 이들은 본사에서 디자인한 제품을 외부의 하청기업에 주문하고, 이를 수집·판매하였다. 그리하여 생산라인을 보유하고 유지, 운영하는 데에 드는 비용을 절감하였다. 비용 절감은 이윤 확보에 기여하였다. 노동 정책도 바꾸었다. 기업은 정규직 노동자를 고용하지 않고 임시직, 계약직, 파견직 등 비정규직 노동자를 채용하였다. 노동자의 임금을 줄였던 것은 말할 필요가 없다. 비정규직 노동자의 임금은 정규직 노동자의 임금보다 훨씬 적었다. 노동의 유연성도 높았다. 필요할 때 해고하기 쉬웠다. 유연생산은 생산체제도 바꾸었다. 포디즘 시대에는 대량소비를 겨냥한 대량생산체제였고, 규모의 경제(economy of scale)를 실현하려는 생산체제였다. 그러나 이는 더 이상 가능하지 않았다. 그리하여 기업은 빠르게 다품종 소량생산체제를 채택하였다. 여러 품종을 소량 생산하고 고객의 다양한 요구에 빠르게 부응하여 빠른 시간 안에 제품을 판매하는 정책을 추구하였다. 이른바 범위의 경제(economy of scope)를 실현하는 생산체제를 추구하였던 셈이다. 때로는 제품을 생산하지 않고 기다리다가, 고객이 주문하면 그때 상품을 제조하는 방식도 취하였다. 이른바 주문 생산이나 적시 생산(Just-in-Time production; JIT)이 바로 그것이었다.

유연생산은 교환부문의 속도를 높이기도 하였다. 유연생산은 제품의 컨테이너화(containerization) 등과 같은 기술로 물류 방법을 혁신하였다. 물류 방법의 혁신은 운송을 빠르게 하고 운송비용을 낮추어 이윤을 빨리 확보하는 데 기여하였다.

소비부문에서도 가속화가 진행하였다. 포디즘 시대에 기업은 안정적 소비를 전제하였다면 유연 생산의 시대에는 빠른 소비를 지향하였다. 패션이나 여가, 레저 등의 소비활동 주기를 단축함으로써 새로운 수요를 창출하고 더 많은 생산을 노렸다. 이런 소비 주기가 자연적 과정으로만 단축되는 것은 아니었다. 기업은 소비 주기의 인위적 단축을 노리기도 하였다. 예컨대 특정 패션의 유행 주기를 줄여서 새 상품에 대한 새 수요를 창출하였다.

앞에서 보았지만, 경제의 변화는 보통 문화(정치, 법, 학예술, 이데올로기, 도덕)의 변화를 유발한다. 포디즘적 생산방식이 유연한 생산방식으로 바뀌자 문화도 차츰 바뀌었다.

첫째, 기업가 정신이나 경영 마인드가 바뀌었다. 덩달아 바람직한 노동자 모습도 바뀌었다. 포디즘 시대에 기업가나 경영자, 노동자가 갖추어야 할 덕목은 성실과 근면이었다. 그러나 유연 생산 시대에 이런 덕목은 더 이상 중요한 가치가 아니게 되었다. 새 시대에 등장한 새로운 덕목은 변화, 혁신, 창의, 정보였다. 요컨대 빠른 변화에 적응하려는 덕목을 강조하였다. 삼성의 이건희 회장이 1991년 이른바 신경영 선언에서 "마누라와 자식을 빼고는 다 바꾸라"고 요구했던 것은 이런 덕목을 극적으로 표현한 것으로 보인다.

둘째, 정치 영역에서는 평등주의가 쇠퇴하고 보수주의가 떠올랐다. 포디즘 시절에는 정부가 노동자의 사회보장 강화 정책을 수행하고 누진세를 강화하는 등 정부의 적극적 구실을 자임하였다. 이른바 큰 정부를 지향하였다. 물론 정부의 이런 자세가 저절로 생겼던 것은 아니다. 포디즘 시절에 존재했던 대규모 노동조합이 정부를 압박한 결과였다. 그러나 유연 생산 시절에 들어 정부는 이런 자세와 정책을 폐기하였다. 정부는 자본의 입장에 서서 노동자의 사회보장을 축소하고 기업과 부유층의 세금을 줄였다. 이른바 낙수효과가 부를 분배하는 메커니즘이라고 주장하였다. 부자가 부자로 살아야 가난한 사람이 조금이라도 풍요로워진다는 논리를 펼쳤다. 유연생산방식에서는 정부가 기업활동이나 경제에 개입하지 않는 것이 좋다는 논리가 압도적이었다. 기업은 정부의 탈규제 정책을 부추겼다. 모든 경제활동은 시장 논리에 맡겨야 한다는 논리였다. 이렇게 새로운 형태로 나타난 정치적, 경제적 보수주의를 사람들은 신자유주의(neo-liberalism)라고 불렀다. 신자유주의는 1980년 미국의 레이건 대통령의 경제 정책, 즉 레이거노믹스(Reaganomics)로 출발한 이래, 선진산업사회 여기저기서 정상적 경제 정책으로 자리잡았다. 영국의 대처리즘(Thacherism), 일본의 아베노믹스(Abenomics), 한국의 엠비노믹스(MBnomics)와 초이노믹스(Choinomics) 등이 바로 그런 것들이었다.

셋째, 생산 방식이 바뀌면서 이데올로기도 출렁거렸다. 포디즘의 시대에 사람들은 자유와 평등, 인권, 민주주의 등과 같은 진보적 가치를 중시하였다. 지배계급이 저절로 그런 가치를 중시했다기보다 피지배계급이 노동조합이나 농민조합 등으로 강력하게 요구한 탓이었다. 그러나 유연 생산의 시대에 들어서면서 이런 가치는 힘을 잃었다. 경제가 분절화하고 파편화하면서 안정된 가치를 바라는 욕구가 증가하였다. 가족이 해체하면서 가족의 안정을 비라는 욕망이 커졌다. 가족의 소중함을 상소하는 드라마나 영화가 봇물을 이루었던 이유다. 가부장제는 허물어지고 있지만, 가부장제의 부활을 꿈꾸면서 여성을 혐오하는 사람도 늘어났다. 강남역 '묻지마' 여성 살인사건이 이를 보여준다. 세상이 불안정해지면서 종교적 구원을 구하는 힘도 커졌다. 종교를 찾는 사람은 여전히 많은 이유다. 그러나 신도 수는 예전보다 크게 줄어 종교집단(특히 개신교)의 세력은 줄어들었다. 한국의 개신교는 응집력을 유지하려고 새로운 적을 만들었다. 한국의 개신교는 반공이라는 슬로건을 버리고 동성애 반대와 같은 극단적 슬로건을 내걸었다. 노동의 이동이 활발해져 외국인 비중이 늘어났지만, 그에 상응하여 인종차별의 기운도 늘어났다. 선진국에서는 극우파들이 득세하여 신나치운동이나 혐한(嫌韓) 운동과 같은 인종주의가 극성을 부렸다. 지배계급이 이런 변화를 이용하여 자신의 이익을 확보하려 했던 것은 말할 것도 없다.

넷째, 좁은 의미의 문화 영역, 즉 학술과 예술 등의 영역에서도 변화가 일었다. 포디즘의 시대에는 모더니즘이 융성하였지만, 유연생산의 시대에는 포스트모더니즘(post-modernism)이라는 사조가 새롭게 출현하였다. 흥미로운 주제니만큼 지금부터 이를 조금 더 자세하게 살펴보기로 하자.

(6) 포스트모더니즘

1) 철학

하비(Harvey, 1990)는 경제 영역이 가속화하면서 우리의 시간 경험과 공간 경험이 바뀌었고, 이와 같은 시공간 경험의 변화가 포스트모더니즘(postmodernism)이라는 새로운 문화 사조를 만들었다고 주장하였다. 그의 이런 주장을 도식화하면 다음과 같이 쓸 수 있다.

경제 영역의 가속화 ⟶ 시공간 경험의 변화 ⟶ 포스트모더니즘

과연 그런가? 경제 부문이 바뀌면서 시공간경험(time-space experience)은 바뀌었는가? 바뀌었다면 어떤 방향으로 바뀌었는가? 먼저 시간 경험의 변화부터 살펴보자. 앞에서 보았듯 가속화가 생산 부문의 변화를 추동하였다. 자본은 회전기간을 단축하여 적정 이윤을 확보하려고 생산조직과 노동방식을 바꾸었다. 교환부문과 소비부문도 빠르게 바뀌었다. 이렇게 환경(외부 사물)의 변화가 심화하면 사물의 가치도 빠르게 바뀐다. 가치와 규범, 이데올로기의 존속 기간도 단축된다. 경제든 문화든 모든 것이 바뀌는 속에서 무엇이 영원하다고 믿을 수 있을까? 모든 사물의 즉흥성이나 휘발성, 순간성이나 단명성 등이 부각할 수밖에 없다. 모든 사물은 곧 바뀌리라는 믿음이 퍼진다. 생각해 보자. 동구 밖에 느티나무가 100년 전에도 그 자리에 있었고, 오늘도 그 자리에 있다면 세상은 바뀌지 않을 것이라는 생각이 들 것이다. 앞으로 100년이 지나도 느티나무는 그곳에 놓여 있을 것이라고 믿을 것이다. 그리고 느티나무가 바뀌지 않듯 도덕률 등도 바뀌지 않을 것이라는 생각이 들 것이다. 늙은 부모를 봉양해야 한다는 윤리나 남녀가 결혼하면 죽을 때까지 같이 살아야 한다는 규범도 변치 않을 것이라 믿는다. 자연이나 사회나 안정되어 있는 것이다. 그러나 눈을 뜨면 앞집이 사라지고, 옆집이 들어서고, 뒷집이 모습을 바꾸면 무엇이 영원할 것이라고 생각할 수 있단 말인가? 그런 곳에서 모든 사물은 순간적이고 단명적일 것이라는 생각이 확산할 것이다. 효도가 제일의 가치라는 생각은 사라지고 노인 봉양은 국가가

책임져야 한다는 생각이 확산한다. 결혼은 계약일 뿐이지 영원한 것이 아니라는 생각이 퍼진다. 이혼도 나쁘지 않은 것이라는 판단도 확산한다.

공간 경험도 변화한다. 우리는 레코드, 영화, TV 등을 통해 세계를 허상이나 복제품(simulacra)로 경험한다. 공연장에서 베를린 필하모닉 오케스트라의 연주를 보고 듣지 않아도 TV나 레코드로 보고 들을 수 있다. 영화에서 살아있는 공룡을 보며, TV에서 장대한 그랜드캐년과 눈 덮인 설산(雪山)을 본다. 실물보다 더 아름다운 허상이나 복제품을 본다. 공간 이동을 하지 않고도 다른 공간을 체험한다. 공간 장벽이 무너진다.

이와 같은 시간 경험과 공간 경험의 변화를 하비는 시공간압축(time-space compression)이라고 불렀다. 경제 성장이나 자본 축적은 시간의 단축을 요구하고 공간의 붕괴를 요구한다. 자본은 상품 생산 기간과 이윤 실현 시간을 단축할 것을 요청하는데, 이 시간의 단축이 시간 압축이다. 자본은 원료의 구입과 상품 판매, 노동이동을 위해 공간 장벽의 붕괴를 요구하는데, 운송수단이나 통신수단의 개발로 공간의 장벽을 뛰어넘는 것이 공간 압축이다. 어쨌든 자본은 시공간을 압축하고 사람들은 이를 경험한다. 이 경험의 변화는 우리의 생각과 감정, 행동에 심대한 영향을 미친다. "오늘날에는 지난 날보다 훨씬 많은 것이 흘러가며, 사람의 마음에도 심오한 변화가 일어난다(Toffler, 1970)." 이렇게 바뀐 심성, 생각, 행동이 포스트모더니즘이다. 자본의 흐름이 빠르게 진행하는 유연 생산 시대에 생겨난 멘탈리티가 포스트모더니즘이라는 말이다.

포스트모더니즘은 모더니즘의 연장이고 변형이며, 반항이자 거부다. 모더니즘의 연장이자 변형이라는 의미에서 포스트모더니즘은 후기근대주의라고 번역할 수 있고, 모더니즘에 대한 반항이자 거부라는 뜻에서 탈근대주의라고 번역할 수 있다. 어떻게 번역하든 포스트모더니즘이 모더니즘을 바꾼 것이라는 사실은 변하지 않는다. 모더니즘의 철학적 사고는 이제 막 떠오르던 자본의 사고였다. 자신의 모습을 이 세상에 나타낸 뒤에 거침없이 질주하였던 자본은 미래를 낙관적으로 바라보았다. 사람들은 보편적 이성과 객관적 과학, 절대적 도덕이 언젠가 인류 진보, 사회정의, 인간 행복을 실현할 것이라고 믿었다. 이런 믿음이 모더니즘의 핵심이다. 이런 믿음은 두 가지 서로 대립하는 측면을 내포한다. 예컨대 보편적 이성과 객관적 과학은 새로운 지식을 생산함으로써 진보를 낳지만, 이와 동시에 이제 쓸모없는 낡은 지식을 남긴다. 진보하였다는 것은 이상을 향해 한 걸음 더 가까이 다가섰다는 사실을 의미하지만 동시에 낡은 것을 남겼다는 것도 의미한다. 말하자면 모더니즘은 서로 모순되는 대립물을 동시에 포함하고 있다고 볼 수 있다. 모더니즘에는 영원불멸하는 것이 있는가 하면 찰나적이고 일시적이고 우연적인 것인 것도 존재한다.

포스트모더니즘은 모더니즘의 양면성에서 앞의 것을 무시하거나 거부하고 뒤의 것만 일방적으로 강조한다. 즉 영원불멸하는 것은 존재하지 않고 일시적이고 우연한 것만 존재한다고 믿는다. 포스트모더니즘은 보편적 이성이나 객관적 과학, 절대적 도덕이란 것은 존재하지 않는다고 본다. 역사의 진보도 단선적이지 않고, 이상적인 사회질서라는 것도 없다. 그리고 인간 행복을 실현하는 합리적 방법도 없다고 생각한다. 그렇다면 이 세상에는 무엇이 존재하는가? 오직 찰나적이고 일시적이며 우연적인 것들만 존재하고, 불완전한 이성이나 편파적 지식, 상대적 도덕만이 존재한다. 그리하여 포스트모더니즘은 이질성(heterogeneity), 차이(difference), 상대성(relativity)을 인정해야 한다고 주장한다. 동성애자, 소수자 등은 우리와 다른 사람들일 뿐 열등하거나 반도덕적인 사람들이 아니다. 푸코(M. Foucault)는 서로 다른 수많은 파편이 공존하는 세계를 헤테로토피아(Heterotopia)라고 불렀거니와 그는 이런 세계가 바람직한 것으로 보고 이를 지향하였다.

2) 건축

포스트모더니즘의 철학적 사고는 현실에서 다양한 방식으로 표출하였다. 포스트모더니즘의 구체적 발현 양식이 분야마다 달랐다는 말이다. 포스트모더니즘이라는 용어가 가장 먼저 등장했던 건축 분야에서 포스트모더니즘은 이질적 기능의 공존이었다. 포스트모더니즘은 헤테로토피아를 구현하는 것을 건축의 목표로 삼았다. 모더니즘은 건축물의 기능적 분할 배치(zoning)를 우선하였다. 일정 구역은 주거지역으로 삼고, 일정 구역은 상업 지역(세탁소, 미장원 등), 일정 지역은 위락 지역(식당, 오락실 등)으로 삼는 방식이다. 공간을 기능별 구역으로 나누어 활용하였다는 이야기다(〈그림 8-7〉 참조). 이와 달리, 포스트모더니즘은 콜라주(collage)를 지향한다. 다시 말해, 공간의 다원적·유기적 배치를 지향한다. 1층은 상업지역, 2-5층은 휴게시설 지역, 6-15층은 주거지역으로 쓰는 주상복합(住商複合)건물처럼 여러 기능이 한 자리에

〈그림 8-7〉 zoning

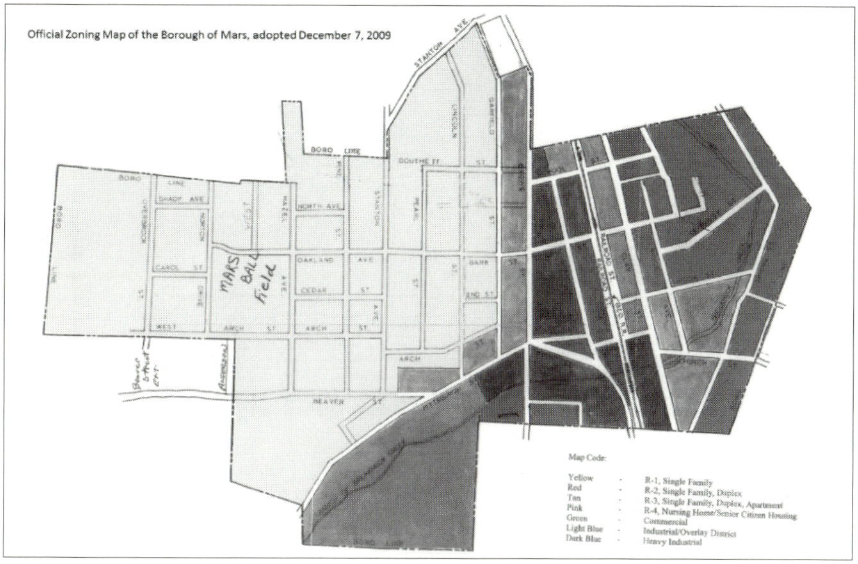

노란색: 단독가구, 붉은색: 단독가구(듀플렉스), 갈색: 단독가구(아파트),
분홍색: 노인가구, 녹 색: 상업지구, 푸른색: 산업지구,
청록색: 중공업지구

〈그림 8-8〉 삼성 본관, 서울

〈그림 8-9〉 스위스 테크 컨벤션 센터, 로잔(스위스)

모여 있는 건축물을 지향한다. 기능도 기능이지만 포스트모더니즘 건축은 외관도 다르다. 모더니즘 건축은 기능을 중시하여 외관이 단조롭지만(〈그림 8-8〉 참조), 포스트모더니즘 건축은 이질성과 차이를 강조하여 외관이 다양하고 화려하다. 〈그림 8-9〉에서 보듯, 바라보는 방면이나 각도가 다르면 건물의 모양도 달리 보인다. 서로 다른 모양이 공존하는 건축물인 셈이다.

3) 미술

모더니즘 미술이 삶의 진정한 의미(본질적 의미나 단일한 의미)를 추구하였다면, 포스트모더니즘 미술은 삶의 복합적 실재와 복합적 의미를 부각하였다. 포스트모더니즘 시대의 미술가들은 삶의 복합성을 표현하려고 콜라주와 혼성모방을 사용하였고, 패러디를 즐겼으며 데페이즈망 기법을 도입하였다. "뭔가 새로운 것을 만들어내던 창작은 물러가고, 기존 이미지의 노골적 차용이나 인용, 발췌, 중첩, 반복이 판치게 되었다(Harvey, 1990: 87)". 콜라주(collage)는 질이 다른 여러 가지 재료, 즉 헝겊, 비닐, 타일, 나뭇조각, 종이, 상표 등을 덧붙여서 화면을 구성하는 기법이다. 〈그림 8-10〉의 왼쪽 그림은 루벤스(P. P. Rubens)의 비너스이고, 오른쪽 그림은 로센버그의 〈감(Persimmon)〉'이라는 작품으로 루벤스의 비너스와 잡다한 대상을 한 화면에 병치한 것이다. 혼성모방(pastiche)은 여러 가지 표현이나 대상을 한 작품에 모으는 기법이다. 〈그림 8-11〉은 15세기의 두 화가 보티첼리(S. Botticelli)와 폴라이우올

〈그림 8-10〉 루벤스(1577~1640)의 〈비너스〉, 로센버그의 〈퍼시몬〉(1964)

〈그림 8-11〉 〈두 여인〉

〈그림 8-12〉 〈이미지의 배신〉(1929)(왼쪽)과 〈골콘다〉(1953)(오른쪽), R. 마그리트

로(A. Pollaiuolo)의 작품을 한 자리에 모아 놓은 사진이다. 패러디(parody)는 특정 작품의 진지한 소재나 특정 작가의 고유한 문체를 저급하게 흉내 내어 이를 희화화(戱畵化)하는 수법이다. 주로 익살이나 풍자를 목적으로 한다. 패러디는 문학 작품에서도 적지 않지만 미술에서도 많이 등장한다. 패러디는 너무 흔한 기법이므로 여기서는 그 예를 보이지 않기로 한다. 데페이즈망(depaysement)은 특정 대상을 맥락과 상관없는 이질적 환경으로 옮겨서 대상을 낯설게 하고 물체와 물체의 기이한 만남을 연출하여 강한 충격을 노리는 초현실주의 기법이다. 〈그림 8-12〉는 마그리트(R. Magritte)의 〈이미지의 배신-이것은 파이프가 아니다〉(1929)와 〈골콘다(Golconda)〉(1953)다.

4) 디자인

모더니즘의 디자인은 기능성이나 단순성을 강조했다면, 포스트모더니즘 디자인은 다양성이나 다의성을 강조하였다. 이질적인 것을 조합하는 방향으로 나가기도 하였다. 〈그림 8-13〉의 왼쪽 그림이 모더니즘의 디자인을 보인다면 오른쪽 그림은 포스트모더니즘의 디자인을 보인다. 왼쪽의 포터블 전축은 기능을 중시하여 네모반듯한 디자인을 선보였다면, 오른쪽 방에는 모양이 서로 같거나 닮지 않은 다양한 책상과 의자를 끌어다 한 자리에 모아 놓았다.

〈그림 8-13〉 디자인의 차이

5) 광고

포스트모더니즘의 광고는 순간성과 찰나성을 내보이거나 이질성과 낯섦을 강조하였다. 〈그림 8-14〉의 코카콜라 광고는 화면이 매우 빠르게 흘러가는 것으로 유명하다. 화면 속에 등장하는 인물을 판별할 수 없을 정도로 화면이 빠르다. 나이키 광고는 전혀 어울리지 않은 두 개의 사물을 병치함으로써 낯선 풍경을 선보인다. 소년이 소변을 보는 담으로 나타나는 저급한 이미지와 고급 브랜드 나이키를 병치하여 사람들의 심성을 흔들고 그들의 시선을 끈다. 이는 앞에서 말한 네페이즈망 기법과 흡사하다.

〈그림 8-14〉 코카콜라와 나이키

6) 영화

포스트모더니즘 영화는 다양한 방법으로 낯익은 질서를 깨뜨린다. 서사 구조의 주류적 관습을 전복하고 청중의 의심 유보(suspension of disbelief)를 시험한다.[115] 포스트모더니즘 영화는 고급 예술과 싸구려 예술의 문화적 분리를 거부하고, 성과 인종, 계급과 장르, 시간의 전형적 묘사를 뒤집어 전통적 서사(이야기)로는 서술하기 힘든 대상을 창조한다. 스캇(R. Scott) 감독의 〈블레이드 러너(Blade Runner)〉(1982)는 미래 세계의 배경을 과거 세계의 의상이나 머리 모양과 뒤섞어놓고, 서양문화와 동양문화를 뒤섞는다. 이준익 감독의 〈황산벌〉(2003)은 우리 역사에 등장한 인물의 전형적 평가나 묘사를 거꾸로 뒤집는다. 특히 계백장군 부인의 예상치 못한 변신은 충격적이다. B급 영화(A급이 아닌 영화-고급이 아니거나 진지하지 않은 영화)를 지향하는 타란티노(Q. Tarantino) 감독의 〈펄프 픽션(Pulp Fiction)〉(1994)은 한 영화 안에 여러 개의 이질적 스토리를 나열하고, 각각의 스토리를 다른 스토리에 의존하도록 유기적

〈그림 8-15〉 〈펄프 픽션〉 / 〈내 생애 가장 아름다운 일주일〉

[115] 의심의 유보는 때로 의심의 의도적 유보(willing suspension of disbelief)라고 부른다. 사람들은 즐거움을 추구하려고 초자연적이고 초현실적인 사변소설(speculative fiction) 같은 비현실적 대상을 비판적으로 바라보려 하지 않는다. 의심 유보는 이와 같은 의도적 회피를 말한다.

으로 조직하였다. 이른바 상호텍스트성(intertextuality)을 도입하였다.[116] 민규동 감독의 〈내 생애 가장 아름다운 일주일〉(2005)도 같은 방법으로 스토리를 전개하였다(〈그림 8-15〉 참조).

116) 상호텍스트성은 한 텍스트의 의미가 다른 텍스트에 의존하는 것을 말한다. 이렇게 텍스트와 텍스트가 서로 의존한다면, 한 텍스트는 다른 텍스트의 의미를 결정한다. 〈펄프 픽션〉에서 하나의 스토리를 이해하려면 다른 스토리를 보아야 한다.

9

교육

Sociology

(1) 교육의 목적

(2) 교육의 결과

(3) 교육 불평등

(4) 교육체계의 변이

9. 교육

교육은 우리 시대를 사는 사람들의 큰 관심사다. 교육은 자기만족 등과 관련하지만, 다른 무엇보다 세속적 성공과 관련하기 때문이다. 사람들은 높은 교육이나 좋은 교육은 받는 사람이 더 좋은 직업과 더 높은 소득을 얻는 것으로 알고 있다. 그러하니 교육에 어찌 관심을 기울이지 않겠는가? 그러나 교육의 정도나 교육의 목적, 교육이 다른 제도와 맺는 관계는 시간이 지나면서 극적으로 바뀌었다.

인류 역사에서 가족이나 공동체 범위 밖에 존재하는 공식적 교육 기관은 오랫동안 존재하지 않았다. 가족이나 공동체가 마련한 초기의 학교는 사람들에게 글 읽고 셈하는 방법을 가르쳤다. 그러나 매우 소수의 사람만이 서적(주로 종교 서적)을 읽고 글을 썼으며 셈을 할 수 있었다. 19세기 후반에 이르러서도 상황은 그렇게 좋아지지 않았다. 유럽이나 북아메리카에서도 소수의 남성 엘리트 집단만 고전적 교양교육을 받을 수 있었는데, 북아메리카에서는 17세 소년의 약 2퍼센트만이 고등학교를 졸업할 수 있었다(Manza et al., 2016: 346). 오늘날 후기중등교육(고등학교 교육)을 이수하지 않은 사람은 매우 적다. 2022년을 전후한 시기에 선진산업사회의 18-24세 인구집단의 90퍼센트는 고등학교를 졸업하였고, OECD 국가 인구의 80퍼센트는 후기중등교육을 이수하였다.

오늘날 산업화가 진전하고, 도시가 성장하며, 교육에 높은 임금을 부여하는 직업이 출현하면서, 그리고 중산층은 말할 것도 없고 노동자계급마저 자녀 교육을 열망하면서 학교 교육은 더욱 더 확대하였다. 거의 모든 산업사회에서 새로운 보편적 대중교육체계가 확립하였다. 공식 교육의 이런 성장은 나라마다 균등한 것은 아니었다. 20세기 초반에는 영국이나 미국이 이런 성장을 주도하였지만, 20세기 후반부터 동아시아 국가의 성장이 이를 추월하였다. 〈그림 9-2〉는 2022년 무렵 OECD 국가의 25-34세 인구집단의 고등교육 이수자 비율을 비교하였다. 한국이나 일본의 고등교육 이수자나 졸업자 비율이 미국이나 영국의 비율보다 더 높고, OECD 평균보다 훨씬 더 높다.

그런데 교육체계는 왜 이렇게 팽창했을까? 젊은 청년들은 왜 후기중등교육 단계를 뛰어넘어 대학에 진학하기 시작하였을까? 사회는 왜 이들이 더 높은 학력 단계에 진입하는 것을 허용하였을까? 이런 질문에 대답하려면 교육의 목적을 알아야 한다.

〈그림 9-1〉 OECD 국가의 고등학교 졸업률

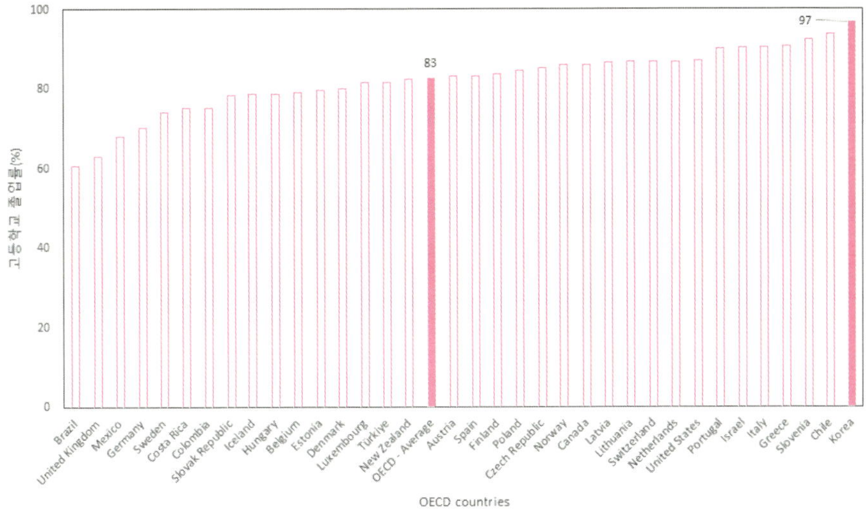

주: 여기서 졸업률은 일생 동안 고등학교를 졸업할 것으로 추정되는 비율이다.
출처: Education at a Glance(2022); https://data.oecd.org/students/secondary-graduation-rate.htm#indicator-chart

〈그림 9-2〉 25-34세 인구집단의 고등교육 이수자 비율

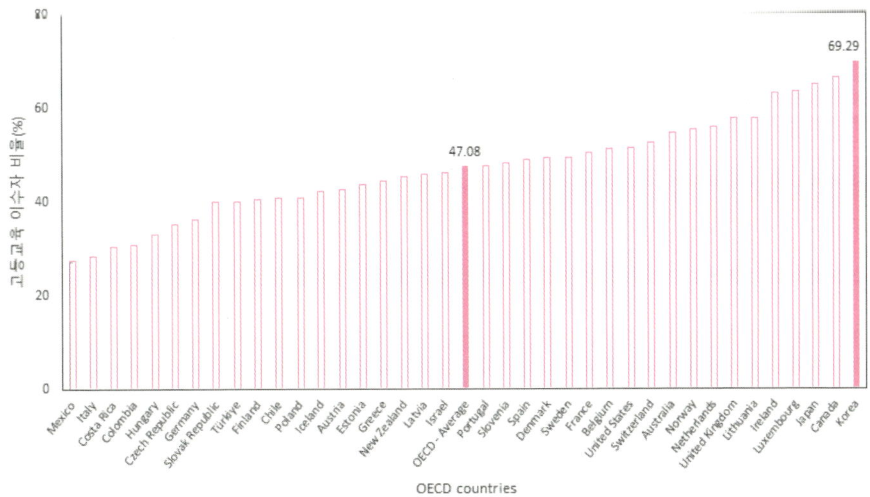

출처: Education at a Glance(2022); https://data.oecd.org/eduatt/population-with-tertiary-education.htm

(1) 교육의 목적

오늘날 세계 각국은 공식적 교육 체계를 갖추고 있으며, 일정 연령의 아동이 모두 학교에 출석하도록 강제하고 있다. 왜 그런 것인가? 우리가 교육을 생각할 때 학교 교육의 공식 목적, 즉 숙련과 지식의 습득을 가장 먼저 떠올린다. 그러나 교육은 다른 사회적 목적에도 봉사한다. 교육은 학생을 사회화하며, 학생을 그들의 능력과 학업성과에 맞추어 다양한 직업으로 배치한다. 교육은 사람들의 평균적 숙련이나 지식 수준을 높여 한 사회의 경제발전을 이룩한다. 이처럼 교육은 다양한 목적을 달성하지만 다소 비공식적인 기능도 수행한다. 교육은 결혼시장으로 기능하기도 하고, 종교적 교의를 전달하기도 한다. 나중에 유용하게 쓰일 규율을 학생에게 가르치기도 하며, 청년 세대를 거리에서 격리하여 범죄를 예방하기도 한다. 그러나 여기서 교육의 목적이나 기능을 모두 논의할 수 없다. 교육의 주요 목적만 살펴보자.

1) 사회화

교육의 가장 주요한 목적은 청소년의 습관과 태도, 행동을 사회화하는 것이다. 사회화는 공식적으로나 비공식적으로 일어난다.

학교는 작은 규모의 사회다. 학교는 학습에 적합한 안정적 사회환경을 만든다. 학생들은 학교에서 적절하게 행동하는 방법을 배운다. 줄을 맞추고, 조용한 태도를 유지하며, 외모를 단정하게 가꾸고, 규칙을 지키며, 권위를 존중하고 복종하며, 경쟁하여 목적을 성취하는 방법을 배운다. 요약하면, 학생들은 학교의 규율(아마도 이는 사회의 가치와 규범일 것이다)에 적응하는 방법을 배운다.

학생들은 학교의 규칙과 교사의 통제에 복종함으로써 사회적 숙련과 태도를 습득하고 미래의 교육 경로를 결정한다. 학교의 규칙과 교사의 통제, 특히 학교가 명시적으로 말하지 않은 행동 기준이나 교사의 암묵적 기대는 학교의 이른바 숨은 교육과정(hidden curriculum)의 한 부분이다.[117] 예컨대 교사는, 학생이 질문할 때 대부분 손

117) 사회화를 다룬 3장을 보라.

을 들고 교사가 지명할 때까지 기다릴 것이라고 기대하는데, 중간계급 출신 아이들은 가난한 가정 출신의 아이들보다 가정에서 이런 기대를 더 많이 배운다. 그리하여 중간계급 출신의 아이들은 학교의 관행과 교사의 기대에 더 익숙하게 적응한다. 중간계급 출신 아이들은 부모에게서 어른들 곁에서는 조용한 태도를 취하여 그들에게 존경심을 표해야 한다는 것을 배우는데, 교사는 학교의 숨은 교육과정에 동조하는 이 아이들을 더 우호적으로 평가한다.

학교는 공식 교육과정을 통해 도덕을 교육하기도 하지만, 그 외에도 학교는 생일이나 기념일 축하와 같이 도덕적 성격을 띠는 의례나 의식을 전달한다. 그뿐 아니라 정치적 참여를 독려하거나 공동체나 민족 수준의 사회적 연대를 강화하기도 한다.

2) 직업 준비

교육의 둘째 목적은 청소년을 훈련하여 미래 직업에 대비하는 것이다. 경제학자나 사회학자는 교육의 이런 기능을 인간자본(human capital)의 축적이라 말한다. 여기서 인간자본이란 사람들이 생애 중후반에 생산적 노동을 할 때 사용할 수 있도록 생애 초반에 쌓은 지식이나 숙련, 습관을 일컫는데, 교육은 이 인간자본으로 경제적 가치의 생산에 기여한다. 교육은 인간자본을 축적하기도 하지만, 사회적 숙련을 늘리는 데에도 기여한다.

교육은 정규 교육이 존재하기 훨씬 이전부터 노동력을 준비하는 주요 수단이었다. 중세의 작은 마을에서는 재화와 용역을 생산하였고, 사람들은 이런 생산을 위해 훈련을 받았다. 이런 형태의 초기의 전문적 훈련은 대부분 길드(guild)에서 이루어졌는데, 이 길드는 도제(徒弟, apprenticeship)를 집중 훈련하여 목수, 직물공, 대장장이, 금세공사 등과 같은 자격을 부여하였다. 표준화되지 않은 소규모의 교육은 18세기 후반과 19세기 전반에 이르러 점차 증가하는 전문 직업의 요구에 발맞추어 마침내 표준화한 학교 교육으로 바뀌었다. 이에 덧붙여 더 많은 지식-서비스 기반 산업이 발달한 19세기와 20세기에는 더 많은 교육을 받은 노동력이 필요하였는데, 각종 학교가 이들 노동력을 공급하였다.

학교가 팽창하면서 사람들은 청년들을 선별(sorting)하고 선발(selecting)하는 데에 학교를 사용하였다. 오늘날의 교육체계는 현대 노동에 필요한 숙련과 지식을 공급할 뿐 아니라 청년을 직업 사다리의 다양한 위치로 선발하고 배분한다. 교육은 시험이나 계열화, 평점이나 자격증 등과 같은 수단으로 사람을 선발하고 배분한다. 근대사회에서 자격증은 노동시장에서 예전보다 훨씬 더 중요하게 되었다. 예컨대 오늘날 한국에서 교사가 되고 싶다면 최소한 대학 교육을 이수해야 한다. 대학 교육을 이수하지 않으면 교사가 될 수 없다. 이렇게 사람들이 특정 직업에 지원할 때 고용주가 선발 기준으로 특정한 교육 자격을 요구하는 것을 학력주의(credentialism)라고 한다. 고용주는 학교 교육을 더 많이 받거나 더 좋은 교육을 받은 지원자가 더 많은 지식과 숙련을 가지고 있을 것이라 가정하고, 직무 수행에 도움이 되는 다양한 연성 숙련(軟性 熟練, soft skills)도 보유하고 있을 것이라 가정한다. 연성 숙련이란 옷 입는 법, 대화하는 법, 행동하는 법, 자신을 표현하는 법, 다른 사람과 잘 지내는 방법 등을 말한다. 물론 이런 가정, 즉 학력이 높거나 학벌이 좋을수록 연성 숙련이 좋을 것이라는 가정은 객관적 사실과 항상 일치하는 것은 아니다.

3) 교육의 수익

한 나라의 경제가 확대하면 사람들은 새로 등장하는 직업에 적응하려고 더 많은 교육을 받는다. 대중교육이 발달하고 교육체계가 팽창한다는 말이다. 그러나 역의 논리도 참이다. 교육은 경제발전의 동력이다. 한 나라의 교육수준이 높을수록 그 나라의 경제 규모도 커진다. 개별 국가는 경제발전을 이루기 위해 대중교육을 확대한다. 그러므로 사람들을 교육하는 또 하나의 목적은 경제발전이라고 말할 수 있다. 읽고 셈하는 방법을 사람들에게 전수하면 경제가 성장한다. 모든 사람에게 더 많은 교육을 제공하면 경제가 더 발전한다. 이를 증명하는 증거는 넘쳐난다. 이런 투자는 개인에게도 이롭지만 사회 전체에도 이롭다. 소외되었던 아이들에게 교육을 제공하면 그들이 사회경제적 사다리를 올라가는 기회는 증가한다. 노동자의 문해율이 높아지면 사회전체의 인간자본이 증가하여 더 많은 자본을 유치할 수 있다. 싱가폴, 한국, 대만, 중국, 인도 등과 많은 아시아 국가는 1980년대 이래 경제성장을 이루려는 목적으로 중등교육과 고등교육에서 수학과 과학, 공학에 초점을 맞추는 전략을 사용하였는데, 이 전략은 적중하여 이들 나라는 다른 어느 나라보다 더 빠른 경제성장을 이루었다.

4) 위대한 균형자

학생들은 초등학교 때부터 학교에서 최선을 다해야 한다고 배운다. 그러므로 오늘날 청소년은 이런 생각을 머릿속에 담고 있지만, 19세기 노동자계급 출신의 청소년은 그런 생각을 하지 않았다. 학교 교육이라는 것은 노동을 시작하기 전에 몇 년 동안 잠깐 지속하는 것이라고 그들은 믿었다. 노동자계급 출신의 청소년은 매우 제한적인 범위에서 경력을 선택할 수 있었다. 아이들은 가족 농장에서 경력을 시작하였다. 만일 아버지가 목수와 같은 숙련노동자였다면 아이들은, 특히 아들은 목수가 되었다. 이 시절의 아이들은 대부분 초등교육만 이수하였을 뿐 중등교육을 받지 못하였다. 특권층 출신의 소수의 아이들만이 대학에 진학하였다. 그리하여 사회이동은 매우 제한적이었다.

19세기 후반과 20세기에 들어 사정은 바뀌었다. 중간계급 직업이 급격하게 확대하면서 교육의 목적은 달라졌다. 교육은 상승이동의 수단이 되었다(사회이동은 이 책의 5장을 보라). 19세기와 20세기에 사람들은, 도시에 거주하면서 더 많은 교육을 받게 되었다. 근대 자본주의가 새로 만든 직업 경력, 예컨대 법이나 경영, 의학과 공학 계열의 새 직업을 얻으려면, 더 높거나 더 좋은 교육자격을 얻어야 했다. 이 자격증은 직업을 얻는 데에 핵심적 구실을 하였다. 이 시기에 노동자계급이나 중간계급은 자신의 가족배경을 넘어서는 새 직업을 얻을 수 있었는데, 교육은 이런 직업을 얻는 주요 수단이 되었다. 그리하여 급기야 19세기 미국의 만(Mann, 1848)과 같은 교육개혁가는 교육을 "인간 조건을 개선하는 위대한 균형자(The Great Equalizer)"라고 말하였다.

(2) 교육의 결과

오늘날의 사회에서 교육은 삶의 결과에 심대한 영향을 미친다. 교육은 지적 발달, 직업, 소득, 노동조건, 건강 등에 영향을 미친다. 여기서는 교육이 영향을 미치는 중요한 삶의 결과 몇 가지를 살펴보자.

1) 직업 경력

오늘날 교육은, 비록 특권층 자녀가 하층민 자녀보다 더 많고 더 나은 교육을 받을 가능성이 높지만, 하층민 자녀의 기회균등(equality of opportunity)을 신장하는 가장 효율적인 제도라고 사람들은 인지한다. 이처럼 교육은 기회균등과 연관하지만, 보상과도 관련한다. 누가 되었든 더 좋거나 높은 학교에 진학하면, 그리고 그 학교에서 좋은 결과를 얻으면, 삶의 기회에서 더 많은 보상을 얻는다. 가족배경과 상관없이 가장 자격 있는 사람이 가장 좋고 중요한 자리를 차지해야 한다는 것은 우리 사회의 소중한 이상인데, 이 절에서는 이런 이상, 즉 능력제(meritocracy)라는 이상이 실현하는 방식을 살펴보자.

더 많은 교육을 받은 사람들, 즉 대학졸업자는 고등학교나 그 이하의 학교를 나온 사람들보다 전일제 노동을 할 가능성이 더 높고 실업에 노출될 가능성이 더 낮다. 노동시장에 진입한 연후에는 더 많은 교육을 받은 사람들이 그렇지 못한 사람들보다 높은 위세의 직업을 얻을 가능성이 높고 더 많은 소득을 올릴 가능성이 더 높다. 이런 결과는 놀랄 일이 아닌데, 직업 지위나 노동 조건을 숙련과 연관되어 있고, 숙련은 교육과 관련하기 때문이다. 예컨대 우리는 더 나은 학위를 얻거나 전문화한 훈련을 쌓지 않고는 의사나 변호사가 될 수 없다.

〈그림 9-3〉 한국의 학력별 임금(2020년)

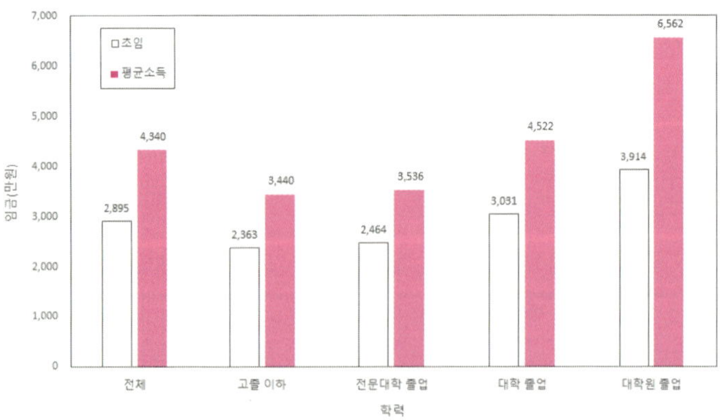

출처: 최기성·이은수(2022)

〈그림 9-3〉은 교육과 임금의 관계를 보인다. 2022년 한국 근로자의 초임 평균 연봉은 약 2,900만원이었고, 전체 근로자의 평균 연봉은 약 4,300만원이었는데, 이 임금은 학력별로 큰 차이를 보였다. 전체적으로 말하자면, 학력이 높을수록 연봉은 점차 높아졌다. 고등학교 졸업자의 평균 연봉은 3,440만원이었는데, 대학졸업자의 평균은 4,522만원이었다.

더 많은 교육을 받으면 왜 더 많은 소득이나 더 큰 사회경제적 보상을 거둘까? 서로 경쟁하는 두 이론을 제시할 수 있다. 인간자본이론(human capital theory)은 교육이 지식과 숙련, 가치를 전수한다고 보고, 고용주는 이런 지식과 숙련이 생산성을 높인다고 믿는다. 교육과 학교는 사람들에게 이런 인지적 속성을 전달하는 데에 더하여 연성 숙련(soft skills)도 전수한다. 연성 숙련이란 다양한 부류의 사람과 정교한 대화를 하거나 상호작용하는 능력과 과업에 집중하는 의지와 능력을 말하는데, 교육은 이런 부류의 비인지적 속성을 개발하고 향상하여 인간자본을 보완한다.

이와 대비하여 신호이론(signalling theory)은 교육을 다른 방식으로 바라본다. 교육은 사람들을 서로 다른 사회적 위치나 기관에 배분(channeling)하고, 이 위치나 기관은 각각 서로 다른 보상을 제공한다. 학교 교육의 구실은 사람을 선별(sorting)하여 고용주 등이 누가 더 성공적인 인물이고 누가 평범한 사람인지를 판단하게 한다(Spence, 1974). 이 이론에 의하면, 학력은 일종의 신호 수단인데, 이 신호는 사람들이 특정한 태도와 능력을 보유하고 있다는 것을 고용주에게 전달한다. 이런 신호는 사람들이 학교 교육으로 '실제로' 그런 특성을 획득하였는지, 그 여부와는 전혀 관계가 없다. 인간자본이론은 학교 교육이 사람들을 실제로 더 생산적으로 바꾸었다고 판단하지만, 신호이론은 학교 교육이 사람들을 바꾸지 않았다고 판단한다. 학교 교육이나 학위는 그저 사람들이 서로 다른 길을 가게 하여, 서로 다른 소득을 얻게 할 뿐이다.

신호이론은 사회적 폐쇄(social closure)를 내포하기도 한다. 학력 자격은 특정 직업에 진입하는 것을 막거나 제한하는 기능을 수행한다. 특정 직업에 진입하려면 사람들은 일정한 학력 자격을 획득해야 한다. 그러나 이런 자격을 가진 사람이 많아지면 그 학력 자격의 가치는 점차 낮아진다. 말하자면 그 학력으로 얻는 소득은 점차 작아진다. 이와 같은 현상, 즉 학력 소지자의 팽창과 그로 말미암은 학력 자격의 가치 저하 현상을 일컬어 학력 인플레이션(credential inflation)이라 한다(Collins, 1979). 〈그림 9-4〉는 한국 대학 졸업자의 상대임금의 시기적 변화를 나타낸 것이다(여기서 상대임금이란 고등학교 졸업자의 임금을 100으로 했을 때 대학 졸업자가 받는 임금 크기를 말한다). 이 그림을 보면, 한국 대학 졸업자의 상대임금은 지난 10여년 사이에 점차 낮아졌다. 대학 졸업자 수가 늘어나면서 대학 졸업자의 상대임금은 점차 낮아졌다.

〈그림 9-4〉 고졸자의 임금에 대비한 대졸자의 상대임금 추이(한국)

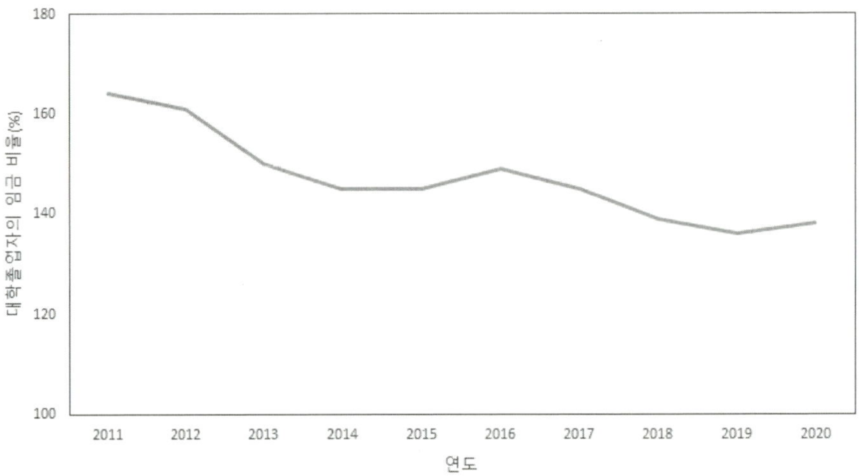

출처: www.index.go.kr/unity/potal/main/EachDtlPageDetail.do?idx_cd=1531

학력을 이용한 사회적 폐쇄에 성공하려면 교육을 받는 사람의 수를 줄여 학력 자격의 가치 저하를 막아야 한다. 특정 분야의 직업 관련자들은 결사체나 조합 등을 이용하여 면허나 자격증이 더 이상 늘어나지 않도록 제한한다. 예컨대 의사는 의사협회를 동원하여 의과대학 정원을 동결한다. 이런 폐쇄 행위는 임금이나 소득 하락을 막는 데에 기여한다.

학력이 미치는 효과가 임금에 그치는 것은 아니다. 학력은 취업 기회나 사회적 유대에도 영향을 미친다. 일반적으로 고학력자는 저학력자보다 정치나 예술, 기타 사회적 활동에 더 많이 참여하여 장차 여러 전문직에 종사하게 될 사람들과 친구 관계를 맺는다. 다시 말해 고학력자는 저학력자보다 더 넓고 큰 사회적 연결망을 확보하는데, 그리하여 고학력자는 취업기회를 더 많이 얻게 되거나 직업 추천의 기회를 더 이 누린다.

〈삽화 9-1〉 공부 잘한 사람은 부자로 살아야 할까?

일찍 일어나는 새가 벌레를 잡는다. 거지도 부지런하면 더운밥 얻어먹는다. 지성이면 감천이다. 열 번 찍어 안 넘어가는 나무 없다. 구르는 돌에는 이끼가 안 낀다. 하늘은 스스로 돕는 자를 돕는다. 무쇠도 갈면 바늘 된다... 이 속담들의 공통점은 무엇일까? 무슨 일이든 노력하면 잘 할 수 있다는 말이다. 바꿔 말하면 모든 문제는 노력의 부재로 야기된다는 뜻이기도 하다... 우리는 태어나면서부터 이런 노력 성공 신화의 홍수 속에 살았다. 지금도 마찬가지다. 서점에는 노력으로 성공 신화를 설명하는 책들이 넘쳐나고, TV 프로그램은 그런 사람들을 초청해 시청자의 동기를 끌어올리려 혈안이 되어 있다. '노력 신봉 공화국'의 일상이다(pp.17-18)...

(그런데) 노력과 훈련은 성공에 몇 퍼센트나 기여했을까? 노력은 성공과 얼마나 관련이 있을까? 최선의 노력과 훈련을 하면 누구나...최고의 성과를 낼 수 있을까? 최선의 노력과 훈련을 하면 누구나 바둑 혹은 장기에서 최고의 성과를 낼 수 있을까? 전문가의 체계적인 지도와 함께 1만 시간 이상 연습하면 누구나 이세돌과 같은 실력을 갖출 수 있을까?...진실은 그렇지 않았다...〈그림 9-5〉에서 보다시피, 게임 분야에서 노력과 성공의 연관성은 26퍼센트에 불과했다. 노력은 26퍼센트의 성공만 낳았고, 74퍼센트의 성공은 노력으로 설명할 수 없었다(p. 100).

게임 분야에만 한정된 이야기일까? 음악은 어땠을까? 음악 분야에서의 노력은 성공과 21퍼센트만 관계가 있었다. 나머지 79퍼센트는 노력으로 설명되지 않았다. 성공의 원인은 노력이 아니었던 셈이다. 스포츠 분야에서도 노력은 성공과 18퍼센트만 관련이 있었다...학업에 관해 이야기해 보자. 공부를 잘하는 것은 노력과 얼마나 관련이 있을까? 100퍼센트는 아니어도 90퍼센트는 되지 않을까? 놀랍게도 결과는 4퍼센트였다. 이게 무슨 뜻일까? 좀 더 직설적으로 이야기하면 공부를 잘하는 것과 노력의 '거의' 관계가 없다는 뜻이다... 최선의 노력으로 공부를 잘하게 되었다는 것은 우리의 착각이다. 그냥 우리의 믿음일 뿐이다. 노력하면 공부를 잘할 수 있다고 믿는 것은 인지적 환상이다... 마지막으로 전문직에서의 성공은 노력과 얼마나 관련이 있을까? 엔지니어든, 축구 심판이든, 영업직이든 죽도록 노력하면 그 분야에서 최고의 성과를 낼 수 있을까? 노력은 이 분야에서의 성공을 몇 퍼센트나 설명할까? 결과는 1퍼센트 미만이었다. 통계적으로 이야기하면 전문직에서 성공하는 것은 노력의 양과 아무런 관련이 없다는 뜻이다. 전문 분야에서 성공한 사람들은 대부분 노력을 성공의 원인으로 이야기하지만, 실상은 전혀 그렇지 않았다. 99퍼센트 이상의 성공이 노력과 아무런 상관이 없었다.

〈그림 9-5〉 개별 분야에서 노력이 성공에 미치는 영향

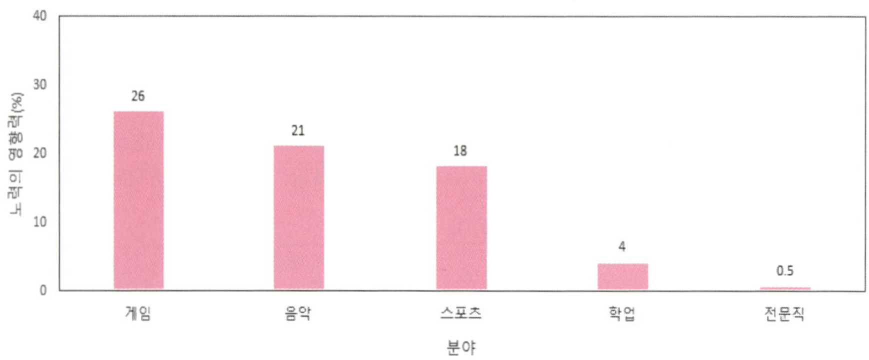

위 연구 결과를 기초로 잭 햄브릭 교수는 두 가지를 이야기한다. 첫째, ...노력은 성공의 원인이 아니다... 노력의 효과는 그렇게 크지 않다. 둘째, 성공의 주요인은... 타고난 재능과 능력이다. 타고난 재능과 능력이 노력보다 훨씬 더 중요하다(pp. 99-102).

공부를 잘해서 좋은 대학을 졸업한 학생은 좋은 직장으로 보상을 받고, 그렇지 않은 학생은 좋지 않은 직장으로 사회적 처벌을 받는다. 우리 사회가 운영되는 방식이다... (그런데) 어떤 학생이 공부를 잘할까?...어떤 학생이 수능에서 높은 점수를 받을까?... 공부를 잘하는 이유는 세 가지뿐이다. 첫 번째는 '똑똑함'이고, 둘째는 '부잣집'이고, 마지막 세 번째는 '노력'이다. 이 세 가지 조건을 갖추면 단언컨대 누구나 공부를 잘할 수 있다. 그러면 이 세 가지 조건으로 성공하는 것은 정당한 일인가?

① 똑똑해서, 재능으로 성공하면 정당한가?
똑똑함은 유전적으로 타고나는 재능이고 능력이다. 책임을 강조하는 사회를 표방한다면 똑똑함으로 사람을 보상하고 처벌해서는 안 된다. 책임질 일이 없기 때문이다... 자유롭게 선택하지도 않았고 스스로 결정한 것도 아닌데 어떻게 책임을 물을 수 있겠는가?

② 가정적·사회적 환경이 좋아서 성공하면 정당한가?
(그렇다면) 무작위로 주어진 환경과 기회로 거둔 성공(예컨대 부잣집에 태어나서 이룬 성공)은 명분이 있을까? 없다. 주어진 환경과 기회를 얻기 위해 개인이 한 것이 거의 없기 때문이다. 그냥 운이 좋았던 것 뿐이다...

③ 그래도 노력은 정당한 것이 아닌가?
노력의 결과 역시 개인에게 책임을 묻기는 어렵다. 타고난 재능이 있는 사람이 더 많은 노력을 하게 되고, 노력의 효과는 타고난 재능이 있는 사람에게 더 크게 나타나며, 가장 중요한 것은 노력이 성실성처럼 타고난 성격적 특질이기 때문이다. 한마디로 정의하면 노력은 재능의 부산물이고, 재능 그 자체라고 할 수 있다. 개인이 선택하거나 결정할 수 있는 부분이 별로 없다. 그래서 노력의 결과도 명분이 없기는 마찬가지다.

공부를 잘하는 세 가지 이유 중 어느 것 하나도 개인이 자의적으로 선택한 것은 없다. 개인의 의지와 상관없이 주어진 것이다. 그래서 성공과 실패에 대한 보상과 처벌이 정당하지 않을 수 있다. 우리 사회는 책임을 강조하며 성공한 사람에게는 돈과 명예를 주고, 실패한 사람에게는 그에 걸맞은 처벌을 준다. 하지만 그 보상과 처벌이 정당한지는 의문이다. 어느 것 하나 100퍼센트 본인 책임이라고 보기에는 선택권과 결정권이 너무 없기 때문이다... 나의 주장은 절대 공부에 국한되지 않는다. 이 세상에 존재하는 대부분의 성공은 명분이 약하다. 음악이든, 예술이든, 예체능이든, 사업이든, 학계든 상관없다. 대부분의 성공은 그 분야에 필요한 재능, 적절한 환경과 기회, 노력으로 달성되고, 이 세 가지 요건은 의지와 상관없이 무작위로 주어지는 것이기 때문이다(pp. 197-207).

이상의 내용은 김영훈(2023)에서 발췌한 것이다. 이상의 주장을 요약하면 다음과 같다. 첫째, 노력은 성공과 무관하다. 노력은 성공을 보장하지 않는다. 둘째, 노력으로 성공했다고 해서 많은 보상을 얻는 것은 부당하다. 셋째, 그런데도 사람들은 노력이 성공을 낳을 것이라는 '신화'를 신봉한다. 저자는 이런 주장에서 한 걸음 더 나아간다. 저자의 주장을 따르면, 노력을 성공의 필수조건이라고 믿는 사회와 보상을 노력의 대가라고 믿는 사회, 즉 노력 신봉 사회는 몇 가지 위험을 내포한다. 첫째, 개인의 고통을 초래한다. 사람들은 제 아무리 노력을 해도 대부분 성공하지 못할 텐데, 이렇게 실패한 사람들은 자신이 노력하지 않았기 때문에 실패했다고 오판한다. 자책과 자괴감에 시달린다. 거꾸로 성공한 사람들은 자신이 노력했기 때문에 성공했다고 잘못 생각한다. 가벼운 정신착란이다. 둘째, 성공과 실패를 개인의 책임으로 치부한다. 앞에서 보았듯, 성공과 실패는 선천적 능력이나 사회적 조건으로 결정되는데, 즉 일종의 '운'으로 결정되는데 노력 신봉 공화국에서는 개인의 노력이 성패를 좌우한다고 판단한다. 판단착오다.

노력이 성공을 낳는다는 허구의 논리는 우리를 괴롭게 한다. 그렇다면 진실을 마주하면 우리의 마음은 편안해질까? 예컨대 만일 성패가 선천적 재능으로 결정된다면, 실패한 사람, 예컨대 공부를 잘못해서 좋은 학교에 진학하거나 좋은 직장을 얻는 데에 실패한 사람의 마음은 평온할까? 그럴 리 없다. 우리는 다른 이유 때문에 절망할 것이다. 내 재능이 부족해서 내가 실패했다는 사실을 인정해야 하는데, 그런 인정이 결코 편할 리 없다. 차라리 노력하지 않아서 실패했다고 생각하는 편이 더 나을 수도 있다. 허구의 논리를 동원해서라도 실패를 위로하는 게 더 나을 수도 있다.

성패를 좌우하는 것은 노력이냐 재능이냐를 따지는 일은 그다지 중요하지 않다. 어떤 요인이 성패를 좌우하든 실패자의 마음은 결코 편안해지지 않기 때문이다. 그러므로 성패를 좌우하는 요인을 밝히는 작업보다 성패가 초래하는 격차를 줄이는 것이 훨씬 더 중요하다. 노력을 안 해서 실패했는지 재능이 부족해서 실패했는지를 따지는 작업은 성공과 실패의 격차가 현저했을 때에만 유의미하다. 성공과 실패의 격차가 작으면, 즉 성공한 사람의 보수나 소득이 실패한 사람보다 그렇게 많거나 높지 않다면, 무엇 때문에 실패했는지를 따지는 작업은 무의미하다. 실패가 그렇게 쓰라리지 않기 때문이다. 그런 조건에서만 우리의 정신상태는 평온할 것이다.

2) 건강과 기대수명

교육은 건강에도 영향을 미친다. 교육수준별로 건강상태는 다르다. 교육수준이 높을수록 건강상태가 양호하다. 건강상태는 여러 가지 지표로 확인할 수 있다. 건강은 흡연율이나 비만율, 우울증 이환율 등으로 측정할 수 있다. 교육수준이 높은 사람은 흡연율이 낮고 비만율이 낮다. 우울증 이환율도 낮다.

이런 차이를 감안하면, 교육수준이 높은 사람들이 더 오래 산다는 것이 전혀 놀랍지 않다. 교육수준이 높으면 소득도 높고, 소득수준이 높을수록 기대수명도 는다. 〈그림 9-6〉은 2018년 한국의 소득 분위별 기대수명과 건강기대수명을 보인 것이다. 이 그림을 보면 소득이 높을수록, 기대수명과 건강기대수명은 더 높아지는데, 소득 최저 1분위와 최고 5분위 사이에는 기대수명이 6년, 건강기대수명은 11년 정도의 차이가 난다.

〈그림 9-6〉 소득 5분위별 기대수명과 건강기대수명

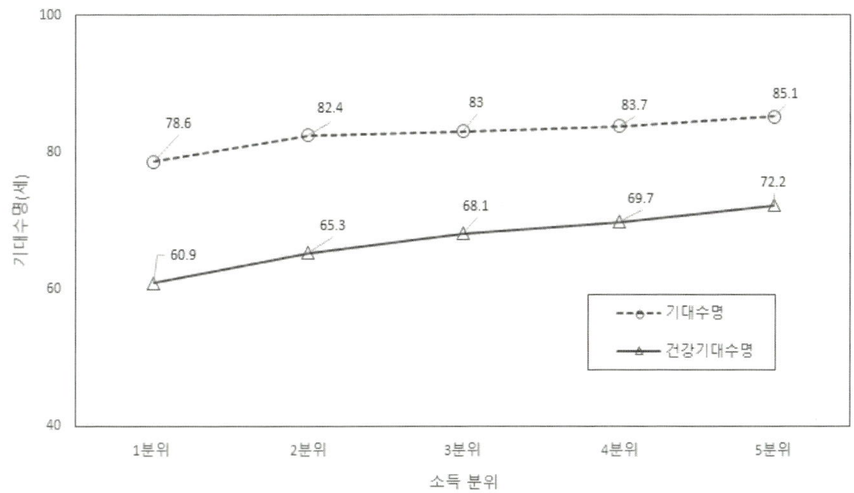

출처: 한국보건사회연구원(2019)

교육수준이 높으면 왜 건강 상태가 양호하고 기대수명이 높아지는가? 가장 큰 요인은 아마도 노동조건일 것이다. 교육수준이 낮은 사람은 육체노동을 할 가능성이 높고, 때때로 힘들고 위험한 조건에서 일을 해야 할 가능성이 높다. 이에 더하여 교육수준이 낮은 노동자는 노동의 자율성이 없고 타인의 명령을 받아야 할 가능성이 높은데 이로 말미암아 많은 스트레스를 받을 가능성도 높다. 위험한 작업조건이나 강렬한 심리적 긴장상태가 건강에 좋지 않은 것은 말할 것도 없다.

3) 가족생활

교육은 가족생활과도 관련한다. 교육은 결혼이나 결혼만족도, 배우자 선택, 아이를 낳는 연령, 이혼 가능성과 연관한다. 먼저 교육은 결혼률과 이혼률에 영향을 미친다. 〈그림 9-7〉을 보면, 교육수준별로 결혼률과 이혼률이 다르다. 성과 무관하게, 학력이 높을수록 결혼률은 높고, 이혼률은 낮다. 대학을 나온 20세 이상의 성인 여성의 결혼률은 고등학교를 졸업한 여성보다 2.8배나 더 높고, 대학을 나온 여성의 이혼률은 고등학교를 졸업한 여성보다 0.6배에 지나지 않는다.

〈그림 9-7〉 2015년 한국인(20세 이상)의 교육수준별 결혼률과 이혼률

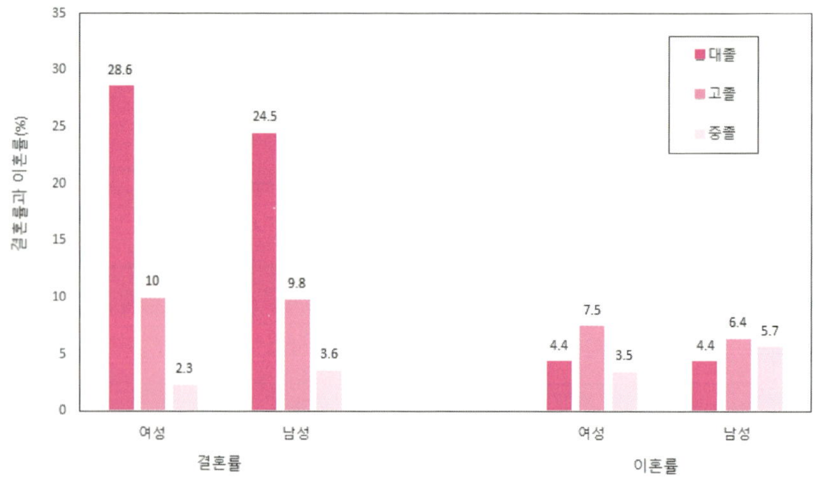

출처: 통계청(2017)

결혼률과 이혼률은 그렇다 치더라도, 사람들은 어떤 속성을 가진 사람과 결혼하는가? 우리는 우리 속성과 비슷한 사람과 결혼한다. 이런 경향을 흔히 동질혼(同質婚, homogamy)이라고 부른다. 우리는 인종, 지역, 가족배경 등이 비슷한 사람들이 서로 결혼하고, 심지어는 키나 성격, 머리카락 색깔이 비슷한 사람들이 서로 결혼한다. 마찬가지로 사람들은 교육수준이 비슷한 사람과 결혼한다(한국의 교육수준별 동질혼에 대해서는 이 책의 5장을 보라).

교육수준이 다르면 결혼률과 이혼률도 다르지만, 출산률도 다르다. 〈그림 9-8〉은 중졸 이하, 고졸, 대졸 이상 여성의 출산률을 보인 것이다. 패널 (a)는 여성의 교육수준이 높거나 낮으면 출산률이 높다는 사실을 보여준다(물론 교육수준이 낮은 여성의 출산률이 높은 이유와 교육수준이 높은 여성의 출산률이 높은 이유는 서로 다를 것이다). 패널 (b)는 교육수준별 출산률을 연령별로 살펴본 것이다. 이 그림을 보면 학력이 낮은 여성은 20대에 가장 많이 출산하고, 학력이 높은 여성은 30대 초반에 가장 많이 출산한다.

〈그림 9-8〉 한국 여성의 교육수준별 출산률, 2015년

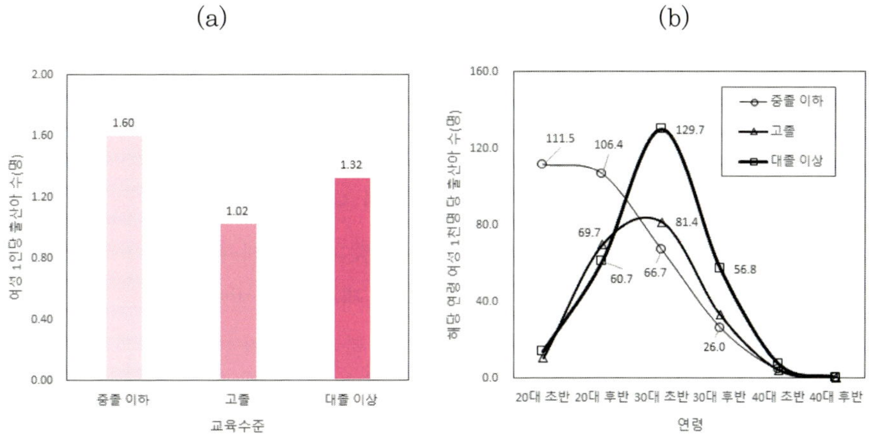

출처: 통계청(2017)

(3) 교육 불평등

교육이 우리 삶에 큰 영향을 미친다는 사실을 감안한다면, 사람들이 교육에 접근하는 정도가 얼마나 동등한지를 살피는 문제가 중요하다. 모든 사람이 교육을 받을 수 있는 기회가 동등하다면, 교육은 사회를 평등화하는 도구라고 할 수 있다. 그러나 현실적으로 이 기회는 그렇게 동등하지 않다. 부잣집 아이는 더 많은 교육과 더 좋은 교육을 받고, 가난한 집 아이는 더 적은 교육과 덜 좋은 교육을 받을 가능성이 높다. 이럴 때 교육은 기존의 사회불평등을 재생산하는 수단이 된다. 그렇다면 지금까지 교육은 사회를 평등화하는 '위대한 균형자'였는가, 아니면 불평등을 재생산하는 수단에 불과하였는가? 사회학은 사회계급과 인종, 성이 교육 접근에 미치는 차이를 살폈다.

1) 사회계급 차이

거듭 말하지만, 교육에 대한 접근은 사회계급별로 다르다. 교육은 이 세상의 아이

들이 모두 동일하게 접근할 수 있는 단일하고 균등한 체제가 아니다. 개별 계급의 아이들은 서로 다른 유형의 학교에 다니고, 서로 다른 종류의 수업을 받으며, 서로 다른 교과과정을 학습한다. 이 아이들이 학교를 그만 두는 비율과 빈도도 계급별로 다르다. 아이들은 가족에게서 서로 다른 수준의 격려를 받으며, 학교 밖에서 서로 다른 학습기회를 갖는다. 이런저런 요인 때문에 아이들이 성장해서 학교를 마칠 때면 학교에 입학할 당시에 달랐던 정도보다 훨씬 더 많이 다르게 된다. 기업을 비롯한 다양한 사회제도가 이런 차이를 이용하여 개개인을 선택하거나 배제한다. 실제로 이런 일이 일어나면, 기회 균등을 실현한다기보다 사회적 재생산이 발생한다고 말할 수 있다.

교육 기회의 계급별 차이는 흔히 교육기회의 불평등이라고 일컫는다. 상층계급 아이들이 하층계급 아이들보다 더 많거나 더 좋은 교육을 받을 수 있는 기회를 누린다면 우리는 교육기회의 불평등이 크다고 말할 수 있다. 거꾸로 상층계급과 하층계급 아이들이 교육에 접근할 기회가 비슷하다면 교육기회 불평등은 심하지 않다고 말할 수 있다. 5장에서도 잠시 언급하였지만, 교육기회 불평등은 크게 두 가지로 측정한다. 하나는 학력성취의 계급 차이이고, 다른 하나는 학업성적의 계급 차이다. 전자, 즉 학력성취의 계급 차이는 5장에서 논의하였으므로, 여기서는 학업성적의 계급 차이를 알아보기로 한다. 학업성적의 계급 차이는 상층계급의 아이들의 학업성적이 하층계급의 아이들의 성적보다 얼마나 더 높은가를 알아보는 것인데, 이는 흔히 부모의 사회경제적 지위가 자녀의 성적에 미치는 영향으로 측정한다.

〈그림 9-9〉는 경제협력개발기구(OECD)가 2018년에 실시했던 국제학생평가(Program for International Student Assessment; PISA)의 한국 자료에서 추출한 연관성, 즉 부모의 경제사회문화지위(Economic, Social, Cultural Status; ESCS) 지수와 읽기 성적의 연관성을 보인 산포도(scatterplot)다.[118] 이에 덧붙여 이 그림에서는 이 연관성을 회귀선(굵은 점선)으로 요약해서 나타내기도 하였다. 이 산포도와 회귀선을 보면, 부모의 사회경제적 지위가 높으면 자녀의 성적도 높다는 사실을 직관적으로 알 수 있다.

부모의 사회경제적 지위가 한 단위 높으면 자녀의 성적은 어느 정도 높아지는가? 평균적으로, 회귀선의 기울기만큼 높아진다. 그러므로 이 회귀선의 기울기는 부모의

118) ESCS는 직업지위점수와 흡사하다. 부모의 경제적, 사회적, 문화적 지위를 0과 1사이의 점수로 바꾸어 놓은 것이다.

지위가 자녀 성적에 미치는 영향의 크기를 보인다고 말할 수 있다. 회귀선의 기울기가 가파르면 부모의 지위가 자녀 성적에 미치는 영향이 크므로 교육기회의 불평등(학업성적의 불평등)이 크다고 말할 수 있고, 이 기울기가 나지막하면 이 불평등의 정도가 작다고 말할 수 있다.

〈그림 9-9〉 2009년 한국 부모의 사회경제적 지위와 읽기 성적의 연관성

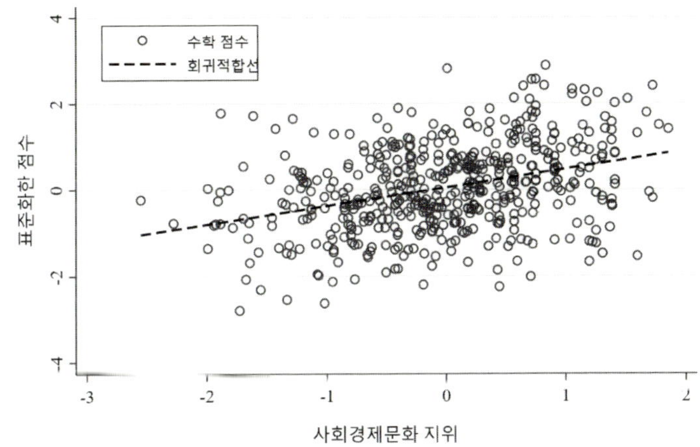

출처: PISA(2018)

그런데 〈그림 9-9〉로는 한국의 교육기회 불평등이 큰지 작은지 알 수 없다. 비교의 준거점이 없기 때문이다. 한국의 교육기회 불평등은 다른 나라보다 얼마나 큰가? 〈그림 9-10〉은 2000년과 2009년, 2018년의 읽기 성적을 종속변수로 하고 ESCS를 독립변수로 한 회귀식에서 ESCS의 기울기 계수를 구하여 나라별로 비교해 놓은 것이다. 2000년과 2009년의 나라별 비교에서 한국이 차지하는 위치는 약간 다르지만, 그래도 다른 나라에 비하여 회귀계수는 그다지 크지 않다. 그러나 2018년의 계수는 제법 커서 여러 나라의 중간쯤에 위치한다. 그러므로 과거에는 한국의 교육기회의 불평등이 다른 나라와 비교하여 그렇게 크지 않았지만, 시간이 지나면서 점점 커졌다고 판단할 수 있다.

〈그림 9-10〉 한국의 읽기 성적 ESCS 계수와 OECD 국가의 계수 비교

출처: 장상수(2016), Chang(2022), OECD(2021)

한국의 교육 불평등이 다른 나라보다 낮다는 사실은 그렇다 치더라도, 한국의 ESCS 계수는 시계열적으로 어떤 변화를 보였는가? 시간이 지나면서 한국의 교육기회의 불평등은 증가하였는가, 감소하였는가? 〈그림 9-11〉은 2000년과 2009년, 2018년의 읽기 영역 ESCS 기울기를 서로 비교한 것이다(〈그림 9-8〉과 같은 그림에서 산포도를 빼고 기울기만 그린 것이다). 점선은 2000년의 기울기고, 가는 실선은 2009년의 기울기다. 굵은 실선은 2018년의 기울기다. 이들 선을 비교하면 두 가지 사실을 알 수 있다. 첫째, 2000년의 기울기보다 2003년의 기울기가 더 가파르고, 2009년 기울기보다 2018년의 기울기가 더 가파르다(기울기 차이는 95퍼센트 수준에서 유의미하다). 그러므로 지난 20여년(2000~2018) 동안 교육기회의 불균등이 전반적으로 커졌다고 판단할 수 있다. 둘째, 2018년에 기울기 차이가 커진 것은 가난한 집 아이의 읽기 성적이 낮아졌기 때문이다. 그림에서 부잣집 아이의 읽기 성적은 해년마다 큰 차이를 보이지 않지만, 가난한 집 아이의 읽기 성적은 시간이 지나면서 점

차 낮아졌다. 그리하여 교육기회의 불평등이 확대하였다.

〈그림 9-11〉 경제사회문화지위 계수의 시계열 변화

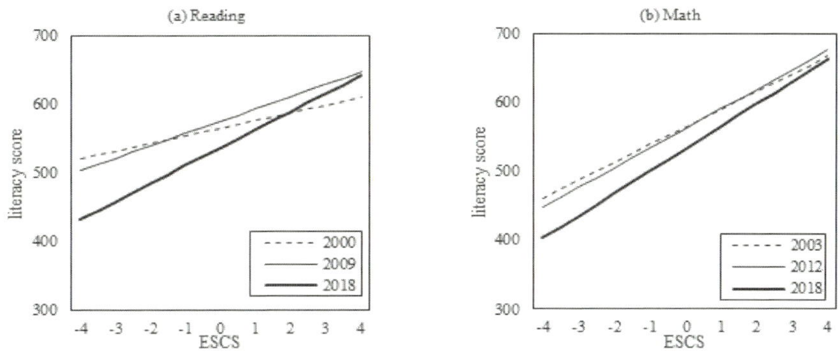

출처: 장상수(2016), Chang(2022)

그런데 한국의 교육기회 불평등은 왜 심화하였을까? 두 가지 이유를 짐작할 수 있다. 하나는 위치 불평등(positional inequality)의 심화를 들 수 있다. 다른 말로 표현하자면, 결과의 불평등이나 조건의 불평등의 심화를 그 원인으로 들 수 있다. 5장에서 보았듯, 부모의 경제적 불평등이 심화하면 교육기회의 불평등도 커진다. 그러므로 우리는 다음과 같이 질문할 수 있다. 2000년대 첫 십년에 교육기회의 불평등이 증가한 것은 이전 시기에 위치 불평등이 심화했던 탓이 아닌가?

다른 한편, 교육기회의 불평등을 좌우하는 또 하나의 요인으로 교육제도를 들 수 있다. 일반적으로 교육과정과 수업의 분화(differentiation)는 교육기회의 불평등에 우호적이지 않다. 학교 단위로 계열 분리를 하거나 학교 안에서 학생을 능력 집단(ability group)으로 구분하여 수준별 수업을 시행하는 제도는 성적 불평등의 악화를 초래한다. 그렇다면 우리는 또 다음과 같은 질문을 던질 수 있다. 2000년대 초반에 교육기회의 불평등이 증가한 것은 교육제도의 분화가 증폭했던 탓이 아닌가? 지난 십 수 년 동안 한국 사회에서는 이 두 가지 요인이 병존하였다. 위치의 불평등이 심화하였고, 교육제도의 분화가 격화하였다. 그렇다면 당연히 다음 질문이 떠오른다. 성적 불평등의 심화했던 것은 위치 불평등의 심화 탓이었는가, 아니면 교육제도 분화의 격화 탓이었는가? 아마도 이 질문에 대답하려면 제법 풍부한 자료나 제법 정교한 방법이 필요할 것이다. 어쨌든 이 분야에 관심을 가진 독자는 장상수(2016)와 그곳에 언급된 참고문헌을 보라.

2) 성 차이

학력성취나 학업성적의 계급 차이에 못지않게 흥미로운 주제는 성 차이이다. 전 세계를 통틀어 남성과 여성은 비슷한 정도의 교육을 받지만, 이와 같은 성 차이는 나라마다 다르다. 대체로 선진산업사회에서는 주로 여성이 남성보다 더 많은 교육을 받지만, 일부 후진국에서는 여성은 남성보다 훨씬 더 불리한 위치에 놓여 있다.

미국과 동아시아에서 여성의 대학 진학률은 남성보다 더 높다(〈그림 9-12〉 참조). 일본 여성과 미국 여성의 대학진학률은 각각 1980년대 중반, 1990년대 초반부터 남성의 진학률을 추월하였으나, 대만과 한국 여성의 진학률은 각각 1990년대 중반과 2000년 중반 무렵부터 남성을 추월하였다.

〈그림 9-12〉 미국과 동아시아 3국(한국과 일본, 대만)의 대학진학률

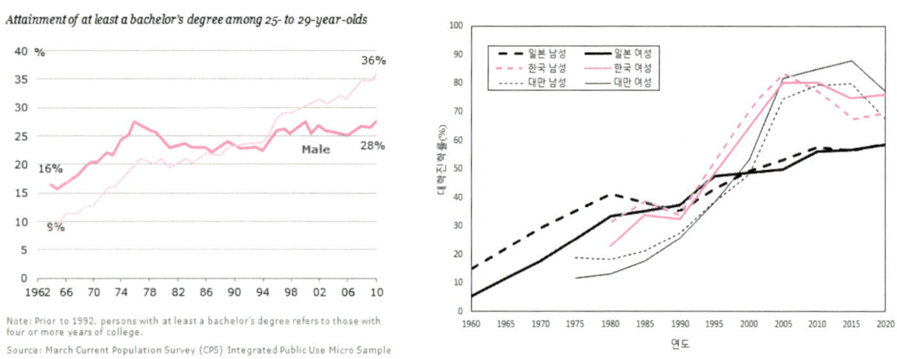

출처: 1) March Current Population Survey Integrated Public Use Micro Sample
2) 日本 文部科学省(www.mext.go.jp), 中華民國 教育部(english.moe.gov.tw), 한국 통계청(www.index.go.kr)

학력성취의 성 차이는 이렇게 여성에게 유리하게 바뀌었지만, 남녀가 소지한 학위의 종류는 크게 바뀌지 않았다. 여성은 인문사회과학과 행동과학(특히 언어, 간호학과 교육학)에서 학사 학위를 따는 비율이 높지만, 남성은 자연과학 영역에서 학위를 따는 비율이 높다. 아마도 이와 같은 학위의 분화가 성별 임금 격차를 낳았을 수도 있다. 남성이 여성보다 더 많은 임금을 받는 까닭은 남성이 자연과학 분야에 더 많이

종사하기 때문일 수도 있다.

학업성적의 성별 차이는 시간이 지나면서 바뀌었다. 보통 언어 분야에서는 여성이 남성보다 성적이 더 높고, 수학과 과학 영역에서는 남성이 성적이 더 높았다. 그러나 최근 들어 이런 경향은 약간의 변화를 보였다. 언어 영역에서는 여성이 남성보다 더 유리하지만, 수학과 과학 영역에서는 여성이 남성을 따라잡아 성적이 비슷하게 되었다.

여성의 대학진학률과 학업성적은 왜 높아졌는가? 대학에 진학하려는 여성의 교육 열망은 왜 높아졌는가? 여성은 남녀간 임금 격차를 알고 교육을 통해 이 격차를 줄이려고 노력하였기 때문이다. 여성의 교육 열망을 실현하는 한 방법은 열심히 공부하는 것이다. 여성은 대학에 진학하려고 더 열심히 공부하였다. 여성은 남성보다 숙제에 더 열중하고 훈육을 받을만한 행동을 덜 저질렀다. 그리하여 남성보다 더 좋은 성적을 거두었다. 결국 여성은 남성과 비교하여 결코 떨어지지 않는 직장을 얻으려고 높거나 좋은 학력을 추구하였고, 더 좋은 학력을 얻으려고 남성보다 좋은 성적을 거두었다고 말할 수 있다. 그러나 앞에서 말하였다시피, 여성이 진학하는 학과와 여성이 선택한 전공은 남성과 비교하여 많은 임금을 보장하는 직업으로 이어지지 않았다. 오늘날 남녀의 임금 격차가 여전히 남아 있는 원인이다.

(4) 교육체계의 변이

특정한 나라에서 성장하는 학생은 다른 나라의 학생과는 달리 특정한 교육체계를 만난다. 서로 다른 교육체계에서 학생들이 서로 다른 경험을 하는 것은 말할 것도 없다.

1) 교육제도에 대한 접근

여러 나라의 학생이 학교에 접근하는 정도는 서로 다르다. 오늘날 선진사회에서는 대체로 15세 전후까지 정부가 학비를 제공하고 학생이 학교에 다니는 것을 장려하지만, 덜 풍요로운 나라에서는 고등교육을 양성하는 대신, 초등교육을 희생하는 경우도 없지 않다. 어떤 나라에서는 학교 수업료를 징수하거나 책과 교실 등을 제공하지 않는다. 교사를 제공하지 않는 나라도 있다. 고등교육에 대한 접근도 나라마다 다르다. 등록금이 비싼 나라가 있는가 하면, 등록금이 없거나 아주 싼 나라도 있다. 장학금 제도나 학자금 대부 제도가 잘 갖추어져 있는 나라가 있는가 하면, 그런 제도가 없거나 빈약한 나라도 있다. 이런 제도가 학력성취의 계급 차이를 초래한다. 오늘날 고등교육 학비는 하늘 높을 줄 모르고 치솟고, 장학금도 필요가 아니라 성적에 따라 지급됨으로써 하층계급의 자녀가 학업을 이어가기 힘들다.

2) 학교 통제방식과 재정 충당

학교를 통제하는 방식과 학교가 재정을 충당하는 방식도 나라마다 서로 다르다. 오늘날 선진산업사회는 대부분 중앙 정부가 학교 재정을 보전하고 교육과정이나 교사 양성, 학생 평가를 주도한다. 일부 예외적인 나라, 예컨대 미국 등과 같은 나라에서는 지방 정부가 각종 교육제도를 통제한다. 중앙 정부가 교육제도를 통제하는 나라에서는 무엇이든, 예컨대 교사 양성이나 학생 평가 등이 표준화(standardization)하는 경향을 띠지만, 지방 정부의 힘이 큰 나라에서는 분화 경향이 두드러진다.

3) 국공립학교와 사립학교

나라마다 국공립/사립 학교의 비율이 서로 다르다. 어떤 나라에서는 사립 학교 학생들의 비율은 그리 높지 않지만, 다른 나라에서는 그 비율이 비교적 높다. 미국과 같은 나라에서 사립학교의 재정은 재단이 충당하지만, 네덜란드나 벨기에와 같은 나라에서는 사립학교의 재정도 정부가 채운다. 모두 다 그런 것은 아니지만 사립학교 학생은 공립학교 학생보다 질 좋은 교육을 받는다. 그러나 사립학교 학생의 성적이 공립학교 학생의 성적보다 더 높다는 증거는 빈약하다.

4) 평가와 계열화

학교가 행하는 조직적 행동, 즉 평가(testing)와 계열화(tracking)가 나라마다 서로 다르다. 나라마다 학교는 학생을 서로 다르게 평가한다. 미국이나 한국과 같은 나라에서는 해년마다 혹은 학기마다 시험을 치러 학생과 교사, 학교를 평가하지만, 북유럽의 여러 나라에서는 학생을 평가하지 않는다. 학생의 성적으로 교사나 학교를 평가하지도 않는다. 성적 평가를 지지하는 사람들은 성적 평가의 목적이 학생의 성적을 끌어올리는 데에 있다고 믿지만, 실제로 사람들은 평가를 다양한 목적으로 활용한다. 교사가 성적이 좋지 않은 학생들을 격려하여 그들이 더 좋은 성적을 얻도록 도와주는 데에 활용할 수도 있지만, 학교는 성적을 기준으로 학생을 중도탈락하거나 전학하는 데에 활용할 수도 있다. 그리하여 어떤 사람들은 성적 평가의 신뢰성과 유용성을 의문시한다. 평가의 유용성에 대한 논의는 앞으로도 지속할 것이다.

평가는 계열화의 기초를 이룬다. 학교는 학생을 능력이나 교과과정을 기준으로 일정한 집단으로 구별하는데, 이런 구별을 계열화라고 말한다. 미국에서는 초등학교 저학년에서는 보통 읽기 수준에 따라 집단을 나눈다. 각 집단의 교과과정은 동일하다고 해도 가르치는 방식이 다르다. 그리하여 시간이 지나면서 능력집단별로 서로 다른 교과과정을 배당한다. 한국에서는 초중등학교에서 수준별(학습능력별) 수업을 진행하지만 교과과정이 다르지는 않다.

오늘날 미국에서 계열화는 널리 퍼져 있다. 특히 저소득 가정의 학생이 많은 학교에서 널리 퍼져 있다. 최근 들어 계열화는 좀더 미묘해졌다. 고등학교 교육과정은 일반과정과 대학입시 준비과정, 우수반, 선진 배치 과정으로 나뉘어 있다. 저소득가정의 학생과 부모는 이런 구분이 무엇을 의미하는지 잘 알지 못한다. 7학년이나 8학년에 행해지는 결정이 고등학교의 전 과정에 미치는 영향을 이해하지 못한다. 그리고 이런 교육과정이 대학 입학이나 장학금 수령에 미치는 영향도 알지 못한다. 그렇다면 계열화가 학습과 기회에 어떤 영향을 미치는가? 계열화는 학생의 학습 경험에서 수업의 차이를 낳을 뿐만 아니라 사회적, 제도적 차이를 낳는다. 높은 계열의 학생은 낮은 계열의 학생보다 더 많은 것을 배울 뿐만 아니라 더 흥미로운 교수 방법과 수업자료를 접한다. 좋은 시설에서 더 좋은 교사와 동료와 함께 배운다. 그 결과 높은 계열의 학생은 낮은 계열의 학생보다 좋은 성적을 거둘 가능성이 더 높다. 사회적으로 계열화는 학생의 자존감과 성적 기대감을 결정한다. 특정 계열에 속한다는 것은 곧 서열화를 의미하고, 이 서열은 일부 학생이 다른 학생보다 더 낫다는 사실을 공개적으로 말한다. 높은 계열의 학생은 공감과 칭찬, 존경을 더 많이 받는 반면, 낮은 계열의 학생은 지도와 비판을 더 많이 받는다. 이런 계열은 사회계급적 배경과 관련을 맺는데, 계열화는 아이들을 사회계급과 인종으로 갈라놓는다.

어떤 이유 때문이든지 계열화는 지속하고 있다. 1980년대에 많은 사람들이 이런 계열화를 비판하였고, 계열화 철폐 정책을 추진하였으며, 많은 이들의 지지를 얻었지만, 이런 정책은 곧 상층계급 부모의 저항에 부딪쳤다. 상층계급 부모는 때때로 계열화로 자녀가 교육적 혜택을 볼 것이라고 생각하여 계열화 철폐를 위협으로 느끼기 때 때문이다.

한국의 계열화는 이중적이다. 한국의 계열화는 일차적으로 학교로 나뉜다. 일반계 고등학교와 전문계 고등학교 등과 같은 구분이 바로 그것들이다. 이들 학교의 교과과정은 완전히 다르다. 다른 한편, 이명박 정부 이래 한국 교육의 계열화는 학교별 계열화에 더하여 미국식의 학교 안 계열화, 즉 능력집단의 구별이라는 계열화를 추가하였다. 한국의 초중등학교는 거의 모두 주요 과목에서 수준별 학습을 진행하였다. 이 수준별 학습은 능력집단별 구별과 다르지 않다.

계열화는 사회계층과 관련을 맺는다. 중상층계급은 상급 계열을 선택하고, 하층계급은 하층 계열을 선택하였다. 다수의 중산층 출신 학생이 전문계 고등학교를 피해 일반계 고등학교로 진학하였고, 같은 학교의 수준별 학습에서도 하급반을 피해 상급반으로 이동하였다.

참고 문헌

강이수·신경아·박기남. 2001. 『여성과 일: 일터에서 평등을 찾다』. 동녘.

강준만. 1995. 『전라도 죽이기』. 개마고원.

강준만. 2007. "노무현과 영남민주화 세력의 한." 『인물과 사상』, 2007년 3월(통권 107호): 55-71.

강준만. 2011. 『강남 좌파-민주화 이후의 엘리트주의』. 인물과사상사.

강준만. 2014a. "테일러가 마르크스보다 위대한가?" 『미국은 드라마다』. 인물과사상사.

강준만. 2014b. "왜 우리는 차별에 찬성하는가?" 『한겨레신문』, 2014. 12. 14.

강준만. 2015. "지방의 내부식민지화를 고착시키는 일상적 기제: 대학-매체-예산의 트라이앵글." 『사회과학연구』, 54(2): 113-147.

강준만. 2016a. 『정치를 종교로 만든 사람들』. 인물과사상사.

강준만, 2016b. "왜 부모를 잘 둔 것도 능력이 되었나? 능력주의 커뮤니케이션의 심리적 기제." 『사회과학연구』, 55(2): 319-355.

강준만. 2019. 『바벨탑 공화국, 욕망이 들끓는 한국 사회의 민낯』. 인물과 사상사.

고종석. 1999. "우리는 모두 그리스인이다." 『감염된 언어』. 개마고원.

고종석. 2002a. "신분제로서의 지역주의, 극우 멘탈리티의 한국적 작동 양상." 『서얼단상』. 개마고원.

고종석. 2002b. "서얼단상." 『서얼단상』. 개마고원.

고종석. 2002c. "제비뽑기의 정치학." 『서얼단상』. 개마고원.

고종석. 2016. "홍세화 선생님께." 『경향신문』, 2016. 2. 15.

국민건강보험공단. 2019. "최근 10년간(2009-2018) 소득분위별 분만 건수." 국민건강보험공단, 2019. 10.02

권태환·홍두승·설동훈. 2009. 『사회학의 이해』. 다산출판사.

권홍우. 2016. "포드 시스템! 멋진 신세계?" 『서울경제』. 2016. 12. 1.

금재호. 2004. "노동시장 이중구조와 성차별-직종분리를 중심으로." 『응용경제』, 6(3): 259-289.

김광기. 2007. 『뒤르켐&베버-사회는 무엇으로 사는가』. 김영사.

김광기. 2014. 『이방인의 사회학』. 글항아리.

김기헌. 2003. "학교에서 직업으로의 이행-제도적 요인을 중심으로." 『교육사회학연구』, 13(2): 65-93.

김미란. 2006. "청년층 첫 직장 이행." 임언·김안국 편. 『진로지도와 노동시장 이행』. 한국직업능력개발원.

김성수. 2017. "전 세계 해외입양아동의 40%가 우리나라 아동." 『오마이뉴스』. 2017. 10. 23.

김성진. 2001. 『범죄심리학』. 동인.

김영훈. 2023. 『노력의 배신-열심히만 하면 누구나 다 잘할 수 있을까?』. 21세기북스.

김 욱. 2015. 『아주 낯선 상식』. 개마고원.

김용택. 1985. 『섬진강』. 창작과비평사.
김윤태. 2012. 『새로운 세대를 위한 사회학 입문』. 휴머니스트.
김재영·김창희·손병선·신기현. 2010. 『정치학의 이해』. 삼우사.
김정희원. 2021. "마이클 샌델이 진보라는 착각-능력주의의 핵심은 불평등과 차별." 『프레시안』, 2021. 3. 9.
김종영. 2018. "사랑, 사회의 기초." 『교수신문』, 2018. 12. 3.
김종철. 2015. "제비뽑기 민주주의라는 희망." 『한겨레신문』, 2015. 4. 16.
김준호·박성훈·신동준·이성식. 2015. 『일탈과 범죄의 사회학』. 다산출판사.
김하영. 2017. 『오늘날 한국의 노동계급』. 책갈피.
나승위. 2020. "18.5세, 스웨덴 고교 졸업식이 이토록 호화스러운 이유." 『경향신문』. 2020. 6. 19.
남영신. 1991. 『지역패권주의 연구』. 학민사.
노명우. 2013. 『세상물정의 사회학-세속을 산다는 것에 대하여』. 사계절.
류장수. 2005. "지방대학 졸업생의 노동시장 성과" 이병희 외 저. 『교육과 노동시장 연구』. 한국노동연구원.
마강래. 2016. 『지위경쟁사회: 왜 우리는 최선을 다해 불행해지는가?』. 개마고원.
마강래. 2017. 『지방도시 살생부-압축도시만이 살 길이다』. 개마고원.
무스토(Musto, Marcello). 2011. "마르크스 소외 개념에 대한 재논의." 『마르크스주의연구』, 8(2): 85-113.
박한선. 2018. 『내가 우울한 건 다 오스트랄로피테쿠스 때문이야』. 휴머니스트.
백욱인. 1996. "디지털 혁명과 일상생활." 『문화과학』, 10: 31-44.
비판사회학회. 2012. 『사회학-비판적 사회 읽기』. 한울.
사명철. 2015. "우리나라 노동시장내 성별 직종분리의 변화." 『노동정책연구』, 15(4): 1-24.
서중석·김덕련. 2017. 『서중석의 현대사 이야기 9-유신쿠데타(1) 왜 일으켰나』. 오월의봄.
석현호·이정환·김상욱. 2004. 『사회학』. 그린.
성한용. 2021. "무능·내로남불이 키운 정권심판론…내년 대선도 '빨간불'." 『한겨레신문』, 2021. 4. 8.
신광영. 1994. "세대간 계급이동." 『경제와 사회』, 23: 82-116.
신광영. 2004. 『한국의 계급과 불평등』. 을유문화사.
아시아경제. 2017. "한국, 혼외출산비율 OECD 최저." 2017. 7. 9.
양종회. 1988. "사회학에 있어서 실증주의적 전망의 대안으로서 현상학적 조망." 한국현상학회 편. 『현상학의 전개』. 양서원.
오찬호. 2013. 『우리는 차별에 찬성합니다-괴물이 된 20대의 자화상』. 개마고원.
유시민. 1997. 『97 대선, 게임의 법칙』. 돌베개.
윤중대. 2016. "호남이 더민주를 버리자, 영남 일베는…." 『프레시안』, 2016. 5. 11.
이건만. 2006. "문화적 계급지배와 교육 불평등-Pierre Bourdieu 문화재생산이론의 음미." 『교육사회학연구』, 16(2): 111-139.
이기홍. 2014. 『사회과학의 철학적 기초-비판적 실재론의 접근』. 한울아카데미.

이명원. 2013. “오이디푸스 왕 재론.” 『한겨레신문』, 2013. 12. 9.
이병희. 2005. “대학전공의 노동시장 성과.” 이병희 외 저. 『교육과 노동시장 연구』. 한국노동연구원.
이어령. 1991. 『축소지향의 일본인』. 기린원.
이지문. 2012. 『추첨민주주의 이론과 실제』. 이담북스.
이진경. 2016. 『불교를 철학하다』. 휴.
이태경. 2009. “경상도를 어찌 할 것인가? 영남패권주의의 퇴치 없이 진보개혁진영의 정권 탈환은 불가능.” 『오마이뉴스』, 2009. 6. 19.
임지현 외. 2016. 『우리 안의 파시즘』. 삼인.
장대익. 2015. 『다윈의 식탁-논쟁으로 맛보는 현대 진화론의 진수』. 바다출판사.
장대익. 2017. 『울트라 소셜』. 휴머니스트.
장상수. 2001. 『한국의 사회이동』. 서울대학교 출판부.
장상수. 2016. “벌어지는 틈새-부모의 사회경제적 지위가 자녀 성적에 미치는 영향의 증가.” 『한국사회학』, 50(5): 107-140.
장상수. 2017. “한국의 교육과 사회이동.” 『대한민국 교육 70년』. 대한민국 역사박물관.
장상수. 2020. “여성 교육의 임금 수익률-일본, 한국, 대만 비교분석.” 미출간원고.
장석준. 2021. “우리가 부르짖던 공정론의 민낯-한국의 능력주의는 자본주의의 최첨단.” 『프레시안』, 2021. 1. 21.
전상인. 2014. 『편의점의 사회학』. 민음사.
전중환. 2011. “아름다움, 그 아름다운 진화의 산물.” 최재천 편. 『감히, 아름다움』. 이음.
전중환. 2014. 『오래된 연장통』. 사이언스북스.
전중환. 2016a. 『본성이 답이다』. 사이언스북스.
전중환. 2016b. “전중환의 협력의 공식-협력자 끼리끼리.” sciencebooks.tistory.com/949.
전혜영. 2004. “남자와 여자의 언어, 어떻게 다른가” 『새국어생활』, 14(4): 25-43.
조영태. 2019. “맬서스의 인구 조절 메커니즘은 어떻게 작동하는가?” 조영태 외 저. 『아이가 사라지는 세상-출산율 제로 시대를 바라보는 7가지 새로운 시선』. 김영사.
조용진. 2003. 『얼굴, 한국인의 낯』. 사계절.
천희란. 2016. “지표로 보는 한국여성의 재생산건강”. 『보건복지포럼』, 235: 34-46.
최기성·이은수. 2022. 『2020 한국의 직업정보: 2020 KNOW 연구보고서』. 한국고용정보원.
최무영. 2019. 『물리학 강의』. 책갈피.
최장집. 2002. “민주화 이후의 한국 민주주의.” 『민주화 이후의 민주주의』. 후마니타스.
최재천. 2007. 『인간과 동물』. 궁리.
최재천. 2019. 『다윈 지능-공감의 시대를 위한 다윈의 지혜』. 사이언스북스.
최정배. 2018. “한국 사회학 입문서에서 나타나는 사회학 정체성의 변화.” 서울대학교 대학원 석사학위논문.
통계청. 2017. “교육수준별 출생·사망·혼인·이혼 분석: 2000-2015”. 통계청 사회통계국.
통계청. 2019a. “인구동향조사 보도자료 (2019. 3. 20.).” 통계청 사회통계국.
통계청. 2019b. “2018년 다문화 인구동태 통계 (2019.11.5.).” 통계청 사회통계국.

통계청. 2019c. "2016년 국민이전계정 (2019.12.9.)." 통계청 통계개발원.

한국보건사회연구원. 2019. 『포용복지와 사회정책 방향』. 한국보건사회연구원.

한길석. 2021. "능력주의, 제 2의 트럼프 탄생시킬 수 있다." 『프레시안』, 2021. 3. 4.

한 준. 2000. "동아시아 성별 직업분리의 변화 비교." 『한국인구학』, 23(1): 119-145.

황태연. 1997. 『지역패권의 나라』. 무당미디어.

허 은. 2013. "노동시장 계층별 성별직업분리에 관한 연구." 『한국사회학』, 47(2): 241-266.

홍두승·구해근. 2008. 『사회계층·계급론』. 다산출판사.

柄谷行人(가라타니 고진). 2002. 『日本精神分析』. 文藝春秋 (송태욱 역. 2013. 『일본정신의 기원』. 이매진).

中村高康(나카무라 다카야스). 2018. 『暴走する能力主義』. ちくま新書.

増田寛也(마스다 히로야). 2014. 『地方消滅: 東京一極集中が招く人口急減』. 中央公論社 (김정환 역. 2015. 『지방소멸-인구감소로 연쇄붕괴하는 도시와 지방의 생존전략』. 와이즈베리).

荒井一博(아라이 가즈히로). 1995. 『教育の経済学: 大学進学行動の分析』. 有斐閣.

Akers, Ronald L. 1994. *Criminological Theories: Introduction and Evaluation*. Los Angeles: Roxbury Publishing Company (민수홍·박기석·박강우·기광도·전영실 역. 2000. 『범죄학 이론』. 지산).

Alexander, Jeffrey C. 1987. *Twenty Lectures: Sociological Theory since Word War II*. New York: Columbia University Press (김윤희 역. 1993. 『현대 사회이론의 흐름』. 민영사).

Althusser, Louis. 1971. "Ideology and Ideological State Apparatus." Pp. 121-176 in *Lenin and Philosophy and Other Essays*, edited by him and translated by Ben Brewster. New York: Monthly Review Press.

Andersen, Margaret L. and Howard F. Taylor. 2019. *Sociology: The Essentials, 10th edition*. Boston, MA.: Cengage.

Axelrod, Robert. 1984. *Evolution of Cooperation*. New York: Basic Books (이경식 역. 2009. 『협력의 진화—이기적 개인의 텃포탯 전략』. 시스테마).

Barnett, Vincent. 2019. "Shortcomings of the SSSM." in *Encyclopedia of Evolutionary Psychological Science*, edited by Todd K. Shackelford and Viviana A. Weekes-Shackelford. New York: Springer.

Becker, Gary S. 1981. *A Treatise on the Family*. Cambridge, MA: Harvard University Press.

Becker, Howard S. 1963. *Outsiders*. New York: The Free Press.

Bell, Daniel. 1972. "On Meritocracy and Equality." *Public Interest*, 29(Fall): 29-68.

Bernstein, Basil. 1971. *Class, Codes, and Control*. London: Routledge.

Berscheid, Ellen. 2010. "Love in the Fourth Dimension." *Annual Review of Psychology*, 61: 1-25.

Bielby, William T. 1991. "The Structure and Process of Sex Segregation." Pp. 97-112 in *New Approaches to Economic and Social Analyses Distribution*, edited by Richard R. Cornwall and Phanindra V. Wunnava. New York: Praeger Publishers.

Blanchflower, David G. and Andrew Oswald. 2017. "Do Humans Suffer a Psychological Low in Midlife? Two Approaches(With and Without Controls) in Seven Data Sets." NBER Working Paper No. 23724 Issued in August, 2017.

Blau, Peter M. and Otis Dudley Duncan. 1967. *American Occupational Structure*. New York: The Free Press.

Boas, Franz. 1911. *Handbook of American Indian Languages*. New York: Cambridge University Press.

Borjas, George J. 2016. *Labor Economics*, 7th edition. New York: McGraw Hill (박철성·송헌재·강창희 역. 2017. 『노동경제학』. 시그마프레스).

Bourdieu, Pierre. 1986. "The Forms of Capital." Pp. 241-258 in *Handbook of Theory and Research for the Sociology of Education*, edited by John Richardson. New York: Greenwood.

Bourdieu, Pierre and Jean-Claude Passeron. 1977/1990. *Reproduction in Education, Society, and Culture*, 2nd edition. Newbury Park, CA: Sage Publications.

Bowlby, John. 1969. *Attachment and Loss*. New York: Basic Books.

Branden, Nathaniel. 2008. *The Psychology of Romantic Love: Romantic Love in an Anti-Romantic Age*. New York: Jeremy P. Tarcher/Penguin (임정은 역. 2019. 『낭만적 사랑의 심리학』. 교양인).

Braverman, Harry. 1974. *Labor and Monopoly Capital: The Degradation of Work in the Twentieth Century*. New York: Monthly Review Press (이한주 역. 1989. 『노동과 독점자본』. 까치).

Breen, Richard, Damian F. Hannan, and Richard O'Leary. 1995. "Returns to Education: Taking Account of the Employer's Perception and Use of Educational Credits." *European Sociological Review*, 11(1): 59-73.

Breen, Richard and John H. Goldthorpe. 1997. "Explaining Educational Differentials: Towards a Formal Rational Action Theory." *Rationality and Society*, 9(3): 275-305.

Brown, Donald. 1991. *Human Universals*. Philadelphia: Temple University Press.

Buss, David M. 2003. *The Evolution of Desire: Strategies of Human Mating*, revised edition. New York: Basic Books (전중환 역. 2013. 『욕망의 진화–사랑, 연애, 섹스, 결혼, 남녀의 엇갈린 욕망에 담긴 진실』. 사이언스북스).

Buss, David M. 2005. *The Murderer Next Door: Why the Mind Is Designed to Kill*. New York: The Penguin Press (홍승효 역. 2006. 『이웃집 살인마』. 사이언스북스).

Buss, David M. 2012. *Evolutionary Psychology: The New Science of the Mind, 4th edition*. London: Pearson (이충호 역. 2012. 『진화심리학: 마음과 행동을 탐구하는 새로운 과학』. 웅진지식하우스).

Buss, David M. 2016. *The Handbook of Evolutionary Psychology*, 2nd edition, volume 1 and 2. Hoboken, NJ.: John Wiley & Sons (김한영 역. 2019. 『진화심리학 핸드북』. 아카넷).

Calvert, Peter. 1982. *The Concept of Class: An Historical Introduction*. New York: St. Martin's Press.

Campbell, Lorne and Timothy J. Loving. 2016. "Love and Commitment in Romantic Relationships." Pp. 482–498 in *Handbook of Evolutionary Psychology*, edited by David M. Buss. Hoboken, NJ.: John Wiley & Sons.

Carrière, Jean-Claude. 1992. *La Controverse de Valladolid*. Paris: Le Pré aux clercs (이세욱 역. 2007. 『바야돌리드 논쟁–신대륙의 운명을 결정지은 5일간의 기록』. 샘터).

Chang, Sang-soo. 2019. "Returns to Women's Education in the Marriage Market: A Comparative Analysis of Japan, Korea, and Taiwan." *Journal of Asian Sociology*, 48(4): 559–584.

Chang, Sang–soo. 2022. "The Widening Gap of Academic Achievement Between the Rich and the Poor in Korea." *Journal of Asian Sociology*, 51(1): 67–96.

Chriss, James J. 1993. "Durkheim's Cult of the Individual as Civil Religion: Its Appropriation by Erving Goffman." *Sociological Spectrum*, 13(2): 252–275.

Cline, Austin. 2019. "Religion as Opium of the People: Karl Marx's View on Religion and Economics." https://www.learnreligions.com/religion–as–opium–of–the–people–250555.

Cohen, Yehudi. 1978. "Disappearance of the Incest Taboo." *Human Nature*, 1: 72–78.

Coleman, James. 1988. "Social Capital in the Creation of Human Capital." *American Journal of Sociology*, 94: S95–S120.

Collins, Randall. 1975. *Conflict Sociology*. New York: Academic Press.

Collins, Randall. 1982. *Sociological Insight: Introduction to Non–Obvious Sociology*. Oxford: Oxford University Press (진수미 역. 1997. 『상식을 넘어선 사회학』. 현상과인식).

Collins, Randall. 1988. *Sociological Theory*. San Diego: Harcourt Brace Jovanovich.

Collins, Randall. 1994. *Four Sociological Traditions*. New York: Oxford University Press.

Coltrane, Scott and Randall Collins, 2000. *Sociology of Marriage and the Family: Gender, Love, and Property*, 5th edition. Boston: Cengage Learning.

Corak, Miles. 2006. "Do Poor Children Become Poor Adults? Lessons from a Cross–Country Comparison of Generational Earnings Mobility." Pp. 143–188 in *Research on Economic Inequality*, 13: *Dynamics of Inequality and Poverty*, edited by John Creedy and Guyonne Kalb. Bingley, United Kingdom: Emerald Group Publishing.

Corak, Miles. 2013. "Income Inequality, Equality of Opportunity, and Intergenerational Mobility." *Journal of Economic Perspectives*, 27(3): 79–102.

Cosmides, Leda and John Tooby. 1994. "Better than Rational: Evolutionary Psychology and the Invisible Hand." *The American Economic Review*, 84(2): 327–332.

Cott, Nancy F. 1978. "Passionlessness: An Interpretation of Victorian Sexual Ideology, 1790–1850." *Signs*, 4: 219–236.

Daly, Martin and Margo Wilson. 1990. "Is Parent–Offspring Conflict Sex–Linked? Freudian and Darwinian Models." *Journal of Personality*, 58(1): 163–189.

Darwin, Charles. 1859. *On the Origin of Species by Means of Natural Selection, or the Preservation of Favoured Races in the Struggle for Life*. London: John Murray (장대익 역. 2019. 『종의 기원』. 사이언스북스).

Darwin, Charles. 1871/1981. *The Descent of Man, and Selection in Relation to Sex*. Princeton, NJ.: Princeton University Press (추한호 역. 2018. 『인간의 기원』. 동서문화사).

Davis, Kingsley and Wilbert E. Moore. 1945. "Some Principles of Stratification." *American Sociological Review*, 10(2): 242–249.

Davis, Kingsley. 1936. "Jealousy and Sexual Property." *Social Forces*, 14(3): 395–405.

Davis, Kingsley. 1949. *Human Society*. New York: Macmillan.

Dawkins, Richard. 2016. *The Selfish Gene, 4th edition*. New York: Oxford University Press (홍영남·이상임 역. 2018. 『이기적 유전자』. 을유문화사).

DiMaggio, Paul and John Mohr. 1985. "Cultural Capital, Educational Attainment, and Marital Selection." *American Journal of Sociology*, 90(6): 1231–1261.

Douglas, Mary. 1966. *Purity and Danger: An Analysis of Concepts of Pollution and Taboo*. London: Routledge (유제분·이훈상 역. 1997. 『순수와 오염』. 현대미학사).

Duncan, Otis Dudley. 1961. "A Socioeconomic Index for All Occupations." Pp. 109–138 in *Occupations and Social Status*, edited by Albert J. Reiss. New York: The Free Press.

Durkheim, Emile. 1893/1984. *The Division of Labor in Society*. New York: The Free Press (민문홍 역. 2012. 『사회분업론』. 아카넷).

Durkheim, Emile. 1895/1982. *The Rules of Sociological Method*. New York: The Free Press (윤병철 역. 2019. 『사회학적 방법의 규칙들』. 새물결).

Durkheim, Emile. 1897/2006. *On Suicide*. London: Penguin Classics (황보종우 역. 2019. 『자살론』. 청아출판사).

Durkheim, Emile. 1912/1995. *The Elementary Forms of Religious Life*. New York: The Free Press (민혜숙·노치준 역. 2020. 『종교생활의 원초적 형태』. 한길사).

Elias, Norbert. 1982. *The History of Manners (The Civilizing Process)*. New York: Pantheon Publication (유희수 역. 1995. 『매너의 역사』. 신서원).

Erikson, Robert, John H. Goldthorpe, and Lucien Portocarero. 1979. "Intergenerational Class Mobility in Three Western European Societies." *British Journal of Sociology*, 30(4): 415–441.

Erikson, Robert and John H. Goldthorpe. 1992. *The Constant Flux: A Study of Class Mobility in Industrial Societies*. London: Clarendon Press.

Featherman, David L., F. Lancaster Jones, and Robert M. Hauser. 1975. "Assumptions of Social Mobility Research in the U.S.: The Case of Occupational Status." *Social Research Science*, 4(4): 329–360.

Fischer, Claude S., Michael Hout, Martin Sanchez Jankowski, Samuel L. Lucas, Ann Swidler, and Kim Voss. 1996. *Inequality by Design.* Princeton, NJ.: Princeton University Press.

Firestone, Shulamith. 1970/2003. *The Dialectic of Sex: The Case for Feminist Revolution.* New York: Farrar, Straus and Giroux.

Fox, Alan. 1956. "Class and Equality." *Socialist Commentary*, May 1956: 11–13.

Frank, Robert H. 2016. *Success and Luck: Good Fortune and the Myth of Meritocracy.* Princeton, NJ: Princeton University Press (정태영 역. 2018. 『실력과 노력으로 성공했다는 당신』. 글항아리).

Freud, Sigmund. 1913/1950. *Totem and Taboo.* London: Routledge & Kegan Paul (강영계 역. 2013. 『토템과 터부』. 지식을 만드는 지식).

Freud, Sigmund. 1914/2012. "Narcissism: An Introduction." Pp. 1–32 in *Freud's On Narcissism: An Introduction*, edited by J. Sandler, E. S. Person, and P. Fonagy. New York: Routledge.

Fukuyama, Francis. 1996. *Trust: The Social Virtues and the Creation of Prosperity.* New York: Free Press (구승희 역. 1996. 『트러스트』. 한국경제신문사).

Ganzeboom, Harry B., Paul M. De Graaf, and Donald J. Treiman. 1992. "A Standard International Socio-Economic Index of Occupational Status." *Social Science Research*, 21: 1-56.

Garfinkel, Harold. 1967. *Studies in Ethnomethodology.* Cambridge: Polity Press.

Giddens, Anthony. 1984. *The Constitution of Society: Outline of the Theory of Structuration.* Berkeley: University of California Press.

Giddens, Anthony and Philip W. Sutton. 2017. *Sociology*, 8th edition. Malden, MA: Polity Press (김미숙 외역. 2018. 『현대사회학』. 을유문화사).

Goffman, Erving. 1956. "The Nature of Deference and Demeanor." *American Anthropologist*, 58(3): 473–502.

Goffman, Erving. 1959. *The Presentation of Self in Everyday Life.* New York: Anchor Books.

Goffman, Erving. 1967. *Interaction Ritual: Essays on Face-to-Face Behavior.* New York: Anchor Books.

Goffman, Erving. 1983. "The Interaction Order: American Sociological Association, 1982 Presidential Address." *American Sociological Review*, 48(1): 1–17.

Goldin, Claudia. 2006. "The Quiet Revolution That Transformed Women's Employment, Education, and Family." *American Economic Review*, 96(2): 1–21.

Goldthorpe, John H. 1987. *Social Mobility and Class Structure in Modern Britain*, 2nd edition. Oxford: Clarendon Press.

Goldthorpe, John H. 1996a. "Class Analysis and the Reorientation of Class Theory: The Case of Persisting Differentials in Educational Attainment." *British Journal of Sociology*, 47(3): 481–507.

Goldthorpe, John H. 1996b. "Problems of 'Meritocracy'." Pp. 255–287 in *Can Education Be Equalized?*, edited by Robert Erikson and Jan O. Jonsson. Boulder, CO: Westview.

Goldthorpe, John H. 2013. "Undrestanding–and Misunderstanding–Social Mobility in Britain: The Entry of the Economists, the Confusion of Politicians and the Limits of Educational Policy." *Journal of Social Policy*, 42(3): 431–450.

Gottschall, Jonathan. 2012. *The Storytelling Animal: How Stories Make Us Human*. Boston: Houghton Mifflin Harcourt (노승영 역. 2014. 『스토리텔링 애니멀』. 민음사).

Granovetter, Mark. 1974. *Getting a Job: A Study of Contacts and Careers*. Chicago: The University of Chicago Press.

Gray, John. 1992. *Men Are from Mars, Women Are from Venus: A Practical Guide for Improving Communication and Getting What You Want in Your Relationships*. New York: HarperCollins(김경숙 역. 2010. 『화성에서 온 남자, 금성에서 온 여자』. 동녘라이프).

Greer, Germaine. 1970/2008. *Female Eunuch*. New York: Harper Perennial Modern Classics.

Grusky, David B. 2001. "The Past, Present, and Future of Social Inequality." Pp. 3–51 in *Social Stratification: Class, Race and Gender in Sociological Perspective*, 2nd edition, edited by him. Boulder, CO: Westview Press.

Grusky, David B. and Katherine R. Weisshaar. 2014. "The Questions We Ask about Inequality." Pp.1–16 in *Social Stratification: Class, Race and Gender in Sociological Perspective*, 4th edition, edited by David B. Grusky. Boulder, CO: Westview Press.

Grusky, David B. and Manwai C. Ku. 2008. "Gloom, Doom, and Inequality." Pp.2–28 in *Social Stratification: Class, Race and Gender in Sociological Perspective*, 3rd edition, edited by David B. Grusky. Boulder, CO: Westview Press.

Grusky, David B. and Szonja Szelenyi. 2014. "The Stories We Tell about Inequality." Pp.17–25 in *Social Stratification: Class, Race and Gender in Sociological Perspective*, 4th edition, edited by David B. Grusky. Boulder: Westview Press.

Hakim, Catherine. 2011. *Erotic Capital: The Power of Attraction in the Boardroom and the Bedroom*. New York: Basic Books (이현주 역. 2013. 『매력자본–매력을 무기로 성공을 이룬 사람들』. 민음사).

Hannan, Damian F. and Patrick Werquin. 2001. "Education and Labor Market Change: The Dynamics of Education to Work Transition in Europe. A Review of the TESR Programme." Pp. 91–135 in *Training in Europe: A Second Report on Vocational Training Research in Europe 2000. Background Report, vol 3*, edited by Descy and M. Tessaring. Luxembourg: Office for Official Publications of the European Communities.

Harvey, David. 1990. *The Condition of Postmodernity: An Enquiry into the Origins of Cultural Change*. Malden, MA: Blackwell Publishers (구동회 역. 2013. 『포스트모더니티의 조건』. 한울).

Hauser, Robert M. and John Robert Warren. 1997. "Socioeconomic Indexed for Occupations:

A Review, Update, and Critique." *Sociological Methodology*, 27(1): 177–298.

Hayes, Christopher L. 2012. *Twilight of the Elites: America after Meritocracy*. New York: Crown Publishing (한진영 역. 2017. 『똑똑함의 숭배-엘리트주의는 어떻게 사회를 실패로 이끄는가』. 갈라파고스).

Hechter, Michael. 1975. *Internal Colonialism: The Celtic Fringe in British National Development, 1536–1966*. Berkeley: University of California Press.

Hochschild, Arlie R. 1979. "Emotion Work, Feeling Rules, and Social Structure." *American Journal of Sociology*, 85(3): 551–575.

Hochschild, Arlie R. 1983. *Managed Heart*. Berkeley: University of California Press.

Illich, Ivan. 1971. *Deschooling Society*. New York: Harper & Row (박홍규 역. 2009. 『학교 없는 사회』. 생각의 나무).

Inkeles, Alex. 1964. *What Is Sociology? An Introduction to the Discipline and Profession*. Upper Saddle River, NJ: Prentice–Hall.

Jang, Ha-jun. 2014. *Economics: The User's Guide*. New York: Bloomsbury Press (김희정 역. 2014. 『장하준의 경제학 강의–지금 우리를 위한 새로운 경제학 교과서』. 부키).

Jencks, Christopher, Marshall Smith, Henry Acland, Mary Jo Bane, David Cohen, Herbert Gintis, Barbara Heyns, and Stephanie Michelson. 1972. *Inequality: A Reassessment of the Effects of Family and Schooling in America*. New York: Basic Books.

Kalmijn, Matthijs. 1998. "Intermarriage and Homogamy: Causes, Patterns, and Trends." *Annual Review of Sociology* 24: 395–421.

Kenrick, Douglas, Steven L. Neuberg, and Robert B. Cialdini. 2014. *Social Psychology: Goals in Interaction*, 6th edition. London: Pearson (김아영 역. 2020. 『사회심리학–마음과 행동을 결정하는 사회적 상황의 힘』. 웅진 지식하우스).

Kerckhoff, Alan C. and Keith E. Davis. 1962. "Value Consensus and Need Complementarity in Mate Selection." *American Sociological Review*, 27(3): 295–303.

Kerckhoff, Alan C. 2000. "Transition from School to Work in Comparative Perspective." Pp. 453–474 in *Handbook of the Sociology of Education*, edited M. T. Hallinan. New York: Kluwer Academic/Plenum Publishers.

Kim, Cerissa, Sora Kim–Russell, Katherine Kim, and Mary–Kim Arnold (eds). 2018. *Mixed Koreans: Our Stories–An Anthology*. Bloomfield, IN.: Truepeny Publishing Company (김미경 역. 2020. 『인종주의의 덫을 넘어서–혼혈 한국인, 혼혈 입양인 이야기』. 뿌리의집).

Kluger, Jeffrey. 2008. "The Science of Romance: Why We Love. Breeding Is Easy, But Survival Requires Romance Too. How Our Brains, Bodies, and Senses Help Us Find It." *TIME*, Jan. 17, 2008.

Kohn, Melvin L. 1977. *Class and Conformity*. Chicago: University of Chicago Press.

Kohn, Melvin L. and Carmi Schooler. 1978. "The Reciprocal Effects of Substantive Complexity of Work and Intellectual Flexibility: A Longitudinal Assessment." *American Journal of*

Sociology, 84(1): 24–52.

Krueger, Alan B. 2012. "The Rise and Consequences of Inequality in the United States." A Presentation made to the Center for American Progress, Jan. 12th. http://www.americanprogress.org/events/2012/01/12/17181/the-rise-and-consequences-of-inequality.

Krugman, Paul. 2020. "Covid–19 Brings Out All the Usual Zombies: Why Virus Denial Resembles Climate Denial." *The New York Times*, March 28. 2020.

Lamont, Michele and Annette Lareau. 1988. "Cultural Capital: Allusions, Gaps and Glissandos in Recent Theoretical Developments." *Sociological Theory*, 6(2): 153–168.

Lee, John Alan. 1973. *Colours of Love: An Exploration of the Ways of Loving*. Toronto: New Press.

Lenski, Gerhard E. 1954. "Status Crystallization: A Non–Vertical Dimension of Social Status". *American Sociological Review*, 19 (4): 405–13.

Lenski, Gerhard E. 1966. *Power and Privilege: A Theory of Social Stratification*. Chapel Hill, NC: The University of North Carolina Press.

Lenski, Gerhard E. 2001. "New Light on Old Issues: The Relevance of 'Really Existing Socialist Societies' for Stratification Theory." Pp. 77–83 in *Social Stratification: Class, Race, and Gender in Sociological Perspective*, 2nd edition, edited by David B. Grusky. Boulder, CO.: Westview Press.

Levi–Strauss, Claude. 1969. *The Elementary Structure of Kinship*. Boston: Beacon Press.

Lipietz, Alain. 1987. *Mirages and Miracles: Crisis in Global Fordism*. London: Verso.

Lipietz, Alain. 1989. *Towards a New Economic Order: Post–Fordism, Ecology, Democracy*. Oxford: Oxford University Press.

Liska, Allen E. and Steven F. Messner. 1998. *Perspectives on Crime and Deviance*, 3rd ed. London: Pearson (장상희 역. 2001. 『일탈과 범죄사회학』. 경문사).

Littler, Jo. 2018. *Against Meritocracy: Culture, Power, and Myths of Mobility*. New York: Routledge.

Malinowski, Bronislaw. 1929/2018. *The Sexual Life of Savages in North–Western Melanesia: An Ethnographic Account of Courtship, Marriage and Family Life among the Natives of the Trobriand Islands, British New Guinea*. London: Forgotten Books.

Manin, Bernard. 1997. *The Principles of Representative Government*. Cambridge: Cambridge University Press(곽준혁 역. 2004. 『선거는 민주적인가』. 후마니타스).

Mankiw, Gregory. 2017. *Principles of Economics*, 8th edition. Boston: Cengage Learning (김경환·김종석 역. 2018. 『맨큐의 경제학』. 한티에듀).

Mann, Horace. 1848. "Report No. 12 of the Massachusetts School Board." Available at http://www.ait.org.tw/infousa/zhtw/DOCS/basic_reading/16.html

Manza, Jeff and his colleagues in NYU Sociology Department. 2015. *The Sociology Project 2.0: Introducing the Sociological Imagination*. New York: Pearson.

Mare, Robert D. 1991. "Five Decades of Educational Assortative Mating." *American Sociological Review*, 56(1): 15–32.

Markovits, Daniel. 2020. *The Meritocracy Trap: How America's Foundational Myth Feeds Inequality, Dismantles the Middle Class, and Devours the Elite*. New York: Penguin Books (서정아 역. 2020. 『엘리트 세습』. 세종).

Marshall, Thomas Humphrey and Tom Bottomore. 1992. *Citizenship and Social Class*. London: Pluto Press (조성은 역. 2014. 『시민권』. 나눔의 집).

Marx, Karl. 1843/1970. *Critique of Hegel's Philosophy of Right*. Cambridge: Cambridge University Press (강유원 역. 2011. 『헤겔 법철학 비판』. 이론과실천).

Marx, Karl. 1888/1969. "Thesis of Feuerbach." in *Ludwig Feuerbach and the End of Classical German Philosophy*. Moscow: Progressive Publishers (강유원 역. 2008. "포이어바흐에 관한 테제." 『루트비히 포이어바흐와 독인 고전철학의 종말』. 이론과실천).

Marx, Karl. 1867/1976. *The Capital: A Critique of Political Economy*. Moscow: Progress Publishers (김영민 역. 1987. 『자본 Ⅰ』. 이론과실천).

McNamee, Stephen and Robert K. Miller, Jr. 2013. *The Meritocracy Myth*, 3rd edition. Lanham, ML: Rowman & Littlefield Publishers (김현정 역. 2015. 『능력주의는 허구다』. 사이).

Mehan, Hugh and Houston Wood. 1975. "An Image of Man for Ethnomethodology." *Philosophy of the Social Sciences*, 5(3): 365–376.

Mills, C. Wright. 1959. *The Sociological Imagination*. New York: Oxford University Press.

Mitchell, Juliet. 1974/2000. *Psychoanalysis and Feminism*. New York: Basic Books.

Mitnik, Pable A. and David B. Grusky. 2020. "The Intergenerational Elasticity of What? The Case for Redefining the Workhorse Measure of Economic Mobility." *Sociological Methodology*, 50(1): 47–95.

Müller, Walter and Yossi Shavit. 1998. "The Institutional Embeddedness and Occupations in Thirteen Countries." Pp. 1–48 in *From School to Work: A Comparative Study of Educational Qualifications and Occupational Destinations*, edited by Y. Shavit and W. Müller. Oxford: Clarendon Press.

Müller, Walter and Marteen H. J. Wolbers. 2003. "Educational Attainment in the European Union: Recent Trends in Qualification Patterns." Pp. 23–62 in *Transition from Education to Work in Europe: The Integration of Youth into EU Labor Markets*, edited by W. Müller and M. Gangl. Oxford: Oxford University Press.

Murdock, G. P. 1949. *Social Structure*. New York: The Free Press.

Nettle, Daniel. 2007. *Personality: What Makes You the Way You Are. New York*: Oxford University Press (김상우 역. 2019. 『성격의 탄생』. 와이즈북).

Norenzayan, Ara. 2013. *Big Gods: How Religion Transformed Cooperation and Conflict*. Princeton, NJ.: Princeton University Press (홍지수 역. 2016. 『거대한 신, 우리는 무엇을

믿는가?』. 김영사).
OECD. 2007. *Jobs for Youth: Korea*. Paris: OECD.
OECD. 2011. *Education at a Glance 2011*. Paris: OECD.
OECD. 2018. *A Broken Social Elevator? How to Promote Social Mobility*. Paris: OECD.
OECD. 2021. oecd.org/pisa/data.
Park, Hyunjoon. 2004. "Intergenerational Social Mobility among Korean Men in Comparative Perspective." *Research in Social Stratification and Mobility*, 20: 227-253.
Pakulski, Jan and Malcolm Waters. 1996. *The Death of Class*. Thousand Oaks, CA: Sage.
Parsons, Talcott. 1954. "The Incest Taboo in Relation to Social Structure and the Socialization of the Child." *British Journal of Sociology*, 5:101-117.
Pease, Allan and Barbara Pease. 2001. *Why Men Don't Listen and Women Can't Read Maps: How We're Different and What to Do about It*. New York: Broadway Books(이종인 역. 2011. 『말을 듣지 않는 남자 지도를 못 읽는 여자』. 김영사).
Peck, M. Scott. 1978. *The Road Less Traveled: A New Psychology of Love, Traditional Values, and Spiritual Growth*. New York: Touchstone (최미양 역. 2011. 『아직도 가야 할 길』. 율리시즈).
Piketty, Thomas. 2014. *Capital in the 21st Century*. Boston: Harvard University Press (장경덕 등 역. 2014. 『21세기 자본』. 글항아리).
Pinker, Steven. 1997. *How the Mind Works*. New York: W. W. Norton & Company (김한영 역. 2007. 『마음은 어떻게 작동하는가』. 소소).
Pinker, Steven. 2002. *The Blank Slate*. New York: Viking (김한영 역. 2004. 『빈 서판』. 사이언스북스).
PISA. 2018. Programme for International Student Assessment Database, available at oecd.org/data/.
Plummer, Ken. 2010. *Sociology: The Basics*. Abingdon, OX: Routledge (이기홍 역. 2017. 『사회학의 기초』. 한울아카데미).
Polachek, Solomon W. and Charng Kao. 1991. "Lifetime Work Expectations and Estimates of Gender Discrimination." Pp. 199-238 in *New Approaches to Economic and Social Analyses of Discrimination*, edited by Richard R. Cornwall and Phanindra V. Wunnava. New York: Praeger Publishers.
Poulantzas, Nicos. 1979. "The New Petite Bourgeoisie." *Insurgent Sociologist*, 9(1): 56-60.
Raschke, Helen J. and Vernon J. Raschke. 1979. "Family Conflict and Children's Self-Concepts: A Comparision of Intact and Single-Parent Families." *Journal of Marriage and Family*, 41(2): 367-374.
Regan, Pamela C. 2017. *The Mating Game*, 3rd edition. Thousand Oaks, CA.: Sage.
Ritzer, George. 2006. *Contemporary Sociological Theory and Its Classical Roots: The Basics*, 2nd edition. New York: McGraw Hill (한국이론사회학회. 2006. 『사회학이론과 그 고전적 뿌리』. 박영사).

Roemer, John E. 1982. *A General Theory of Exploitation and Class*. Boston: Harvard University Press.

Rosenberg, Maurice. 1979. *Conceiving the Self*. New York: Basic Books.

Safilios-Rothshild, Constantina. 1977. *Love, Sex, and Sex Roles*. Englewood Cliffs, NJ.: Prentice Hall.

Sandel, Michael J. 2020. *The Tyranny of Merit: What's Become of the Common Good*. New York: Farrar, Straus, and Giroux (함규진 역. 2020. 『공정하다는 착각-능력주의는 모두에게 같은 기회를 제공하는가』. 와이즈베리).

Sandfur, Gary D. and Hyunjoon Park. 2007. "Educational Expansion and Changes in Occupational Returns to Education in Korea." *Research in Social Stratification and Mobility*, 25(4): 306-322.

Shepher, J. 1983. *Incest: A Biosocial View*. New York: Academic Press.

Shields, W. M. 1982. *Philosophy, Inbreeding, and the Evolution of Sex*. Albany: State University of New York Press.

Shils, Edward A. and Henry A. Finch (eds). 1949/2017. *Methodology of Social Sciences*. New York: Routledge.

Shorter, Edward. 1975. *The Making of the Modern Family*. New York: Basic Books.

Smith, Adam. 1776/2018. *An Inquiry into the Nature and Causes of the Wealth of Nations*. Suwanee, GA: 12th Media Services (김수행 역. 2007. 『국부론』. 비봉출판사).

Smith, D. C. and W. Sparks. 1986. *The Naked Child: Growing Up without Shame*. Los Angeles: Elysium Growth Press.

Stark, Rodney. 2017. *Reformation Myths: Five Centuries of Misconceptions and Some Misfortunes*. London: SPCK Publishing (손현선 역. 2018. 『우리는 종교개혁을 오해했다-교회가 500년간 외면해 온 종교개혁의 진실』. 헤르몬).

Stark, Rodney and Roger Finke. 2000. *Acts of Faith: Explaining the Human Side of Religion*. Berkeley: University of California Press.

Sternberg, Robert J. 1986. "A Triangular Theory of Love." *Psychological Review*, 93(2): 119-135.

Stevens, Gillian, Dawn Owens, and Eric C. Schaefer. 1990. "Education and Attractiveness in Marriage Choices." *Social Psychology Quarterly* 53(1): 62-70.

Stewart, Matthew. 2018. "The 9.9 Percent Is the New American Aristocracy". *The Atlantic*, Jun. 2018 (이승연 역. 2019. 『부당 세습』. 이음).

Stiglitz, Joseph E. 2012. *The Price of Inequality: How Today's Divided Society Endangers Our Future*. New York: W. W. Norton & Company (이순희 역. 2013. 『불평등의 대가-분열된 사회는 왜 위험한가』. 열린책들).

Toffler, Alvin. 1970. *The Future Shock*. New York: Random House.

Tooby, John and Leda Cosmides. 1992. "The Psychological Foundations of Culture." Pp.

19-136 in *The Adapted Mind: Evolutionary Psychology and the Generation of Culture*, edited by Jerome H. Barkow, Leda Cosmides, and John Tooby. New York: Oxford University Press.

Tooby, John and Leda Cosmides. 2016. "The Theoretical Foundations of Evolutionary Psychology." Pp. 3-87 in *Handbook of Evolutionary Psychology*, 2nd edition, edited by David M. Buss. Hoboken, NJ.: John Wiley & Sons.

Treiman, Donald J. 1977. *Occupational Prestige in Comparative Perspective*. New York: Academic Press.

Trivers, Robert. 1971. "The Evolution of Reciprocal Altruism." *Quarterly Review of Biology*, 46: 35-56.

Trivers, Robert. 1974. "Parent-Offspring Conflict." *American Zoologist*, 14(1): 249-264.

Trivers, Robert. 1985. *Social Evolution*. Menlo Park, CA: Benjamin/Cummings.

Trivers, Robert. 2011. *The Folly of Fools: The Logic of Deceit and Self-Deception in Human Life*. New York: Basic Books (이한음 역. 2013. 『우리는 왜 자신을 속이도록 진화했을까-진화생물학의 눈으로 본 속임수와 자기기만의 메커니즘』. 살림).

Tumin, Melvin M. 1953. "Some Principles of Stratification: A Critical Analysis." *American Sociological Review*, 18(4): 387-394.

Turner, Jonathan H. 1988. *A Theory of Social Interaction*. Stanford: Stanford University Press.

Turner, Jonathan H. 2012. *Contemporary Sociological Theory*. Thousand Oaks, CA: Sage (김윤태 외 역. 2019. 『현대사회학 이론』. 나남).

van Gennep, Arnold. 1909/1960. *The Rites of Passage*. London: Routledge and Kegan Paul (전경수 역. 1992. 『통과의례』. 을유문화사).

Walster, Elaine and G. William Walster. 1978. *A New Look at Love*. Reading, MA.: Addison-Wesley.

Weber, Max. 2015. "Bureaucracy", pp. 73-127 in *Weber's Rationalism and Modern Society*, edited and translated by Tony Waters and Dagmar Waters, New York: Palgrave MacMillan

Weber, Max. 1946. "Class, Status, Party." Pp. 180-195 in *From Max Weber: Essays in Sociology*, edited by H. H. Gerth and C. Wright Mills. Oxford: Oxford University Press.

Weber, Max. 1964. *The Theory of Social and Economic Organization*. Translated by A. M. Henderson and T. Parsons. New York: The Free Press.

Weber, Max. 1968. "Open and Closed Relationships." Pp. 43-46, 341-344 in *Economy and Society*, vol. 1, edited by G. Roth and C. Wittich. Oxford: Taylor & Francis Books.

Weeden, Kim A. and David B. Grusky. 2012. "The Three Worlds of Inequality." *American Journal of Sociology*, 117(6): 1723-1785.

Weinert, Friedel. 2009. *Copernicus, Darwin and Freud*. Chichester, West Sussex: Wiley-Blackwell.

Werber, Bernard. 2011. *Nouvelle Encyclopedie Du Davoir Relatif Et Absolu*. Paris: Livre De Poche

(이세욱·임호경 역. 2011. 『베르나르 베르베르의 상상력 사전』. 열린책들).

Westermarck, Edward. 1891. *The History of Human Marriage*. London: Macmillan.

Williams, George C. 1966/1974. *Adaptation and Natural Selection: A Critique of Some Current Evolutionary Thought*. Princeton, NJ.: Princeton University Press.

Wilson, Edward. 1975. *Sociobiology: The New Synthesis*. Cambridge, MA: Harvard University Press.

Winch, Robert F. 1958. *Mate Selection. A Study of Complementary Needs*. New York: Harper and Brothers.

Wright, Erik Olin. 1985. *Classes*. London: Verso (이한 역. 2016. 『계급론』. 한울아카데미.)

Wright, Robert. 1995. *Moral Animal: Why We Are, the Way We Are: The New Science of Evolutionary Psychology*. New York: Vintage (박영준 역. 2003. 『도덕적 동물-진화심리학으로 들여다본 인간의 본성』. 사이언스북스).

Wuthnow, Robert. 1987. *Meaning and Moral Order: Explorations in Cultural Analysis*. Berkeley: University of California Press.

Young, Michael. 1958/1991. *The Rise of the Meritocracy*. London: Thames and Hudson (유강은 역. 2020. 『능력주의-2034년, 평등하고 공정하고 정의로운 엘리트 계급의 세습 이야기』. 이매진).

사회학 입문

인명사전

(S)

(T)

(V)

(W)

(Y)

(일본)

INDEX

저 / 자 / 소 / 개

장상수는 순천대학교 사회교육과에서 사회학을 가르친다. 저자는 지금까지 줄곧 기회균등을 연구하였다. 좀 더 구체적으로 말해, 개인의 타고난 속성(부모의 사회적 지위나 성, 인종, 출신지역 등)이 그 사람의 사회경제적 성취(학업성적, 각 급 학교 졸업과 상급학교 진학, 직업, 소득 등)에 미치는 영향을 살폈다. 이와 함께 최근에는 컴퓨터 프로그래밍에도 관심을 기울였다. 그동안 저자는 『한국의 사회이동(2001)』, 『교육과 사회이동(2009)』, 『수치분석과 시뮬레이션: R 프로그래밍(2019)』, 『Stata 프로그래밍, 개정판(2023)』 등을 저술하였다. 지금은 『한국의 사회계층』을 쓰고 있다.

이메일: sangsoo.chang@gmail.com

도서출판 **그린**

개정판 **사회학 입문**

저자와의 협의하에 인지생략

초 판 발행 ▶	2020년 8월 28일
개정판 발행 ▶	2024년 2월 29일
저 자 ▶	장상수
발행처 ▶	도서출판 **그린**
발행인 ▶	윤 덕 우
출판등록 ▶	제8-161호(1995. 5. 3.)
주소 ▶	경기 파주시 가람로 116번길 107 운정한강듀클래스 411호 (우) 10896
전화 ▶	02) 333-2574, 2575
Fax ▶	02) 333-2561
E-mail ▶	greenpress@greenpress.co.kr
Homepage ▶	http://www.greenpress.co.kr

정가 : 25,000원

ISBN 978-89-5727-365-4